АНГЛО-РУССКИЙ СЛОВАРЬ НАИБОЛЕЕ УПОТРЕБИТЕЛЬНЫХ СОКРАЩЕНИЙ

ENGLISH-RUSSIAN DICTIONARY OF MOST COMMONLY USED ABBREVIATIONS

N. O. VOLKOVA,
I. A. NIKANOROVA

ENGLISH-RUSSIAN DICTIONARY OF MOST COMMONLY USED ABBREVIATIONS

approx. 10 000 entries

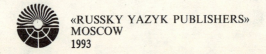

«RUSSKY YAZYK PUBLISHERS»
MOSCOW
1993

Н. О. ВОЛКОВА,
И. А. НИКАНОРОВА

АНГЛО-РУССКИЙ СЛОВАРЬ НАИБОЛЕЕ УПОТРЕБИТЕЛЬНЫХ СОКРАЩЕНИЙ

около 10 000 единиц

МОСКВА
«РУССКИЙ ЯЗЫК»
1993

ББК 81.2Англ-4
В67

Рецензент: канд. филол. наук С. С. Хидекель

Волкова Н. О., Никанорова И. А.

В67   Англо-русский словарь наиболее употребительных сокращений.— М.: Рус. яз., 1993.— 464 с. ISBN 5-200-01693-2

Словарь включает около 10 тыс. наиболее употребительных сокращений современного английского языка, встречающихся в периодических изданиях и художественной литературе.

Предназначается для переводчиков, журналистов, преподавателей английского языка, студентов, изучающих английский язык.

В $\frac{4602030000-016}{015(01)-93}$ без объявл.   ББК 81.2Англ-4

Справочное издание

ВОЛКОВА
Наталья Олеговна

НИКАНОРОВА
Ирина Александровна

**АНГЛО-РУССКИЙ
СЛОВАРЬ
НАИБОЛЕЕ
УПОТРЕБИТЕЛЬНЫХ
СОКРАЩЕНИЙ**

Зав. редакцией
Л. П. ПОПОВА

Редактор
М. В. ХАРЛАМОВА

Технический редактор
Е. В. МЯЧИНА

Корректор
С. Б. ШАПОШНИКОВА

ИБ №6213

Сдано в набор 02.04.91. Подписано в печать 24.12.92. Формат 84x108/32. Бумага офсетная № 1. Гарнитура таймс. Печать офсетная. Усл. печ. л. 24,36. Усл. кр.-отт. 24,57. Уч.-изд. л. 36,6. Тираж 10130 экз. Заказ № 49. С 016.
Издательство „Русский язык" Министерства печати и информации Российской Федерации. 103012 Москва, Старопанский пер., 1/5.
Можайский полиграфкомбинат Министерства печати и информации Российской Федерации. 143200 Можайск, ул. Мира, 93.

ISBN 5-200-01693-2   © Издательство «Русский язык», 1993.

ПРЕДИСЛОВИЕ

Научно-техническая революция дала мощный толчок развитию и обогащению словарного состава многих современных языков. Среди способов образования новых слов особенно широкое распространение получило сокращение слов и словосочетаний. В современном английском языке сокращение занимает второе место вслед за словосложением среди источников пополнения словарного состава.

Сокращенные единицы представляют собой чрезвычайно пеструю картину. Прежде всего из общего количества сокращений следует выделить в особую группу так называемые графические сокращения, применяющиеся только в письменной речи, не имеющие своей особой звуковой формы и реализующиеся в устной речи как соответствующие несокращенные формы.

Напр.: **agst** < against
org < organized

Значительную часть графических сокращений составляют общепринятые широкоупотребительные единицы, перевод которых весьма затруднен тем, что одно графическое сокращение может соотноситься с несколькими словами.

Напр.: **m** — million, metre, mile

В то же время одной исходной единице может соответствовать несколько графических сокращений.

Напр.: **Cmdr, com, Comdr** < commander

Помимо графических, существуют лексические сокращения, представляющие собой самостоятельные лексические единицы. Лексические сокращения, в свою очередь, подразделяются на инициальные сокращения (аббревиатуры), усеченные слова и смешанный тип, куда относятся образования, отдельные элементы которых созданы с помощью сокращения, а также единицы, образованные при одновременном применении усечения и аббревиации.

Инициальные аббревиатуры — это распространенный тип сокращений в большинстве европейских языков, в том числе и в английском. По способу произнесения инициальные аббревиатуры классифицируются на:

1. буквенные, которые произносятся как совокупность алфавитных наименований букв, входящих в их состав: **TV** [′ti:′vi:] телевидение, **USSR** [′ju:′es′es′a:] СССР

2. звуковые, которые произносятся как обычные слова и часто совпадают с обычными словами с точки зрения произношения. Это так называемые акронимы, которые получают все большее распространение: **SALT** [so:lt] переговоры об ограничении стратегических вооружений, **MAD** [mæd] взаимно-гарантированное уничтожение.

Весьма распространены в английском языке и усеченные слова, которые образуются в результате уменьшения звукового комплекса одного слова (или одного компонента словосочетания) и функционируют в речи как обычные слова: **doc** < doctor доктор, **pop music** popular music поп-музыка, **zanth** < chrysanthemum хризантема, **copter** < helicopter вертолёт. Подобные сокращения являются характерной особенностью современного английского языка.

Разновидностью усеченных слов можно считать сложносокращенные слова, в которых обычно представлен один слог из каждого слова исходного словосочетания; **comsat** < communications satellite спутник связи, **Gen Sec** < General Secretary генеральный секретарь.

Встречаются также сокращения смешанного типа, к которому относятся: а) частичносокращенные слова: **A-bomb** < atomic bomb атомная бомба, **flexi-time** < flexible time нерегламентированный рабочий день; б) сокращения, образованные путем одновременного применения усечения и аббревиации: **COBOL** < Common Business-Oriented Language язык программирования для промышленных и правительственных учреждений.

Широкое распространение сокращений в современном английском языке, как правило, не сопровождаемых расшифровками, при немоделированности их образования от исходных единиц, а также омонимия и синонимия, свойственные сокращениям, вызывают значительные трудности как при изучении языка, так и при пользовании им. Поэтому авторы сочли целесообразным составить словарь, в который включены все выше перечисленные типы сокращений, встречающиеся в литературе самой различной тематики.

В предлагаемом читателю словаре ставится задача зафиксировать наиболее употребительные сокращения современного английского языка, снабдив их расшифровками и переводом на русский язык.

Задачи, стоящие перед авторами словаря, потребовали отражения следующих тем: экономика Великобритании и США (промышленность, транспорт, торговля, финансы), политическая система и государственное устройство, внешняя и внутренняя политика, демократическое, рабочее и антивоенное движения, средства массовой информации, система образования, традиции и обычаи, религия, культура и искусство, повседневный быт и спорт.

Словарь может представить интерес для широкого круга лиц, читающих прессу, периодические издания, книги на английском языке, для лиц, выезжающих за рубеж, как в командировки, так и в качестве туристов, для филологов, исследующих проблемы сокращений, а также для всех, кто изучает английский язык.

Все замечания и предложения, касающиеся словаря, просим направлять по адресу: 103012, Москва, Старопанский пер., 1/5, издательство «Русский язык».

Авторы

О ПОЛЬЗОВАНИИ СЛОВАРЕМ

Ввиду отсутствия четких критериев употребления в сокращениях прописных или строчных букв и точек, авторы руководствовались правописанием реально встретившимся в лексикографическом источнике или тексте. Аналогичным образом словарь фиксирует орфографию расшифровки, реально встретившуюся в источнике (английский или американский вариант).

Все сокращения расположены в алфавитном порядке. Знак **&** принимается за его расшифровку "and". Наличие в сокращениях точек, косых линий, дефисов, тире и цифр при расположении сокращений по алфавиту во внимание не принимается. Омонимичные сокращения, независимо от написания их прописными или строчными буквами, даются по алфавиту расшифровки в отдельных словарных статьях. Графические варианты сокращений типа **Comsat, COMSAT** даются в одной словарной статье. Каждое сокращение сопровождается расшифровкой и переводом на русский язык, и, где это возможно, соответствующим сокращением в русском языке.

Дополнительная информация, а также страна употребления, указанная там, где это необходимо, и отделяемая от нее точкой с запятой, содержится в круглых скобках и выделяется курсивом. Переводческие эквиваленты одного значения отделены запятой, а переводы разных значений и разных частей речи — точкой с запятой в пределах одной словарной статьи. Факультативная часть перевода заключена в круглые скобки. Синонимичный вариант перевода отделяется косой чертой.

Если в английском языке употребляется сокращение, заимствованное из другого языка, то в качестве расшифровки предлагается оригинальная исходная единица с указанием языка, источника заимствования, а в круглых скобках дается ее английский перевод.

Напр.: **FNLA** Frente Nacional de Libertação de Angola *порт.* (National Front for the Liberation of Angola) ...

Целый ряд сокращений сопровождается транскрипцией. Однако транскрипция приводится только в тех случаях, когда она зафиксирована в лексикографическом и другом надежном источнике (в статье, в транскрипте передачи Би-би-си). Стилистические пометы сокращений также приводятся лишь там, где есть лексикографическая опора. Пометы ставятся после расшифровки, но относятся к сокращению. В тех случаях, когда разные значения сокращений имеют разные пометы, они указаны перед переводом каждого значения на русский язык.

Напр.: **arch** < archbishop *клер.* архиепископ; *школ.* директор школы

ЛЕКСИКОГРАФИЧЕСКИЕ ИСТОЧНИКИ

Barnhart Clarence L., Steinmetz Sol., Barnhart Robert K. The Barnhart Dictionary of New English since 1963. N. Y., 1973.

Barnhart Clarence L., Steinmetz Sol., Barnhart Robert K. The Second Barnhart Dictionary of New English. N. Y., 1983.

Green Jonathan. Newspeak. A Dictionary of Jargon. Routledge & Kegan Paul, London, 1985.

Il Siglario Mondiale. Banca Commerciale Italiana, Nucleo Editoriale, Milano, 1977.

The Oxford Dictionary for Writers and Editors. Clarendon Press, Oxford, 1981.

Pugh's Dictionary of Acronyms and Abbreviations (in Management, Technology and Information Science). London, 1981.

The Random House Dictionary of the English Language. Random House, N. Y., 1971.

Sheenan Michael & Wyllie James. Pocket Guide to Defence. Oxford, 1986.

6000 Words. A Supplement to Webster's Third New International Dictionary. Springfield, Mass., 1976.

Sola Ralph de. Abbreviations Dictionary. N. Y., 1986.

Terminology Bulletin No 311/Rev 1. Acronyms and Abbreviations Covering the United Nations System and Other International Organizations. UN, N. Y., 1981.

TUC Directory, 1987.

Акжигитов Г. Н., Бенюмович М. С., Чикорин А. К. Англо-русский медицинский словарь. М., 1988.

Англо-русский перечень названий неправительственных организаций. Нью-Йорк, 1978.

Блувштейн В. О., Ефимов Н. Н., Семенов Ю. В. Словарь английских и американских сокращений. М., 1958.

Большой англо-русский словарь. М., 1972.

Дмитричев Т. Ф., Ушомирский М. Я. Англо-русский терминологический словарь по вопросам разоружения. М., 1987.

Дополнение к большому англо-русскому словарю. М., 1980.

Зайденберг В. К., Зимарев А. Н., Степанов А. М. Англо-русский словарь по вычислительной технике. М., 1987.

Израилевич Е. Е. Англо-русский общеэкономический и внешнеторговый словарь. М., 1972.

Мурашкевич А. М., Владимиров О. Н. Англо-русский словарь сокращений по авиационной и ракетно-космической технике. М., 1981.

Никанорова И. А. Словарь усеченных слов современного английского языка. М., ДА МИД СССР, 1985.

Рум А. Р. У., Колесников Л. В., Пасечник Г. А. и др. Великобритания. Лингвострановедческий словарь. М., 1978.

Томахин Г. Д. Реалии—американизмы. М., 1988.

Трофимова З. С. Глоссарий общественно-политической лексики, не имеющей вариантных соответствий в Большом англо-русском словаре. М., ДА МИД СССР, 1984.

Фаворов П. А. Англо-русский морской словарь сокращений. М., 1983.

СПИСОК СОКРАЩЕНИЙ

ав.— авиация
австрал.— употребительно в Австралии
авт.— автомобильное дело
амер.— американизм
анат.— анатомия
арм.— армейский жаргон
арт.— артиллерия
арх.— архитектура
астр.— астрономия
бейсб.— бейсбольный термин
библиогр.— библиографический термин
биол.— биология
биохим.— биохимия
бирж.— биржевое выражение
брит.— употребительно в Великобритании
воен.— военное дело
военнопл.— жаргон военнопленных
вульг.— вульгарно
вчт.— вычислительная техника
геол.— геология
грам.— грамматика
груб.— грубое слово/выражение
дат.— датский язык
детск.— детское слово/выражение
диал.— диалектизм
др.— другой, другие
жарг.— жаргонизм
ж.-д.— железнодорожное дело
информ.— информатика
ирл.— употребительно в Ирландии
ирон.— иронически
исп.— испанский язык
ист.— относящийся к истории
ит.— итальянский язык
и т. п.— и тому подобное

канад.— употребительно в Канаде
кино— кинематография
клер.— клерикальный термин
книжн.— литературно-книжное слово
ком.— коммерческий термин
кораблестр.— кораблестроение
косм.— космонавтика
кул.— кулинария
лат.— латинский язык
лог.— логика
лонд.— употребительно в Лондоне
мат.— математика
мед.— медицина
метал.— металлургия
метео— метеорология
мор.— морское дело
муз.— музыка
напр.— например
нвг.— навигация
нем.— немецкий язык
неофиц.— неофициально
нидерл.— нидерландский язык
обыкн.— обыкновенно
о-в— остров
особ.— особенно
офиц.— официальный термин
охот.— охота
пед.— педагогика
перен.— в переносном значении
п-ов— полуостров
полигр.— полиграфия
полиц.— полицейский жаргон
порт.— португальский язык
почт.— почтовый термин
преим.— преимущественно
пренебр.— пренебрежительно
прогр.— программирование
прост.— просторечие
радио— радиотехника

разг. — разговорное слово/выражение
рекл. — реклама
рел. — религия
ркт. — ракетная техника
русск. — русский язык
сад. — садоводство
св. — связь
сейсм. — сейсмика
сем. — семантика
см. — смотри
спец. — специальный термин
спорт. — физкультура и спорт
стат. — статистика
страх. — страховой термин
студ. — студенческое выражение
с/х. — сельское хозяйство
театр. — театральный термин
термд. — термодинамика
тех. — техника
тж. — также
тлв. — телевидение
унив. — университетское выражение
усл. — условно
фарм. — фармацевтический термин
физ. — физика
физиол. — физиология
фото — фотография
фр. — французский язык
футб. — футбольный термин
хим. — химия
церк. — церковное выражение
цирк. — цирковое выражение
шахм. — шахматный термин
школ. — школьное выражение
шотл. — употребительно в Шотландии
шутл. — шутливое выражение
эвф. — эвфемизм
эк. — экономика
эл. — электротехника
элк. — электроника
юр. — юридический термин
яд. физ. — ядерная физика

* * * * * * * *

БРПЛ — баллистическая ракета подводной лодки
БЦВМ — бортовая цифровая вычислительная машина
ВВ — взрывчатое вещество
ВВС — военно-воздушные силы
ВМС — военно-морские силы
ВС — вооружённые силы
ЗУР — зенитная управляемая ракета
ИК — инфракрасный
ИСЗ — искусственный спутник Земли
КЛА — космический летательный аппарат
ЛА — летательный аппарат
МБР — межконтинентальная баллистическая ракета
НАСА — Национальное управление по аэронавтике и исследованию космического пространства
НИОКР — научно-исследовательские и опытно-конструкторские работы
ООН — Организация Объединённых Наций
ПВО — противовоздушная оборона
ПКО — противокосмическая оборона
ПЛО — противолодочная оборона
ПРО — противоракетная оборона
РЛС — радиолокационная станция
УВД — управление воздушным движением
ЦВМ — цифровая вычислительная машина

A

a absolute абсолютный (*о величине*)

A academician академик

A academy академия

A acre акр

A acting исполняющий обязанности; временный

a active *грам.* активный залог

a activity активность

a adjective *грам.* прилагательное

A advanced усовершенствованный; перспективный; выполненный на наиболее современном уровне

A Advanced (Level examination) экзамен по программе средней школы на продвинутом уровне (*Великобритания*)

A aeronautics аэронавтика; авиация

A amateur любитель

A ampere ампер

a annually ежегодно, один раз в год

a answer ответ

A Arctic арктический, полярный

A artillery артиллерия

A Associate член-корреспондент (*научного общества и т. п.*); лицо, прослушавшее неполный курс, требуемый для получения степени (*в некоторых университетах и колледжах*)

AA Advertising Association Ассоциация рекламы

AA Affirmative Action аффирмативное действие (*приём на работу независимо от цвета кожи, расы, вероисповедания и т. д.*)

AA *тж.* A/A, A-A, **aa** air-to-air класса «воздух — воздух» (*о ракете*)

AA Alaska Airlines «Аляска Эрлайнз» (*авиатранспортная компания*)

AA [ˈeɪˈeɪ] Alcoholics Anonymous «Анонимные алкоголики» (*добровольное общество лиц, стремящихся излечиться от алкоголизма*)

AA American Airlines «Америкэн Эрлайнз» (*авиатранспортная компания; США*)

aa *тж.* AA antiaircraft зенитный, противовоздушный

AA Architectural Association Архитектурная ассоциация

AA [ˈeɪˈeɪ] Automobile Association Автомобильная ассоциация (*Великобритания*)

AAA Actors and Artistes of America Актёры и артисты Америки (*профсоюз*)

AAA [ˈeɪˈeɪˈeɪ] Amateur Athletic Association Любительская легкоатлетическая ассоциация (*Великобритания*)

AAA American Academy of Advertising Американская академия рекламы

AAA American Airship Association Американская ассоциация воздухоплавания

AAA American Anthropological Association Американская антропологическая ассоциация

AAA American Arbitration Association Американская арбитражная ассоциация

AAA American Association of Anatomists Американская ассоциация анатомов

AAA American Astronomers'

Association Американская ассоциация астрономов

AAA American Automobile Association Американская автомобильная ассоциация

AAA antiaircraft artillery зенитная артиллерия

AAAA Amateur Athletic Association of America Американская любительская легкоатлетическая ассоциация

AAAA American Association for the Advancement of Atheism Американская ассоциация содействия атеизму

AAAA American Association of Advertising Agencies Американская ассоциация рекламных агентств

AAAE American Association of Airport Executives Американская ассоциация служащих аэропортов

AAAH American Association for the Advancement of the Humanities Американская ассоциация содействия гуманитарным наукам

AAAI American Association for Artificial Intelligence Американская ассоциация по искусственному интеллекту

AA & AS тж. **aa & as** antiaircraft and antisubmarine противовоздушный и противолодочный

AAAS American Academy of Arts and Sciences Американская академия наук и искусств

AAAS American Association for the Advancement of Science Американская ассоциация содействия развитию науки, ААРН

AAB Aircraft Accident Board Комитет по расследованию лётных происшествий

AAB Association of Applied Biologists Ассоциация специалистов в области прикладной биологии

AABB American Association of Blood Banks Американская ассоциация банков крови

AABC American Amateur Baseball Congress Американский любительский конгресс бейсбола

AABM тж. **aabm** [ˈeɪˈeɪˈbiːˈem] airborne antiballistic missile авиационная противоракета

aaby as amended by дополненный, исправленный

AAC American Academy of Criminalistics Американская академия криминалистики

AAC Association of American Colleges Ассоциация американских колледжей

aac average annual costs среднегодовые расходы

AACB Aeronautics and Astronautics Coordination Board Комитет по координации авиационных и космических исследований

AACC Airport Associations Coordinating Council Координационный совет ассоциаций аэропортов, КСАА

AACC American Association for Contamination Control Американская ассоциация по контролю за загрязнением окружающей среды

AACP American Academy for Child Psychiatry Американская академия детской психиатрии

AACP American Academy of Clinical Psychiatrists Американская академия психиатров-клиницистов

AACR American Association for Cancer Research Американская ассоциация научных исследований в области раковых заболеваний

AACSB American Assembly of Collegiate Schools of Business Американское общество коммерческих факультетов университетов

AACTE American Association of Colleges for Teacher Education Американская ассоциация педагогических колледжей

AAD American Academy of Dentists Американская академия стоматологов

AAD antiaircraft defense противовоздушная оборона, ПВО

AADA American Academy of

Dramatic Arts Американская академия драматических искусств

AADC all application digital computer универсальная цифровая вычислительная машина

AADC American Air Defense Command командование ПВО США

AADM American Academy of Dental Medicine Американская академия зубоврачебной медицины

AADN American Association of Doctors' Nurses Американская ассоциация медицинских сестёр

AAE American Association of Engineers Американская ассоциация инженеров

aae average annual earnings среднегодовой заработок

AAEE American Association of Electrical Engineers Американская ассоциация инженеров--электриков

AAF Allied Air Forces объединённые силы ВВС (*НАТО*)

AAF American Advertising Federation Американская федерация рекламы

AAF American Architectural Foundation Американский архитектурный фонд

AAF American Astronautical Federation Американская космическая федерация

AAF Army Air Force авиация сухопутных сил (*США*)

AAFCE Allied Air Force, Central Europe объединённые воздушные силы НАТО в Центральной Европе

AAFNE Allied Air Force, Northern Europe объединённые воздушные силы НАТО в Северной Европе

AAFPRS American Academy of Facial, Plastic and Reconstructive Surgery Американская академия лицевой, пластической и восстановительной хирургии

AAFS American Academy of Forensic Studies Американская академия судебных исследований

AAFSE Allied Air Force, South-ern Europe объединённые воздушные силы НАТО в Южной Европе

AAG Assistant Adjutant General начальник отдела штаба генерального адъютанта, начальник адъютантского отдела штаба армии *или* округа (*Великобритания*)

AAG Association of American Geographers Ассоциация американских географов

AAGC American Association of Gifted Children Американская ассоциация одарённых детей

AAGM *тж.* **aagm** [′еɪ′еɪ′dʒi:′em] air-to-air guided missile управляемая ракета класса «воздух — воздух»

AAGM *тж.* **aagm** [′еɪ′еɪ′dʒi:′em] antiaircraft guided missile зенитная управляемая ракета, ЗУР

AAH advanced attack helicopter усовершенствованный вертолёт--штурмовик

AAHE American Association for Higher Education Американская ассоциация за высшее образование

AAHPER American Association for Health, Physical Education and Recreation Американская ассоциация здоровья, физкультуры и отдыха

AAHQ Allied Air Headquarters штаб объединённых ВВС (*НАТО*)

AAIA Associate of the Association of International Accountants член Международной ассоциации бухгалтеров

AAIA Association on American Indian Affairs Ассоциация по делам американских индейцев

AAIAL American Academy and Institute of Arts and Letters Американская академия и институт искусств и литературы

AAIB Aircraft Accident Investigation Board Комиссия по расследованию лётных происшествий

AAIE American Association of Industrial Engineers Американская ассоциация инженеров промышленности

AAII Association for the Advancement of Invention and Innovation Ассоциация содействия изобретениям и новаторству

AAIM American Association of Industrial Management Американская ассоциация управления промышленностью

AAJC American Association of Junior Colleges Американская ассоциация младших колледжей

AALAPSO Afro-Asian-Latin American Peoples' Solidarity Organization Организация солидарности с народами Азии, Африки и Латинской Америки, ОСНААЛ

AALPA American Air Line Pilots' Association Американская ассоциация лётчиков авиатранспортных компаний

AALS American Association of Language Specialists Американская ассоциация специалистов в области языка

AALS Association of American Law Schools Американская ассоциация школ права

AAM *тж.* **aam** [ʹeɪʹeɪʹem] air-to-air missile ракета класса «воздух — воздух»

AAM [ʹeɪʹeɪʹem] Anti-Apartheid Movement Движение против апартеида, ДПА

AAMC Association of American Medical Colleges Ассоциация американских медицинских колледжей

AAMM *тж.* **aamm** [ʹeɪʹeɪʹemʹem] anti-antimissile missile ракета-перехватчик противоракет

AAMS American Air Mail Society Американское общество воздушно-почтовых сообщений

AAN American Academy of Neurology Американская академия неврологии

AAN American Academy of Nutrition Американская академия питания

a & e analysis and evaluation анализ и оценка

a & e approrpriation and expense ассигнования и расходы

a & i accident and indemnity *страх.* авария и возмещение убытков

A & M Agricultural and Mechanical College Сельскохозяйственный и машиностроительный колледж

A & N Army and Navy Stores «Арми энд Нейви Сторз» (*лондонский универсальный магазин*)

A & U Allen and Unwin «Аллен энд Ануин» (*лондонское издательство*)

AAO American Academy of Ophthalmology Американская академия офтальмологии

AAOG American Academy of Obstetricians and Gynecologists Американская академия акушеров-гинекологов

AAOPB American Association of Pathologists and Bacteriologists Американская ассоциация патологов и бактериологов

AAOPS American Association of Oral and Plastic Surgeons Американская ассоциация оральной и пластической хирургии

AAP Affirmative Action Program Программа аффирмативных действий

AAP American Academy of Pediatrics Американская академия педиатрии

AAP Association of American Physicians Ассоциация американских врачей

AAP Association of American Publishers Ассоциация американских издателей

AAP Australian Associated Press «Острейлиэн Ассошиэйтед Пресс» (*австралийское телеграфное агентство*)

AAPA American Association of Port Authorities Американская ассоциация портовых властей

A-APA Anglo-American Press Association Англо-американская ассоциация печати

AAPE American Academy of Physical Education Американская академия физического воспитания

AAPOR American Association for Public Opinion Research Американская ассоциация исследований общественного мнения

AAPSO Afro-Asian Peoples' Solidarity Organization Организация солидарности с народами Азии и Африки, ОСНАА

AAPSS American Academy of Political and Social Sciences Американская академия политических и социальных наук

aar against all risks *страх.* от всех рисков

AAR Aircraft Accident Report донесение о лётном происшествии

aar average annual rainfall среднегодовые осадки

AARP [ˈeɪˈeɪˈɑːˈpiː] American Association of Retired Persons Американская ассоциация пенсионеров

AART American Association of Retired Teachers Американская ассоциация учителей-пенсионеров

AAS Academiae Americanae Socius *лат.* (Companion of the American Academy) член Американской академии наук и искусств

AAS Academy of Applied Science Академия прикладных наук

AAS American Astronautical Society Американское общество космонавтики

AAS American Astronomical Society Американское астрономическое общество

AASCU American Association of State Colleges and Universities Американская ассоциация государственных колледжей и университетов

AASE Association for Applied Solar Energy Ассоциация по применению солнечной энергии

AASM Association of American Steel Manufacturers Американская ассоциация владельцев сталелитейных предприятий

AASO Association of American Ship Owners Американская ассоциация судовладельцев

AASW air antisubmarine warfare борьба с подводными лодками авиационными средствами

AAT American Academy of Transportation Транспортная академия США

AATUF All-African Trade Union Federation Всеафриканская федерация профсоюзов, ВАФП

AATW *тж.* **aatw** [ˈeɪˈeɪˈtiːˈdʌbljuː] advanced antitank weapon противотанковая ракета

AAU Amateur Athletic Union Союз спортсменов-любителей (*США*)

AAU Association of American Universities Ассоциация американских университетов

AAUN American Association for the United Nations Американская ассоциация в поддержку ООН

AAUP American Association of University Presses Американская ассоциация университетских издательств

AAUP American Association of University Professors Американская ассоциация университетских преподавателей

AAWS Automatic Attack Warning System автоматическая система предупреждения о воздушно-ракетном нападении

AB Admiralty Board военный совет ВМС (*Великобритания*)

AB air base авиационная база

ab airborne находящийся в воздухе (*в полёте*) или на борту

A.B. Artium Baccalaureus *лат.* (Bachelor of Arts) бакалавр искусств (*ставится после фамилии*)

ABA Amateur Boxing Association Ассоциация боксёров-любителей

ABA American Bakers Association Американская ассоциация пекарей

ABA American Bankers' Association Американская ассоциация банкиров

ABA American Bar Association Американская ассоциация юристов

ABA American Basketball Association Американская баскетбольная ассоциация

ABA American Booksellers' Association Американская ассоциация продавцов книг

ABA Antiquarian Booksellers' Association Ассоциация букинистов

ABA Association of British Archeologists Ассоциация британских археологов

ABAAA Associate of British Association of Accountants and Auditors член Британской ассоциации бухгалтеров-ревизоров

ABAUSA Amateur Basketball Association of the United States of America Любительская баскетбольная ассоциация США

abbr abbreviation сокращение, аббревиатура

ABC *тж.* **A.B.C., abc** [ʹeɪʹbiːʹsiː] Advanced Booking Charter чартерный рейс с (заблаговременным) бронированием билетов

ABC [ʹeɪʹbiːʹsiː] Aerated Bread Company кафе-кондитерская и булочная Эй-би-си (*компании «Аэрейтед Бред Компани»; Великобритания*)

ABC airborne control бортовая система управления

ABC Alcoholic Beverage Control контроль за спиртными напитками

ABC [ʹeɪʹbiːʹsiː] American Broadcasting Corporation Американская радиовещательная корпорация Эй-би-си (*США*)

ABC [ʹeɪʹbiːʹsiː] Associated British Pictures Corporation Объединённая корпорация британского кинематографа Эй-би-си

ABC atomic, bacteriological and chemical *воен.* ядерный, бактериологический и химический

ABC atomic, biological and chemical *воен.* ядерный, биологический и химический

ABC Australian Broadcasting Commission Австралийская (правительственная) комиссия по радиовещанию

ABCC Association of British Chambers of Commerce Ассоциация британских торговых палат

ABCC Atomic Bomb Casualty Commission Комиссия по учёту пострадавших от атомной бомбы

ABCD atomic, bacteriological and chemical defense *воен.* противоатомная, противобактериологическая и противохимическая защита

ABCW atomic, biological and chemical warfare *воен.* ядерная, биологическая и химическая война

abd abdicated отрекшийся (*от власти*); сложивший с себя полномочия

abd aboard на борту

ABD [ʹeɪʹbiːʹdiː] all but dissertation докторант; соискатель учёной степени доктора, ещё не представивший диссертации

ABFM American Board of Foreign Missions Американский совет иностранных миссий

abl ablative *грам.* творительный падеж

A.B.L.S. Bachelor of Arts in Library Science бакалавр библиотековедения (*ставится после фамилии*)

ABM *тж.* **abm** [ʹeɪʹbiːʹem] anti-ballistic missile противоракета, ракета для борьбы с баллистическими ракетами

ABM System [ʹeɪʹbiːʹemʹsɪstəm] Anti-Ballistic Missile System система ПРО

ABM Treaty [ʹeɪʹbiːʹemʹtriːtɪ] Anti-Ballistic Missile Treaty Договор по ПРО

ABMEWS Anti-Ballistic Missile Early Warning System система дальнего обнаружения баллистических ракет

ABMIS Airborne Ballistic Missile Intercept System авиационная система перехвата баллистических ракет

ABMLM ABM Laser Mirror лазерное зеркало системы ПРО

abn airborne воздушнодесантный; самолётный; находящийся в воздухе

abnml abnormal анормальный; атипичный; патологический

A-bomb ['eɪ'bɔm] atomic bomb атомная бомба

abp absolute boiling point абсолютная точка кипения

abp *тж.* **Abp** archbishop архиепископ

ABPC American Book Publishers Council Совет американских книгоиздателей

abr abridged сокращённый

abr abridgement сокращение; сокращённый текст; краткое изложение, конспект

abrac ['æbrək] abracadabra *студ.* абракадабра, бессмыслица

abs absent отсутствующий; отсутствует

abs absolute абсолютный (*о величине*)

ABS American Bible Society Американское библейское общество

ABS American Bureau of Standards Американское бюро стандартов

abt about около, приблизительно, примерно

ABT American Board of Trade министерство торговли США

ABU Asian Broadcasting Union Азиатский союз радиовещания, АСР

abv above выше, над; более

ABWA American Business Women's Association Американская ассоциация женщин-бизнесменов

Ac academy академия; *амер.* военное училище

a/c *тж.* **A/C, ac** account current *ком.* текущий счёт

ac [æk] accumulator *эл.* аккумулятор; аккумуляторная батарея

ac acre акр

ac additional copy дополнительный материал

AC Admiral Commanding командующий (*в звании адмирала*)

AC aerospace chamber барокамера

AC Aerospace Corporation «Аэроспейс Корпорейшн» (*космическая корпорация; США*)

A.C. after Christ нашей эры

ac air conditioning кондиционирование воздуха

ac air-cooled с воздушным охлаждением

ac aircraft самолёт(ы), авиация; ЛА

AC aircraft carrier авианосец

AC *тж.* **A/C** aircraftsman рядовой авиации

A/C *тж.* **ac, A-C** ['eɪ'si:] alternating current *эл.* переменный ток

AC Amphibious Corps морской десантный корпус (*морской пехоты*)

ac analog computer аналоговая вычислительная машина

AC Assistant Commissioner помощник комиссара

AC Athletic Club спортивный клуб

AC Atlantic Council Атлантический совет НАТО

ac author's correction авторская правка

ACA Advisory Committee for Aeronautics Консультативный комитет по авиации (*Великобритания*)

ACABQ Advisory Committee on Administrative and Budgetary Questions Консультативный комитет по административным и бюджетным вопросам, ККАБВ

acad academic академический

acad academy академия; *амер.* военное училище

Acas ['eɪ,kæs] Advisory, Conciliation and Arbitration Service Служба консультации, примирения и арбитража (*Великобритания*)

ACASTD Advisory Committee on the Application of Science and Technology to Development Консультативный комитет по применению науки и техники для развития (*ООН*)

ACBWS Automatic Chemical-Biological Warning System автоматическая система предупреждения о химико-биологической опасности

acc accelerate ускорять

acc acceleration ускорение

acc accerpt *ком.* принимать, соглашаться; акцептовать

acc acceptance *ком.* приёмка; акцепт(ование)

acc accompanied сопровождаемый

acc accompaniment сопровождение

acc according to согласно, в соответствии

acc account *ком.* счёт; фактура

acc accountant бухгалтер

acc accusative *грам.* винительный падеж

ACC Administrative Committee on Coordination Административный комитет по координации (*ООН*)

ACC Assistant Chief Constable помощник главного констебля (*Великобритания*)

ACC Australian Chamber of Commerce Австралийская торговая палата

ACC automation classification code *вчт.* код для автоматической классификации

ACCA Aeuronautical Chamber of Commerce of America Американская авиационная торговая палата

acc & aud accountant and auditor бухгалтер-ревизор

acce acceptance *ком.* приёмка; акцепт(ование)

ACCES automated catalog of computer equipment and software *вчт.* автоматизированный каталог средств вычислительной техники и программных устройств

ACCESS Automatic Computer--Controlled Electronic Scanning System *мор.* автоматическая электронная система сканирования АКСЕСС, управляемая вычислительной машиной

accom accommodation размещение; жилое помещение

accrd int accrued interest наросшие проценты; начисленные проценты

accum accumulative кумулятивный

accy accessory соучастник

ACDA [ˈeɪˈsiːˈdiːˈeɪ] Arms Control and Disarmament Agency Агентство по контролю над вооружениями и разоружению, АКВР (*США*)

AC/DC *тж.* **ac/dc, AC-DC** [ˈeɪˈsiːˈdiːˈsiː] alternating current/direct current *эл.* для переменного и постоянного тока; на переменном и постоянном токе; *жарг.* бисексуальный; нерешительный; амбивалентный; колеблющийся

ACDIR Advisory Committee for Defense Industrial Research межведомственный консультативный комитет по вопросам военно-промышленных исследований

acdt accident происшествие; несчастный случай; авария

acdu active duty действительная (военная) служба

ace air conditioning equipment установка для кондиционирования воздуха, кондиционер

ACE Allied Command, Europe Командование объединённых вооружённых сил НАТО в Европе

ACE American Council on Education Американский совет по образованию

ACET Advisory Committee on Electronics and Telecommunications Консультативный комитет по электронике и телекоммуникациям

ACEUR Allied Command, Europe Командование объединённых вооружённых сил НАТО в Европе

ACFHE Association of Colleges for Further and Higher Education Ассоциация колледжей дальнейшего и высшего образования

ACGB Aircraft Corporation of Great Britain Авиационная корпорация Великобритании

ACGB [ˈeɪˈsiːˈdʒiːˈbiː] Arts Council of Great Britain Совет по искусствам Великобритании

A.Ch.S. American Chemical Society Американское химическое общество

ACINT acoustic intelligence акустическая разведка

ACIO Air Combat Intelligence Office Отдел боевой воздушной разведки (*США*)

ACIS Arms Control Impact Statements заявления, оказывающие воздействие на политику в области контроля над вооружениями (*США*)

ACJA American Criminal Justice Association Американская ассоциация правосудия

Ack *тж.* **ack** acknowledge подтверждать

Ack *тж.* **ack** acknowledgement подтверждение; уведомление о получении

ACL Action Centered Leadership подготовка руководителей промышленности путём активного участия

ACLS Air Cushion Landing System система посадки (самолётов) на воздушную подушку

ACLS American Council of Learned Societies Американский совет научных обществ

ACLU [ˈeɪˈsiːˈelˈjuː] American Civil Liberties Union Американский союз борьбы за гражданские свободы

aclv accrued leave накопленный отпуск

ACM *тж.* **acm** [ˈeɪˈsiːˈem] advanced cruise missile усовершенствованная крылатая ракета

ACM Air Court-Martial военный суд/трибунал ВВС

ACM Association for Computing Machinery Ассоциация по вычислительной технике (*США*)

acmp accompany сопровождать

ACMP Assistant Commissioner of the Metropolitan Police помощник комиссара Лондонской полиции (*Великобритания*)

ACMRR Advisory Committee on Marine Resources Research Консультативный комитет по исследованию морских ресурсов, ККИМР (*ООН*)

ACNO Assistant Chief of Naval Operations помощник начальника морских операций

ACNYC Art Commission of New York City Художественная комиссия города Нью-Йорка

ACOA adult children of alcoholics взрослые дети алкоголиков (*США*)

ACOG American College of Obstetricians and Gynecologists Американский колледж акушеров-гинекологов

ACOMR Advisory Committee on Oceanic Meteorological Research Консультативный комитет по метеорологическим исследованиям океана

ACOPS Advisory Committee on Oil Pollution of the Sea Консультативный комитет по борьбе с загрязнением морей нефтью

ACORD Advisory Council on Research and Development Консультативный комитет по научно-исследовательским и конструкторским работам

ACOS Arms Control Observation Satellite разведывательный спутник для контроля за выполнением соглашений о сокращении стратегических вооружений

ACOS Assistant Chief of Staff помощник начальника штаба

acoust acoustics акустика

ACP [ˈeɪˈsiːˈpiː] African, Caribbean and Pacific Associables Американская, карибская и тихоокеанская группа государств

ACP American College of Physicians Американский колледж терапевтов

aCp *тж.* **ACP** automatic Colt pistol автоматический пистолет системы «кольт»

ACPA Association of Computer Programmers and Analysts Ассоциация программистов и системных аналитиков (*США*)

a/c pay accounts payable *ком.* счета кредиторов; кредиторы по расчётам

acpt acceptance *ком.* приёмка; акцепт(ование)

ACR Advanced Capabilities Radar РЛС с улучшенными характеристиками, усовершенствованная РЛС

a/c rec accounts receivable *ком.* счета дебиторов; дебиторы по расчётам

acrg acreage площадь земли в акрах

acro [ˈækrəu] acrobat *цирк.* акробат

ACRS Advisory Committee on Reactor Safeguards Консультативный комитет по предохранительным устройствам реакторов

ACS air-capable ship корабль авианосного типа

ACS American Cancer Society Американское общество борьбы с раковыми заболеваниями

ACS American Ceramic Society Американское общество специалистов по керамике

ACS American Chemical Society Американское химическое общество

ACS American College of Surgeons Американский колледж хирургов

ACS *тж.* AC/S Assistant Chief of Staff помощник начальника штаба

ACS automatic control system автоматическая система управления, АСУ

ACSI Assistant Chief of Staff for Intelligence помощник начальника штаба по разведке

ACSP Advisory Council on Scientific Policy Консультативный совет по политике в области науки (*Великобритания*)

acst acoustic акустический, звуковой

act acting исполняющий обязанности; временный

ACT Advanced Computer Technology усовершенствованная вычислительная техника

ACT American College Testing тесты для американских колледжей

ACTFL American Council on the Teaching of Foreign Languages Американский совет по обучению иностранным языкам

actrac accurate tracking точное слежение/сопровождение

ACTT Association of Cinematograph and Television Technicians Ассоциация кино- и телетехников (*Великобритания*)

act val actual value фактическая стоимость

act wt actual weight фактический вес

ACTWU Amalgamated Clothing and Textile Workers Union Объединённый профсоюз рабочих швейной и текстильной промышленности (*США*)

acty activity активность; работа; действие; деятельность

ACU Association of Commonwealth Universities Ассоциация университетов стран Содружества наций, АУСН

ACUG Association of Computer User Groups Ассоциация групп, пользующихся ЭВМ

ACUSNY Association of Colleges and Universities of the State of New York Ассоциация колледжей и университетов штата Нью-Йорк

acv [ˈeɪsiːˈviː] actual cash value фактическая стоимость наличными

acvd acute cardiovascular disease *мед.* острое сердечно-сосудистое заболевание

ACW Aircraft Control and Warning обнаружение воздушных целей и наведение истребителей

ACW alternating continuous waves *радио* переменные незатухающие волны

ACWS Aircraft Control and Warning System система обнаружения воздушных целей и наведения истребителей

ACWW Associated Country Women of the World Всемирная ассоциация сельских женщин, ВАСЖ

a/d acceptance and delivery приёмка и поставка

ad active duty действительная (военная) служба

AD Administrative Department административное управление

AD advanced development разработка опытного образца; экспериментальная разработка

ad [æd] advertisement *разг.* рекламное объявление, реклама

ad advise рекомендовать; сообщать; уведомлять; информировать

AD air defence ПВО

AD *тж.* **A/D, A-D** analog-(to)-digital *вчт.* аналого-цифровой

A.D. [ʹeiʹdi:] Anno Domini *лат.* (in the year of Lord) нашей эры

AD Area Defense территориальная оборона; ПВО района

ADA [ʹeidə] Action Data Automation (System) *брит.* автоматическая система обработки данных; автоматизированная информационная система, АДА

ADA American Dairy Association Американская ассоциация молочной промышленности

ADA American Dental Association Американская стоматологическая ассоциация

ADA Americans for Democratic Action «Американцы — сторонники демократических действий» (*организация*)

ADA Assistant Director for Administration помощник директора по административным вопросам (*НАСА*)

ADA Assistant District Attorney помощник окружного *или* районного прокурора (*США*)

ADA Automobile Dealers Association Ассоциация торговцев автомобилями

ADAC analog-digital-analog computer *вчт.* аналого-цифро-аналоговый преобразователь, АЦАП

ADALCON Advise All Concerned «сообщить всем, кого это касается»

ADAM *тж.* **adam** air defense antimissile зенитная противоракета

AD & D Accidental Death and Dismemberment смерть или увечье в результате несчастного случая

ADAPSO Association of Data Processing Service Organizations Ассоциация организаций по обработке данных (*США*)

ADAR Air Defense Area район ПВО

ADAS [ʹeidəs] Agricultural Development and Advisory Service Служба сельскохозяйственного развития и консультирования (*Великобритания*)

ADAS [ʹeidəs] Automatic Data Acquisition System автоматическая система сбора данных, АДАС

adat automatic data accumulation and transfer автоматическое накопление и передача данных

A-Day [ʹei ˌdei] Announcement Day день объявления войны

A-Day [ʹei ˌdei] Assault Day день начала атаки

ADB [ʹeiʹdi:ʹbi:] African Development Bank Африканский банк развития

ADB [ʹeiʹdi:ʹbi:] Asian Development Bank Азиатский банк развития

ADC Agricultural Development Council Совет по развитию сельского хозяйства (*США*)

ADC *тж.* **adc** aide-de-camp адъютант, помощник

ADC Air Defense Command командование ПВО

ADC [ʹeiʹdi:ʹsi:] Amateur Dramatic Club Любительский театральный клуб (*Кембриджского университета*)

ADC analog-digital conversion преобразование из аналоговой формы в цифровую

ADC analog-digital converter аналого-цифровой преобразователь, АЦП

ADC Asian Development Centre Азиатский центр развития, АЦР

ADC call [ʹeiʹdi:ʹsi:kɔ:l] advise duration and charge call междугородный телефонный разговор с оповещением о продолжительности и стоимости по окончании разговора (*Великобритания*)

ADCEP Advanced Structural

Concept and Evaluation Program Программа разработки и оценки перспективных конструктивных решений

ADCIS Association for the Development of Computer-based Instructional Systems Ассоциация развития систем обучения с помощью ЭВМ

ADCOM Air Defense Command командование ПВО

ADCS Advanced Defense Communications Satellite перспективный военный спутник связи

Add addendum приложение, дополнение

add address адрес

add addressed адресовано, адресуется

addee addressee адресат

ADES Automatic Digital Encoding System автоматичесая система цифрового кодирования

ADF automatic direction finder автоматический радиопеленгатор

ADF automatic direction finding автоматическое радиопеленгование

ADFCRO Assistant Director for Flight Crew Operations помощник директора по использованию лётно-подъёмного состава (лётных экипажей) (*НАСА*)

ADFO Assistant Director for Flight Operations помощник директора по организации полётов (*НАСА*)

ADGRU Advisory Group консультативная группа; группа советников

adh adhesive адгезив, клей, связующее (клеящее) вещество; адгезионный, связующий

ADI ['eɪˈdiːˈaɪ] acceptable daily intake допустимый ежедневный приём

ADIZ Air Defence Identification Zone зона опознавания противовоздушной обороны; опознавательная зона ПВО

adj adjacent смежный, соседний, прилегающий

adj adjective *грам.* прилагательное

adj adjoining соседний

adj adjourned отложенный

adj adjudged приговорённый; присуждённый

adj adjunct помощник; приложение, дополнение

adj adjustment *ком.* регулирование, регулировка; корректировка

adj *тж.* **Adj** [ædʒ] adjutant *арм.* личный адъютант; исполнять обязанности адъютанта

Adj-Gen Adjutant General генеральный адъютант

Adm *тж.* **adm** administration администрация, управление; *амер.* правительство

Adm *тж.* **adm** admiral адмирал

Adm Admiralty Адмиралтейство (*Великобритания*)

adm admission входная плата

ADM *тж.* **adm** ['eɪˈdiːˈem] Air Defense Missile зенитная управляемая ракета, ЗУР

ADM Atomic Demolition Munitions ядерное подрывное средство, атомный фугас

ADMA American Drug Manufacturers' Association Американская ассоциация производителей лекарственных препаратов

admin [əd'mɪn] administration *воен. разг.* администрация, управление; управление тылом; административно-хозяйственное управление

admin [əd'mɪn] administrative *воен. разг.* административный, штабной; административно-хозяйственный, тыловой

ADMS ['eɪˈdiːˈem'es] automated data management system автоматическая система обработки данных

ADP Advanced Development Plan план разработки опытного образца (*оружия или техники*)

ADP Association of Database Producers Ассоциация производителей средств баз данных (*Великобритания*)

ADP ['eɪˈdiːˈpiː] automatic data processing автоматическая обработка данных, АОД

ADPA Assistant Director for

Public Affairs помощник директора по общественным связям (*НАСА*)

ADPC Automatic Data Processing Center центр автоматической обработки данных

ADPE/S Automatic Data Processing Equipment and Software *вчт.* оборудование/аппаратура и программное/математическое обеспечение для автоматической обработки данных

adqt adequate достаточный, отвечающий требованиям

ADS [ˈerˈdiːˈes] American Dialect Society Американское диалектологическое общество

ads *тж.* **ADS** autograph document signed *юр.* собственноручно написанный и подписанный документ

ADSC Automated Data Service Center центр услуг по автоматической обработке данных (*США*)

ADSSSA Assistant Director for Space Science and Satellite Applications помощник директора по космическим исследованиям и применению ИСЗ (*НАСА*)

ADT Automatic Detection and Tracking автоматическое обнаружение и сопровождение

ADTDS Assistant Director for Tracking and Data Systems помощник директора по системам слежения и обработки данных (*НАСА*)

adv ad valorem *лат.* (according to the value) с ценности; с объявленной цены; со стоимости

adv advance продвижение вперёд; наступление

adv advanced усовершенствованный; перспективный, наиболее перспективный, передовой

Adv Advent *рел.* пришествие

adv adverb *грам.* наречие

adv advertisement рекламное объявление, реклама

adv advocate защитник, адвокат

ad val ad valorem *лат.* (according to the value) с ценности; с объявленной цены; со стоимости

advert [ˈædvət] advertisement *брит. разг.* рекламное объявление, реклама

adv/l advance leave внеочередной отпуск

adv/p advanced pay аванс в счёт денежного содержания

advpmt advance payment авансовый платёж

advsr advisor советник, консультант

advsy advisory консультативный, рекомендательный, совещательный

advt advertisement рекламное объявление, реклама

Ae aerial *брит.* антенна; антенный

AE Aeronautical Engineer авиационный инженер

AE Agricultural Engineer инженер-механизатор сельского хозяйства

AE American English американский вариант английского языка

AEA Adult Education Association Ассоциация по обучению взрослых

AEA Aircraft Electronics Association Ассоциация по авиационной электронике

AEA American Economic Association Американская экономическая ассоциация

AEA American Education Association Американская ассоциация по образованию

AEA Association of European Airlines Ассоциация европейских авиатранспортных компаний

AEA Atomic Energy Authority Управление по атомной энергии (*Великобритания*)

AE & MP Ambassador Extraordinary and Minister Plenipotentiary Чрезвычайный Посол и Полномочный Министр

A. E. and P. Ambassador Extraordinary and Plenipotentiary Чрезвычайный и Полномочный Посол

AEC [ˈerˈiːˈsiː] Atomic Energy Commission Комиссия по атомной энергии

AED acceptable emergency dose допустимая доза облучения (*при аварии*), допустимая аварийная доза

AEDS Atomic Energy Detection System система обнаружения ядерных взрывов (*Комиссия по атомной энергии*)

AEF Amalgamated Union of Engineering and Foundry Workers Объединённый профсоюз машиностроителей и литейщиков (*Великобритания*)

AEF American Expeditionary Forces американские экспедиционные войска

AEG Aircraft Engine Group «Эркрафт Энджин Групп» (*отделение корпорации «Дженерал Дайнэмикс»*)

AEI [ˈeɪˈiːˈaɪ] Associated Electrical Industries «Ассошиэйтед Электрикал Индастриз» (*крупная компания по производству генераторов, турбин, электро- и электронной аппаратуры; Великобритания*)

AEIBC American Express International Banking Corporation Международная банковская корпорация «Америкэн Экспресс»

AEL American Electronic Laboratories Американские лаборатории электроники

AELC American Evangelical Lutheran Church Американская евангелическая лютеранская церковь

aer aeronautics аэронавтика, авиация и воздухоплавание; авиационная наука и техника; лётное дело

AER Alliance to End Repression Союз за прекращение угнетения (*США*)

AERA American Educational Research Association Американская научно-исследовательская педагогическая ассоциация

AERE Atomic Energy Research Establishment Научно-исследовательский центр по атомной энергии (*Великобритания*)

AERI Agricultural Economics Research Institution Американский научно-исследовательский институт экономики сельского хозяйства

aeron aeronautics аэронавтика; воздухоплавание

AES Aircraft Electrical Society Общество авиационных электриков

AES American Electrochemical Society Американское электрохимическое общество

AES American Entomological Society Американское энтомологическое общество

AES American Ethnological Society Американское этнологическое общество

AES Artificial Earth Satellite искусственный спутник Земли

AES Asian Environmental Society Азиатское общество по окружающей среде, АООС

AESC American Engineering Standards Committee Американский комитет технических стандартов

AESD Association of Engineering and Shipbuilding Draughtsmen Ассоциация проектировщиков судовых механизмов и судов

AESOP Artificial Earth Satellite Observation Program Программа наблюдения за искусственными спутниками Земли

AESS American Ethnic Science Society Американское общество этнографии

AET Australian Eastern Time австралийское восточное время

AETN American Educational Television Network Американская образовательная телевизионная сеть

AEU [ˈeɪˈiːˈjuː] Amalgamated Engineering Union Объединённый профсоюз машиностроителей (*Великобритания*)

AEW airborne early warning раннее/дальнее обнаружение противника (*воздушными постами, дозорами*); дальнее радиолокационное обнаружение целей воздушным дозором

AEW & C *тж.* **AEWC** Airborne

Early Warning and Control дальнее радиолокационное обнаружение и наведение воздушных дозоров

AEWS Advanced Electronic Warfare System усовершенствованная система радиоэлектронной борьбы

AF Admiral of the Fleet адмирал флота (*Великобритания*)

AF Air Force военно--воздушные силы, ВВС

A-F Anglo-French англофранцузский

af as follows как указано далее

AF *тж.* **af** audio frequency *радио* звуковая частота, частота звуковых колебаний

AFA Air Force Academy авиационное училище

AFA American Finance Association Американская финансовая ассоциация

AFA American Forensic Association Американская судебная ассоциация

AFA American Forestry Association Американская ассоциация лесоводства

AFA Associate of the Faculty of Actuaries член (шотландского) факультета специалистов по технике страхования

AFAC American Fisheries Advisory Committee Американский консультативный комитет по рыболовству

AFAS Associate of the Faculty of Architects and Surveyors член факультета архитекторов и геодезистов

AFASE Association for Applied Solar Energy Ассоциация по применению солнечной энергии

AFB Air Force Base авиационная база ВВС (*США*)

AFB American Federation for the Blind Американская федерация помощи слепым

AFC Air Force Cross «Крест военно-воздушных сил» (*орден; Великобритания*)

afc antibody-forming cell антителообразующая клетка

AFC automatic flight control автоматическое управление полётом

AFC automatic frequency control *радио* автоматическая регулировка частоты

AFCE Allied Forces, Central Europe вооружённые силы НАТО в Центральной Европе

afce automatic flight-control equipment оборудование для автоматического управления полётом

AFCENT Allied Forces, Central Europe вооружённые силы НАТО в Центральной Европе

AFCS Air Force Chief of Staff начальник штаба ВВС

AFCS Automatic Flight Control System система автоматического управления полётом

AFD Air Force Depot депо ВВС (*США*)

AFDB African Development Bank Африканский банк развития

AFEA American Film Export Association Американская ассоциация экспорта фильмов

aff affirmative утвердительный, положительный

affil affiliated связанный; присоединённый

AFFS American Federation of Film Societies Американская федерация киноообществ

afft affidavit *юр.* письменное показание под присягой

Afg Afghanistan Афганистан

AFGE American Federation of Government Employees Американская федерация служащих правительственных учреждений (*профсоюз*)

Afgh Afghanistan Афганистан

AFHQ Air Force Headquarters штаб ВВС

AFHQ Armed Forces Headquarters штаб вооружённых сил

AFI Air Force Intelligence разведка ВВС

AFI American Film Institute Американский институт кино

AFIA American Footwear Industries Association Американская ассоциация обувной промышленности

AFIA American Foreign Insurance Association Американская ассоциация по заграничным страховым операциям, ААЗСО

AFIAS Associate Fellow of the Institute of the Aerospace Sciences член Института космических наук (*США*)

AFIC Air Force Intelligence Center разведывательный центр ВВС

AFIC Armed Forces Intelligence Center разведывательный центр вооружённых сил

AFII American Foundation of International Institutes Американский фонд международных институтов

AFIIM Associate Fellow of the Institute of Industrial Managers член Института промышленных менеджеров

AFIPS American Federation of Information Processing Societies Американская федерация обществ по обработке информации

AFIT Air Force Institute of Technology Технологический институт ВВС

AFL American Football League Американская футбольная лига

AFL/CIO [ˈeɪˈefˈelˈsiːˈaɪˈəu] American Federation of Labor/Congress of Industrial Organizations Американская федерация труда/Конгресс производственных профсоюзов, АФТ/КПП

AFM Air Force Medal Медаль ВВС

AFM American Federation of Musicians Американская федерация музыкантов

AFMED Allied Forces, Mediterranean вооружённые силы НАТО на Средиземноморском театре

AF of A Advertising Federation of America Американская федерация рекламодателей

AFP American Federation of Police Американская федерация полицейских

AFPE American Foundation for Political Education Американский фонд политического образования

Afr Africa Африка

Afr African африканский

AFRA Average Freight Rate Assessment *ком.* оценка среднего уровня фрахтовых ставок

A.F.R.Ae.S. Associate Fellow of the Royal Aeronautical Society член-корреспондент Королевского авиационного общества

Afro [ˈæfrəu] African в стиле африканских негров; афро (*высокая причёска из мелких завитков*); причёска под африканца

afs aforesaid вышеупомянутый, вышесказанный

AFS Air Force Staff штаб ВВС

AFS American Fisheries Society Американское общество рыболовства

AFSA Armed Forces Security Agency контрразведывательное управление вооружённых сил

AFSATCOM [ˈæfsætˈkɔm] Air Force Satellite Communications System система спутниковой связи ВВС, «Афсатком»

AFSB American Federation of Small Business Американская ассоциация мелких предпринимателей

AFSE Allied Forces, Southern Europe вооружённые силы НАТО в Южной Европе

aft [ɑːft] afternoon после полудня, пополудни, днём

AFT American Federation of Teachers Американская федерация учителей (*профсоюз*)

AFTRA American Federation of Television and Radio Artists Американская федерация артистов телевидения и радио

AFUS Air Force of the United States ВВС США

AFUS Armed Forces of the United States вооружённые силы США

AFV *тж.* **afv** armoured fighting vehicle боевая бронированная машина, бронемашина

AG *тж.* **A-G** Adjutant General генеральный адъютант

ag [æg] agricultural сельскохозяйственный

ag [æg] agriculture сельское хозяйство, земледелие

AG air gunner воздушный стрелок

AG *тж.* **A-G, A/G, a-g, a/g** air--to-ground класса «воздух—земля»

AG *тж.* **A/G** Attorney General генеральный атторней (*Великобритания*); министр юстиции (*США*)

AGA American Gas Association Американская газовая ассоциация

AGA American Genetic Association Американская ассоциация генетики

AGAC American Guild of Authors and Composers Американская гильдия писателей и композиторов

AG & ES American Gas and Electric System Американская система газа и электричества

AGC automatic gain control *радио* автоматическая регулировка усиления, АРУ

AGCA *тж.* **agca** automatic ground-control approach автоматический заход на посадку по сигналам наземных маяков

AGCL *тж.* **agcl** automatic ground-control landing автоматическая посадка (самолёта) по сигналам наземных маяков

AGCT Army General Classification Test испытания призванных на военную службу для определения военной специальности (*США*)

agcy agency агентство; представительство; управление

agd agreed согласовано

Ag E Agricultural Engineer инженер в области механизации сельского хозяйства

AGED Advisory Group on Electronic Devices консультативная группа по электронным приборам

agey agency агентство; представительство; управление

aggie [ˈægɪ] agony column газетный столбец с объявлениями о розыске пропавших родных *и т. п.*

aggie [ˈægɪ] agricultural school (college) *амер.* сельскохозяйственный техникум (колледж); учащийся сельскохозяйственного техникума (колледжа)

aggr aggregate агрегат, комплекс; агрегатный, суммарный, итоговый

aggro [ˈægrəu] aggression *брит. жарг.* агрессивность, вызывающее поведение; уличная драка, скандал

AGI Aliens Gathering Intelligence *воен.* чужие суда, которые занимаются сбором информации вблизи военных баз *или* кораблей

AGI American Geographical Institute Американский географический институт

AGI American Geological Institute Американский геологический институт

agl above ground level над уровнем земли; высота над местностью; геометрическая (истинная) высота

AGM *тж.* **agm** [ˈeɪˈdʒiːˈem] air--to-ground missile ракета класса «воздух—земля»

AGM American Guild of Music Американская гильдия музыки

AGM [ˈeɪˈdʒiːˈem] annual general meeting общее ежегодное собрание (*членов клуба, общества, организации, акционеров фирмы или компании*)

AGMA American Guild of Musical Artists Американская гильдия музыкантов

agn again снова, вновь; опять

AGOE Advisory Group for Ocean Engineering Консультативная группа по техническим средствам и технике работ по изучению и освоению океана

ag. prov agent provocateur *фр.* (provoking agent) провокатор

AGR advanced gas-cooled reactor современный реактор с газовым охлаждением

agr agricultural сельскохозяйственный

agr agriculture сельское хозяйство, земледелие

AGREE Advisory Group on Reliability of Electronic Equipment Консультативная группа по надёжности электронного оборудования

agri agricultural сельскохозяйственный

agri agriculture сельское хозяйство, земледелие

Agrinter Inter-American Information System for the Agricultural Sciences Межамериканская система информации по сельскохозяйственным наукам

Agris *тж.* **AGRIS** [ˈægrɪs] Agricultural Information System система сельскохозяйственной информации, АГРИС

AGS [ˈeɪˈdʒiːˈes] abort guidance system аварийная система управления, система управления при аварийном прекращении полёта

AGS American Geographical Society Американское географическое общество

AGS Association of Graduate Schools Ассоциация аспирантур

AGSS American Geographical and Statistical Society Американское географическое и статистическое общество

agst against против

agt *тж.* **Agt** agent уполномоченный, представитель, агент; реагент; компонент

agt agreement соглашение, договор

agt *тж.* **AGT** antiglobulin test антиглобулиновый тест, реакция Кумбса

AGU American Geographical Union Американский географический союз

AGU American Geophysical Union Американский геофизический союз

AGVA American Guild of Variety Artists Американская гильдия артистов эстрады

agw actual gross weight фактический вес брутто

agy agency агентство; представительство, управление

AGZ *тж.* **agz** Actual Ground Zero действительный эпицентр (*ядерного взрыва*)

Ah *тж.* **a.h., a-h** ampere-hour ампер-час

a/h at home дома

AHA American Heart Association Американская ассоциация изучения сердечных заболеваний

AHA American Historical Association Американская ассоциация по изучению истории

AHA American Hotel Association Американская ассоциация гостиниц

AHAM Association of Home Appliance Manufacturers Ассоциация производителей бытовых приборов

AHAUS Amateur Hockey Association of the United States Любительская ассоциация хоккея США

AHC American Helicopter Company «Америкэн хеликоптер компани» (*компания по производству вертолётов; США*)

ahd ahead вперёд, впереди

AHD American Heritage Dictionary «Америкэн Херитидж Дикшнэри» (*словарь английского языка американского издательства «Херитидж»*)

AHE Association for Higher Education Ассоциация содействия высшему образованию

AHEA American Home Economics Association Американская ассоциация домоводства

AHF American Health Foundation Американский фонд здравоохранения

AHF American Heritage Foundation Американский фонд «Херитидж»

AHGMR Ad Hoc Group on Missile Reliability специальная группа по обеспечению надёжности ракет

AHH active homing head активная головка самонаведения

AHI American Health Institute

Американский институт здравоохранения

AHL American Hockey League Американская хоккейная лига

AHMA American Hardware Manufacturers Association Американская ассоциация производителей скобяных изделий

AHMI Association of Headmistresses, Incorporated Ассоциация директрис частных школ (*Великобритания*)

AHPC American Heritage Publishing Company Американское издательство «Херитидж»

AHQ Air Headquarters авиационный штаб

AHQ Army Headquarters штаб армии

ahr anchor якорь

AHS American Helicopter Society Американское вертолётное общество

AHS American Horticultural Society Американское общество садоводства

AHSA American Horse Shows Association Американская ассоциация выставок лошадей

AHT Acoustic Homing Torpedo акустическая самонаводящаяся торпеда

AHWG Ad Hoc Working Group специальная рабочая группа (*США*)

AI airborne interceptor перехватчик воздушных целей

AI Airbus Industry «Эрбас Индастри» промышленный консорциум по производству аэробусов

AI aircraft identification опознавание самолётов

AI aircraft industry авиационная промышленность

AI Air India «Эр Индиа» (*авиатранспортная компания Индии*)

AI air intelligence *амер.* воздушная разведка; данные воздушной разведки

AI American Institute Американский институт

AI [′eɪ′aɪ] Amnesty International «Эмнести Интернэшнл» (*организация «Международная амнистия»*)

AI Anthropological Institute Антропологический институт

AI artificial insemination искусственное осеменение

AI [′eɪ′aɪ] artificial intelligence искусственный интеллект

AIA Aerospace Industries Association Ассоциация космической промышленности (*США*)

AIA Aircraft Industries Association Ассоциация авиационной промышленности (*США*)

AIA American Importers Association Американская ассоциация импортёров

AIA American Institute of Aeronautics Американский институт авиации

AIA American Institute of Architects Американский институт архитекторов

AIA American Insurance Association Американская страховая ассоциация

AIA Associate of the Institute of Actuaries *брит.* член-корреспондент Института страховых статистиков

AIAA American Institute of Aeronautics and Astronautics Американский институт авиации и космонавтики

AIAA Architect Member of the Incorporated Association of Architects and Surveyors член архитектурной секции Объединённой ассоциации архитекторов и топографов

AIAESD American International Association for Economic and Social Development Американская международная ассоциация экономического и социального развития

AIAL Associate of the Institute of Arts and Letters член-корреспондент института искусств и литературы

AIB Academy for International Business Академия международного предпринимательства

AIB American Institute of Banking Американский институт банковского дела

AIB Associate of the Institute of

Bankers член-корреспондент Института банкиров

AIB Association of Investment Brokers Ассоциация маклеров, занимающихся инвестициями

AIBA American Industrial Banking Association Американская ассоциация промышленных банков

AIBS American Institute of Biological Sciences Американский институт биологических наук

AIC American Institute of Chemists Американский институт химиков

AIC American Investment Company Американская инвестиционная компания

AIC Art Institute of Chicago Чикагский художественный институт

AICBM *тж.* **aicbm** [ˈeɪˈɑːˈsiːˈbiːˈem] Anti-Intercontinental Ballistic Missile ракета для перехвата межконтинентальных баллистических ракет; противоракета

AICC All-Indian Congress Committee Всеиндийский комитет конгресса (*высший орган партии «Индийский национальный конгресс»*)

AICE Agency for Information and Cultural Exchange Агентство по информации и культурному обмену

AICE American Institute of Chemical Engineers Американский институт инженеров-химиков

AICPA American Institute of Certified Public Accountants Американский институт дипломированных бухгалтеров-ревизоров

AICR American Institute for Cancer Research Американский институт исследований раковых заболеваний

AICS Associate of the Institute of Chartered Brokers *брит.* член-корреспондент Института маклеров

AICS Association of Independent Colleges and Schools Ассоциация независимых колледжей и школ

AICU Association of International Colleges and Universities Ассоциация международных колледжей и университетов

aid acute infectious disease острое инфекционное заболевание

AID Agency for International Development Агентство международного развития (*США*)

AID American Institute of Decorators Американский институт декораторов

AID American Institute of Interior Designers Американский институт дизайнеров интерьера

AID Army Intelligence Department Управление армейской разведки

AID *тж.* **aid** artificial insemination by donor *брит.* искусственное осеменение донором

AID Association for International Development Ассоциация международного развития

AID automatic information distribution *вчт.* автоматическое распределение информации

AIDC American Industrial Development Council Американский совет промышленного развития

AIDC Asian Industrial Development Council Азиатский совет промышленного развития

aide [eɪd] aide-de-camp адъютант, помощник

AIDS [eɪdz] acquired immune deficiency syndrome синдром приобретённого иммунодефицита, СПИД

AIDS (North) Atlantic Institute for Defense Study Институт военных исследований НАТО

AIEE American Institute of Electrical Engineers Американский институт инженеров-электриков

AIER American Institute for Economic Research Американский институт экономических исследований

AIFR American Institute of Family Relations Американский институт по изучению семейных отношений

AIFS American Institute for Foreign Study Американский институт внешнеполитических проблем

AIFT American Institute for Foreign Trade Американский институт внешней торговли

AIG American International Group (of insurance companies) Американская международная группа (страховых компаний)

AIH American Institute of Homeopathy Американский институт гомеопатии

AIH *тж.* **aih** artificial insemination by husband *брит.* искусственное осеменение мужем

AIHED American Institute for Human Engineering and Development Американский институт прикладной эргономики и психотехники

AII Air India International «Эр Индиа Интернэшнл» (*авиатранспортная компания Индии*)

AII American International Insurance Co. «Америкэн Интернэшнл Иншурэнс Компани» (*страховая компания США*)

AIIA Association of International Insurance Agents Ассоциация международных страховых агентов

AIIE American Institute of Industrial Engineers Американский институт инженеров промышленности

AIL Artificial Intelligence Laboratory лаборатория искусственного интеллекта

A.I.L. Associate of the Institute of Linguists член-корреспондент Института лингвистики

A.I.Loco.E. Associate of the Institute of Locomotive Engineers член-корреспондент Института инженеров-транспортников

AIM ['eɪˈaɪˈem] American Indian Movement Движение американских индейцев

AIM American Institute of Management Американский институт управления

AIM Association of Information Management Ассоциация по управлению информацией (*Великобритания*)

AIME American Institute of Mining Engineers Американский институт горных инженеров

AIME Association of the Institute of Mechanical Engineers Ассоциация института инженеров-механиков

aime *тж.* **AIME** average indexed monthly earnings средние учтённые ежемесячные доходы

A.I.Mech. E. Associate of the Institution of Mechanical Engineers *брит.* член-корреспондент Института инженеров-механиков

A.I. Min.E. Associate of the Institution of Mining Engineers *брит.* член-корреспондент Института горных инженеров

AIMME American Institute of Mining and Metallurgical Engineers Американский институт горных инженеров и инженеров-металлургов

AIMMPE American Institute of Mining, Metallurgical and Petroleum Engineers Американский институт горных инженеров, инженеров-металлургов и инженеров-нефтяников

AIMS American Institute for Mathematical Statistics Американский институт математической статистики

AIMS American Institute for Mental Studies Американский институт психических исследований

AIMS American Institute of Maritime Services Американское общество служащих в торговом флоте

AIMS American Institute of Merchant Shipping Американский институт торгового судоходства

AIMU American Institute of Marine Underwriters Американский институт морских страховщиков

AIN American Institute of Nutrition Американский институт питания

AINA Arctic Institute of North

America Арктический институт Северной Америки

AIOEC Association of Iron Ore Exporting Countries Ассоциация стран-экспортёров железной руды

aip accident insurance policy страховой полис от несчастных случаев

AIP American Institute of Physics Американский институт физики

AIP American Institute of Planners Американский институт плановиков

AIP American Institute of Psychoanalysis Американский институт психоанализа

AIPE American Institute for Professional Education Американский институт профессионального образования

AIPG American Institute of Professional Geologists Американский институт профессиональных геологов

AIPO [ˈeɪpəu] American Institute of Public Opinion Американский институт общественного мнения

AIRE American Institute of Radio Engineers Американский институт радиоинженеров

AIRI Atomic Industry Research Institute Научно-исследовательский институт атомной промышленности

ais agreed industry standard согласованный промышленный стандарт

AIS Air Intelligence Service разведывательная служба ВВС

ais *тж.* AIS automatic interplanetary station автоматическая межпланетная станция

AISA Associate of the (Incorporated) Secretaries Association член-корреспондент Ассоциации секретарей

AISE Association of Iron and Steel Engineers Ассоциация инженеров чёрной металлургии

AISI American Iron and Steel Institute Американский институт чёрной металлургии

AIT American Institute of Technology Американский технологический институт

AITVS Association of Independent Television Stations Ассоциация независимых телевизионных станций

AIWM American Institute of Weights and Measures Американский институт весов и мер

AJ antijamming борьба с радиопомехами

aja ajacent смежный, соседний; прилегающий, граничащий

AJA American Journalists Association Американская ассоциация журналистов

AJA American Judges Association Американская ассоциация судей

AJI American Jet Industries Inc. «Америкэн Джет Индастриз» (*корпорация по производству реактивной техники, США*)

AJIL American Journal of International Law «Америкэн Джорнал оф Интернэшнл Ло» (*наименование американского периодического издания по вопросам международного права*)

AJS American Journal of Sociology «Америкэн Джорнал оф Сосиолоджи» (*наименование американского периодического издания по социологии*)

Ak Alaska Аляска (*штат США*)

a.k.a. *тж.* aka, a/k/a, AKA [ˈeɪ-ˈkeɪˈeɪ] also known as иначе называемый, известный также под именем

AKC American Kennel Club Американский клуб собаководства

AKC Associate of King's College (London) член-корреспондент Кингз-Колледжа (*высшего учебного заведения в составе Лондонского университета*)

AL [ˈeɪˈel] Abraham Lincoln Авраам Линкольн (*16-й президент США*)

AL airlift воздушный мост, воздушные перевозки, груз, перевозимый по воздуху

AL Alabama Алабама (*штат США*)

AL Alaska Аляска (*штат США*)

al albumen *биол.* белок, белковое вещество

al alcohol алкоголь, спиртные напитки, спирт

al alias иначе называемый, известный под именем; другое, вымышленное имя; прозвище, кличка

Al aluminium *хим.* алюминий; алюминиевый

AL American League (of Professional Baseball Clubs) *бейсб.* Американская лига (профессиональных бейсбольных клубов)

AL American Legion Американский легион (*организация ветеранов войны; США*)

al *тж.* **AL** annual leave ежегодный отпуск

AL approach and landing заход на посадку и приземление (*самолёта*)

al *тж.* **AL** autograph letter собственноручное письмо

Ala Alabama Алабама (*штат США*)

ala all arms все рода войск

ALA American Library Association Американская библиотечная ассоциация

ALA Associate of the Library Association *брит.* член-корреспондент библиотечной ассоциации

ALA Authors League of America Лига писателей Америки

ALACP American League to Abolish Capital Punishment Американская лига за отмену смертной казни

Alas Alaska Аляска (*штат США*)

Alb Albany Олбани (*город США*)

Alb Alberta Альберта (*провинция Канады*)

alb albumen *биол.* белок, белковое вещество

Alba Alberta Альберта (*провинция Канады*)

ALBM *тж.* **albm** [ˈeɪˈelˈbiːˈem] air-launched ballistic missile баллистическая ракета воздушного базирования, авиационная баллистическая ракета

alc [ælk] alcohol алкоголь, спиртные напитки, спирт

ALC American Lutheran Church Американская лютеранская церковь

alc approximate lethal concentration приблизительная смертельная концентрация

ALC Armoured Landing Craft *брит.* бронированное десантное плавучее средство

ALCC Airborne Launch Control Center воздушный пункт управления пуском (*ракет*), ВПУП

ALCM *тж.* **alcm** [ˈeɪˈelˈsiːˈem] air-launched cruise missile крылатая ракета воздушного базирования, КРВБ

ALCM Associate of the London College of Music член-корреспондент Лондонского колледжа музыки

ALCOA Aluminium Company of America Американская алюминиевая компания

ALCT Assault Landing Craft десантно-высадочное средство

ald aldehyde *хим.* альдегид

Ald *тж.* **ald** alderman олдермен (*член совета графства или городского совета; Великобритания*)

Aldm *тж.* **aldm** alderman олдермен (*член совета графства или городского совета; Великобритания*)

ALEC American Lutheran Evangelical Church Американская лютеранская евангелическая церковь

ALEOA American Law Enforcement Officers Association Американская ассоциация работников полиции, прокуратуры

A Level [ˈeɪˌlevl] Advanced Level экзамен по программе средней школы на продвинутом уровне (*Великобритания*)

ALF American Life Federation Американская федерация жизни

ALF American Life Foundation Американский фонд жизни

ALF auxiliary landing field вспомогательная посадочная площадка

alg algebra алгебра

alg algebraic(al) алгебраический

Alg Algerian алжирский

Alg Algiers Алжир

alg allergic аллергический

alg allergy аллергия

alg along дальше, вперёд

ALGM *тж.* **algm** [ˈeɪˈelˈdʒiːˈem] air-launched guided missile авиационная управляемая ракета

algo algorithm алгоритм

ALGOL *тж.* **Algol** [ˈælgɔl] Algorithmic Language международный язык программирования, алгол

ALI American Law Institute Американский юридический институт

ALI American Library Institute Американский библиотечный институт

alk alkali щёлочь

alkie [ˈælkɪ] alcohol *жарг.* алкоголь; технический спирт, виски, самогон; пьяница, алкоголик

alky alkalinity щёлочность

alloc allocate размещать, определять место; назначать, распределять

All S All Souls College, Oxford «Олл-Соулз-Колледж» (*научно-исследовательский колледж в Оксфордском университете*)

alm alarm тревога, сигнал тревоги

A.L.M. Artium Liberalium Magister *лат.* (Master of Liberal Arts) магистр гуманитарных наук (*ставится после фамилии*)

ALMS *тж.* **alms** [ˈeɪˈelˈemˈes] air-launched missile system авиационный ракетный комплекс

ALP Australian Labour Party Лейбористская партия Австралии

ALPA Airline Pilots' Association of America Американская ассоциация лётчиков авиатранспортных компаний

ALPA Alaskan Long-Period Array сейсмическая группа на Аляске, сейсмическая группа АЛПА

alpha alphabetical буквенный, алфавитный

ALS American Littoral Society Американское общество по изучению и освоению литоральной зоны

als *тж.* ALS autograph letter, signed собственноручно написанное и подписанное письмо

ALS Automatic Landing System автоматическая система посадки (*самолётов*)

alt alteration изменение, вариант

alt alternate запасной; запасный

alt alternative альтернатива

alt altitude высота

ALU arithmetic and logic unit *вчт.* арифметико-логическое устройство, АЛУ

alum aluminium *хим.* алюминий

alum aluminium potassium sulphate *хим.* квасцы

ALUSNA American Legation United States, Naval Attaché военно-морской офицер при дипломатической миссии США

ALV artificial lung ventilation *мед.* искусственная вентиляция лёгких, искусственное дыхание

aly alloy сплав, легирующий элемент

a.m. above mentioned вышеуказанный, вышеупомянутый

AM *тж.* **am** airlock module шлюзовая камера

AM air mail авиапочта

AM Air Ministry министерство авиации (*Великобритания*)

Am America Америка

Am American американец; американский

Am americium *хим.* америций

Am ammonium *хим.* аммоний

am ammunition боеприпасы

am ampermeter амперметр

am amplitude амплитуда

a.m. [ˈeɪˈem] ante meridiem *лат.* (before noon) до полудня, утром

A.M. Artium Magister *лат.* (Master of Arts) магистр искусств (*ставится после фамилии*)

AMA [ˈeɪˈemˈeɪ] American Management Association Американская ассоциация управления

AMA [ˈeɪˈemˈeɪ] American Medical Association Американская медицинская ассоциация

Am Acad Pol Soc Sci American Academy of Political and Social Science Американская академия политических и социальных наук

Am Acad Rel American Academy of Religion Американская академия религии

amalg amalgamated объединённый

Amb Ambassador посол

amb ambulance средство санитарного транспорта

Amb Ex Ambassador Extraordinary чрезвычайный посол

Amb Ex/Plen Ambassador Extraordinary and Plenipotentiary Чрезвычайный и Полномочный Посол

AMC Association of Management Consultants Ассоциация консультантов по управлению производством

AMCA American Medical College Association Американская ассоциация медицинских колледжей

Am Chem Soc American Chemical Society Американское химическое общество

Am Dent Ass American Dental Association Американская ассоциация стоматологов

AMDS Arctic mobile drilling structure плавучая буровая установка для работ в Арктике

amdt amendment поправка, исправление

AMEDS *тж.* **AMedS** Army Medical Service военно-медицинская служба

Amer America Америка

Amer American американский

A Me S American Meteorological Society Американское метеорологическое общество

Ameslan [ˈæmesˌlæn] American sign language язык знаков, используемый глухими во всей Северной Америке

Amex American Stock Exchange Американская фондовая биржа

AMEXCO American Express Company «Америкэн Экспресс Компани» (*американская компания срочных перевозок*)

amhd average man-hours per day среднее количество человеко-часов в сутки

ami acute myocardial infarction *мед.* острый инфаркт миокарда

AMIAP Associate Member of the Institution of Analysis and Programmers *брит.* член-корреспондент Института анализа и программистов

AMICE Associate Member of the Institution of Civil Engineers *брит.* член-корреспондент Института гражданских инженеров

AMICO American Measuring Instrument Company Американская компания измерительных приборов

AMICOM Army Missile Command ракетное командование сухопутных войск

AMI Mech E Associate Member of the Institution of Mechanical Engineers *брит.* член-корреспондент Института инженеров-механиков

AMIN Advertising and Marketing International Network Международная система рекламы и сбыта

AMINA Associate Member of the Institution of Naval Architects *брит.* член-корреспондент Института инженеров-кораблестроителей

AMINE Associate Member of the Institution of Naval Engineers *брит.* член-корреспондент Института военно-морских инженеров

AMIS Advanced Management Information System усовершен-

ствованная информационно-
-управленческая система

Am Jour Sci American Journal
of Science «Америкэн Джорнал
оф Сайенс» (*наименование американского периодического издания по науке*)

Am J Phys American Journal of
Physics «Америкэн Джорнал оф
Физикс» (*наименование американского периодического издания по физике*)

Am J Psy American Journal of
Psychiatry «Америкэн Джорнал
оф Сайкайетри» (*наименование американского периодического издания по психиатрии*)

AML Aerospace Medical Laboratory лаборатория космической
медицины (*США*)

AML Applied Mathematics Laboratory лаборатория прикладной математики

A.M.L.S. Master of Arts in Library Science магистр библиотечной науки (*ставится после фамилии*)

AMM American Merchant
Marine американский торговый
флот

amm ammunition боеприпасы

amm *тж.* **AMM** anti-missile
missile противоракета, антиракета

Am Math Soc American Mathematical Society Американское математическое общество

AMMI American Merchant
Marine Institute Американский
институт торгового флота

AMMPE American Mining,
Metallurgical and Petroleum Engineers Американские горные инженеры, инженеры-металлурги
и инженеры-нефтяники (*профсоюз*)

amo *тж.* **AMO** air mail only только авиапочтой

amoco American Oil Company
«Америкэн Ойл Компани» (*американская нефтяная компания*)

AMOS [ˈeɪməs] Acoustic, Meteorological and Oceanographic
Survey акустические, метеоро-

логические и океанографические
исследования

AMOS [ˈeɪməs] Automatic Meteorological Observation Station
автоматическая метеорологическая станция

AMP *тж.* **amp** adenosine
monophosphate *хим.* аденозин-
-монофосфатная кислота

amp [æmp] ampere *эл.* ампер

amp amphetamine амфетамин
(*наркотическое средство*)

amp [æmp] amplifier *разг.* усилитель; *амер. жарг.* электрогитара

amp [æmp] ampoule *разг.* ампула

amp [æmp] amputation *студ. мед.* ампутация

amp [æmp] amputee *канад. мед.*
человек, у которого ампутирована рука *или* нога

AMPA American Medical Publishers Association Американская ассоциация издателей медицинской литературы

AMPAS Academy of Motion
Picture Arts and Sciences Академия киноискусства и кинотехники (*США*)

AMPCO Accosiated Missile
Products Corporation «Ассошиэйтед Миссайл Продактс
Корпорейшн» (*американская ракетная корпорация*)

amph amphibious морской, десантный; амфибийный

amphet amphetamine амфетамин (*наркотическое средство*)

AM Philos Soc American Philosophical Society Американское общество философов

AMPTP Association of Motion
Picture and Television Producers
Ассоциация кино- и телепродюсеров (*США*)

amput [ˈæmpət] amputation *воен. жарг.* ампутация

AMR Atlantic Missile Range
ист. Атлантический ракетный
испытательный полигон (*США*)

AMRAAM *тж.* **amraam** Advanced Medium Range Air-to-air
Missile ракета передового бази-

рования средней дальности класса «воздух — воздух»

AMRF African Medical and Research Foundation Африканский фонд для развития медицины и исследования, АФМИ

AMRINA Associate Member of the Royal Institution of Naval Architects *брит.* член-корреспондент Королевского института инженеров-кораблестроителей

AMRS American Moral Reform Society Американское общество моральных реформ

AMS Administration and Management Services административные и управленческие службы

AMS air missile system авиационный ракетный комплекс

AMS American Mathematical Society Американское математическое общество

AMS American Meteorological Society Американское метеорологическое общество

A.M.S. Army Medical Staff военно-медицинские сотрудники

Amsat *тж.* **AMSAT** [ˈæmˈsæt] Amateur Satellite любительский спутник

AMSE Associate Member of the Society of Engineers член-корреспондент Общества инженеров

amsl above mean sea level выше среднего уровня моря; высота относительно среднего уровня моря; абсолютная высота

amt amount количество; величина; сумма

A.M.T. Master of Arts in Teaching магистр искусств в области педагогики (*ставится после фамилии*)

AMTCL Association for Machine Translation and Computational Linguistics Ассоциация машинного перевода и вычислительной лингвистики

amtrack amphibious tractor плавающий транспортёр *или* тягач

Amtrak [ˈæmˈtræk] American Tracks Американская железная дорога, «Амтрак»

amtran [ˈæmˈtræn] automatic mathematical translator автоматический математический транслятор

amu atomic mass unit атомная единица массы

A. Mus. D. Doctor of Musical Arts доктор музыкальных искусств (*ставится после фамилии*)

AMVETS [ˈæmˈvets] American Veterans Союз американских ветеранов войны

AMW Amphibious Warfare морские десантные операции

AMW Antimissile Warfare противоракетная война

AMW Association of Married Women Ассоциация замужних женщин

AN Anglo-Norman англо--норманнский

AN Army Number личный номер военнослужащего

AN autograph note автограф

ANA American Nature Association Американская ассоциация (изучения) природы

ANA American Neurological Association Американская ассоциация неврологов

ANA American Newspaper Association Американская ассоциация газетных работников

ANA Assistant Naval Attaché помощник военно-морского атташе (*Великобритания*)

ANA Association of National Advertisers Национальная ассоциация рекламодателей (*США*)

anacom analog computer аналоговая вычислительная машина, АВМ; аналоговое вычислительное устройство

ANAF Army, Navy, Air Force армия, флот, ВВС

anal analogous аналогичный; аналоговый, моделирующий

anal analogy аналогия, подобие

anal analysis анализ; расчёт

anal analytical аналитический

anat anatomical анатомический

anat anatomy анатомия

ANC [ˈerˈenˈsi:] African National

Congress Африканский национальный конгресс, АНК

anc ancient древний; античный

ANC Army Nurse Corps *брит.* служба медицинских сестёр

ANCA American National Cattlemen's Association Американская национальная ассоциация скотоводов

anch anchorage якорная стоянка

and andante *ит.* *(going)* *муз.* анданте, медленно, плавно

ANF Atlantic Nuclear Force Атлантические ядерные силы

ANG Air National Guard авиация Национальной гвардии (*США*)

ANG American Newspaper Guild Американская гильдия газетных работников (*профсоюз*)

ANHA American Nursing Home Association Американская ассоциация частных санаториев

ani automatic number identification автоматическая идентификация шифра

ANICO American National Insurance Company «Американ Нэшнл Иншурэнс Компани» (*страховая компания; США*)

ann annual ежегодный; годичный, годовой

ann annuity ежегодная рента; ежегодный доход

anniv anniversary годовщина

annot annotated аннотированный

annot annotation аннотация

anon anonymous анонимный

ANPA American Newspaper Publishers Association Американская ассоциация издателей газет

ANRC American National Red Cross Американский Красный Крест

ANRPC Association of Natural Rubber Producing Countries Ассоциация стран-производителей каучука

ANS American Nuclear Society Американское общество по ядерной энергии

ans answer ответ; отвечать

ANS autonomous nervous system *мед.* вегетативная нервная система

ANSC American National Standards Committee Американский национальный комитет стандартов

ANSCII American National Standard Code for Information Interchange *вчт.* Американский национальный стандартный код для обмена информацией

ANSI American National Standards Institute Американский национальный институт стандартов

ANSS American Nature Study Society Американское общество изучения природы

ANSW *тж.* **answ** antinuclear submarine warfare борьба с атомными подводными лодками

ant antenna антенна; антенный

ant antonym антоним

anthol anthology антология

anthrop anthropologist антрополог

anthrop anthropology антропология

Anzac [ˈænzæk] Australian and New Zealand Army Corps *разг.* анзак (*солдат Австралийского и Новозеландского экспедиционного корпуса в годы I и II мировых войн*)

ANZUS *тж.* **Anzus** [ˈænzəs] Australia, New Zealand and the United States Тихоокеанский пакт безопасности, АНЗЮС

AO Accountant Officer офицер отчётно-финансовой службы

A/O *тж.* **a/o** account of за счёт (*такого-то*)

AO Administrative Office административно-хозяйственный отдел

ao and others и другие

AO Army Order приказ по армии

AOA American Oceanology Association Американская океанологическая ассоциация

AOAC Association of Official Analytical Chemists Ассоциация химиков-аналитиков, состоящих на государственной службе

AOC-in-C Air Officer Commanding-in-Chief *брит.* командующий авиационным соединением

AOD Army Ordnance Department армейский склад артиллерийско-технического имущества

AOGO Advanced Orbiting Geophysical Observatory усовершенствованная орбитальная геофизическая обсерватория

aol absence over leave опоздание из отпуска/увольнения

AOML Atlantic Oceanographic and Meteorological Laboratory Атлантическая океанографическая и метеорологическая лаборатория

AON All Or None *ком.* партия товара, продающаяся целиком

AONB *тж.* **aonb** Area of Outstanding Natural Beauty *брит.* район удивительной природной красоты

AOO American Oceanic Organization Американская океаническая организация (*по содействию исследованиям и освоению океанов*)

AOP Air Observation Post пост воздушного наблюдения

AOS American Ophthalmological Society Американское офтальмологическое общество

AOTA American Occupational Therapy Association Американская ассоциация трудотерапии

A.O.U. American Ornithologists' Union Американское общество орнитологов

a.p. above proof выше установленного градуса (*о спирте*)

A/P *тж.* **a/p** account paid счёт оплачен

A/P *тж.* **a/p** account payable счёт кредиторов

AP Air Police полиция ВВС

AP air pollution загрязнение воздуха/атмосферы

AP airport аэропорт

AP American Patent американский патент

AP ['eɪ'piː] Associated Press «Ассошиэйтед Пресс, АП» (*информационное агентство; США*)

AP atomic power ядерная энергия

A/P *тж.* **a/p** authority to pay or purchase полномочие на производство платежа *или* покупки

A.P. author's proof авторская корректура

ap autopilot автопилот

APA American Patents Association Американская патентная ассоциация

APA American Pharmaceutical Association Американская фармацевтическая ассоциация

APA American Philological Association Американская филологическая ассоциация

APA American Philosophical Association Американская философская ассоциация

APA American Pilots Association Американская ассоциация пилотов

APA American Planning Association Американская ассоциация планирования

APA American Press Association Американская ассоциация прессы

APA American Protestant Association Американская ассоциация протестантов

APA American Psychiatric Association Американская психиатрическая ассоциация

APA American Psychoanalytical Association Американская ассоциация психоаналитиков

APA American Psychological Association Американская ассоциация психологов

APB All Points Bulletin *амер. полиц.* сигнал всем постам

APCA Air Pollution Control Association Ассоциация контроля за загрязнением атмосферы (*США*)

APD Air Pollution Division отдел по борьбе с загрязнением атмосферы

APdS American Pediatric Society Американское педиатрическое общество

APE Air Pollution Engineer инженер по борьбе с загрязнением атмосферы

APEX *тж.* **Apex, apex** [ˈeɪˌpeks] advance purchase excursion экскурсия с оплатой билета на самолёт за 90 дней до вылета

APF Asia Pacific Forum Азиатско-Тихоокеанский форум

APF Association of Protestant Faiths Ассоциация протестантских вероисповеданий

APHA American Public Health Association Американская ассоциация здравоохранения

API Academic Press, Inc. «Академик Пресс, Инк.» (*наименование книжного издательства*)

API American Petroleum Institute Американский институт нефти

APJ American Power Jet «Америкэн Пауэ Джет» (*американская компания по производству реактивного оборудования*)

APL American President Lines «Америкэн Президент Лайнз» (*американская пароходная компания*)

Apl April апрель

APLA American Patent Law Association Американская ассоциация патентного права

APM Air Provost Marshal начальник военной полиции ВВС (*Великобритания*)

apmt appointment назначение; место, должность

APO Army Post Office *брит.* армейская почтовая служба

Apoc Apocalypse апокалипсис

Apoc Apocryphal апокрифический

app [æp] apparatus *хим.* аппаратура, аппарат

app apparent несомненный, очевидный

app appendix приложение; дополнение

app applied прикладной

app appointed назначенный

apprrop approrpriation ассигнование

approx approximate приблизительный, приближённый

approxn approximation аппроксимация, приближение

appt appointment назначение; место, должность

appx appendix приложение; дополнение

Apr April апрель

APRES applied research прикладные исследования

aprnt apparent истинный; наблюдаемый; кажущийся, видимый

APRTA Associated Press, Radio and Television Association Ассоциация прессы, радио и телевидения

APS Academy of Political Science Академия политических наук

APS American Peace Society Американское общество защиты мира

APS American Pediatric Society Американское педиатрическое общество

APS American Philatelic Society Американское общество филателистов

APS American Philosophical Society Американское философское общество

APS American Physical Society Американское физическое общество

APS American Protestant Society Американское общество протестантов

APS Associate of the Pharmaceutical Society (of Great Britain) член-корреспондент Фармацевтического общества Великобритании

APS [ˈeɪˈpiːˈes] Atomic Power Station атомная электростанция, АЭС

aps automatic pilot system автопилот; система автопилота

APSA American Political Science Association Американская ассоциация политических наук

APSS Auto Program Search System автоматическая система поиска программ

APT [ˈeɪˈpiːˈtiː] advanced passenger train пассажирский суперэкспресс

apt apartment комната, кварти-ра, помещение

APT [′eɪ′pi:′ti:] Apical Pneumothorax Treatment *мед.* апикальный пневмоторакс

APT *тж.* **apt** [′eɪ′pi:′ti:] automatically programmed tool станок с автоматическим программным управлением

APT *тж.* **apt** [′eɪ′pi:′ti:] automatic picture transmission автоматическая передача изображений

APV Administrative Point of View точка зрения администрации

apvd approved утверждено; одобрено

APWA American Public Works Association Американская ассоциация общественных работ

APWU American Postal Workers Union Американский союз почтовых работников

apx appendix приложение; дополнение

a.q. any quantity любое количество

aq aqua вода

aq aqueous водный; водяной

AQL Acceptable Quality Level приемлемый уровень качества

AQT Applicant Qualification Test тест на определение квалификации претендента (*на должность, место и т. д.*)

ar acid resisting кислотоустойчивый

AR adverse reaction *мед.* нежелательная (побочная) реакция

AR air reconnaissance воздушная разведка

AR air refuelling дозаправка топливом в полёте

AR air rescue воздушно-спасательные операции/работы

ar *тж* **a/r, AR, A/R** all risks *страх.* от всех рисков

ar analytical reagent *хим.* чистый реактив

AR annual return годовой отчёт, годовой обзор

Ar Arabic арабский

Ar argentum *хим.* серебро

AR Arkansas *офиц. почт.* Арканзас

AR Army Regulations наставления для армии; правила сухопутных войск

ar arrival прибытие; подход (*войск*)

ar as required в соответствии с требованием

ARA Agricultural Research Administration Научно-исследовательское сельскохозяйственное управление (*США*)

ARA Aircraft Research Association Ассоциация по научно-исследовательским работам в области авиации (*Великобритания*)

ARA Amateur Rowing Association Любительская ассоциация гребного спорта (*Великобритания*)

ARA American Radio Association Американская ассоциация работников радио

ARA American Railway Association Американская железнодорожная ассоциация

A.R.A. Associate of the Royal Academy член-корреспондент Королевской академии (*Великобритания*)

ARABSAT Arab Satellite Communications Organization Арабская организация связи с помощью спутников/спутниковой связи

A.R.A.C. Associate of the Royal Agricultural College член-корреспондент Королевского сельскохозяйственного колледжа (*Великобритания*)

A.R.A.D. Associate of the Royal Academy of Dancing член-корреспондент Королевской академии танца (*Великобритания*)

A.R.Ae.S. Associate of the Royal Aeronautical Society член-корреспондент Королевского общества аэронавтики (*Великобритания*)

A.R.A.M. Associate of the Royal Academy of Music член-корреспондент Королевской академии музыки (*Великобритания*)

Aramco *тж.* **ARAMCO** [æ′ræmkəu] Arabian-American Oil

Company Арабско-американская нефтяная компания

A.R.A.S. Associate of the Royal Astronomical Society член-корреспондент Королевского астрономического общества (*Великобритания*)

ARB Air Registration Board авиационный регистр (*Великобритания*)

A.R.B.A. Associate of the Royal Society of British Artists член-корреспондент Королевского общества британских художников

A.R.B.C. Associate of the Royal Society of British Sculptors член-корреспондент Королевского общества британских скульпторов

ARC Addicts Rehabilitation Center центр реабилитации наркоманов

ARC Aeronautical Research Council Совет научно-исследовательских работ по аэронавтике (*Великобритания*)

ARC Agricultural Research Council Сельскохозяйственный научно-исследовательский совет (*Великобритания*)

ARC AIDS—related complex комплекс, связанный со СПИ-Д'ом

ARC Alcoholic Rehabilitation Center центр реабилитации алкоголиков

ARC American Red Cross Американский Красный Крест

A.R.C.A. Associate of the Royal College of Art член-корреспондент Королевского колледжа изобразительных искусств (*Великобритания*)

arch archaic устаревший, архаический

arch [ɑ:tʃ] archbishop *клер.* архиепископ; *школ.* директор школы

arch archery *спорт.* стрельба из лука

arch archipelago архипелаг

arch architect архитектор

arch architectural архитектурный

arch architecture архитектура

arch archive архив

Arch. E. Architectural Engineer инженер-архитектор

A.R.C.M. Associate of the Royal College of Music член-корреспондент Королевского музыкального колледжа (*Великобритания*)

A.R.C.O. Associate of the Royal College of Organists член-корреспондент Королевского колледжа органистов (*Великобритания*)

ARCON Advanced Research Consultants консультанты в области перспективных исследований

A.R.C.S. Associate of the Royal College of Science член-корреспондент Королевского научного колледжа (*Великобритания*)

A.R.C.S. Associate of the Royal College of Surgeons член-корреспондент Королевского общества хирургов (*Великобритания*)

A.R.C.S.T. Associate of the Royal College of Science and Technology член-корреспондент Королевского колледжа науки и техники

A.R.C.V.S. Associate of the Royal College of Veterinary Surgeons член-корреспондент Королевского колледжа ветеринаров (*Великобритания*)

ARD Accelerated Rural Development ускоренное развитие сельских районов

ard acute respiratory disease острое респираторное заболевание

ARD American Research and Development (Corporation) «Америкэн Рисёрч энд Девелопмент» (*наименование американской корпорации*)

ARDIS [ˈɑːdɪs] Automated Research and Development Information System автоматизированная справочно-информационная система по НИОКР, АРДИС

ARELS [ˈærəls] Association of Recognized English Language Schools Национальная ассоциация признанных школ для изучающих английский язык (*Великобритания*)

ARF Addiction Research Foundation Фонд исследовательских работ по борьбе с наркоманией

ARF Advertising Research Foundation Фонд исследований в области рекламы

ARF Aeronautical Research Foundation Фонд авиационных исследований

ARF American Retail Foundation Американский розничный фонд

ARFDC Atomic Reactor and Fuel Development Corporation «Атомик Риэктор энд Фьюэл Девелопмент Корпорейшн» (*корпорация по созданию атомных реакторов и горючего*)

Arg Argentina Аргентина

arg argentum *хим.* серебро

arg argument *вчт.* аргумент, независимая переменная; параметр

ARI Agricultural Research Institute Сельскохозяйственный научно-исследовательский институт (*США*)

ARI American Russian Institute Американо-русский институт

A.R.I.B.A. Associate of the Royal Institute of British Architects член-корреспондент Королевского института британских архитекторов

A.R.I.C. Associate of the Royal Institute of Chemistry член-корреспондент Королевского института химии (*Великобритания*)

ARIES Advanced Radar Information Evaluation System передовая система оценки информации РЛС

aristo [ˈærɪstəu] aristocrat *разг.* аристократ

arith [əˈrɪθ] arithmetic *школ.* арифметика

Ariz Arizona Аризона (*штат США*)

Ark Arkansas Арканзас (*штат США*)

ARL Aeronautical Research Laboratory Авиационная научно-

-исследовательская лаборатория

ARM Allergy Relief Medicine противоаллергическое лекарство

ARM *тж.* **arm** [ˈeɪˈɑːˈem] anti-radar missile противорадиолокационная ракета

Ar. M. Architecturae Magister *лат.* (Master of Architecture) магистр архитектуры (*ставится после фамилии*)

arm armament вооружение

armd armoured имеющий зенитную броню; бронированный; броненосный; танковый, броневой

armt armament вооружение

arnd around вокруг; приблизительно, около

ARNG Army National Guard Национальная гвардия сухопутных войск

ARNMD Association for Research in Nervous and Mental Disease Ассоциация содействия исследованиям в области нервных и психических заболеваний

ARNO Association of Royal Navy Officers Ассоциация офицеров ВМС Великобритании

aro after receipt of order по получении приказа

ARP [ˈeɪˈɑːˈpiː] air-raid precautions *брит.* мероприятия по пассивной противовоздушной обороне

ARPA Advanced Research Projects Agency Управление перспективного планирования научно-исследовательских работ (*министерства обороны США*)

A.R.P.S. Associate of the Royal Photographic Society член-корреспондент Королевского фотографического общества (*Великобритания*)

Arpt airport аэропорт

arr arrangement расположение; компоновка; размещение; устройство

arr arrival прибытие

arry arrythmia аритмия

ARS Acute radiation sickness острая лучевая болезнь

ARS Agricultural Research Service сельскохозяйственная научно-исследовательская служба (*США*)

ARS Air Rescue Service авиационная спасательная служба

ARS American Rocket Society Американское ракетное общество

ARSA Associate of the Royal Scottish Academy член-корреспондент Шотландской королевской академии

A.R.S.A. Associate of the Royal Society of Arts член-корреспондент Королевского общества изобразительных искусств (*Великобритания*)

A.R.S.L. Associate of the Royal Society of Literature член-корреспондент Королевского литературного общества (*Великобритания*)

ARSM Associate of the Royal School of Mines член-корреспондент Королевского (высшего) горно-технического училища (*Великобритания*)

art advanced research and technology перспективные научные исследования и технология

art article статья; пункт; предмет; изделие

art artificial искусственный

art artillery артиллерия

ARTC Associate of the Royal Technical College член-корреспондент Королевского технического колледжа (*Великобритания*)

art. dir. artistic director художественный руководитель

artif artificial искусственный

art insem artificial insemination искусственное осеменение

arty [ˈɑːtɪ] artillery *австрал. воен.* артиллерия; артиллерийский

ARU American Railway Union Американский профсоюз железнодорожников.

arv *тж.* **ARV** advanced reentry vehicle усовершенствованная боеголовка баллистической ракеты

ARV American Revised Version (of the Bible) Американский вариант Библии

ARW Air Raid Warning воздушная тревога; оповещение о воздушном нападении

as acoustic speed скорость звука

AS *тж.* **A/S, a/s** airspeed воздушная скорость

AS *тж.* **A/S, as** air-to-surface класса «воздух — земля»

AS Anglo-Saxon англосаксонский

as annual survey ежегодный обзор

A/S antisubmarine противолодочный

As arsenic(um) *хим.* мышьяк

AS artificial satellite искусственный спутник

ASA Acoustical Society of America Американское акустическое общество

ASA Amateur Swimming Association Ассоциация пловцов-любителей

ASA American Sociological Association Американская социологическая ассоциация

ASA American Standards Association Американская ассоциация стандартов

ASA American Statistical Association Американская статистическая ассоциация

ASA American Surgical Association Американская хирургическая ассоциация

ASAE American Society of Aeronautical Engineers Американское общество авиационных инженеров

ASAE American Society of Agricultural Engineers Американское общество инженеров-механизаторов сельского хозяйства

ASAnes American Society of Anesthesiologists Американское общество анестезиологов

a.s.a.p. as soon as possible как можно скорее

ASAT [ˈeɪˌsæt] antisatellite противоспутниковый; противоспутниковое оружие

ASB American Society of Bacteriologists Американское общество бактериологов

asb asbestos асбест

ASBC American Society of Biophysics and Cosmology Американское общество биофизики и космологии

ASBM *тж.* **asbm** [ˈeɪˈesˈbiːˈem] air-to-surface ballistic missile баллистическая ракета класса «воздух—земля», БРВЗ

ASC altered state of consciousness изменённое состояние сознания

ASC American Society for Cybernetics Американское общество кибернетики

ASC Army Signal Corps корпус связи сухопутных сил

asc arteriosclerosis артериосклероз

ASCA American Senior Citizens Association Американская ассоциация пожилых граждан

ASCAP [æsˈkæp] American Society of Composers, Authors and Publishers Американское общество композиторов, писателей и издателей

ASCE American Society of Civil Engineers Американское общество гражданских инженеров

ASCII [ˈæskiː] American Standard Code for Information Interchange *вчт.* стандартный американский код для обмена информацией

ASCM Association of Steel Conduit Manufacturers Ассоциация производителей стальных трубопроводов

ASCOP Applied Science Corporation of Princeton Принстонская корпорация прикладных наук

ASCP American Society of Clinical Pathologists Американское общество патолого-клиницистов

ASCPT American Society for Clinical Pharmacology and Therapeutics Американское общество клинической фармакологии и терапии

ASCU Association of State Colleges and Universities Ассоциация государственных колледжей и университетов

AScW Association of Scientific Workers Ассоциация научных работников

ASD Air Space Devices «Эр Спейс Дивайсиз» (*корпорация по производству космического оборудования*)

ASD Assistant Secretary of Defense помощник министра обороны

ASDM Apollo-Soyuz Docking Module стыковочный модуль «Аполлон-Союз»

ASDS American Society of Dental Surgeons Американское общество стоматологов

ASE [ˈeɪˈesˈiː] Amalgamated Society of Engineers Объединённое общество машиностроителей (*профсоюз, Великобритания*)

ASE [ˈeɪˈesˈiː] American Stock Exchange Американская фондовая биржа

ASEAN *тж.* **Asean** [ˈɑːsiːən] Association of South East Asian Nations Ассоциация государств Юго-Восточной Азии, АСЕАН

ASEB Aeronautics and Space Engineering Board Комитет по авиационно-космической технике

ASEE American Society for Ecological Education Американское общество по экологическому образованию

ASEE American Society for Engineering Education Американское общество по техническому образованию

ASEM Anti-Ship Euromissile Европейское объединение для разработки и производства противокорабельных ракет

asf additional selection factor дополнительный фактор выбора

asf and so forth и так далее

ASFE American Society for Aesthetics Американское общество эстетики

ASG Air Safety Group группа обеспечения безопасности полётов (*Великобритания*)

ASG American Society of Genetics Американское общество генетики

asg assignment назначение

ASG Assistant Secretary General помощник генерального секретаря

ASGB Aeuronautical Society of Great Britain Авиационное общество Великобритании

ASGBI Association of Surgeons of Great Britain and Ireland Ассоциация хирургов Великобритании и Ирландии

asgmt assignment назначение; *юр.* переуступка права собственности; придавание боевых средств; расписание по вахтам/боевым постам; присвоение кода, частоты

ASI Advanced Scientific Instruments «Эдванст Сайентифик Инструментс» (*наименование корпорации*)

ASI Aerospace Industry авиационно-космическая промышленность

ASI Aerospace Studies Institute Институт авиационно-космических исследований

ASII American Science Information Institute Американский институт научной информации

ASIL American Society of International Law Американское общество международного права

ASIS American Society for Industrial Security Американское общество по обеспечению промышленной тайны

ASIS American Society for Information Science Американское общество по информатике

ASJA American Society of Journalists and Authors Американское общество журналистов и писателей

Ask [ɑːsk] American standard keyboard (typewriter) Американская стандартная клавиатура (пишущей машинки)

asl above sea level над уровнем моря

ASL *тж.* **Asl** American sign language язык знаков, используемый глухими во всей Северной Америке

ASL Atmospheric Sciences Laboratory лаборатория физики атмосферы

ASLBM *тж.* **aslbm** [ˈeɪˈesˈelˈbiːˈem] anti-sea-launched ballistic missile противоракета для борьбы с баллистическими ракетами морского базирования

ASLEF *тж.* **Aslef** [ˈæzlef] Associated Society of Locomotive Engineers and Firemen Объединённый профсоюз машинистов и кочегаров (*Великобритания*)

ASLI American Savings and Loan Institute Американский институт сбережений и займов

ASLIB *тж.* **Aslib** [ˈæzlɪb] Association of Special Libraries and Information Bureaux Ассоциация специализированных библиотек и информационных бюро (*Великобритания*)

ASM *тж.* **asm** [ˈeɪˈesˈem] air-to-surface missile ракета класса «воздух — земля»

ASM *тж.* **asm** [ˈeɪˈesˈem] anti-ship missile противокорабельная ракета

ASMA Aerospace Medical Association Ассоциация специалистов авиационно-космической медицины

ASME American Society of Mechanical Engineers Американское общество инженеров-механиков

As Mem Associate Member член-корреспондент

ASN Army Serial Number *амер.* личный номер военнослужащего

ASN Assistant Secretary of the Navy помощник министра ВМС (*США*)

Asn Association ассоциация

ASNE American Society of Naval Engineers Американское общество инженеров-кораблестроителей

ASNE American Society of Newspaper Editors Американское общество редакторов газет

ASO American Society for Oceanography Американское океанографическое общество

ASO American Symphony Orchestra Американский симфонический оркестр

A.S.O. [ˈeɪˈesˈəu] Assistant Scientific Officer ассистент научного сотрудника

ASP [ˈæsp] Anglo-Saxon Protestant *разг.* американец англосаксонского происхождения и протестантского вероисповедания

ASPAC [ˈæzˌpæk] Asian and Pacific Council Азиатско-Тихоокеанский совет, АЗПАК

ASPB assault support patrol boat сторожевой катер поддержки морского десанта, патрульный катер поддержки десанта

ASPCA American Society for Prevention of Cruelty to Animals Американское общество предотвращения жестокости по отношению к животным

ASPCC American Society for the Prevention of Cruelty to Children Американское общество предотвращения жестокости по отношению к детям

Asph asphalt асфальт

aspi [æspɪ] aspidistra *прост.* аспидистра

ASPR American Society of Physical Research Американское общество физических исследований

ASQC American Society for Quality Control Американское общество по контролю качества

ASRE American Society of Refrigerating Engineers Американское общество инженеров по холодильным установкам

ASS anti-satellite satellite спутник-перехватчик, противоспутник

ASS *тж.* **A-SS** Anti-Slavery Society Общество борьбы с рабством (*Великобритания*)

ass assistant помощник

ass association ассоциация, общество

ass assorted сортированный, классифицированный

ASSG Air Search-and-Strike Group Авиационная поисковая группа

assign [əˈsaɪn] assignation *брит.* назначение

ASSM *тж.* **assm** [ˈeɪˈesˈesˈem] anti-ship supersonic missile сверхзвуковая противокорабельная ракета

assn *тж.* **Assn** association ассоциация, общество

assoc associate член общества (*в отличие от действительного члена*); член-корреспондент

assoc associated сопутствующий; связанный; соединённый

assoc association общество, ассоциация

ass sec [ˈæsˈsek] assistant secretary заместитель секретаря

asst assistant ассистент; помощник; заместитель

assy [ˈæsɪ] asphalt *школ.* асфальт

assy assembly ассамблея, законодательное собрание; *тех.* агрегат, комплект; сборка; сборочный

AST Atlantic Standard Time стандартное атлантическое время

ASTA American Society of Travel Agents Американское общество коммивояжёров

ASTEC American-Soviet Trade and Economic Council Американо-советский торгово-экономический совет, АСТЭС

ASTM American Society for Testing Materials Американское общество по испытанию материалов

ASTMS Association of Scientific, Technical and Managerial Staffs Ассоциация научного, технического и управленческого персонала (*Великобритания*)

ASTP Apollo-Soyuz Test Project Проект совместного космического эксперимента кораблей «Аполлон» и «Союз»

astr astronomer астроном

astr astronomical астрономический

astr astronomy астрономия

astrol astrologer астролог

astrol astrological астрологический

astrol astrology астрология

astron astronomy астрономия

ASU American Student Union Американский студенческий союз

ASU Arizona State University университет штата Аризона

ASUSSR Academy of Sciences of the USSR Академия наук СССР

ASVA Associate of the Incorporated Society of Valuers and Auctioners член-корреспондент Общества оценщиков и аукционеров

ASW *тж.* **asw** ['eɪ'es'dʌblju:] antisatellite weapon противоспутниковое оружие

ASW *тж.* **asw** antisubmarine warfare противолодочные операции; противолодочная война

ASW *тж.* **asw** antisubmarine weapon противолодочное оружие

ASW Association of Scientific Workers Ассоциация научных работников

asym asymmetric ассиметричный

AT acceptance trials приёмные испытания

a/t action time рабочее время

at airtight воздухонепроницаемый; герметичный

AT *тж.* **at** Alternative Technology альтернативная технология

AT *тж.* **A/T** American Terms *ком.* американские условия

at antitank противотанковый

AT *тж.* **at** Appropriate Technology технология, основанная на таких источниках энергии, как солнце, приливы, ветер *и т. д.*

at atomic атомный

AT automatic translation *вчт.* автоматический перевод

ata *тж.* **ATA** actual time of arrival фактическое время прилёта/прибытия

ATA American Taxpayers Association Американская ассоциация налогоплательщиков

ATA American Teachers Association Американская ассоциация учителей

ATA American Theater Association Американская театральная ассоциация

ATA Atlantic Treaty Association Ассоциация Атлантического договора, АТА

ATAA Air Transport Association of America Ассоциация воздушного транспорта Америки

ATACMS Army Tactical Missile System тактическая армейская ракетная система

AT&T ['eɪ'ti:ənd'ti:] American Telephone and Telegraph «Американ Телефон энд Телеграф» (*американская телефонная и телеграфная компания*)

ATB advanced technology bomber бомбардировщик, основанный на новейшей технологии

ATBM *тж.* **atbm** ['eɪ'ti:'bi:'em] advanced tactical ballistic missile усовершенствованная баллистическая тактическая ракета

atbn anti-tank battalion противотанковый батальон (*морской пехоты*)

ATC ['eɪ'ti:'si:] Air Traffic Control управление воздушным движением, служба УВД, авиационно-диспетчерская служба

ATCC ['eɪ'ti:'si:'si:] Air Traffic Control Center центр УВД

ATCO ['eɪ'ti:'si:'əu] Air Traffic Controller оператор службы УВД, авиационный диспетчер

ATCU ['eɪ'ti:'si:'ju] Air Traffic Controllers' Union союз авиационных диспетчеров

atd actual time of departure фактическое время вылета/отправления

ATE automatic test equipment автоматическое испытательное оборудование

A Term air terminal аэровокзал

ATESL Association of Teachers of English as a Second Language Ассоциация преподавателей английского как второго языка

ATGM *тж.* **atgm** ['eɪ'ti:'dʒi:'em] antitank guided missile противотанковая управляемая ракета

ati actual time of interception фактическое время перехвата

ATI American Technology Institute Американский технологический институт

ATI American Television Institute Американский телевизионный институт

ATI Aviation Technology Incorporated «Эвиэйшн Текнолоджи Инкорпорейтед» (*авиационная корпорация США*)

atk *тж.* **a-tk** antitank противотанковый

atl Atlantic атлантический

atm atmosphere атмосфера; воздух; газообразная среда

ATM automatic teller machine торговый автомат

ATMI American Textile Manufacturers Institute Американский институт владельцев текстильных предприятий

atmt attempt попытка

at. no. *тж.* **atno** atomic number атомное число, атомный номер

ato according to others в соответствии с другими (*источниками*)

ato *тж.* **ATO** assisted takeoff *ав.* взлёт с помощью ускорителя

ATOL [ˈeɪtɔl] assisted takeoff and landing *ав.* взлёт с помощью ускорителя и посадка

ATOS [ˈeɪtɔs] assisted takeoff system *ав. ркт.* система стартовых ускорителей

ATP Association of Tennis Professionals Ассоциация теннисистов-профессионалов

ATPI American Textbook Publishers Institute Американский институт издателей учебной литературы

ats absolute temperature scale абсолютная температурная шкала

ats advanced technological satellite современный технологический спутник

ATS *тж.* **ats** air-to-ship класса «воздух — корабль»

ATS Air Transport Service служба воздушных перевозок, авиатранспортная служба

ATS American Temperance Society Американское общество трезвости

ATS American Theological Society Американское теологическое общество

ATS American Therapeutic Society Американское терапевтическое общество

ats at the suit *юр.* по иску

ATS automatic test system автоматическая испытательная система, автоматический тестер

ATSU Association of Time-Sharing Users Ассоциация пользователей систем с разделением времени (*США*)

. **att** attorney поверенный, адвокат

Att Gen *тж.* **Att-Gen** Attorney General генеральный атторней (*Великобритания*); министр юстиции (*США*)

attn *тж.* **ATTN** attention внимание; вниманию (*такого-то*); обратить внимание!

attr attractive привлекательный

attrib attribute *грам.* определение

attrib attributive *грам.* атрибутивный

atty attorney поверенный, адвокат

Atty Gen Attorney General генеральный атторней (*Великобритания*); министр юстиции (*США*)

ATUC African Trade Union Confederation Африканская профсоюзная конференция, АПК

ATV *тж.* **atv** [ˈeɪtiːˈviː] all-terrain vehicle вездеход

ATV [ˈeɪtiːˈviː] Associated Television «Ассошиэйтед Телевижн», Эй-ти-ви (*первая коммерческая телекомпания Великобритании*)

au astronomical unit астрономическая единица

au auditor бухгалтер-ревизор; финансовый контролёр

Au aurum *хим.* золото

au author автор; писатель

AUA American Unitarian Association Американская унитарная ассоциация

AUBC Association of Universities of the British Commonwealth

Ассоциация университетов Британского содружества

AUBTW Amalgamated Union of Building Trade Workers Объединённый профсоюз строительных рабочих

AUCA American Unitarian Christian Association Американская унитарная христианская ассоциация

auct auction аукцион

auct auctioneer аукционер

aud audible слышный, слышимый

aud auditor бухгалтер-ревизор; финансовый контролёр

AUEW [ˈeɪˈjuːˈdʌblju:] Amalgamated Union of Engineering Workers Объединённый профсоюз машиностроителей (*Великобритания*)

aug augment прибавлять, пополнять; дополнять; увеличиваться

aug augmentative увеличивающийся

aug augmented увеличенный

Aug [ɔːɡ] August *разг.* август

AUM *тж.* **aum** [ˈeɪˈjuːˈem] air-to-underwater missile ракета класса «воздух — подводная цель»

AUP Australian United Press «Острейлиэн Юнайтед Пресс» (*наименование австралийского телеграфного агентства*)

AUPG American University Publishers Group Группа американских университетских издателей

Aus Australia Австралия

Aus Austria Австрия

Aus Austrian австрийский

Aust Australia Австралия

AUT Association of University Teachers Ассоциация университетских преподавателей

aut automatic автоматический

auth authentic подлинный

auth author автор; писатель

auth authority власть; вышестоящая инстанция; начальник; право; основание; полномочие

auth authorized разрешённый; авторизованный; штатный; табельный; установленный, официально принятый

authab authorized abbreviation установленное/официально принятое сокращение

auto [ˈɔːtəu] automatic автоматический

aux auxiliary вспомогательный

a/v *тж.* **A/V** ad valorem *лат.* (according to the value) с ценности, с объявленной цены; со стоимости

AV *тж.* **av, A-V** arteriovenous *мед.* артериовенозный

AV *тж.* **A-V** audio-visual аудио-визуальный

A.V. Authorized Version английский перевод Библии 1611 г. (*принятый в англиканской церкви*)

av *тж.* **Av** avenue авеню, проспект, улица

av average средний; в среднем; среднее число; *ком.* авария (*убытки, причинённые судну, грузу и фрахту*)

av [æv] avoirdupois торговая система мер веса, система авердюпойз (*для всех товаров, кроме благородных металлов, драгоценных камней и аптекарских товаров; 1 фунт av = 453, 59 г*)

ava audio-visual aids аудио-визуальные пособия

AVC American Veterans Committee Комитет американских ветеранов войны

avc automatic volume control автоматическая регулировка громкости, АРГ

avdp avoirdupois торговая система мер веса, система авердюпойз (*для всех товаров, кроме благородных металлов, драгоценных камней и аптекарских товаров; 1 фунт avdp = 453, 59 г*)

Ave Avenue авеню, проспект, улица

avg average средний; в среднем, среднее число; *ком.* авария (*убытки, причинённые судну, грузу и фрахту*)

avit [əˈvɪt] avitaminosis *воен. жарг.* авитаминоз

AVMA American Veterinary Medical Association Американская ассоциация ветеринаров

avn aviation авиация; авиационный

avr automatic voltage regulator автоматический регулятор напряжения

aw above water над водой; надводный

a/w *тж.* **a. w.** actual weight фактический вес

aw *тж.* **a/w** all-weather всепогодный

AW Article of War *амер.* военно-судебный кодекс

A. W. *тж.* **aw, AW** atomic weight атомный вес

AWA American Woman's Association Американская ассоциация женщин

AWACS *тж.* **Awacs** [′eɪwæks] Airborne Warning and Control System система раннего обнаружения и наведения, АВАКС

A-war [′eɪ′wɔ:] atomic war атомная война

AWB *тж.* **awb** air waybill *ком.* накладная на груз, перевозимый самолётом

AWCU Association of World Colleges and Universities Всемирная ассоциация колледжей и университетов

AWES Association of Western Europe Shipbuilders Ассоциация западноевропейских судостроительных компаний

AWF all-weather fighter всепогодный истребитель

AWL *тж.* **awl** absent with leave *воен.* в отпуске

awn awning тент

AWOL absent without leave *воен.* находящийся в самовольной отлучке

AWR Association for the Study of the World Refugee Problem Ассоциация по изучению всемирной проблемы беженцев, АВБ

AWRA American Water Resources Американская ассоциация водных ресурсов

AWRE Atomic Weapons Research Establishment Научно-исследовательский центр ядерного оружия (*Великобритания*)

AWS American War Standards система американских военных стандартов

AWS American Welding Society Американское общество сварщиков

AWU Aluminium Workers Union Союз рабочих алюминиевой промышленности

AWU atomic weight unit единица атомного веса

AWU Australian Workers Union Союз австралийских рабочих

ax axiom аксиома

az azimuth азимут

az azure голубой

AZT [′eɪ′zed′ti:] azidothymidine азидотимидин, АЗТ (*средство, замедляющее течение СПИД'а*)

B

B *тж.* **b** bacillus палочка, бацилла

b bag мешок

b ballistic баллистический

b balloon аэростат

b base база, основа, основание, фундамент

b bath ванна

b before до, перед

b biannial происходящий два раза в год

b billion миллиард

b bit *вчт.* двоичный знак (*цифра*); двоичная единица информации, бит

b black чёрный

B [bi:] bomber *амер. воен.* бомбардировщик; бомбардировочный

b born родившийся; уроженец

b breadth ширина

B British британский, английский

B. A. [′bi:′eɪ] Bachelor of Arts бакалавр искусств (*ставится после фамилии*)

b/a backache боль в спине/пояснице

BA *тж.* **B/A** Bank of America Американский банк

Ba barium *хим.* барий

BA Bell Aerosystems Company «Белл Аэросистемз Компани» (*авиационная компания США*)

BA Booksellers Association Ассоциация книготорговцев

b/a boric acid борная кислота

BA British Academy Британская академия

BA [′bi:′eɪ] British Airways «Бритиш Эруэйз» (*британская авиатранспортная компания*)

BA British Army Британская армия

BA British Association (for the Advancement of Science) Британская ассоциация (по распространению научных знаний)

b/a budget authorization бюджетное разрешение

B. A. A. Bachelor of Applied Arts бакалавр прикладных искусств (*ставится после фамилии*)

BAA Brewers Association of America Американская ассоциация пивоваров

BAA British Airports Authority Управление британских аэропортов

BAA British Archeological Association Британская археологическая ассоциация

BAA British Astronomical Association Британская астрономическая ассоциация

BAAA British Association of Accountants and Auditors Британская ассоциация бухгалтеров и ревизоров

BAAB British Amateur Athletic Board Британский любительский атлетический совет

BAAL British Association of Applied Linguistics Британская ассоциация прикладной лингвистики

BAAS British Association for the Advancement of Science Британская ассоциация содействия развитию науки

BAB British Airways Board Комитет авиатранспортной компании «Бритиш Эруэйз»

bac [bæk] baccarat *разг.* баккара

bac bacillus палочка, бацилла

bac bacteria бактерия

bac bacteriology бактериология

BAC *тж.* **bac** blood alcohol concentration концентрация алкоголя в крови

BAC Boeing Aerospace Company «Боинг Аэроспейс Компани» (*крупнейшая авиационная компания США*)

BAC British Aerospace Corporation «Бритиш Аэроспейс Корпорейшн» (*авиационная компания Великобритании*)

BAC [′bi:′eɪ′si:] British Aircraft Corporation «Бритиш Эркрафт Корпорейшн» (*крупнейшая авиационная компания Великобритании*)

BAC British Association of Chemists Британская ассоциация химиков

B.Acc. Bachelor of Accountancy бакалавр бухгалтерского дела (*ставится после фамилии*)

BACC British-American Chamber of Commerce Британо-американская торговая палата

BACC British-American Collectors' Club Британо-американский клуб коллекционеров

BACE British Association of Consulting Engineers Британская ассоциация инженеров-консультантов

bach [bætʃ] bachelor *разг.* холостяк

B.A.Chem. Bachelor of Arts in Chemistry бакалавр искусств в области химии (*ставится после фамилии*)

BACIE British Association for Commercial and Industrial Education Британская ассоциация коммерческого и промышленного образования

BACM British Association of Colliery Management Британская ассоциация управления предприятиями угольной промышленности

BACO British Aluminium Company Британская компания по производству алюминия

bact bacteriological бактериологический

BADA British Antique Dealers' Association Британская ассоциация торговцев антиквариатом

B.A.E. Bachelor of Aeronautical Engineering бакалавр авиационного машиностроения (*ставится после фамилии*)

B.A.E. Bachelor of Agricultural Engineering бакалавр сельскохозяйственного машиностроения (*ставится после фамилии*)

B.A.E. Bachelor of Arts in Education бакалавр искусств в области педагогики (*ставится после фамилии*)

BAE Bureau of Agricultural Economics Управление экономики сельского хозяйства (*министерства сельского хозяйства; США*)

BAE Bureau of American Ethnology Бюро американской этнологии (*Смитсоновского института*)

BAEA British Actors' Equity Association профсоюз британских актёров «Эквити»

BAEC British Agricultural Export Council Британский совет сельскохозяйственного экспорта

BAEC British Atomic Energy Corporation Британская корпорация по атомной энергии

B.A.Econ. Bachelor of Arts in Economics бакалавр искусств в области экономики (*ставится после фамилии*)

B.A.Ed. Bachelor of Arts in Education бакалавр искусств в области педагогики (*ставится после фамилии*)

B.Ae.E. Bachelor of Aeronautical Engineering бакалавр авиационного машиностроения (*ставится после фамилии*)

BAEF British-American Educational Foundation Британо-американский фонд образования

BAEng. Bureau of Agricultural Engineering Бюро сельскохозяйственного машиностроения

BAERE British Atomic Energy Research Establishment Британский научно-исследовательский институт атомной энергии

BAFM British Association of Forensic Medicine Британская ассоциация судебной медицины

BAFMA British and Foreign Maritime Agencies Британские и иностранные морские агентства

BAFS British Academy of Forensic Science Британская академия судебных наук

BAFT Bankers Association for Foreign Trade Ассоциация банкиров за внешнюю торговлю (*США*)

BAFTA British Academy of Film and Television Arts Британская академия кино- и телеискусств

BAFU Bakers', Food and Allied Workers Union профсоюз булочников, работников пищевой промышленности и смежных профессий

B.Ag. Bachelor of Agriculture бакалавр сельскохозяйственных наук (*ставится после фамилии*)

BAGA British Amateur Gymnastics Association Британская любительская ассоциация гимнастики

BAGBI Booksellers Association of Great Britain and Ireland Ассоциация книготорговцев Великобритании и Ирландии

B.Ag.E. Bachelor of Agricultural Engineering бакалавр сельскохозяйственного машиностроения (*ставится после фамилии*)

B.Agr. Bachelor of Agriculture бакалавр сельскохозяйственных наук (*ставится после фамилии*)

B.Ag.Sc. Bachelor of Agricultural Science бакалавр сельскохозяйственных наук (*ставится после фамилии*)

BAH British Airways Helicopters «Бритиш Эруэйз Хеликоптерс» (*авиатранспортная компания Великобритании*)

BAI Bank Administration Institute Институт банковской администрации

BAI Bank of America International Международный американский банк

Ba Is Bahama Islands Багамские острова

B.A.J. *тж.* **B.A.Jour** Bachelor of Arts in Journalism бакалавр искусств в области журналистики (*ставится после фамилии*)

bak bakery хлебопекарня; булочная

bal balance вес, равновесие; остаток, сальдо, баланс; весы

bal balancing компенсирующий, уравновешивающий

bal ballistic баллистический

bal ballistics баллистика

BAL *тж.* **bal** [ˈbiːˈeɪˈel] basic assembly language *вчт.* обобщённый язык программирования ЭВМ с малой памятью

BAL blood alcohol level уровень алкоголя в крови

balop [ˈbæləp] balopticon балоптикон; проектор; материал для проектирования, слайды

balpa balance of payments платёжный баланс

BALPA [ˈbælpə] British Air Line Pilots' Association Ассоциация британских линейных пилотов

Balt Baltic (при)балтийский

Balt Baltimore Балтимор

B.A.M. Bachelor of Applied Mathematics бакалавр прикладной математики (*ставится после фамилии*)

B.A.M. Bachelor of Arts in Music бакалавр искусств в области музыки (*ставится после фамилии*)

bam [bæm] bamboozle *жарг.* обманывать, надувать, разыгрывать

BAM British Air Ministry министерство авиации Великобритании

BAMBI [ˈbæmbɪ] Ballistic Missile Boost Intercept спутник-перехватчик «Бэмби»

BAMTM British Association of Machine Tool Merchants Британ-

ская ассоциация торговцев металлорежущими станками

BAN British Association of Neurologists Британская ассоциация неврологов

b & b [ˈbiːənˈbiː] bed and board ночлег и питание

b & b *тж.* **B & B** [ˈbiːənˈbiː] bed and breakfast ночлег и завтрак (*о гостиницах пансионного типа и пансионатах*)

B & B [ˈbiːənˈbiː] brandy and benedictine *разг.* би-энд-би (*смесь коньяка с ликёром бенедектин*)

B & C [ˈbiːənˈsiː] Banking and Currency (Senate Committee) Сенатская комиссия по банковскому делу и валюте (*США*)

b & p [ˈbiːənˈpiː] bidding and proposal участие в торгах и предложение (*о заключении контракта*)

B & W black and white чёрно-белый (*о кинофильме, телефильме*)

b & w bread and water хлеб и вода

bankcy bankruptcy банкротство

BANS British Association of Numismatic Societies Британская ассоциация нумизматических обществ

B.A.O. Bachelor of Arts in Oratory бакалавр искусств в области ораторского искусства (*ставится после фамилии*)

BAO Bachelor of Obstetrics бакалавр акушерства (*ставится после фамилии*)

BAOR [ˈbiːˈeɪˈəuˈɑː] British Army of the Rhine Британская рейнская армия

bap baptism крещение

Bap *тж.* **bap** baptist баптист

bap baptized крещёный

BAPCO Bahrein Petroleum Company «Бахрейн Петролеум Компани» (*нефтяная компания Бахрейна*)

B.A.P.E. Bachelor of Arts in Physical Education бакалавр искусств по физическому воспитанию (*ставится после фамилии*)

B. App. Arts Bachelor of Applied Arts бакалавр прикладных искусств (*ставится после фамилии*)

B. App. Sc. Bachelor of Applied Science бакалавр прикладных наук (*ставится после фамилии*)

BAPS British Association of Pediatric Surgeons Британская ассоциация хирургов-педиатров

bapt baptist баптист

BAPT British Association of Physical Training Британская ассоциация физического воспитания

BAQ basic allowance for quarters квартирные деньги

B.Ar. Bachelor of Architecture бакалавр архитектуры (*ставится после фамилии*)

bar barometer барометр

bar barrel бочонок, бочка; баррель (*мера вместимости сыпучих тел и жидкостей = 181,7 л*)

bar barrister адвокат (*имеющий право выступать в высших судах Великобритании*)

BAR Browning automatic rifle *амер.* автоматическая винтовка Браунинга

barb barbarian варвар

barb barbecue *амер.* пикник *или* приём на открытом воздухе (*во время которого гостей угощают мясом, жаренным на вертеле*)

BARC British Aeronautical Research Committee Британский авиационный научно-исследовательский комитет

B.Arch. Bachelor of Architecture бакалавр архитектуры (*ставится после фамилии*)

barit baritone *муз.* баритон

baro barometer барометр

barr barrier барьер; заграждение

barr barrister адвокат (*имеющий право выступать в высших судах Великобритании*)

Bart *тж.* **bart** [bɑːt] baronet *шутл. разг.* баронет (*низший наследственный титул; Великобритания*)

bart bartender бармен

B.A.S. Bachelor of Agricultural Science бакалавр сельскохозяй-

ственных наук (*ставится после фамилии*)

B.A.S. Bachelor of Applied Science бакалавр прикладных наук (*ставится после фамилии*)

bas basic airspeed основная воздушная скорость

BAS *тж.* **bas** basic allowance for subsistence продовольственные деньги

BAS British Acoustical Society Британское акустическое общество

BAS Bulletin of the Atomic Scientists Бюллетень учёных-атомщиков (*название журнала*)

BASA British Aerospace Staff Association Британская ассоциация работников авиационно-космической промышленности

BASRA British Amateur Scientific Research Association Британская любительская ассоциация научных исследований

B.A.S.S. Bachelor of Arts in Social Sciences бакалавр искусств в области социальных наук (*ставится после фамилии*)

basys basic system базовая система

bat battalion *воен. разг.* батальон; *арт.* дивизион

bat battery батарея

B-AT British-American Tobacco «Бритиш-Америкэн Тобакко» (*крупнейшая компания по производству табака и табачных изделий*)

b-a test blood alcohol test тест на содержание алкоголя в крови

BATNA [ˈbætnə] Best Alternative to a Negotiated Agreement *полит. жарг.* лучшая альтернатива соглашению

batt [bæt] battalion *воен. разг.* батальон; *арт.* дивизион

batt battery батарея

BATU Brotherhood of Asian Trade Unionists Азиатское профсоюзное братство, АПБ

BAU British Association Unit единица Британской ассоциации стандартов

BAVTE Bureau of Adult, Vocational and Technical Education

Управление образования взрослых, профессионального и технического образования (*США*)

BAW bacteriological (biological) agent of warfare бактериологическое (биологическое) средство ведения войны

BAWA British Amateur Wrestling Association Британская ассоциация любительской борьбы

BAYS British Association of Young Scientists Британская ассоциация молодых учёных

B.B. *тж.* **b.b., b/b** bail bond поручительство

bb ball bearing шариковый подшипник

bb blood bank банк крови

BB Blue Book «Синяя книга» (*любой документ значительного объёма, изданный с санкции парламента; Великобритания*)

bb bomb авиационная бомба

bb breast biopsy грудная биопсия

BB Bureau of the Budgets сметно-финансовое бюро *или* управление; бюджетное управление (*США*)

BBA British Bankers' Association Британская банковская ассоциация

bb & em bed, breakfast and evening meal ночлег, завтрак и ужин

BBB Bankers' Blanket Bond общая банковская гарантия

BBC ['bi:'bi:'si:] British Broadcasting Corporation Британская радиовещательная корпорация, Би-би-си

BBCSO British Broadcasting Corporation Symphony Orchestra симфонический оркестр Би-би-си

BBFC British Board of Film Censors Британское бюро киноцензоров

BBGA British Broiler Growers' Association Британская ассоциация производителей бройлеров

BBL Barclays Bank Limited «Барклиз Бэнк» (*крупнейший из банков, входящих в «Большую пятёрку»; Великобритания*)

bbl ['bi:'bi:'el] barrel баррель (*мера вместимости сыпучих тел и жидкостей = 181,7 л*)

BBME British Bank of the Middle East Британский ближневосточный банк

bbr bomber бомбардировщик

BBSATRA British Boot, Shoe and Allied Trades Research Association Британская ассоциация исследований в обувной и смежных отраслях промышленности

BBT basal body temperature *мед.* базальная температура тела

bbt bombardment бомбардировка

BBTA British Bureau of Television Advertising Британское бюро телевизионной рекламы

B.C. Bachelor of Chemistry бакалавр химии (*ставится после фамилии*)

B.C. Bachelor of Commerce бакалавр коммерции (*ставится после фамилии*)

bc bad cheque фальшивый чек

BC Balliol College «Бейллиол-Колледж» (*один из наиболее известных колледжей Оксфордского университета*)

BC Bankruptcy Court суд по делам о несостоятельности

BC *тж.* **bc** bass clarinet *муз.* бас-кларнет

B.C. battery commander командир батареи

BC ['bi:'si:] before Christ до нашей эры

B/C bills for collection *ком.* векселя на инкассо

bc binary code *вчт.* двоичный код

BC biological and chemical биологический и химический

BC birth certificate свидетельство о рождении

bc birth control регулирование рождаемости

BC Board of Control правление; комитет по управлению

BC Borough Council муниципалитет небольшого городка (*Великобритания*)

BC Brasenose College «Брейзноз-Колледж» (*колледж Оксфордского университета*)

BC [ˈbiːˈsiː] British Columbia Британская Колумбия (*провинция Канады*)

BC British Commonwealth Британское Содружество

BC British Council Британский совет (*правительственная организация по развитию культурных связей с зарубежными странами; Великобритания*)

bc broadcast радиовещание; радиовещательный

BC broadcasting satellite широковещательный спутник связи

bc budgeted cost бюджетная стоимость

BCA Bureau of Current Affairs Управление консульских дел (*госдепартамента США*)

BCAC British Conference on Automation and Computation Британская конференция по автоматике и вычислению

BCAL British Caledonian Airways «Бритиш Каледониан Эруэйз» (*крупнейшая частная пассажирская авиакомпания Великобритании*)

BCAR British Council for Aid to Refugees Британский совет помощи беженцам

BCAT Birmingham College of Advanced Technology Бирмингемский колледж передовой технологии (*Великобритания*)

BCBC British Cattle Breeders' Club Британский клуб скотоводов

BCC British Communications Corporation Британская корпорация связи

BCC British Copyright Council Британский совет по охране авторских прав

BCC British Council of Churches Британский совет церквей (*состоит из представителей или наблюдателей от всех основных христианских церквей Британских о-вов*)

BCCI [ˈbiːˈsiːˈsiːˈaɪ] Bank of Credit and Commerce International Международный кредитно-коммерческий банк

BCD bad conduct discharge *амер.* увольнение с военной службы по дисциплинарным мотивам

BCD binary-coded decimal *вчт.* двоично-десятичное число; двоично-кодированный десятичный

B.C.E. Bachelor of Chemical Engineering бакалавр химического машиностроения (*ставится после фамилии*)

B.C.E. Bachelor of Civil Engineering бакалавр гражданского строительства (*ставится после фамилии*)

BCE Board of Customs and Excise Управление таможенных пошлин и акцизных сборов (*Великобритания*)

BCECC British-Central European Chamber of Commerce Палата по торговле между Великобританией и странами Центральной Европы

B cell *тж.* **B-cell** [ˈbiːˌsel] bone cell костная клетка, остеоцит

BCF Bureau of Commercial Fisheries Управление коммерческого рыболовства

BCFT Beechcraft «Бичкрафт» (*компания по производству самолётов*)

B.Ch. Baccalaureus Chirurgiae *лат.* (Bachelor of Surgery) бакалавр хирургии (*ставится после фамилии*)

B.Ch. Bachelor of Chemistry бакалавр химии (*ставится после фамилии*)

B.Ch.E. Bachelor of Chemical Engineering бакалавр химического машиностроения (*ставится после фамилии*)

BCI Bureau of Criminal Investigation Управление уголовного розыска

B.C.L. [ˈbiːˈsiːˈel] Bachelor of Civil Law бакалавр гражданского права (*ставится после фамилии*)

BCLA Birth Control League of America Американская лига регулирования рождаемости

B.C.M. Bachelor of Church Music бакалавр церковной музыки (*ставится после фамилии*)

bcn beacon бакен, буй

B/C of A British College of Aeronautics Английский авиационный колледж

B.Com. Bachelor of Commerce бакалавр коммерции (*ставится после фамилии*)

B.Com.S. Bachelor of Commercial Science бакалавр коммерческих наук (*ставится после фамилии*)

B.C.P. Bachelor of City Planning бакалавр городского планирования (*ставится после фамилии*)

BCP Book of Common Prayer молитвенник

BCP [ˈbiːˈsiːˈpiː] British Communist Party Коммунистическая партия Великобритании

BCPA British Copyright Protection Association Британская ассоциация защиты авторских прав

B.C.S. Bachelor of Chemical Science бакалавр химических наук (*ставится после фамилии*)

B.C.S. Bachelor of Criminal Science бакалавр криминалистики (*ставится после фамилии*)

BCS British Computer Society Британское общество специалистов по вычислительной технике

BCS Budget Control System система бюджетного контроля

bcst broadcast радиовещание

bcwp budgeted cost of work бюджетная стоимость выполненной работы

bcws budgeted cost of work scheduled бюджетная стоимость запланированной работы

B.D. Bachelor of Divinity бакалавр богословия (*ставится после фамилии*)

B/D *тж.* **BD** bank draft *ком.* тратта, выставленная банком на другой банк

B/D *тж.* **BD** bills discounted *ком.* учтённые векселя

bd board правление; совет; палата (*торговая*); департамент; министерство; доска; борт; стол; пансион

bd bond облигация, бона; долговое обязательство; закладная

bd bound направляющийся (*о судне*)

bd bundle связка, пачка, тюк; вязка пряжи (= *54840 м*)

BDA British Dental Association Британская ассоциация зубных врачей

bde brigade *воен.* бригада; бригадный

B. Des. Bachelor of Design бакалавр дизайна (*ставится после фамилии*)

BDFA British Dairy Farmers' Association Британская ассоциация владельцев молочных ферм

bdg binding переплёт; связывание; *эл.* сращивание (*проводов*)

bdg building здание, строение

bdgt budget бюджет; бюджетный

bdl bundle связка, пачка, тюк; вязка пряжи (= *54840 м*)

BDM *тж.* **bdm** [ˈbiːˈdiːˈem] ballistic defense missile ракета-перехватчик баллистических ракет

BDP business data processing *вчт.* обработка коммерческих данных; обработка деловой информации

bdry boundary граница; пограничный

B.D.S. Bachelor of Dental Surgery бакалавр стоматологической хирургии (*ставится после фамилии*)

BDS British Defence Staff штаб министерства обороны Великобритании

BDSA Business and Defense Services Administration Управление мобилизации промышленности для военного производства (*министерства торговли США*)

B.E. Bachelor of Education бакалавр педагогики (*ставится после фамилии*)

B.E. Bachelor of Engineering бакалавр технических наук (*ставится после фамилии*)

be bale кипа, тюк

BE Bank of England Английский банк (*государственный цен-*

тральный эмиссионный банк в Лондоне)

Be berillium *хим.* бериллий

be bilingual education билингвальное образование, образование на двух языках

B/E *тж.* **BE** bill of exchange *ком.* переводный вексель, тратта

BE Board of Education министерство просвещения *(Великобритания)*

BE British Embassy посольство Великобритании

BE British English британский вариант английского языка

BEA British Esperanto Association Британская ассоциация эсперанто

BEAMA British Electrical and Allied Manufacturers Association Британская ассоциация электротехнических и смежных промышленных фирм

beano [′bi:nəu] beanfeast *брит. прост.* ежегодный обед, устраиваемый хозяином для служащих; гулянка, пирушка, попойка; *школ.* причастие

Beau [bɔ:] Beaufighter *брит. ав.* Бофайтер *(модель самолёта)*

beaut [′bju:t] beauty *амер. жарг.* красотка; красота, красотища

B.Ed. [′bi:′ed] Bachelor of Education бакалавр педагогики *(ставится после фамилии)*

Beddo [′bedəu] Bedouin *воен.* бедуин

bedsit [′bedsɪt] bed-sitter *брит.* однокомнатная квартирка; жить в однокомнатной квартирке

B.E.E. Bachelor of Electrical Engineering бакалавр электротехники *(ставится после фамилии)*

Beeb [bi:b] BBC *разг.* Би-би-си, Биб

bef before до, перед

BEF British Expeditionary Force британские экспедиционные войска

Bel Belgian бельгийский

Bel Belgium Бельгия

Belg Belgian бельгийский

Belg Belgium Бельгия

bem *тж.* **BEM** behavior engineering model инженерная модель поведения

BEM [′bi:′i:′em] British Empire Medal медаль Британской империи *(ею награждаются военные и гражданские лица за выдающиеся заслуги)*

BEMA Business Equipment Manufacturers Association Ассоциация производителей коммерческого оборудования

benef beneficiary *юр.* лицо, получающее доходы с доверительной собственности; бенефициарий

Benelux *тж.* **BENELUX** [′benɪləks] Belgium, Netherlands, Luxembourg страны Бенилюкс, Бельгия, Нидерланды, Люксембург

benev benevolent благожелательный, доброжелательный, благосклонный; благотворительный; щедрый, великодушный

B. Eng. Bachelor of Engineering бакалавр технических наук *(ставится после фамилии)*

Beng Bengal Бенгалия

Beng Bengali бенгальский

B. Eng. Sci. Bachelor of Engineering Science бакалавр технических наук *(ставится после фамилии)*

BEQ Background and Experience Questionnaire анкета происхождения, квалификации и опыта

beqd bequeathed завещанный

beqt bequest *юр.* завещательный отказ недвижимости

BERC Biomedical Engineering Research Corporation Биомедицинская инженерная научно-исследовательская корпорация

Ber Is Bermuda Islands Бермудские острова

B.E.S. Bachelor of Engineering Science бакалавр технических наук *(ставится после фамилии)*

BES Biological Engineering Society Биологическое инженерное общество

BES British Ecological Society Британское экологическое общество

BESA British Engineering Standard Association Британская ассоциация технических стандартов

BESE Bureau of Elementary and Secondary Education Управление начального и среднего образования

B ès L Bachelier ès Lettres *фр.* (Bachelor of Letters) бакалавр литературы (*ставится после фамилии*)

BESRL Behavioral Science Research Laboratory Научно-исследовательская лаборатория в области поведенческих наук (*США*)

B ès S Bachelier ès Sciences *фр.* (Bachelor of Sciences) бакалавр наук (*ставится после фамилии*)

bess binary electromagnetic signature *вчт.* двоичная электромагнитная сигнатура

BEST [best] basic electronics training программа основной подготовки по электронике

BETA British Equipment Trade Association Британская торговая ассоциация оборудования

BETA Broadcasting and Entertainment Alliance Союз работников радиовещания и развлекательной индустрии

betw between между, в промежутке

BEV *тж.* **Bev, bev** [bev] billion electron-volts *физ.* миллиард электрон-вольт, Бэв

BEV Black English Vernacular диалект чёрных американцев

BEW Board of Economic Warfare Управление экономической войны

BEWT Bureau of East-West Trade Бюро по торговле между востоком и западом

B.Ex. *тж.* **B/Ex.** bill of exchange *ком.* переводный вексель, тратта

B.F. Bachelor of Finance бакалавр финансовых наук (*ставится после фамилии*)

B.F. Bachelor of Forestry бакалавр лесоводства (*ставится после фамилии*)

bf bloody fool *разг.* страшный дурак

bf boldface *полигр.* жирный шрифт

b.f. bona fide *лат.* (genuine) искренне, чистосердечно

bf brief *юр.* краткое письменное изложение дела

B/F *тж.* **b/f** brought forward *ком.* с переноса; перенесено со следующей страницы

B.F.A. Bachelor of Fine Arts бакалавр изобразительных искусств (*ставится после фамилии*)

BFA British Film Academy Британская академия кинематографии

BFA Broadcasting Foundation of America Американский фонд радиовещания

B.F.A. Mus. Bachelor of Fine Arts in Music бакалавр изобразительных искусств в области музыки (*ставится после фамилии*)

BFB Bureau of Forensic Ballistics Бюро судебной баллистики

BFBPW British Federation of Business and Professional Women Британская федерация деловых и профессиональных женщин

BFBS British and Foreign Bible Society Британское и иностранное библейское общество

BFCA British Federation of Commodity Associations Британская федерация товарных ассоциаций

BFDC Bureau of Foreign and Domestic Commerce Управление внешней и внутренней торговли (*министерства торговли США*)

BFEA Bureau of Far Eastern Affairs Управление дальневосточных проблем (*госдепартамента США*)

bfg briefing инструктаж

BFI British Film Institute Британский институт кинематографии

bfl bill of lading *ком.* конасамент

BFMF British Federation of Music Festivals Британская федерация музыкальных фестивалей

BFMF British Footwear Manufacturers' Federation Британская федерация владельцев предприятий по производству обуви

BFN British Forces Network сеть связи британских войск

BFPA British Film Producers' Association Британская ассоциация кинопродюсеров

BFPC British Farm Produce Council Британский совет сельскохозяйственной продукции

BFPO British Field Post Office британская военно-полевая почта

BFPPS Bureau of Foods, Pesticides and Product Safety Управление продовольствия, пестицидов и безопасности продуктов (*США*)

bfr blood flow rate *мед.* скорость тока крови

bfr bone formation rate *мед.* скорость костеобразования

bfr briefer проводящий инструктаж

B.F.S. Bachelor of Foreign Service бакалавр дипломатической службы (*ставится после фамилии*)

B.F.T. Bachelor of Foreign Trade бакалавр внешней торговли (*ставится после фамилии*)

BFTS British and Foreign Temperance Society Британское и иностранное общество трезвости

BFUSA Basketball Federation of the United States of America федерация баскетбола США

BFUW British Federation of University Women Британская федерация женщин — университетских преподавателей

bg background фон, задний план

bg bag мешок

B.G. Birmingham Gauge бирмингемский калибр (*проволоки*)

b/g bonded goods импортные товары, хранящиеся на складах таможни и не оплаченные пошлиной

BG *тж.* **B-G** Brigadier General *амер.* бригадный генерал

BG British Government британское правительство

BGB Booksellers of Great Britain продавцы книг Великобритании

bgc blood group class категория группы крови

BGC British Gas Corporation Британская газовая корпорация

B. Gen. Ed. Bachelor of General Education бакалавр общей педагогики (*ставится после фамилии*)

BGFE Boston Grain and Flour Exchange Бостонская зерновая и мучная биржа

BGFO Bureau of Government Financial Operations Управление правительственных финансовых операций

B-girl [ˈbiːˈɡəːl] bar girl девушка, работающая в баре

B.G.L. Bachelor of General Laws бакалавр общего права (*ставится после фамилии*)

bgl below ground level ниже уровня земли

bglr bugler горнист, трубач

bglr burglar вор, взломщик

bgn begin начинать

B/H Bill of Health *мор.* карантинное *или* санитарное свидетельство

BHA British Homeopathic Association Британская гомеопатическая ассоциация

BHB British Hockey Board Британский хоккейный совет

BHC British High Commissioner Британский верховный комиссар

BHC British Hovercraft Corporation Британская корпорация транспортных средств на воздушной подушке

BHCIUS Barbers, Hairdressers and Cosmetologists International Union of America Международный союз парикмахеров и косметологов Америки

B.H.E. Bachelor of Home Economics бакалавр домоводства (*ставится после фамилии*)

BHMA British Hard Metal Association Британская ассоциация твёрдых металлов

Bhp. *тж.* **BHP, b.h.p., B.H.P.** brake horsepower тормозная лошадиная сила

bhr biotechnology and human research исследования в области биотехнологии и жизнедеятельности человеческого организма

BHRA British Hotels and Restaurants Association Британская ассоциация гостиниц и ресторанов

BHRA British Hydraulic Research Association Британская научно-исследовательская ассоциация по гидравлике

BHS British Home Stores «Бритиш Хоум Сторз» (*название однотипных универсальных магазинов в разных городах Великобритании*)

B.H.Sci. Bachelor of Household Science бакалавр домоводства (*ставится после фамилии*)

B. Hyg. Bachelor of Hygiene бакалавр гигиены (*ставится после фамилии*)

BI Bahama Islands Багамские острова

BI Bermuda Islands Бермудские острова

bi *тж.* **Bi** binary двоичный; бинарный, двойной, двучленный

bi [baɪ] biology *студ. мед.* биология

bi [baɪ] bisexual *жарг.* бисексуальный, двуполый

Bi bismuth *хим.* висмут

BI Bureau of Investigation Бюро расследования

BIA British Island Airways «Бритиш Айленд Эруэйз» (*авиатранспортная компания Великобритании*)

BIA Bureau of Indian Affairs Бюро по делам индейцев (*США*)

BIAA Bureau of Inter-American Affairs Бюро межамериканских проблем (*госдепартамента США*)

BIAE British Institute of Adult Education Британский институт образования взрослых

BI & A Bureau of Intelligence and Research Бюро разведки и исследовательских работ (*США*)

BIATA British Independent Air Transport Association Британская ассоциация независимых авиатранспортных компаний

Bib Bible Библия

Bib *тж.* **bib** Biblical библейский

Bibl *тж.* **bibl** Biblical библейский

Bibl *тж.* **bibl** bibliographical библиографический

biblio [ˈbɪblɪəu] bibliographical note *разг.* библиографическая справка

BIBRA British Industrial Biological Research Association Британская ассоциация промышленных биологических исследований

BIC British Importers Confederation Британская конфедерация импортёров

BIC Bureau of International Commerce Бюро международной торговли

bicarb [barˈkɑːb] sodium bicarbonate *разг.* питьевая сода

BICEMA British Internal Combustion Engine Manufacturers Association Британская ассоциация производителей двигателей внутреннего сгорания

B.I.D. Bachelor of Industrial Design бакалавр промышленного дизайна (*ставится после фамилии*)

bidec binary to decimal conversion *втч.* преобразование из двоичной системы (счисления) в десятичную

B.I.E. Bachelor of Industrial Engineering бакалавр технических наук (*ставится после фамилии*)

BIE Bureau of Industrial Economics Бюро промышленной экономики (*США*)

BIEE British Institute of Electrical Engineers Британский институт инженеров-электриков

BIET British Institute of Engineering Technology Британский институт инженерной технологии

BIF British Industries Fair Британская промышленная ярмарка

BIHA British Ice Hockey Association Британская ассоциация хоккея

BIICL British Institute of International and Comparative Law Британский институт международного и сравнительного права

BILA Bureau of International Labour Affairs Бюро международных проблем труда

BILS British International Law Society Британское общество международного права

BIM British Institute of Management Британский институт управления

BIMCO ['bımkəu] Baltic and International Maritime Conference Конференция по балтийскому и международному мореходству, БИМКО

B.Ind. Bachelor of Industry бакалавр промышленности (*ставится после фамилии*)

bio biographical биографический

bio ['baıəu] biography биография

bio biological биологический

bio ['baıəu] biology *студ. жарг.* биология

BIOA Bureau of International Organizations Affairs Бюро по делам международных организаций (*госдепартамента США*)

biochem biochemistry биохимия

biocon biocontamination загрязнение биосферы

biocyb biocybernetics биокибернетика

biodef biological defense противобиологическая защита

biog biographer биограф

biog biographical биографический

biog biography биография; написать *чью-л.* биографию

biol biological биологический

biol biology биология

BIOS *тж.* **bios** biological satellite спутник для биологических исследований

biotech ['baıəutek] biotechnology *тех.* биотехнология

BIP British Institute of Physics Британский институт физики

BIPAD Bureau of Independent Publishers and Distributors Бюро независимых издателей и агентов по продаже (*книг*)

bipco built-in-place components встроенные компоненты

BIPO British Institute of Public Opinion Британский институт общественного мнения

BIPP British Institute of Practical Psychology Британский институт практической психологии

bips billion instructions per second *вчт.* миллиард операций в секунду (*единица быстродействия сверхвысокопроизводительных ЭВМ*)

BIR Board of Inland Revenue Управление налоговых сборов (*Великобритания*)

BIR Board of Internal Revenue Управление внутренних доходов (*США*)

BIR British Institute of Radiology Британский радиологический институт

BIR Bureau of Internal Revenue Бюро внутренних доходов (*США*)

BIRE British Institution of Radio Engineers Британский институт радиоинженеров

BIS Bank for International Settlements Банк международных расчётов, БМР

bis bissextile високосный год

BIS British Information Service Британская служба информации

BIS British Interplanetary Society Британское общество космических исследований

BISAKTA British Iron, Steel and Kindred Trades Association Британская ассоциация железа, стали и смежных отраслей

BISF British Iron and Steel Federation Британская федерация чёрной металлургии

BISFA British Industrial and Scientific Film Association Британская ассоциация промышленных и научных фильмов

bish [bıʃ] bishop епископ; *школ.* ошибка; *мор.* судовой священник; исполнять функции судового священника в его отсутствие

BISPA British Independent Steel Producers Association Британская ассоциация независимых производителей стали

BISTA Bureau of International Scientific and Technological Affairs Бюро международных научных и технологических проблем (*госдепартамента США*)

B.I.T. Bachelor of Industrial Technology бакалавр промышленной технологии (*ставится после фамилии*)

bit [bɪt] binary digit *вчт.* двоичный знак (*цифра*); двоичная единица информации, бит

BIT British Independent Television Независимое британское телевидение

bi-w bi-weekly дважды в неделю

bix binary information exchange *вчт.* станция обмена двоичными данными

biz [bɪz] business *амер. разг.* коммерческое предприятие, фирма

B. J. Bachelor of Journalism бакалавр журналистики (*ставится после фамилии*)

BJCO British Joint Communications Office Британское объединённое управления связи

B. Juris. Bachelor of Jurisprudence бакалавр юриспруденции (*ставится после фамилии*)

bk back назад, обратно

bk bank банк; плоский берег; отмель, банка

Bk berkelium *хим.* беркелий

bk *тж.* **Bk** book книга

bkbndr bookbinder переплётчик

bkcy bankruptcy банкротство

bkd blackboard доска

bkfst breakfast завтрак

bkg banking производство банковских операций; банковское дело

bkgd background фон

bklr black letter *полигр.* старинный английский готический шрифт

bkpr bookkeeper бухгалтер, счетовод

bks barracks казармы; бараки

bkt basket корзина

BL Bachelor of Law бакалавр права (*ставится после фамилии*)

BL Bachelor of Letters бакалавр литературы (*ставится после фамилии*)

BL Bachelor of Literature бакалавр литературы (*ставится после фамилии*)

B/L *тж.* **BL, b.l., b/l** bill of lading *ком.* транспортная накладная; коносамент

BL [ˈbiːˈel] British Legion Британский легион (*ведущая британская организация ветеранов войны, особ. офицеров*)

BL British Leyland «Бритиш Лейланд» (*национализированная автомобильная компания, крупнейшая в Великобритании*)

BL British Library Британская библиотека (*крупнейшая библиотека Великобритании*)

BLA British Library Association Британская библиотечная ассоциация

B.L.A. Bachelor of Landscape Architecture бакалавр ландшафтной архитектуры (*ставится после фамилии*)

B.L.A. Bachelor of Liberal Arts бакалавр свободных искусств (*ставится после фамилии*)

bldg building здание, строение, сооружение

Bldg. E. Building Engineer инженер-строитель

B.L.E. Brotherhood of Locomotive Engineers Братство железнодорожных машинистов (*профсоюз; США*)

B.L.F.E. Brotherhood of Locomotive Firemen and Enginemen Братство железнодорожных кочегаров и машинистов (*профсоюз; США*)

B.L.I. Bachelor of Literary Interpretation бакалавр литературной интерпретации (*ставится после фамилии*)

B. Lib. S. Bachelor of Library Science бакалавр библиотековедения (*ставится после фамилии*)

B. Lit. Bachelor of Literature бакалавр литературы (*ставится после фамилии*)

B. Litt. [ˈbiːˈlit] Baccalaureus Literarum *лат.* (Bachelor of Letters) бакалавр литературы (*ставится после фамилии*)

blk black чёрный

blk block квартал (*домов*); препятствие, помеха; *полигр.* клише, металлический штамп

blk bulk (главная) масса; корпус

B.LL. Bachelor of Laws бакалавр прав (*ставится после фамилии*)

BLM Basic Language Machine основной язык вычислительной машины

BLM British Leather Manufacturers Британские производители кожаных изделий

BLMC British Leyland Motor Corporation «Бритиш Лейланд Мотор Корпорейшн» (*национализированная автомобильная компания, крупнейшая в Великобритании*)

bln balloon аэростат

BLNY Book League of New York Нью-Йоркская книжная лига

BLNY Booksellers League of New York Нью-Йоркская лига продавцов книг

BLP British Labour Party Лейбористская партия Великобритании

BLPES British Library of Political and Economic Science Британская библиотека политико--экономических наук

B.L.S. Bachelor of Library Science бакалавр библиотековедения (*ставится после фамилии*)

bls bales кипы; тюки; места груза

bls barrels бочонки, бочки; баррели

BLS Bureau of Labor Statistics Статистическое управление (*министерства труда США*)

blvd *тж.* **Blvd** boulevard проспект; бульвар

B.M. Bachelor of Medicine бакалавр медицины (*ставится после фамилии*)

B.M. Bachelor of Music бакалавр музыки (*ставится после фамилии*)

BM *тж.* **bm** [ˈbiːˈem] ballistic missile баллистическая ракета

bm basal metabolism *мед.* основной обмен

B/M *тж.* **b/m** bill of materials ведомость материалов

bm book of the month книга месяца

B.M. *тж.* **Bm, bm** [ˈbiːˈem] bowel movement *разг.* стул

BM [ˈbiːˈem] British Museum Британский музей

BMA [ˈbiːˈemˈei] British Medical Association Британская медицинская ассоциация

BMA British Military Authority Британская военная администрация

BMB Ballistic Missile Branch отдел баллистических ракет (*США*)

BMB British Medical Board Британское медицинское управление

BMC Bryn Mawr College Колледж Брин Мор (*США*)

BMD [ˈbiːˈemˈdiː] ballistic missile defence противоракетная оборона, ПРО

BMDS [ˈbiːˈemˈdiːˈes] Ballistic Missile Defence System система обороны от баллистических ракет, система ПРО

B.M.E. Bachelor of Mechanical Engineering бакалавр машиностроения (*ставится после фамилии*)

B.M.E. Bachelor of Mining Engineering бакалавр горного дела (*ставится после фамилии*)

bme biomedical engineering биомедицинская техника

B. Met. Bachelor of Metallurgy бакалавр металлургии (*ставится после фамилии*)

B. Met. E. Bachelor of Metallurgical Engineering бакалавр металлургии (*ставится после фамилии*)

BMEWS [ˈbiːˈmjuːz] Ballistic

Missile Early Warning System *амер. воен.* система дальнего обнаружения баллистических ракет

BMFA Boston Museum of Fine Arts Бостонский музей изобразительных искусств

bmi *тж.* **BMI** ballistic missile interceptor перехватчик баллистических ракет

BMI Biological and Medical Investigations биомедицинские исследования

B. Mic. Bachelor of Microbiology бакалавр микробиологии (*ставится после фамилии*)

B.Min.E. Bachelor of Mining Engineering бакалавр горного дела (*ставится после фамилии*)

B.M.L. Bachelor of Modern Languages бакалавр современных языков (*ставится после фамилии*)

BML British Museum Library библиотека Британского музея

BMLA British Maritime Law Association Британская ассоциация морского права

BMN British Merchant Navy торговый флот Великобритании

B/MOS British Ministry of Supply Министерство снабжения Великобритании

BMP Bricklayers, Masons and Plasterers' (Union) профсоюз каменщиков, каменотёсов и штукатуров (*США*)

BMPIUA Bricklayers, Masons and Plasterers International Union of America Международный союз каменщиков, каменотёсов и штукатуров Америки (*профсоюз*)

BMR *тж.* **bmr** basal metabolic rate *биол.* скорость основного обмена

B.M.S. Bachelor of Medical Science бакалавр медицинских наук (*ставится после фамилии*)

BMS Ballistic Missile Ship корабль, вооружённый баллистическими ракетами

BMS Boston Museum of Science Бостонский музей науки

BMSA British Medical Students' Association Британская ассоциация студентов-медиков

BMSM British Merchant Shipping Mission представительство Великобритании по торговому судоходству

B.M.T. Bachelor of Medical Technology бакалавр медицинской техники (*ставится после фамилии*)

BMT Basic Military Training базовая военная подготовка

BMT bone marrow transplantation *мед.* пересадка костного мозга

BMT British Mean Time британское среднее время

BMU British Medical Union Британский медицинский союз

B. Mus. Bachelor of Music бакалавр музыки (*ставится после фамилии*)

BMVM British Military Volunteer Service Британская военная служба добровольцев

BMWS Ballistic Missile Weapon System система/комплекс баллистического ракетного оружия

B.N. bank-note банкнота

bn *тж.* **Bn** batallion батальон

bn billion миллиард

bn *тж.* **BN** binary number *вчт.* двоичное число

BNA British Naval Attaché военно-морской атташе Великобритании

BNAS British Naval Air Service служба военно-морской авиации ВМС Великобритании

BNB British National Bibliography Британская национальная библиография

BNCOR British National Committee for Oceanographic Research Британский национальный комитет по океанографическим исследованиям

BNCSR British National Committee on Space Research Британский национальный комитет по космическим исследованиям

BNDD Bureau of Narcotics and Dangerous Drugs Бюро по наркотикам и опасным лекарственным средствам

BNE Board of National Estimates Бюро национальных оценок (*США*)

BNEA British Naval Equipment Association Ассоциация по оборудованию для ВМС Великобритании

BNEC British National Export Council Британский национальный экспортный совет

BNES British Nuclear Energy Society Британское общество ядерной энергии

BNFL [′bi:′en′ef′el] British Nuclear Fuels Limited «Бритиш Ньюклиа Фьюэлз Лимитед» (*британская компания по производству ядерного горючего*)

BNFMF British Non-Ferrous Metals Federation Британская федерация цветных металлов

BNHS British National Health Service Британская государственная служба здравоохранения

BNI Bureau of Naval Intelligence Управление разведки ВМС

BNIB British National Insurance Board Британское национальное страховое управление

BNO British Naval Officer офицер ВМС Великобритании

BNOC British National Oil Corporation Британская национальная нефтяная корпорация

BNOC British National Opera Company Британская национальная оперная компания

BNRDC British National Research Development Corporation Британская национальная корпорация по НИОКР

B.N.S. Bachelor of Natural Science бакалавр естественных наук (*ставится после фамилии*)

BNS British Naval Staff штаб ВМС Великобритании

BNTL British National Temperance League Британская национальная лига трезвости

BNW battlefield nuclear weapon ядерное оружие поля боя

b.o. *тж.* **b/o** back order обратный порядок; в обратном порядке

b.o. bad order неправильное указание (*о перевозке груза*)

bo blackout светомаскировка, затемнение; прекращение *или* нарушение радиосвязи; временное прекращение подачи электроэнергии

BO Board of Ordnance Управление артиллерийско-технической службы

BO *тж.* **bo** [′bi:′əu] body odor *разг.* запах тела

BO *тж.* **bo** box office *театр.* касса

bo branch office местное отделение; филиал; канцелярия представителя рода войск *или* службы

bo broker's order *мор.* грузовой *или* погрузочный ордер

bo *тж.* **BO** buyer's option по выбору *или* усмотрению покупателя

BOA British Olympic Association Британская олимпийская ассоциация

BOA British Optical Association Британская оптическая ассоциация

BOA British Orthopedic Association Британская ортопедическая ассоциация

BOA British Osteopathic Association Британская остеопатическая ассоциация

BOB barge on board судно для перевозки (гружёных) барж, баржевоз

BOB Bureau of the Budget Бюджетное управление (*США*)

BOC Bank of China Китайский банк

BOCE Board of Customs and Excise Таможенное и акцизное управление

BOCM Silcock [′bi:′əu′si:′em′sɪlkɔk] British Oil and Cake Mills Silcock Ltd «Бокм Силкок» (*крупная компания по производству комбикормов; Великобритания*)

BOD *тж.* **bod** biochemical oxygen demand биохимическая потребность в кислороде

BoD Board of Directors правление, совет директоров

bod [bɔd] body *прост.* человек, личность; *амер. жарг.* тело

BoD Bureau of Drugs Бюро по наркотикам

bod biz [ˈbɔdˈbɪz] body business *амер. жарг.* групповая психотерапия

bod lang body language жестикуляция и мимика

B of C Bank of Canada Канадский банк

B of C Bureau of the Census Бюро переписи

B of E Bank of England Английский банк

B of H Board of Health Управление здравоохранения

B of HE Board of Higher Education Управление высшего образования

B of J Bank of Japan Японский банк

B of M Bank of Montreal Монреальский банк

B of N Bureau of Narcotics Бюро по наркотикам

b of t balance of trade торговый баланс

B of T Bank of Tokyo Токийский банк

B of T Board of Trade министерство торговли (*Великобритания*); торговая палата (*США*)

BOK Book-of-the-Month Club Клуб книги месяца

bol bill of lading коносамент

Bol Bolivia Боливия

Boly [ˈbəulɪ] Bolingbroke *канад. ав.* Болингброк (*модель самолёта*)

BoM bill of materials *ком.* ведомость материалов

BoM Bureau of Mines Горнорудное управление

B.O.M. Business Office Must *амер.* записка, приколотая к статье (*о необходимости её немедленной публикации*)

BOMC Book-of-the-Month Club Клуб книги месяца

BoMS Bureau of Medical Services Управление медицинского обслуживания

bonner [ˈbɔnə] bonfire *унив. жарг.* костёр (*часто по случаю какого-л. празднества*)

BONY Bank of New York Банк Нью-Йорка

bop *тж.* **b-o-p** balance of payments платёжный баланс

bop [bɔp] bebop бибоп (*род джазовой музыки*)

BOQ bachelor officers' quarters *амер. воен.* квартиры для несемейных офицеров

bor borough *брит.* небольшой город (*имеющий самоуправление*)

BOR British other ranks рядовой и сержантский состав британской армии

BOSS [bɔːs, bɔs] Bureau of State Security Бюро государственной безопасности (*тайная разведывательная организация Южной Африки*)

Bost Boston Бостон

BoT Bank of Tokyo Токийский банк

BOT beginning of tape начало ленты

BOT *тж.* **BoT** Board of Trade министерство торговли (*Великобритания*); торговая палата (*США*)

bot botanical ботанический

bot botanist ботаник

bot botany ботаника

bottie [ˈbɔtɪ] *разг.* bottom зад

BOTU Board of Trade Unit *брит.* киловатт-час

BOU Bank Officers Union союз банковских работников

boul boulevard проспект; бульвар

bow born out of wedlock рождённый вне брака, внебрачный

B.P. Bachelor of Pharmacy бакалавр аптечного дела (*ставится после фамилии*)

B.P. Bachelor of Philosophy бакалавр философии (*ставится после фамилии*)

b/p baking powder сода для печения, разрыхлитель

bp baptized крещёный

bp barometric pressure барометрическое давление

bp base pay основной оклад

BP *тж.* **bp** [ˈbiːˈpiː] Beautiful

People *амер.* светское общество, высшие круги общества, законодатели мод, нравов *и т. п.*

bp below proof ниже установленного градуса (*о спирте*)

B/P *тж.* **B/p, b/p, bp** bills payable *ком.* векселя к платежу

bp birthplace место рождения

bp bishop епископ; *шахм.* слон

BP [΄bi:΄pi:] Black Panthers «Чёрные пантеры» (*леворадикальная негритянская организация в США*); член организации «Чёрные пантеры»

BP *тж.* **bp, b/p** blood pressure кровяное давление

bp *тж.* **BP** boiling point *хим., физ.* точка кипения, температура кипения

BP British Patent британский патент

BP [΄bi:΄pi:] British Petroleum «Бритиш Петролеум» (*крупнейшая нефтяная компания Великобритании*)

B.P. [΄bi:΄pi:] British Public *шутл.* британская общественность

BP [΄bi:΄pi:] British Railways «Бритиш Рейлуэйз» (*сеть национализированных железных дорог*)

BP budget projects бюджетные программы

BPA blanket purchasing agreement соглашение по общей закупке (*материалов или предметов снабжения разных сортов, размеров и т. д.*)

BPA Book Publishers Association Ассоциация книгоиздателей

BPA British Pediatric Association Британская педиатрическая ассоциация

BPA Bureau of Public Affairs Управление общественных дел

bpb bank post bills банковские почтовые счета

BPC British Pharmaceutical Codex Британский фармацевтический кодекс

B.Pd. Bachelor of Pedagogy бакалавр педагогики (*ставится после фамилии*)

bpd barrels per day баррелей в сутки

BPDPA Brotherhood of Painters, Decorators and Paperhangers of America Братство маляров, обойщиков и декораторов Америки (*профсоюз*)

B.P.E. Bachelor of Physical Education бакалавр физической культуры (*ставится после фамилии*)

BPE-LCA Board of Parish Education-Lutheran Church of America Совет приходского образования лютеранской церкви Америки

B.Ph. Bachelor of Philosophy бакалавр философии (*ставится после фамилии*)

B.P.H. Bachelor of Public Health бакалавр здравоохранения (*ставится после фамилии*)

bph barrels per hour баррелей в час (*единица скорости передачи данных*)

B. Pharm. Bachelor of Pharmacy бакалавр аптечного дела (*ставится после фамилии*)

B. Phil. Bachelor of Philosophy бакалавр философии (*ставится после фамилии*)

bpi bits per inch *вчт.* бит на дюйм

BPIF British Printing Industries Federation Британская федерация печатной промышленности

bpl birthplace место рождения

BPMA Bureau of Politico-Military Affairs Бюро политико-военных проблем (*госдепартамента США*)

BPP Black Panther Party «Чёрные пантеры» (*леворадикальная негритянская организация в США*)

B.Ps. Bachelor in Psychology бакалавр психологии (*ставится после фамилии*)

bps bits per second *вчт.* бит в секунду (*единица скорости передачи данных*)

BPS Bureau of Product Safety Управление безопасности продуктов

BPsS British Psychological Society Британское психологическое общество

bpt boiling point точка кипения

bpv bullet-proof vest пуленепробиваемый жилет

BPWA Business and Professional Women's Association Ассоциация деловых и профессиональных женщин

BQ Basic Qualification основная квалификация

bq becquerel *физ.* беккерель

br bank rate учётная ставка банка

br bill of rights первые десять поправок к конституции США

B/R *тж.* **B. R., b. r., b/r** bills receivable *ком.* векселя к получению

BR book of reference справочник, справочное издание

br branch ветвь; отделение, филиал

br brig *мор.* бриг

Br Britain Великобритания

Br British британский, английский

BR British Rail «Бритиш Рейл» (*сеть национализированных железных дорог*)

Br *тж.* **BR** bromine *хим.* бром

br bronze бронза

br brother брат; однополчанин; собрат по полку *или* по оружию

BR Bureau of Reclamation Бюро рекламаций

Br Am British America английские владения в Америке

BRASCFHESE Brotherhood of Railway, Airline and Steamship Clerks, Freight Handlers, Express and Station Employees Братство железнодорожных, самолётных и пароходных клерков, приёмщиков грузов, работников экспрессов и станций (*профсоюз; США*)

Braz Brazil Бразилия

Braz Brazilian бразильский

BRB British Railway Board правление британских железных дорог

Br. C. British Columbia Британская Колумбия (*провинция Канады*)

BRC British Research Council Британский научно-исследовательский совет

BRCA Brotherhood of Railway Carmen of America Братство железнодорожных проводников Америки (*профсоюз*)

BRCS British Red Cross Society Британское общество Красного Креста

brd board правление; совет; палата (*торговая*); департамент, министерство; доска; борт; стол; пансион

brdcst broadcast радиовещание

B. R. E. Bachelor of Religious Education бакалавр религиозного образования (*ставится после фамилии*)

B. Rec. *тж.* **b. rec., brec** bills receivable *ком.* векселя к получению

BREMA British Radio Equipment Manufacturers' Association Британская ассоциация владельцев предприятий по производству радиооборудования

brf brief краткий

brf briefing инструктаж, брифинг

BRF British Road Federation Британская дорожная федерация

brg bridge мост

brg brigantine *мор.* бригантина, бриг

brghd bridgehead плацдарм

Br Gu British Guiana Британская Гвиана

Br H British Honduras Британский Гондурас

BRI Biological Research Institute Биологический научно-исследовательский институт

BRI Brain Research Institute Научно-исследовательский институт мозга

Br I British Isles Британские острова

BRI Building Research Institute Научно-исследовательский строительный институт

BRIA Biological Research Institute of America Американский биологический научно-исследовательский институт

Brig brigade *брит.* бригада; бригадный

Brig brigadier *брит.* бригадир

Brig. Gen. Brigadier General *амер.* бригадный генерал

Brit Britain Великобритания

Brit British британский, английский

Brit [brɪt] Briton *разг.* британец

Brit Mus British Museum Британский музей

brk brick кирпич; кирпичный

brkf breakfast завтрак

BRL Ballistic Research Laboratories Лаборатории баллистических исследований (*США*)

brl bomb-release line рубеж бомбометания

BRMA British Rubber Manufacturers' Association Британская ассоциация производителей резиновых изделий

brn brown коричневый

BRNC Britannia Royal Naval College военно-морской колледж «Британия», Дартмут (*Великобритания*)

BRO Brigade Routine Order *брит.* административно-строевой приказ по бригаде

bro *тж.* **Bro** brother брат

brok brokerage *мор.* комиссионное вознаграждение агенту за подыскание груза, брокераж

BRPF Bertrand Russell Peace Foundation Фонд мира Бертрана Рассела

BRS Bertrand Russell Society Общество Бертрана Рассела

BRS Brotherhood of Railway Signalmen Братство железнодорожных сигнальщиков (*профсоюз; США*)

BRS Bureau of Railroad Safety Бюро безопасности железных дорог

BRSA British Railway Staff Association Британская ассоциация железнодорожных служащих

Br Std British Standard британский стандарт

BRT basic research tasks задачи фундаментальных научных исследований

brt breakthrough важное (научно-техническое) открытие/достижение

B. R. T. Brotherhood of Railroad Trainmen Братство работников поездных бригад (*профсоюз; США*)

BRTA British Regional Television Association Британская региональная телевизионная ассоциация

brv *тж.* **BRV** [ˈbiːˈɑːˈviː] ballistic reentry vehicle боеголовка баллистической ракеты

B. S. Bachelor of Science бакалавр (естественных) наук (*ставится после фамилии*)

B. S. Bachelor of Surgery бакалавр хирургии (*ставится после фамилии*)

BS *тж.* **bs** balance-sheet *ком.* сводный баланс

B/S *тж.* **b/s, B. S., b. s.** bill of sale *ком.* закладная; купчая; *мор.* корабельная крепость

BS Biometric Society Биометрическое общество, БО

BS Blessed Sacrament святое причастие

bs blood sugar сахар, содержащийся в крови

BS British Standard британский стандарт

BS Bureau of Standards Бюро стандартов (*США*)

B. S. A. Bachelor of Scientific Agriculture бакалавр сельскохозяйственных наук (*ставится после фамилии*)

BSA Bibliographical Society of America Американское библиографическое общество

BSA Birmingham Small Arms «Бирмингем Смолл Армз» (*крупная компания по производству мотоциклов, велосипедов, стрелкового оружия, различного промышленного оборудования и инструментов*)

BSA Botanical Society of America Американское ботаническое общество

BSA Boy Scouts Association Ассоциация бойскаутов (*Великобритания*)

BSA Boy Scouts of America Бойскауты Америки (*молодёжная организация*)

B. S. A. A. Bachelor of Science in

Applied Arts бакалавр наук в области прикладных искусств (*ставится после фамилии*)

BSAC Brotherhood of Shoe and Allied Craftsmen Братство рабочих-обувщиков и смежных профессий (*профсоюз; США*)

B. S. Adv. Bachelor of Science in Advertising бакалавр наук в области рекламы (*ставится после фамилии*)

B. S. A. E. Bachelor of Science in Agricultural Engineering бакалавр наук в области сельскохозяйственного машиностроения (*ставится после фамилии*)

B. S. Agr. Bachelor of Science in Agriculture бакалавр наук в области сельского хозяйства (*ставится после фамилии*)

B. S. Arch. Bachelor of Science in Architecture бакалавр наук в области архитектуры (*ставится после фамилии*)

B. S. Art. Ed. Bachelor of Science in Art Education бакалавр наук в области художественного воспитания (*ставится после фамилии*)

B. S. B. A. Bachelor of Science in Business Administration бакалавр наук в области управления производством (*ставится после фамилии*)

B. S. Bus. Mgt. Bachelor of Science in Business Management бакалавр наук в области организации производства (*ставится после фамилии*)

B. Sc. [ˈbiːˈesˈsiː] Bachelor of Science бакалавр (естественные) наук (*ставится после фамилии*)

B. S. C. Bachelor of Science in Commerce бакалавр наук в области коммерции (*ставится после фамилии*)

bsc basic основной; начальный

BSC British Steel Corporation «Бритиш Стил Корпорейшн», Британская корпорация стали (*крупнейшая в Великобритании сталелитейная компания*)

BSC British Supply Council Британский совет по снабжению

BSCA Bureau of Security and Consular Affairs Бюро безопасности и консульских дел (*госдепартамента США*)

B. Sc. Acc. Bachelor of Science in Accounting бакалавр наук в области бухгалтерского дела (*ставится после фамилии*)

B. Sc. Agr. Bio. Bachelor of Science in Agricultural Biology бакалавр наук в области сельскохозяйственной биологии (*ставится после фамилии*)

B. Sc. Agr. Ecn. Bachelor of Science in Agricultural Economics бакалавр наук в области экономики сельского хозяйства (*ставится после фамилии*)

B. Sc. Agr. Eng. Bachelor of Science in Agricultural Engineering бакалавр наук в области сельскохозяйственного машиностроения (*ставится после фамилии*)

B. Sc. B. A. Bachelor of Science in Business Administration бакалавр наук в области управления производством (*ставится после фамилии*)

B. S. Ch. Bachelor of Science in Chemistry бакалавр наук в области химии (*ставится после фамилии*)

B-school business school школа предпринимательства

B. S. Com. Bachelor of Science in Communication бакалавр наук в области связи (*ставится после фамилии*)

BSCP Brotherhood of Sleeping Car Porters Братство проводников спальных вагонов (*профсоюз; США*)

BSCRA British Steel Casting Research Association Британская научно-исследовательская ассоциация стального литья

B. Sc. Tec. Bachelor of Technical Science бакалавр технических наук (*ставится после фамилии*)

B. Sc. Vet. Sc. Bachelor of Science in Veterinary Science бакалавр ветеринарных наук (*ставится после фамилии*)

B. S. D. Bachelor of Science in Design бакалавр наук в области дизайна (*ставится после фамилии*)

BSDC British Space Development Company Британская компания по развитию космических исследований

B. S. Dent. Bachelor of Science in Dentistry бакалавр наук в области стоматологии (*ставится после фамилии*)

B. S. E. Bachelor of Science in Education бакалавр наук в области педагогики (*ставится после фамилии*)

B. S. E. Bachelor of Science in Engineering бакалавр технических наук (*ставится после фамилии*)

B. S. Ec. Bachelor of Science in Economics бакалавр наук в области экономики (*ставится после фамилии*)

B. S. Ed. Bachelor of Science in Education бакалавр наук в области педагогики (*ставится после фамилии*)

B. S. El. E. Bachelor of Science in Electronic Engineering бакалавр технических наук в области электроники (*ставится после фамилии*)

B. S. E. M. Bachelor of Science in Engineering of Miners бакалавр горнотехнических наук (*ставится после фамилии*)

B. S. Eng. Bachelor of Science in Engineering бакалавр технических наук (*ставится после фамилии*)

B. S. E. P. Bachelor of Science in Engineering Physics бакалавр технических наук в области физики (*ставится после фамилии*)

BSF British Shipping Federation Британская федерация торгового судоходства

BSFA British Steel Founders' Association Британская ассоциация сталелитейщиков

B. S. Fin. Bachelor of Science in Finance бакалавр наук в области финансов (*ставится после фамилии*)

B. S. For. Bachelor of Science in Forestry бакалавр наук по лесоводству (*ставится после фамилии*)

B. S. F. S. Bachelor of Science in Foreign Service бакалавр наук дипломатической службы (*ставится после фамилии*)

BSG British standard gage британский проволочный калибр

B. S. Geol. E. Bachelor of Science in Geological Engineering бакалавр технических наук в области геологии (*ставится после фамилии*)

B. S. Gph. Bachelor of Science in Geophysics бакалавр геофизических наук (*ставится после фамилии*)

bsh bushel бушель (*мера вместимости сыпучих тел = 36,37 л*)

B. S. H. E. Bachelor of Science in Home Economics бакалавр наук по домоводству (*ставится после фамилии*)

B. S. Hyg. Bachelor of Science in Hygiene бакалавр наук по гигиене (*ставится после фамилии*)

BSI [ˈbɪˈesˈaɪ] British Standards Institution Британский институт стандартов

BSIB Boy Scouts International Bureau Международное бюро бойскаутских организаций

BSIE Biosciences Information Exchange обмен биологической научной информацией

B. S. I. T. Bachelor of Science in Industrial Technology бакалавр технических наук по промышленной технологии (*ставится после фамилии*)

B. S. J. Bachelor of Science in Journalism бакалавр наук по журналистике (*ставится после фамилии*)

bskt basket корзина

B. S. L. Bachelor of Science in Law бакалавр правовых наук (*ставится после фамилии*)

B. S. L. Bachelor of Science in Linguistics бакалавр филологических наук (*ставится после фамилии*)

BSL Behavioral Sciences Laboratory лаборатория поведенческих наук

B. S. L. S. Bachelor of Science in Library Science бакалавр библиотековедения (*ставится после фамилии*)

B. S. M. Bachelor of Science in Medicine бакалавр медицинских наук (*ставится после фамилии*)

B. S. M. Bachelor of Science in Music бакалавр наук в области музыки (*ставится после фамилии*)

BSM Branch Sales Manager директор сбыта филиала/отделения (*предприятия*)

BSM Bronze Star Medal *амер.* медаль «Бронзовая звезда»

B. S. M. E. Bachelor of Science in Mechanical Engineering бакалавр технических наук по машиностроению (*ставится после фамилии*)

B. S. M. E. Bachelor of Science in Mining Engineering бакалавр горно-технических наук (*ставится после фамилии*)

B. S. Med. Bachelor of Science in Medicine бакалавр медицинских наук (*ставится после фамилии*)

B. S. Met. Bachelor of Science in Metallurgy бакалавр наук в области металлургии (*ставится после фамилии*)

B. S. Met. Eng. Bachelor of Science in Metallurgical Engineering бакалавр технических наук по металлургии (*ставится после фамилии*)

B. S. Min. Bachelor of Science in Mineralogy бакалавр минералогических наук (*ставится после фамилии*)

BSMMA British Sugar Machinery Manufacturers' Association Британская ассоциация производителей оборудования для переработки сахара

bsmt basement подвальное помещение

B. S. N. Bachelor of Science in Nursing бакалавр методики ухода за больными (*ставится после фамилии*)

BSO Boston Symphony Orchestra Бостонский симфонический оркестр (*США*)

B. S. Occ. Ther. Bachelor of Science in Occupational Therapy бакалавр наук в области трудовой терапии (*ставится после фамилии*)

B. Soc. Sc. Bachelor of Social Science бакалавр социальных наук (*ставится после фамилии*)

B. Soc. St. Bachelor of Social Studies бакалавр социальных исследований (*ставится после фамилии*)

B. S. O. T. Bachelor of Science in Occupational Therapy бакалавр наук в области трудовой терапии (*ставится после фамилии*)

B. S. P. Bachelor of Science in Pharmacy бакалавр наук по фармацевтике (*ставится после фамилии*)

B. S. P. E. Bachelor of Science in Physical Education бакалавр наук в области физического воспитания (*ставится после фамилии*)

B. S. P. H. Bachelor of Science in Public Health бакалавр наук в области здравоохранения (*ставится после фамилии*)

B. S. Phar. *тж.* **B. S. Pharm.** Bachelor of Science in Pharmacy бакалавр наук по фармацевтике (*ставится после фамилии*)

B. S. P. T. Bachelor of Science in Physical Therapy бакалавр физиотерапевтических наук (*ставится после фамилии*)

bsr blood sedimentation rate скорость оседания эритроцитов, СОЭ

BSR British Society of Rheology Британское общество реологии

RSRA British Ship Research Association Британская научно-исследовательская судостроительная ассоциация

BSRL Boeing Scientific Research Laboratories Научно-исследовательские лаборатории авиационной корпорации «Боинг» (*США*)

B. S. R. T. Bachelor of Science in Radiological Technology бакалавр наук по радиологической технике (*ставится после фамилии*)

B. S. S. Bachelor of Secretarial Science бакалавр секретарских наук (*ставится после фамилии*)

B. S. S. Bachelor of Social Science бакалавр социальных наук (*ставится после фамилии*)

BSS British Standard Specification британские стандартные спецификации

BSS bulk storage system запоминающее устройство большой ёмкости, массовое запоминающее устройство

B. S. S. S. Bachelor of Science in Social Studies бакалавр наук по социальным проблемам (*ставится после фамилии*)

BSSS British Society of Soil Science Британское общество почвоведения

bssw bare stainless-steel wire проволока из нержавеющей стали

b/st bill at sight *ком.* тратта, срочная по предъявлении

BST [ˈbiːˈesˈtiː] British Standard Time британское стандартное время (*на час вперёд времени по Гринвичу*)

BST British Summer Time британское летнее время

BSTA British Surgical Trades Association Британская ассоциация хирургов

bstd bastard *с / х.* гибрид

bstr booster ускоритель, бустер; *ркт.* стартовый двигатель, ракетоноситель

B. Surg. Bachelor of Surgery бакалавр хирургии (*ставится после фамилии*)

BSW Boot and Shoe Workers (Union) профсоюз рабочих обувной промышленности (*США*)

BSWB Boy Scouts World Bureau Всемирное бюро бойскаутов, ВББС

B. T. Bachelor of Theology бакалавр теологии (*ставится после фамилии*)

BT ballistic trajectory баллистическая траектория

Bt [bɑːt] baronet баронет (*низший наследственный титул; Великобритания*)

bt bleeding time время кровотечения

bt boat лодка, шлюпка; катер; судно

bt body temperature температура тела

bt bought (за)купленный

BTA Best Time Available инструкция о помещении объявления в любом свободном месте и в любое время

BTA Blood Transfusion Association Ассоциация переливания крови (*США*)

BTA Board of Tax Appeals Управление по разбору жалоб на неправильное налоговое обложение (*США*)

BTA British Tourist Authority Британское управление по туризму

BTAO Bureau of Technical Assistance Operations Бюро по оказанию технической помощи (*ООН*)

B. T. C. Bachelor of Textile Chemistry бакалар текстильной химии (*ставится после фамилии*)

BTC Basic Training Center *амер.* учебный центр основной (боевой) подготовки

BTC British Textile Confederation Британская текстильная конфедерация

BTC Building Trades Council Совет предприятий строительной промышленности

btdc before top dead center *тех.* до верхней мёртвой точки

B. T. E. Bachelor of Textile Engineering бакалавр текстильного машиностроения (*ставится после фамилии*)

BTE Better Than Expected лучше, чем ожидалось

B. Tech. Bachelor of Technology бакалавр технологии (*ставится после фамилии*)

B-test [ˈbiːtest] breathalyser test анализ «В» (*определение процента содержания алкоголя в крови посредством алкогольно-респираторной трубки*)

b/tf balance transferred *ком.* сальдо перенесено

B. Th. Bachelor of Theology бакалавр богословия (*ставится после фамилии*)

BTHU *тж.* **bthu** [ˈbiːˈtiːˈeɪtʃˈjuː] British thermal unit британская тепловая единица (*= 0,252 большой калории*)

BTIPR Boyce Thompson Institute for Plant Research Бойс--Томсоновский институт заводских исследований (*США*)

BTL Bell Telephone Laboratories телефонные лаборатории фирмы «Белл» (*США*)

btl bottle бутылка, бутыль, баллон

btlv biological threshold limit value биологическая величина порогового предела

btm bottom дно

BTMA British Typewriter Manufacturers' Association Британская ассоциация производителей пишущих машинок

btn button кнопка

bto big time operator *жарг.* крупный мошенник

b to b back to back спиной друг к другу; спинка к спинке

B. T. P. Bachelor of Town Planning бакалавр городского планирования (*ставится после фамилии*)

BTP British Transport Police Британская транспортная полиция

BTR Bureau of Trade Regulation Бюро регулирования торговли

btrmlk buttermilk пахта

BTS British Textile Society Британское текстильное общество

btto brutto вес брутто

BTU Board of Trade unit *брит.* киловатт-час

BTU *тж.* **btu, Btu** [ˈbiːˈtiːˈjuː] British thermal unit британская тепловая единица(*= 0,252 большой калории*)

btwn between между, в промежутке

BU Baptist Union Союз баптистов

bu base unit базовая часть, базовое подразделение

BU Board of Underwriters совет страховщиков

BU [ˈbiːˈjuː] Boston University Бостонский университет (*США*)

bu brick unprotected без кирпичной изоляции

BU Brown University Университет Брауна (*США*)

BU *тж.* **bu** bureau управление, отдел, бюро; учреждение

bu [ˈbiːˈjuː] bushel бушель (*мера вместимости сыпучих тел = 36,37 л*)

BuAer Bureau of Aeronautics *амер. мор.* Управление аэронавтики (*США*)

bud budget бюджет

Bug Buggatti Бугатти (*марка автомобиля*)

bull *тж.* **Bull** bulletin бюллетень, официальное сообщение

bullsh [bulʃ] bullshit *груб.* дерьмо, враки, бред собачий

Bu Med Bureau of Medicine (and Surgery) *амер. мор.* Главное медицинское управление (*ВМС США*)

BUN blood urea nitrogen азот мочевины крови

Bu Ord Bureau of Ordnance *амер. мор.* Главное управление вооружения (*ВМС США*)

BUP Boston University Press «Бостон Юниверсити Пресс» (*название издательства; США*)

BUP British United Press «Бритиш Юнайтед Пресс» (*британское информационное агентство*)

BuPers Bureau of Personnel *амер. мор.* Главное управление личного состава (*ВМС США*)

bur bureau управление, отдел, бюро; учреждение

BURCEN Bureau of the Census бюро переписи (*США*)

Bur Eco Aff Bureau of Economic Affairs Бюро по экономическим проблемам (*госдепартамента США*)

Bur Eur Aff Bureau of European

Affairs Бюро европейских проблем (*госдепартамента США*)

burger hamburger гамбургер

burl *тж.* **burley** [ˊbəːlɪ] *театр.* burlesque бурлеск

Burs bursar казначей

BuSandA Bureau of Supplies and Accounts *амер. мор.* Главное управление снабжения и отчётности (*ВМС США*)

bush [buʃ] bushel бушель (*мера вместимости сыпучих тел = 36,37 л*)

Bus Mgr Business Manager управляющий делами; коммерческий директор

BUTEC British Underwater Test and Evaluation Centre Британский центр испытаний и оценки подводного оружия и техники

butt [bʌt] buttock *разг.* ягодица

BV Blessed Virgin *рел.* дева Мария; богородица; мадонна

bv *тж.* **B/V, B/v** book value *ком.* стоимость по торговым книгам

BVA British Veterinary Association Британская ветеринарная ассоциация

B. V. E. Bachelor of Vocational Education бакалавр профессионально-технического образования (*ставится после фамилии*)

B. Vet. Sci. Bachelor of Veterinary Science бакалавр ветеринарной науки (*ставится после фамилии*)

B. V. M. Bachelor of Veterinary Medicine бакалавр ветеринарной медицины (*ставится после фамилии*)

B. V. S Bachelor of Veterinary Science бакалавр ветеринарной науки (*ставится после фамилии*)

BW bacteriological/biological weapons бактериологическое/биологическое оружие

bw below water под водой

BW biological warfare биологическая война

bw birth weight масса тела при рождении

b/w black and white чёрно-белый

bw body weight масса тела

BWA Baptist World Alliance *амер.* Всемирный союз баптистов

BWC Board of War Communications Комитет военных коммуникаций

bwk brickwork кирпичная кладка

bwk bulwark бастион; оплот

BWL Biological War Laboratory лаборатория биологических средств ведения войны

BWPA British Women Pilots' Association Британская ассоциация лётчиц

BWPA British Wood Preserving Association Британская ассоциация сохранения лесов

BWRA British Welding Research Association Британская научно-исследовательская ассоциация по изучению сварочной техники

BWRC Biological Warfare Research Center Научно-исследовательский центр биологических средств ведения войны

BWS Battlefield Weapons System система оружия поля боя

BWSF British Water Ski Federation Британская федерация водных лыж

BWSL Battlefield Weapons Systems Laboratory Лаборатория разработки систем оружия поля боя

BWT British Winter Time британское зимнее время

bw-tv black-and-white television чёрно-белое телевидение

bwv back-water valve клапан обратного течения

BX [ˊbiːˊeks] Base-Exchange основной обмен

bx box ящик, коробка

by billion years миллиард лет

by budget year бюджетный год

by buoy буй

By F battery fire батарейный огонь

byfml by first mail первой почтой

byg buying покупка

byo bring your own *разг.* «приноси с собой» (*о вечеринках, ког-*

да гости приносят еду и выпивку с собой)

byob bring your own booze/bottle *разг.* «приноси выпивку с собой» (*о вечеринках, на которых хозяин обеспечивает приглашённых только небольшой закуской*)

byp *тж.* **Byp** bypass обход, обвод, *мед.* искусственное кровообращение

bypro byproduct промежуточный/побочный продукт

byr billion years миллиард лет

BZ benzene *хим.* бензол

C

c calorie малая калория, грамм-калория

C calorie (large) большая калория, килограмм-калория

c capacity мощность; ёмкость

C carbon углерод

c cargo груз; грузовой

c case (судебное) дело

c cathode катод; катодный

C Celsius (Temperature Scale) температурная шкала, градуированная в градусах Цельсия

c cent цент

c center центр

C centigrade стоградусный (*о температуре*)

c centimeter сантиметр

C *тж.* **c** chapter глава, раздел

c circa *лат.* (about) приблизительно, около

c *тж.* **C** coefficient *вчт.* коэффициент

c color цвет, окраска

C concentration концентрация

c confidential секретный, не подлежащий оглашению

C congress конгресс

C council совет

C Court суд

C current (электрический) ток; поток

C cycle цикл; период

C² Command and Control командование и управление; *ркт.* управление и наведение

C³ Command, Control and Communications командование, управление и связь

C³**I** [ˈsiːˈkjuːbdˈaɪ] Command, Control, Communications and Intelligence командование, управление, связь и разведка

ca cable кабель; каблограмма; телеграфировать по (подводному) кабелю

Ca calcium *хим.* кальций

Ca California Калифорния (*штат США*)

C/A *тж.* **c/a** capital account счёт основного капитала (*предприятия*)

ca capital assets основные средства, основные фонды

ca cardiac arrest остановка сердца

C/A *тж.* **c/a** cash account счёт кассы

ca cathode катод; катодный

CA Central Africa Центральная Африка

CA Central America Центральная Америка

CA Charge d'Affaires временный поверенный

CA Chartered Accountant дипломированный бухгалтер-эксперт (*допущенный к ревизорской работе*)

CA Chief Accountant главный бухгалтер; начальник финансового отдела

CA chronological age хронологическая дата

ca circa *лат.* (about) приблизительно, около

CA Civil Aviation гражданская авиация

CA Coast Artillery береговая артиллерия

CA College of Arms геральдическая палата (*Великобритания*)

CA *тж.* **C/A** Commercial Agent торговый агент

ca commercially available имеющийся в продаже

CA Consumers'Association Ассоциация потребителей (*неправительственная организация, наблюдает за качеством и ценой поступающих в продажу товаров; Великобритания*)

ca contract administration исполнение контракта

CA Controller of Accounts ревизор отчётности; счётный контролёр

CA Court of Appeal апелляционный суд

ca covert action тайная операция

C/A credit account счёт кредиторов

ca cumulative account общая/накопленная/совокупная сумма

CA *тж.* **ca, c/a** current account текущий счёт

ca current address текущий адрес

ca current assets оборотные средства

CA Canadian Authors' Association Ассоциация канадских писателей

Ca Canadian Automobile Association Канадская автомобильная ассоциация

CAA Civil Aeronautics Administration Управление гражданской авиации (*США*)

CAA Civil Aviation Authority Управление гражданской авиации (*Великобритания*)

CAA Commercial Aviation Association Ассоциация гражданской авиации

CAAA Canadian Association of Advertising Agencies Канадская ассоциация рекламных агентств

CAAA College Art Association of America Американская ассоциация искусства колледжей

CAAA Commuter Airline Association of America Американская ассоциация местных авиатранспортных компаний

CAAA Composers, Authors, and Artists of America Композиторы, писатели и художники Америки

CAAF Combined Allied Air Forces объединённые ВВС НАТО

CAAIS Computer-Assisted Action Information System *брит.* автоматизированная боевая ин-

формационно-управляющая система

CAAR Committee Against Academic Repression Комитет против академических репрессий

CAAS Computer-Assisted Acquisition System автоматизированная система сбора (*данных*)

CAAT Campaign Against Arms Trade Движение против торговли оружием

CAAT Colleges of Applied Arts and Technology Колледжи прикладного искусства и технологии

CA Att Civil Air Attaché атташе гражданской авиации

cab cabin каюта, кабина, рубка

CAB Canadian Association of Broadcasters Канадская ассоциация дикторов

CAB [ˈsiːˈeɪˈbɪ] Citizens' Advice Bureau Бюро консультации населения (*работает преимущественно на общественных началах, даёт советы по юридическим, жилищным и другим вопросам; Великобритания*)

CAB Civil Aeronautics Board Комитет гражданской авиации (*США*)

CAB Consumer Affairs Bureau Бюро по делам потребителей

CABA Charge Account Bankers Association Ассоциация банкиров, предоставляющих открытый кредит

CABEI Central American Bank of Economic Integration Центральноамериканский банк экономической интеграции, ЦАБЭИ

cable [keɪbl] cablegram телеграмма, каблограмма; телеграфировать

CAC Canadian Armoured Corps Канадские бронетанковые войска

CAC Central Advisory Committee Центральный консультативный комитет

CAC City Administration Center административный центр города

CAC Civil Administration Commission Комиссия гражданской администрации

CAC Coast Artillery Corps *амер.* береговая артиллерия

CAC Combat Air Crew экипаж боевого самолёта

CAC Command and Control командование и управление; *ркт.* управление и наведение

CAC Consumer Advisory Council Консультативный совет потребителей

CAC Consumer Affairs Council Совет по делам потребителей

CAC Consumer Association of Canada Канадская ассоциация потребителей

CAC Continental Air Command континентальное авиационное командование (*США*)

CAC County Administration Centre *брит.* административный центр графства

CACCE Council of American Chambers of Commerce in Europe Совет американских торговых палат в Европе

CACCI Confederation of Asian Chambers of Commerce and Industry Конфедерация азиатских торгово-промышленных палат

CACE computer-aided control engineering *вчт.* автоматизированная разработка систем управления, АРСУ

CACM Central American Common Market Центральноамериканский общий рынок, КАКМ

CACS [kæks] Computer Assisted Command System *брит.* автоматизированная командно-управляющая система, КАКС

CACS Core Auxiliary Cooling System вспомогательная система охлаждения активной зоны (*реактора*)

Cad [kæd] Cadillac кадиллак

cad cadmium *хим.* кадмий

cad *тж.* **c. a. d.** cash against disbursements *ком.* платёж наличными против издержек

cad cash against documents *ком.* платёж наличными против грузовых документов

CAD Civil Air Defense гражданская противовоздушная оборона

CAD *тж.* **cad** computer-aided design *вчт.* автоматизированное проектирование

cad contract award date дата заключения контракта

CADC Continental Air Defense Command командование континентальной воздушной обороны

CAD/CAM *тж.* **cad/cam** computer-aided design, computer-aided manufacturing *вчт.* автоматизированное проектирование и изготовление

CADD computer-aided design and drafting *вчт.* автоматизированное проектирование и изготовление чертежей

cade computer-aided design engineering *вчт.* автоматизированное проектирование

cade computer-aided design evaluation *вчт.* оценка автоматизированного проектирования

cadet computer-aided design experimental translator *вчт.* экспериментальный преобразователь автоматизированного проектирования

CADF Central Air Defense Force *амер.* центральные силы противовоздушной обороны

CADIS computer-aided design of integrated schemes *вчт.* автоматизированное проектирование интегральных схем

cadis coronary artery disease заболевание коронарной артерии

CADNC Computer-Aided Design and Numerical Control *вчт.* автоматизированное проектирование и числовое программное управление

CADSYS Computer-Aided Design System *вчт.* система автоматизированного проектирования

CAE Communications and Electronics связь и радиоэлектроника, средства связи и радиоэлектронное оборудование

cae computer-aided electrocardiography автоматизированная электрокардиография

CAE computer-aided engineering *вчт.* автоматическое конструирование, автоматическая разработка, AP

CAF Canadian Armed Forces вооружённые силы Канады

CAF *тж.* **caf** cost and freight стоимость (*груза*) и фрахт, каф

CAF *тж.* **caf** cost, assurance and freight стоимость (*груза*), страхование и фрахт

CAFEI Central American Fund for Economic Integration Центральноамериканский фонд экономической интеграции

caff [kæf] café *брит. разг.* маленькое кафе; закусочная

caff caffeine кафеин

CAG Carrier Air Group *амер.* группа авианосной авиации

CAG Computer Analysis Group *вчт.* группа машинного анализа

CAG Concert Artists Guild Гильдия концертных артистов

cahd coronary atherosclerotic heart disease коронарная атеросклеротическая болезнь сердца

CAI Canadian Aeronautical Institute Канадский авиационный институт

CAI *тж.* **C-a-I** [ˈsiːˈeɪˈaɪ] computer-assisted instruction обучение с помощью вычислительных машин, машинное обучение

CAI Confederation of Australian Industry Конфедерация австралийской промышленности

CAIC Computer-Assisted Instruction Center центр машинного обучения

CAIMAW Canadian Association of Industrial, Mechanical and Allied Workers Канадская ассоциация промышленных рабочих, механиков и рабочих смежных профессий

caiop computer analog input-output *вчт.* аналоговый ввод-вывод

CAIS Center for Advanced International Studies Центр перспективных международных исследований (*США*)

cal calendar календарь

cal caliber калибр

Cal California Калифорния (*штат США*)

cal calorie малая калория, грамм-калория

Cal calorie (large) большая калория, килограмм-калория

CAL Center for Applied Linguistics Центр прикладной лингвистики

CAL Citizens Action League Гражданская лига действия

CAL *тж.* **cal** computer-assisted learning обучение с использованием вычислительной машины

CAL *тж.* **cal** conversational algebraic language разговорный алгебраический язык

CAL Cornell Aeronautical Laboratory Корнеллская авиационная лаборатория (*США*)

CALAS Computer-Assisted Language Analysis System автоматизированная система языкового анализа

calc calculate вычислять, рассчитывать

calc calculation вычисление, калькуляция; расчёт

calc calculus исчисление

calcd calculated вычисленный, подсчитанный; рассчитанный; расчётный

Calif Калифорния (*штат США*)

CALIT California Institute of Technology Калифорнийский технологический институт

CALL computer-assisted language learning обучение языку с использованием вычислительной машины

CALPA Canadian Air Line Pilots' Association Ассоциация пилотов канадских авиационных линий

CALS Computer Lesson Service обслуживание учебных занятий вычислительными машинами

Cal Tech [ˈkælˈtek] California Institute of Technology Калифорнийский технологический институт

Cam [kæm] Cambridge *разг.* Кембриджский университет (*Великобритания*)

cam camouflage маскировка; маскировочный

cam *тж.* **CAM** computer-addressed memory память вычислительной машины

CAM Computer-Aided Management автоматизированное управление, управление с использованием вычислительной машины

CAM *тж.* **cam** computer-aided manufacturing автоматизированное производство

CAMA Civil Aerospace Medical Association Гражданская космическая медицинская ассоциация

Camb Cambridge *брит.* Кембридж

CAMI Civil Aeromedical Institute Гражданский институт авиационной медицины

CAMP Campaign Against Moral Persecution Движение против морального преследования

camr camera камера (*фотоаппарат, кинокамера, телевизионная камера*)

CAMS Coast Anti-Missile System береговая система ПРО

Can Canada Канада

Can Canadian канадский

can canon пушка

CANA Canadian Army Канадская армия

Canad Canadian канадский

Can-Am Canadian-American канадско-американский

Canb Canberra Канберра

canc cancel отменять

canc cancellation аннулирование; отмена

cand candidate кандидат

C&A [ˈsiːəndˈeɪ] Clemens and August Brenninkmeyer «Си энд Эй» (*сеть однотипных фирменных магазинов по продаже мужской, женской и детской одежды*)

c&a *тж.* **C&A** command and administration командование и управление

C&B cost and budget стоимость и бюджет

C&C Command and Control командование и управление; *ркт.* управление и наведение

C&C Communications and Control связь и управление

C&C computer and communications вычислительные машины и средства связи

C&E Communications and Electronics связь и радиоэлектроника, средства связи и радиоэлектронное оборудование

c&f *тж.* **c and f** cost and freight стоимость (*груза*) и фрахт; каф

c&h cocaine and heroin кокаин и героин

c&h cold and hot холодный и горячий

c&i *тж.* **c and i** cost and insurance стоимость (*груза*) и страхование

Cand-Do Commission for Accelerating Navajo Development Opportunities Комиссия по ускорению возможностей развития территорий племени «навахо»

C&P Compensation and Pension компенсация и пенсия

Cand. Sc. Candidate of Science кандидат наук

c and sc capitals and small capitals *полигр.* прописные и капительные буквы

C and W [ˈsiː əndˈdʌblju:] country and western «кантри энд вестерн» (*стилизованная народная музыка, особ. западных штатов США*)

Can Fr Canadian French французский язык Канады

Can I Canary Islands Канарские острова

CANP Campaign Against Nuclear Power Движение против ядерной энергии

Can Pac Canadian Pacific «Кэнейдиэн Пасифик» (*наименование канадской железной дороги*)

Cant Canterbury Кентербери

Cantab [ˈkæntæb] Cantabrigian *разг.* студент Кембриджского университета

CAO Chief Accounting Officer *брит.* начальник финансового отдела

CAOC Consumers' Association of Canada Канадская ассоциация потребителей

CAORF Computer-Aided Operations Research Facility установка для исследования операций с использованием вычислительной машины

CAOS Completely Automatic Operational System полностью автоматизированная действующая система

cap capacity ёмкость; производительность; мощность

cap [kæp] capitalize *австрал.* писать прописными буквами

cap capital letter *полигр.* прописная буква

cap [kæp] captain *разг.* капитан

CAP Citizens Against Pornography Граждане против порнографии

CAP Civil Air Patrol гражданский воздушный патруль (*вспомогательная добровольческая организация ВВС США*)

CAP College of American Pathologists Колледж американских патологов

CAP Combat Air Patrol боевой воздушный патруль; воздушная группа прикрытия (*войск и объектов*)

CAP Common Agricultural Policy общая сельскохозяйственная политика ЕЭС

CAP Commonwealth Association of Planners Ассоциация планирования Британского содружества

CAP computer-aided planning *вчт.* автоматизированное планирование

CAP *тж.* **cap** computer-aided production *вчт.* производство с использованием вычислительной машины, автоматизированное производство

CAP cost-awareness program программа снижения стоимости (*продукции*)

CAP current assessment plan краткосрочный план

cap [kæp] handicap race скачки с препятствиями

CAPA Commission on Asian and Pacific Affairs Комиссия по делам стран Азии и Тихого океана

CAPC Civil Aviation Planning Committee Комитет планирования гражданской авиации

Capcom [ˈkæpkɔm] Capsule Communicator лицо, ведущее переговоры с космонавтом из центра управления

CAPE capability and proficiency evaluation оценка способностей и квалификации

CAPE Communications Automatic Processing Equipment оборудование (для) автоматической обработки сигналов связи

CAPE Confederation of American Public Employees Конфедерация американских государственных служащих

CAPE Council for American Private Education Совет за американское частное образование

caps [kæps] capital letters *полигр.* прописные буквы

CAPS *тж.* **caps** computer-assisted problem solving автоматизированное решение задач

CAPSS Computer-Assisted Public Safety System автоматизированная система общественной безопасности

Capt Captain капитан, капитан 1-го ранга ВМС

car carat карат (*200 миллиграммов*)

car cargo груз; грузовой

CAR Caribbean район Карибского моря

car carrier авианосец; авианосный

CAR Central African Republic Центральная Африканская Республика, ЦАР

CAR Civil Air Regulations *амер.* руководство по правилам полётов гражданских самолётов

CAR contract authorization request запрос полномочий на заключение контракта

carb carbon углерод

carb [kɑːb] carburettor *авт.разг.* карбюратор

CARD [kɑːd] Campaign Against Racial Discrimination Движение против расовой дискриминации (*общественная организация*)

card *тж.* **Card** cardinal кардинал

CARD Civil Aeronautics Research and Development научно-исследовательские и опытно-конструкторские работы в области гражданской авиации

CARE [kɛə] Campaign Against Racial Exploitation Движение против расовой эксплуатации

CARE [kɛə] Citizens Association for Racial Equality Ассоциация граждан за расовое равенство

CARE [kɛə] Cooperative for American Relief Everywhere Объединённое американское благотворительное общество, ОАБО

CARI Civil Aeromedical Research Institute Гражданский научно-исследовательский институт авиационной медицины

caric caricature карикатура

CARICOM *тж.* **Caricom** [ˌkærɪˈkɔm] Caribbean Community Карибское сообщество, КАРИКОМ (*региональная международная межправительственная организация, объединяющая страны и территории Карибского бассейна*)

CARIFTA Caribbean Free Trade Association Карибская ассоциация свободной торговли

CARIS Current Agricultural Research Information System Система текущей информации по сельскому хозяйству

CARP Campaign Against Rising Prices Движение против повышения цен

carp carpenter плотник; столяр

carp carpentry плотничье дело, плотничья работа

carr carrier авианосец; транспортный самолёт

cart cartridge *радио* катушка плёнки с записью рекламных объявлений, музыки *и т. п.*

CARTB Canadian Association of Radio and Television Broadcasters Канадская ассоциация работников радио и телевидения

cas casualty раненый, поражённый, убитый; подбитая машина, орудие *и т. п.*

CAS Chief of the Air Staff начальник штаба ВВС

CAS Civil Air Service служба гражданской авиации

CAS Committee on Atmospheric Sciences Комитет метеорологических исследований

CAS Contemporary Art Society Общество современного искусства

CAS Cost Accounting Standards стандарты калькуляции себестоимости

CASB Cost-Accounting Standards Board Управление стандартов калькуляции себестоимости

CASCADE [ˈkæsˈkeɪd] Citizens and Scientists Concerned About Dangers to the Environment Граждане и учёные, обеспокоенные опасностями для окружающей среды

CASE Committee on Academic Science and Engineering Комитет по теоретической науке и технике

CASE computer-aided system evaluation *вчт.* оценка систем с использованием вычислительной машины; автоматизированная оценка систем

CASI Canadian Aeronautics and Space Institute Канадский институт авиации и космонавтики

CASMT Central Association of Science and Mathematics Teachers Центральная ассоциация преподавателей естественных наук и математики (*США*)

CASS Committee on Aeronautical and Space Sciences Научный комитет по авиации и космонавтике

CAST Council for Agricultural Science and Technology Совет по сельскохозяйственной науке и технике

Cat [kæt] Catalina *ав.* Каталина (*модель самолёта*)

cat catalog(ue) каталог

cat catapult катапульта

cat category категория, класс, специальность

cat caterpillar tractor *жарг.* гусеничный трактор

CAT Civil Air Transport гражданский воздушный транспорт

CAT *тж.* **cat** clear air turbulence *метео* внезапное завихрение воздуха в безоблачном небе, турбулентность атмосферы при ясном небе

CAT Cognitive Abilities Test тест на определение познавательных способностей

CAT Computer-Aided Training подготовка с использованием вычислительной машины

cat *тж.* **CAT** computer-aided typesetting автоматизированный набор, набор с использованием вычислительной машины

CAT Computer-Assisted Teaching обучение с использованием вычислительной машины; машинное обучение

CAT *тж.* **cat** [kæt] computerized axial tomography аксиальная компьютерная томография

CAT Conventional Arms Transfers передача/поставки/торговля обычными видами оружия

CATAC Central Allied Tactical Air Command Объединённое тактическое авиационное командование ВВС на центрально-европейском театре военных действий (*НАТО*)

cath cathedral собор

Cath Catholic католический; католик

CATO Computer for Automatic Teaching Operations обучающая вычислительная машина

CATS Communications and Tracking System система связи и слежения

CATV *тж.* **catv** cable television кабельное телевидение

CATV *тж.* **catv** community antenna television абонентское телевидение

CAU Congress of American Unions Конгресс американских союзов

CAU Consumer Affairs Union Союз по делам потребителей

cauli [ˈkɔːlɪ] cauliflower *разг.* цветная капуста

caus causative *грам.* каузативный

Cav [kæv] Cavalry кавалерия; конница; кавалерийский; конный

CAVU *тж.* **cavu** ceiling and visibility unlimited *ав.* ясно, неограниченная видимость

CAW chemical agent of warfare химическое средство ведения войны

CAWU Clerical and Administrative Workers' Union Союз канцелярских и административных работников

CB Cape Breton *о-в* Кейп-Бретон

CB Cavalry Brigade кавалерийская бригада

CB Census Bureau Бюро переписи (*США*)

CB Chairman of the Board (of directors) председатель правления

cb chemical and biological химический и биологический

C.B. Chirurgiae Baccalaureus *лат.* (Bachelor of Surgery) бакалавр хирургии (*ставится после фамилии*)

cb *тж.* **c-b** circuit breaker *эл.* выключатель

CB [ˈsiːˈbiː] citizens' band полоса частот для коротковолновой двусторонней связи

cb collective bargaining коллективный договор

C.B. Companion of the Bath *брит.* кавалер «Ордена Бани» 3-й степени

CB confidential book секретное издание

CB confinement to barracks казарменный арест

CB [ˈsiːˈbiː] Construction Battalion инженерно-строительный батальон (*США*)

CB Consultants Bureau консультативное бюро

CB cost benefit затраты и результаты

CBA College of Business Administration Колледж управления производством

CBA cost benefit analysis анализ затрат и результатов; межотраслевой анализ

CBA Council for British Archaeology Британский совет по археологии

CBC Canadian Broadcasting Corporation «Кэнейдиэн Бродкастинг Корпорейшн», Си-би-си (*канадская радиовещательная корпорация*)

CBC Central Bank of China Центральный банк Китая

CBC Commercial Banking Company Коммерческая банковская компания

cbc *тж.* **CBC** complete blood count клинический анализ крови

cbcm cubic centimeter кубический сантиметр

cbd *тж.* **CBD** cash before delivery *ком.* оплата (*товара*) до доставки; платёж наличными до доставки товара

CBE chemical, biological and environmental химический, биологический и метеорологический

C.B.E. Commander of the Order of the British Empire *брит.* кавалер «Ордена Британской империи» 2-й степени

C.B.E.L. *тж.* **CBEL** Cambridge Bibliography of English Literature Кембриджская библиография английской литературы

cbf cerebral blood flow *мед.* церебральный кровоток

cbf coronary blood flow *мед.* коронарный кровоток

cbft cubic foot кубический фут (*мера объёма = 0,028 мл³*)

CBI Central Bureau of Investigation Центральное бюро расследования

cbi computer-based information информация, полученная с использованием вычислительной машины

CBI [ˈsiːˈbiːˈaɪ] Confederation of British Industry Конфедерация британской промышленности

cbk checkbook чековая книжка

cbl cable кабель, трос

cbl *тж.* **cb/l** commercial bill of lading *ком.* коносамент, накладная на коммерческий груз

CBM Continental Ballistic Missile континентальная баллистическая ракета

cbm cubic meter кубический метр

CBMM Council of Building Materials Manufacturers Совет владельцев предприятий строительных материалов

CBMPE Council of British Manufacturers of Petroleum Equipment Совет владельцев британских предприятий, производящих оборудование для нефтяной промышленности

CBMs [ˈsiːˈbiːˈemz] confidence-building measures меры укрепления доверия, меры по укреплению доверия

CBN chemical, biological, nuclear химический, биологический, ядерный

CBN [ˈsiːˈbiːˈen] Christian Broadcasting Network «Крисчиен Бродкастинг Нетуорк», Си-би-эн (*американская радиовещательная компания*)

CBNW chemical, bacteriological and nuclear weapons химическое, бактериологическое и ядерное оружие

CBO [ˈsiːˈbiːˈəu] Congressional Budget Office Бюджетное управление конгресса (*США*)

CBR *тж.* **cbr** chemical, biological and radiological химический, биологический и радиологический

CBRA Chemical, Biological, Radiological Agency Химическое, биологическое, радиологическое агентство

cbrn chemical, biological, radiological and nuclear химический, биологический, радиологический и ядерный

CBRP chemical, biological and radiological protection защита от химического, биологического и радиологического оружия

cbrw chemical, biological, radiological warfare химическая, биологическая, радиологическая война

CBS [ˈsiːˈbiːˈes] Columbia Broadcasting System «Коламбиа Бродкастинг Систем», Си-би-эс (*американская радиовещательная компания*)

CBT Chicago Board of Trade Чикагская торговая палата

cbt combat бой; боевой

CBTU [ˈsiːˈbiːˈtiːˈjuː] Coalition of Black Trade Unionists Коалиция чернокожих членов профсоюзов

CBU *тж.* **cbu** cluster bomb unit кассетная бомба

CBW [ˈsiːˈbiːˈdʌblju] chemical and biological warfare химическая и биологическая война

CBW [ˈsiːˈbiːˈdʌblju] chemical and biological weapons химическое и биологическое оружие

CB weapons [ˈsiːˈbiːˈwepənz] chemical and biological weapons химическое и биологическое оружие

CC Caius College «Киз-Колледж» (*колледж Кембриджского университета*)

cc carbon copy машинописная копия

CC cashier's check *амер.* банковский чек

CC [ˈsiːˈsiː] Central Committee Центральный комитет

CC Chamber of Commerce торговая палата

cc chemical compound химическое соединение

CC Chess Club шахматный клуб

CC chief clerk старший делопроизводитель

cc *тж.* **CC** chief complaint основная претензия, жалоба

CC Chrysler Corporation «Крайслер Корпорейшн» (*корпорация по производству автомобилей*)

C.C. *тж.* **c.c., CC** Circuit Court выездная сессия суда

CC city council *брит.* городской совет

CC city councillor *брит.* городской советник

CC civil court гражданский суд

CC Combat Command боевое командование

cc command and control командование и управление; *ркт.* управление и наведение

CC Command Center командный пункт

CC Common Councilman муниципальный советник, член муниципалитета

CC company commander командир роты

CC continuation clause *страх.* оговорка о пролонгации; *ком.* условия продления срока действия чартера

cc correspondence course курс заочного обучения

CC county council *брит.* совет графства

CC county court *брит.* суд графства

CC Cricket Club крикетный клуб

cc cubic centimeter кубический сантиметр

cc current cost существующая цена

CC Cycling Club велосипедный клуб

CCA Chief Clerk of Admiralty начальник канцелярии Адмиралтейства (*Великобритания*)

CCA Circuit Court of Appeals окружной апелляционный суд (*Великобритания*)

CCA Citizens' Councils of America советы граждан Америки

CCA Commission for Conventional Armaments Комиссия по вооружениям обычного типа (*ООН*)

CCA Conservative Clubs of America Консервативные клубы Америки

CCA Contract Change Authorization разрешение на изменение условий контракта

CCAD Commerce and Consumer Affairs Department Управление торговли и потребительских дел

CCAQ Consultative Committee on Administrative Questions Консультативный комитет по административным вопросам (*ООН*)

CCAS Council of Colleges of Arts and Sciences Совет художественных и научных колледжей

CCATS Communications, Command and Telemetry Systems связь, командование и телеметрические системы

CCB Combined Communications Board Объединённый комитет по связи

CCC Canadian Chamber of Commerce Канадская торговая палата

CCC Central Criminal Court Центральный суд по уголовным делам

CCC Christ Church College «Крайст-Чёрч-Колледж» (*колледж Оксфордского университета*)

CCC Commercial Credit Corporation Коммерческая кредитная корпорация

CCC Commodity Credit Corporation Корпорация правительственных заготовок и поддержания цен на сельскохозяйственные продукты (*США*)

CCC Corpus Christi College «Корпус-Кристи-Колледж» (*колледж Оксфордского университета; колледж Кембриджского университета*)

CCC Customs Cooperation Council Совет таможенного сотрудничества

CCCA Conservative Christian Churches of America Консервативные христианские церкви Америки

CCCC contract cost and change control контроль за уровнем издержек и изменением условий контракта

ccd computer-controlled display дисплей, управляемый вычислительной машиной

ccf chronic cardiac failure хроническая сердечная недостаточность

CCF [ˈsiːˈsiːˈef] Combined Cadet Force Объединённый кадетский корпус (*Великобритания*)

CCH Commercial Clearing House Коммерческая расчётная палата

CCHE Central Council for Health Education Центральный совет санитарного просвещения, ЦССП

CCHS Computerized Criminal Histories System автоматизированная система досье уголовных преступников (*ФБР; США*)

cci chronic coronary insufficiency хроническая коронарная недостаточность

CCIA Commission of the Churches on International Affairs Комиссия церквей по иностранным делам, КЦИД

CCINC Cabinet Committee for International Narcotic Control Правительственный комитет по международному контролю за наркотиками

CCIVS Coordinating Commitee for International Voluntary Service Координационный комитет международной добровольческой службы, ККМДС

CCJ Circuit Court Judge судья окружного суда (*Великобритания*)

CCJ County Court Judge судья суда графства (*Великобритания*)

cckw counterclockwise против часовой стрелки

CCL Council for Civil Liberties совет за гражданские свободы

cclkws counterclockwise против часовой стрелки

CCls Court of Claims претензионный суд (*США*)

CCM Caribbean Common Market Карибский общий рынок

ccm counter-countermeasures меры борьбы с радиопротиводействием, контррадиопротиводействие

ccm cubic centimeter кубический сантиметр

CCMS Committee on the Challenges of Modern Society Комитет по проблемам современного общества (*НАТО*)

CCN Contract Change Notification Уведомление об изменении условий контракта

CCNR Citizens Committee on Natural Resources Комитет граждан по природным ресурсам

CCNY College of the City University of New York Колледж университета города Нью-Йорк

CCOR Coordinating Committee for Oceanographic Research Координационная комиссия по океанографическим исследованиям

CCP certificate in computer programming диплом программиста

CCP Chief Commissioner of Police главный комиссар полиции

CCP Chinese Communist Party Коммунистическая партия Китая

CCP Code of Civil Procedure *юр.* гражданский процессуальный кодекс

CCP Code of Criminal Procedure *юр.* уголовно-процессуальный кодекс

CCP Committee on Commodity Problems Комитет по товарным проблемам

CCP console command processor *вчт.* пультовый процессор (для обработки) команд, процессор пультовых команд

CCP Court of Common Pleas суд, разбирающий обычные гражданские дела (*Великобритания*)

CCP credit card purchase покупка по кредитной карточке

CCPC Committee on Crime Prevention and Control Комитет по предупреждению преступности и борьбе с ней, КППБ (*постоянный комитет ЭКОСОС*)

CCPR Central Council of Physical Recreation Центральный совет физической культуры (*Великобритания*)

CCR closed circuit radio радиоустановка, работающая по замкнутому каналу (*без выхода в эфир*)

CCR Commission on Civil Rights Комиссия по гражданским правам

CCrP Code of Criminal Procedure *юр.* уголовно-процессуальный кодекс

CCS Casualty Clearing Station эвакуационная станция

CCSB Credit Card Service Bureau Бюро обслуживания по кредитным карточкам

CCSBMDE Conference on Confidence and Security Building Measures and Disarmament in Europe Конференция по мерам укрепления доверия и безопасности и разоружению в Европе

CCSEM computer-controlled-scanning-electron microscope компьютерный сканирующий электронный микроскоп

CCST Consultative Committee on Satellite Telecommunications Консультативный комитет по спутниковой связи (*Великобритания*)

CCTA Central Computer and Telecommunications Agency Центральное управление вычислительной техники и телекоммуникаций

CCTV *тж.* **cctv** [ˈsiːˈsiːˈtiːˈviː] closed circuit television кабельное телевидение (*по замкнутому каналу*); телевизионная система, работающая по замкнутому каналу (*без выхода в эфир*)

ccu *тж.* **CCU** cardiac care unit кардиологическое отделение

ccu coronary care unit отделение интенсивной терапии для больных с острой коронарной недостаточностью

CCUS Chamber of Commerce of the United States Торговая палата США

ccy currency валюта, деньги

Cd cadmium *хим.* кадмий

cd caesarean delivery родоразрешение путём кесарева сечения

c/d cash against documents уплата наличными против документов

cd cash discount скидка при уплате наличными

C/D *тж.* **c/d, CD, cd** certificate of deposit свидетельство о наличии вклада

CD Chancery Division суд лорда-канцлера (*отделение Верховного суда; Великобритания*)

c/d cigarettes per day сигарет в день

c/d cigars per day сигар в день

cd communicable disease инфекционная болезнь; заразная болезнь

CD *тж.* **cd** compact disc компакт-диск

cd competitive design конкурсный проект

CD concealment device тайник

CD [′si:′di:] Conference on Disarmament Конференция по разоружению (*многосторонний орган ООН по вопросам разоружения*)

CD *тж.* **cd** confidential document секретный документ, документ с грифом «секретно»

C/D Consular Declaration *страх.* консульская декларация

CD Corps Diplomatique *фр.* (Diplomatic Corps) дипломатический корпус

CD *тж.* **C/D, c-d** countdown предпусковой отсчёт времени

c.d. cum dividendo *лат.* (with dividend) с дивидендом (*о продаваемой акции, по которой покупатель может получить дивиденд*)

C/D Customs Declaration таможенная декларация

CDA Catholic Daughters of America Католические дочери Америки (*организация*)

cda chain data address адрес цепочки данных

CDA Child Development Association Ассоциация развития ребёнка

CDA Copper Development Association Ассоциация развития медной промышленности (*Великобритания*)

CDB Caribbean Development Bank Карибский банк развития

cdb central data bank центральный банк данных

cdbd cardboard картон

CDBE Common Data Base Experiment *сейсм.* совместный эксперимент по созданию базы данных

CDC Center for Disease Control Центр по контролю за заболеваниями (*США*)

CDC Civil Defense Council Совет гражданской обороны

CDC Communicable Disease Center Центр по борьбе с инфекционными болезнями

CDD Certificate Disability for Discharge свидетельство об увольнении с военной службы по состоянию здоровья

cdd coded decimal digit *вчт.* десятично-кодированный знак

CDE Conference on Disarmament in Europe Конференция по разоружению в Европе

cdek computer data entry keyboard клавиатура ввода данных вычислительной машины

CDF Civil Defense Force войска гражданской обороны

CDFC Commonwealth Development Finance Corporation Финансовая корпорация развития стран Британского содружества

CDI Classified Defense Information секретная оборонная информация

CD-I Compact Disc-Interactive взаимодействующие компакт-диски

cdi course deviation indicator *ав.* индикатор отклонения от курса

CDM Consolidated Diamond Mines «Консолидейтед Даймонд Майнз» (*компания по добыче алмазов в Южной Африке*)

cdm cubic decimeter кубический дециметр

CDO Civil Defense Organization организация гражданской обороны

cdo commando *брит.* десантно-диверсионные войска морской пехоты, «коммандос»

CDP central data processor *вчт.* центральный процессор

CDP comprehensive disarmament plan всеобъемлющий план разоружения

CDP comprehensive disarmament programme всеобъемлющая программа разоружения, ВПР

CDPC Central Data Processing

Computer центральная вычислительная машина для обработки данных

Cdr *тж.* **CDR** commander командир; начальник; капитан 3-го ранга; *брит.* кавалер ордена 2-ой степени

CD-ROM compact-disk read only memory компакт-дисковое запоминающее устройство

CDST Central Daylight Saving Time центральное поясное декретное время

CDT Central Daylight Time центральное поясное дневное время

CDT Control Data Terminal *вчт.* терминал управляющей информации

CDU Christlich Demokratische Union *нем.* (Christian Democratic Union) Христианско-демократический союз, ХДС

cdv carte de visite *фр.* (visiting card) визитная карточка

C/E *тж.* **CE** Chancellor of the Exchequer министр финансов (*Великобритания*)

CE Chief Engineer главный инженер; *мор.* старший механик; начальник инженерной службы

CE Chief Executive глава исполнительной власти, президент (*США*)

CE Church of England англиканская церковь

ce *тж.* **CE** circular error круговая ошибка

CE Civil Engineer гражданский инженер; инженер-строитель

CE common era наша эра

CE communications equipment аппаратура связи

CE *тж.* **C/E** Corps of Engineers инженерный корпус сухопутных войск

c/e *тж.* **ce, CE** cost-effectiveness экономическая эффективность, эффективность затрат

CE Counsellor of Embassy советник посольства

ce *тж.* **CE** counter-espionage контрразведка

CE *тж.* **c/e** custom entry таможенная декларация

CEA *тж.* **cea** carcinoembryonic antigen карциноэмбриональный антиген

CEA Circular Error Average средняя круговая ошибка

CEA Commodity Exchange Authority Управление регулирования торговли сельскохозяйственными товарами (*США*)

CEA cost-effectiveness analysis анализ экономической эффективности

CEA Council of Economic Advisers Консультативный экономический совет (*при президенте США*)

CEA Council of Engineering Associations Совет технических ассоциаций

CEAA Council of European-American Associations Совет европейско-американских ассоциаций

CEAC Committee for European Airspace Coordination Европейский координационный комитет по использованию воздушно-космического пространства

CEBS Church of England Boys' Society Общество англиканской церкви по оказанию помощи мальчикам

CEC Central Executive Committee Центральный Исполнительный Комитет, ЦИК

CEC Civil Engineer Corps инженерно-строительная служба ВМС США

CEC Conference of European Churches Конференция европейских церквей

CECC Commonwealth Economic Consultative Council Экономический консультативный совет Британского содружества

CECE Committee for European Construction Equipment Комитет по европейскому строительному оборудованию, КЕСО

CECS Church of England Children's Society Общество англиканской церкви по оказанию помощи детям (*филантропическая организация*)

CED Committee for Economic Development Комитет содействия экономическому развитию

CEEB College Entrance Examination Board Комиссия по вступительным экзаменам в колледжи

CEEC Council for European Economic Cooperation Совет по европейскому экономическому сотрудничеству

C.E.F. Canadian Expeditionary Force Канадские экспедиционные войска

CEF Children's Emergency Fund Чрезвычайный фонд помощи детям

CEGB Central Electricity Generating Board Центральное электроэнергетическое управление (*Великобритания*)

CEI cost-effectiveness index критерий экономической эффективности

CEI Council of Engineering Institutions Совет технических институтов (*Великобритания*)

CEIF Council of European Industrial Federations Совет европейских промышленных федераций

ceil ceiling потолок, максимальная высота

CEIP Carnegie Endowment for International Peace Фонд международного мира Карнеги

CEJNSA Council of European and Japanese National Shipowners Associations Совет национальных ассоциаций европейских и японских судовладельцев

CEL Collins English Library «Коллинз Инглиш Лайбрэри» (*серия публикаций издательства Коллинз*)

CEL Cryogenics Engineering Laboratory лаборатория криогенной техники

celeb celebrate праздновать, отмечать

celeb celebration празднование

celeb celebrity знаменитость

cell [sel] celluloid *кино* целлу-

лоидная заставка (*кадра, мультфильма*)

cello [´seləu] cellophane *амер.* целлофан; целлофановая упаковка

cello *тж.* **'cello** [´t∫eləu] violoncello *разг.* виолончель

Cels *тж.* **cels** Celsius (centigrade) стоградусная температурная шкала Цельсия

CELSS controlled ecological life support system управляемая экологическая система жизнеобеспечения

cem cement цемент; цементный; цементировать

CEM Council of European Municipalities Совет европейских муниципалитетов

CEMA Canadian Electrical Manufacturers' Association Канадская ассоциация владельцев электротехнических предприятий

CEMA Council for the Encouragement of Music and the Arts Совет поощрения музыки и искусств (*Великобритания*)

CEMCO [´semkə(u)] Continental Electronics Manufacturing Company «Континентл Электроникс Мэньюфэкчуринг Компани» (*электронная компания*)

cen center центр, середина

cen central центральный

cen century столетие, век

cens censor цензор

cens censorship цензура

CENSA Council of European National Shipowners' Associations Совет европейских национальных ассоциаций судовладельцев, КЕНСА

cent centigrade стоградусная температурная шкала Цельсия

cent central центральный

cent century столетие, век

CENTO [´sentəu] Central Treaty Organization Организация центрального договора, СЕНТО

CENYC Council of European National Youth Committees Совет европейских национальных комитетов молодёжи, СЕНКМ

CEO *тж.* **ceo** [´si:´i:´əu] chief executive officer главный администратор

CEP circular error probable/probability круговое (радиальное) вероятное отклонение; круговая (радиальная) вероятная ошибка, КВО

CEQ Council on Environmental Quality Совет по качеству окружающей среды (*США*)

CERD Committee on the Elimination of Racial Discrimination Комитет ООН по ликвидации расовой дискриминации

Cer. E. Ceramic Engineer инженер по керамике

cert [sə:t] certainty *разг.* лошадь, которая наверняка выиграет, фаворит; верное дело, верняк

cert [sə:t] certificate удостоверение; свидетельство; сертификат

cert [sə:t] certified дипломированный, снабжённый сертификатом

cert [sə:t] certify выдавать сертификат, удостоверять

Cert Ed Certificate in Education свидетельство об окончании школы

certif [′sə:tıf] certificate *школ.* свидетельство об окончании школы *или* курсов, аттестат

CES Committee of European Shipowners Комитет европейских судовладельцев, КЕС

CES Council for European Studies Совет европейских исследований

CESI Center for Economic and Social Information Центр экономической и социальной информации (*ООН*)

CET Central European Time центральноевропейское время

CETA [′si:tə] Comprehensive Employment and Training Act Единый акт о найме и подготовке

CETI *тж.* **ceti** Communications with Extraterrestrial Intelligence *астр.* связь с внеземными цивилизациями

CETS Church of England Temperance Society Общество трезвости англиканской церкви

CEU Constructional Engineering Union Инженерно-строительное объединение (*Великобритания*)

CEYC Church of England Youth Council Совет по делам молодёжи англиканской церкви

CF cardiac failure сердечная недостаточность

cf *тж.* **c/f** carried forward *ком.* к переносу; перенесено

cf center fielder *бейсб.* центральный принимающий игрок

cf center forward *спорт.* центральный нападающий

cf centrifugal force центробежная сила

CF Chief of Finance начальник финансовой службы (*США*)

CF coastal frontier береговая (государственная) граница

cf. confer *лат.* (compare) сравни

CF controlled feedback контролируемая (управляемая) обратная связь

CF Corresponding Fellow член-корреспондент

CF *тж.* **cf** cost and freight стоимость (*груза*) и фрахт, каф

cf cubic foot кубический фут

CFA Canadian Federation of Agriculture Канадская сельскохозяйственная федерация

CFA Canadian Football Association Канадская футбольная ассоциация

CFA Committee on Food Aid Policies and Programmes Комитет по политике и программам продовольственной помощи

CFA Consumer Federation of America Американская федерация потребителей

cfa *тж.* **CFA** cost, freight and assurance стоимость (*груза*), фрахт и страхование

CFA Council for Foreign Affairs Совет по иностранным делам

cf & c cost, freight and commission стоимость (*груза*), фрахт и комиссия посредника

CFAT Carnegie Foundation for

the Advancement of Teaching Фонд Карнеги содействия обучению

CFC *тж.* **cfc** [′si:′ef′si:] chlorofluorocarbon хлорфторуглерод, ХФУ

CFE College of Further Education Колледж дальнейшего образования

cfe contractor-furnished equipment имущество, поставляемое по подрядам

CFE [′si:′ef′i:] (Negotiations) on Conventional (Armed) Forces (in Europe) переговоры по обычным вооружённым силам в Европе

CFFC Catholics For a Free Choice Католики за свободный выбор

cfh cubic feet per hour кубических футов в час

CFI Committee on Foreign Intelligence Комитет по иностранной разведке (*ЦРУ; США*)

cfi *тж.* **CFI** cost, freight and insurance стоимость (*груза*), фрахт и страхование

CFL Canadian Federation of Labour Канадская федерация труда

CFM chlorofluoromethane хлорфторметан

CFM Council of Foreign Ministers Совет министров иностранных дел

cfm cubic feet per minute кубических футов в минуту

cfo calling for orders с заходом за приказом

cfs cubic feet per second кубических футов в секунду

cft craft судно; плавучее средство

cft cubic foot кубический фут

CFTC Commonwealth Fund for Technical Cooperation Фонд технического сотрудничества Британского содружества

CG Captain of the Guard начальник караула (*Великобритания*)

cg *тж.* **CG** center of gravity центр тяжести

cg centigram сантиграмм

CG Chaplain General главный

военный капеллан (*Великобритания*)

cg choking gas удушливый газ, фосген

CG Coast Guard береговая охрана (*США*)

CG *тж.* **C-G** Consul General генеральный консул

CG Covent Garden Ковент-Гарден (*название Королевского оперного театра; Великобритания*)

cga cargo (proportion) of general average *страх.* отношение стоимости груза к размерам убытков от общей аварии судна

CGA Coast Guard Academy училище береговой охраны (*США*)

CGA Coast Guard Auxiliary вспомогательное судно береговой охраны (*США*)

cge carriage перевозка; стоимость перевозки

CGFSA Consolidated Gold Fields of South Africa Консолидированные золотые прииски Южной Африки

CGIAR Consultative Group on International Agricultural Research Консультативная группа по научным исследованиям в сельском хозяйстве (*ООН*)

CGLI City and Guilds of London Institute Институт Сити и гильдий Лондона (*высшее техническое учебное заведение; входит в состав Лондонского университета*)

CGM Conspicuous Gallantry Medal медаль «За выдающуюся отвагу»

cgo cargo груз; грузовой

Cgo Chicago Чикаго

CGP College of General Practitioners Колледж врачей общей практики (*Великобритания*)

CGPM Conference Générale des Poids et des Mesures *фр.* (General Conference of Weights and Measures) Общая конференция весов и мер

CGS Central Gulf Steamship «Сентрэл Галф Стимшип» (*пароходная компания*)

CGS Chief of General Staff начальник оперативно--разведывательной части штаба корпуса, армии *или* округа

CGS Coast and Geodetic Survey управление береговой и геодезической съёмки

CGS Council of Graduate Schools Совет аспирантур (*США*)

CGT Capital Gains Tax налог на прибыль от операций на фондовой бирже

CH Carnegie Hall Карнеги Холл

Ch channel канал (*телевизионный*)

ch channel канал; фарватер

Ch chaplain *церк.* капеллан, священник; *воен.* капеллан, военный *или* судовой священник

ch chapter глава, раздел

ch chief начальник; руководитель; главный

ch child ребёнок; детский

Ch China Китай

Ch Church церковь

ch *тж.* **CH** clearing house расчётная палата

CH Companion of Honour почётный член *или* почётный кавалер ордена (*Великобритания*)

ch *тж.* **CH** Court House здание суда

CH Custom House таможня

CHA Catholic Hospital Association Католическая больничная ассоциация

CHA Child Health Association Ассоциация детского здоровья

Chamb Chamberlain гофмейстер; камергер

champ [tʃæmp] champion *разг.* чемпион

Chan Chancellor канцлер

chan channel канал; фарватер

chansel channel selection выбор *или* переключение канала

chap chaplain *церк.* капеллан, священник; *воен.* капеллан, военный *или* судовой священник

chap chapter глава, раздел

Chap-Gen Chaplain General главный военный капеллан (*Великобритания*)

char characteristic характерный, типичный

char charter хартия; устав

chara [ˈʃɛərə] charabanc *жарг.* автобус дальнего следования

Ch B Chief of Bureau начальник управления

Ch. B. Chirurgiae Baccalaureus *лат.* (Bachelor of Surgery) бакалавр хирургии (*ставится после фамилии*)

Ch Ch Christ Church «Крайст--Чёрч» (*колледж Оксфордского университета*)

Ch. D. Chirurgiae Doctor *лат.* (Doctor of Surgery) доктор хирургии (*ставится после фамилии*)

chd congenital heart disease *мед.* врождённый порок сердца

chd coronary heart disease *мед.* ишемическая болезнь сердца

chdl computer hardware description language *вчт.* язык описания аппаратного обеспечения вычислительной машины

Ch E Chemical Engineer инженер-химик

C-head coke head *жарг.* кокаинист

CHEC Commonwealth Human Ecology Council Совет стран Содружества наций по экологии человека

CHEL Cambridge History of English Literature *брит.* Кембриджская история английской литературы

chem chemical химический

chem chemist химик

chem *тж.* **Chem** chemistry химия

chem war chemical warfare химическая война

CHESS Community Health and Environmental Surveillance System система контроля за состоянием здоровья населения и окружающей средой

Chev *тж.* **chevvie, chevy** [ˈʃev(ɪ)] chevrolet *разг.* шевроле (*марка легкового автомобиля*); *арм.* грузовик марки шевроле

Ch F Chaplain of the Fleet главный священник флота (*Великобритания*)

chg change изменение, перемена; замена

chg charge заряд; цена; дебет; долговое обязательство

Chi Chicago Чикаго

Chi China Китай

Chi Com *тж.* **chicom** [ˈtʃɑˈkɔm] Chinese Communist *амер. жарг.* китайский коммунист

chimp [tʃɪmp] chimpanzee *разг.* шимпанзе

chin chinchilla шиншилла

Ch J Chief Justice главный судья

chk check *амер.* чек; *шахм.* шах

chkpt checkpoint контрольно-пропускной пункт, кпп

chl chloroform хлороформ

chm *тж.* **Chm** chairman председатель

chm chamber комната; палата, зал

chm checkmate *шахм.* шах и мат

Ch.M. Chirurgiae Magister *лат.* (Master of Surgery) магистр хирургии (*ставится после фамилии*)

chmn chairman председатель

chmp chairperson председатель (*мужчина или женщина*)

chp child psychiatry детская психиатрия

CHQ Corps Headquarters штаб корпуса

chr character буква, знак

Chr Christ Христос

Chr Christian христианин; христианский

chr chromium *хим.* хром

chr chronic хронический

Chr Chronicles хроники

Chr. Coll. Cam. Christ's College, Cambridge «Крайстс-Колледж, Кембридж» (*колледж Кембриджского университета*)

CHRIS Cancer Hazards Ranking and Information System система оценки и информации об опасности заболевания раком

chromo [ˈkrəʊməʊ] chromosome *биол.* хромосома

chron chronological хронологический

chron chronology хронология

chrysanth [krɪˈsænθ] chrysanthemum *разг.* хризантема

chryssie [ˈkrɪsɪ] chrysanthemum *австрал.* хризантема

chute *тж.* **'chute** [ʃuːt] parachute *разг.* парашют

ci cardiac insufficiency сердечная недостаточность

CI Carnegie Institute Институт Карнеги

ci cast iron чугун; чугунный

ci cerebral infarction *мед.* церебральный инфаркт

C/I *тж.* **c/i, ci** certificate of insurance *ком.* страховое свидетельство, страховой сертификат

CI Channel Islands Нормандские острова

CI Chief Inspector главный инспектор

CI Chief Instructor главный инструктор

CI classified information секретная информация

ci coefficient of intelligence коэффициент умственного развития

CI Commonwealth Institute Институт Содружества в Лондоне

CI Communist International коммунистический интернационал, коминтерн

ci *тж.* **CI, c.i., C.I.** consular invoice *ком.* консульская фактура

CI Consumers Institute Институт потребителей

ci coronary insufficiency *мед.* коронарная недостаточность

ci cost and insurance стоимость (*груза*) и страхование

CI counterintelligence контрразведка (*США*)

c-i criminal investigation уголовное расследование

cia cash in advance деньги вперёд

CIA [ˈsiːˈaɪˈeɪ] Central Intelligence Agency Центральное разведывательное управление, ЦРУ (*США*)

CIA Commerce and Industry Association Торгово-промышленная ассоциация

CIA Cotton Insurance Association Ассоциация страхования хлопка (*США*)

CIANY Commerce and Industry Association of New York Торгово-промышленная ассоциация Нью-Йорка

CIAS Council for Inter--American Security Совет по межамериканской безопасности

CIB Canadian International Bank Канадский международный банк

CIB Central Intelligence Board Центральный разведывательный комитет

CIB Commonwealth Investment Bank Инвестиционный банк Содружества

CIC Caribbean Investment Corporation Карибская инвестиционная корпорация

CIC Central Intelligence Center Центральный разведывательный центр

CIC Combat Information Center пункт сбора донесений; пост анализа боевой информации

CIC Combined Intelligence Committee объединённый разведывательный комитет

CIC Commander in Chief (главно)командующий

CIC Command Information Center Оперативно-тактический центр

CIC Commonwealth Information Center Информационный центр Содружества

CIC Continental Insurance Company Континентальная страховая компания (*США*)

CIC Counterintelligence Corps контрразведывательная служба (*США*)

CICA Council of International Civil Aviation Совет международной гражданской авиации

CICRED Committee for International Coordination of National Research in Demography Комитет по международной координации национальных демографических исследований, СИКРЕД

CICRIS Cooperative Industrial

and Commercial Reference and Information Service Объединённая торгово-промышленная и справочно-информационная служба (*Великобритания*)

cicu *тж.* **CICU** cardiology intensive care unit кардиологическое отделение интенсивной терапии

CID Center for Industrial Development Центр промышленного развития

CID [ˈsiːˈaɪdiː] Criminal Investigation Department Департамент уголовного розыска столичной полиции (*Великобритания*)

cids cellular immunity deficiency syndrome синдром клеточного иммунного дефицита

CIEO Catholic International Education Office Международное бюро католического образования, МБКО

CIEP Council on International Economic Policy Совет международной экономической политики

cif cost, insurance and freight стоимость (*груза*), страхование и фрахт, сиф

cif & c cost, insurance, freight and commission стоимость (*груза*), страхование, фрахт и комиссия посредника; сиф, включая комиссию посредника

cif & e cost, insurance, freight and exchange стоимость (*груза*), страхование, фрахт и курсовая разница; сиф, включая курсовую разницу

cifc cost, insurance, freight and commission стоимость (*груза*), страхование, фрахт и комиссия посредника; сиф, включая комиссию посредника

cifc & i *тж.* **CIFC & I** cost, insurance, freight, commission and interest стоимость (*груза*), страхование, фрахт, комиссионные и проценты; сиф, включая комиссию посредника и расход по учёту акцепта покупателя

CIFEFTA Council of the Industrial Federations of EFTA Совет промышленных федераций Европейской ассоциации свободной торговли

CIFF Cannes International Film Festival Каннский международный кинофестиваль

cific cost, insurance, freight, interest and commission стоимость (*груза*), страхование, фрахт, проценты и комиссионные

cig [sɪg] cigar *разг.* сигара

cig [sɪg] cigarette *разг.* сигарета

CIGS Chief of the Imperial General Staff начальник Имперского генерального штаба (*Великобритания*)

CIIA Canadian Institute of International Affairs Канадский институт международных дел

CIIR Central Institute for Industrial Research Центральный институт промышленных исследований

CILT Center for Information on Language and Teaching Информационный центр по проблемам языка и образования

CIM Canadian Institute of Management Канадский институт управления

CIMA Construction Industry Manufacturers Association Ассоциация владельцев предприятий строительной промышленности

CIMM Canadian Institute of Mining and Metallurgy Канадский институт горного дела и металлургии

CIMO Commission for Instruments and Methods of Observation Комиссия по приборам и методам наблюдения (*Всемирной метеорологической организации*)

CIMS Computer-Integrated Manufacturing System *вчт.* автоматизированное производство

cin code identification number идентифицирующий номер кода

c-in-c *тж.* CINC Commander in Chief (главно)командующий

CINCAAFCE Commander in Chief, Allied Air Forces, Central Europe главнокомандующий объединёнными ВВС НАТО на Центральноевропейском театре военных действий

CINCAFE Commander in Chief, Ain Forces, Europe главнокомандующий ВВС в Европе

CINCAFLANT Commander in Chief, United States Air Forces, Atlantic главнокомандующий ВВС США на Атлантике

CINCAFMED Commander in Chief, Allied Air Forces, Mediterranean главнокомандующий объединёнными силами ВВС НАТО на Средиземноморском театре военных действий

CINCAIRCENT Commander in Chief, Allied Air Forces, Central Europe главнокомандующий объединёнными силами ВВС НАТО на Центральноевропейском театре военных действий

CINCHAN Commander in Chief, Channel главнокомандующий в зоне пролива Ла-Манш

CINCSAC Commander in Chief, Strategic Air Command главнокомандующий стратегическим авиационным командованием

CINS [sɪnz] Children in Need of Supervision *амер.* дети, нуждающиеся в присмотре

CIO Congress of Industrial Organizations Конгресс производственных профсоюзов, КПП

CIOMS Council for International Organizations of Medical Sciences Совет международных научно-медицинских организаций, СМНМО

cip *тж.* CIP capital investment program программа капиталовложений

CIPA Chartered Institute of Patent Agents Общество агентов по ведению патентных дел

CIPA Committee for Independent Political Action Комитет за независимые политические действия

CIPASH Committee for International Program in Atmospheric Sciences and Hydrology Комитет по международной программе по физике атмосферы и гидрологии

CIR Court of Industrial Relations Суд промышленных отношений

CIRA Committee on International Reference Atmosphere Комиссия по международной условной/стандартной атмосфере

CIRA Conference of Industrial Research Associations Конференция промышленных научно-исследовательских ассоциаций

circs [sə:ks] circumstances *разг.* обстоятельства, условия; положение дел

CIRES Cooperative Institute for Research in Environmental Studies Кооперативный институт исследований по проблемам окружающей среды

CIRIA Construction Industry Research and Information Association Ассоциация исследований и информации в строительной промышленности

CIRJP Commission on International Rules of Judicial Procedure Комиссия по международным юридическим процессуальным нормам

CIS Cancer Information Service служба онкологической информации

CIS Catholic Information Society Католическое общество информации

CIS Center for International Studies Центр международных исследований (*США*)

CIS Chartered Institute of Secretaries Общество (профессиональных) секретарей

CIS Conference of Internationally-Minded Schools Конференция по вопросам создания школ международной солидарности, КШМС

CIS Congressional Information Service Информационная служба конгресса (*США*)

CISA Canadian Industrial Safety Association Канадская ассоциация промышленной безопасности

CISS Computerized Information Storage System автоматизированная система хранения информации

CISV Children's International Summer Villages Международные летние лагеря для детей, МЛЛД

CIT California Institute of Technology Калифорнийский технологический институт

CIT Carnegie Institute of Technology Технологический институт Карнеги

CIT Central Institute of Technology Центральный технологический институт

cit citation цитата; *юр.* вызов в суд; *амер.* упоминание в приказе (*похвальное*)

cit cited цитированный

cit [sıt] citizen *пренебр.* городской житель; белоручка

cit *тж.* CIT counterintelligence team группа контрразведчиков

cite [saıt] citation *разг.* объявление благодарности

CITEL Committee for Inter-American Telecommunications Межамериканский комитет по дальней связи

CITES Convention on International Trade in Endangered Species Конвенция по международной торговле вымирающими видами

CITO Charter of the International Trade Organization устав международной торговой организации

CIUSS Catholic International Union for Social Service Международный католический союз социальной помощи, МКССП

civ civil гражданский

civ civilian гражданский, штатский; гражданское лицо

civ civilization цивилизация

civ civilize цивилизовать

Civ Avn Civil Aviation гражданская авиация

CJ Chief Justice главный судья

cj conjectural предположительный

CJA Carpenters and Joiners of America плотники и столяры Америки

CJCS Chairman of the Joint

Chiefs of Staff председатель комитета начальников штабов (*США*)

CJTF Commander Joint Task Force командир объединённого оперативного соединения

CK Cape Kennedy испытательный полигон Кейп-Кеннеди

ck check контроль, проверка; контролировать, проверять

ckpt cockpit кокпит

ckt circuit *эл.* цепь, контур; судебный округ

ckw clockwise по часовой стрелке

cl *тж.* C/L carload минимальное количество груза, необходимое для выхода в море

cl centiliter сентилитр (*сотая доля литра*)

cl chlorine *хим.* хлор

CL *тж.* **cl** civil law гражданское право

cl claim требование; претензия; иск

cl class класс; тип; разряд

Cl *тж.* **cl** clerk делопроизводитель; чиновник, конторский служащий

cl cloth ткань; сукно; полотно; холст

cl conceptual level концептуальный уровень

CLA Commercial Law Association Ассоциация торгового права

clar clarendon *полигр.* шрифт кларендон (*полужирный шрифт*)

clar clarinet *муз.* кларнет

CLC Canadian Labour Congress Канадский конгресс труда

cld called вызываемый, именуемый

cld cancelled вычеркнутый; аннулированный, отменённый; погашенный (*о почтовой марке*)

cld cleared очищенный от сборов *или* пошлин

cld colored цветной, окрашенный

cld cooled охлаждённый

cldy cloudy облачный

cler clerical церковный, духовный

CLGA Composers and Lyricists Guild of America Американская гильдия композиторов и поэтов-лириков

CLGP *тж.* **clgp** cannon-launched guided projectile управляемый артиллерийский снаряд

CLI Cost-of-Living Index индекс стоимости жизни

Climsat [ˈklɪmˌsæt] climatic satellite спутник для климатических исследований

C. Litt [ˈsiːˈlɪt] Companion of Literature «подвижник литературы» (*почётное звание, присваивается Королевским обществом литературы выдающимся литераторам; Великобритания*)

clk clerk делопроизводитель; чиновник; конторский служащий

clk clock (*столько-то*) часов

clkw clockwise по часовой стрелке

cllr *тж.* **Cllr** councillor советник

clm column колонна; столбец; графа

CLO Chief Liaison Officer старший офицер связи

clo closed закрытый; *радио* передача окончена

clo [kləu] clothes *прост.* одежда, платье

clo cod liver oil рыбий жир

CLPA Common Law Procedure Acts закон о процессуальном применении обычного права

CLPD Campaign for Labour Party Democracy Движение за демократию в лейбористской партии

clrm classroom класс, аудитория

CLU [ˈsiːˈelˈjuː] Civil Liberties Union Союз борьбы за гражданские свободы

CLUS continental limits United States границы континентальной части США

CLUSA Cooperative League of the USA Кооперативная лига США

c. m. causa mortis *лат.* (cause of death) причина смерти

cm centimeter сантиметр

cm Certificate of Merit удостоверение «За заслуги»

CM Certified Master *мор.* дипломированный капитан (*судна*)

C.M. Chirurgiae Magister *лат.* (Master of Surgery) магистр хирургии (*ставится после фамилии*)

CM *тж.* **cm** [ˈsiːˈem] command module *косм.* командный отсек, отсек управления, модульный отсек экипажа

CM Common Market Общий рынок

cm *тж.* **CM** common meter *амер.* обычная мера

cm *тж.* **CM, c/m** communications multiplexor *вчт.* мультиплексор каналов связи

c/m control and monitoring управление и контроль

CM Corresponding Member член-корреспондент (*научного общества*)

cm *тж.* **CM** Court-Martial военный суд

cm *тж.* **CM** [ˈsiːˈem] cruise missile крылатая ракета

CMA Canadian Manufacturers Association Канадская ассоциация промышленников

CMA Canadian Medical Association Канадская медицинская ассоциация

CMA Chemical Manufacturers Association Ассоциация владельцев предприятий химической промышленности

CMA Chocolate Manufacturers Association Ассоциация владельцев предприятий по производству шоколада

CMA Cigar Manufacturers Association Ассоциация владельцев предприятий, производящих сигары

CMA Continental Marketing Association Континентальная ассоциация маркетинга

CMA Court of Military Appeals военно-апелляционный суд (*США*)

CMAC Computer Management and Control управление и контроль за ЭВМ

CMB Chase Manhattan Bank «Чейс Мэнхэттэн Бэнк» (*один из крупнейших банков США*)

CMBL Commercial Bill of Lading *ком.* коносамент, накладная на коммерческий груз

CMC Christian Medical Commission Христианская медицинская комиссия, ХМК

Cmd [ˈsiːˈemˈdiː] command paper официальный правительственный документ

Cmdr commander командир, начальник; *мор.* капитан 3-го ранга; *брит.* кавалер ордена 2-й степени

cmdty commodity товар

CMEA [ˈsiːˈemˈiːˈeɪ] Council for Mutual Economic Assistance Совет экономической взаимопомощи, СЭВ

CMF Canadian Merchant Fleet канадский торговый флот

CMF Commonwealth Military Forces *брит.* вооружённые силы Британского содружества

CMG Companion of (the Order of) St Michael and St George *брит.* кавалер ордена св. Михаила и св. Георгия 3-й степени

CMH Congressional Medal of Honor *амер.* Почётный орден конгресса (*высшая военная награда*)

cmi cell-mediated immunity клеточный иммунитет

CMI *тж.* **cmi** computer-managed instruction машинное обучение, обучение с помощью вычислительной машины

cml chemical химический

cml commercial торговый, коммерческий

CMM Commission of Maritime Meteorology Комиссия по морской метеорологии, КММ

cmm cubic millimeter кубический миллиметр

CMN Common Market Nations страны — члены Общего рынка

CMO Chief Medical Officer начальник медицинской службы

CMP Christian Movement for Peace Движение христиан за мир

CMP Commissioner of the Metropolitan Police комиссар столичной полиции (*Великобритания*)

CMP Corps of Military Police *амер.* военная полиция

CMP counter military potential противостоящий военный потенциал

cm pf cumulative preference shares кумулятивные привилегированные акции, акции с накопляющимся гарантированным дивидендом

cmpr compare сравнивать

cmpr computer вычислительная машина; счётно-решающее устройство, ЭВМ

cmps centimeters per second сантиметров в секунду

cmr cerebral metabolic rate уровень церебрального метаболизма

CMRF Childrens Medical Research Foundation Фонд медицинских исследований детей

cm/s centimeters per second сантиметров в секунду

CMS ['si:'em'es] Christian Medical Society Христианское медицинское общество

CMS ['si:'em'es] Church Missionary Society Церковное миссионерское общество (*Великобритания*)

CMS Consumers and Marketing Service служба потребителей и маркетинга

CMST Council for Marine Science and Technology Совет по морской науке и технике

cmt comment комментарий; комментировать

CMT Compulsory Military Training обязательная военная подготовка

C/N circular note *ком.* аккредитив, циркулярное (банковское) аккредитивное письмо

CN Commonwealth Nations страны Британского содружества

C/N *тж.* **c/n** credit note *брит. ком.* кредит-нота, кредитовое авизо (*о предоставлении скидки или уменьшении суммы платежа*)

CNA ['si:'en'ei] California Nurses Association Ассоциация медицинских сестёр Калифорнии (*США*)

CNA Canadian Nuclear Association Канадская ядерная ассоциация

CNA Chief of Naval Aviation командующий авиацией ВМС (*Великобритания*)

CNAA Council for National Academic Awards Совет по присуждению национальных академических наград

CNASA Council of North Atlantic Shipping Associations Совет североатлантических ассоциаций судовладельцев

CNC computerized numerical control *вчт.* автоматизированная система числового программного управления

cncr concurrent совпадающий; согласованный

cnct connect соединять

cnct connection связь, соединение

CND ['si:'en'di:] Campaign for Nuclear Disarmament Движение за ядерное разоружение (*Великобритания*)

CND Commission on Narcotic Drugs Комиссия по наркотикам (*ООН*)

cne chronic nervous exhaustion хроническое нервное истощение

cnee consignee грузополучатель; адресат; комиссионер

cng compessed natural gas сжатый природный газ

CNGO Committee on Non-Governmental Organizations Комитет по неправительственным организациям, КНО (*постоянный комитет ЭКОСОС*)

CNHI Committee for National Health Insurance Комитет национального страхования здоровья

CNHM Chicago Natural History Museum Чикагский музей естественной истории (*США*)

CN-M Certified Nurse-Midwife

дипломированная сестра-
-акушерка

CNN Cable News Network Си-
-эн-эн (*американская телевизионная компания*)

CNO Chief of Naval Operations
начальник морских операций
(*США*)

cno computer non-operational
не действующая вычислительная
машина

CNP Celestial North Pole северный полюс мира

CNR Canadian National Railways канадские государственные
железные дороги

CNR Civil Nursing Reserve гражданский резерв медицинских
сестёр и сиделок (*Великобритания*)

CNR Committee for Nuclear
Responsibility Комитет за ядерную ответственность (*США*)

CNR Committee on Natural
Resources Комитет по природным ресурсам, КПР (*постоянный комитет ЭКОСОС*)

CNRET Center for Natural Resources, Energy and Transport
Центр по природным ресурсам,
энергии и транспорту (*ООН*)

CNS *тж.* **cns** central nervous
system центральная нервная система

CNTU Canadian National
Trade Union Канадские национальные профсоюзы

c/o care of для передачи (*тако-
му-то; надпись на письмах*)

C/O *тж.* **c/o** cash order *ком.*
тратта, срочная по предъявле-
нии; переводный вексель, оплачиваемый в данной стране; заказ, оплачиваемый наличными

CO castor oil касторовое масло

c/o *тж.* **co, CO** certificate of
origin *ком.* свидетельство о происхождении груза

Co cobalt *хим.* кобальт

Co Colorado Колорадо (*штат
США*)

CO Commanding Officer командир (*корабля, части, подразделения*)

CO Commissioner's Office полиц. канцелярия комиссара (*полиции*)

co [kʌ] company *разг.* компания, общество, фирма

Co concentration концентрация

CO [ˈsiːˈəu] conscientious objector
лицо, отказывающееся от воен-
ной службы (*в силу политических
или религиозных причин*)

co [kəu] co-respondent *разг.* соответчик в делах о расторжении
брака

co county графство (*Великобритания*); округ (*США*)

co criminal offense уголовное
преступление

co cut off выключение; отключение

COA Children of Alcoholics
амер. дети алкоголиков

Coad coadjutor коадъютор, помощник, заместитель (*духовного
лица*)

COADS Command and Administration System командно-
-административная система

COAS Council of the Organization of American States Совет Организации американских государств

COBOL *тж.* **Cobol** [ˈkəuˌbɔl]
Common Business-Oriented Language язык программирования
для промышленных и правительственных учреждений,
КОБОЛ

COBSI Committee on Biological
Sciences Information Комитет по
информации в области биологических наук

COBUILD [ˈkəubɪld] Collins Birmingham University International
Language Database КОБИЛД
(*международная языковая база
данных Бирмингемского университета фирмы Коллинз*)

CoC *тж.* **COC** Chamber of
Commerce торговая палата

coc cocaine *разг.* кокаин

COCOM *тж.* **CoCom** [ˈkəukəm]
Coordinating Committee (of East-
-West Trade Policy) Комитет по
координации экспорта стратегических товаров (между Востоком
и Западом), КОКОМ

COD *тж.* **c. o. d.** cash on delivery *ком.* уплата при доставке, наложенный платёж

cod cause of death причина смерти

cod codex кодекс

C. O. D. [ˈsiːˈəuˈdiː] Concise Oxford Dictionary *брит.* «Краткий Оксфордский словарь»

COD Council for Ocean Development Совет по освоению океана

codel congressional delegation делегация конгресса

CODOT Classification of Occupations and Directory of Occupational Titles перечень специальностей и справочных названий специальностей (*Великобритания*)

CODSIA Council of Defense and Space Industry Associations Совет ассоциаций оборонной и космической промышленности

CoE *тж.* **COE** Corps of Engineers инженерные войска

co-ed co-editor второй редактор

co-ed *тж.* **coed** [ˈkəuˈed] coeducational *амер. разг.* относящийся к совместному обучению (*лиц обоего пола*); совместный, посещаемый лицами обоего пола

co-ed [ˈkəuˈed] coeducational student *амер. разг.* студентка учебного заведения для лиц обоего пола

coed *тж.* **COED** computer-operated electronic display электронный дисплей, управляемый вычислительной машиной

coef coefficient коэффициент; *мат.* фактор

COENCO Committee for Environmental Conservation Комитет по охране окружающей среды

CoF Chaplain of the Fleet главный священник флота (*Великобритания*)

CoF Chief of Finance начальник финансовой службы (*США*)

C of A College of Aeronautics авиационный колледж

C of Ch Chief of Chaplains главный военный капеллан (*США*)

C of E [ˈsiːəvˈiː] Church of England англиканская церковь (*государственная церковь Англии; протестантская*)

coff [kɔf] coffee *разг.* кофе

COFI Committee on Fisheries Комитет по рыболовству (*ФАО*)

C of P Captain of the Port капитан порта

C of S *тж.* **COFS** Chief of Staff начальник штаба

COFSAF Chief of Staff, US Air Force начальник штаба ВВС США

COG center of gravity центр тяжести

COG Convenience of Government в интересах правительства /государства

CoG *тж.* **COG** Council of Governments Совет правительств

COGS Continuous Orbital Guidance System непрерывная система орбитального управления

COGSA Carriage of Goods by Sea Act закон о морских перевозках

coh cash-on-hand кассовая наличность

COHSE Confederation of Health Service Employees Конфедерация служащих государственной службы здравоохранения (*Великобритания*)

COI Central Office of Information Центральное управление информации (*Великобритания*)

COI Certificate of Origin and Interest свидетельство о происхождении груза и процентах

coi course of instruction курс обучения; курс подготовки

COID *тж.* **CoID** Council of Industrial Design Совет промышленного дизайна (*Великобритания*)

COIE Committee on Invisible Exports Комитет по невидимым статьям экспорта (*Великобритания*)

COIN counterintelligence контрразведка

COINS Committee on Improvement of National Statistics Комитет по улучшению национальных статистических данных (*США*)

COINS Computer and Information Sciences вычислительная техника и информатика

COINS Computerized Information System автоматизированная информационная система

co-intel [ˌkəumˈtel] counterintelligence контрразведка

Cointelpro [ˌkəumˈtelprəu] counterintelligence program программа контрразведки (*ФБР*)

COIT Central Office of Industrial Tribunal Центральное управление промышленного суда (*Великобритания*)

COIU Congress of Independent Unions Конгресс независимых профсоюзов

COJ Court of Justice суд

coke [kəuk] coca-cola *амер. разг.* кока-кола; любой безалкогольный напиток

coke [kəuk] cocaine *жарг.* кокаин; нюхать кокаин

col collected собранный; коллекционированный

col collector коллектор; коллекционер; *ком.* инкассатор

col college колледж

Col Colombia Колумбия

col *тж.* **Col** colonel полковник

col colonial колониальный

col colony колония

col color цвет, окраска

Col Colorado Колорадо (*штат США*)

col colored цветной, окрашенный

col column колонка; столбец, графа

COL *тж.* **col** computer--oriented language машинно--ориентированный язык

COLA [ˈkəulə] Cost-of-Living Adjustment *эк.* увеличение зарплаты в связи с повышением прожиточного минимума

COLA *тж.* **cola** [ˈkəulə] cost--of-living allowance *амер.* денежная надбавка в связи с повышением прожиточного минимума

coll colleague коллега

coll collect собирать; *ком.* инкассировать

coll collection коллекция; собрание; сбор; *ком.* инкассирование, инкассо

coll collective коллективный

coll collector коллектор; коллекционер; *ком.* инкассатор

coll *тж.* **Coll** [kəl] college колледж

coll *тж.* **Coll** collegiate относящийся к коллежду; университетский

coll colloquial разговорный

coll colloquialism разговорное выражение

collab collaboration сотрудничество

collab collaborator сотрудник

collizh [kəˈlɪz] collision *разг.* столкновение, противоречие, коллизия

colloq colloquial разговорный

colloq colloquialism разговорное выражение

colloq colloquially в разговорной речи

Colo Colorado Колорадо (*штат США*)

colog cologarithm кологарифм

com [kəm] comedian *театр.* комик, комедийный актёр

com comedy комедия

com comma запятая

com command командование; управление

com commander командир, начальник

com commercial торговый, коммерческий

com [kəm] commercial traveller коммивояжёр

com commission комиссия; присвоение офицерского звания; введение в строй (*корабля и т. п.*); *спорт.* поручение, доверенность; *ком.* вознаграждение за выполненную работу

com committe комитет, комиссия

com common обычный

com commune община, коммуна

com communications связь; средства связи

com community община; общество; общность

COM *тж.* **com** computer output microfilm *вчт.* машинный микрофильм

COM *тж.* **com** computer output microfilmer *вчт.* выходное микрофильмирующее устройство вычислительной машины

COM Council of Ministers совет министров

COMA court of military appeals военный апелляционный суд

comat computer-assisted training обучение с помощью вычислительной машины

comb combination соединение, сочетание, комбинация

comb combine объединять, сочетать, соединять, комбинировать

combi [ˈkɔmbɪ] combination *брит. разг.* комбинация, сочетание; комбинация (*нижнее бельё из майки и трусов типа купальника*)

combs [kɔmbz] combination garments комбинация (*нижнее бельё из майки и трусов типа купальника*)

comd command командование; управление; соединение, группа войск

Comdr commander командир, начальник; *мор.* капитан 3-го ранга; *брит.* кавалер ордена 2-ой степени

Comdt commandant комендант; командующий; командир, начальник (*учебного заведения*)

COMECON [ˈkɔmɪkɔn] Council for Mutual Economic Assistance Совет экономической взаимопомощи, СЭВ

COMEX Commodity Exchange товарная биржа (*США*)

comfy [ˈkʌmfɪ] comfortable *разг.* удобный, комфортабельный, уютный; довольный, чувствующий себя удобно

COMINCH Commander in Chief (главно)командующий

COMINT *тж.* **comint** [ˈkɔmɪnt] communications intelligence связная разведка; сбор, анализ и оценка сигналов связи и передачи данных; радиотехническая разведка; разведка средств связи

Com Int Sec Committee on Internal Security Комитет внутренней безопасности (*конгресса США*)

coml commercial торговый, коммерческий

comm commentary комментарий

comm commerce торговля, коммерция

comm commission комиссия; комиссионное вознаграждение, комиссионные

comm committee комитет; комиссия

comm commonwealth государство; федерация; содружество наций

comm commune община; коммуна

comm communications связь, средства связи

comm commutator коммутатор

Commem [kəˈmem] Commemoration *унив. жарг.* годовой акт в университете с поминовением основателей университета

commem [kəˈmem] commemorative postage stamp памятная почтовая марка

commie [ˈkɔmɪ] communist *пренебр.* коммунист

commish [kəˈmɪʃ] commision комиссионное вознаграждение, комиссионные

Commiss Commissary продовольственный магазин

commo [ˈkɔməu] communication trench *воен.* ход сообщения

commo [ˈkɔməu] communist коммунист

comms communications связь, служба связи; коммуникация

commz communications zone зона коммуникаций

Comnet International Network of Centers for Documentation on Communication Research and Policies Международная сеть центров документации по проведению исследований в области коммуникации

comp [kɔmp, kʌmp] accompaniment *разг.* аккомпанимент

comp [kɔmp, kʌmp] accompany *разг.* аккомпанировать

comp comparative сравнительный

comp compare сравни

comp comparison сравнение

comp compartment отделение; отсек; кабина; помещение

comp [kɔmp] compensate *амер. разг.* компенсировать

comp [kɔmp] compensation *амер. разг.* компенсация, возмещение

comp complimentary ticket *жарг.* бесплатный билет

comp composer композитор

comp composite папка-досье с вырезками из газет и фотографиями актёра (*модели и т. п.*)

comp composition соединение, состав, смесь; сочинение

comp [kɔmp] compositor *полигр.* наборщик

comp compound *хим.* соединение; состав

comp compounded смешанный, составной

comp comprehensive первый вариант рекламного объявления

comp comptroller *амер.* финансовый инспектор

comp computer вычислительная машина, компьютер, ЭВМ

COMPCON Computer Society International Conference Международная конференция общества специалистов по вычислительным машинам

compd compound составной, сложный

Comp Gen Comptroller General главный финансовый инспектор, начальник финансово-контрольной службы (*США*)

compl complaint жалоба

compl complete полный

compo [ˈkɔmpəu] composition соединение; состав; смесь; сочинение

compu computable вычислимый; исчислимый

compu computation вычисление; расчёт

compu computer вычислительная машина, компьютер, ЭВМ

compu computerization применение вычислительной техники; компьютеризация

compul [kəmˈpʌl] compulsory *школ.* обязательный

comsat [ˈkɔmsæt] communications satellite спутник связи; связной спутник «КОМСЭТ»

Comsat *тж.* **COMSAT** [ˈkɔmsæt] Communications Satellite (Corporation) «Комсэт», корпорация связных спутников

comsec communications security скрытность связи

COMSER Commission on Marine Science and Engineering Research Комиссия по морским наукам и техническим исследованиям

ComZ Communications Zone зона коммуникаций

con conclusion заключение

con [kɔn] conductor *жарг.* кондуктор

con [kɔn] conference *юр.* консультация

con [kɔn] confidant доверенное лицо, наперсник

con [kɔn] confidence trick *разг.* обман, надувательство, мошенничество; обманывать, надувать

Con [kɔn] Conservative *брит.* консервативный, относящийся к консервативной партии

con consolidated укреплённый; объединённый; консолидированный

con [kɔn] constitutional конституционный

con [kɔn] construe *школ.* дословный устный перевод; делать дословный устный перевод

Con Consul консул

con [kɔn] consultation консультация

con [kɔn] consumption *жарг.* туберкулёз; силикоз с туберкулёзной инфекцией

con [kɔn] contract договор, контракт

con [kɔn] conundrum головоломка, задача

con [kɔn] convalescent *воен. жарг.* выздоравливающий

con conversation разговор

con [kɔn] convict *разг.* заключённый; преступник, отбывший срок

con [kɔn] conviction *разг.* прежняя судимость

CONAC Continental Air Command континентальное командование ПВО (*США*)

CONAD Continental Air Defense Command континентальное командование ПВО (*США*)

CONASA Council of North Atlantic Shipping Association Совет североатлантических ассоциаций судовладельцев

conc concentrate концентрировать; *хим.* сгущать, выпаривать; *геол.* обогащать; концентрат

conc concentrated сосредоточенный, концентрированный; *хим.* сгущённый

conc concentration сосредоточение, концентрация; *хим.* сгущение; выпаривание; *геол.* обогащение

conc concerning относительно

cond condition условие; состояние

cond conditional условный

cond conductivity проводимость

cond conductor провод; проводник; *муз.* дирижёр

CONDECA Central American Council of Defence Центрально-американский совет обороны, КОНДЕКА

condo [ˈkɔndəu] condominium *амер. разг.* кооперативная квартира; кооперативный дом

cond ref conditional reflex условный рефлекс

Con Ed Consolidated Edison «Кон Эд» (*крупнейшая газовая и электрическая компания; США*)

conf. confer *лат.* (compare) сравни

conf conference конференция, совещание

conf confessor исповедник, духовник

conf confidential секретный; доверительный

cong congregation *церк.* прихожане

cong [kɔŋ] congregational chapel молельня индепендентов

cong [kɔŋ] congregationalist индепендент

Cong *тж.* **cong** congress конгресс; съезд

cong congressional относящийся к съезду *или* к конгрессу

congo [ˈkɔŋgəu] congregationalist *австрал.* индепендент

congrats [kənˈgræts] congratulations поздравления

congratters [kənˈgrætəz] congratulations *разг.* поздравляю!

conj conjugal супружеский, брачный

conj conjugate соединять, сопрягать; *грам.* спрягать

conj conjunction соединение, связь; пересечение дорог, перекрёсток; железнодорожная ветка; *грам.* союз

conj conjunctivitis *мед.* конъюнктивит

conn connected соединённый

Conn Connecticut Коннектикут (*штат США*)

conn connection соединение; связь

connie *тж.* **conny** [ˈkɔnɪ] conductor *австрал.* кондуктор в трамвае

Conrail [ˈkɔnˌreɪl] Consolidated Rail система государственных железных дорог в США

cons construction строительство; сооружение, конструкция, постройка

Cons Gold Consolidated Gold (Fields) «Консолидейтед Голд» (*крупнейшая британская компания по добыче золота*)

consgt consignment груз; партия товаров; накладная; коносамент

consol consolidated укреплённый; объединённый; консолидированный

consols [kənˈsɔlz] consolidated

annuities *разг.* консоли, консолидированная рента

Const Constable *брит.* констебль, полицейский

const constant константа, постоянная величина; постоянный

const constitution конституция, основной закон

const constitutional конституционный

const construction постройка, сооружение; конструкция

const constructor конструктор; строитель

consv conservation сохранение

consv conserve сохранять; хранить

cont contact контакт

cont contents содержание, содержимое

cont *тж.* **Cont** continent континент, материк

cont *тж.* **Cont** continental континентальный, материковый; европейский; метрический

cont continue продолжать

cont continued продолженный; продолжение следует; непрерывный; длительный; продолжающийся

cont continuous непрерывный

cont contract договор, контракт

cont contractor подрядчик

cont control контроль; управление

cont controller *эл.* пусковой реостат; контроллер; регулятор; контролёр

contag contagious инфекционный; заразный

contam contamination загрязнение, заражение

contd contained содержащийся

contd continued продолженный; продолжение следует; непрерывный; длительный; продолжающийся

contg containing содержащий, вмещающий

contr contract договор, контракт

contr contraction сокращение

contr control управление

contrib contribution вклад, пожертвование; сотрудничество

contrib contributor жертвователь; сотрудник

CONUS *тж.* **ConUS** Continental United States континентальная часть США

conv convalescent выздоравливающий; для выздоравливающих

conv convention конвенция

conv conventional обычный (*об оружии*)

COOC Commission on Organized Crime Комиссия по организованной преступности

co-op cooperative *разг.* кооперативный; кооперативное общество; кооператив; кооперативный магазин

COP Career Opportunity Program Программа создания возможностей для получения специальности

COP Certificate of Proficiency свидетельство о (высокой) квалификации

cop copper медь; медный

cop copyright авторское право, копирайт

cop customer owned property собственность клиента

COPAL Cocoa Producers' Alliance Союз производителей какао

COPI computer-oriented programmed instruction программированное обучение с использованием вычислительных машин, машинное программированное обучение

copter *тж.* **'copter** ['kɔptə] helicopter *разг.* вертолёт, геликоптер

COPUOS Committee on the Peaceful Uses of Outer Space Комитет по использованию космического пространства в мирных целях

cor corner угол

cor coroner коронер (*особый судебный следователь в Великобритании и США, расследующий причины смерти лиц, умерших внезапно или при невыясненных обстоятельствах*)

cor corpus кодекс, свод, собрание

cor correct правильный, верный, точный

cor correction исправление, поправка

cor correspondence корреспонденция; соответствие

cor correspondent корреспондент

cor corresponding соответственный, равнозначащий

CORE Congress of Racial Equality Конгресс расового равенства, КРР

co-re [ˈkɔurɪ] co-respondent соответчик в делах о расторжении брака

Corn Cornish корнуэльский

Corn Cornwall Корнуэлл (*графство на юго-западе Великобритании*)

cornie *тж.* **corny** [ˈkɔːnɪ] cornelian marble *австрал. разг.* сердоликовый шарик

coroll corollary вывод, заключение; результат

corp [kɔːp] corporal *воен. разг.* капрал

Corp [kɔːp] Corporation корпорация (*в названии корпораций*)

corr correct правильный, верный, точный

corr correction исправление; поправка

corr corrective исправительный

corr corrector корректор

corr correspond переписываться

corr correspondence корреспонденция; соответствие

corr correspondent корреспондент

corr corresponding соответственный, равнозначащий

corr corrupted коррумпированный

Corr Mem Corresponding Member член-корреспондент (*научного общества*)

CORSA *тж.* **corsa** cosmic-ray satellite спутник для исследования космического излучения

COS *тж.* **cos** cash on shipment *ком.* оплата наличными при отправке *или* отгрузке

COS Chamber of Shipping *брит.* палата судоходства

COS *тж.* **CoS** Chief of Staff начальник штаба

COS cosmic satellite научно-исследовательский спутник

COSATI Committee on Scientific and Technical Information Комитет по научно-технической информации

COSATU Congress of South African Trade Unions Конгресс южно-африканских профсоюзов

COSI Committee on Scientific Information Комитет по научной информации

COSMIC Computer Software Management and Information Center Центр управления и информации по вычислительным программным средствам

COSPAR Committee on Space Research Комитет по исследованию космического пространства, КОСПАР

COSPEC Christian Organization for Social, Political and Economic Change Христианская организация за социальные политические и экономические перемены

COSR Committee on Space Research Комитет по космическим исследованиям

COST Congressional Office of Science and Technology Управление конгресса по науке и технике

cost costume одежда, платье, костюм

COSTI Committee on Scientific and Technical Information Комитет по научно-технической информации

COVE Committee on Value and Evaluation Комитет по оценке и определению стоимости

cox [kɔks] coxswain *разг.* рулевой, старшина шлюпки; управлять шлюпкой

coz [kʌz] cousin *разг.* кузен, кузина, родственник, родственница

CP Canadian Pacific «Кэнейдиэн Пасифик» (*наименование канадской железной дороги*)

CP Canadian Press «Кэнейдиэн Пресс» (*название канадского телеграфного агентства*)

c/p carport навес для автомобиля

cp *тж.* **CP** cerebral palsy *мед.* корковый паралич

c/p *тж.* **C/P, CP** charter party чартер, чартер-партия (*договор о фрахтовании судна*)

cp *тж.* **CP** chemically pure химически чистый

CP Code of Procedure *юр.* гражданский процессуальный кодекс

C-P Colgate-Palmolive «Колгейт-Палмолив» (*американская фирма парфюмерных товаров*)

CP command post командный пункт

CP common prayer литургия (*англиканской церкви*)

CP Communist Party коммунистическая партия

cp compare сравни

CP Conservative Party консервативная партия

cp control post пункт управления

CP copilot *амер.* второй пилот

CP Court of Probate судебная инстанция по делам наследств (*США*)

CPA Canadian Pacific Airlines «Кэнейдиэн Пасифик Эрлайнз» (*канадская авиатранспортная компания*)

CPa Canadian Psychological Association Канадская психологическая ассоциация

CPA [ˈsiːˈpiːˈeɪ] certified public accountant дипломированный бухгалтер-ревизор

CPA Cocoa Producers Alliance Союз производителей какао

CPA Combat Pilots Association Ассоциация боевых пилотов

CPA Combined Pensioners Association Объединённая ассоциация пенсионеров

CPA Commonwealth Parliamentary Association Ассоциация

парламентариев стран Содружества наций, АПСН

CPA [ˈsiːˈpiːˈeɪ] Communist Party of Australia Коммунистическая партия Австралии, КПА

CPA Consumer Protection Agency Агентство защиты интересов потребителей

CPA Council of Professional Associations Совет профессиональных ассоциаций

CPA Country Press Association Национальная ассоциация прессы

CPA Creditors Protection Association Ассоциация защиты прав кредиторов

CPA *тж.* **cpa** critical path analysis анализ методом критического пути

CPAC Conservative Political Action Conference Конференция консервативных политических действий

cpaf cost plus award fee с оплатой затрат плюс разовое вознаграждение (*о контракте*)

CPAP Committee on Pan-American Policy Комитет панамериканской политики

CPAUS & C Catholic Press Association of the United States and Canada Ассоциация католической печати США и Канады

cpb cardiopulmonary bypass *мед.* искусственное (экстракорпоральное) кровообращение

CPB *тж.* **cpb** casual payments book *ком.* бухгалтерская книга нерегулярных платежей

CPB Consumer Protection Bureau Бюро защиты интересов потребителей

CPC central processing computer центральная вычислительная машина для обработки данных

CPC Christian Peace Conference Христианская конференция в защиту мира

CPC City Planning Commission Комиссия городского планирования

CPC City Police Commissioner комиссар городской полиции

CPC Clerk of the Privy Council

Секретарь Тайного совета (*Великобритания*)

CPC Committee for Programme and Coordination Комитет по программе и координации политики и программ (*ООН*)

CPC [ˈsiːˈpiːˈsiː] Communist Party of China Коммунистическая партия Китая, КПК

CPC [ˈsiːˈpiːˈsiː] Currently Perceived Choice *жарг.* возможный выбор в данный момент

cpd *тж.* **CPD** charter pays dues фрахтователь оплачивает (портовые) сборы

CPD Committee on the Present Danger Комитет по существующей опасности

cpd compound *хим.* соединение, состав

cpd compounded смешанный; составной

CPD comprehensive programme of disarmament всеобъемлющая программа разоружения, ВПР

CPE Certificate for Proficiency in English свидетельство о свободном владении английским языком (*выдаётся после сдачи специального экзамена*)

cpe circular probable error круговая вероятная ошибка

CPEA Confederation of Professional and Executive Associations Конфедерация профессиональных и административных ассоциаций

CPF Commonwealth Police Force полиция стран Содружества

CPFF *тж.* **cpff** cost plus fixed fee с оплатой затрат плюс установленное вознаграждение (*о контракте*)

CPGB [ˈsiːˈpiːˈdʒiːˈbiː] Communist Party of Great Britain Коммунистическая партия Великобритании, КПВ

cph cycles per hour циклов в час

CPI Chemical Processing Industries химическая обрабатывающая промышленность

CPI Communist Party of India Коммунистическая партия Индии

cpi *тж.* **CPI** consumer price index индекс потребительских цен

cpiaf *тж.* **CPIAF** cost plus incentive award fee с оплатой затрат плюс поощрительное вознаграждение (*о контракте*)

CPIF *тж.* **cpif** cost plus incentive fee с оплатой затрат плюс поощрительное вознаграждение (*о контракте*)

CPL Commercial Pilot's License лицензия пилота коммерческой линии

Cpl corporal капрал

cplg coupling *тех.* соединение, сцепление, связь; соединительная муфта

cpm cards per minute *вчт.* (число) карт в минуту (*единица скорости считывания, записи или передачи информации*)

CPM Center for Preventive Medicine Центр профилактической медицины

cpm *тж.* **CPM** cost per thousand цена за тысячу

cpm critical path method метод критического пути

cpm cycles per minute циклов в минуту

CPNZ Communist Party of New Zealand Коммунистическая партия Новой Зеландии

cpo [ˈsiːˈpiːˈəu] chief petty officer главный старшина (*высшее старшинское звание в ВМС Великобритании*)

CPO Civilian Personnel Office управление по найму гражданского служебного персонала

CPPC *тж.* **cppc** cost plus percentage of cost с оплатой затрат плюс фиксированный процент от затрат (*о контракте*)

CPR [ˈsiːˈpiːˈɑː] Canadian Pacific Railway «Кэнейдиэн Пасифик Рейлуэй» (*наименование канадской железной дороги*)

cpr *тж.* **CPR** [ˈsiːˈpiːˈɑː] cardiopulmonary resuscitation *мед.* реанимация при заболеваниях сердца и лёгких

CPRA Council for the Preservation of Rural America Совет по охране сельских местностей Америки

CPRE Council for the Preservation of Rural England Совет по охране сельских местностей Англии

CPS Certified Professional Secretary дипломированный профессиональный секретарь

cps characters per second (число) знаков в секунду (*единица скорости работы печатающего устройства или скорости передачи данных*)

CPS Current Population Survey текущий обзор населения

cps cycles per second циклов в секунду

CPSA Canadian Political Science Association Канадская ассоциация политических наук

CPSA Civil and Public Services Association Ассоциация работников гражданских и коммунальных служб

CPSU [ˈsiːˈpiːˈesˈjuː] Communist Party of the Soviet Union Коммунистическая партия Советского Союза, КПСС

cpt counterpoint *муз.* контрапункт

cpt *тж.* **CPT** critical path technique метод критического пути

CPU *тж.* **cpu** [ˈsiːˈpiːˈjuː] central processing unit центральный блок обработки данных, центральный процессор

CPU Commonwealth Press Union Союз печати стран Содружества наций, СПСН

CPUSA Communist Party of the United States of America Коммунистическая партия США, КП США

CPY Communist Party of Yugoslavia Коммунистическая партия Югославии

cq come quick *радио* сигнал общего вызова «всем, всем»

CQM Chief Quartermaster главный квартирмейстер

cqt circuit *эл.* цепь, контур

cr cathode ray катодный луч

Cr chromium *хим.* хром

c/r company risk *страх.* на риск компании

cr *тж.* **CR** conditioned reflex условный рефлекс

C.R. Costa Rica Коста-Рика

cr crew команда, экипаж; расчёт

cr critical критический

cran cranberry клюква

cray [kreɪ] crayfish *австрал.* речной рак

CRB *тж.* **crb** chemical, radiological and biological химический, радиологический и биологический

CRC Cambridge Research Center Кембриджский научно-исследовательский центр

CRC Civil Rights Commission Комиссия по гражданским правам

CrC Crew Chief командир экипажа

CRCP Certificate of the Royal College of Physicians удостоверение Королевского колледжа врачей (*Великобритания*)

CRCS Canadian Red Cross Society Канадское общество Красного Креста

CRCS Certificate of the Royal College of Surgeons удостоверение Королевского колледжа хирургов (*Великобритания*)

crd chronic respiratory disease *мед.* хроническое респираторное заболевание

CRE Commission for Racial Equality Комиссия за расовое равенство

cre corrosion resistant нержавеющий, коррозиестойкий, антикоррозийный

Cre Crescent полумесяц

CREEP *тж.* **Creep** [kriːp] Committee to Reelect the President *амер.* Комитет за переизбрание президента

cres corrosion resistant stainless steel нержавеющая коррозиестойкая сталь

CRESS Center for Research in Experimental Space Science Центр исследований в области экспериментальной космической науки

CREST Committee on Reactor Safety Technology Комитет по технической безопасности реактора

CRF Cancer Research Foundation Фонд исследований в области раковых заболеваний

crit [krɪt] critic *разг.* критик

crit [krɪt] critical *разг.* критический

crit [krɪt] criticism *разг.* критика

crit [krɪt] criticize *разг.* критиковать; *студ.* сделать критический разбор работы другого студента

CRL Chemical Research Laboratory *амер.* химическая научно-исследовательская лаборатория

CRL Civil Rights Law(s) законодательство в области гражданских прав

CRM counterradar measures меры противодействия РЛС противника

crm *тж.* **CRM** [ˈsiːˈɑːrˈem] counterradar missile противолокационная ракета

cr/m crew member член команды *или* экипажа

CRMP Corps of Royal Military Police военная полиция (*Великобритания*)

cro cathode-ray oscilloscope электроннолучевой / катодный / электронный осциллоскоп

CRO Commonwealth Relations Office министерство по делам Содружества (*образовано в 1947 г., в 1966 г. переименовано в Commonwealth Office*)

CRO Criminal Records Office архив уголовных материалов

croc [krɔk] crocodile *разг.* крокодил; змейка (*гулянье парами длинной колонной*)

crom control read-only memory *вчт.* управляющая постоянная память; управляющее постоянное запоминающее устройство

CRP Committee to Reelect the President *амер.* Комитет за переизбрание президента

CRP Cost Reduction Program Программа снижения (себе)стоимости

CRS Congressional Research Service исследовательская служба конгресса

CRS Cooperative Retail Services кооперативные розничные услуги (*Великобритания*)

CRSA Concrete Reinforcement Steel Association Ассоциация железобетона

CRSI Concrete Reinforcing Steel Institute Институт железобетона

CRT *тж.* **crt** cathode-ray tube *вчт.* электроннолучевая трубка, ЭЛТ

CRT Combat Readiness Training тренировка для поддержания боеготовности

Crt Court суд

cru clinical research unit *мед.* клиническое отделение

cru cruiser крейсер

crutie [ˈkruːtɪ] recruit *мор.* новобранец, призывник

crypto cryptography криптография, шифровальное дело

cryst crystalline кристаллический; хрустальный

cryst crystallography кристаллография

cs caesarean section *мед.* кесарево сечение

Cs caesium *хим.* цезий

C/S call sign *радио* позывной сигнал

cs capital stock основной капитал

cs carbon steel углеродистая сталь

cs cast steel литая сталь

C/S Certificate of Service свидетельство о службе

CS Chemical Society Химическое общество (*США*)

CS Chief of Staff начальник штаба

CS Civil Service государственная служба

cs *тж.* **CS** closeup shot кадр крупным планом, крупный план

CB Commonwealth Secretariat секретариат Содружества (*постоянный орган, обеспечивает работу конференций стран Содружества*)

CS Communications System система связи

cs [ˈsiːˈes] competitive strategies соревновательная/конкурентная стратегия

cs *тж.* **CS** conditioned stimulus условный раздражитель

CS contract surgeon вольнонаёмный врач(-хирург) (*США*)

cs current strength наличный боевой состав

c/s cycles per second циклов в секунду, герц

CSA Canadian Standards Association Канадская ассоциация стандартов

CSA Chief of Staff, Army начальник штаба вооружённых сил (*США*)

CSA Communications Satellite Act закон о спутниках связи

CSAF Chief of Staff, Air Force начальник штаба ВВС (*США*)

CSB Central Statistical Board Центральное статистическое управление

CSB Commonwealth Savings Bank сберегательный банк Содружества

CSBM(s) confidence and security-building measures меры по укреплению доверия и безопасности

CSC Canadian Space Center Канадский космический центр

CSC Civil Service Commission Комиссия гражданской службы (*США*)

CSC Combined Shipbuilding Committee Объединённая комиссия по судостроению

CSC Computer Science Corporation «Компьютер Сайенс Корпорейшн» (*корпорация по производству вычислительной техники; США*)

CSC Conspicuous Service Cross «Крест за выдающуюся службу» (*орден; Великобритания*)

CSCA Civil Service Clerical Association Ассоциация канцелярских работников гражданской службы

CSCE [ˈsiːˈesˈsiːˈiː] Conference on Security and Cooperation in Europe Совещание по безопасности и сотрудничеству в Европе, СБСЕ

CSD Civil Service(s) Department Управление государственной службы

CSE [ˈsiːˈesˈiː] Certificate of Secondary Education свидетельство о сдаче одного *или* нескольких экзаменов об окончании средней современной школы (*Великобритания*)

CSEU [ˈsiːˈesˈiːˈjuː] Confederation of Shipbuilding and Engineering Unions Конфедерация профсоюзов судо- и машиностроительной промышленности (*Великобритания*)

CSGBI Cardiac Society of Great Britain and Ireland Кардиологическое общество Великобритании и Ирландии

C Sig O Chief Signal Officer начальник связи

CSIR Council for Scientific and Industrial Research Совет по научным и промышленным исследованиям

CSIRO Commonwealth Scientific and Industrial Research Organization Организация Содружества по научным и промышленным исследованиям

CSIS Center for Strategic and International Studies Центр стратегических и международных исследований (*при Джорджтаунском университете; США*)

csl computer-sensitive language машинно-зависимый язык

CSLS Civil Service Legal Society правовое общество государственной службы (*Великобритания*)

CSM Christian Science Monitor «Крисчиен Сайенс Монитор» (*название газеты; США*)

CSM *тж.* **csm** command service module командный модуль

CSMPS Computerized Scientific Management Planning System научная система планирования управления с помощью вычислительной машины

CSN Contract Serial Number порядковый номер контракта

CSNDA Center for the Studies of Narcotic and Drug Abuse Центр по изучению наркомании (*США*)

CSNI Committee for the Safety of Nuclear Installations Комитет по безопасности ядерных установок

CSO Central Statistical Office Центральное статистическое бюро (*Великобритания*)

CSO Chief Signal Officer начальник связи (*Великобритания*)

CSO Chief Staff Officer *брит.* старший штабной офицер

CSOP Commission to Study the Organization of Peace Комиссия по изучению проблем поддержания мира, КИПМ

CSR Center for Space Research Центр космических исследований (*Массачусетского технологического института*)

CSRG Commonwealth Special Research Grant Специальная стипендия Содружества за научные исследования

CSRS Cooperative State Research Service кооперативная государственная исследовательская служба (*США*)

CSS Central Security Service Центральная служба безопасности (*министерства обороны США*)

CS-S Co Cunard Steam-Ship Company пароходная компания «Кьюнард» (*обслуживает линии между Великобританией и Северной Америкой*)

cst cargo ships and tankers грузовые суда и танкеры

CST Central Standard Time центральное поясное время (*от 90° до 105° западной долготы*)

cst convulsive shock therapy *мед.* электросудорожная/электроконвульсивная терапия, электрошок

CST Council for Science and Technology Совет по науке и технике

CSTC Coordinating Scientific and Technical Council Координационный научно-технический совет (*ООН*)

CSTD Committee on Science and Technology for Development Комитет по науке и технике для развития (*ООН*)

cstmr customer покупатель, заказчик, клиент

c/STOL *тж.* **cstol** conventional short takeoff and landing обычный короткий взлёт и посадка

CSU Civil Service Union (профессиональный) союз государственных служащих

CSUSA Copyright Society of the United States of America Общество защиты авторских прав США

ct carat карат (*200 мг*)

ct cellular therapy *мед.* клеточная терапия

ct cent цент

ct center центр

ct central time центральное (поясное) время (*от 90° до 105° западной долготы*)

ct clotting time *мед.* время свёртывания крови

ct compressed tablet прессованная таблетка

ct *тж.* **CT** computerized tomography *мед.* компьютерная томография

Ct Connecticut Коннектикут (*штат США*)

CT Cordless Telephone карманный телефон

CT correct time точное время

Ct Count граф

ct court суд

ct current ток

CTA Caribbean Tourist Association Карибская туристическая ассоциация (*США*)

CTA Commercial Travellers Association Ассоциация коммивояжёров

CTB Canadian Tourist Board Канадское управление туризма

CTB ['si:'ti:'bi:] Comprehensive Test Ban всеобъемлющее запрещение испытаний (*ядерного оружия*)

CTBT ['si:'ti:'bi:'ti:] Comprehensive Test Ban Treaty Договор о всеобъемлющем запрещении испытаний (*ядерного оружия*)

ctc *тж.* **CTC** central traffic control Центральное управление движением транспорта

CTC Commission on Transnational Corporation Комиссия по транснациональным корпорациям, КТК (*функциональная комиссия ЭКОСОС*)

CTCC Central Transport Consultative Committee Центральный транспортный консультативный комитет

CTI Central Technical Institute Центральный технический институт (*США*)

CTCS Consolidated Telecommunications Center Объединённый центр телесвязи

CTD Classified Telephone Directory засекреченный телефонный справочник

CTF Commander Task Force *амер.* командир оперативного соединения

CTG Commander Task Group *амер.* командир оперативной группы

CTG Commercial Travellers Guild гильдия коммивояжёров

ctl cental центал, малый центнер (= *45,359 кг*)

ctl central центральный; средний

CTO Central Telegraph Office центральный телеграф

CTOL *тж.* **ctol** [ˈsiːˌtɔl] conventional takeoff and landing *ав.* обычный взлёт и посадка

ctr *тж.* **CTR** controlled thermonuclear reactor управляемый термоядерный реактор

ctt *тж.* **CTT** capital transfer tax *брит.* налог на переводы капитала за границу

CTTB Central Trade Test Board Центральная комиссия по тестированию профессионально-технических навыков (*США*)

citte committee комитет; комиссия

ctu centigrade thermal unit ме-

трическая тепловая единица; фунт-калория

CTU Commercial Telegraphers' Union (профессиональный) союз телеграфистов коммерческих линий связи (*США*)

CTUC Commonwealth Trades Union Council Совет профсоюзов стран Содружества

ctv *тж.* **CTV** cable television кабельное телевидение

CTV [ˈsiːˌtiːˈviː] Canadian television Канадское телевидение

CTVW Children's Television Workshop телевизионная студия программ для детей

ctw counterweight противовес

CU Cambridge University Кембриджский университет (*Великобритания*)

CU Church Union Церковный союз

cu cleanup чистка; очистка

cu clinical unit клиническое отделение

cu close-up *кино, тлв.* крупный план

CU Columbia University Колумбийский университет (*США*)

CU Consumers Union Союз потребителей

CU Cooperative Union Кооперативный союз (*Великобритания*)

cu cubic кубический

Cu cuprum *лат.* (copper) медь

CU Customs Union Таможенный союз

CUA Catholic University of America Американский католический университет

cube [kjuːb] cubicle *школ.* небольшая одноместная спальня (*в общежитии*)

cu cm cubic centimeter кубический сантиметр

CUCNY Citizens Union of the City of New York Союз граждан города Нью-Йорка

CUDS Cambridge University Dramatic Society театральное общество Кембриджского университета

cue [kjuː] cucumber *лонд. разг.* огурец

CUED Council for Urban Economic Development Совет городского экономического развития

CUF Canadian Universities Foundation фонд университетов Канады

cu ft cubic foot кубический фут

cu in cubic inch кубический дюйм

cuke [kju:k] cucumber *амер., канад. разг.* огурец

cul culinary кулинарный

cu m cubic meter кубический метр

cum d cumulative dividend *бирж.* с дивидендом (*о продаваемой акции, по которой покупатель может получить дивиденд*)

cume [kju:m] cumulative audience *рекл.* общее число зрителей (*слушателей и т. п.*)

cumecs [ˈkju:meks] cubic meters per second кубических метров в секунду

cu mm cubic millimeter кубический миллиметр

cum pref cumulative preference (share) *бирж.* кумулятивная привилегированная акция, акция с накопляющимися гарантированными дивидендами

CUNY City University of New York Университет города Нью-Йорк

CUP Cambridge University Press «Кембридж Юниверсити Пресс» (*издательство Кембриджского университета*)

CUP Canadian University Press «Кэнейдиэн Юниверсити Пресс» (*издательство канадских университетов*)

CUP Columbia University Press «Коламбиа Юниверсити Пресс» (*издательство Колумбийского университета*)

CUPE Canadian Union of Public Employees Канадский союз государственных служащих

cur currency валюта

cur current течение; *эл.* ток

curio [ˈkjuərɪəu] curiosity редкая, антикварная вещь

curt curtain штора; завеса; занавес

cusec [ˈkju:sek] cubic feet per second кубических футов в секунду

cush [kuʃ] cushion *разг.* борт бильярда; подушка; амортизатор

Cus Ho Custom House таможня

CUW Committee on Undersea Warfare Комитет по проблемам подводной войны (*США*)

cu yd cubic yard кубический ярд

cv caloric value калорийность

cv cardiovascular сердечно-сосудистый

cv controlled ventillation *мед.* управляемая вентиляция лёгких

cva cardiovascular accident *мед.* инсульт

cud cardiovascular disease *мед.* сердечно-сосудистое заболевание

cvd cash versus documents наличными против документов

CVI Cape Verde Islands острова Зелёного Мыса

cvi cerebrovascular insufficiency *мед.* недостаточность мозгового кровообращения

CVO Commander of the Royal Victorian Order *брит.* кавалер «Ордена королевы Виктории» 2-й степени

cvp central venous pressure *мед.* центральное венозное давление

cvs cardiovascular system *мед.* сердечно-сосудистая система

CW *тж.* **cw** [ˈsi:ˈdʌblju:] chemical warfare химическая война, война с применением химического оружия

CW [ˈsi:ˈdʌblju:] chemical weapons химическое оружие

cw clockwise по часовой стрелке

CW *тж.* **cw** continuous wave *св.* незатухающая волна

CW Conventional Wisdom расхожая мудрость

cwa chemical warfare agent химическое средство ведения войны

CWA Communication Workers of America Американские работники связи (*профсоюз*)

CWA Crime Writers Association Ассоциация писателей детективного жанра

CWB chemical weapons ban запрещение химического оружия

CWC chemical weapons convention конвенция о запрещении химического оружия

CWFZ chemical weapon-free zone зона свободная от химического оружия

CWG Cooperative Women's Guild Кооперативная гильдия женщин

CWL Catholic Women's League Католическая лига женщин

cwo *тж.* **CWO** cash with order наличный расчёт при выдаче заказов

cwo chief warrant officer *воен.* старший уоррэнт-офицер

cws chemical warfare service химическая служба

CWS Church World Service Всемирная служба церквей, ВСЦ

CWS ['si:'dʌblju:'es] Cooperative Wholesale Society Общество кооперативной оптовой торговли (*Великобритания*)

CWT Central Winter Time центральное зимнее время (*от 90° до 105° западной долготы*)

CWU Chemical Workers Union (профессиональный) союз работников химической промышленности (*Великобритания*)

cy calendar year календарный год

cy capacity ёмкость, вместимость; производительность, мощность; грузоподъёмность

Cy city город

cy county *брит.* графство; *амер.* округ

cy currency валюта

cy current year текущий год

cu cycle период, цикл

cyc cyclopaedia энциклопедия

cyc cyclorama *театр.* циклорама

cycl cyclic циклический

cyclo cyclotron циклотрон

cyl cylinder цилиндр

cyl cylindrical цилиндрический

Cym Cymric уэльский язык

CYMS Catholic Young Men's Society Общество юношей-католиков

CYO Catholic Youth Organization Союз католической молодёжи

Cyp Cyprus *о-в* Кипр

CZ Canal Zone зона Панамского канала

CZ combat zone зона боевых действий

czy crazy сумасшедший

D

d daily ежедневный, суточный; суточно

d data данные

d date дата

d daughter дочь

d day день

d dead мёртвый

D December декабрь

d degree степень

D Democrat *амер.* демократ; член демократической партии

d denarius *лат.* (penny) пенни

D Department управление; отдел; департамент; министерство; ведомство; военный округ

D deuterium дейтерий

d development развитие, разработка, опытно-конструкторские работы

d *тж.* **D** diameter диаметр

d digital цифровой

d dime монета в 10 центов (*США*)

D *тж.* **d** diopter диоптрия (*мера оптической силы линзы*)

D *тж.* **d** distance расстояние, дальность, дистанция

D doctor доктор (*в названии учёной степени*)

d *тж.* **D** dollar доллар

d *тж.* **D** dose доза

D duchess *брит.* герцогиня

D duke *брит.* герцог

D Dutch голландский

2-D two-dimensional двухмерный, плоский

3-D three dimensional трёхмерный, пространственный

Da ['di:'eɪ] Danish датский

da daughter дочь

DA Daughters of America Дочери Америки (*организация американских женщин*)

da day день

D/A *тж.* **d/a** days after acceptance *ком.* через (*столько-то*) дней после акцепта

da delayed action замедленного действия

DA Department of Agriculture министерство сельского хозяйства

DA Department of the Army министерство армии (*США*)

D/A *тж.* **DA, da, d/a** deposit account *ком.* депозитный счёт, авансовый счёт

DA Developing Agency организация, ведающая разработкой (*системы оружия или техники*)

D/A *тж.* **d/a** digital-to-analog *вчт.* цифро-аналоговый

DA Diploma in Aesthetics диплом по эстетике

DA Diploma in Anesthetics диплом анестезиолога

da *тж.* **DA** direct-acting прямого действия

da *тж.* **DA** direct action мгновенного действия (*о взрывателе*), прямого действия

DA *тж.* **da** [ˈdiːˈeɪ] District Attorney прокурор федерального судебного округа (*США*)

D.A. [ˈdiːˈeɪ] Doctor of Arts доктор искусств (*ставится после фамилии*)

D/A *тж.* **DA, d/a, da** documents against acceptance *ком.* (товарораспределительные) документы против акцепта

D/A *тж.* **da** documents attached *ком.* документы приложены

D/A *тж.* **DA** documents for acceptance *ком.* документы для акцепта

DA *тж.* **da** doesn't answer; don't answer не отвечает; не отвечать

da *тж.* **DA** double-acting двойного действия

DAA Diploma of the Advertising Association диплом ассоциации рекламы

dab delay(ed)-action bomb бомба замедленного действия

DAB Design Appraisal Board Комиссия по оценке проектов

DAB Dictionary of American Biography Словарь биографий выдающихся американцев

dac data acquisition and control *вчт.* сбор данных и управление

DAC days after contract спустя (*столько-то*) дней после заключения контракта

dac *тж.* **DAC** digital-to-analog conversion *вчт.* цифро-аналоговое преобразование, ЦАП

dachsie [ˈdæksɪ] dachshund *разг.* такса

dacon digital-to-analog converter *вчт.* цифро-аналоговый преобразователь, ЦАП

dacor data correction *вчт.* коррекция данных

DACS [dæks] Data Acquisition and Correction System *вчт.* система сбора данных и коррекции

DACT [dækt] direct-acting непосредственного/прямого действия

dacty dactyloscopy дактилоскопия

D.Adm. Doctor of Administration доктор управленческих наук (*ставится после фамилии*)

DAE Dictionary of American English Словарь американского варианта английского языка

D.Ae. Doctor of Aeronautics доктор авиации (*ставится после фамилии*)

D.Ae.Eng. Doctor of Aeronautical Engineering доктор авиационного машиностроения (*ставится после фамилии*)

DAF Department of the Air Force министерство ВВС (*США*)

daffy [ˈdæfɪ] daffodil *разг.* нарцисс

DAG Deputy Adjutant General заместитель генерального адъютанта

DAG Deputy Attorney General заместитель министра юстиции (*США*)

D.Agr. Doctor of Agriculture

доктор сельскохозяйственных наук (*ставится после фамилии*)

dai *тж.* **DAI** death from accidental injuries смерть от несчастного случая

DAI direct-action impact ударный мгновенного действия (*о взрывателе*)

DAISY [ˈdeızı] Data Acquisition and Interpretation System *вчт.* система приёма и расшифровки данных

Dak [dæk] Dakota *ав.* Дакота (*модель самолёта*)

dal decaliter декалитр

DALE Drug Abuse Law Enforcement наблюдение за соблюдением законов о борьбе с наркоманией

dalgt daylight светлое время суток, дневное время

DALS [dæls] Distress Alerting and Locating System система передачи сигналов бедствия и определения по ним местонахождения корабля

dam [dæm] damage *унив.* стоимость, расход; повреждение, ущерб

dam data addressed memory *вчт.* ассоциативная память, ассоциативное запоминающее устройство

dam *тж.* **DAM** [dæm] direct-access method *вчт.* метод прямого доступа, доступ по методу ДАМ

dame [deım] data acquisition and monitoring equipment оборудование для сбора и контроля данных

DAMS Defense Against Missiles System система ПРО

D and C [ˈdiːəndˈsiː] dilation and curettage выскабливание

d & d deaf and dumb *амер. жарг.* глухонемой; притворяться глухонемым, молчать

d & d drunk and disorderly нарушивший порядок в нетрезвом состоянии

d & h daughter and heiress дочь и наследница

D & P data analysis and processing *вчт.* анализ и обработка данных

d & p development and production разработка и производство

d & s demand and supply спрос и предложение

DANR Department of Agriculture and Natural Resources министерство сельского хозяйства и природных ресурсов

DAO Divisional Ammunition Officer начальник боепитания дивизии (*Великобритания*)

DAPA Drug Abuse Programs of America программы по борьбе с наркоманией (*США*)

D.App.Sci Doctor of Applied Science доктор прикладных наук (*ставится после фамилии*)

DAR Data Automation Requirements *вчт.* требования к автоматизации данных

DAR Daughters of the American Revolution Дочери американской революции (*женская организация США*)

DAR Departure Approval Request запрос о разрешении на отбытие /отправление/ вылет

D.Arch. Doctor of Architecture доктор архитектуры (*ставится после фамилии*)

DARE [dɛə] data retrieval system (for social and human sciences) система поиска данных (для социальных и гуманитарных наук)

darl [dɑːl] darling *австрал. разг.* дорогой, милый

DART [dɑːt] Direct Airline Reservations Ticketing (System) система заказа билетов на пассажирские самолёты

DAS data acquisition system *вчт.* система сбора данных

das decastere декастер, десять кубических метров

D.A.Sci. Doctor of Agricultural Science доктор сельскохозяйственных наук (*ставится после фамилии*)

dash [dæʃ] dashboard *ав. разг.* приборный щиток

dash [dæʃ] drone antisubmarine helicopter беспилотный противолодочный вертолёт ДЭШ

dasm *тж.* **DASM** delayed-
-action space missile космическая
ракета замедленного действия

DAT design-approval test испытания, проводимые с целью од-
обрения проекта

DAT drone-assisted torpedo
торпеда, запускаемая с беспи-
лотного противолодочного вер-
толёта

DATA [ˈdeɪtə] Defense Air Transportation Administration Управление воздушных перевозок министерства обороны США

datacol [ˈdeɪtəˈkɔl] data collection
сбор данных

datacom [ˈdeɪtəˈkɔm] data communications автоматизированная
цифровая система передачи данных ДАТАКОМ

datacor [ˈdeɪtəˈkɔ:] data correction
коррекция данных

DAV Disabled American Veterans Союз американских ветеранов войны

davy [ˈdeɪvɪ] affidavit *жарг.* аф-
фидевит, письменное показание,
подтверждённое присягой

DAWN [dɔ:n] Digital Automated Weather Network сеть авто-
матизированных метеорологических станций, передающих ин-
формацию в цифровом виде

daxie [ˈdæksɪ] dachshund *разг.*
такса

db data bank банк данных, информационный банк

db day book дневник, журнал

dB *тж.* **db, DB** decibel *физ.* де-
цибел

DB delayed broadcasting *амер.
тлв.* непрямая передача

db [ˈdi:ˈbi:] double-breast дву-
бортный

DBA *тж.* **dba** doing business
as... делая что-то в качестве...

DBCM De Beers Consolidated
Mines «Де Бирс Консолидейтед
Майнз» (*корпорация Южной
Африки*)

DBE [ˈdi:ˈbi:ˈi:] Dame of the British Empire дейм британской империи (*титулование женщины,
награждённой орденом Британ-*

*ской империи; ставится после
фамилии*)

dbi database index *вчт.* индекс-
ная база данных

D.Bi.Chem. Doctor of Biological
Chemistry доктор биохимии
(*ставится после фамилии*)

D.Bi.Phy. Doctor of Biological
Physics доктор биофизики (*ставится после фамилии*)

D.Bi.Sci. Doctor of Biological
Sciences доктор биологических
наук (*ставится после фамилии*)

dbk drawback недостаток;
ком. возвратная пошлина (*при
реэкспорте*)

DBL Disability Benefit Law закон о пособии по инвалидности

dbl double двойной, парный;
удваивать, дублировать

DBO *тж.* **dbo** dead blackout
театр. полное выключение света на сцене

DBS direct broadcast satellites
спутники непосредственного телевидения

DBS dirty books *полиц.* порнографическая литература

DBS [ˈdi:ˈbi:ˈes] distressed British
subject бедствующий британский
подданный

DBST Double British Summer
Time двойное летнее время (*на
два часа впереди времени по Гринвичу*)

dbtl doubtful сомнительный;
недостоверный

DC data channel канал связи,
информационный канал; канал
передачи данных

dc data collection сбор данных

DC Death Certificate свидетельство о смерти

DC defense counsel адвокат защиты, защитник

DC Dental Corps зубоврачеб-
ная служба

DC Department of Commerce
министерство торговли (*США*)

DC Deputy Chief заместитель
начальника

DC Deputy Commissioner заместитель комиссара

DC Deputy Consul заместитель
консула

DC digital code цифровой код

dc digital computer цифровая вычислительная машина

DC Diplomatic Corps дипломатический корпус

dc direct credit прямой кредит

DC *тж.* **dc, D/C, D-C** direct current постоянный ток; на постоянном токе

DC Disarmament Commission Комиссия по разоружению (*ООН*)

dc disorderly conduct *юр.* мелкое хулиганство; нарушение общественного порядка

DC ['di:'si:] district committee районный *или* окружной комитет (*партии или профсоюза*)

DC District Court окружной суд (*США*)

DC ['di:'si:] District of Columbia (федеральный) округ Колумбия (*США*)

dc dust collector фильтр, пылеуловитель

DCA Defense Communications Agency Управление связи министерства обороны США

DCA Department of Consumer Affairs Управление по делам потребителей

DCA District Court of Appeals окружной апелляционный суд

DCA Drug Control Agency Агентство по контролю за лекарственными средствами

D.C.Ae. Diploma of the College of Aeronautics *брит.* диплом авиационного колледжа

DCAS Data Collection and Analysis System система сбора и анализа данных

DCAS Director of Civil Air Service начальник службы гражданской авиации (*Великобритания*)

DCC Day Care Center детский сад/ясли (*США*)

DCC Disease Control Center Центр по контролю за заболеваниями

DCCDCA Day Care and Child Development Council of America Американский совет по детским учреждениям и детскому развитию

dcd decode декодировать, раскодировать

d-cdr deputy commander заместитель командира *или* командующего

D.C.E. Doctor of Civil Engineering доктор гражданского строительства (*ставится после фамилии*)

DCE *тж.* **dce** domestic credit expansion расширение внутреннего кредитования

D.C.E.P. Diploma of Child and Educational Psychology диплом по детской и педагогической психологии

D.Ch. Doctor Chirurgiae *лат.* (Doctor of Surgery) доктор хирургии (*ставится после фамилии*)

D.Ch.E. Doctor of Chemical Engineering доктор химического машиностроения (*ставится после фамилии*)

DCI Department of Citizenship and Immigration Управление натурализации и иммиграции (*США*)

DCI director of central intelligence директор центрального разведывательного управления, директор ЦРУ

DCINC Deputy Commander in Chief заместитель (главно)командующего

D.Civ.L. Doctor of Civil Law доктор гражданского права (*ставится после фамилии*)

DCJ District Court Judge судья окружного суда (*США*)

dcl declaration декларация

D.C.L. ['di:'si:'el] Doctor of Canon Law доктор церковного права (*ставится после фамилии*)

D. C. L. ['di:'si:'el] Doctor of Civil Law доктор гражданского права (*ставится после фамилии*)

dclr decelerate замедлять, уменьшать скорость *или* частоту вращения

D.C.M. ['di:'si:'em] Distinguished Conduct Medal медаль «За безупречную службу» (*Великобритания*)

DCM District Court Martial военный суд округа *или* района дислокации войск

DCMG Dame Commander of the Order of St Michael and St George женщина-кавалер «Ордена св. Михаила и св. Георгия» 2-ой степени (*Великобритания*)

dcmt document документ

D.Cn.L. Doctor of Canon Law доктор церковного права (*ставится после фамилии*)

DCOBE Dame Commander—Order of the British Empire женщина—кавалер «Ордена Британской империи» 2-ой степени

DCOFS *тж.* **DC of S** Deputy Chief of Staff заместитель начальника штаба

D.Com. Doctor of Commerce доктор коммерции (*ставится после фамилии*)

D.Com. L. Doctor of Commercial Law доктор коммерческого права (*ставится после фамилии*)

DCP Diploma in Clinical Pathology диплом по клинической патологии

dcr decrease уменьшение, понижение; уменьшаться, понижаться

DCS Defense Communications System система связи министерства обороны

DCS Deputy Chief of Staff заместитель начальника штаба

D.C.S. Doctor of Christian Science доктор христианской науки (*ставится после фамилии*)

DCSS Defense Communications Satellite System система спутниковой связи министерства обороны

DCT Department of Commerce and Trade Управление коммерции и торговли

dct direct прямой, непосредственный; управлять; наводить (*на цель*)

DCVO Dame Commander of the Royal Victorian Order женщина—кавалер «Ордена королевы Виктории» 2-й степени (*Великобритания*)

d/d dated датированный

D/D *тж.* **d/d, dd** days after date через (*столько-то*) дней от сего числа

dd deadline date предельная дата

dd *тж.* **DD** delay(ed) delivery замедлено доставкой

dd delivered доставленный

d/d delivered at dock(s) с доставкой в порт/в док

dd *тж.* **D.D., D/D, d/d** demand draft *ком.* вексель (сроком) по предъявлении; тратта; срочная по предъявлении

DD Department of Defense министерство обороны (*США*)

DD departure date дата отбытия

DD Deputy Director *брит.* заместитель начальника управления, заместитель директора

DD dishonorable discharge *амер.* увольнение с военной службы по приговору суда за «недостойное поведение» с лишением прав и привилегий

D.D. [ˈdiːˈdiː] Doctor of Divinity доктор богословия (*высшая учёная степень доктора, ставится после фамилии*)

dd double decker двухпалубное судно

dd double draft *ком.* двойная (*против стандартной*) скидка с веса при усушке, утруске *и т. п.*

dd dry dock *мор.* сухой док

DDA [ˈdiːˈdiːˈeɪ] Dangerous Drugs Act Закон об опасных наркотиках (*предусматривает продажу морфия, кокаина, героина и др. наркотиков только по рецептам*)

D-day [ˈdiːdeɪ] Day day День «D», день начала боевых действий

D-day [ˈdiːdeɪ] decimal day День «D» (*15 февраля 1971; день введения десятичной монетной системы в Великобритании*)

ddd deadline delivery date предельный срок поставки

DDD direct distance dialing *амер.* прямая дальняя автоматическая телефонная связь

DDE *тж.* **dde** [ˈdiːˈdiːˈiː] dichlorodiphenyldichlorethylene *хим.* инсектицид ДДЕ

DDE [ˈdiːˈdiːˈiː] Dwight David Eisenhower Дуайт Дэвид Эйзенхауэр (*34-й президент США*)

DDG Deputy Director General заместитель генерального директора

DDI Deputy Director, Intelligence заместитель директора по разведке (*ЦРУ, США*)

DDS Deputy Defense Secretary заместитель министра обороны

D.D.S. Doctor of Dental Science доктор стоматологии (*ставится после фамилии*)

D.D.S. Doctor of Dental Surgery доктор зубной хирургии (*ставится после фамилии*)

D.D.Sc. Doctor of Dental Science доктор стоматологии (*ставится после фамилии*)

DDT [ˈdiːˈdiːˈtiː] dichlorordiphenyltrichloroethane *хим.* инсектицид ДДТ

ddt & e design, development, test and evaluation проектирование, разработка, испытание и оценка

DE Delaware Делавэр (*штат США*)

DE Department of Employment министерство по вопросам занятости (*Великобритания*)

DE Department of the Environment министерство по проблемам окружающей среды (*Великобритания*)

DE destroyer escort эскортный корабль

D.E. Doctor of Economics доктор экономики (*ставится после фамилии*)

D.E. Doctor of Engineering доктор технических наук (*ставится после фамилии*)

DE dose equivalent эквивалент дозы (*облучения*)

de double entry *ком.* двойная запись

DEA Data Exchange Agreement соглашение об обмене информацией

DEA Department of Economic Affairs Управление по экономическим вопросам (*Великобритания*)

DEA Drug Enforcement Administration Администрация по контролю за применением законов о наркотиках (*США*)

deb debenture *ком.* долговое обязательство *или* расписка; облигация (частной) акционерной компании; таможенное удостоверение на возврат таможенных пошлин

deb debit *ком.* дебет; дебетовое сальдо

deb *тж.* **debbie, debby** [ˈdebɪ] debutante *разг.* дебютантка высшего света, девушка из знатной *или* богатой семьи, впервые начавшая выезжать в свет

dec deceased скончавшийся, умерший

Dec December декабрь

dec decimal десятичный

dec decimeter дециметр

dec decision решение

dec declaration декларация

dec declared заявленный, объявленный

dec declension *грам.* склонение

dec decoration украшение; орден, знак отличия

dec decrease уменьшение, убывание; уменьшаться, убывать

DEC Digital Equipment Corporation «Диджитл Экуипмент Корпорейшн» (*компания по производству ЭВМ*)

decaf decaffeinated без кофеина

decal [ˈdiːkæl, diːˈkæl, ˈdekəl] decalcomania переводная картинка

decarb [diːˈkɑːb] decarbonize *авт. разг.* обезуглероживать

decim decimeter дециметр

decl declared заявленный, объявленный

decn decision решение

decolly decollete *прост.* декольтированный туалет

decontn decontamination дегазация, дезактивация, дезинфекция

decpl decoupled разъединённый, отсоединённый

decr decrease уменьшать

D. Ed. Doctor of Education доктор педагогики (*ставится после фамилии*)

dee [di:] damn проклятие; проклинать

dee-dee [ˈdiːˈdiː] deaf and dumb глухонемой

dee-jay *тж.* **deejay** [ˈdiːˈdʒeɪ] disc jockey *разг.* «ди-джей», ведущий музыкальных программ

Dee Pee [ˈdiːˈpiː] Doctor of Pharmacy доктор фармакологии

def defeated разбитый; побеждённый

def defect неисправность, дефект

def defective неисправный, дефектный

def defendant обвиняемый, подсудимый; ответчик

def defense оборона

def deferred отложенный, отсроченный

def definite определённый

def definitely *студ. жарг.* потрясающе!

def definition определение, дефиниция

def defunct несуществующий, вымерший

defi deficiency отсутствие, нехватка, дефицит

deft definite time определённое время

deg degree градус, степень

DEGC degree Celsius градус Цельсия

DEGF degree Fahrenheit градус Фаренгейта

DEGK degree Kelvin градус Кельвина

degra [ˈdegrə] degradation *унив.* позор

DEHCD Department of Environment, Housing, and Community Development министерство окружающей среды, жилищного строительства и развития (*США*)

dehyd dehydrate обезвоживать, дегидратировать

DEI Defense Electronics, Incorporated «Дефенс Электроникс Инкорпорейтед» (*компания по производству электронного оборудования*)

DEIR Department of Employment and Industrial Relations министерство по вопросам занятости и отношений в промышленности (*Великобритания*)

dekal dekaliter декалитр

deke [diːk] decoy *канад. спорт.* обманный манёвр, обманное движение

Del Delaware Делавэр (*штат США*)

del delegate делегат, представитель; делегировать, уполномочивать, передавать полномочия

del delegation делегация, представительство; делегирование, передача полномочий

del delete вычёркивать

del deliberate обдумывать, размышлять

del delivered доставленный (*о грузе*); поставленный, выпущенный, сделанный (*об изделии*)

deli [ˈdelɪ] delicatessen *разг.* гастроном, гастрономический магазин

delin delinquency преступность (*преим. несовершѐннолетних*)

delin delinquent правонарушитель, преступник

delly [ˈdelɪ] delicatessen *разг.* магазин-кулинария; холодные закуски

dely delivery доставка, поставка

dem demand требование, запрос; спрос; потребность, потребляемое количество (*энергии, топлива*)

Dem *тж.* **dem** [dem] Democrat демократ; член демократической партии

Dem *тж.* **dem** [dem] demonstration показ, демонстрация; показательный, демонстрационный

dem demote понижать в звании

dem demurrage *ком.* плата *или* штраф за простой; простой

demmy [ˈdemɪ] demonstrator *унив.* лаборант

Demo [ˈdeməu] Democrat демократ; член демократической партии

demo [ˈdeməu] demolition разрушение, подрыв; подрывной, фугасный

demo [ˈdeməu] demonstration *разг.* демонстрация, массовый митинг; демонстрация, показ; проба, предназначенная для предварительной демонстрации, ролик, выставочный образец; *воен.* отвлекающий удар

demob [di:ˈmɔb] demobilization *разг.* демобилизация

demob [di:ˈmɔb] demobilize *разг.* демобилизовывать

demon demonstrative *грам.* указательный

Den Denmark Дания

den denote указывать, показывать, обозначать

D. En. Department of Energy министерство энергетики (*Великобритания*)

D. Eng. Doctor of Engineering доктор технических наук (*ставится после фамилии*)

D. Eng. Sc. Doctor of Engineering Science доктор технических наук (*ставится после фамилии*)

denom denomination название, наименование; достоинство (*денег*); вероисповедание; секта

dens density плотность; удельный вес

dent dentist зубной врач

dent dentistry зубоврачевание

DEP deflection error probable вероятное боковое отклонение

dep depart отправляться

dep *тж.* **Dep** department управление, отдел; министерство, ведомство; *унив.* кафедра

dep departure отправление; убытие, вылет, отлёт

dep deployment развёртывание; перегруппировка

dep *тж.* **Dep** deputy заместитель

Dept *тж.* **dept** Department департамент, управление, отдел; министерство, ведомство; факультет

DER Department of Environmental Resources Управление по ресурсам окружающей среды

der derivation *грам.* деривация

der derivative *грам.* производное; модификация, вариант

der derive выводить, производить

der derived произведённый; происходящий; выведенный

DER [ˈdi:ˈi:ˈɑ:] Domestic Electric Rentals «Доместик Электрик Рентал3», Ди-и-ар (*филиал электротехнического концерна «Торн Электрикал Индастриз»*)

derm dermatology *мед.* дерматология

derv [də:v] diesel engine road vehicle дерв (*сорт автомобильного дизельного топлива*)

DES [ˈdi:ˈi:ˈes] Department of Education and Science министерство образования и науки (*Великобритания*)

des design чертёж, план, расчёт; конструкция, тип; проектировать, конструировать, рассчитывать

des designation назначение, обозначение

des destroyer эскадренный миноносец, эсминец

desal desalinization опреснение (*морской воды*)

desc descendant потомок

descr description описание

desgn designer конструктор; проектировщик

desi [ˈdezi:] designated hitter *амер. спорт.* десятый игрок в бейсболе

DESI Division for Economic and Social Information Отдел экономической и социальной информации (*ООН*)

det detachment отряд; расчёт; отдельное подразделение

det detail деталь; наряд, команда

det detector детектор, датчик

det determine определять; устанавливать

det [det] detonator *воен. разг.* детонатор, взрыватель

detec [diˈtek] detective агент сыскной полиции, детектив, сыщик

deteccer [diˈtekə] detective novel *жарг.* детективный роман

deten [dɪ'ten] detention *школ.*
разг. оставление после уроков

detn detection обнаружение

detox ['di:ˌtɔks] detoxification
амер. детоксикация; детоксика-
ционное отделение клиники для
лечения алкоголиков *или* наркоманов; детоксикационный

detox ['di:ˌtɔks] detoxify *амер.*
детоксифицировать

DEUA Diesel Engines and Users
Association Ассоциация владельцев дизелей

DEUCE *тж.* deuce [dju:s] digital electronic universal computing
engine *брит.* универсальная вычислительная машина ДЬЮС

dev develop развивать, усовершенствовать, разрабатывать

dev development развитие, усовершенствование, разработка;
опытно-конструкторские работы

dev deviation отклонение, де-
виация

DEW directed energy weapon
оружие направленной энергии

DEW ['dju:ˌ'du:] distant early
warning дальнее радиолокационное обнаружение

dex [deks] dexedrine декседрин;
таблетка декседрина

dexie ['deksi:] dexedrine *жарг.*
таблетка декседрина

df dead freight *ком.* мёртвый
фрахт

DF Dean of Faculty декан факультета

df decontamination factor
коэффициент очистки

df defensive fire заградитель-
ный огонь

df delay fuse взрыватель замедленного действия

DF direct flight прямой (меж-
планетный) полёт

df direction finder пеленгатор

df direction finding радиопеленгация

D. F. Doctor of Forestry доктор
лесоводства (*ставится после фамилии*)

df drinking fountain фонтанчик
для питья, питьевой фонтан

DFA Dairy Farmers Association

Ассоциация владельцев молочных ферм

DFA Department of Foreign Affairs управление иностранных
дел

D. F. A. Doctor of Fine Arts
доктор искусств (*ставится после
фамилии*)

D. F. C. ['di:'ef'si:] Distinguished
Flying Cross крест «За лётные
боевые заслуги» (*Великобритания*)

dfclt difficult трудный, затруд-
нительный

DFE Department of Further
Education управление дальнейшего образования

DFM Distinguished Flying Medal медаль «За лётные боевые заслуги» (*Великобритания*)

DFMS Domestic and Foreign
Missionary Society внутреннее
и иностранное миссионерское
общество

dfq day frequency частота дневной радиопередачи

DFS Directorate of Flight Safety
управление службы безопасности полётов

D. F. Sc. Doctor of Financial
Science доктор финансовых наук
(*ставится после фамилии*)

dft drift дрейф

dg decigram дециграмм

dg diagnosis диагноз

DG Directorate General *брит.*
главное управление

DG Director General генеральный директор; начальник главного управления

DGA Directors Guild of America Американская гильдия директоров

DGIP Division of Global and
Interregional Projects Отдел глобальных и межрегиональных
проектов (*ООН*)

DGM Deputy General Manager
заместитель генерального руко-
водителя

DGM Diploma in General Medicine диплом по общей медицине

DGO Diploma in Gynecology

and Obstetrics диплом по гинекологии и акушерству

dgr danger опасность, угроза

dgr dangerous опасный

DGS Diploma in General Surgery диплом по общей хирургии

dgz designated ground zero намеченный эпицентр взрыва

dh deadhead *спорт.* голова в голову (*о лошадях*)

DH De Havilland «Де Хэвилленд» (*авиационная компания; Великобритания*)

DH *тж.* **dh** [ˈdiːˈeɪtʃ] designated hitter десятый игрок в бейсболе

D.H. Doctor of Humanities доктор гуманитарных наук (*ставится после фамилии*)

DHEW Department of Health, Education and Welfare министерство здравоохранения, просвещения и социального обеспечения (*США*)

D.Hg. Doctor of Hygiene доктор гигиены (*ставится после фамилии*)

DHHS Department of Health and Human Services министерство здравоохранения и социального обеспечения (*США*)

D.Hor. Doctor of Horticulture доктор садоводства (*ставится после фамилии*)

DHSS [ˈdiːˈeɪtʃˈesˈes] Department of Health and Social Security министерство здравоохранения и социального обеспечения (*Великобритания*)

DHUD Department of Housing and Urban Development министерство жилищного строительства и городского развития (*США*)

DI Defense Industry оборонная промышленность

DI Department of Industry министерство промышленности (*Великобритания*)

DI Department of the Interior министерство внутренних дел (*США*)

di diameter диаметр

di diplomatic immunity дипломатический иммунитет

DI drill instructor *амер.* инструктор строевой подготовки

DIA [ˈdiːˈaɪˈeɪ] Defense Intelligence Agency разведывательное управление министерства обороны США

DIA Design and Industries Association Ассоциация дизайна и промышленности

dia diameter диаметр

DIAC Defense Industry Advisory Committee Комитет советников по оборонной промышленности (*при министерстве обороны США*)

diag diagnose диагностировать, ставить диагноз

diag diagnosis диагноз

diag diagram диаграмма, схема

dial dialect диалект

dial dialectal диалектальный

diary [ˈdaɪərɪ] diarrhea *жарг.* понос, диарея

DIB Dictionary of International Biography Международный биографический словарь

dic digital integrated circuit *вчт.* цифовая интегральная схема

DIC Diplomate of the Imperial College дипломированный член Имперского колледжа (*Великобритания*)

dic drunk in charge в состоянии опьянения при исполнении служебных обязанностей

dick [dɪk] declaration *жарг.* торжественное заявление свидетеля (*без присяги*); клятвенное заверение

dick [dɪk] dictionary *жарг.* словарь; мудрёные слова

dicker [ˈdɪkə] dictionary словарь

dict dictation диктовка

dict dictator диктатор

dict dictionary словарь

DIE Diploma in Industrial Engineering диплом инженера по организации производства

dies diesel дизель; дизельный

dif(f) [dɪf] difference *разг.* различие, разница

dif(f) [dɪf] different разный; различный

diff [dɪf] differential дифференциал, разность

differ ['dɪfə] difference *разг.* различие, разница

diffs [dɪfs] difficulties *театр.* материальные затруднения

diffy ['dɪfɪ] deficient *арм.* недостающий

diffy ['dɪfɪ] difficult трудный

DIG Deputy Inspector General заместитель генерального инспектора

dig digest краткое изложение, обзор

digs [dɪgz] diggings *разг.* квартира, комната, жильё

dil dilute разбавлять

dil diluted разбавленный, разведённый, разжиженный

dilly ['dɪlɪ] daffodil *разг.* нарцисс

dilly ['dɪlɪ] delight *разг.* прелесть, чудо

dilly ['dɪlɪ] delightful *разг.* восхитительный

dim dimension размер, размерность

dim diminish уменьшать(ся), убавлять(ся), сокращать(ся), ослаблять

dim diminutive *грам.* уменьшительный

DINKS [dɪŋks] double income, no kids *амер.* категория населения (*двойной доход, бездетны*)

dio diode *радио* диод, двухэлектродная лампа

DIO Directorate of Intelligence Operations Управление разведывательных операций

dip [dɪp] diphtheria *мед.* дифтерия; случай заболевания дифтерией

dip *тж.* **Dip** [dɪp] diploma диплом

dip [dɪp] diplomat дипломат

dip [dɪp] dipsomaniac *жарг.* алкоголик, алкаш

DIP display information processor *вчт.* процессор индуцируемых данных

Dip AD Diploma in Art and Design диплом по искусству и дизайну

Dip Agr Diploma in Agriculture диплом агронома

Dip A Ling Diploma in Applied Linguistics диплом по прикладной лингвистике

Dip AM Diploma in Applied Mechanics диплом по прикладной механике

Dip Anth Diploma in Anthropology диплом антрополога

Dip Arch Diploma in Architecture диплом архитектора

Dip Bac Diploma in Bacteriology диплом бактериолога

Dip Card Diploma in Cardiology диплом кардиолога

Dip Com Diploma in Commerce диплом по коммерции

Dip Eco Diploma in Economics диплом экономиста

Dip Ed ['dɪp'ed] Diploma in Education диплом учителя (*выдаётся по окончании отделения педагогической подготовки; Великобритания*)

Dip Eng Diploma in Engineering диплом инженера

Dip HE Diploma of Higher Education диплом о высшем образовании (*Великобритания*)

Dip J Diploma in Journalism диплом журналиста

Dip L Diploma in Languages диплом филолога

Dip Mgmnt Diploma in Management диплом управляющего

dipso ['dɪpsəu] dipsomaniac *жарг.* алкоголик, алкаш

Dip SS Diploma in Social Studies диплом специалиста в области общественных наук

Dip T Teacher's Diploma диплом учителя

Dip Tech ['dɪp'tek] Diploma in Technology диплом инженера (*по окончании четырёх- или пятилетнего курса обучения в высшем техническом колледже; Великобритания*)

dir direct прямой, непосредственный

dir direction направление

dir *тж.* **Dir** director директор, начальник

DIS Defence Intelligence Staff разведывательное управление министерства обороны (*Великобритания*)

dis disciple ученик, последователь; апостол

dis discipline дисциплина

dis discount *ком.* скидка; дисконт; учёт векселей

dis [dɪs] disputation *унив. жарг.* обсуждение, защита научной работы на соискание учёной степени

dis [dɪs] disrespect *жарг.* оскорбить, нанести оскорбление; проявлять неуважение к кому-л.

dis distance расстояние; дистанция, дальность

dis [dɪs] distribute *полигр.* разбирать шрифт и раскладывать его по кассам

dis [dɪs] distribution *полигр.* шрифт, предназначенный для разборки

disc disconnect разъединять, разобщать, отключать

disc [dɪsk] discotheque дискотека

disc discount *ком.* скидка; дисконт; учёт векселей

disc discover обнаруживать, открывать

disco [ˈdɪskəu] discotheque *разг.* дискотека

disco [ˈdɪskəu] discotheque music *разг.* диско-музыка; танцевать под диско-музыку

disem disseminate распространять, рассылать

disg disagreeable неприятный

DISI Dairy Industries Society International Международное общество молочной промышленности

diss [dɪs] disconnect *св.* отключать, отсоединять, разъединять

dissocn dissociation диссоциация, распад, разложение

dist distance расстояние; дистанция, дальность

dist distant дальний, отдалённый

dist distinguished выдающийся

dist distribute распределять; размещать

dist district. округ; район; участок; территория

disty distillery спирто--водочный завод; установка для перегонки

DIT [ˈdiːˈaɪˈtiː] Detroit Institute of Technology Технологический институт в Детройте

div divide делить(ся); разделять(ся)

div divided разделённый, обособленный

div [dɪv] dividend *бирж.* дивиденд

div [dɪv] division *арм.* дивизия; дивизион; отдел; управление

divi [ˈdɪvɪ] dividends *брит. разг.* дивиденды, *особ.* дивиденды, выплачиваемые членам местного кооперативного общества

divvy [ˈdɪvɪ] divide *жарг.* делить, делиться

divvy [ˈdɪvɪ] dividend *разг.* дивиденд; *жарг.* распределение прибылей

divvy [ˈdɪvɪ] division *воен.* дивизия

DIY [ˈdiːˈaɪˈwaɪ] do-it-yourself «делай сам», «умелые руки» (*столярные, слесарные и др. работы дома, осуществляемые собственными силами*); самодельный, независимый

DJ Department of Justice министерство юстиции (*США*)

dj dinner jacket смокинг

dj [ˈdiːˈdʒeɪ] disc jockey диск--жокей, ведущий музыкальных программ

DJ District Judge *амер.* окружной судья

D. J. Doctor Juris *лат.* (Doctor of Law) доктор права (*ставится после фамилии*)

D-J Dow-Jones (average) *эк.* индекс Доу Джоунса

DJIMS Dow Jones International Marketing Service Международная служба маркетинга Доу Джоунса (*США*)

D. Journ. Doctor of Journalism доктор журналистики (*ставится после фамилии*)

D. J. S. Doctor of Juridical Science доктор юридических наук (*ставится после фамилии*)

D. Jur. Doctor of Jurisprudence

доктор юриспруденции (*ставится после фамилии*)

dk deck палуба; палубный

dk dock док, верфь; ангар

dkg dekagram декаграмм

dkg docking стыковка

dkl dekaliter декалитр

dkm dekameter декаметр

dl day letter дневная телеграмма, оплачиваемая по льготному тарифу

dl daylight светлое время

dL deciliter децилитр

D/L *тж.* **d/l, dl** demand loan *ком.* заём *или* ссуда до востребования

DL Department of Labor министерство труда (*США*)

DL difference of latitude разность широт

dl dollar доллар

dl driver's license водительские права

DLC Democratic Leadership Council Совет руководства Демократической партии (*США*)

DLG difference of longitude разность долгот

DLI Defense Language Institute Институт иностранных языков вооружённых сил

D. Lit. [ˈdiːˈlɪt] Doctor of Literature степень доктора в Лондонском университете и в Университете королевы (*ставится после фамилии*)

D. Litt. [ˈdiːˈlɪt] Doctor Litterarum *лат.* (Doctor of Letters) доктор литературы (*ставится после фамилии*)

DLP direct letter perfect *брит. театр.* прекрасно знающий текст роли

dlr dealer торговец; биржевик; биржевой маклер; агент по продаже

D. L. S. Doctor of Library Science доктор библиотековедения (*ставится после фамилии*)

dlvry delivery доставка, поставка

d/m date and month число и месяц

d/m day and month день и месяц

dm decimeter дециметр

DM [ˈdiːˈem] decision maker лицо, принимающее решение

D. M. [ˈdiːˈem] Doctor of Mathematics доктор математики (*ставится после фамилии*)

D. M. [ˈdiːˈem] Doctor of Medicine доктор медицины (*ставится после фамилии*)

dmd demand требование; спрос

D.M.D. Dentariae Medicinae Doctor *лат.* (Doctor of Dental Medicine) доктор стоматологии (*ставится после фамилии*)

dmd diamond бриллиант

D.Met. Doctor of Metallurgy доктор металлургии (*ставится после фамилии*)

D.Meteor. Doctor of Meteorology доктор метеорологии (*ставится после фамилии*)

dmg damage повреждение; ущерб

dml demolition разрушение, подрыв; подрывной, фугасный

D.M.L Doctor of Modern Languages доктор современных языков (*ставится после фамилии*)

dmn dimension размеры, величина

DMO Director of Military Operations начальник оперативного управления (*Великобритания*)

DMS data management system система управления данными

DMS Director of Medical Services начальник медицинской службы (*Великобритания*)

D.M.S Doctor of Medical Science доктор медицинских наук (*ставится после фамилии*)

DMSO [ˈdiːˈemˈesˈəu] dimethyl sulfoxide диметилсульфоксид

DMSS Director of Medical and Sanitary Services начальник медико-санитарной службы (*Великобритания*)

D.Mus. Doctor of Music доктор музыковедения (*ставится после фамилии*)

DMZ *тж.* **DmZ** demilitarized zone демилитаризованная зона

dn *тж.* **d/n, D/N** debit note *ком.* дебет-нота (*извещение о задолженности*)

DN Department of the Navy министерство военно-морских сил (*США*)

DNA Defense Nuclear Agency управление ядерного оружия министерства обороны США

DNA [ˈdiːˈenˈeɪ] desoxyribonucleic acid *биохим.* дезоксирибонуклеиновая кислота, ДНК

D.N.B. [ˈdiːˈenˈbiː] Dictionary of National Biography «Национальный биографический словарь» (*Великобритания*)

DNC *тж.* **dnc** direct numerical control *вчт.* прямое цифровое управление, ПЦУ

DNF *тж.* **dnf** did not finish не закончил

DNI Division of Naval Intelligence разведывательное управление ВМС

dnl do not load не заряжать; не грузить

D Notice [ˈdiː ˌnəʊtɪs] Defense Notice *брит.* уведомление «D» (*официальное письмо, рассылаемое правительственными учреждениями органам печати, радио- и телекомпаниям, с указанием тем и вопросов, не подлежащих оглашению*)

D/O *тж.* **d/o** delivery order *ком.* распоряжение о выдаче груза *или* товара; товарораспорядительный документ; заказ на поставку товара

D.O. Doctor of Osteopathy доктор ортопедии (*ставится после фамилии*)

Doa date of (contract) award дата заключения контракта

DoA Department of Agriculture министерство сельского хозяйства (*США*)

dob *тж.* **DoB, DOB** date of birth дата рождения

doc date of change дата изменения

DOC *тж.* **DoC** Department of Commerce министерство торговли (*США*)

DOC Department of Communications министерство связи (*США*)

doc *тж.* **DOC** desoxycorticoste-

rone *биохим.* дезоксикортикостерон (*гормон коры надпочечников*)

doc [dɔk] doctor *разг.* доктор; *мор.* работник корабельного лазарета; корабельный повар

doc [dɔk] document *воен. разг.* документ, официальная бумага

Doc.Eng. Doctor of Engineering доктор технических наук (*ставится после фамилии*)

Doc.Pol. Sci. Doctor of Political Science доктор политических наук (*ставится после фамилии*)

dod *тж.* **DOD** date of death дата смерти

DOD *тж.* **DoD** Department of Defense министерство обороны (*США*)

dod *тж.* **DOD** died of disease скончался от болезни

doe *тж.* **DOE, DoE** date of enlistment дата зачисления на военную службу

DoE *тж.* **DOE** Department of Education министерство просвещения (*США*)

DOE *тж.* **DoE** Department of Energy министерство энергетики (*Великобритания, США*)

DoE *тж.* **DOE** Department of the Environment министерство по вопросам охраны окружающей среды (*Великобритания*)

DoEd Department of Education министерство просвещения (*США*)

DoEn Department of Energy министерство энергетики (*США*)

D of C Daughters of the Confederacy Дочери Конфедерации (*женская организация США*)

D of C Department of Commerce министерство торговли (*США*)

D of E Department of Energy министерство энергетики (*Великобритания*)

D of H Degree of Honour почётная степень

D of I Declaration of Independence Декларация независимости (*США*)

D of I Department of Insurance министерство страхования (*США*)

D of J Department of Justice министерство юстиции (*США*)

dogm dogmatic догматический

doi dead of injuries скончался от ран

DoI *тж.* **DOI** Department of Industry министерство промышленности (*Великобритания*)

DoI Department of the Interior министерство внутренних дел (*США*)

DoInt Department of the Interior министерство внутренних дел (*США*)

DoJ Department of Justice министерство юстиции (*США*)

DoL Department of Labor министерство труда (*США*)

DoL Department of Labour министерство труда (*Великобритания*)

dol [dɔl] dollar доллар

DoLab Department of Labor министерство труда (*США*)

dom *тж.* **DOM** date of marriage дата бракосочетания

dom domestic внутренний, местный

dom domicile постоянное местожительство; юридический адрес лица *или* фирмы

dom *тж.* **Dom** dominion доминион

DOMSAT *тж.* **domsat** [ˈdɔmˌsæt] domestic satellite спутник связи внутри страны; региональная коммерческая спутниковая система связи ДОМСАТ

DON *тж.* **DoN** Department of the Navy министерство ВМС (*США*)

donk [dɔŋk] donkey *австрал.* осёл

DOP *тж.* **dop** developing-out paper *фото* негативная фотобумага

DORA [ˈdɔːrə] Defence of the Realm Act Закон о защите королевства (*1914 г., Великобритания*)

DORAN *тж.* **doran** [ˈdəuræn, ˈdɔːræn] Doppler range and navigation допплеровская дальномерная система

dorm [dɔːm] dormitory *разг.* общая спальня, дортуар

dormy [ˈdɔːmɪ] dormitory *школ. жарг.* общая спальня, дортуар

dos date of sale дата продажи

dos *тж.* **DOS** date of separation *юр.* дата начала раздельного проживания супругов

DoS *тж.* **DOS** Department of State государственный департамент (*министерство иностранных дел США*)

dos dosage дозировка

dos dosimetric дозиметрический

dos dosimetry дозиметрия

DOSS [dɔs] Deep-Ocean Search System (буксируемый) поисковый глубоководный аппарат ДОСС

dosv deep ocean survey vehicle глубоководный океанографический исследовательский аппарат

DOT death on the (operating) table *мед.* смерть на (операционном) столе

DoT Department of Telecommunications министерство телекоммуникаций (*США*)

DoT Department of Tourism министерство туризма (*США*)

DoT Department of Trade министерство торговли (*Великобритания*)

DoT Department of Transport *канад.* министерство транспорта

DOT *тж.* **DoT** Department of Transportation министерство транспорта (*США*)

DoT Department of the Treasury министерство финансов (*США*)

dovap *тж.* **DOVAP** [ˈdəuvæp] Doppler velocity and position допплеровский маяк для определения скорости и местонахождения космического объекта

dow *тж.* **DOW** died of wounds скончался от полученных ранений

doz dozen дюжина

DP *тж.* **dp** [ˈdiːˈpiː] data processing обработка информации/данных

dp deep глубокий

DP Democratic Party демократическая партия (*США*)

DP (by) direction of the President *амер.* по распоряжению президента

dp disability pension пенсия по нетрудоспособности

dp *тж.* **DP** displaced person перемещённое лицо

D/P *тж.* **d/p** documents against payment *ком.* документы за наличный расчёт

DP ['di:'pi:] dual-purpose двухцелевой; двойного назначения, универсальный

DP *тж.* **dp** ['di:'pi:] durable press стойкое глажение; несминаемость (*ткани*); несминаемые складки, плиссе *и т. п.*

DPA Discharged Prisoners Association Ассоциация освобождённых заключённых

DPAS Discharged Prisoners' Aid Society Общество помощи освобождённым заключённым

dpb deposit passbook банковская книжка владельца текущего счёта

DPC Data Processing Center центр обработки данных

DPED Department of Planning and Economic Development министерство планирования и экономического развития (*США*)

D.Ped. Doctor of Pedagogy доктор педагогики (*ставится после фамилии*)

DPH Diploma in Public Health диплом работника здравоохранения

D.P.H. ['di:'pi:'eɪtʃ] Doctor of Public Health доктор санитарии и общественной гигиены (*ставится после фамилии*)

D.Phil. ['di: 'fɪl] Doctor of Philosophy доктор философии (*ставится после фамилии*)

DPI Department of Public Information Отдел информации и печати (*ООН*)

DPM Deputy Prime Minister заместитель премьер-министра

DPM Deputy Provost Marshal начальник военной полиции армии *или* округа (*Великобритания*)

DPM Draft Presidential Memorandum проект меморандума президента (*представляемый министром обороны*)

dpnl distribution panel распределительный щит; распределительная секция (*главного распределительного щита*)

DPP ['di:'pi:'pi:] Director of Public Prosecutions директор государственного обвинения (*главный прокурор; Великобритания*)

DPPG Defense Policy and Plannting Guidance директива министра обороны по основным направлениям развития и планированию строительства ВС

DPRK Democratic People's Republic of Korea Корейская Народно-Демократическая Республика, КНДР

dprt depart отправляться, отбывать; выходить (*о корабле*); отклоняться

DPS Data Processing System система обработки данных

DPS development, production, stockpiling разработка, производство, накопление запасов

D Psy Diploma in Psychiatry диплом психиатра

D Psy Diploma in Psychology диплом психолога

D. Psych. Doctor of Psychology доктор психологии (*ставится после фамилии*)

dpt department управление, отдел, департамент; министерство; военный округ

DPW Department of Public Works *амер. ист.* Управление общественных работ

DPWA dual-purpose warfare agent химическое средство ведения войны двойного назначения

DPWG Defense Planning Working Group Рабочая группа планирования обороны (*НАТО*)

D/R *тж.* **DR** Date of Rank дата присвоения воинского звания

DR detection radar РЛС обнаружения

DR District Registry районный

отдел записи актов гражданского состояния

Dr doctor доктор, врач

dr door дверь; створка; крышка (*люка*)

dr drachm драхма (*мера веса в аптекарской системе мер веса = 3 скрупулам = 3,89 г; в торговой системе мер веса = 1,77 г*)

Dr Drive Драйв (*в названии улиц*)

Dr. Agr. Doctor of Agriculture доктор сельскохозяйственных наук (*ставится после фамилии*)

DRANS [dræns] data reduction and analysis system *вчт.* система преобразования и анализа данных ДРАНС

DRC Drug Rehabilitation Center наркологический центр

DRC Dutch Reformed Church Нидерландская реформистская церковь

Dr. Chem. Doctor of Chemistry доктор химических наук (*ставится после фамилии*)

DRCOG Diploma of the Royal College of Obstetricians and Gynaecologists диплом Королевского колледжа акушеров и гинекологов

DRF dose reduction factor коэффициент уменьшения дозы

drg drawing чертёж

Dr. Hy. Doctor of Hygiene доктор гигиены (*ставится после фамилии*)

DRI Denver Research Institute Денверский научно-исследовательский институт

drm drachm драхма (*мера веса в аптекарской системе мер веса = 3 скрупулам = 3,89 г; в торговой системе мер веса = 1,77 г*)

Dr. Nat. Sci. Doctor of Natural Science доктор естествознания (*ставится после фамилии*)

DROS Direct Readout Satellite спутник с непосредственной передачей данных (*на землю*)

DRS Data Relay Satellite спутник для ретрансляции данных

Dr. Sc. Doctor of Science доктор наук (*высшая учёная степень доктора, ставится после фамилии*)

DRV deep-sea research vehicle исследовательский глубоководный аппарат

drv driver шофёр, водитель

ds days after sight *ком.* через (*столько-то*) дней по предъявлении

DS Dental Surgeon зубной врач, стоматолог

DS Department of State государственный департамент (*министерство иностранных дел США*)

DS *тж.* **ds** document signed документ, подписанный (*таким-то*)

DS & T Directorate of Science and Technology Управление науки и техники (*ЦРУ, США*)

DSC Defense Supplies Corporation Корпорация по поставке военных материалов (*США*)

DSC ['di:'es'si:] Distinguished Service Cross крест «За выдающиеся заслуги»

D. Sc. ['di:'es'si:] Doctor of Science доктор наук (*высшая учёная степень доктора, ставится после фамилии*)

dsgn design проект; конструкция; проектный

DSIR Department of Scientific and Industrial Research Управление научных и промышленных исследований (*Великобритания*)

dsl diesel дизель; дизельный

DSM ['di:'es'em] Distinguished Service Medal медаль «За выдающиеся заслуги»

dsnt distant дальний, удалённый; дистанционный

DSO ['di:'es'əu] Distinguished Service Order орден «За боевые заслуги»

D. So. Doctor of Sociology доктор социологии (*ставится после фамилии*)

dspln discipline дисциплина

D-squad death squad отряд «виджиланти»

DSRV *тж.* **dsrv** ['di:'es'a:'vi:] deep submergence rescue vehicle *мор.* глубинное спасательное судно

DSS Department of Space Science Управление космических наук

D.S.S. Doctor of Social Science доктор общественных наук (*ставится после фамилии*)

DST Daylight Saving Time летнее время

DST Desensitization Test десенсибилизационный тест

dstn destination место назначения; назначение

dsuh direct suggestion under hypnosis прямое внушение под гипнозом

D. Sur. Doctor of Surgery доктор хирургии (*ставится после фамилии*)

D. Surg. Dental Surgeon хирург-стоматолог

DSW Department of Social Welfare Управление социального обеспечения

DT Daily Telegraph «Дейли Телеграф» (*ежедневная газета правоконсервативного направления; издаётся в Лондоне*)

DT Daylight Time декретное (летнее) время

dt *тж.* **DT** [ˈdiːˈtiː] delirium tremens *лат.* (trembling delirium) *мед.* белая горячка

DT Dental Technician *амер.* зубной техник

DT Department of Tourism министерство туризма (*США*)

DT Department of the Transportation министерство транспорта (*США*)

DT Department of the Treasury министерство финансов (*США*)

D.T. Doctor of Theology доктор богословия (*ставится после фамилии*)

DTB direct television broadcasting прямая телевизионная трансляция

DTC Department of Trade and Commerce министерство торговли (*США*)

DTCD Department of Technical Cooperation for Development Департамент по техническому сотрудничеству в целях развития (*ООН*)

D.Th. Doctor of Theology доктор богословия (*ставится после фамилии*)

DTI Department of Trade and Industry министерство торговли и промышленности (*Великобритания*)

D.T.M. Doctor of Tropical Medicine доктор тропической медицины (*ставится после фамилии*)

du diagnosis undetermined диагноз не установлен

du digital unit *вчт.* цифровое устройство

du duodenal ulcer язва двенадцатиперстной кишки

Du Dutch голландский, нидерландский

dub dubious сомнительный

Dub Dublin *ирл.* Дублин

duc [dʌk] ink-ductor *полигр.* валик

dumps [dʌmps] dumplings *кул.* клёцки

duo [ˈdjuːə(u)] duodenal ulcer *мед. студ.* язва двенадцатиперстной кишки

dup duplicate двойной; второй экземпляр, копия, дубликат; снимать копию, копировать

dute [djuːt] duty дежурство

d/v declared value объявленная стоимость

dv distinguished visitor почётный посетитель

dv double vision двойное видение

DVC Deputy Vice-Chancellor заместитель вице-канцлера

dvlp development развитие; усовершенствование; разработка; опытно-конструкторские работы

dvlpd developed разработанный

dvlpt development разработка; отработка; отладка; вариант; модификация

D.V.M. Doctor of Veterinary Medicine доктор ветеринарии (*ставится после фамилии*)

D.V.M.S. Doctor of Veterinary Medicine and Surgery доктор ветеринарии и хирургии (*ставится после фамилии*)

D.V.S. Doctor of Veterinary Surgery доктор ветеринарной хирургии (*ставится после фамилии*)

dw daily wages дневная заработная плата

dw deadweight *ком.* полная грузоподъёмность (*судна*); дедвейт

dw delivered weight *ком.* вес при доставке

dw distilled water дистиллированная вода

dw dry wine сухое вино

dw dust-wrapper суперобложка

dwb double with bath двойной номер с ванной

dwc deadweight capacity *ком.* полная грузоподъёмность (*судна*)

dwd [ˈdiː ˈdʌblju: ˈdiː] driving while drunk вождение в нетрезвом состоянии

DWI *тж.* **dwi** [ˈdiː ˈdʌblju: ˈaɪ] driving while intoxicated вождение в состоянии опьянения

dwt *тж.* **DWT** deadweight tonnage *торг.* полная грузоподъёмность (*судна*) в тоннах, дедвейт

dwt pennyweight *брит.* пеннивейт (*мера веса = 1,55 г*)

DWWSSN Digital World-Wide Standard Seismological Network Цифровая всемирная стандартная сейсмологическая сеть станций

dy *тж.* **d/y** delivery доставка; поставка

dy dockyard судоремонтный завод

dy duty служебные обязанности; военная служба

dyn dynamic динамический

dyn dynamics динамика; динамические характеристики

dyn dynamite динамит

dypso [ˈdɪpsəu] dypsomaniac *жарг.* алкаш

dyslex dyslexia *мед.* дислексия

D.Z. Doctor of Zoology доктор зоологии (*ставится после фамилии*)

dz dozen дюжина

DZ Drop Zone район *или* зона десантирования

E

E earth земля; заземление

E East восток; восточный

E Eastern Standard Time восточное (поясное) время

E Eastern Standard Time Zone восточный часовой пояс

E Effective эффективный

E efficiency эффективность; кпд

e elasticity эластичность, упругость

E electronic электронный

E electronics электроника

e elongation удлинение

E enemy противник

E energy энергия

E engineer инженер

E England Англия

E English английский

E equator экватор

E equatorial экваториальный

e error ошибка, погрешность

E estimated расчётный

E experimental экспериментальный, опытный

E eye глаз

ea each каждый

EA East Africa Восточная Африка

EA Economic Adviser экономический советник

ea *тж.* **EA** educational age школьный возраст

ea *тж.* **E/A** enemy aircraft вражеский самолёт

EA Environmental Agency Агентство по охране окружающей среды

EA expectancy age вероятная продолжительность жизни

e/a *тж.* **E/A, EA** experimental aircraft экспериментальный самолёт

EAA Electrical Appliance Association Ассоциация производителей электроприборов

EAA Employment Agents Association Ассоциация агентов по найму

EAAA European Association of Advertising Agencies Европейская ассоциация рекламных агентств

EAAP European Association for Animal Production Европейская зоотехническая федерация, ЕЗФ

EAB European American Bank Европейский американский банк

EAB European Asian Bank Европейский азиатский банк

EAC East African Community Восточноафриканское сообщество

EAC European Atomic Commission Европейская атомная комиссия

ead estimated availability date расчётная дата наличия (*товаров*)

ead extended active duty сверхсрочная действительная служба

EADC European Air Defense Command Европейское командование ПВО

EAEC European Atomic Energy Community Европейское сообщество по атомной энергии, Евратом

EAES European Atomic Energy Society Европейское общество по атомной энергии

EAGGF European Agricultural Guidance and Guarantee Fund Европейский сельскохозяйственный консультационный и гарантийный фонд, ЕСКГФ

eam *тж.* **EAM** electronic accounting machine электронная бухгалтерская машина

EAME European, African, Middle Eastern европейский, африканский, ближневосточный

EAMTC European Association of Management Training Centers Европейская ассоциация центров по подготовке управленческих кадров

EAN Emergency Action Notification уведомление о чрезвычайных мерах

E & E escape and evasion внедрение агента для организации побега раскрытого агента *или* перебежчика

E & OE *тж.* **e & oe** errors and omissions excepted исключая ошибки и пропуски

E & P Extraordinary and Plenipotentiary Чрезвычайный и Полномочный (*дипломатический представитель*)

EANPC European Association of National Productivity Centers Европейская ассоциация национальных центров производительности труда

EANPG European Air Navigation Planning Group Европейская группа планирования воздушной навигации движения, ЕГПВН

eaon except as otherwise noted за исключением тех случаев, когда указано иначе

EAPA European Alliance Press Agencies Европейский альянс агентств печати

EAPM European Association for Personnel Management Европейская ассоциация по управлению кадрами, ЕАУК

EARDHE European Association for Research and Development in Higher Education Европейская ассоциация исследований и разработок в высшем образовании

earom electrically alterable read-only memory *вчт.* электрически перепрограммируемая постоянная память, электрически перепрограммируемое запоминающее устройство, ЭППЗУ

eas estimated air speed расчётная воздушная скорость

EASCON Electronic and Aerospace Convention Конвенция по электронным и авиационно-космическим системам

EASY Early Acquisition System система раннего обнаружения и захвата цели (*США*)

eat *тж.* **EAT** earliest arrival time самое раннее время прибытия

eat earnings after taxes доход за вычетом налогов

eat *тж.* **EAT** estimated approach time расчётное время захода на посадку

eat *тж.* **EAT** estimated arrival time расчётное время прибытия

EATS European Air Transport Service Европейская служба воздушных перевозок

eb electron beam электронный луч

EB Encyclopaedia Britannica Британская энциклопедия, энциклопедия «Британника»

EBA English Bowling Association Британская ассоциация кеглей

EBAE European Bureau of Adult Education Европейское бюро по вопросам образования для взрослых

ebam *тж.* **EBAM** electron--beam-addressed memory *вчт.* память (запоминающее устройство) с адресацией электронным лучом

EBC Educational Broadcasting Corporation Образовательная радиовещательная корпорация

EBC European Bibliographical Center Европейский библиографический центр

ebcdic *тж.* **EBCDIC** extended binary-coded decimal interchange code *вчт.* расширенный двоично--десятичный код (для) обмена (информацией)

EBIC European Banks International Corporation Международная корпорация европейских банков

ebit earning before interest and taxes доход без вычета процентов и налогов

EbN east by north *мор.* ост--тень-норд

ebr electron-beam recording *вчт.* запись электронным лучом

EbS east by south *мор.* ост--тень-зюйд

EBS Emergency Broadcast System система радиовещания на случай чрезвычайного положения

EBU European Broadcasting Union Европейский радиовещательный союз, ЕРС

EBYC European Bureau for Youth and Childhood Европейское бюро по делам детей и молодёжи, ЕБДМ

ec economics экономика

EC Education(al) Committee комитет по образованию

ec electrical conductor электрический провод

EC Electricity Council Совет по электричеству (*центральный орган британской электропромышленности*)

ec electronic calculator электронный калькулятор

ec electronic component элемент электронного оборудования

ec electronic computer электронная вычислительная машина, ЭВМ

EC Engineer Captain инженер--капитан 1-го ранга

EC Engineering Corps инженерные войска

EC Environmental Control контроль за окружающей средой

EC Episcopal Church епископальная церковь

EC Established Church государственная церковь (*официально признана государством и частично финансируется им*)

e-c ether-chloroform эфир--хлороформ (*смесь*)

EC [ˈiːˈsiː] European Community Европейское сообщество, ЕС

EC [ˈiːˈsiː] Executive Committee исполнительный комитет

e.c. exempli causa *лат.* (for example) например

ec extended coverage широкое освещение

ec extra choice высшего качества, отборная (*о шерсти*)

ECA [ˈiːˈsiːˈei] Economic Commission for Africa Экономическая комиссия для Африки, ЭКА (*ООН*)

ECA Electrical Contractors Association Ассоциация фирм-поставщиков электрооборудования

ECA European Civil Aviation Европейская организация гражданской авиации

ECA European Commission on Agriculture Европейская комиссия по сельскому хозяйству, ЕКСХ

ECA European Confederation of Agriculture Европейская сельскохозяйственная конфедерация, ЕСК

ECAC European Civil Aviation Conference Европейская конференция гражданской авиации, ЕКГА

ECAFE Economic Commission for Asia and the Far East Экономическая комиссия для Азии и Дальнего Востока (*ООН*)

ECB Energy Conservation Board Координационный совет по окружающей среде

ecc eccentric эксцентричный

ECC Economic Council of Canada Экономический совет Канады

ECC Elderly Citizens Club клуб пожилых людей

ecc *тж.* **ECC** electrocorticogram *мед.* электрокортикограмма, ЭКоГ

ECC European Coordinating Committee Европейский координационный комитет

ECC European Cultural Center Европейский культурный центр, ЕКЦ

ECC European Cultural Commission Европейская культурная комиссия

ECCA East Caribbean Currency Authority Восточно-карибское валютное управление, ВКВУ

eccer [ekə] exercise *унив.* физические упражнения, тренировка; *австрал. школ.* домашнее задание

eccl *тж.* **eccles** ecclesiastical церковный

ECCM *тж.* **eccm** electronic counter-counter-measures меры борьбы с радиопротиводействием, контррадиопротиводействие

ECCP European Commission on Crime Problems Европейская комиссия по проблемам преступности

ecd estimated completion date расчётная дата завершения (*работ*)

ECDU European Christian Democratic Union Европейский христианский демократический союз

ECE [′i:′si:′i:] Economic Commission for Europe Экономическая комиссия для Европы, ЭКЕ (*ООН*)

ECF European Cultural Foundation Европейский культурный фонд

ECG *тж.* **ecg** electrocardiogram *мед.* электрокардиограмма

ECG *тж.* **ecg** electrocardiograph *мед.* электрокардиограф

ECG *тж.* **ecg** electrocardiography *мед.* электрокардиография

ech echelon эшелон

ECLA Economic Commission for Latin America Экономическая комиссия для Латинской Америки, ЭКЛА (*ООН*)

eclec eclectic эклектический

ECM *тж.* **ecm** [′i:′si:′em] electronic countermeasures радиопротиводействие, РПД

ECM European Common Market Европейский Общий рынок

ECMA European Computer Manufacturers Association Европейская ассоциация владельцев предприятий по производству вычислительной техники

ECMC European Container Manufacturers' Committee Европейский комитет производителей контейнеров

ECME Economic Commission for the Middle East Экономическая комиссия для Ближнего Востока (*ООН*)

ECNR European Council for Nuclear Research Европейский совет по ядерным исследованиям

eco ecological экологический

eco ecology экология

eco economic экономический

eco [′ekəu] economics *студ. жарг.* экономика

eco economist экономист

ECO European Coal Organization Европейская организация угля

ECOCEN [′ekəu′sen] Economic Coordination Center for the Asian and Pacific Regions Экономический координационный центр для регионов Азии и Тихого Океана

ecol ecological экологический

ecol *тж.* **Ecol** ecology экология

Ecol Soc Am Ecological Society of America Экологическое общество Америки

econ economic экономический

econ economics экономика

econ economist экономист

econ economy экономия

ECOR Engineering Committee on Oceanic Research Инженерный комитет по океаническим ресурсам

ECOSOC *тж.* **EcoSoc** [ˈek-əuˈsɔk] Economic and Social Council Экономический и социальный совет, ЭКОСОС

ECOWAS [ˈekəuˈwæs] Economic Community of West African States Экономическое сообщество западноафриканских государств, ЭКОВАС

ECP electroacupuncture *мед.* электроакупунктура

ECPC Enlarged Committee on Programme and Coordination Расширенный комитет по программе и координации, РКПК

ECPS European Center for Population Studies Европейский центр по проблемам населения

ECR *тж.* **ecr** electronic cash register электронный кассовый аппарат, электронная касса

ECS Electrochemical Society Электрохимическое общество (*США*)

ecs electroconvulsive shock *мед.* электроконвульсивная терапия, электрошок

ECS European Communications Satellite европейский связной спутник

ECS Experimental Communications Satellite экспериментальный связной спутник (*США*)

ECSC European Coal and Steel Committee Европейское объединение угля и стали, ЕОУС

ECSO European Communications Satellite Organization Евро-

пейская организация по спутникам связи

ECSSID European Conference of Social Science Information and Documentation Европейская конференция по информации и документации в области социальных наук

ECST European Convention on the Suppression of Terrorism Европейская конвенция по борьбе с терроризмом

ECT *тж.* **ect** electroconvulsive therapy электроконвульсивная терапия, электрошок

Ecu Ecuador Эквадор

ecu ecumenism экуменизм

ECU English Church Union Английский церковный союз

ECU *тж.* **Ecu** [ˈiːˈsiːˈjuː] European Currency Unit Европейская расчётная единица, экю

ECU European Customs Union Европейский таможенный союз

Ecua Ecuador Эквадор

Ecu Con Ecumenical Council Экуменический совет

ecumen ecumenical экуменический

ECUSA Episcopal Church of the United States англиканская епископальная церковь США

ECWA Economic Commission for Western Asia Экономическая комиссия для Западной Африки, ЭКЗА (*ООН*)

ecz eczema *мед.* экзема

ed edit редактировать, подготавливать к печати

ed edition издание

ed [ed] editor *журн.* редактор

ed editorial редакционная статья

ed educate воспитывать; давать образование

ed educated получивший образование в ...

ed education образование

ed educational образованный, воспитанный; учебный, педагогический

ed effective dose эффективная доза

ED election district избирательный округ

ed emotionally disturbed психически неуравновешенный

ED engineering data технические данные

ED engineering design технический проект; инженерный расчёт

ed ex-dividend без дивиденда (*о продаваемой акции*)

ed experimental data экспериментальные данные

ed experimental designing экспериментальное проектирование

ED Export Declaration экспортная декларация

ed extra dividend дополнительный дивиденд

EDA Economic Development Administration Управление экономического развития (*США*)

EDA *тж.* **eda** estimated date of arrival расчётная дата прибытия

edac error detection and correction обнаружение и коррекция ошибки

E-Day [´iː´deɪ] Entry Day день вступления Великобритании в Общий Рынок

Ed.B. Bachelor of Education бакалавр педагогических наук (*ставится после фамилии*)

edbiz [´edbɪz] educational business *амер. жарг.* индустрия научных исследований и разработок в области образования

edc electronic digital computer цифровая электронная вычислительная машина, ЦЭВМ

edc estimated date of completion расчётная дата завершения (*работ*)

EDC European Defence Community Европейское оборонительное сообщество

ed.cit. (the) edition cited цитированное издание

edcn education образование

Ed.D. Doctor of Education доктор педагогических наук (*ставится после фамилии*)

EDD English Dialect Dictionary Словарь английских диалектов

EDD *тж.* **edd** estimated date of departure расчётная дата отправления

edd estimated delivery date расчётная дата доставки

EDF European Defence Force Объединённые вооружённые силы в Европе (*НАТО*)

EDF European Development Fund Европейский фонд развития

EDI Economic Development Institute Институт экономического развития, ИЭР

Ed-in-Ch Editor in Chief главный редактор

EDIP European Defence Improvement Program Программа модернизации европейской обороны (*НАТО*)

edit [´edɪt] editing *разг.* редактура; редактирование; монтаж, монтирование (*кинофильма*)

edit [´edɪt] editorial *разг.* редакционная статья

EDITS Experimental Digital Television System экспериментальная цифровая телевизионная система

edn edition издание

EDN elementary digital network простейшая цифровая схема

edp *тж.* **EDP** [´iː´diː´piː] electronic data processing электронная обработка данных

EDPC [´iː´diː´piː´siː] Electronic Data Processing Center центр электронной обработки данных

edpm [´iː´diː´piː´em] electronic data processing machine ЭВМ для обработки данных

EDPS [´iː´diː´piː´es] Electronic Data Processing System электронная система обработки данных

EDR earliest date of release *брит. жарг.* самая ранняя дата освобождения

Ed S Education Specialist специалист в области образования; *воен.* специалист по общеобразовательной подготовке

EDS [´iː´diː´es] electronic data system электронная информационная система

EDS Electronic Data Systems (Corporation) «Электроник Дейта Системз» (*корпорация по про-*

изводству электронных информационных систем; США)

EDS Episcopal Divinity School епископальная богословская школа

EDSAT *тж.* **edsat** ['ed′sæt] educational television satellite спутник для общеобразовательных телевизионных передач

EDT Eastern Daylight Time *амер.* восточное дневное (поясное) время

EDT *тж.* **edt** estimated delivery time расчётное время доставки

EDT *тж.* **edt** estimated departure time расчётное время отправления

educ educated получивший образование в ...

educ education образование; воспитание

educ educational общеобразовательный, воспитательный

EE Early English раннеанглийский язык

EE earth entry вход в плотные слои атмосферы

EE ecological efficiency экономическая эффективность

EE Electrical Engineer инженер-электрик

EE Electrical Engineering электротехника

EE Electronics Engineer инженер по электронному оборудованию

EE Envoy Extraordinary Чрезвычайный Посланник

ee *тж.* **EE** errors excepted исключая ошибки

EEA Electronic Engineering Association Ассоциация электронной техники (*Великобритания*)

EEAIE Electrical, Electronic and Allied Industries of Europe электротехническая, электронная и смежные отрасли промышленности Европы

EE & MP Envoy Extraordinary and Minister Plenipotentiary Чрезвычайный Посланник и Полномочный Министр

EEC ['i:′i:′si:] European Economic Community Европейское экономическое сообщество, ЕЭС

EEC European Economic Council Европейский экономический совет

EEG *тж.* **eeg** electroencephalogram *мед.* электроэнцефалограмма

EEG *тж.* **eeg** electroencephalograph *мед.* электроэнцефалограф

EEG *тж.* **eeg** electroencephalography *мед.* электроэнцефалография

EEI Edison Electric Institute Эдисоновский электротехнический институт (*США*)

EEM earth entry module модульный отсек КЛА, рассчитанный на вход в плотные слои земной атмосферы; спускаемый на землю аппарат

eeo equal employment opportunity равные возможности найма на работу

EEOC Equal Employment Opportunity Commission Комиссия равных возможностей найма на работу (*США*)

EEP engineering experimental phase фаза технического эксперимента

EET Eastern European Time восточноевропейское время

EETC East European Trade Council Восточно-европейский торговый совет

EETPU ['i:′i:′ti:′pi:′ju:] Electrical, Electronic, Telecommunication and Plumbing Union Профсоюз электриков, водопроводчиков, работников электронной промышленности и телекоммуникаций (*Великобритания*)

EETS Early English Text Society Общество (по изучению) раннеанглийских текстов

EEZ *тж.* **eez** ['i:′i:′zed] exclusive economic zone прибрежная двухсотмильная экономическая зона

EF economic forecasting экономическое прогнозирование

ef extra fine сверхтонкий; исключительно мелкий; сверхточный (*о регулировке*)

EFA European Free Associations Европейские свободные ассоциации

EFC European Forestry Commission Европейская комиссия по лесоводству, ЕКЛ

efct effect эффект; результат, воздействие

efctv effective эффективный, действенный

eff effect (воз)действие

eff effective эффективный, действенный

eff efficiency коэффициент полезного действия; производительность; эффективность; экономичность

EFFE European Federation of Flight Engineers Европейская федерация бортинженеров

EFL ['i:'ef'el] English as a Foreign Language английский язык как иностранный

EFM European Federalist Movement Европейское федералистское движение, ЕФД

EFPW European Federation for the Protection of Waters Европейская федерация охраны водоёмов

EFTA European Free Trade Association Европейская ассоциация свободной торговли, ЕАСТ

EFTS electronic funds transfer system электронная система передачи фондов

EFU European Football Union Европейский футбольный союз

Eg Egypt Египет

Eg Egyptian египетский

EG Engineers Guild Гильдия инженеров (*Великобритания*)

e. g. exempli gratia *лат.* (for example) например

EGM *тж.* **egm** Extraordinary General Meeting внеочередное общее собрание акционеров

EGO Eccentric (Orbiting) Geophysical Laboratory Орбитальная геофизическая обсерватория с эксцентричной орбитой

EGO Equator Geophysical Observatory экваториальная геофизическая лаборатория

EGZ Estimated Ground Zero расчётный эпицентр ядерного взрыва

eh electric heater электрообогреватель, электронагреватель

EHD *тж.* **ehd** electrohydrodynamics *физ.* электрогидродинамика

ehf extremely high frequency чрезвычайно высокая частота, частота миллиметрового диапазона волн

ehl effective half life период эффективного полураспада

EHO environmental health officer *брит.* специалист по вопросам гигиены окружающей среды

ehp effective horse power эффективная мощность в лошадиных силах

ehp electric horse power электрический эквивалент лошадиных сил, электрическая мощность

ehv *тж.* **EHV** ['i:'eɪtʃ'vi:] extra high voltage *эл.* сверхвысокое напряжение, очень высокое напряжение

ehw extreme high water *мор.* исключительно высокий уровень воды

ei electrical insulation *эл.* электроизоляция

e-i electromagnetic interference электромагнитные помехи, радиопомехи

ei electronic installation электронное оборудование

ei electronic interference электронные помехи, радиопомехи

EIA Electronic Industries Association Ассоциация электронной промышленности (*США*)

EIA Engineering Institute of America Американский инженерно-технический институт

EIA Environmental Impact Assessment оценка воздействия на окружающую среду

EIAR Environmental Impact Analysis Report доклад об анализе воздействия на окружающую среду

EIB Environment Information Bureau Информационное бюро

по вопросам окружающей среды, ИБОС

EIB European Investment Bank Европейский инвестиционный банк, ЕИБ

EIB Export-Import Bank экспортно-импортный банк

EIBUS Export-Import Bank of the United States экспортно--импортный банк США

EIC Ecology International Center Международный центр экологии

EIC Education Information Center Центр педагогической информации

EIC Engineering Information Center Центр технической информации

EIES [aɪz] Electronic Information Exchange System электронная система обмена информацией

EIFAC European Inland Fisheries Advisory Commission Европейская консультативная комиссия по рыболовству во внутренних водах, ЕИФАК

EIL Experiment in International Living Эксперимент по мирному сосуществованию народов, ЭМСН

EIRMA European Industrial Research Management Association Европейская ассоциация управления промышленными исследованиями

EIS Educational Institute of Scotland Шотландский педагогический институт

EIS Environment Impact Statement заключение о влиянии на окружающую среду

EIT European Institute of Technology Европейский технологический институт

EIVT European Institute for Vocational Training Европейский институт профессионального обучения

EJ electronic journalism *тлв.* электронный журнализм

EJC Engineers Joint Council Объединённый совет инженерных обществ, ОСИО

ejct ejection катапультирование

ek even keel не качаясь; ровно спокойно

EKG electrocardiogram *мед.* электрокардиограмма

EKG electrocardiograph *мед.* электрокардиограф

EKG electrocardiography *мед.* электрокардиография

ekker [ˈekə] exercise *унив. и школ. жарг.* физические упражнения, тренировка

EL East Longitude восточная долгота

el educational level образовательный уровень

el elected избранный

el electric(al) электрический; электротехнический

el electronic электронный

el electronics электроника; электронное оборудование

el elementary основной; первоначальный, элементарный

El [el] Elevated Railroad *амер. разг.* надземная железная дорога, «надземка»

el engineering level технический уровень

ELA electron linear accelerator линейный ускоритель электронов

ELAT English Language Aptitude Test тест на определение способностей к изучению английского языка

ELBS English Language Book Society Общество любителей книги на английском языке

elct electronic электронный

elct electronics электроника; электронное оборудование

ELDO [ˈeldəu] European Launcher Development Organization Европейская промышленная организация по разработке ракет-носителей

elec electric(al) электрический; электротехнический

elec electricity электричество

ELEC European League for Economic Cooperation Европейская лига экономического сотрудничества

elecn electrician электрик; электротехник

elect electronics электроника; электронное оборудование

ELECTRA Electrical, Electronics, and Communications Trades Association Ассоциация профсоюзов электриков, работников электронной промышленности и связи

elem element элемент; составная часть; подразделение

elem elementary основной; первоначальный, элементарный

ELF *тж.* elf extremely low frequency чрезвычайно низкая частота, частота стокилометрового диапазона волн

ELG European Liaison Group Европейская группа связи

ELGE emergency landing gear extension аварийный выпуск шасси

el-hi [ʹelʹhaɪ] elementary and high school *амер.* начальная и средняя школа

ELI English Language Institute Институт английского языка

ELIA English Language Institute of America Американский институт английского языка

elim eliminate устранять; уничтожать

elint *тж.* Elint, ELINT [ʹelɪnt] electronic intelligence *разг.* электронная разведка, разведка радиоэлектронных средств; самолёт-разведчик (*оборудованный электронной аппаратурой*), элинт

elip elliptical эллиптический

ELISA *тж.* elisa [rʹlaɪzə] enzyme-linked immunosorbent assay *мед.* иммуноферментный твёрдофазный анализ (*анализ крови на присутствие антител к вирусу СПИД'а*)

elmint *тж.* ELMINT [ʹelmɪnt] electromagnetic intelligence электромагнитная разведка, разведка электромагнитных средств

ELS emergency landing strip аварийная посадочная полоса

ELS emergency lighting system система аварийного освещения

elsec electronic security электронная безопасность

ELSS Extravehicular Life Support System система жизнеобеспечения для работы космонавта за бортом КЛА

ELSSE *тж.* elsse electronic sky screen equipment *эл.* электронная аппаратура для измерения траектории полёта ракет

elsw elsewhere (*где-нибудь*) в другом месте

ELT [ʹiːʹelʹtiː] English Language Teaching обучение английскому языку, преподавание английского языка

eltec electrical technician электротехник

ELTI English Language Teaching Institute Институт обучения английскому языку

elv extra low voltage *эл.* сверхнизкое напряжение

elw extreme low water *мор.* исключительно низкий уровень воды

ELWAR electronic warfare война (*боевые действия*) с применением электронных/радиотехнических средств

em electromagnetic электромагнитный

em electromechanical электромеханический

em electromotive электродвижущий

EM electronic memory электронная память

em *тж.* EM electron microscope электронный микроскоп

em *тж.* EM electron microscopy электронная микроскопия

em emanation *физ. хим.* эманация

em embargo эмбарго

em emergency maintenance аварийный ремонт

em emergency mobilization чрезвычайная мобилизация

EM Engineer of Mining горный инженер

em *тж.* EM enlisted man (men) *амер.* рядовой; рядовой и сержантский состав

EM European Movement Европейское движение (*организация*)

EM external memory внешняя память (*запоминающее устройство*)

EMA Electronic Manufacturers Association Ассоциация производителей электронного оборудования

EMA European Marketing Association Европейская ассоциация маркетинга

EMA European Monetary Agreement Европейское валютное соглашение

EMAS Emergency Medical Advisory Service консультативная служба скорой *или* неотложной медицинской помощи

emb *тж*. **Emb** Embassy посольство

EMBO European Molecular Biology Organization Европейская организация молекулярной биологии

emcee [′em′si:] master of ceremonies конферансье; ведущий (*телепередачи и т. п.*); распорядитель; исполнять обязанности ведущего, конферансье, распорядителя

EMCF European Monetary Cooperation Fund Европейский фонд валютного сотрудничества

EME Electrical and Mechanical Engineer инженер-ремонтник

EME Electrical and Mechanical Engineering *брит*. служба ремонта и восстановления

EMEA Electrical Manufacturers Export Association Экспортная ассоциация производителей электрооборудования

emer emergency аварийная обстановка; аварийный; чрезвычайный

E Met Engineer of Metallurgy инженер-металлург

E-meter [′i:′mi:tə] electrometer электрометр

EMF *тж*. **emf** electromotive force электродвижущая сила

EMF [′i:′em′ef] European Monetary Fund Европейский валютный фонд

EMF European Motel Federation Европейская федерация мотелей

EMI [′i:′em′aɪ] Electric and Musical Industries «Электрик энд Мьюзикал Индастриз» (*крупная электротехническая компания; Великобритания*)

emi electromagnetic interference радиопомехи; электромагнитные помехи

EMINT *тж*. **emint** [′emɪnt] electromagnetic intelligence электромагнитная разведка, разведка электромагнитных средств

EMIS Electromagnetic Intelligence System система электромагнитной разведки

Emos Earth's mean orbital speed средняя орбитальная скорость Земли

EMP *тж*. **emp** electromagnetic pulse электромагнитный импульс, импульс электромагнитного излучения (*при ядерном взрыве*)

Emp Emperor император

Emp Empire империя

Emp Empress императрица

EMR *тж*. **emr** educable mentally retarded поддающийся обучению умственно отсталый (*ребёнок*)

emr electromagnetic radiation электромагнитное излучение

emr electromagnetic resonance электромагнитный резонанс

EMS Emergency Medical Service служба скорой *или* неотложной помощи

EMS Environmental Monitoring Satellite спутник для наблюдений за источниками загрязнения атмосферы Земли и мирового океана

EMS [′i:′em′es] European Monetary System Европейская валютная система

EMT *тж*. **emt** equivalent megatonnage эквивалентная мощность в мегатоннах; эквивалентный мегатоннаж

EMT European Mean Time среднеевропейское поясное время

EMTN European Meteorological Telecommunications Network

Европейская сеть метеорологических телекоммуникаций

EMU Economic and Monetary Union экономический и валютный союз

EMU *тж.* **emu** electromagnetic unit электромагнитная единица

Emu European monetary unit Европейская денежная единица

EMU extravehicular mobility unit аппарат для передвижения космонавтов за бортом КЛА

en enemy враг, противник

En Engineer инженер

En English английский

ENA English Newspaper Association Британская газетная ассоциация

enc enclosed вложенный, приложенный

enc enclosure вложение, приложение

enc encyclopedia энциклопедия

ENCONA Environmental Coalition for North America Северо-американская ассоциация по окружающей среде, САОС

end endorsed *ком.* индоссированный, с передаточной надписью; подтверждённый

END European Nuclear Disarmament Европейское ядерное разоружение

endg ending окончание

ENE east-northeast восток-северо-восток

ENEA European Nuclear Energy Agency Европейское агентство по ядерной энергии

ENF European Nuclear Force Европейские ядерные силы

ENG electronic news gathering *тлв.* сбор новостей с помощью электронного оборудования

eng engine механизм; машина; мотор; двигатель; паровоз

eng engineer инженер

eng engineering инженерное дело; техника; машиностроение

Eng England Англия

Eng English английский

eng engraved выгравированный

eng engraver гравёр

eng engraving гравюра

Eng. D. Doctor of Engineering доктор технических наук (*ставится после фамилии*)

engr engineer сапёр; инженер; механик; машинист

enl enlarge увеличивать(ся)

enl enlarged увеличенный

enl enlisted *амер.* военнослужащий рядового *или* сержантского состава срочной службы

ENMOD environmental modification воздействие на природную среду (*в военных или иных враждебных целях*)

ENO English National Opera Британская национальная опера

ens *тж.* **Ens** ensign кормовой флаг (*государственный или военно-морской*)

ENS European Nuclear Society Европейское ядерное общество

ENSA [ensə] Entertainments National Service Association Ассоциация зрелищных мероприятий для военнослужащих (*благотворительная организация; Великобритания*)

ENT Ear, Nose and Throat ухо, горло, нос (*отделение клиники*)

entr entrance вход

env environmental окружающий, внешний (*о среде, воздействии*), связанный с окружающей средой

Env Extr Envoy Extraordinary Чрезвычайный Посланник

Eo earth orbit земная орбита

Eo Education Officer офицер службы армейского просвещения (*общеобразовательной подготовки*)

eo electro-optical электронно-оптический

EO Engineering Officer инженер-механик

EO Executive Order приказ президента США (*утверждённый конгрессом и имеющий силу закона*)

e. o. ex officio *лат.* (by authority of his office) по служебному положению, по должности

EOB Executive Office Building здание Исполнительного управления (*президента*)

eoc end of contract окончание контракта

EOC Equal Opportunities Commission Комиссия равных возможностей (*Великобритания*)

eod every other day через день

EOF Earth Orbit Flight полёт по земной орбите

EOL Earth Orbit Launch вывод (*запуск*) на земную орбиту

EOL *тж.* **eol** end of line *полигр.* конец строки

eom *тж.* **EOM** end of message конец передачи сообщения

eom end of month *ком.* конец месяца

EOMS Earth Orbital Military Satellite военный спутник Земли

EONR European Organization for Nuclear Research Европейская организация ядерных исследований

eooe error or omission expected исключая ошибки или пропуски

EOP Executive Office of the President Исполнительное управление президента, ИУП

EOQC European Organization for Quality Control Европейская организация по контролю качества

EOR *тж.* **eor** earth orbital rendezvous встреча на земной орбите

EORBS Earth-Orbiting Recoverable Biological Satellite возвращаемый спутник для биологических целей

EORTC European Organization for Research on the Treatment of Cancer Европейская организация исследований по лечению раковых заболеваний

EOS Earth Observation Satellite спутник для разведки природных ресурсов Земли

EOSS Earth Orbital Space Station околоземная космическая станция

EOTP European Organization for Trade Promotion Европейская организация содействия торговле

ep electroplate *полигр.* гальваноклише

EP engineering process технологический процесс

EP environmental protection защита окружающей среды

EP European Parliament Европейский парламент, Еврпар

ep explosion-proof взрывобезопасный; взрывостойкий; взрывозащищённый

ep *тж.* **EP** [΄i:΄pi:] extended play долгоиграющая пластинка (на 45 оборотов)

EPA Economic Planning Agency Управление экономического планирования

epa economic price adjustment поправка на изменение цен

EPA Emergency Powers Act Закон о чрезвычайных полномочиях (*Великобритания*)

EPA [΄i:΄pi:΄ei] Environmental Protection Agency Управление по охране окружающей среды (*США*)

EPA European Productivity Agency Европейское агентство по увеличению промышленного производства

EPAA Educational Press Association of America Ассоциация образовательной прессы США

EPC Economic and Planning Council Экономический и плановый совет

EPC Economic Policy Committee Комитет экономической политики

EPC Environmental Policy Center Центр по выработке политики в области окружающей среды

EPC Esso Petroleum Company «Эссо Петролеум» (*английский филиал американского нефтяного концерна «Эксон»*)

EPC European Planning Council Европейский совет по планированию

EPC European Political Cooperation Европейское политическое сотрудничество

EPCA European Petro-Chemical Association Европейская нефтехимическая ассоциация

epd electric power distribution распределение электроэнергии

EPDA Emergency Powers Defence Act Закон о чрезвычайном положении (*Великобритания*)

EPEA Electric Power Engineers Association Ассоциация инженеров-энергетиков

epid epidemic эпидемия

Epis *тж.* **Episc** Episcopal епископский, епископальный

epndb effective perceived noise decibels уровень шумов в эффективных физиологических децибелах

EPO European Patent Office Европейское патентное ведомство, ЕПАВ

EPOC Earthquake Prediction Observation Center Центр по прогнозированию землетрясений

EPP Environmental Protection Program Программа обеспечения защиты окружающей среды

EPPO European and Mediterranean Plant Protection Organization Европейская и Средиземноморская организация защиты растений, ЕСОЗР

EPRF Environmental Prediction Research Facility Научно-исследовательский центр по прогнозированию условий окружающей среды

eps earnings per share доход на акцию

eps electric power supply подача электроэнергии

eps emergency power supply аварийная подача энергии

EPS Environmental Protection System система защиты окружающей среды

EPS Extra-Planetary Space запланетное пространство

EPT Early Pregnancy Test *мед.* тест/проба на наличие беременности малых сроков

ept *тж.* **EPT** excess profits tax налог на сверхприбыль

EPTA Expanded Program of Technical Assistance Расширенная программа технической помощи (*ООН*)

EP terms [ˈiːˈpiːˈtəːmz] Easy Payment terms выплата в рассрочку

epu electrical power unit источник электроэнергии; блок электропитания

epu electronic power unit электронный источник питания

epu emergency power unit аварийный источник питания

EPU European Payment Union Европейский платёжный союз

Epu European payment unit расчётная единица европейского платёжного союза

EPUY Education Program for Unemployed Youth образовательная программа для безработной молодёжи

EQ educational quotient образовательный коэффициент

eq equal равный

eq equation *мат.* уравнение

Eq Equator экватор

eq equipment оборудование

eq equivalent эквивалент; эквивалентный

EQC Environmental Quality Council Совет по качеству окружающей среды

eqpt equipment имущество; снаряжение; обмундирование; материальная часть; боевая техника; оборудование; аппаратура

er electronic reconnaissance радиолокационная/радиотехническая разведка

E. R. [ˈiːˈɑː] Elizabeth Regina Королева Елизавета II

er *тж.* **ER** emergency rescue *ав.* спасание при аварии

ER [ˈiːˈɑː] emergency room пункт первой помощи

ER engine room машинное отделение

ER enhanced radiation *воен.* повышенная радиация, усиленная радиация

ER established reliability установленная надёжность

ERA Earthquake Risk Analysis анализ риска возникновения землетрясений

ERA Earth Resources Application (Program) Программа исследования природных ресурсов Земли

ERA Electrical Research Association Научно-исследовательская электротехническая ассоциация (*Великобритания*)

ERA Engineering Research Association Инженерная научно-исследовательская ассоциация (*США*)

ERA [ˈiːˈɑːrˈeɪ] Equal Rights Amendment поправка о равных правах (*предлагаемая 27-я поправка к конституции США, предусматривающая равные права для женщин*)

ERAM extended-range anti-tank mine противотанковая мина с увеличенной дальностью действия

ERBM *тж.* **erbm** [ˈiːˈɑːˈbiːˈem] extended range ballistic missile баллистическая ракета с увеличенной дальностью

ERC Economic Research Council Совет научных исследований по экономике

ERC Electronics Research Center Научно-исследовательский центр по электронике (*НАСА*)

ERCA Educational Research Council of America Американский научно-исследовательский совет по педагогике

ERCS Emergency Rocket Communications System *воен.* ракетная система связи в чрезвычайной обстановке

ERD Earth Resources Data данные о земных ресурсах

erd equivalent residual dose эквивалентная остаточная доза радиации

ERDA [ˈəːdə] Electronics Research and Development Agency Управление по электронным исследованиям и разработкам (*США*)

ERDA [ˈəːdə] Energy Research and Development Administration Управление по энергетическим исследованиям и разработкам (*США*)

ERDE Explosives Research and Development Establishment Центр по исследованиям и разработкам взрывчатых веществ (*Великобритания*)

ERDL Electronic Research and Development Laboratory Лаборатория по НИОКР в области электроники

ergs *тж.* **ERGS** earth geodetic satellite геодезический спутник Земли

ERI Earthquake Research Institute Научно-исследовательский институт землетрясений (*Япония*)

ERI Economic Research Institute Научно-исследовательский экономический институт

ERI Engineering Research Institute Научно-исследовательский институт техники

ERL Electronics Research Laboratory Научно-исследовательская лаборатория по электронике

ERL Environmental Research Laboratory Лаборатория по исследованию влияния окружающей среды

ERM Earth Return Module модуль(ный отсек), рассчитанный на возвращение на Землю

ERNI [ˈəːnɪ] Expert Report on Napalm and Other Incendiaries Доклад группы экспертов по напалму и другим видам зажигательного оружия

ERNIE *тж.* **Ernie** [ˈəːnɪ] Electronic Random Number Indicator Equipment *разг.* электронно-вычислительная машина, определяющая выигрышные номера государственного выигрышного займа, «Эрни» (*Великобритания*)

erom erasable read-only memory *вчт.* стираемая постоянная память, стираемое постоянное запоминающее устройство, стираемое ПЗУ

E-room engine room машинное отделение

EROPA Eastern Regional Organization for Public Administration Восточная региональная организация по государственно-административной деятельности, ВРОГА

EROS Earth Resources Observation Satellite спутник «Эрос» для исследования природных ресурсов Земли

erp effective radiated power эффективная мощность излучения

err error ошибка, погрешность; отклонение (*от заданной величины*)

ERS [ə:s] Earth Resources Satellite спутник «Эрс» для исследования природных ресурсов Земли

ERS Economic Research Service служба научных исследований по экономике (*США*)

ERS Educational Research Service служба научных исследований по педагогике

ersos *тж.* **ERSOS** earth--resources-survey operational satellite спутник для исследования природных ресурсов Земли

ERTS [ə:rts] Earth Resources Technology Satellite *амер.* технологический спутник для исследования земных ресурсов

ERU English Rugby Union Британский союз регби

erw *тж.* **ERW** enhanced radiation warhead боеголовка повышенной радиации, БПР

ERW *тж.* **erw** enhanced radiation weapon оружие повышенной/усиленной радиации, нейтронное оружие

ES Econometric Society Эконометрическое общество, ЭКО (*США*)

ES Education Specialist специалист в области педагогики

ES Electrochemical Society Электрохимическое общество (*США*)

ES Entomological Society Энтомологическое общество

ES Ethnological Society Этнологическое общество

ES Etymological Society Этимологическое общество

ESA Ecological Society of America Американское экологическое общество

ESA Engineers and Scientists of America Инженеры и учёные Америки

ESA European Space Agency Европейское космическое агентство, ЕКА

ESB *тж.* **esb** electrical stimulation of the brain электростимуляция мозга

ESC Economic and Social Committee Комитет по экономическим и социальным вопросам, КЭСВ

esc escape аварийный/запасный выход

esc escort эскорт; охранение; конвой; эскортный корабль, корабль охранения

ESC European Space Conference Европейская конференция по космосу, ЕКК

ESCAP Economic and Social Commission for Asia and the Pacific Экономическая и социальная комиссия для Азии и Тихого Океана, ЭСКАТО (*ООН*)

ESCES [ˈeskes] Experimental Satellite Communications Earth Station Экспериментальная наземная станция связи с помощью спутников, ЭСКЕС

Esco Educational, Scientific and Cultural Organization Организация по вопросам образования, науки и культуры (*ООН*)

ESD Electronic Systems Division Отдел электронных систем, ОЭС

esd estimated shipping date расчётная дата отправки

ESDAC European Space Data Analysis Center Европейский центр анализа информации о космосе

ESE east-southeast восток--юго-восток

ESEA Elementary and Secondary Education Act Закон о начальном и среднем образовании

ESH European Society of Haematology Европейское общество гематологии

ESI Extremely Sensitive Information *воен.* совершенно секретная информация

ESK Eskimo эскимос

ESL Earth Sciences Laboratory Лаборатория наук о земле

ESL [ˈi:ˈesˈel] English as a second

language английский язык как второй

ESLAB European Space Laboratory Европейская лаборатория космических исследований

ESLO European Satellite Launching Organization Европейская организация по запуску спутников

esm electrostatic memory *вчт.* электростатическая память, электростатическое запоминающее устройство

esntl essential (жизненно) важный, первой необходимости

ESOC European Space Operations Center Европейский центр космических операций, ЭСОК

ESOL [ˈesəl] English for speakers of other languages *амер., канад.* английский язык для говорящих на других языках

ESOMAR European Society for Opinion Surveys and Market Research Европейское общество по изучению общественного мнения и рыночной конъюнктуры

ESOP [ˈiːsɔp] Employee Stock Ownership Plan план приобретения акций служащими (*компании*)

ESP [ˈiːˈesˈpiː] English for Specific Purposes *пед.* английский язык для конкретных целей

esp especially особенно

ESP *тж.* **esp** [ˈiːˈesˈpiː] extrasensory perception экстрасенсорное восприятие

ESPA Elementary School Principal's Association Ассоциация директоров начальных школ (*США*)

espg espionage шпионаж

Esq [ɪsˈkwaɪə] Esquire эсквайр, господин (*ставится в адресе после фамилии нетитулованного лица в официальной переписке и документах*)

ESRIN [ˈesrɪn] European Space Research Institute Европейский институт космических исследований, ЭСРИН

ESRO [ˈesrəu] European Space Research Organization Европейская организация по исследованию космического пространства, ЭСРО

ESSA Environmental Science Services Administration Управление научных служб по исследованию окружающей среды (*США*)

essa *тж.* **ESSA** environmental survey satellite спутник для наблюдения за окружающей средой

EST [ˈiːˈesˈtiː] Eastern Standard Time *амер.* восточное поясное время

EST Eastern Summer Time восточное летнее время

est *тж.* **EST** electroshock therapy *мед.* электросудорожная терапия, электрошок

est [est] Erhard Seminar Training «эст» (*система групповой терапии*)

est established установленный, учреждённый

est estate имущество; имение

est estimated расчётный; предполагаемый

est estuary устье реки, дельта

estab established установленный; учреждённый

Estab Establishment господствующая верхушка, правящие круги; истэблишмент

ESTC European Space Technology Center Европейский научно-исследовательский центр космической техники

ESTEC [esˈtek] European Space Research and Technology Center Европейский центр космической техники и исследования космического устройства, ЭСТЕК

ESTI European Space Technology Institute Европейский научно-исследовательский институт космической техники

estm estimate оценка; расчёт

ESU *тж.* **esu** electrostatic unit электростатическая единица

ESU [ˈiːesˈjuː] English-Speaking Union Союз говорящих на английском языке

ESV *тж.* **esv** earth satellite vehicle спутник Земли

ET Eastern Time восточное поясное время

et educational training обще-образовательная подготовка

et *тж.* **ET** elapsed time истекшее время

et electric typewriter электрическая пишущая машинка

et electrical transcription электрическая запись (*радиопередачи*)

ET electronic technology электронная техника

ET emerging technology новая техника

ET English translation английский перевод

Et ethyl *хим.* этил

et *тж.* **ET** extra terrestrial внеземной

ETA English Teachers Association Ассоциация преподавателей английского языка

eta *тж.* **ETA** estimated time of arrival расчётное время прибытия

ETA European Teachers Association Европейская ассоциация преподавателей

ETA European Tugowners Association Европейская ассоциация владельцев буксирных судов, ЕАВБ

et al. et alia *лат.* (and others) и другие

ETB English Tourist Board Британское управление по туризму

etc et cetera *лат.* (and so forth) и так далее

ETC European Traffic Committee Европейский комитет по проблемам управления воздушным движением

ETC European Translations Center Европейский центр переводов

ETC European Travel Commission Европейская комиссия по туризму, ЕКТ

ETD *тж.* **etd** estimated time of departure расчётное время отправления/вылета

etf *тж.* **ETF** estimated time of flight расчётное время полёта

eth ether *хим.* эфир

eth ethical этический

eth ethics этика

Eth Ethiopia Эфиопия

eth ethnic этнический

ethnog ethnography этнография

ETI Electric Tool Institute Институт электротехнического оборудования

ETI Electronic Technical Institute Электротехнический институт

eti *тж.* **ETI** estimated time of interception расчётное время перехвата

ETMA English Timber Merchants Британская ассоциация лесоторговцев

eto estimated takeoff расчётное время взлёта

ETO European Theater of Operations Европейский театр военных действий

etr *тж.* **ETR** estimated time of return расчётное время возвращения

ETRA Extra Terrestrial Research Agency Управление по исследованию внеземного пространства

ETS *тж.* **ets** [ˈiːˈtiːˈes] estimated time of separation *воен. жарг.* предполагаемое время увольнения из армии

ETS European Telecommunication Satellite Европейский спутник связи

etsp entitled to severance pay имеющий право на выходное пособие

ETTA English Table Tennis Association Британская ассоциация настольного тенниса

ETTU English Table Tennis Union Британский союз по настольному теннису

ETTU European Table Tennis Union Европейский союз по настольном теннису

ETU Electrical Trades Union Профсоюз работников электропромышленности (*Великобритания*)

ETUC European Trade Union Confederation Европейская конфедерация профсоюзов, ЕКП

ETUI European Trade Union Institute Европейский институт профсоюзов

ETV *тж.* **etv** [ˈiːˈtiːˈviː] educational television учебное телевидение (*США*)

etym etymological этимологический

etym etymology этимология

EU *тж.* **Eu, eu** enthropy unit *термд.* единица энтропии

EUFTT European Union of Film and Television Technicians Европейский союз технических работников кино и телевидения

EUI European University Institute Институт европейского университета, ИЕУ

EUM European-Mediterranean европейско-средиземноморский

EUP English Universities Press Издательство английских университетов

EUPR European Union of Public Relations Европейский союз по связям с общественностью, ECCO

Eur Europe Европа

Eur European европейский

EURATOM [′ju:ər′ætəm] European Atomic Energy Community Европейское сообщество по атомной энергии, «Евратом»

Euro [′ju:ərəu] European европейский, *особ.* относящийся к Западной Европе

EURONET [′ju:ərəunet] European Community Network «Евронет» (*система научно-технической и социальной информации Европейского экономического сообщества*)

EUW European Union of Women Европейский союз женщин, ЕСЖ

ev *тж.* **eV** electron-volt электронвольт

EVA *тж.* **eva** extravehicular activity работа за бортом КЛА, выход в открытый космос

evac evacuate эвакуировать

evac evacuation эвакуация

evack [r′væk] evacuee эвакуированный

eval evaluate оценивать

eval evaluation оценка

Evan Evangelical евангелический, евангельский

Evan Evangelist евангелист

evap evaporate испарять(ся); выпаривать

evap evaporation испарение; выпаривание

evap evaporator испаритель, выпарной аппарат

EVC Educational Video Corporation Корпорация учебных видеопрограмм

EVCS Extravehicular Communications System система внекорабельной космической связи

eve [i:v] evening вечер; вечерний

evea extravehicular engineering activities инженерные работы за бортом КЛА

EVI Ex-Volunteers International Международная организация бывших добровольцев, МОБД

evid evidence доказательство; улика; свидетельское показание

EVP Executive Vice President исполнительный вице-президент

evr electronic video recording электронная видеозапись

EvS Environmental Science наука об окружающей среде

evss extravehicular space suit космический скафандр для выхода в открытый космос

evt educational and vocational training общеобразовательная и профессиональная подготовка

EW early warning дальнее обнаружение, раннее предупреждение

E-W East-West восток-запад

Ew *тж.* **ew** electronic warfare *воен.* активное противодействие; радиоэлектронная война

EWA Electrical Wholesalers Association Ассоциация оптовых торговцев электрооборудованием

EWAD Early Warning Air Defense ПВО дальнего обнаружения

EWD Economic Warfare Division управление/отдел экономической войны

ewr early warning radar РЛС дальнего обнаружения

EWS early warning satellite спутник дальнего обнаружения

EWS Early Warning System система дальнего обнаружения /раннего предупреждения

EWSS Early Warning Satellite System спутниковая система раннего предупреждения/дальнего обнаружения

EWWS Electronic Warfare Warning System система предупреждения о радиоэлектронной войне

ex examination экзамен

ex examined проверенный, осмотренный

ex example пример; образец; экземпляр

ex excerpt исключая, за исключением

ex exception исключение

ex excess избыток, излишек

ex exchange обмен; биржа; размен денег; валюта; (центральная) телефонная станция

ex excursion экскурсия

ex executive руководитель, администратор (*учреждения, фирмы*); административный; исполнительный; распорядительный

ex [eks] exercise физические упражнения, тренировка

ex *тж.* Ex [eks] exhibition выставка

ex experiment эксперимент

ex extract экстракт, вытяжка

ex [eks] ex-wife (-husband) *разг.* бывшая жена (-ий муж)

exacct expense account счёт на оплату текущих расходов

exam [ɪɡˊzæm] examination *разг.* экзамен

Exc Excellency превосходительство

exc excellent отличный

exc excerpt исключая, за исключением

exc exception исключение

exc excursion экскурсия

exch exchange обмен; биржа; размен денег; валюта; (центральная) телефонная станция

exch exchequer казначейство

exchr extra charge дополнительная плата

EXCL exclamation point *вчт.* восклицательный знак

Ex Co Executive Council исполнительный совет

Ex Com Executive Committee (of the National Security Council) исполнительный комитет (*Совета Национальной безопасности США*)

exdis exclusive distribution ограниченная рассылка (*документа*)

exec [ɪɡˊzek] executive руководитель, администратор (*учреждения, фирмы*); административный; исполнительный; распорядительный

exec executor душеприказчик; судебный исполнитель

Exec Dir Executive Director исполнительный директор

Exec Off Executive Officer административное должностное лицо

exer exercise учение, занятие, упражнение

exes [ˊeksɪs] expenses *разг.* расходы

Exet Coll Exeter College Эксетер-Колледж (*один из старейших колледжей Оксфордского университета*)

exf external function внешняя функция

exhibs exhibitors *кино* владельцы кинотеатров

ex int ex interest без процентов

ex lib. ex libris *лат.* (from the library of) экслибрис, книжный знак

Ex O Executive Officer административное должностное лицо

ex off. ex officio *лат.* (by authority of his office) по служебному положению, по должности

exp expansion расширение

exp expenditure трата, расход

exp expenses расходы

exp experiment опыт, эксперимент

exp experimental подопытный; опытный, экспериментальный; исследуемый

exp expired истекший (*о сроках*)

exp exponential *мат.* экспоненциальный, показательный

exp export экспорт; экспортный

exp exported экспортированный

exp exporter экспортёр

exp exposure экспозиция

exp express экспресс; срочное отправление

expl explosion взрыв

expo *тж.* **Expo** [ˈekspəu] национальная *или* международная выставка; любая большая выставка

exps expenses расходы

expt experiment опыт, эксперимент

exptl experimental экспериментальный

exr executor душеприказчик, судебный исполнитель

ext extention добавочный (*номер телефона*)

ext external внешний, наружный

ext extinct потухший; вымерший

ext extra особый, добавочный

ext extract экстракт, вытяжка

Extel [eksˈtel] Exchange Telegraph Company «Экстел» (*крупное телеграфное агентство; Великобритания*)

extrm extreme экстремальный, крайний, предельный

F

F Fahrenheit температурная шкала, градуированная в градусах Фаренгейта; по шкале Фаренгейта

F failure отказ; повреждение; неисправность; неудача; неблагоприятный исход

f fathom морская сажень; кубическая сажень

F February февраль

f feedback обратная связь

F Fellow член (*какого-л. общества, колледжа*)

f female женского пола, женского рода; женский

f feminine женского пола, женского рода; женский

F field *мат.* поле; аэродром

F [ef] fighter самолёт-истребитель

F fluorine *хим.* фтор

f following следующий

f following page и следующая страница

f foot фут (= *30, 48 см*)

f formula пропись (*лекарственного средства*)

F France Франция

F French французский

f frequency *физ.* частота

F *тж.* **f** fuel топливо; *ркт.* горючее

fa family allowance *брит.* надбавка к окладу на содержание семьи

FA Field Ambulance санитарная автомашина

Fa Field Artillery *воен.* полевая артиллерия

F/A Fighter Aircraft самолёт-истребитель

FA Financial Adviser финансовый советник

fa fire alarm пожарная тревога

fa first aid первая помощь

FA [ˈefˈei] Football Association Футбольная ассоциация (*руководящая футбольная ассоциация; Великобритания*)

FA Foreign Affairs «Форин Афферс» (*журнал по вопросам внешней политики; США*)

FAA Federal Alcohol Administration Федеральное управление по вопросам алкогольных напитков

FAA Federal Aviation Administration Федеральное авиационное управление (*США*)

FAA Film Artists' Association Ассоциация киноактёров

FAA Foundation for American Agriculture Американский фонд содействия сельскому хозяйству

FAAA Fellow of the American Academy of Allergy член Американской академии аллергических заболеваний

FAAAS Fellow of the American Academy of Arts and Sciences член Американской академии искусств и наук

FAAAS Fellow of the American Association for the Advancement of Science член Американской ассоциации содействия развитию науки

FAADS forward-area air defense system передовая противовоздушная система

FAAOS Fellow of the American Academy of Orthopaedic Surgeons член Американской академии хирургов-ортопедов

fab fable басня, небылица

fab fabric ткань, материал; строение, структура

fab fabricate изготовлять; производить; строить методом секционной сборки

fab fabrication изготовление; производство; секционная сборка

fab [fæb] fabulous *разг.* потрясающий, баснословный

fab first-aid box аптечка первой помощи

FAB Fleet Air Base авиационная база флота; база морской авиации

FABSS Fellow of the Architectural and Building Surveyors' Society член Общества архитекторов и геодезистов

fac facade фасад

fac facial массаж лица

fac facility (*наземное*) оборудование; сооружение, установка

fac factor фактор

fac factory фабрика; завод

fac *тж.* **Fac** faculty факультет, отделение; профессорско-преподавательский состав

fac fast as can как можно скорее

FAC Federal Aviation Commission *ист.* Федеральная авиационная комиссия (*США*)

FAC Financial Affairs Commission Комиссия по финансовым делам

FAC forward air controller передовой авиационный наводчик

FACA Fellow of the American College of Anaesthetists член Американского колледжа анестезиологов

FACA Fellow of the American College of Angiology член Американского колледжа ангиологии

FACA Fellow of the Association of Chartered Accountants член Ассоциации бухгалтеров-экспертов (*Великобритания*)

FACAL Fellow of the American College of Allergists член Американского колледжа аллергологов

FACC Fellow of the American College of Cardiology член Американского колледжа кардиологии

FACD Fellow of the American College of Dentistry член Американского колледжа стоматологии

FACO Fellow of the American College of Otolaryngology член Американского колледжа отоларингологии

FACOG Fellow of the American College of Obstetricians and Gynecologists член Американского колледжа акушеров и гинекологов

FACP ['ef'er'si:'pi:] Fellow of the American College of Physicians член Американского терапевтического колледжа

FACR Fellow of the American College of Radiology член Американского колледжа радиологии

FACS Fellow of the American College of Surgeons член Американского хирургического колледжа

fad free air delivery доступ/впуск воздуха, подача атмосферного воздуха

FAD full and down *ком.* полная загрузка судна по грузовместимости и грузоподъёмности

FAdm Fleet Admiral *амер.* адмирал флота

FAE *тж.* **fae** fuel air explosive аэрозольное взрывчатое вещество

FAF Financial Analysts Federation Федерация финансовых аналитиков (*США*)

FAF Fine Arts Foundation Фонд изобразительных искусств

FAGS Federation of Astronomical and Geophysical Services Федерация астрономических и геофизических служб

FAGS Fellow of the American Geographical Society член Американского географического общества

Fah Fahrenheit температурная шкала, градуированная в градусах Фаренгейта; по шкале Фаренгейта

FAI [faˈɪ] Fédération Aéronautique Internationale *фр.* (International Aeronautical Federation) Международная авиационная федерация, ФАИ

FAIA Fellow of the American Institute of Architects член Американского института архитекторов

FAIC Fellow of the American Institute of Chemists член Американского института химиков

fak freights all kinds *ком.* грузы разного рода

fam familiar обычный, привычный

fam family семья

FAM *тж.* **fam** Federal Air Mail федеральная авиапочта (*США*)

FAM *тж.* **fam** Foreign Air Mail иностранная авиапочта

FAMA Fellow of the American Medical Association член Американской медицинской ассоциации

FAMEME Fellow of the Association of Mining, Electrical and Mechanical Engineers член Ассоциации горных инженеров, инженеров-электротехников и механиков

FAMIS [ˈfeɪmɪs] Financial and Management Information System административно-финансовая информационная система, ФАМИС

FAMOS [ˈfeɪməs] Fleet Air Meteorological Observation Satellite метеорологический спутник ВМС ФАМОС

F & A Finance and Accounting финансы и учёт

f & d freight and demurrage *ком.* фрахт и демередж

Fannie Mae [ˈfænɪˈmeɪ] Federal National Mortgage Association Национальная ассоциация по кредитованию жилищного строительства (*США*)

FANY [ˈfænɪ] First Aid Nursing Yeomanry Корпус медсестёр скорой помощи (*Великобритания*)

FAO Food and Agricultural Organization Продовольственная и сельскохозяйственная организация, ФАО (*ООН*)

FAP First Aid Post пункт первой помощи

FAP Foreign Assistance Program программа внешней помощи

FAPS Fellow of the American Physical Society член Американского физического общества

faq *тж.* **FAQ** free at quay *ком.* франко-набережная

FAR Federal Aviation Regulations Федеральный авиационный устав (*США*)

FAS Federal Agricultural Service Федеральная сельскохозяйственная служба (*США*)

FAS Federal Airport Service Федеральная служба аэропортов (*США*)

FAS Federation of American Scientists Федерация американских учёных

FAS Fellow of the Anthropological Society член Антропологического общества

FAS Fellow of the Antiquarian Society член Общества антикваров

FAS Foreign Agricultural Service иностранная сельскохозяйственная служба

fas *тж.* **FAS** free alongside ship *ком.* франко вдоль борта судна, фас

FASCE Fellow of the American Society of Civil Engineers член Американского общества гражданских инженеров

FASEB Federation of American Societies of Experimental Biology Федерация американских обществ экспериментальной биологии

FAST [fɑːst] Fence Against Satellite Threats противоспутниковая система ФАСТ

fat fixed asset transfer передача основных средств

fath fathom морская сажень; кубическая сажень

fav favor одолжение

fav favorable благоприятный

fav favorite любимый; фаворит

FAWA Federation of Asian Women's Associations Федерация женских ассоциаций стран Азии, ФЖАА

FAWU Fishermen and Allied Workers Union Профсоюз рыбаков и рабочих смежных специальностей

fax [fæks] facsimile *разг.* факсимиле; факсимильная/фототелеграфная связь; фототелеграмма

FAX *тж.* **fax** fuel air explosive объёмно-детонирующие/детонационные смеси

f/b feedback *эл.* обратная связь; ответная реакция; взаимодействие

FB fighter-bomber истребитель-бомбардировщик

FB flying bomb самолёт-снаряд; планирующая авиабомба

FB fragmentation bomb осколочная авиабомба

fb freight bill *мор.* счёт за перевозку грузов, счёт за фрахт

fb fringe benefits дополнительные льготы

fb fullback *спорт.* защитник

FBA Federal Bar Association Федеральная ассоциация юристов (*США*)

FBA Fellow of the British Academy член Британской академии

FBC [ˈefˈbiːˈsiː] Federal Broadcasting Corporation Федеральная радиовещательная корпорация

FBCP Fellow of the British College of Physiotherapists член Британского колледжа физиотерапевтов

FBCS Fellow of the British Computer Society член Британского общества вычислительной техники

FBFM Federation of British

Film Makers Федерация британских кинорежиссёров

FBG Federation of British Growers Федерация британских растениеводов

FBI [ˈefˈbiːˈaɪ] Federal Bureau of Investigation Федеральное бюро расследования, ФБР (*США*)

FBIM Fellow of the British Institute of Management член Британского института управления производством

FBIS Federal Bureau of Information Service Федеральное бюро информационной службы (*США*)

FBM *тж.* **fbm** [ˈefˈbiːˈem] fleet ballistic missile корабельная баллистическая ракета

FBN Federal Bureau of Narcotics Федеральное бюро по борьбе с наркотиками (*США*)

FBOA Fellow of the British Optical Association член Британской оптической ассоциации

FBOU Fellow of the British Ornithologists' Union член Британского союза орнитологов

FBP Federal Bureau of Prisons Федеральное бюро тюрем (*США*)

FBPS Fellow of the British Psychological Society член Британского психологического общества

fbr fiber волокно, нить

FBS Fellow of the Botanic(al) Society член Ботанического общества

FBS forward-based system *воен.* система передового базирования

FBSC Fellow of the British Society of Commerce член Британского общества коммерции

FC Fleet Commander командующий флотом

FC Flight Control управление полётами

fc follow copy *полигр.* последующий оттиск, последующая копия; последующий экземпляр

FC Football Club футбольный клуб

FC *тж.* **fc** foot-candle футосвеча

F.C. *тж.* **f/c** for cash за наличные

f/c forecast прогноз

FC Free Church (of Scotland) Свободная шотландская церковь (*негосударственная, построенная по принципу пресвитерианства*)

FC full capacity полная вместимость/ёмкость/мощность/производительность

FCA Farm Credit Administration Управление сельскохозяйственного кредита (*США*)

FCA Financial Corporation of America Финансовая корпорация Америки

FCAI Federal Chamber of Automotive Industries Федеральная палата автомобильной промышленности

FCAP Fellow of the College of American Pathologists член Американского колледжа патологов

FCAS Federal Council of Agricultural Societies Федеральный совет сельскохозяйственных обществ

FCB Frequency Coordinating Body Комитет по координации радиочастот, ККРЧ

FCC [ˈefˈsiːˈsiː] Federal Communications Commission Федеральная комиссия связи (*США*)

FCC Federal Council of Churches Федеральный совет церквей

FCC Flight Coordination Center Центр координации полётов

FCCA Federal Court Clerks Association Ассоциация служащих федерального суда

FCCS Fellow of the Corporation of Certified Secretaries член Корпорации дипломированных секретарей

FCDA Federal Civil Defense Administration Федеральное управление гражданской обороны (*США*)

FCE First Certificate in English Кембриджский экзамен на получение свидетельства по английскому языку

FCE Foreign Currency Exchange обмен иностранной валюты

FCGP Fellow of the College of General Practitioners член Колледжа врачей общей практики

FCI Federal Correctional Institute Федеральный исправительный институт

FCIA Fellow of the Corporation of Insurance Agents член Корпорации страховых агентов

FCIB Fellow of the Corporation of Insurance Brokers член Корпорации страховых маклеров

FCIC Federal Crop Insurance Corporation Федеральная корпорация страхования урожая (*США*)

FCII Fellow of the Chartered Insurance Institute член Общества страхования

FCIS Foreign Counterintelligence System система иностранной контрразведки

FCJS Federal Criminal Justice System Федеральная система уголовного суда

FCM *тж.* **fcm** [ˈefˈsiːˈem] fleet cruise missile корабельная крылатая ракета

FCMS Fellow of the College of Medicine and Surgery член Колледжа медицины и хирургии

FCN Federal Catalog Number Федеральный каталожный номер

FCO Flight Control Officer (офицер-)руководитель полётов

FCO [ˈefˈsiːˈəu] Foreign and Commonwealth Office Министерство иностранных дел и по делам Содружества (*Великобритания*)

fcp foolscap формат бумаги

FCPS Fellow of the College of Physicians and Surgeons член Колледжа врачей и хирургов

FCRC Federal Contract Research Center научно-исследовательский центр, работающий по контрактам с государственными учреждениями (*США*)

FCS Farmer Cooperative Service сельскохозяйственная кооперативная служба (*США*)

FCS Fellow of the Chemical Society член Химического общества

FCS Financial Control System система финансового контроля

FCS *тж.* **F/CS** Flight Control System система управления ЛА

FCSA Fellow of the Institute of Charactered Secretaries and Administrators член Общества секретарей и администраторов

FCSCUS Foreign Claims Settlement Commission of the United States Комиссия США по урегулированию иностранных претензий

FCST Federal Council of Science and Technology Федеральный совет по науке и технике (*США*)

fcst forecast предсказание, прогноз

FCT Federal Commission of Taxation Федеральная налоговая комиссия (*США*)

FCU Federal Credit Union Федеральный кредитный союз

FCU Federation of Claimants Unions Федерация союзов истцов

fd fatal dose смертельная/летальная доза

FD Finance Department финансовое управление

FD Fire Department управление пожарной охраны

fd flight deck полётная палуба (*авианосца*); кабина экипажа (*на тяжёлом самолёте*)

FD *тж.* **fd** focal distance *физ.* фокусное расстояние

FD fourth dimension четвёртое измерение

FDA Food and Drug Administration Управление по контролю за продуктами и лекарствами (*США*)

FDAA Federal Disaster Assistance Administration Федеральное управление оказания помощи пострадавшим от стихийного бедствия

FDAWU Food, Drinks and Allied Workers Union Профсоюз рабочих пищевой и смежных отраслей промышленности

fdbk feedback обратная связь; ответная реакция, взаимодействие

FDEA Federal Drug Enforcement Administration Федеральное управление контроля за лекарственными препаратами

FDIC Federal Deposit Insurance Corporation Федеральная корпорация страхования банковских вкладов

fdldg forced landing вынужденная посадка

fdn foundation основание; фундамент; база

FDP Freie Demokratische Partei *нем.* (Free Democratic Party) Партия свободных демократов

FDPC Federal Data Processing Center Федеральный центр обработки данных

FDPM Final Draft, Presidential Memorandum окончательный вариант памятной записки, представляемой президенту

Fd PO Field Post Office военно-полевая почтовая станция

FDR [ˈefˈdiːˈɑː] Franklin Delano Roosevelt Франклин Делано Рузвельт (*32-й президент США*)

FE Far East Дальний Восток; дальневосточный

Fe ferrum *хим.* железо

fe fire extinguisher огнетушитель

fe first edition первое издание

FE Flight Engineer *ав.* бортинженер

fe further education дальнейшее образование

FEA Federal Energy Administration Федеральное управление по энергетике (*США*)

FEA Federation of Employment Agencies Федерация агентств по найму

FEB Fair Employment Board Комитет по обеспечению справедливого найма

Feb [feb] February февраль

FEB Financial and Economic Board Финансово-экономический совет (*НАТО*)

FEB Flying Evaluation Board Комитет по аттестации лётно-подъёмного состава

FEBA forward edge of the battle area передний край поля боя

FEC Federal Election Commission Федеральная избирательная комиссия (*США*)

FEC Federal Election Council Федеральный избирательный совет

Fed *тж.* **fed** [fed] federal *амер. жарг.* федеральное правительство; государственный чиновник, агент Федерального бюро расследования; федеральный; правительственный; государственный

Fed [fed] Federal Reserve Board Совет управляющих федеральной резервной системы (*США*)

Fed [fed] Federal Reserve System Федеральная резервная система (*США*)

fedn federation федерация

Fed. Res. Bd. Federal Reserve Board Совет управляющих федеральной резервной системы (*США*)

Fed. Res. Bk. Federal Reserve Bank Федеральный резервный банк (*США*)

feeb [fiːb] feeble-minded *жарг.* кретин, слабоумный

Feebie ['fiːbiː] Federal Bureau of Investigation *амер. жарг.* сотрудник ФБР, «фиби»

FEFO *тж.* **fefo** ['fiːfəu] first ended, first out «первым готов — первым обслужен»

FEIA Flight Engineers International Association Международная ассоциация бортинженеров

fem [fem] effeminate *амер. жарг.* женоподобный

fem female женского пола, женского рода; женский

fem feminine женского пола, женского рода; женский

FEMA Farm Equipment Manufacturers Association Ассоциация производителей сельскохозяйственного оборудования

FEMA Fire Equipment Manufacturers Association Ассоциация производителей противопожарных средств

FEMA Foundry Equipment Manufacturers Association Ассоциация производителей литейного оборудования

Fem Lib *тж.* **femlib** ['femlɪb] Feminine Liberation Феминистское движение за освобождение женщин (*США*)

FEO Federal Executive Office Федеральное исполнительное управление (*США*)

FEPC Fair Employment Practices Committee Комитет по обеспечению справедливого найма

FEPC Federation of Electric Power Companies Федерация компаний, производящих электроэнергию

FERA Federal Emergency Relief Administration *ист.* Федеральная администрация чрезвычайной помощи (*США*)

ferv [fəːv] fervent религиозный

ferv [fəːv] fervour *школ.* теология как предмет изучения

FES Fellow of the Entomological Society член Энтомологического общества

FES Fellow of the Ethnological Society член Этнологического общества

FEST Federation of Engineering and Shipbuilding Trades Федерация инженерных и судостроительных профессий (*Великобритания*)

FET Far East Time дальневосточное поясное время

FET Federal Estate Tax Федеральный налог на имущество (*США*)

FET Federal Excise Tax Федеральный акцизный сбор (*США*)

FET *тж.* **fet** ['ef'iː'tiː] field-effect transistor полевой транзистор; транзистор с управляемым полем

FETU Federation of Entertainment Trade Unions Федерация профсоюзов работников индустрии развлечений

ff following (pages) следующие (страницы)

FF Ford Foundation фонд Форда

ff foreign flag иностранный

флаг; иностранного государства (*о корабле*)

ff free fall свободное падение

ff freight forward *ком.* фрахт уплачивается в порту

ffa *тж.* **FFA** foreign freight agent агент иностранной фрахтовой организации

FFPC firm fixed price contract контракт с твёрдо фиксированной ценой

FFW failure-free warranty гарантия безотказной работы

ffwd full-speed forward *мор.* полный вперёд

FG Federal Government Федеральное правительство

fga *тж.* **FGA** fighter, ground attack штурмовой бомбардировщик, штурмовик

fgn foreign иностранный

FGS Fellow of the Geological Society член Геологического общества

fgt freight груз; фрахт

FH fire hydrant пожарный кран, гидрант

FHA Federal Highway Administration Федеральное управление шоссейных дорог

FHA Federal Housing Association Федеральное управление жилищного строительства

FHAA Field Hockey Association of America Американская ассоциация хоккея на траве

fi *тж.* **FI** foreign intelligence иностранная разведка

FIA Federal Insurance Administration Федеральное управление страхования

FIA Fellow of the Institute of Actuaries член Института страховых статистиков

F. I. Ae. S. Fellow of the Institute of Aeronautical Sciences член Института аэронавигационных наук

FIAL Fellow of the Institute of Arts and Letters член Института искусств и литературы

FIAM Fellow of the International Academy of Management член Международной академии управления

Fiat *тж.* **FIAT** Fabrica Italiana Automobili, Torino *ит.* (Italian Automobile Factory, Turin) завод «Фиат»; машина марки «Фиат»

FIB Fellow of the Institute of Bankers член Института банкиров

FI Bio Fellow of the Institute of Biology член Института биологии

FIC Federal Information Center Федеральный информационный центр (*США*)

FIC Federal Insurance Corporation Федеральная страховая корпорация

FICA Fellow of the Institute of Company Accountants член Института бухгалтеров

FICCI Federation of Indian Chambers of Commerce and Industry Индийская федерация торгово-промышленных палат, ИФТП

FICD Fellow of the International College of Dentists член Международного колледжа зубных врачей

FICE Fellow of the Institute of Civil Engineers член Института гражданских инженеров

FICO Financial Committee финансовый комитет

FICS Fellow of the International College of Surgeons член Международного колледжа хирургов

FICSA Federation of International Civil Servants Associations Федерация ассоциаций международных чиновников

FID Fellow of the Institute of Directors член Института директоров

FIDE [fɪˈdeɪ] Fédération Internationale des Echecs *фр.* (International Chess Federation) Международная шахматная федерация, ФИДЕ

fido *тж.* **FIDO** [ˈfaɪdəʊ] fog investigation dispersal operations служба искусственного рассеивания туманов; наименование тумано-рассеивающей установки

FIEE Fellow of the Institution of

Electrical Engineers член Института инженеров-электриков

FIERE Fellow of the Institute of Electronic and Radio Engineers член Института электронных и радиоинженеров

FIES Federal Information Exchange System Федеральная система обмена информацией

fif [fɪf] fifteen *разг.* счёт пятнадцать в теннисе; число пятнадцать (*о времени*)

FIFA [frˈfa] Fédération Internationale de Football Associations *фр.* (International Federation of Football Associations) Международная федерация футбола, ФИФА

FIFO *тж.* **fifo** [ˈfaɪfəu] first in, first out *мор.* «первым прибыл — первым обслужен»

fig figurative переносный, образный

fig [fɪg] figure цифра; рисунок; схема, фигура

FIIA Fellow of the Institute of Industrial Administration член Института промышленной администрации

FIJ Fellow of the Institute of Journalists член Института журналистов

FIL Fellow of the Institute of Linguists член Института лингвистов

FIMC Fellow of the Institute of Management Consultants член Института консультантов по управлению

F. I. Mech. E. Fellow of the Institution of Mechanical Engineers член Института инженеров-механиков

FIMS Financial Implementation Management Services Unit Группа финансового обеспечения деятельности служб управления

fin finance финансы

fin financial финансовый

Fin Finland Финляндия

Fin Finnish финский

F. Inst. P. Fellow of the Institute of Physics член Института физики

fio free in and out *ком.* (судно) свободно от расходов по погрузке и выгрузке, фио

FIS *тж.* **fis** family income supplement *брит.* дополнение к семейному доходу

FIS Fellow of the Institute of Statisticians член Института статистиков

fis fiscal финансовый; бюджетный

FISH [fɪʃ] Fully-Instrumented Submersible Housing подводный океанографический измерительный комплекс ФИШ

FIT Federal Income Tax федеральный подоходный налог (*США*)

fit free of income tax не облагаемый подоходным налогом

FIYTO Federation of International Youth Travel Organizations Международная федерация бюро путешествий для молодёжи, МФБПМ

fj fighter jet реактивный истребитель

FL First Lady первая дама (*жена президента США*)

FL Flag Lieutenant *мор.* флаг-офицер, флаг-лейтенант

fl flame пламя

fl flammable воспламеняющийся; огнеопасный

Fl Flanders Фландрия

fl flashing light сигнальный огонь

Fl Flemish фламандский

FL Flight Lieutenant *брит. ав.* капитан

fl flood прилив, приливное течение

FL Florida Флорида (*штат США*)

fl florin флорин

fl flourished в цвету

fl fluid текучая среда; жидкость; газ

FL Football League футбольная лига

fl *тж.* **FL** foreign language иностранный язык

FL full load полная нагрузка

FLA Fellow of the Library Association член Библиотечной ассоциации

Fla *тж.* **FLA** Florida Флорида (*штат США*)

fladge [flædʒ] flagellation *брит. жарг.* избиение, порка

flam flammable воспламеняющийся; огнеопасный

flan [flæn] red flannel *мор.* бюрократизм, волокита

flav flavor аромат, букет; привкус; оттенок; особенность

FLB Federal Land Bank Федеральный земельный банк (*США*)

flbm *тж.* **FLBM** [ˈefˈelˈbiːˈem] fleet-launched ballistic missile корабельная баллистическая ракета

fld field поле, аэродром

fld fluid жидкость

fl.dr. fluid dram жидкая драхма (*мера вместимости жидкости = 0,125 жидкой унции = 3,55 мл*)

Flem [flem] Fleming *разг.* фламандец

Flem [flem] Flemish *разг.* фламандский

flex [fleks] flexible wire *эл.* гибкий шнур, провод

flexi-time [ˈfleksɪtaɪm] flexible time свободный режим рабочего дня (*с правом свободного выбора времени начала и окончания работы*)

Flex Med Flexible Medical (program) гибкая медицинская программа

flex-time, flextime [ˈflekstaɪm] flexible time свободный режим рабочего дня (*с правом свободного выбора времени начала и окончания работы*)

flg flag флаг, флажок

FLIR *тж.* **flir** [fləː] forward-look infrared *ав.* бортовая инфракрасная система «Флир» для обнаружения целей в передней полусфере

FLO Foreign Liaison Officer иностранный офицер связи

Flor Florida Флорида (*штат США*)

flox [flɔks] fluid oxygen *тех.* жидкий кислород

fl. oz. fluid ounce жидкая унция (*мера вместимости жидкости = 8 жидким драхмам = 28,4 мл*)

flr failure неисправность; выход из строя

FLR flexible limited response *воен.* гибкое ответное реагирование ограниченного масштаба

flr flyer лётчик; член лётного экипажа

FLS Fellow of the Linnaean Society член Линнеевского общества

flt filter фильтр; фильтровать

flt fleet флот; флотский

flt flight полёт; звено; отряд; (по)лётный

flt float плавать, всплывать; опускать на воду

Flt. Lt. Flight Lieutenant *брит. ав.* капитан

fltr filter фильтр; фильтровать

Flt. Sgt. Flight Sergeant *брит. ав.* старший сержант

flu [fluː] influenza *разг.* грипп, инфлюэнца; любое вирусное респираторное *или* кишечное заболевание

fm farmer фермер

fm feedback mechanism механизм обратной связи

FM Field Marshal фельдмаршал

fm firm фирма

FM Foreign Minister министр иностранных дел

FM Foreign Mission иностранная миссия

FM *тж.* **fm** frequency modulation *радио* частотная модуляция

FMB *тж.* **fmb** fast missile boat быстроходный ракетный катер

FMB Federal Maritime Board Федеральное управление торгового флота (*США*)

FMC Federal Maritime Commission Федеральная морская комиссия (*США*)

FMC Ford Motor Company автомобильная компания Форда

FMCS Federal Mediation and Conciliation Service Федеральная служба посредничества (*между предпринимателями и рабочими; США*)

FMF Fleet Marine Force морская пехота

FMOF First Manned Orbital Flight первый орбитальный пилотируемый полёт

FMS Fellow of the Medical Society член Медицинского общества

FMS flexible manufacturing system *вчт.* гибкая производственная система, ГПС

FMSA Fellow of the Mineralogical Society of America член Американского минералогического общества

fmt format формат

FN flight navigator штурман

fn *тж.* **f. n.** foot-note сноска, примечание

f/n freight note *ком.* спецификация груза; счёт за фрахт

FNB First National Bank Первый национальный банк

fncg financing финансирование

fncl financial финансовый

FNIF Florence Nightingale International Foundation Международный фонд Флоренс Найтингейл

FNLA ['ef'en'el'eɪ] Frente Nacional de Libertação de Angola *порт.* (National Front for the Liberation of Angola) Национальный фронт освобождения Анголы, ФНЛА

FNMA Federal National Mortgage Association Федеральная национальная ассоциация по кредитованию жилищного строительства

fnp fusion point точка плавления

fo faced only только облицованный

fo fade out *кино, тлв.* постепенное исчезновение изображения; *кино* съёмка «в затемнение»; *радио, тлв., кино* пониженное затухание (*звука*)

fo fallout выпадение (радиоактивных) осадков

FO Field Officer *амер.* старший офицер

fo *тж.* **f/o** firm offer *ком.* твёрдое предложение

fo firm order *ком.* твёрдый заказ

FO Flag Officer *мор.* адмирал; коммодор; командующий (*имеет право поднимать свой флаг на корабле*)

FO *тж.* **F/O** Flying Officer *брит. ав.* старший лейтенант

F/O follow-on последующий

FO ['ef'əu] Foreign Office «Форин Оффис» (*Министерство иностранных дел Великобритании, название существовало до 1968 г.*)

fo *тж.* **f/o** for orders для получения распоряжения, «на ордер»

FOA free of all average *ком.* «свободно от всякой аварии»

fob *тж.* **FOB** free on board *ком.* франко-борт, фоб

FOB freight on board *ком.* груз на борту

FOBS [fɔbs] Fractional Orbital Bombardment System частичная орбитальная система бомбометания; система ядерного оружия с частичным использованием космической орбиты

FOC Flight Operations Center центр управления полётами

foc focal фокусный

FOC *тж.* **foc** focus фокус

f. o. c. *тж.* **foc** free of charge бесплатно, безвозмездно

fod *тж.* **f.o.d.** free of damage *ком.* свободно от расходов на повреждение

fodder ['fɔdə] bumfodder *жарг.* туалетная бумага

FOE Friends of the Earth Общество «Друзья земли», ОДЗ

FOFA follow-on force attack нанесение удара на всю глубину обороны, (силовой) удар по второму эшелону противника (*НАТО, США*)

FOH front of house *театр.* фойе и ложи; публика

FOI *тж.* **FoI, foi** freedom of information свобода информации

FOL Federation of Labor Федерация труда

fol following следующий

fom figure of merit показатель качества

Fo Mo Co Ford Motor Company автомобильная компания Форда

FONASBA Federation of National Associations of Ship Brokers and Agents Федерация национальных ассоциаций судовых маклеров и агентов, ФНАСМА

fop forward observation post передовой наблюдательный пункт

f.o.q. free on quay *ком.* франко--пристань, франко-набережная

for foreign иностранный

for foreigner иностранец

for forensic судебный

for forest лес

for forester лесничий

for forestry лесоводство; лесничество

FOR Foundation for Ocean Research Фонд океанографических исследований

for *тж.* **f.o.r.** free on rail *ком.* франко-рельс, франко-вагон

FORDS [fɔːds] Floating Ocean Research and Development Station плавучая океанская научно--исследовательская станция ФОРДС

for med forensic medicine судебная медицина

For Min Foreign Minister министр иностранных дел

fort fortification укрепление; фортификация

fort fortified укреплённый

FORTRAN *тж.* **Fortran** [ˈfɔːtræn] Formula Translator *вчт.* язык программирования ЭВМ Фортран

fos factor of safety коэффициент безопасности, запас прочности

fos *тж.* **f.o.s.** free on steamer *ком.* франко-пароход

FOSATU Federation of South African Trade Unions Федерация профсоюзов Южной Африки

fot free of tax *ком.* не облагаемый налогом

fot *тж.* **f.o.t.** free on truck *ком.* франко-железнодорожная платформа; *амер.* франко-грузовой автомобиль

FOUO For Official Use Only только для служебного пользования

fow *тж.* **f.o.w.** first open water *ком.* первая открытая вода; открытие навигации

fp family planning контроль рождаемости

fp fireplug пожарный кран, гидрант

fp *тж.* **F/P** fire policy *ком.* полис страхования от огня

fp fireproof огнестойкий, огнеупорный

fp fixed price фиксированная цена

fp flash point температура вспышки; точка возгорания

fp floating policy *ком.* генеральный страховой полис

FP foreign policy внешняя политика

FP former pupil бывший ученик

fp freezing point точка замерзания

fp fully paid полностью оплаченный

FPA Family Planning Association Ассоциация планирования семьи (*частная организация*; *Великобритания*)

FPA Foreign Policy Association Ассоциация внешней политики

FPA Foreign Press Association Ассоциация иностранной прессы

FPB fast patrol boat быстроходный сторожевой корабль/катер

FPBG fast patrol boat, guided missile ракетный корабль/катер

FPC fast patrol craft быстроходное сторожевое судно

FPC Federal Power Commission Федеральная комиссия по энергетике (*США*)

fpc *тж.* **FPC** [ˈefˈpiːˈsiː] fish protein concentrate *с/х.* рыбно-белковый концентрат

fpc fixed price contract *ком.* контракт с фиксированной ценой

FPCI Federal Penal and Correctional Institutions Федеральные тюремные и исправительные учреждения

fpec fixed price with escalation contract *ком.* контракт с обусловленным повышением фиксированной цены

FPED Farm Production Economics Division Отдел экономики фермерского производства (*США*)

fph feet per hour футов в час

F.Ph.S. Fellow of the Philosophical Society (of England) член Философского общества Великобритании

F Phy S Fellow of the Physical Society член Физического общества

fpic fixed price incentive contract *ком.* контракт с фиксированной ценой и поощрительным вознаграждением

fpil full premium if lost *страх.* полное возмещение убытков в случае гибели *или* пропажи

fpm feet per minute футов в минуту

FPO Field Post Office военно-полевая почта

FPO Fleet Post Office *амер. мор.* почтовое отделение флота

FPOA Federal Probation Officers Association Федеральная ассоциация лиц, осуществляющих надзор за условно осуждёнными

fpoe first port of entry первый импортный порт

FPP Family Planning Program Программа контроля рождаемости

FPR Federal Procurement Regulations правила закупок для государственных органов

fprf fireproof огнестойкий, огнеупорный; жароупорный

FPS Fauna Preservation Society Общество сохранения фауны

fps feet per second футов в секунду

FPS Fellow of the Pharmaceutical Society (of Great Britain) член Фармацевтического общества Великобритании

FPS Fellow of the Philological Society член Филологического общества

FPS Fellow of the Philosophical Society член Философского общества

FPWA Federation of Professional Writers of America Федерация профессиональных писателей Америки

fqcy frequency частота

fqt frequent частый

Fr Father отец

FR Federal Reserve Федеральный резерв (*США*)

fr fragment отрывок; фрагмент; осколок; обломок

Fr France Франция

FR *тж.* **fr** freight release *ком.* разрешение на выдачу груза

Fr French французский

Fr Friar монах

Fr Friday пятница

fr front передний

FR fundamental research фундаментальные исследования

FRA Federal Railroad Administration Федеральное управление железных дорог (*США*)

frac fraction дробь; дробная часть

frac fractional дробный

FRAD [ˈefˈɑːrˈeiˈdiː] Fellow of the Royal Academy of Dancing член Королевской академии танца (*Великобритания*)

FRAeS Fellow of the Royal Aeronautical Society член Королевского общества аэронавтики (*Великобритания*)

frag [fræg] fragmentation grenade *воен. жарг.* осколочная граната; убить осколочной гранатой

FRAgS Fellow of the Royal Agricultural Society член Королевского сельскохозяйственного общества (*Великобритания*)

FRAI [ˈefˈɑːrˈeiˈai] Fellow of the Royal Anthropological Institute член Королевского. антропологического института (*Великобритания*)

FRAM [ˈefˈɑːrˈeiˈem] Fellow of the Royal Academy of Music член Королевской музыкальной академии (*Великобритания*)

frank [fræŋk] frankfurter *амер. разг.* сосиска

FRAP [ˈefˈɑːrˈeɪˈpiː] Fellow of the Royal Academy of Physicians член Королевской терапевтической академии (*Великобритания*)

FRAS [ˈefˈɑːrˈeɪˈes] Fellow of the Royal Astronomical Society член Королевского астрономического общества (*Великобритания*)

frat [fræt] fraternity *амер. унив. жарг.* студенческое братство, землячество

frat [fræt] fraternization *жарг.* связь с жительницей оккупированной страны; жительница оккупированной страны, общающаяся с завоевателями

frat [fræt] fraternize *жарг.* общаться с населением оккупированной страны; общаться с жительницами оккупированной страны; дружески общаться с кем-л.

FRB Federal Reserve Bank Федеральный резервный банк (*США*)

FRB Federal Reserve Board Федеральное резервное управление (*США*)

FRB Fisheries Research Board Научно-исследовательская комиссия по рыболовству

FRBS [ˈefˈɑːˈbiːˈes] Fellow of the Royal Botanic Society член Королевского ботанического общества (*Великобритания*)

FRBS [ˈefˈɑːˈbiːˈes] Fellow of the Royal Society of British Sculptors член Королевского общества британских скульпторов

FRC Federal Radio Commission *амер. ист.* Федеральная комиссия по делам радиовещания

FRC Foreign Relations Committee Комиссия по иностранным делам (*конгресса США*)

frc functional residual capacity функциональная остаточная ёмкость

FRCA [ˈefˈɑːˈsiːˈeɪ] Fellow of the Royal College of Art член Королевского колледжа искусств (*Великобритания*)

FRCGP [ˈefˈɑːˈsiːˈdʒiːˈpiː] Fellow of the Royal College of General Practitioners член Королевского колледжа врачей общей практики (*Великобритания*)

FRCM [ˈefˈɑːˈsiːˈem] Fellow of the Royal College of Music член Королевского музыкального колледжа (*Великобритания*)

FRCO [ˈefˈɑːˈsiːˈəu] Fellow of the Royal College of Organists член Королевского колледжа органистов (*Великобритания*)

FRCOG [ˈefˈɑːˈsiːˈəuˈdʒiː] Fellow of the Royal College of Obstetricians and Gynaecologists член Королевского колледжа акушеров и гинекологов (*Великобритания*)

FRCP [ˈefˈɑːˈsiːˈpiː] Fellow of the Royal College of Physicians член Королевского терапевтического колледжа (*Великобритания*)

FRCPath Fellow of the Royal College of Pathologists член Королевского колледжа патологов

FRCS [ˈefˈɑːˈsiːˈes] Fellow of the Royal College of Surgeons член Королевского хирургического колледжа (*Великобритания*)

FRCSc Fellow of the Royal College of Science член Королевского научного колледжа (*Великобритания*)

FRCVS [ˈefˈɑːˈsiːˈviːˈes] Fellow of the Royal College of Veterinary Surgeons член Королевского колледжа ветеринарных хирургов (*Великобритания*)

FREB Federal Real Estate Board Федеральное управление недвижимого имущества

F.R.Econ.S. Fellow of the Royal Economic Society член Королевского экономического общества (*Великобритания*)

Freddie Mac [ˈfredrˈmæk] Federal Home Loan Mortgage Company Федеральная компания по кредитованию жилищного строительства (*США*)

FRELIMO [ˈfreɪliːməu] Frente de Libertaçao de Moçambique *порт.* (Mozambique Liberation Front) Фронт освобождения Мозамбика, ФРЕЛИМО

freq frequency частота

freq frequent частый

FREPS [ˈefˈɑːrˈiːˈpiːˈes] Fellow of

the Royal Faculty of Physicians and Surgeons член Королевского факультета терапевтов и хирургов (*Великобритания*)

FRES [ˈefˈɑːrˈiːˈes] Fellow of the Royal Entomological Society член Королевского энтомологического общества (*Великобритания*)

FRGS [ˈefˈɑːˈdʒiːˈes] Fellow of the Royal Geographical Society член Королевского географического общества (*Великобритания*)

frgt freight *ком.* фрахт; груз; фрахтовать

FR Hist S Fellow of the Royal Historical Society член Королевского исторического общества

FRHS [ˈefˈɑːrˈeɪtˈʃes] Fellow of the Royal Horticultural Society член Королевского общества садоводов (*Великобритания*)

Fri Friday пятница

FRIBA [ˈefˈɑːrˈaɪˈbiːˈeɪ] Fellow of the Royal Institute of British Architects член Королевского института британских архитекторов

FRIC [ˈefˈɑːrˈaɪˈsiː] Fellow of the Royal Institute of Chemistry член Королевского химического института (*Великобритания*)

fric friction трение

fridge [frɪdʒ] refrigerator *разг.* холодильник (*домашний*)

FRIIA [ˈefˈɑːrˈaɪˈaɪˈeɪ] Fellow of the Royal Institute of International Relations член Королевского института международных отношений (*Великобритания*)

frivol frivolity фривольность, легкомыслие, пустяки; поступать легкомысленно

FR Med Soc Fellow of the Royal Medical Society член Королевского медицинского общества (*Великобритания*)

FR Met S Fellow of the Royal Meteorological Society член Королевского метеорологического общества (*Великобритания*)

FRNS [ˈefˈɑːrˈenˈes] Fellow of the Royal Numismatic Society член Королевского нумизматического общества (*Великобритания*)

FRO flight radio officer бортрадист

FRODs [frɔdz] functionally related observable differences функционально обусловленные наблюдаемые отличия

frof freight office отдел грузовых перевозок

fron frontier (государственная) граница; (военно-морской) округ; пограничный

FRP Fuel Reprocessing Plant завод по переработке нефти

frq frequent частый

FRS Federal Reserve System Федеральная резервная система (*США*)

FRS [ˈefˈɑːrˈes] Fellow of the Royal Society член Королевского общества (*в Великобритании соответствует званию академика*)

FRSA [ˈefˈɑːrˈesˈeɪ] Fellow of the Royal Society of Arts член Королевского общества искусств (*Великобритания*)

FRSC [ˈefˈɑːrˈesˈsiː] Fellow of the Royal Society of Chemistry член Королевского химического общества

FRSE [ˈefˈɑːrˈesˈiː] Fellow of the Royal Society of Edinburgh член Эдинбургского королевского общества (*Великобритания*)

FRSL [ˈefˈɑːrˈesˈel] Fellow of the Royal Society of Literature член Королевского литературного общества (*Великобритания*)

FRSM [ˈefˈɑːrˈesˈem] Fellow of the Royal Society of Medicine член Королевского медицинского общества (*Великобритания*)

FRSPS [ˈefˈɑːrˈesˈpiːˈes] Fellow of the Royal Society of Physicians and Surgeons член Королевского терапевтического и хирургического общества (*Великобритания*)

FRSS [ˈefˈɑːrˈesˈes] Fellow of the Royal Statistical Society член Королевского общества статистиков (*Великобритания*)

FRST [ˈefˈɑːrˈesˈtiː] Fellow of the Royal Society of Teachers член Королевского общества учителей (*Великобритания*)

frst frost мороз

frt freight *ком.* фрахт; груз; фрахтовать

frt/fwd freight forward *ком.* фрахт, уплачиваемый в порту выгрузки

frwk framework рамки, пределы

FRZS [ˈefˈɑːˈzedˈes] Fellow of the Royal Zoological Society член Королевского зоологического общества (*Великобритания*)

fs facsimile факсимиле; факсимильная/фототелеграфная связь; фототелеграмма

fs factor of safety коэффициент безопасности, запас прочности

FS feasibility study изучение (технической) осуществимости

f/s feet per second футов в секунду

FS Field Service служба в действующей армии; полевая служба

FS *тж.* **F/S** Financial Statement *ком.* финансовая ведомость

fs fire support огневая поддержка

FS Foreign Service внешнеполитическая служба

FSA Federal Security Administration Федеральное управление безопасности (*США*)

FSA Federal Security Agency Федеральное агентство безопасности (*США*)

FSA [ˈefˈesˈei] Fellow of the Society of Antiquaries член Общества антикваров (*США*)

FSA [ˈefˈesˈei] Fellow of the Society of Arts член Общества искусств

fsbl feasible осуществимый, выполнимый; подходящий, годный; возможный, вероятный

fsby feasibility осуществимость, выполнимость; годность; возможность, вероятность

FSC fail-safe concept принцип обеспечения надёжности при повреждении отдельных элементов

FSC Federal Supreme Court Федеральный Верховный суд (*США*)

FSD Flight Safety Division Отдел безопасности полётов

FSE Federation of Stock Exchanges Федерация фондовых бирж

FSE [ˈefˈesˈiː] Fellow of the Society of Engineers член Общества инженеров

FSERI Federal Solar Energy Research Institute Федеральный научно-исследовательский институт солнечной энергии

FSF Flight Safety Foundation Фонд безопасности полётов

FSF Forensic Sciences Foundation Фонд судебных наук

fsh *тж.* **FSH** follicle-stimulating hormone *биохим.* фолликулостимулирующий гормон

FSI Foreign Service Institute Институт дипломатической службы

FSIS Food Safety and Inspection Service Служба безопасности и контроля за продуктами питания (*США*)

FSLIC Federal Savings and Loan Insurance Corporation Федеральная корпорация страхования сбережений и ссуд (*США*)

FSO foreign service officer работник внешнеполитической службы

FSO Fund for Special Operations Фонд для специальных операций, ФСО

FSP Food Stamp Program Программа выдачи талонов на льготную покупку продуктов

FSR Field Service Regulations полевой устав; наставление

FSS Federal Supply Service Федеральная служба снабжения (*США*)

FSVA [ˈefˈesˈviːˈei] Fellow of the Society of Valuers and Auctioneers член Общества оценщиков и аукционеров

FT Financial Times «Файнэншл Таймз» (*ежедневная финансово-экономическая газета консервативного направления; издаётся в Лондоне*)

FT [ˈefˈtiː] flight time полётное время (*от момента старта*)

ft foot фут (= *30,48 см*)

Ft fort форт

ft free of tax не подлежащий обложению налогом

f/t freight ton *ком.* обмерная фрахтовая тонна

FTA failure to agree провал переговоров между профсоюзами и администрацией об увеличении заработной платы

FTA Free Trade Association Ассоциация свободной торговли

FTAC Foreign Trade Arbitration Арбитражная комиссия по внешней торговле

FTAT [′ef′ti:′er′ti:] Furniture, Timber and Allied Trades Профсоюз мебельщиков, деревообделочников и рабочих смежных профессий (*Великобритания*)

FTC Federal Trade Commission Федеральная торговая комиссия (*США*)

ftg fitting сборка, монтаж; подгонка; подбор

fti *тж.* **FTI** federal tax included включая федеральный налог

FTMA Federation of Textile Manufacturers Associations Федерация ассоциаций владельцев текстильных предприятий

ftr fighter *ав.* истребитель

FTS Federal Telecommunications System Федеральная система дальней связи (*США*)

FTS Federal Telephone System Федеральная телефонная система (*США*)

fts flight safety безопасность полётов

FTU Federation of Trade Unions Федерация профсоюзов

FTU [′ef′ti:′ju:] Furniture Trade Union Профсоюз мебельщиков (*Великобритания*)

FTZ Foreign Trade Zone зона внешней торговли

FTZ Free Trade Zone зона свободной торговли

FU Farmers Union Союз фермеров

fu follow up обратная связь; следящее устройство

FUA Farm Underwriters Association Ассоциация фермерских страховщиков

FUEN Federal Union of European Nationalities Федералистский союз европейских этнических сообществ, ФСЕЭС

func function функция

fund fundamental основной

FUO fever of undetermined origin лихорадка неизвестного происхождения

f/up follow up обратная связь; следящее устройство

fur furlong фарлонг (*мера длины = 201,17 м*)

fut future будущий

fv folio verso *лат.* (back of the sheet) на обороте листа/страницы

FVA [′ef′vi:′eɪ] Fellow of the Valuers Association член Ассоциации оценщиков

fw fresh water пресная вода, свежая вода

fw full weight общий вес, полный вес

FWA Farm Workers Association Ассоциация сельскохозяйственных рабочих

FWA Federal Works Agency *амер. ист.* Федеральное управление общественных работ

FWCC Friends' World Committee for Consultation (Quakers) Всемирный консультативный комитет друзей (квакеров), ВККД

fwd forward передний, носовой; передовой; вперёд

fwh flexible working hours свободный режим рабочего дня

FWID Federation of Wholesale and Industrial Distributors Федерация оптовых и промышленных агентов

FWU Food Workers Union Союз рабочих пищевой промышленности

FX foreign exchange иностранная валюта

fxd fixed фиксированный, неподвижный; постоянный, несъёмный

FY *тж.* **fy** fiscal year финансовый/бюджетный год

FYC Federal Youth Center Федеральный молодёжный центр

fyi for your information для вашего сведения

FYP Five-Year-Plan пятилетний план

FZ Franc Zone зона франка

FZS ['ef'zed'es] Fellow of the Zoological Society член Зоологического общества (*Великобритания*)

G

g gage калибр; шаблон; масштаб; стандарт

G gallon галлон (*мера вместимости жидких и сыпучих тел = 4,546 л*)

g garage гараж

G gas газ, газовый

g gender *грам.* род

G [dʒiː] General audience без возрастных ограничений (*о фильме*)

G German германский; немецкий

G Germany Германия

g gloomy пасмурно

g *тж.* **G** glucose глюкоза

g gold золото; золотой

g *тж.* **G** good хороший; хорошо

G government правительство; правительственный

g graduate *амер.* окончивший учебное заведение, выпускник

g grain зерно; гран (= *0,0648 г*)

g gram грамм

G grand большой; великий

g gravity сила тяжести; тяжесть; тяготение, притяжение; гравитационный

g green зелёный

G Greenwich *брит.* Гринвич; гринвичский меридиан; среднее время по гринвичскому меридиану

g gross масса; гросс (= *12 дюжин*)

g guide путеводитель, указатель

g guinea гинея (*британская денежная единица = 21 шиллингу*)

G gulf залив

g gun орудие; огнестрельное оружие; орудийный; пулемётный

ga gage калибр; шаблон; масштаб; стандарт

Ga gallium *хим.* галлий

GA General Adjutant генеральный адъютант

GA General Agent генеральный агент

GA General Assembly Генеральная Ассамблея (*ООН*)

GA general assignment общее назначение; общая задача

ga *тж.* **g/a** general average *страх.* общая авария

ga general aviation авиация общего назначения

GA Geographical Association Географическая ассоциация

GA Geologists Association Ассоциация геологов

Ga *тж.* **GA** Georgia Джорджиа (*штат США*)

ga glide angle *ав.* угол планирования

GA Government Actuary государственный эксперт-статистик

GA Government Agency правительственное учреждение

GA Graphic Arts изобразительные искусства; графика

ga *тж.* **g/a** ground-to-air класса «земля — воздух»; зенитный (*о ракете*)

GAA Gaelic Athletic Association Гаэльская/Шотландская спортивная ассоциация

GAA General Agency Agreement генеральное соглашение с судовладельцами о фрахтовании судов государственными организациями

ga & s general average and salvage *страх.* издержки по общей аварии и спасанию

gab [gæb] gaberdine длиннополый кафтан из грубого сукна

GABA ['gæbə] gamma--aminobutyric acid *биохим.* гамма--аминомасляная кислота

GAC General Advisory Committee Главный консультативный комитет

g/a con general average contribution *страх.* долевой взнос для покрытия убытков по общей аварии

g/a dep general average deposit *страх.* аванс для покрытия убытков по общей аварии

Gae Gaelic гаэльский

GAF Government Aircraft Factories правительственные авиационные заводы (*Великобритания*)

GAG Graphic Artists Guild Гильдия художников-графиков

gai guaranteed annual income гарантированный годовой доход

GAIF General Arab Insurance Federation Всеобщая арабская федерация страхования, ВАФС

GAIF General Assembly of International Federations Генеральная ассамблея международных федераций

GAIU Graphic Arts International Union Международный союз изобразительных искусств

gal gallon галлон (*мера вместимости жидких и сыпучих тел = 4,546 л*)

GAL Guggenheim Aeronautical Laboratory Авиационная лаборатория имени Гуггенхейма (*Калифорнийского технологического института*)

gall gallery галерея

gall gallon галлон (*мера вместимости жидких и сыпучих тел = 4,546 л*)

galv galvanic гальванический

galv galvanism гальванизация

galv galvanized гальванизированный; оцинкованный

galv galvanometer гальванометр

gam *тж.* **GAM** ground-to-air missile класса «земля — воздух», зенитный (*о ракете*)

gam *тж.* **GAM** guided aircraft missile авиационная управляемая ракета

GAMA Gas Appliance Manufacturers Association Ассоциация владельцев предприятий газового оборудования

GAMA General Aviation Manufacturers Association Ассоциация владельцев авиационных заводов общего назначения

GAMC General Agents and Managers Conference Конференция генеральных агентов и управляющих

g & a general and administrative общий и административный

g & a geophysics and astronomy геофизика и астрономия

G & FDNA Grain and Feed Dealers National Association Национальная ассоциация торговцев зерном и фуражом (*США*)

G and M ['dʒi:nd'em] (National Union of) General and Municipal Workers Национальный профсоюз неквалифицированных и муниципальных рабочих, «Джи энд Эм» (*Великобритания*)

GAO General Accounting Office Центральное финансовое управление (*США*)

gao general alert order приказ об общей тревоге

GAO Government Accounting Office Правительственное финансовое управление

GAP Government Aircraft Plant Правительственный авиационный завод

gap *т.* **GAP** gross agricultural product валовой сельскохозяйственный продукт

gapa ground-to-air pilotless aircraft зенитный самолёт-снаряд, беспилотный самолёт, самолёт-снаряд класса «земля — воздух»

GAPAN Guild of Air Pilots and Air Navigators Гильдия лётчиков и штурманов (*Великобритания*)

GAPCE General Assembly of the Presbyterian Church of England Генеральная ассамблея пресвитарианской церкви (*Великобритания*)

GAPR Grant Application Request заявление о предоставлении стипендии

gaq good average quality хорошее среднее качество

gar garage гараж

gar garrison гарнизон; гарнизонный

gar *тж.* **GAR** gross annual return валовые поступления за год

gar *тж.* **GAR** guided aircraft rocket авиационная управляемая ракета

garb garbage мусор

gard *тж.* **GARD** [gɑ:d] gamma atomic radiation detector детектор гамма-излучения

gard garden сад

gard gardener садовник

gard gardening садоводство

GARIOA *тж.* **garioa** government and relief in occupied areas *амер.* правительственные ассигнования на оказание помощи оккупированным районам

GARP [gɑ:p] Global Atmospheric Research Program Программа исследований глобальных атмосферных процессов

GARP [gɑ:p] Global Atomic Research Program Программа глобальных ядерных исследований

gas [gæs] gasoline *амер. разг.* бензин; газолин; топливо

GASCO General Aviation Safety Committee Комитет по проблемам обеспечения безопасности полётов авиации общего назначения (*Великобритания*)

gaser [ˈgeɪzə] gamma-ray laser гамма-лучевой лазер

gash [gæʃ] gashion *жарг.* лишняя еда, вторая порция; объедки, оставшиеся после еды; *мор. жарг.* всё лишнее, чрезмерное

GASL General Applied Science Laboratories лаборатории общих прикладных наук

GASP [gɑ:sp] Group Against Smoke and Pollution *амер.* Группа против курения и загрязнения окружающей среды

GASSER Graphic Aerospace Search Radar РЛС для наблюдения за атмосферой и космическим пространством

gastro [ˈgæstəu] gastroenteritis *разг.* гастроэнтерит

gat [gæt] gatling *амер. жарг.* револьвер; пулемёт

GAT General Aviation Traffic полёты авиации общего назначения

GAT Greenwich Apparent Time гринвичское истинное время

GATCO Guild of Air Traffic Control Officers Гильдия операторов службы УВД (*Великобритания*)

GATT *тж.* **Gatt** [gæt] General Agreement on Tariffs and Trade Общее соглашение о тарифах и торговле

gav gavel молоток (*председателя собрания*)

gaw guaranteed annual wage гарантированная годичная заработная плата

gaz gazette *брит.* правительственный вестник

gaz gazetteer географический справочник

gb gall bladder жёлчный пузырь

GB Gas Board Управление газовой промышленности

GB General Board главное управление, главный комитет

gb good-bye до свидания

g-b goof-ball таблетка наркотика

GB Great Britain Великобритания

g/b ground-based наземного базирования, наземный

GB & I Great Britain and Ireland Великобритания и Ирландия

GBE Knight (Dame) of the Grand Cross of the British Empire кавалер (дама) «Ордена Британской империи» 1-й степени

gbh grievous bodily harm опасные телесные повреждения

g/bl general bill of lading *мор.* коносамент

GBNE Guild of British Newspaper Editors Гильдия британских редакторов газет

gbo goods in bad order груз не в порядке

GBR Guinness Book of Records Книга рекордов Гиннесса (*еже-*

годный справочник, издающийся компанией «Гиннесс»)

GBS [ˈdʒiːˈbiːˈes] George Bernard Shaw Джордж Бернард Шоу, Дж. Б. Ш.

gc general cargo *ком.* генеральный груз, смешанный сборный груз

gc general contractor общий подрядчик

gc geographical coordinates географические координаты

GC [ˈdʒiːˈsiː] George Cross «Крест Георга» (*Великобритания*)

gc gigacycle гигагерц

GC Golf Club гольф-клуб

gc good conduct отличное поведение (*характеристика учащегося*)

gc great circle большой круг (*Земли*)

gc ground control управление с земли, наземное управление

gc gun control управление орудием

gca *тж.* **GCA** ground-control(led) approach заход на посадку по радиокомандам с земли; радиолокационная система посадки

g cal gram calorie грамм-калория, малая калория

GCB (Knight) Grand Cross of the Bath кавалер «Ордена Бани» 1-й степени (*Великобритания*)

g/cc grams per cubic centimeter граммов на кубический сантиметр

GCC Ground Control Center наземный центр управления (*полётом*)

GCC Gulf Cooperation Council Совет по сотрудничеству стран Персидского залива

gcd general and complete disarmament всеобщее и полное разоружение

gcd great circle distance расстояние по дуге большого круга (*Земли*)

gcd greatest common divisor *мат.* общий наибольший делитель

GCE [ˈdʒiːˈsiːˈiː] General Certifi-

cate of Education аттестат об общем образовании, аттестат зрелости (*Великобритания*)

gcf greatest common factor *мат.* общий наибольший делитель

GCHQ General Council Headquarters Генеральный совет Британского конгресса тред-юнионов

GCHQ Government Communications Headquarters штаб правительственных служб связи

GCI *тж.* **gci** ground-controlled interception *воен.* перехват (воздушной) цели при наведении с земли

gcl *тж.* **GCL** ground-controlled landing *ав.* наземное управление посадкой

GCLH Grand Cross of the Legion of Honour Большой крест «Почётного легиона» (*французский орден*)

GCM general court-martial военный суд высшей инстанции

gcm greatest common measure *мат.* общий наибольший делитель

GCMG Knight Grand Cross of the Order of St Michael and St George кавалер «Ордена св. Михаила и св. Георгия» 1-й степени (*Великобритания*)

GCO gun control officer офицер, управляющий огнём артиллерии

GCR *тж.* **gcr** ground-controlled radar наземная РЛС управления (*наведения*)

GCSE [ˈdʒiːˈsiːˈesˈiː] General Certificate of Secondary Education аттестат о среднем образовании (*Великобритания*)

GCSS Global Communications Satellite System спутниковая система глобальной связи

GCSS Ground-Controlled Space System управляемая с земли космическая система

GCT Greenwich Civil Time гринвичское гражданское время

GCVO Knight (Dame) Grand Cross of the Royal Victorian Order кавалер (дама) «Ордена королевы Виктории» 1-й степени (*Великобритания*)

GD General Dispensary поликлиника; центральная амбулатория

gd general duties строевые обязанности; строевая служба

GD *тж.* **G-D** General Dynamics (Corporation) «Дженерал Дайнэмикс» (*одна из крупнейших корпораций США*)

gd good хороший; хорошо

gd good delivery исправная доставка груза

Gd grand большой; великий

GD Grand Duchess великая герцогиня; великая княгиня

GD Grand Duke великий герцог; великий князь

gd guard караул, стража; гвардеец

gd guardian опекун; попечитель

gde gross domestic expenditure валовые внутренние расходы

gdn garden сад; садовый

GDP *тж.* **gdp** [ˈdʒiːˈdiːˈpiː] gross domestic product валовой внутренний продукт

GDPS Global Data Processing System Глобальная система обработки данных, ГСОД

gds goods товары

Gdsm guardsman гвардеец

ge gas ejection извержение/выбрасывание газа

ge gastroenterology *мед.* гастроэнтерология

GE General Election всеобщие выборы

GE General Electric «Дженерал Электрик» (*крупнейшая электротехническая компания США*)

Ge germanium *хим.* германий

ge gilt edges (*книга*) с позолоченным обрезом

ge good evening добрый вечер

GEC [ˈdʒiːˈiːˈsiː] General Electric Company «Дженерал Электрик Компани» (*крупная электротехническая компания Великобритании*)

GED general educational development общеобразовательная подготовка

GED General Education Diploma диплом об общеобразовательной подготовке

GEDP General Educational Development Program Программа общеобразовательной подготовки (*США*)

Ge Eng Geological Engineer инженер-геолог

GEICO Government Employees Insurance Company Страховая компания правительственных служащих

gel [dʒel] gelatine желатин; *хим.* гель

GELTSPAP Group of Experts on the Long-Term Scientific Policy and Planning Группа экспертов по долгосрочной научной политике и планированию, ГЭДНПИП

GEM [dʒem] Global Environmental Monitoring (Satellite) спутник для глобального наблюдения за природной средой

GEM [dʒem] Ground Effect Machine транспортное средство на воздушной подушке, аппарат на воздушной подушке

gem [dʒem] guidance evaluation missile ракета для испытания систем управления

GEMS Geostationary European Meteorological Satellite геостационарный европейский метеорологический спутник

GEMS Global Environmental Monitoring System Глобальная система наблюдения за природной средой

gen gender *грам.* род

gen general главный; генеральный; (все)общий

Gen General генерал

gen [dʒen] general information *жарг.* информация, сведения, переданные всем чинам перед военной операцией; любые сведения, данные, информация; получить сведения, данные; информировать, инструктировать, подзубрить, подучиться наскоро

gen generation создание, образование; формирование; генерация; генерирование; порождение; поколение

gen generator генератор, источник энергии

gen generic родовой

Gen Genesis *рел.* Книга Бытия

gen av general average *страх.* общая авария ·

geneal genealogy генеалогия

Gen Mgr General Manager главный управляющий; директор-распорядитель

genpur general purpose общего назначения

genr generate генерировать, вырабатывать

genr generation поколение

gens [dʒenz] *мор.* general leave отпуск

Gen Sec [ˈdʒenˈsek] General Secretary генеральный секретарь

gent [dʒent] gentleman *шутл. прост.* джентльмен, хорошо воспитанный человек; господин, мужчина

gents *тж.* **gents', Gents** [dʒents] gentlemen's room мужская уборная

geo geodesy геодезия

geo geographic географический

geod geodesy геодезия

geod geodetic геодезический

geog geographer географ

geog geographic(al) географический

geog [dʒɪˈɔg] geography *школ.* география

geol geologic(al) геологический

geol geologist геолог

geol geology геология

geom geometric(al) геометрический

geom [dʒɪˈɔm] geometry *школ.* геометрия

GEOREF Geographical Reference System географическая система координат

GEOS *тж.* **geos** Geodetic Orbiting Satellite активный геодезический спутник

Ger German германский, немецкий

Ger Germany Германия

germ ground-effect research machine экспериментальный аппарат на воздушной подушке

Gerry [ˈdʒerɪ] German *пренебр.*

немец; *воен. пренебр.* немецкий солдат

GESAMP Group of Experts on the Scientific Aspects of Marine Pollution Группа экспертов по научным аспектам загрязнения морской среды, ГЕСАМП

GETOL *тж.* **getol** [ˈdʒiːtɔl] ground effect takeoff and landing взлёт и посадка с использованием воздушной подушки

gev *тж.* GeV gigaelectron volt гига-электрон-вольт, миллиард электронвольт

GEV *тж.* **gev** ground-effect vehicle аппарат на воздушной подушке

gf girl friend подруга; возлюбленная, любимая девушка

gf glass fiber стеклянное волокно; стеклопластик

gf goldfield золотой прииск

gf government form казённый бланк

G-5 [ˈdʒiːˈfaɪv] Group of 5 Группа 5 (*США, Великобритания, Западная Германия, Япония и Франция*)

gfa good fair average в среднем хороший (*о товаре*)

GFD General Freight Department главное фрахтовое управление

gfe government-furnished equipment оборудование, предоставленное правительством (*частной фирме; США*)

GFS Global Forecasting System глобальная система прогнозирования погоды

GFTU General Federation of Trade Unions Всеобщая федерация тред-юнионов (*Великобритания*)

GFWC General Federation of Women's Clubs Всеобщая федерация женских клубов, ВФЖК

gg gamma globulin *мед.* гамма--глобулин

GG Girl Guides гёрлскауты (*женская молодёжная организация*)

GG [ˈdʒiːˈdʒiː] Governor General генерал-губернатор

gg great gross *брит.* большой гросс (=*12 гроссов, 1728 штук*)

GG Grenadier Guards Гвардейский гренадёрский полк (*Великобритания*)

g-g ground-to-ground класса «земля — земля»

GGA Girl Guides Association Ассоциация гёрлскаутов

ggd great granddaughter правнучка

ggm *тж.* **GGM** [ˈdʒiːˈdʒiːˈem] ground-to-ground missile ракета класса «земля — земля»

ggr great gross *брит.* большой гросс (=*12 гроссов, 1728 штук*)

GGR Ground Gunnery Range *ав.* полигон для стрельбы по наземным целям

ggs great grandson правнук

GH General Hospital стационарный общий госпиталь

gh growth hormone *биол.* гормон роста

GHA Greenwich Hour Angle часовой угол по Гринвичскому меридиану

GHQ General Headquarters ставка главного командования; штаб-квартира; общевойсковой штаб

GHz gigahertz гигагерц

gi galvanized iron оцинкованное железо

gi gastrointestinal *мед.* желудочно-кишечный

GI [ˈdʒiːˈaɪ] Government Issue казённого образца; казённый; *жарг.* рядовой, солдат (*США*)

gi gross income валовой доход

Gib Gibraltar Гибралтар

GIC Government Information Center правительственный информационный центр

GIGO *тж.* **gigo** [ˈgaɪgəu, ˈgiːgəu] garbage in, garbage out *вчт.* принцип «мякину заложишь — мякину получишь», принцип МЗМП

GIIS Graduate Institute of International Studies Институт международных исследований (*Швейцария*)

gim gimmick хитроумный механизм, ловкое приспособление; трюк, уловка; загвоздка

Ginnie Mae [ˈdʒɪnɪˈmeɪ] Government National Mortgage Association Национальная ассоциация по кредитованию жилищного строительства (*США*)

GIO Government Information Organization Правительственная информационная организация (*США*)

GIO Guild of Insurance Officials Гильдия страховых служащих

GIP general insurance policy *страх.* генеральный страховой полис

giro [ˈdʒiːrəu] giraffe *охот.* жираф

GIS Global Information System глобальная информационная система

Gk Greek греческий

GKN [ˈdʒiːˈkeɪˈen] Guest, Keen and Nettlefolds «Гест, Кин энд Неттлфолдз» (*крупная металлургическая и машиностроительная корпорация; Великобритания*)

gl glass стекло; стакан; стеклянный

gl gloss глянец, лоск

gl glossary глоссарий; словарь

GL Government Laboratory правительственная лаборатория

GL Great Lakes Великие озёра (*США*)

gl ground level уровень земли

gl gun layer *арт.* наводчик

gl gun license разрешение на ношение (огнестрельного) оружия

glac glacial ледниковый; ледяной, покрытый льдом

glad [glæd] gladiolus *разг.* гладиолус

glam [glæm] glamor *кино* обаяние, очарование

GLBM *тж.* **glbm** [ˈdʒiːˈelˈbiːˈem] ground-launched ballistic missile баллистическая ракета наземного базирования

GLC [ˈdʒiːˈelˈsiː] Greater London Council совет Большого Лондона (*Лондонский муниципалитет*)

glcm *тж.* **GLCM** [ˈdʒiːˈelˈsiːˈem]

ground-launched cruise missile крылатая ракета наземного базирования

gld gilded позолоченный

gleep [gli:p] graphite low energy experimental pile Глип (*название первого британского экспериментального ядерного реактора*)

glf gulf залив

glm graduated learning method дифференцированный метод обучения

glo global всемирный; глобальный

globecomm global communications глобальная система связи

glomex *тж.* **GLOMEX** [ˈgləʊmeks] global meteorological experiment глобальный метеорологический эксперимент

gloss glossary глоссарий; словарь

glyph [glɪf] hieroglyph символический знак, указатель

G-M Geiger-Müller (counter) счётчик Гейгера-Мюллера

GM General Manager главный управляющий; директор-распорядитель

GM [ˈdʒiːˈem] General Motors «Дженерал Моторс» (*крупная автомобильная корпорация США*)

GM George Medal «Медаль Георга» (*Великобритания*)

GM Gold Medal золотая медаль

gm good morning доброе утро

gm gram грамм

GM Grand Master гроссмейстер

GM Greenwich Meridian гринвичский меридиан

gm *тж.* [ˈdʒiːˈem] guided missile управляемая ракета

GMA Gallery of Modern Art Галерея современного искусства

GMAA Gold Mining Association of America Американская ассоциация золотопромышленников

G-man [ˈdʒiːˈmæn] Government man (вооружённый) агент Федерального бюро расследований

GMAT Greenwich Mean Astronomical Time среднее астрономи-ческое время по гринвичскому меридиану

GMB [ˈdʒiːˈemˈbiː] General, Municipal and Boilermakers Union Национальный профсоюз неквалифицированных, муниципальных и котельных рабочих (*Великобритания*)

gmb good merchandise brand хорошего торгового сорта (*о товаре*)

GMC [ˈdʒiːˈemˈsi] General Medical Council Генеральный медицинский совет (*Великобритания*)

GMCM guided missile countermeasures меры борьбы с управляемыми ракетами, мероприятия по ПРО

GMCS guided missile control system система управления ракетой

GML guided missile launcher пусковая установка для управляемых ракет

gmp guaranteed minimum price гарантированная минимальная цена

gmq good merchantable quality хорошего торгового качества (*о товаре*)

gms *тж.* **GMS** geostationary meteorological satellite геостационарный метеорологический спутник

GMT [ˈdʒiːˈemˈtiː] Greenwich Mean Time среднее время по Гринвичу; среднее время по гринвичскому меридиану

GMT [ˈdʒiːˈemˈti] Group Method Techniques приёмы групповой работы

GMWU General and Municipal Workers Union Национальный профсоюз неквалифицированных и муниципальных рабочих (*Великобритания*)

gn general главный; генеральный, (все)общий

gn good night доброй ночи

G. N. Graduate Nurse дипломированная сиделка

gn grain гран (*мера веса в тройской системе мер веса, аптекарской системе мер веса и торговой системе мер веса = 64,8 мг*)

gn green зелёный

gn guinea гинея (*британская денежная единица = 21 шиллингу*)

gn gun орудие; огнестрельное оружие; орудийный; пулемётный

gnd [ˈdʒiːˈenˈdiː] gross national demand валовой национальный спрос

gnd ground земля; наземный; сухопутный

GNE *тж.* **gne** [ˈdʒiːˈenˈiː] gross national expenditure валовой национальный расход

GNI *тж.* **gni** [ˈdʒiːˈenˈaɪ] gross national income валовой национальный доход

gnl general главный; генеральный; (все)общий

GNMA Government National Mortgage Association Национальная ассоциация по кредитованию жилищного строительства (*США*)

GNP *тж.* **gnp** [ˈdʒiːˈenˈpiː] gross national product валовой национальный продукт

gnr gunner артиллерист; миномётчик; пулемётчик

GO *тж.* **go** General Office главная контора

GO *тж.* **go** general orders основные (таможенные) правила; таможенный устав; административно-строевые приказы

gob good ordinary brand обычный коммерческий сорт

GOC General Officer Commanding командующий/командир (*в звании генерала; Великобритания*)

GOC Ground Observer Corps служба наземных наблюдений (*США*)

gof government-owned facilities правительственные объекты

golly [ˈɡɔlɪ] golliwog черномазая кукла-уродец с выпученными глазами и спутанными волосами

GOM [ˈdʒiːˈəuˈem] Grand Old Man *брит.* «великий старец» (*прозвище премьер-министра Великобритании У. Глэдстона*)

GOMER [ˈɡəumə] get out of my emergency room *амер. мед.* выйди из кабинета (*надпись на истории болезни пожилых людей, которые отвлекают внимание врача от тяжелобольных*)

gonio [ˈɡəunɪəu] *брит. ав.* goniometer гониометр

goozie *тж.* **goozy** [ˈɡuːzɪ] gooseberry *австрал.* крыжовник

GOP [ˈdʒiːˈəuˈpiː] Grand Old Party «Великая старая партия» (*неофициальное название Республиканской партии США*)

GOS geochemical ocean studies геохимические исследования океана

gov government правительство; правительственный; государственный; казённый

Gov [ɡʌv] Governor губернатор

Gov Is Governor's Island Губернаторский остров (*в Нью-Йоркской гавани*)

gov't *тж.* **govt, Govt** government правительство; правительственный; государственный; казённый

govy governess гувернантка; воспитательница

gox [ɡɔks] gaseous oxygen *разг.* газообразный кислород

gp galley proofs *полигр.* корректура в гранках, оттиск

GP Gallup Poll опрос Гэллапа (*опрос общественного мнения; США*)

gp gas, persistent стойкое отравляющее вещество

gp general paralysis общий паралич

gp general practice общая практика

GP *тж.* **gp** [ˈdʒiːˈpiː] general practitioner врач общей практики (*Великобритания*)

gp *тж.* **GP** general public широкая публика

GP *тж.* **gp, g-p** general purpose общая цель; общего назначения; многоцелевой; универсальный

gp geographic position географическое положение

gp government property собственность правительства, государственная собственность

GP *тж.* **gp** Grand Prix *фр.*

(grand prize) большой приз, Гран При

GP Great Powers великие державы

gp *тж.* **Gp** group группа; группировка, авиационная группа; групповой

GPA General Practitioners' Association Ассоциация врачей общей практики (*Великобритания*)

GPA *тж.* **gpa** [ˈdʒiːˈpɪˈeɪ] grade-point average средняя (цифровая) оценка

gpae general purpose aerospace equipment универсальное космическое оборудование

gpc *тж.* **GPC** general physical condition общее физическое состояние

GPC *тж.* **gpc** general purpose computer универсальная вычислительная машина

GPDC *тж.* **gpdc** general purpose digital computer универсальная цифровая вычислительная машина

Gp Eng Geophysical Engineer инженер-геофизик

gpf gasproof газонепроницаемый

gph gallons per hour галлонов в час

GPHI Guild of Public Health Inspectors гильдия инспекторов здравоохранения

gpi *тж.* **GPI** general price index общий индекс цен

GPI ground point of impact точка падения ракеты на землю

GPLC Guild of Professional Launderers and Cleaners Гильдия работников прачечных и химчисток

gpm gallons per minute галлонов в минуту

GPO [ˈdʒɪˈpiːˈəu] General Post Office главное почтовое управление; главный почтамт

GPO Government Printing Office Правительственная типография (*США*)

gps gallons per second галлонов в секунду

GPS general problem solver универсальный решатель задач

GPS general purpose submarine многоцелевая подводная лодка

GPS global positioning system глобальная система навигации и определения местоположения; глобальная навигационная спутниковая система

GPSCS General Purpose Satellite Communications System система спутниковой связи общего назначения

GPT Guild of Professional Translators Гильдия письменных переводчиков

GQ general quarters *мор.* боевая тревога; сигнал боевой тревоги

GR General Reconnaissance разведка общего назначения

gr grade степень, категория; звание, ранг; градус

gr grammar грамматика; грамматический

gr gravity сила тяжести, тяжесть; тяготение, притяжение; гравитационный

gr great великий; большой

Gr Greece Греция

Gr Greek греческий

GRA Governmental Research Association Правительственная научно-исследовательская ассоциация (*США*)

grad [græd] graduate *амер.* окончивший учебное заведение, выпускник

gram grammar грамматика; грамматический

Gram [græm] Grammar School *школ.* средняя классическая школа (*Великобритания*)

gram [græm] gramophone патефон

Grammy [ˈgræmɪ] gramophone *амер.* позолоченная копия граммпластинки, вручаемая ежегодно Национальной академией звукозаписи в качестве премии за лучшую запись

GRAN [græn] Global Rescue Alarm Net глобальная аварийная сигнальная сеть спасательной службы

gran [græn] grandfather/grandmother *разг.* дедушка/бабушка

gran granite гранит

gras [græs] generally recognized as safe *амер.* безвредный (*о пищевых добавках*)

grats [græts] congratulations поздравляю!

gratters [ˊgrætəz] congratulations *разг.* поздравляю!

grav [græv] gravitational гравитационный

grav gravity сила тяжести, тяжесть; тяготение, притяжение; гравитационный

grbm *тж.* **GRBM** [ˊdʒiːˊɑːˊbiːˊem] global-range ballistic missile глобальная баллистическая ракета

Gr Brit Great Britain Великобритания

grbx gearbox коробка передач

grd guard караул, охрана; ограждение; защитное устройство; охранять

grdl gradual постепенный; последовательный

Grdn Guardian «Гардиан» (*ежедневная газета либерального направления; выходит одновременно в Манчестере и Лондоне*)

GRF [ˊdʒiːˊɑːrˊef] Gerald Rudolph Ford Джеральд Форд (*38-й президент США*)

grit *тж.* **GRIT** [grɪt] gradual reciprocal reduction in tensions постепенное взаимное смягчение напряжённости

grnt guarantee гарантия; гарантировать

GRO Greenwich Royal Observatory Гринвичская королевская обсерватория

gro gross гросс (= *12 дюжинам*)

GROBDM General Register Office of Births, Deaths and Marriages Управление регистрации рождений, смертей и браков

groc grocer торговец бакалейными товарами, бакалейщик

groc grocery бакалейный магазин

groom [gru(:)m] bridegroom жених

grp group группа

gr wt gross weight вес брутто

GS General Secretary генеральный секретарь

GS General Service полная годность; общего назначения; для всех родов войск

GS General Staff генеральный штаб; *брит.* оперативно-разведывательная часть штаба; *амер.* общая часть штаба

GS general support *воен.* общая поддержка

GS geological survey геологическая разведка

GS Grammar School средняя классическая школа (*Великобритания*)

gs grandson внук

gs ground speed скорость самолёта относительно земли; путевая скорость

G-7 [ˊdʒiːˊsevn] Group of 7 Группа 7 (*США, Великобритания, Западная Германия, Япония, Франция, Канада, Италия*)

GSA General Services Administration Администрация общих служб (*США*)

GSA Genetics Society of America Американское общество генетики

GSA Geological Society of America Американское геологическое общество

GSA Girl Scounts of America «Гёрлскауты Америки» (*женская молодёжная организация*)

GSB Government Savings Bank государственный сберегательный банк

GSD genetically sufficient dose доза, вызывающая генетические изменения

GSE Group of Scientific Experts группа научных экспертов

GSE Group of Seismic Experts группа экспертов-сейсмологов

GSGB Geological Survey of Great Britain Геологическое управление Великобритании

GSL Geological Society of London Лондонское геологическое общество

gsm goods sound merchantable очень ходкий (*о товаре*)

GSO General Staff Officer офицер генерального штаба; *амер.* офицер общей части штаба

GSP Global System of Preferences глобальная система (торговых) преференций

GSR *тж.* **gsr** galvanic skin response кожно-гальваническая реакция, кожно-гальванический рефлекс

GST Greenwich Sidereal Time звёздное гринвичское время

GST Greenwich Standard Time поясное гринвичское время

gsu ground support unit часть наземной поддержки

G-suit *тж.* **g-suit** [ˈdʒiːˈsjuːt] gravity suit противоперегрузочный костюм (*космонавта, лётчика*)

GSV guided space vehicle управляемый КЛА

gsw gunshot wound огнестрельная рана

GT game theory теория игр

gt gastight газонепроницаемый

gt gas turbine газовая турбина

gt gilt позолота; позолоченный

GT [ˈdʒiːˈtiː] grand touring car двухместный туристский автомобиль

gt great великий; большой

gt greetings telegram поздравительная телеграмма

gt gross tonnage валовая регистровая вместимость; брутто-тоннаж

Gt Br *тж.* **Gt Brit** Great Britain Великобритания

gtc good till cancelled действительно впредь до отмены

GTC Government Training Center государственный центр профессионально-технического обучения (*Великобритания*)

gtd guaranteed гарантированный

gtm good this month действителен в течение этого месяца

GTOL *тж.* **gtol** [ˈdʒiːˈtɔl] ground takeoff and landing взлёт с земли и посадка

gts *тж.* **g/t/s, GTS** gas turbine ship газотурбинное судно, газотурбоход

GTS Global Telecommunications System Глобальная система телесвязи, ГСТ

GTT glucose tolerance test глюкозотолерантный тест, проба на переносимость глюкозы

gtw good this week действителен в течение этой недели

GU Georgetown University Джорджтаунский университет (*США*)

Gu Guam *о-в* Гуам

guar guarantee гарантия

guar guaranteed гарантированный

Guat Guatemala Гватемала

Gui Guiana Гвиана

GUIDO [ˈgaɪdəu] guidance officer *косм.* инженер; ответственный за космический полёт

Guin Guinea Гвинея

gump [gʌmp] gumption сообразительность, смекалка, находчивость

GUS [gʌs] Great Universal Stores «Грейт Юниверсал Сторз» (*компания, контролирующая специализированные фирмы, владеющие универсальными магазинами*); ГАС (*название фирменных универмагов в Лондоне и Манчестере, высылающих товары по почте*)

Gussies [ˈgʌsɪz] Great Universal Stores *разг.* «гассиз» (*акции компании «Грейт Юниверсал Сторз»*)

guv [gʌv] governor *брит. прост.* папаша, дяденька (*в обращении*)

gv government valuation правительственная оценка

gv gravimetric volume гравиметрический объём

gvh disease [ˈdʒiːˈviːˈeɪtʃdɪˈziːz] graft versus host disease болезненное воздействие трансплантации на ткань-хозяин; реакция «трансплантат против хозяина»

gvl gravel гравий; покрытый гравием, гравийный

gvt government правительство; правительственный

GW George Washington (University) Университет Джорджа Вашингтона (*США*)

gw gigawatt *эл.* гигаватт

gw *тж.* **g/w** gross weight вес брутто

gw guided weapon управляемая ракета

GWP Government White Paper Белая книга (*официальное правительственное издание; Великобритания*)

GWR [ˈdʒiːˈdʌbljuˈɑː] Great Western Railway Большая западная железная дорога (*Великобритания*)

GWU George Washington University Университет Джорджа Вашингтона (*США*)

gy grey серый

gym [dʒɪm] gymnasium *разг.* спортивный зал; металлическая рама, на которой крепится спортивное оборудование (*качели, кольца и т.п.*)

gym [dʒɪm] gymnastics *разг.* гимнастика, физкультура

gyn gynaecology гинекология

gynae [ˈdʒaɪnɪ] gynaecology *мед.* гинекология

gyro [ˈdʒaɪərəu] gyroscope *разг.* гироскоп; любой прибор, работающий на основе гироскопа

gz ground zero эпицентр (*ядерного взрыва*)

GZT Greenwich Zone Time гринвичское поясное время

H

h *тж.* **H** harbour гавань, порт; портовый

h *тж.* **H** hard твёрдый; защищённый

h heat теплота

h heavy sea *мор.* большая волна

h height высота

H helicopter вертолёт

H helium *хим.* гелий

h hence следовательно, отсюда

H heroin *жарг.* героин

h high высокий

H Hindu индус; индусский

H Honorary почётный (*о звании*)

H hot горячий

h hour час

H humidity влажность

H hundred сто; сотня

h *тж.* **H** husband муж, супруг

H hydrogen водород; водородный; термоядерный (*об оружии*)

HA Heavy Artillery тяжёлая артиллерия; тяжёлый артиллерийский

ha hectare гектар

ha heir apparent первый наследник;   непосредственный прямой наследник; престолонаследник;   наиболее вероятный преемник

ha high altitude высотный

ha *тж.* **HA** high angle *арт.* большой угол возвышения

HA Historical Association Ассоциация историков

h. a. hoc anno *лат.* (in this year) в этом году

ha home address домашний адрес

HAA Heavy Antiaircraft Artillery крупнокалиберная/тяжёлая зенитная артиллерия

HAA Helicopter Association of America Американская вертолётная ассоциация

HAA Humanist Association of America Гуманистическая ассоциация Америки

hab habitat родина, место распространения (*животного, растения*); естественная среда

hab high-altitude bombing бомбометание с больших высот

hab. corp. habeas corpus *лат.* (may you have the body) хабеас корпус; судебный приказ о передаче арестованного в суд

HAC Hague Arbitration Convention Гаагская конвенция о международном арбитраже

HAF Helicopter Assault Force вертолётный десант

HAGB Helicopter Association of Great Britain Вертолётная ассоциация Великобритании

HAIL Hague Academy of International Law Гаагская академия международного права

HAISS High-Altitude Infrared

Sensor System высотная система инфракрасных датчиков

HAL high-order assembly language язык ассемблера для вывода с языка высокого уровня

half-sov [ˈhɑːfˈsɔv] half-sovereign *ист.* полсоверена (*золотая монета = 10 шиллингам; Великобритания*)

hallu hallucinate вызывать галлюцинации; галлюцинировать; страдать галлюцинациями

hallu hallucination галлюцинация; иллюзия, обман чувств

hallu hallucinogen галлюциноген (*вещество, вызывающее галлюцинации*)

hallu hallucinogenic галлюциногенный, вызывающий галлюцинации

HALO *тж.* **halo** high altitude, low opening затяжной прыжок с большой высоты

hamburg [ˈhæmbəːg] hamburger *амер.* гамбургер, булочка с рубленым бифштексом

hammy [ˈhæmi] hamster хомяк

hamt human-aided machine translation машинный перевод с помощью человека

h & c hot and cold (water) горячая и холодная (вода)

H & I *тж.* **H and I** harassment and interdiction беспокоящий и на воспрещение (*об артиллерийском огне*)

H & MA Hotel and Motel Association Ассоциация отелей и мотелей

H & R Harper and Row «Харпер энд Роу» (*крупное издательство США*)

hanki *тж.* **hankie** [ˈhæŋki] handkerchief *разг.* носовой платок

hanky [ˈhæŋki] handkerchief *разг.* носовой платок

hanky [ˈhæŋki] hanky-panky *разг.* обман, мошенничество, проделки

HAO High Altitude Observatory высотная обсерватория

Harv Harvard University Гарвардский университет (*США*)

HAS high altitude satellite высотный спутник

HASC House (of Representatives) Armed Services Committee Комитет палаты представителей по делам вооружённых сил

hash [hæʃ] hashish *жарг.* гашиш; марихуана

HATS [hæts] Helicopter Attack System вертолётная система противолодочного вооружения ХАТС

Haw Hawaii Гавайи (*острова и штат США*)

haz hazard опасность

hb half-back *футб.* полузащитник

hb *тж.* **h/b** handbook справочник

hb hard black твёрдый чёрный (*о карандаше*)

HB heavy bomber тяжёлый бомбардировщик

Hb *тж.* **hb** hemoglobin *биохим.* гемоглобин

hb herringbone рисунок в ёлочку (*на ткани и т. п.*)

HBA Housing Builders Association Ассоциация строителей домов

HBM His (Her) Britannic Majesty Его (Её) Британское Величество (*титул английского короля или королевы*)

H-bomb [ˈeitʃˌbɔm] hydrogen bomb водородная бомба; сбрасывать водородную бомбу, бомбить водородными бомбами

hbp high blood pressure высокое кровяное давление

HBS Harvard Business School Гарвардская школа бизнеса (*США*)

hc habitual criminal профессиональный преступник, рецидивист

HC *тж.* **hc** [ˈeitʃˈsiː] hard copy *вчт.* документальная копия, печатная копия; *информ.* полномасштабная копия с микрофильма (*читаемая без микропроектора*)

HC Health Certificate сертификат о здоровье

HC Heralds' College геральдическая палата (*Великобритания*)

HC High Church высокая церковь (*направление англиканской*

церкви, тяготеющей к католицизму)

HC High Commissioner верховный комиссар

hc highly commended очень похвальный

HC Holy Communion святое причастие

HC Home Counties графства, окружающие Лондон (*Мидлсекс, Эссекс, Кент, Суррей*)

h. c. honoris causa *лат.* (out of respect for) за заслуги (*учёная степень, присуждаемая без защиты диссертации*)

HC House of Commons палата общин (*Великобритания*)

HC House of Correction исправительный дом

hc hydrocarbon углеводород; углеводородный

HCA Hospital Corporation of America Американская госпитальная корпорация

HCA Hotel Corporation of America Американская корпорация отелей

HCAAS Homeless Children's Aid and Adoption Society Общество помощи и усыновления бездомных детей

hcap handicap *спорт.* гандикап

HCB House of Commons Bill законопроект палаты общин (*Великобритания*)

HCF *тж.* **hcf** highest common factor *мат.* общий наибольший делитель

HCJ High Court of Justice Верховный суд (*Великобритания*)

hcl high cost of living высокий прожиточный минимум; высокая стоимость прожиточного минимума

H-Club Harvard Club клуб Гарвардского университета (*США*)

HCN House (of Representatives) Committee on Narcotics Комитет палаты представителей по проблемам наркомании и контролю за наркотиками (*конгресса США*)

H. Con. Res. House Concurrent Resolution совместная резолюция обеих палат

HCPT Historic Churches Preservation Trust Управление по сохранению церквей, представляющих историческую ценность

hcs high-carbon steel высокоуглеродистая сталь

HCSA House (of Representatives) Committee on Space and Astronautics Комитет палаты представителей по космосу и астронавтике (*конгресса США*)

hcvd hypertensive cardiovascular disease *мед.* гипертоническое сердечно-сосудистое заболевание

hd hand рука

hd head голова; головная часть; мыс; напор (*воды*)

hd *тж.* **h-d** heavy duty облагаемый высокой таможенной пошлиной

HD Honorable Discharge *амер. воен.* увольнение со службы с хорошей аттестацией

hdcp handicap *спорт.* гандикап

hdkf handkerchief носовой платок

hdns hardness твёрдость

H Doc House Document *брит.* парламентский документ

hdqrs headquarters штаб; штабной

HDTV high definition television телевидение высокой чёткости, ТВЧ

He helium *хим.* гелий

h. e. hic est *лат.* (this is) то есть

HE *тж.* **he** high explosive взрывчатое вещество; фугасный

H. E. *тж.* **HE** His Eminence Его Преосвященство

HE *тж.* **H. E.** His (Her) Excellency Его (Её) Превосходительство

HE human engineering инженерная психология

HEA Home Economics Association Ассоциация домоводства

head headline *журн.* заголовок (*статьи*)

HEAO high-energy astronomical observatory астрономическая обсерватория высокой энергии

HEAT *тж.* **heat** [hi:t] high explosive anti-tank (projectile) кумулятивный противотанковый (*о снаряде*)

hed *тж.* **HED** high-energy detector высоэнергетический детектор

HEF *тж.* **hef** high-energy fuel высокоэнергетическое топливо

hel helicopter вертолёт

HEL *тж.* **hel** high-energy laser высокоэнергетический лазер

hem hemoglobin гемоглобин

hem hemorrage кровотечение

Hen [hen] Henschel *ав.* хенкель (*модель самолёта*)

HEPC Hydroelectric Power Commission гидроэлектроэнергетическая комиссия

her heraldic(al) геральдический

her heraldry геральдика

HERI Higher Education Research Institute Научно-исследовательский институт высшего образования

HERO [ˈhɪərəu] hazardous effect of radiation on ordnance опасность облучения системы вооружения, опасность влияния электромагнитного излучения на оружие

HESIS Hazard Evaluation System and Information Service система оценки опасности и служба информации

hetero [ˈhetərəu] heterosexual гетеросексуальный; гетеросексуалист (*человек, испытывающий влечение только к людям противоположного пола*)

HEW (Department of) Health, Education and Welfare министерство здравоохранения, просвещения и социального обеспечения

hex [heks] hexagonal *разг.* шестиугольный

hf half половина

hf hard firm твёрдый жёсткий (*о карандаше*)

HF *тж.* **hf** high frequency высокая частота; высокочастотный

HF Home Fleet флот метрополии (*Великобритания*)

HF Home Forces вооружённые силы метрополии; войска метрополии

HF human factor человеческий фактор; субъективный фактор

HFE *тж.* **hfe** Human Factors Engineering инженерная психология; конструирование технических устройств с учётом инженерно-психологических факторов

H. F. R. A. Honorary Fellow of the Royal Academy почётный иностранный член Королевской академии (*Великобритания*)

HFS Human Factors System система жизнеобеспечения

HG His (Her) Grace его (её) светлость

HG Home Guard войска местной обороны (*Великобритания*)

HG (Royal) Horse Guards Королевский конногвардейский полк

HGG human gamma-globulin *мед.* гамма-глобулин сыворотки человека

hgr hangar ангар

hgt height высота

hh *тж.* **hH, HH** heavy hydrogen тяжёлый водород

HH His (Her) Highness его (её) высочество

HH His Holiness его святейшество (*о папе римском*)

h/h house-to-house сплошной, поголовный; проводимый с обходом всех домов, квартир и *т. п.*

hhd hogshead *брит.* хогсхед (*мера жидкости; в Великобритании = 286,4 л; в США = 238,5 л*)

HH. D. Humanitatis Doctor *лат.* (Doctor of Humanities) доктор гуманитарных наук (*ставится после фамилии*)

HHFA Housing and Home Finance Agency Ведомство гражданского строительства и финансирования (*США*)

hhld household семья, домашние; (домашнее) хозяйство; домашний, семейный; бытовой, хозяйственный

HHS (Department of) Health and Human Services министерство здравоохранения и социального обеспечения (*США*)

HI Hawaiian Islands *амер.* Гавайские острова

hi high высокий

HI Holiday Inns «Холидей Иннз» (*компания по строительству и эксплуатации гостиниц*)

hi *тж.* **HI** humidity index индекс влажности

HIA Horological Institute of America Американский институт времени

HIA Housing Industry Association Ассоциация промышленности жилищного строительства

HIAA Health Insurance Association of America Американская ассоциация страхования здоровья

Hi Com High Command высшее командование

Hi Com High Commission верховная комиссия

hi-fi [ˈhaɪˈfaɪ] high fidelity высококачественная система воспроизведения звука; слушать музыку, воспроизводимую такой системой

high-tech [ˈhaɪˈtek] high technology современная/передовая технология

HIH His (Her) Imperial Highness Его (Её) Императорское Высочество

hihum high humidity высокая влажность

HIM His (Her) Imperial Majesty Его (Её) Императорское Величество

HIP Health Insurance Plan план страхования здоровья

hipar high-power acquisition radar мощная РЛС обнаружения и захвата цели

hipri high priority высокий приоритет, срочность; первоочередной

hirel high reliability высокая надёжность

HISC House Internal Security Committee Комитет палаты представителей по внутренней безопасности (*конгресса США*)

hi-ss high supersonic с большой сверхзвуковой скоростью

hist historian историк

hist historical исторический

hist history история

hi-tech [ˈhaɪˈtek] high technology современная/передовая технология

hi-temp [ˈhaɪˈtemp] high temperature высокая температура

HIV [ˈeɪtʃˈaɪˈviː] human immunodeficiency virus вирус иммунодефицита человека, ВИЧ

H J Res House Joint Resolution совместная резолюция обеих палат (*конгресса США*)

HK Hong Kong Гонконг

hkf handkerchief носовой платок

HKGMA Hosiery and Knit Goods Manufacturers Association Ассоциация производителей чулочных и трикотажных изделий

HL half-life период полураспада; период полувыведения

hl hectoliter гектолитр

hl high level высокий уровень

HL Honours List список награждений

HL House of Lords палата лордов (*Великобритания*)

HLA *тж.* **hla** human leucocytic antigen *мед.* общий антиген лейкоцитов

HLAHWG High-Level Ad-Hoc Working Group специальная рабочая группа на высоком уровне (*НАТО*)

HLBB Home Loan Bank Board Совет кредитных банков гражданского строительства (*США*)

HLS Harvard Law School Гарвардская школа права (*США*)

hls helicopter landing site посадочная площадка для вертолётов

hm hallmark пробирное клеймо, проба

HM Head Master/Mistress директор (*в частной школе*)

hm heavy metal тяжёлый металл

HM His (Her) Majesty Его (Её) Величество

HMA Head Masters Association Ассоциация директоров (частных) школ

HMBS [ˈeɪtʃˈemˈbiːˈes] Her (His)

Majesty's British Ship корабль ВМС Великобритании

HMC [ˈeɪtʃˈemˈsiː] Her (His) Majesty's Customs таможенная служба Великобритании

HMCG [ˈeɪtʃˈemˈsiːˈdʒiː] Her (His) Majesty's Coast Guard береговая охрана Великобритании

HMC school [ˈeɪtʃˈemˈsiːˈskuːl] Headmasters' Conference school *разг.* школа Ассоциации директоров (*Великобритания*)

HMD [ˈeɪtʃˈemˈdiː] Her (His) Majesty's Destroyer эсминец ВМС Великобритании

hmd humid влажный

hmd humidity влажность

HMF [ˈeɪtʃˈemˈef] Her (His) Majesty's Forces вооружённые силы Великобритании

hmg *тж.* **HMG** heavy machine gun тяжёлый пулемёт

HMG [ˈeɪtʃˈemˈdʒiː] Her (His) Majesty's Government правительство Её (Его) Величества (*официальное название правительства Великобритании при правлении королевы/короля*)

hmgc homing missile guidance and control система управления и самонаведения ракеты

HMI [ˈeɪtʃˈemˈaɪ] Her (His) Majesty's Inspector инспектор Её (Его) Величества (*государственный школьный инспектор; Великобритания*)

HMM [ˈeɪtʃˈemˈem] Her (His) Majesty's Minister министр правительства Великобритании

HMO Health Maintenance Organization Организация медицинского обеспечения (*США*)

HMQ [ˈeɪtʃˈemˈkjuː] Her Majesty the Queen Её Величество Королева

HMS Harvard Medical School Гарвардская медицинская школа (*США*)

HMS [ˈeɪtʃˈemˈes] Her (His) Majesty's Service «на службе Её (Его) Величества» (*обозначение принадлежности к вооружённым силам Великобритании*)

HMS [ˈeɪtʃˈemˈes] Her (His) Majesty's Ship корабль ВМС Великобритании (*ставится перед названием корабля*)

HMSO [ˈeɪtʃˈemˈesˈəu] Her (His) Majesty's Stationary Office издательство Её (Его) Величества (*Управление по издательству официальных документов*)

HMT [ˈeɪtʃˈemˈtiː] Her (His) Majesty's Treasury казначейство Её (Его) Величества (*министерство финансов Великобритании*)

HMV His Master's Voice «Хиз Мастерз Войс» (*фирменное название грампластинок компании «Электрик энд Мюзикал Индастриз»; Великобритания*)

hmw high molecular weight высокомолекулярный вес

HN Head Nurse старшая (медицинская) сестра

hnd hundred сто

HO Head Office главная контора; правление

HO Home Office министерство внутренних дел (*Великобритания*)

ho house дом, здание

hobo *тж.* **HOBO** [ˈhəubəu] homing bomb самонаводящаяся бомба

HoC House of Commons палата общин (*Великобритания*)

HoD Head of Department начальник управления

H of C House of Commons палата общин (*Великобритания*)

H of C House of Correction исправительный дом

H of L *тж.* **HoL** House of Lords палата лордов (*Великобритания*)

HOLC Home Owners' Loan Corporation Кредитно-ссудная корпорация домовладельцев (*США*)

Holl Holland Голландия

hols [hɔlz] holidays *брит. разг.* праздники, каникулы

hom homing самонаведение

homo homeopath гомеопат

homo homeopathic гомеопатический

homo homeopathy гомеопатия

homo homogenous гомогенный, однородный

homo [ˈhəumɪu] homosexual *разг.* гомосексуалист

homosex [ˈhəumɪuseks] homosexuality гомосексуализм

hon [hʌn] honey *разг.* милочка, дружок (*преим. в обращении*)

Hon *тж.* **hon** Honorary почётный

Hon [ɒn] Honourable *разг.* достопочтенный, почтенный (*титулование детей пэров, кроме тех, кто имеет титул учтивости; ставится перед именем*); лицо, имеющее титул «достопочтенный, почтенный»

Hond Honduras Гондурас

Hon Sec Honorary Secretary почётный секретарь

hood [hud] hoodlum *амер. жарг.* бандит, хулиган; гангстер, рэкетир

hor horizon горизонт

hor horizontal горизонтальный

hor horology часовое дело

HOR hydrogen-oxygen reaction реакция между водородом и кислородом

HORECA International Union of National Associations of Hotel, Restaurant and Cafe Keepers Международный союз национальных ассоциаций владельцев гостиниц, ресторанов и кафе

hort horticultural садоводческий

hort horticulture садоводство

hosp hospital больница; госпиталь

HOV high-occupancy vehicle автомашина с большим числом пассажиров (*не менее четырёх*)

how hours of work рабочее время

hp high-performance с высокими характеристиками

hp high pressure высокое давление

hp *тж.* **HP** [ˈeɪtʃˈpiː] hire purchase *разг.* покупка в рассрочку

hp horsepower лошадиная сила; мощность в лошадиных силах

HP house physician домашний врач

HP Houses of Parliament палаты парламента; здание парламента (*Великобритания*)

hpa high power amplifier мощный усилитель

hpf highest possible frequency верхняя граница частоты, наивысшая допустимая частота

hp hr *тж.* **hp-hr** horsepower hour лошадиная сила-час

HQ *тж.* **Hq, hq** Headquarters штаб, штабной

HQ high quality высококачественный

hr heat resisting жаропрочный; жаростойкий

hr high-resolution с высокой разрешающей способностью

hr hour час

HR House of Representatives палата представителей (*США*)

HRA Hardware Retailers Association Ассоциация розничных торговцев скобяными изделиями

HRA high-radiation area район высокой радиоактивности

HREBU Hotel and Restaurant Employees and Bartenders Union Союз служащих гостиниц и ресторанов и барменов

H Res House Resolution резолюция палаты представителей (*конгресса США*)

HRH [ˈeɪtʃˈɑːrˈeɪtʃ] Her (His) Royal Highness Её (Его) Королевское Высочество (*Великобритания*)

HRWMC House of Representatives Ways and Means Committee Бюджетный комитет палаты представителей (*конгресса США*)

HS High School средняя школа (*США*)

hs high speed высокая скорость; высокоскоростной, быстроходный

HS Home Secretary министр внутренних дел (*Великобритания*)

HSAC House (of Representatives) Science and Astronautics Committee Комитет палаты представителей по науке и космосу (*конгресса США*)

H-SAT heavy satellite тяжёлый экспериментальный спутник непосредственного телевизионного вещания

HSC Health and Safety Commission Комиссия по здравоохранению и безопасности (*Великобритания*)

HSC House Space Committee Комитет палаты представителей по космосу (*конгресса США*)

HSD *тж.* **hsd** hard site defence укреплённая в противоядерном отношении оборона

HSM high-speed memory *вчт.* быстродействующая память, быстродействующее запоминающее устройство

HSO [′eɪtʃ′es′əu] Higher Senior Officer старший научный сотрудник

HSP high-speed printer *вчт.* быстродействующее печатное устройство

HSR high-speed reader *вчт.* быстродействующее считывающее устройство

HSSA History of Science Society of America Американское общество истории науки

HST Harry S Truman Гарри С Трумэн (*33-й президент США*)

ht heat теплота; тепловой

ht heavy tank тяжёлый танк

ht heavy traffic интенсивное движение

ht height высота

ht high tide *мор.* полная вода

ht high treason государственная измена

HTGR *тж.* **htgr** high-temperature gas-cooled reactor высокотемпературный реактор с газовым охлаждением

Htl Hotel гостиница

htol *тж.* **HTOL** [′eɪtʃ′tɔl] horizontal takeoff and landing горизонтальный взлёт и посадка

htr heater подогреватель; обогреватель

HTR *тж.* **htr** high temperature reactor высокотемпературный реактор

H Trin Holy Trinity святая троица

HU Harvard University Гарвардский университет (*США*)

HUCIA Harvard University Center for International Affairs Центр международных проблем Гарвардского университета (*США*)

huck [hʌk] huckabach суровое полотно, хакабак, полотенечная ткань

HUD [hʌd] Housing and Urban Development министерство жилищного строительства и городского развития (*США*)

hum human человеческий

hum humane человечный, гуманный

hum humanism гуманность, человечность, гуманизм

hum *тж.* **Hum** humanities гуманитарные дисциплины

hum [hʌm] humbug *разг.* обман, надувательство; обманывать, надувать

HUMINT *тж.* **humint** [′hju:mɪnt] human intelligence сбор разведывательных данных с помощью разведчиков

Hun Hungarian венгерский

Hun Hungary Венгрия

hund hundred сто

Hung Hungarian венгерский

Hung Hungary Венгрия

HUP Harvard University Press «Харвард Юниверсити Пресс» (*издательство Гарвардского университета*)

hurcn hurricane ураган

hv heavy тяжёлый; сильный, интенсивный

hv high velocity высокая скорость; скоростной, быстроходный

hv *тж.* **h-v** high voltage высокое напряжение; высоковольтный

hv hovercraft аппарат на воздушной подушке

hvdc high voltage direct current постоянный ток высокого напряжения

hw hardware *вчт.* аппаратура, (аппаратное) оборудование, аппаратные средства

h/w *тж.* **hw** herewith настоящим (*сообщается и т. п.*); при сём (*прилагается*); посредством этого

hw *тж.* HW high water *мор.* полная вода

H/W highway шоссейная дорога

hw hit wicket «разрушение калитки» (*в крикете*)

hw hot water горячая вода

HWM *тж.* **hwm** high water mark *мор.* отметка уровня полной воды

HWMC House Ways and Means Committee бюджетный комитет палаты представителей (*конгресса США*)

HWS Hurricane Warning Service служба оповещения об ураганах

hwt hundredweight центнер (*в Великобритании = 50,8 кг; в США = 45,4 кг*)

hy heavy тяжёлый; сильный, интенсивный

hy hydraulic гидравлический

hyd hydrolisis гидролиз

hyd hydrostatics гидростатика

hydel [har′del] hydroelectric гидроэлектрический

hydro [′haɪdrəu] hydroelectric *разг.* гидроэлектрический

hydro [′haɪdrəu] hydroelectric plant *разг.* гидроэлектростанция, ГЭС

hydro [′haɪdrəu] hydroelectric power *канад.* гидроэлектроэнергия

hydro [′haɪdrəu] hydrogen водород

hydro [′haɪdrəu] hydropathic *разг.* водолечебница; водолечебный курорт; воды

hydro [′haɪdrəu] hydroplane глиссер с воздушным винтом

hyg hygiene гигиена

hyg hygienic гигиенический

HYP Harvard, Yale and Princeton Гарвардский, Йельский и Принстонский (*университеты США*)

hyp hyperbole гипербола

hyp hyperbolic гиперболический

hyp hypothesis гипотеза

hyp hypothetical гипотетический

hypo [′haɪpəu] hypodermic *разг.* шприц; укол, подкожное впрыскивание; стимул, стимулирующее средство; сделать укол; стимулировать, возбуждать

hypo [′haɪpəu] hyposulphite *фото разг.* фиксаж; *школ.* твёрдый плохорастворимый сахар

hys hysteria истерия

hys hysteric(al) истерический

hyster hysterectomy *мед.* гистерэктомия

hz hazard опасность

hz *тж.* Hz herz герц

I

I ice лёд; ледяной

I Idaho Айдахо (*штат США*)

I incendiary зажигательный

i inch дюйм

i incisor резец (*зуб*)

I independence независимость

I independent независимый; самостоятельный

I infantry пехота; пехотный

I inspection осмотр; инспекция

I instantaneous мгновенный

I institute институт; учреждение

I institution общество; институт; учреждение

I Intelligence разведка; разведывательные данные; разведывательный

i interceptor *ав.* истребитель-перехватчик

I interpreter переводчик

i intransitive *грам.* непереходный

I iodine йод

I Ireland Ирландия

I Irish ирландский

I *тж.* i island остров

I Italian итальянский

I Italy Италия

IA Incorporated Accountant член профессионального объединения бухгалтеров

IA infected area заражённый район

Ia Iowa Айова (*штат США*)

IAA International Academy of

Astronautics Международная академия астронавтики

IAA International Advertising Association Международная ассоциация рекламы

IAA International Association of Allergology Международная ассоциация аллергологии

IAA International Association of Art, Painting, Sculpture, Graphic Art Международная ассоциация изобразительных искусств (живопись, скульптура и графика), МАИИ

IAAB Inter-American Association of Broadcasters Межамериканская ассоциация радиовещания, МААР

IAAC International Agricultural Aviation Center Международный центр сельскохозяйственной авиации

IAAF International Amateur Athletic Federation Международная любительская федерация лёгкой атлетики

IAAM International Association of Aerospace Manufacturers Международная ассоциация владельцев предприятий по производству авиационно-космического оборудования

IAAOPA International Association of Aircraft Owners and Pilots Associations Международная ассоциация ассоциаций владельцев самолётов и пилотов

IAASS International Association of Applied Social Science Международная ассоциация прикладных социальных наук

IAB Inter-American Bank Межамериканский банк

IABO International Association for Biological Oceanography Международная ассоциация биологической океанографии, МАБО

IABSE International Association for Bridge and Structural Engineering Международная ассоциация дорожно-мостового строительства, МАДМС

IAC Indian Airlines Corporation «Индиан Эрлайнз Корпорейшн» (индийская авиатранспортная компания)

IAC Information Analysis Center Центр анализа (научно--технической) информации

IAC International Aerobatic Club Международный клуб высшего пилотажа

IAC International Air Commission Международная авиационная комиссия

IAC International Air Convention Международная авиационная конвенция

IAC International Astronautical Congress Международный астронавтический конгресс

IACA Independent Air Carriers Association Ассоциация независимых авиатранспортных компаний

IACA International Association of Independent Charter Airlines Международная ассоциация независимых чартерных авиатранспортных компаний

IACB Inter-Agency Consultative Board Межучрежденческий консультативный совет, МКС (*ООН*)

IACC Inter-Agency Consultative Committee Межучрежденческий консультативный комитет, МКК (*ООН*)

IACC Italy-American Chamber of Commerce Итало-американская торговая палата

IACCP Inter-American Council of Commerce and Production Межамериканский торгово-промышленный совет

IACD International Association of Clothing Designers Международная ассоциация модельеров

IACHR Inter-American Commission on Human Rights Межамериканская комиссия по правам человека, МКПЧ

IACI Irish-American Cultural Institute Ирландско-американский институт культурных связей

IACOMS International Advisory Committee on Marine Sciences Международный консультативный комитет по морским наукам (*ООН*)

IACS International Association of Classification Societies Международная ассоциация классификационных обществ, МАКО

IAD Internal Affairs Department министерство внутренних дел (*США*)

IADB Inter-American Defense Board Межамериканский комитет обороны, МКО

IADB Inter-American Development Bank Межамериканский банк развития

IADL International Association of Democratic Lawyers Международная ассоциация юристов-демократов, МАЮД

IAE Institution of Aeronautical Engineers Институт авиационных инженеров (*Великобритания*)

IAEA [ˈaɪˈeɪˈiːˈeɪ] International Atomic Energy Agency Международное агентство по атомной энергии, МАГАТЭ

IAECOSOC Inter-American Economic and Social Council Межамериканский экономический и социальный совет

IAES International Association for the Exchange of Students Международная ассоциация по обмену студентами

IAF Inter-American Foundation Межамериканский фонд

IAF International Association of Firefighters Международная ассоциация пожарных (*профсоюз*)

IAF International Astronautical Federation Международная федерация астронавтики

IAFE International Association of Fairs and Expositions Международная ассоциация ярмарок и выставок

IAG International Association of Geodesy Международная геодезическая ассоциация

IAGA International Association of Geomagnetism and Aeronomy Международная ассоциация по геомагнетизму и аэрономии

IAGC International Association of Geochemistry and Cosmochemistry Международная ассоциация гео- и космохимии

IAH International Association of Hydrology Международная гидрологическая ассоциация

IAHR International Association of Hydraulic Research Международная научно-исследовательская ассоциация по гидравлике

IAIE Inter-American Institute of Ecology Межамериканский экологический институт

IAII Inter-American Indian Institute Межамериканский институт по вопросам индейского населения

IAIN International Association of Institutes of Navigation Международная ассоциация институтов навигации, МАИН

ial initial первоначальный

ial instrument approach and landing *ав.* подход и посадка по приборам

IAL International Algorithmic Language *вчт.* международный алгоритмический язык

IALA International Association of Lighthouse Authorities Международная ассоциация маячных служб, МАМС

IALS International Association of Legal Science Международная ассоциация юридических наук, МАЮН

IALSSA International Air Line Stewards and Stewardesses Association Международная ассоциация бортпроводников и бортпроводниц авиатранспортных компаний

IAM Institute of Aviation Medicine Институт авиационной медицины

IAM International Academy of Medicine Международная медицинская академия

IAM International Association of Machinists Международная ассоциация механиков (*профсоюз*)

IAM International Association of Meteorology Международная метеорологическая ассоциация

IAM International Association of Microbiologists Международная ассоциация микробиологов

IAMAP International Association of Meteorology and Atmospheric Physics Международная ассоциация по метеорологии и физике атмосферы, МАМФА

IAMCR International Association for Mass Communication Research Международная научно--исследовательская ассоциация по вопросам информации, МНАИ

IAMLT International Association of Medical Laboratory Technologists Международная ассоциация медицинских техников--лаборантов, МАМТЛ

IAMS International Association of Microbiological Societies Международная ассоциация микробиологических обществ, МАМО

IAMWF Inter-American Mineworkers Federation Межамериканская федерация горняков, МАФГ

IANC International Airline Navigators Council Международный совет штурманов гражданской авиации, МСШГА

IANEC Inter-American Nuclear Energy Commission Межамериканская комиссия по атомной энергии, ИАНЕК

IAP International Academy of Pathology Международная академия патологии, МАП

IAP international airport международный аэропорт

IAPA Inter-American Parliamentary Association Межамериканская парламентская ассоциация

IAPA Inter-American Press Association Межамериканская ассоциация печати, МАП

IAPB International Association for Prevention of Blindness Международная ассоциация профилактики глазных заболеваний, ведущих к слепоте, МАПГЗ

IAPH International Association of Ports and Harbors Международная ассоциация портов и гаваней, МАПГ

IAPIP International Association for Protection of Industrial Property Международная ассоциация по охране промышленной собственности, МАОПС

IAPO International Association of Physical Oceanography Международная ассоциация физической океанографии, МАФО

IAPS [′aɪ′eɪ′piː′es] Incorporated Association of Preparatory Schools Объединённая ассоциация приготовительных школ (*Великобритания*)

IAPT International Association for Plant Taxonomy Международная ассоциация по таксономии растений, МАТР

iar intersection of air routes пересечение воздушных трасс

IARF International Association for Religious Freedom Международная ассоциация за свободу вероисповедания, МАСВ

IARIW International Association for Research into Income and Wealth Международная ассоциация по изучению национального дохода и национального богатства, МАИНД

ias indicated air speed *ав.* индикаторная *или* приборная воздушная скорость

IAS Institute for Advanced Studies Институт перспективных исследований

IAS Institute of Aeronautical Sciences Институт авиационных наук (*США*)

IAS Institute of Aerospace Sciences Институт авиационно--космических наук

IAS International Association of Seismology Международная ассоциация сейсмологии

IASA International Air Safety Association Международная ассоциация по безопасности полётов, МАБП

IASI Inter-American Statistical Institute Межамериканский статистический институт, МАСИ

IASP International Association

for Social Progress Международная ассоциация содействия социальному прогрессу, МАСП

IASPEL International Association of Seismology and Physics of the Earth's Interior Международная ассоциация сейсмологии и изучения внутреннего строения Земли

IASS International Association of Soil Science Международная ассоциация почвоведов, МАП

IASSW International Association of Schools of Social Work Международная ассоциация школ социального обслуживания, МАШСО

iasy international active sun year международный год активного солнца

IATA [aɪˈætə] International Air Transport Association Международная ассоциация воздушного транспорта, МАВТ

IATC International Air Traffic Communications (System) система связи для обеспечения воздушного движения на международных авиалиниях

IATM International Association for Testing Materials Международная ассоциация испытания материалов

IATME International Association of Terrestrial Magnetism and Electricity Международная ассоциация по изучению земного магнетизма и электричества

IAU International Association of Universities Международная ассоциация университетов, МАУ

IAU International Astronomical Union Международный астрономический союз, МАС

IAUPL International Association of University Professors and Lecturers Международная ассоциация профессоров и преподавателей университетов, МАППУ

iavc instantaneous automatic volume control *радио* мгновенная автоматическая регулировка усиления *или* громкости

iaw in accordance with в соответствии с

IAW International Alliance of Women Международный альянс женщин, МАЖ

IAWL International Association for Water Law Международная ассоциация водного права, МАВП

IAWMC International Association of Workers for Maladjusted Children Международная ассоциация работников в области воспитания дефективных детей, МАВДД

IAWPR International Association on Water Pollution Research Международная ассоциация по исследованию загрязнения воды, МАИЗВ

IAYM International Association of Youth Magistrates Международная ассоциация судей по делам несовершеннолетних, МАСН

ib. ibidem *лат.* (in the same place) там же, в том же месте

ib in bond сложенный на таможенном складе (*до уплаты пошлины*)

ib *тж.* **IB** incendiary bomb зажигательная бомба

IB Information Bulletin информационный бюллетень

IB Information Bureau справочное бюро

ib inner bottom внутреннее дно

IB Intelligence Branch разведывательная служба

IB International Bank Международный банк

ib invoice book книга фактур; книга накладных

IBA Independent Bankers Association Ассоциация независимых банкиров

IBA Independent Bar Association Ассоциация независимых юристов

IBA [ˈaɪˈbiːˈeɪ] Independent Broadcasting Authority Управление независимого вещания (*Великобритания*)

IBA International Bar Association Международная ассоциация юристов, МАЮ

IBA Investment Bankers Association Ассоциация банкиров, занимающихся размещением ценных бумаг

IBAM Institute of Business Administration and Management Институт деловой администрации и управления

IBBY International Board on Books for Young People Международный совет по книгам для молодёжи, МСКМ

IBC [ˈarˈbiːˈsiː] International Broadcasting Corporation Международная радиовещательная корпорация

ibd interest bearing debentures *ком.* процентные облигации

IBD International Bank of Detroit Международный банк Детройта (*США*)

IBE Institute of British Engineers Институт британских инженеров

IBE International Bureau of Education Международное бюро по вопросам образования, МБО

IBEC International Bank for Economic Cooperation Международный банк экономического сотрудничества, МБЭС

IBEW International Brotherhood of Electrical Workers Международное братство рабочих электропромышленности (*профсоюз*)

IBF Institute of Banking and Finance Институт банковского и финансового дела

IBF Institute of British Foundrymen Институт британских литейщиков

IBF International Boxing Federation Международная федерация бокса

ibi invoice book, inward *ком.* книга входящих фактур

ibid ibidem *лат.* (in the same place) там же, в том же месте

IBJ Industrial Bank of Japan Промышленный банк Японии

IBM *тж.* **ibm** [ˈarˈbiːˈem] intercontinental ballistic missile межконтинентальная баллистическая ракета

IBM [ˈarˈbiːˈem] International Business Machines (Corporation) «Интернэшнл Бизнес Мэшинз Корпорейшн», ИБМ (*компания по производству ЭВМ; США*)

IBO International Baccalaureate Office Бюро по оказанию содействия выпускникам международных школ, БВМШ

ibo invoice book, outward *ком.* книга исходящих фактур

ibop *тж.* **IBOP** international balance of payments баланс международных платежей

ibp initial boiling point начальная точка кипения

IBR Institute of Biosocial Research Институт биосоциальных исследований

IBRD International Bank for Reconstruction and Development Международный банк реконструкции и развития, МБРР

IBRO International Brain Research Organization Международная организация по изучению мозга, ИБРО

IBU International Broadcasting Union Международный радиовещательный союз

IBWM International Bureau of Weights and Measures Международное бюро весов и мер

IC Identity Card удостоверение личности

IC Iesus Christus *лат.* (Jesus Christ) Иисус Христос

IC immediate constituent непосредственно составляющая

ic *тж.* **i/c** in charge of старший; заведующий; дежурный; командующий; начальник

ic *тж.* **i/c** in command командующий

ic index correction поправка на ошибку прибора; инструментальная поправка

IC Information Center информационный центр

ic *тж.* **i-c**, **IC** [ˈarˈsiː] integrated circuit *эл.* интегральная схема, ИС

IC Intelligence Corps разведывательная служба

ic internal combustion (*двигатель*) внутреннего сгорания

ic *тж.* **IC** international control международный контроль

ICA Institute of Contemporary Arts Институт современного искусства

ICA International Communications Agency Международное агентство связи

ICA International Cooperative Alliance Международный кооперативный альянс, МКА

ICA International Council on Archives Международный архивный совет, МАС

ICAA International Civil Airports Association Международная ассоциация гражданских аэропортов, МАГА

ICAA International Council on Alcohol and Alcoholism Международный союз борьбы против алкоголизма, МСБА

ICAAAA Intercollegiate Association of Amateur Athletics of America Американская межуниверситетская любительская ассоциация лёгкой атлетики

ICAE International Commission on Agricultural Engineering Международная комиссия по механизации сельского хозяйства, МКМС

ICAE International Council for Adult Education Международный совет по обучению взрослых, МСОВ

ICAF Industrial College of the Armed Forces промышленный колледж вооружённых сил (*США*)

ICAN International Commission for Air Navigation Международная комиссия по аэронавигации

ICAO International Civil Aviation Organization Международная организация гражданской авиации, ИКАО

ICAR International Committee Against Racism Международный комитет против расизма

ICAS International Congress of the Aeronautical Sciences Международный конгресс по авиационным наукам

ICAS International Council of Aeronautical Sciences Международный совет по авиационным наукам

ICAS International Council of Aerospace Sciences Международный совет по авиационно-космическим наукам

ICAS International Council of Air Shows Международный совет по авиационным выставкам

ICATU International Confederation of Arab Trade Unions Международная конфедерация арабских профсоюзов, МКАП

ICB Industrial and Commercial Bank Промышленный и коммерческий банк

ICBA International Community of Booksellers Association Международное объединение книготорговых ассоциаций

icbm *тж.* **ICBM** [ˈaɪˈsiːˈbiːˈem] intercontinental ballistic missile межконтинентальная баллистическая ракета, МБР

ICBMS [ˈaɪˈsiːˈbiːˈemˈes] Intercontinental Ballistic Missile System межконтинентальный баллистический ракетный комплекс

ICBP International Council for Bird Preservation Международный совет по охране птиц, СИПО

ICC International Association for Cereal Chemistry Международная ассоциация по химии зерновых культур, МАХЗ

ICC International Chamber of Commerce Международная торговая палата, МТП

ICC International Computation Center Международный вычислительный центр, МВЦ (*ООН*)

ICC International Control Commission Международная контрольная комиссия

ICC International Coordinating Committee for the Presentation of Science and Development of Out-of-School Scientific Activities Международный координационный комитет по распространению научных знаний и развитию внешкольной научной деятельности, МКК

ICC Interstate Commerce Commission Комиссия по регулированию торговли между штатами (*США*)

ICCAM International Committee of Children's and Adolescents' Movements Международный комитет движений детей и подростков, МКДДП

ICCB International Catholic Child Bureau Международное католическое бюро ребёнка, МКБР

ICCC International Conference of Catholic Charities (Caritas Internationalis) Международная конференция католических благотворительных организаций (Каритас интернационалис), МККБО

ICCM *тж.* **iccm** [ˈaɪˈsiːˈsiːˈem] intercontinental cruise missile межконтинентальная крылатая ракета

ICCTU International Confederation of Christian Trade Unions Международная конференция христианских профсоюзов, МКХП

ICD International Classification of Diseases Международная классификация болезней

ICDSI Independent Commission on Disarmament and Security Issues, (the Palme Commission) Независимая комиссия по вопросам разоружения и безопасности (Комиссия Пальме)

Ice Iceland Исландия

Ice Icelandic исландский

ICE Institution of Civil Engineers Институт гражданских инженеров (*Великобритания*)

ice internal combustion engine двигатель внутреннего сгорания

ICE International Cultural Exchange Международный культурный обмен, МКО

ICEF International Children's Emergency Fund Международный чрезвычайный фонд помощи детям (*ООН*)

ICEF International Council for Educational Films Международный совет по учебным фильмам, МСУФ

ICEL International Council on Environmental Law Международный совет по праву окружающей среды, МСПОС

ICEM Intergovernmental Committee for European Migration Межправительственный комитет по вопросам европейской миграции

ICES International Committee for Earth Sciences Международный комитет по наукам о земле

ICES International Council for the Exploration of the Sea Международный совет по исследованию морей, ИКЕС, МСИМ

ICET International Center of Economy and Technology Международный центр экономики и техники

ICET International Council on Education for Teaching Международный совет по подготовке преподавателей, МСПП

ICFC Industrial and Commercial Finance Corporation Промышленная и коммерческая финансовая корпорация

ICFC International Center of Films for Children Международный центр кино- и телефильмов для детей, МЦКТД

ICFPW International Confederation of Former Prisoners of War Международная конфедерация бывших военнопленных

ICFTU International Confederation of Free Trade Unions Международная конфедерация свободных профсоюзов, МКСП

ICFW International Christian Federation of Food, Drink, Tobacco and Hotel Workers Международная федерация христианских профсоюзов рабочих пищевой, табачной промышленности и работников гостиниц

icg icing обледенение

ICGS International Catholic Girls' Society Международная католическая ассоциация помощи девушкам, МКАПД

ICHCA International Cargo Handling Coordination Association Международная ассоциация координации транспортно-грузовых операций, МАКТО

I Chem E Institution of Chemical Engineers Институт инженеров-химиков

ICHS International Committee for Historical Sciences Международный комитет исторических наук, МКИН

ICHS International Council of Home-Help Services Международный совет учреждений по оказанию помощи на дому

ichth ichthyology ихтиология

ICI [ˈaɪsiːˈaɪ] Imperial Chemical Industries Имперский химический трест, Ай-си-ай (*крупнейший в Великобритании и Западной Европе химический концерн*)

ICID International Commission on Irrigation and Drainage Международная комиссия по ирригационым и мелиоративным работам, МКИМ

ICIE International Centre for Industry and the Environment Международный центр по вопросам промышлености и окружающей среды, МЦПО

ICIP International Conference on Information Processing Международная конференция по обработке информации

ICIPE International Center of Insect Physiology and Ecology Международный центр физиологии и экологии насекомых, ИСИПЕ

ICITO Interim Commission for the International Trade Organization Временный комитет организации по международной торговле (*ООН*)

ICJ International Commission of Jurists Международная комиссия юристов, МКЮ

ICJ International Court of Justice Международный суд

ICL International Computers Limited «Интернэшнл Компьютерс Лимитед» (*компания по производству ЭВМ; Великобритания*)

ICL International Confederation of Labor Международная конфедерация труда

ICM *тж.* **icm** [ˈaɪsiːˈem] intercontinental missile межконтинентальная ракета

ICM International Confederation of Midwives Международная конфедерация акушерок, МКА

ICMC International Circulation Managers Commission Международная комиссия заведующих сбытом печатных изданий, МКЗП

ICMES International Cooperation on Marine Engineering Systems Международная организация по сотрудничеству в области морских технических систем

ICN International Council of Nurses международный совет медицинских сестёр, МСМС

ICND International Commission on Narcotic Drugs Международная комиссия по наркотикам

ICO International Commission for Optics Международная комиссия по оптике

ICOM International Council of Museums Международный совет музеев, МСМ

ICOMIA International Council of Marine Industries Associations Международный совет ассоциаций по содействию водному туризму, МСАВТ

ICOMOS International Council of Monuments and Sites Международный совет по охране памятников и исторических мест, МСОПИ

icon iconographic иконографический

icon iconography иконография

ICOSO International Committee of Outer Space Onomastics Международный комитет по космической ономатологии, МККО

ICOTAS International Committee for the Organization of Traffic at Sea Международный комитет по организации судоходства в море

ICP International Council of Psychologists Международный совет психологов

ICP intracranial pressure *мед.* внутричерепное давление

ICPA International Commission for the Prevention of Alcoholism Международная комиссия по борьбе с алкоголизмом, МКБА

ICPC International Criminal Police Comission Международная комиссия уголовной полиции

ICPHS International Council for Philosophy and Humanistic Studies Международный совет по философии и гуманитарным наукам, МСФГН

ICPO International Criminal Police Organization (Interpol) Международная организация уголовной полиции (Интерпол)

ICPPS International Convention for the Prevention of Pollution from Ships Международная конвенция по предотвращению загрязнения моря с судов

ICPPSO International Convention for the Prevention of Pollution of the Sea by Oil Международная конвенция по предотвращению загрязнения моря нефтью

ICPU International Catholic Press Union Международный союз католической печати, МСКП

ICQC International Conference on Quality Control Международная конференция по вопросам контроля качества (*изделий*)

icr increase увеличить; увеличение

ICR Institute of Cancer Research Институт исследований злокачественных опухолей

ICRC [ˈarˈsiːˈɑːˈsiː] International Committee of the Red Cross Международный комитет Красного Креста, МККК

ICRICE International Center of Research and Information on Collective Economy Международный информационно-исследовательский центр коллективной экономики, МИЦКЭ

icrm *тж.* **ICRM** [ˈarˈsiːˈɑːrˈem] intercontinental reconnaissance missile межконтинентальная разведывательная ракета

ICRO International Cell Research Organization Международная организация по исследованию клетки, ИКРО

ICRP International Comission on Radiological Protection Международная комиссия по радиационной защите

ICRU International Commission on Radiation Units and Measurements Международная комиссия по радиологическим единицам и измерениям, МКРЕИ

ics installment credit selling продажа в рассрочку

ICS Intercommunication System система внутренней связи

ICS International Chamber of Shipping Международная палата по судоходству, МПС

ICS International College of Surgeons Международный колледж хирургов

ICS International Correspondence Schools Международная сеть школ заочного обучения различным специальностям (*США*)

ICSAB International Civil Service Advisory Board Консультативный комитет по международной гражданской службе, ККМГС

ICSC International Civil Service Commission Комиссия по международной гражданской службе (*ООН*)

ICSDW International Council of Social Democratic Women Международный совет женщин социал-демократок, МСЖСД

ICSEMS International Commission for the Scientific Exploration of the Mediterranean Sea Международная комиссия по научным исследованиям Средиземного моря, МКНИСМ

ICSH *тж.* **icsh** interstitial cell-stimulating hormone *биохим.* лютеинизирующий гормон, пролан Б

ICSID International Center for the Settlement of Investment Disputes Международный центр по урегулированию инвестиционных споров, МЦУИС

ICSID International Council of Societies of Industrial Design Международный совет организаций индустриального дизайна, МСОИД

ICSP International Council of Societies of Pathology Международный совет обществ патологов, МСОП

ICSPE International Council of Sport and Physical Education Международный совет физического воспитания и спорта, МСФВС

ICSR Inter-American Committee for Space Research Межамериканский комитет по исследованию космического пространства

ICSS International Council for the Social Studies Международный совет по социальным исследованиям

ICSSD International Committee for Social Sciences Documentation Международный комитет социологической документации, МКСД

ICST Institute for Computer Sciences and Technology Институт вычислительной науки и техники

ICSTD Intergovernmental Committee on Science and Technology for Development Межправительственный комитет по науке и технике в целях развития, МКНТР (*постоянный комитет ЭКОСОС*)

ICSU International Council of Scientific Unions Международный совет научных союзов, МСНС

ICSU AB International Council of Scientific Unions Abstracting Board Реферативное бюро Международного совета научных союзов, РБ МСНС

ICSW International Council on Social Welfare Международный совет по социальному обеспечению, МССО

ict inflammation of connective tissue *мед.* воспаление соединительной ткани

ICT *тж.* **ict** insulin coma therapy *мед.* инсулинотерапия

ICT International Critical Ta-

bles международные таблицы физических констант

ICTB International Customs Tariffs Bureau Международное бюро таможенных тарифов

ICTF International Cocoa Trade Federation Международная федерация по торговле какао, МФТК

ICTP International Center for Theoretical Physics Международный центр теоретической физики

ICTU Irish Committee of Trade Unions Ирландский комитет профсоюзов

icu *тж.* **ICU** [ˈɑrˈsiːˈjuː] intensive care unit *мед.* блок интенсивной терапии

ICU International Code Use пользование международным кодом связи

ICUAE International Congress of University Adult Education Международный конгресс по университетскому образованию для взрослых, МКУОВ

ICVA International Council of Voluntary Agencies Международный совет добровольных учреждений, МСДУ

icw in compliance with в соответствии с

icw in connection with в связи с

ICW International Council of Women Международный совет женщин, МСЖ

icw interrupted continuous wave *радио* прерывистые незатухающие волны

icw intracellular water *биол.* внутриклеточная жидкость

ICWA Institute of Current World Affairs Институт современных мировых проблем

ICWM International Committee on Weights and Measures Международный комитет весов и мер

ICWU International Chemical Workers Union Международный союз рабочих химической промышленности

ICYF International Catholic Youth Federation Международная федерация католической молодёжи, МФКМ

ID Idaho Айдахо (*штат США*)

id idem *лат.* (the same) то(т) же

ID *тж.* **id** [ˈɑːˈdiː] identification объявление о том, какая станция *или* сеть ведёт передачу (*по радио или телевидению*); опознавание

ID identify *полиц.* опознавать

id immediate delivery немедленная доставка

id *тж.* **ID** import duty ввозная пошлина

id industrial design промышленный дизайн

id infectious disease инфекционное заболевание

id inside diameter внутренний диаметр

ID Intelligence Department *воен.* разведывательное управление

Ida Idaho Айдахо (*штат США*)

IDA Import Duties Act закон о ввозных пошлинах (*Великобритания*)

IDA Industrial Development Agency Управление промышленного развития

IDA Institute for Defense Analyses Институт военных исследований

IDA International Development Association Международная ассоциация развития, МАР

IDA International Disarmament Agency Международное агентство по разоружению

IDAC Import Duties Advisory Committee Консультативный комитет по ввозным пошлинам (*Великобритания*)

IDAF International Defence and Aid Fund for Southern Africa Международный фонд защиты и помощи для Южной Африки, МФЗП

idb integrated data base *вчт.* интегрированная база данных

IDB Inter-American Development Bank Межамериканский банк развития, МБР

IDC Imperial Defence College Имперский военный колледж (*Великобритания*)

IDC Interdepartmental Committee межведомственный комитет

IDC International Data Center международный центр данных, МЦД

IDDD International Demographic Data Directory Международный демографический справочник

IDDD [ˈɑːˈdiːˈdiːˈdiː] international direct distance dialing прямая международная телефонная связь (*путём набора кода и номера*)

idf intermediate distribution frame *эл.* промежуточный распределительный щит

IDF International Dairy Federation Международная федерация предприятий молочной промышленности, МФМП

IDF International Development Foundation Международный фонд развития

IDF International Diabetes Federation Международная диабетическая федерация, МДФ

idf international distress frequency международная частота передачи сигналов бедствия

IDL International Date Line международная демаркационная линия суточного времени

IDO International Disarmament Organization Международная организация по разоружению

idp [ˈɑːˈdiːˈpiː] information data processing *вчт.* обработка информации

idp [ˈɑːˈdiːˈpiː] input data processing *вчт.* обработка входных данных

idp *тж.* **IDP** [ˈɑːˈdiːˈpiː] integrated data processing *вчт.* интегрированная обработка данных

IDP [ˈɑːˈdiːˈpiː] international driving permit международные водительские права

IDPS Intelligence Data Processing System система обработки разведданных

IDR Infantry Drill Regulations строевой устав пехоты (*США*)

ids illicit diamond smuggling контрабанда краденых алмазов

IDS International Development

Strategy Международная стратегия развития

i. e. [ˈaɪˈiːˌˈðæt ɪz] id est *лат.* (that is) то есть

IE *тж.* **I-E** Indo-European индоевропейский

IE Industrial Espionage промышленный шпионаж

IE Information and Education *амер.* информация и общеобразовательная подготовка

IE Institute of Electronics Институт электроники

IE Institute of Engineers Инженерный институт

IEA Institute of Economic Affairs Институт экономических проблем

IEA International Association for the Evaluation of Educational Achievement Международная ассоциация по оценке школьной успеваемости, МШУ

IEA International Economic Association Международная экономическая ассоциация, МЭА

IEA International Energy Agency Международное энергетическое агентство, МЭА

IEA International Epidemiological Association Международная эпидемиологическая ассоциация, МЭА

IEA International Ergonomics Association Международная ассоциация по эргономике, МАЭ

IEB International Exhibitions Bureau Бюро международных выставок

IEC International Electrotechnical Commission Международная электротехническая комиссия, МЭК

IEE Institute of Electrical Engineers Институт инженеров--электриков

IEEE Institute of Electrical and Electronics Engineers Институт инженеров по электротехнике и электронике, ИЕЕЕ

IEF International Ecumenical Fellowship Международное экуменическое братство

IEG Information Exchange Group группа обмена информацией

IEMS Institute of Experimental Medicine and Surgery Институт экспериментальной медицины и хирургии

IEP Institute of Experimental Psychology Институт экспериментальной психологии

IEPA International Economic Policy Association Международная ассоциация экономической политики

IEPG Independent European Programme Group Независимая европейская группа по программам разработки систем оружия

IER Institute of Educational Research Институт научных педагогических исследований

IERG International Electronic Research Corporation Международная корпорация по научным исследованиям в области электроники

IERE Institution of Electronic and Radio Engineers Институт инженеров-электроников и радиоинженеров (*Великобритания*)

IES Illuminating Engineering Society Светотехническое инженерное общество (*США*)

IES Institute of Environmental Sciences Институт научных исследований окружающей среды

IES Institute of European Studies Институт европейских исследований

if infrastructure инфраструктура

if instrument flight полёт по приборам, слепой полёт

if *тж.* **IF** interferon интерферон

if *тж.* **i-f** intermediate frequency *радио* промежуточная частота

IFA International Federation of Actors Международная федерация актёров, МФА

IFA International Federation of Airworthiness Международная федерация по лётной годности

IFA International Federation on Ageing Международная федерация по проблемам старения, МФС

IFA International Fertility Association Международная ассоциация по изучению (причин) бесплодия, МАИБ

IFA International Fiscal Association Международная налоговая ассоциация, МНА

IFAC International Federation of Automatic Control Международная ассоциация по автоматическому управлению, ИФАК

IFAD International Fund for Agricultural Development Международный фонд сельскохозяйственного развития, ИФАД, МФСР

IFAE Inter-American Federation for Adult Education Межамериканская федерация по образованию взрослых, МФОВ

IFALPA International Federation of Air Line Pilots' Associations Международная федерация ассоциаций линейных пилотов, МФАЛП

IFAP International Federation of Agricultural Producers Международная федерация сельскохозяйственного производства

IFAP International Federation of Airline Pilots Международная федерация линейных пилотов

IFAPA International Foundation of Airline Passengers Association Международный фонд ассоциаций пассажиров авиалиний

IFATCA International Federation of Air Traffic Controllers Associations Международная федерация ассоциаций операторов управления воздушным движением

IFATE International Federation of Aerospace Technology and Engineering Международная федерация авиационно-космической технологии и техники

IFB International Federation of the Blind Международная федерация слепых, МФС

IFB *тж.* **ifb** invitation for bid приглашение принять участие

в торгах *или* в переговорах о выдаче подряда

IFBPW International Federation of Business and Professional Women Международная федерация женщин деловых и свободных профессий, МФЖДСП

IFBWW International Federation of Building and Woodworkers Международная федерация работников строительной и деревообрабатывающей промышленности, МФСДП

IFC International Finance Corporation Международная финансовая корпорация, МФК (*ООН*)

IFC International Freighting Corporation Международная фрахтовая корпорация

IFCATI International Federation of Cotton and Allied Textile Industries Международная федерация хлопкоперерабатывающей и смежных с нею отраслей текстильной промышленности, МФХСОТ

IFCAW International Federation of Christian Agricultural Workers Union Международная федерация христианских профсоюзов сельскохозяйственных рабочих, МФХПС

IFCC International Federation of Children's Communities Международная федерация детских обществ, МФДО

IFCC International Federation of Clinical Chemistry Международная федерация химиотерапии, МФХ

IFCCTE International Federation of Commercial, Clerical and Technical Employees Международная федерация коммерческих, конторских и технических служащих, МФККТС

IFCJ International Federation of Catholic Journalists Международная федерация католических журналистов, МФКЖ

IFCMU International Federation of Christian Metalworkers' Unions Международная федерация христианских профсоюзов металлистов, МФХПМ

IFCMU International Federation of Christian Miners' Unions Международная федерация христианских профсоюзов горняков, МФХПГ

IFCTU International Federation of Christian Trade Unions Международная федерация христианских профсоюзов, МФХП

IFCU International Federation of Catholic Universities Международная федерация католических университетов, МФКУ

IFD International Federation for Documentation Международная федерация документации, МФД

iff *тж.* **IFF** identification friend or foe радиолокационная система опознавания самолётов и кораблей

IFFA International Federation of Film Archives Международная федерация киноархивов

IFFJ International Federation of Free Journalists Международная федерация свободных журналистов, МФСЖ

IFFTU International Federation of Free Teachers' Unions Международная федерация свободных профсоюзов учителей, МФСПУ

IFGO International Federation of Gynecology and Obstetrics Международная федерация гинекологии и акушерства, МФГА

IFHE International Federation of Home Economics Международная федерация школ домоводства, МФШД

IFHP International Federation for Housing and Planning Международная федерация по жилищному строительству и планированию городов, МФЖП

IFIA International Federation of Inventors Associations Международная федерация ассоциаций изобретателей, МФАИ

IFIAT International Federation of Independent Air Transport Международная федерация независимых авиатранспортных компаний

IFIP International Federation for Information Processing Международная федерация по обработке информации, МФОИ

IFJ International Federation of Journalists Международная федерация журналистов, МФЖ

ifl inflatable надувной

IFL International Friendship League Лига международной дружбы, ЛМД

IFLA International Federation of Landscape Architects Международная федерация ландшафтной архитектуры, МФЛА

IFLA International Federation of Library Associations Международная федерация библиотечных ассоциаций, МФБА

IFLWU International Fur and Leather Workers' Union Международный профсоюз меховщиков и кожевников

IFM Institute for Forensic Medicine Институт судебной медицины

IFMBE International Federation for Medical and Biological Engineering Международная федерация по медицинской и биологической технике, МФМБТ

IFMC International Folk Music Council Международный совет народной музыки, МСНМ

IFMSA International Federation of Medical Students Associations Международная федерация ассоциаций студентов-медиков, МФАСМ

ifn information информация; сведения

if nec if necessary если необходимо

ifo identified flying object опознанный летающий объект

ifo in front of перед

ifo interphone внутренняя связь; самолётное переговорное устройство

IFOR International Fellowship of Reconciliation Международное братство примирения, МБП

IFORS International Federation of Operational Research Societies Международная федерация обществ по изучению методов организации производства, МФОИП

IFP International Federation of Purchasing Международная федерация по закупкам, МФЗ

IFPAAW International Federation of Plantation, Agricultural and Allied Workers Международная федерация рабочих плантаций, сельского хозяйства и смежных отраслей, МФРПС

IFPCW International Federation of Petroleum and Chemical Workers Международная федерация рабочих нефтяной и химической промышленности, МФНП

IFPE International Federation for Parent Education Международная федерация по вопросам просвещения родителей, МФПР

IFPM International Federation of Physical Medicine Международная федерация физиотерапии, МФФ

IFPMA International Federation of Pharmaceutical Manufacturers Association Международная федерация ассоциаций фармацевтических предприятий, МФАФП

IFPMM International Federation of Purchasing and Materials Management Международная федерация по закупкам и управлению материально-техническим снабжением, МФЗУМ

IFPMR International Federation of Physical Medicine and Rehabilitation Международная федерация физиотерапии и восстановления здоровья, МФФВ

IFPP International Federation of the Periodical Press Международная федерация периодической печати, МФПП

IFPRA Inter-American Federation of Public Relations Associations Межамериканская федерация ассоциаций общественных отношений, МФАОО

IFPRI International Food Policy Research Institute Международный исследовательский институт по разработке продовольственной политики, МИИПП

IFPTO International Federation of Popular Travel Organizations Международная федерация организаций массового туризма, МФОМТ

ifr inflight refuelling заправка топливом в полёте

IFR Instrument Flight Rules правила полётов по приборам

IFRB International Frequency Registration Board Международный комитет по регистрации (радио)частот

IFS International Federation of Surveyors Международная федерация геодезистов, МФГ

IFS International Foundation for Science Международный фонд науки

IFSDP International Federation of the Socialist and Democratic Press Международная федерация социалистической и демократической печати, МФСДП

IFSNC International Federation of Settlements and Neighbourhood Centers Международная федерация социальных микрорайонных центров, МФСМЦ

IFSP International Federation of Societies of Philosophy Международная федерация философских обществ, МФФО

IFSPO International Federation of Senior Police Officers Международная федерация старших полицейских чиновников, МФСПЧ

IFSW International Federation of Social Workers Международная федерация работников учреждений социального обслуживания, МФРСО

IFT International Federation of Translators Международная федерация (письменных) переводчиков

IFTA International Federation of Teachers' Associations Международная федерация ассоциаций учителей, МФАУ

IFUW International Federation of University Women Международная федерация женщин с университетским образованием, МФЖУО

IFWEA International Federation of Workers' Educational Associations Международная федерация ассоциаций по распространению образования среди рабочих, МФАОР

IFWL International Federation of Women Lawyers Международная федерация женщин-юристов, МФЖЮ

ig ignition зажигание, воспламенение, запуск (*двигателя*)

ig *тж.* **Ig, IG** immunoglobulin иммуноглобулин

IG Inspector General главный инспектор; генеральный инспектор

IGA International Geographical Association Международная географическая ассоциация

IGA International Golf Association Международная ассоциация гольфа

igc intellectually gifted children умственно одарённые дети

IGC International Geophysical Committee Международный геофизический комитет, МГК

i/g/d illicit gold dealer скупщик краденого золота

IGD Inspector General's Department главная инспекция; управление главного инспектора

IGF International Graphical Federation Международная федерация полиграфистов, МФП

IGGU International Geodetic and Geophysical Union Международный геодезический и геофизический союз

ign ignition зажигание, воспламенение, запуск (*двигателя*)

IGO intergovernmental organization межправительственная организация

IGST Intergovernmental Committee on Science and Technology Межправительственный комитет по науке и технике

IGU International Geographical Union Международный географический союз, МГС

IGY [ˈaɪˈdʒiːˈwaɪ] International Geophysical Year Международный геофизический год, МГГ (*июль 1957 — декабрь 1958*)

ih *тж.* **IH** infectious hepatitis *мед.* инфекционный гепатит

IHA International Hotel Association Международная ассоциация гостиниц, МАГ

IHA International Hydrographic Association Международная гидрографическая ассоциация

IHC International Help for Children Международная помощь детям, МПД

ihd *тж.* **IHD** ischemic heart disease *мед.* ишемическая болезнь сердца

IHE Institution of Higher Education высшее учебное заведение, ВУЗ

IHEU International Humanist and Ethical Union Международный союз гуманизма и этики, МСГЭ

IHF International Hockey Federation Международная федерация хоккея

IHF International Hospital Federation Международная федерация лечебных учреждений, МФЛУ

ihp *тж.* **IHP** indicated horsepower индикаторная лошадиная сила; индикаторная мощность

IHT [ˈaɪˈeɪtʃˈtiː] International Herald Tribune «Интернэшнл Геральд Трибюн»

ii interest included включая проценты

IIAA Independent Insurance Agents Association Ассоциация независимых страховых агентов

IIAC Industrial Injuries Advisory Committee Консультативный комитет по производственным травмам

IIB International Investment Bank Международный инвестиционный банк, МИБ

IIC International Institute of Communications Международный институт связи

IIE Institute for International Economics Институт международной экономики

IIE International Institute of Embryology Международный институт эмбриологии

IIEA International Institute for Environmental Affairs Международный институт по проблемам окружающей среды

IIED International Institute for Environment and Development Международный институт по окружающей среде и развитию, МИОР

IIFP International Institute of Public Finance Международный институт государственных финансов, МИГФ

IIHF International Ice Hockey Federation Международная федерация хоккея, ИИХФ

III International Institute of Interpreters Международный институт (устных) переводчиков (*ООН*)

IILS International Institute for Labor Studies Международный институт социальных исследований

IISL International Institute of Space Law Международный институт космического права

IISS International Institute for Strategic Studies Международный институт стратегических исследований

IIT Illinois Institute of Technology Иллинойский технологический институт (*США*)

IITC International Indian Treaty Council Международный совет по договорам индейцев, МСДИ

IIVRS International Institute for Vital Registration and Statistics Международный институт регистрации и статистики естественного движения населения, МИРСЕ

IIW International Institute of Welding Международный институт сварки, МИС

IJ Institute of Journalists Институт журналистов

IL Illinois Иллинойс (*штат США*)

il illustrated иллюстрированный

il illustration рисунок, иллюстрация

IL *тж.* I/L Import License импортная лицензия

il instrument landing *ав.* посадка по приборам .

Il interleukin интерлейкин (*средство от рака*)

ILA International Law Association Ассоциация международного права, АМП

ILA International Leprosy Association Международное лепрологическое общество

ILA International Linguistic Association Международная лингвистическая ассоциация

ILA International Longshoremen's Association Международная ассоциация портовых грузчиков (*профсоюз*) .

ILC International Law Commission Комиссия международного права (*ООН*)

ilc irrevocable letter of credit *ком.* безотзывный аккредитив

ILEA [ˈiːlɪə] Inner London Education Authority Управление народного образования центрального Лондона

ILF International Liaison Forum (of Peace Forces) Всемирный форум по связям (миролюбивых сил)

ILGWU International Ladies Garment Workers' Union Международный профсоюз дамских портных

ILHR International League of Human Rights Международная лига прав человека

Ill Illinois Иллинойс (*штат США*)

ill illusion иллюзия

ILL International Lunar Laboratory Международная лунная лаборатория

illegit [ɪlˈgɪt] illegitimate *школ.* незаконнорождённый

illumina illumination *унив.* освещение, иллюминация

illus illustration рисунок, иллюстрация

illust illustration рисунок, иллюстрация

ilo in lieu of вместо, взамен

ILO International Labor Office Международное бюро труда, МБТ (*ООН*)

ILO [ˈaɪləu] International Labor Organization Международная организация труда, МОТ (*ООН*)

ILRM International League for the Rights of Man Международная лига прав человека, МЛПЧ

ILS instrument landing system *ав.* система посадки по приборам, инструментальная система посадки

ILS International Lunar Society Международное общество по изучению Луны

ILSS integrated life-support system встроенная система жизнеобеспечения

ILTF International Lawn Tennis Federation Международная федерация тенниса

ILU Institute of Life Insurance Институт страхования жизни

ILU Institute of London Underwriters Институт лондонских страховщиков

im *тж.* **IM** [ˈaɪˈem] interceptor missile ракета-перехватчик; ракета ПРО

im intramascular внутримышечный

IM Isle of Man остров Мэн

IMA International Management Association Международная ассоциация управления

IMA International Mineralogical Association Международная минералогическая ассоциация, ММА

ima(d)ge [ˈɪmædʒ] imagination воображение, фантазия

I Mar E Institute of Marine Engineers Институт судовых инженеров-механиков

IMAU International Movement for Atlantic Union Международное движение за Атлантический союз, МДАС

imb interaction of man and the biosphere взаимодействия человека и биосферы

IMC International Maritime Committee Международная комиссия по морскому судоходству

IMC International Meteorological Committee Международный метеорологический комитет

IMC International Music Council Международный совет по музыке, МСМ

IMCO International Maritime Consultative Organization Международная консультативная организация по морскому судоходству, ИМКО

IMCOS International Meteorological Consultant Service Международная метеорологическая консультативная служба

IMCS Pax Romana, International Movement of Catholic Students Международное движение студентов-католиков «Пакс-Романа», МДСК

imdt immediate непосредственный; ближайший; немедленный

imdt immediately немедленно

IME Institution of Mechanical Engineers Институт инженеров-механиков (*Великобритания*)

I Mech E Institution of Mechanical Engineers Институт инженеров-механиков (*Великобритания*)

IMECO International Measurement Confederation Международная конфедерация по измерительной технике и приборостроению, ИМЕКО

IMF International Metalworkers' Federation Международная федерация металлистов, МФМ

IMF [ˈaɪˈemˈef] International Monetary Fund Международный валютный фонд, МВФ

IMF International Motorcycle Federation Международная федерация мотоциклетного спорта

I Min E Institution of Mining Engineers Институт горных инженеров (*Великобритания*)

imit imitate подражать

imit imitation имитация

imit imitative подражательный, поддельный

imm immediate непосредственный; ближайший; немедленный

imm immediately немедленно

imm immune *мед., биол.* иммунный, невосприимчивый

imm immunology иммунология

IMM Institute of Mining and Metallurgy Институт горного дела и металлургии

IMM International Monetary Market Международный валютный рынок

immig immigrant иммигрант

immig immigration иммиграция

immun immunity иммунитет

immy immediately немедленно

imo imitation *жарг.* имитация

IMO International Maritime Organization Международная морская организация, ИМО (*ООН*)

IMO International Meteorological Organization *ист.* Международная метеорологическая организация

imp imperative *грам.* повелительный

imp imperfect *грам.* несовершенное (*время*)

imp imperial имперский; императорский

imp impersonal *грам.* безличный

imp implement орудие, инструмент, прибор

imp import ввоз, импорт

imp important важный, значительный

imp imported ввезённый, импортированный

imp importer импортёр

imp impracticable непрактичный

imp imprint отпечаток

imp improper ложный, неправильный

imp improve улучшать; усовершенствовать

imp improved улучшенный, усовершенствованный

imp improvement улучшение, усовершенствование

imp impulse импульс

IMPA [ˈɪmpə] International Maritime Pilots' Association Международная ассоциация морских лоцманов, ИМПА, МАМЛ

imp bu imperial bushel английский бушель (= 36,4 *л*)

impce importance важность, значительность

imp gal imperial gallon английский галлон (= 4,55 *л*)

IMR Institute of Marine Resources Институт морских ресурсов

IMS information management system *вчт.* информационно-управляющая система

IMS Institute of Management Sciences Институт управленческих наук

IMS Institute of Marine Science Институт морских наук

IMU International Mathematical Union Международный математический союз, ММС

in inch дюйм (= 25,4 *мм*)

In India Индия

In Indian индийский

in input *вчт.* вход, ввод; входное устройство; входной сигнал; входные данные

in interest проценты

INA Institution of Naval Architects Институт инженеров-кораблестроителей (*Великобритания*)

INA International Newsreel Association Международная ассоциация кинохроники, МАК

inactv inactive неактивный; недеятельный

inad inadequate не отвечающий требованиям; неполноценный; недостаточный

inc incendiary зажигательный

inc inclosure вложение, приложение

inc income доход; подоходный

Inc Incorporated официально зарегистрированный

inc increase увеличение; увеличивать

INC [ˈarˈenˈsiː] Indian National Congress Индийский национальный конгресс

incap [ˈɪnkæp] incapacitant *воен. жарг.* вещество, приводящее к потере трудоспособности *или* боеспособности; средство, временно выводящее из строя

INCB International Narcotics

Control Board Международный совет по контролю над наркотическими средствами, МСКНС (*ООН*)

ince insurance страхование

incl include включать; учитывать

incln inclined наклонный, наклонённый

INCO International Nickel Company Международный никелевый концерн

incog [ɪnˈkɔg] incognito *разг.* инкогнито

incom incomplete неполный

INCOMAG International Communication Agency Международное агентство связи

Incorp Incorporated официально зарегистрированный

INCOS Integrated Control System комплексная система управления

incy [ˈɪnsɪ] incendiary bomb *воен.* зажигательная бомба

ind independent самостоятельный; независимый; отдельный

IND [ˈaɪenˈdiː] independent nuclear deterrent независимый ядерный потенциал

ind index указатель, индекс

Ind India Индия

Ind Indian индийский

Ind Indiana Индиана (*штат США*)

ind indicate указывать; означать

ind indicative *грам.* изъявительное наклонение

ind indicator индикатор; указатель

ind indorse *ком.* делать передаточную надпись, индоссировать; подтверждать

ind indorsement *ком.* передаточная надпись, индоссамент; подтверждение

ind industrial промышленный, индустриальный

ind industry промышленность, индустрия

IND *тж.* **ind** investigational new drug новое лекарство, разрешённое для экспериментальной проверки (*США*)

indac industrial data acquisition and control *втч.* сбор промышленных данных и управление

Ind Day Independence Day День независимости (*национальный праздник США, отмечается 4 июля*)

indef indefinite *грам.* неопределённый

inden indenture документ, составленный в двух экземплярах

indep independent самостоятельный; независимый; отдельный

INDIS [ˈɪndɪs] Industrial Information System система промышленной информации

indiv individual индивидуальный, отдельный, личный

indm indemnity гарантия от убытков *или* потерь; компенсация, возмещение

indn indication указание; обозначение; индикатор; указатель; индикация; показание; отчёт

Ind O Indian Ocean Индийский океан

Indo Indonesia Индонезия

indoc indoctrinate знакомить с теорией, учением; внушать принципы, мысли

indpol industrial pollution промышленное загрязнение

induc induction индукция, всасывание

indus industrial промышленный, индустриальный

indus industry промышленность, индустрия

ineq inequality неравенство; несоответствие

inf infantry пехота

inf inferior нижний, низший; худший

inf infinite бесконечный; бесчисленный

inf infinitive *грам.* инфинитив

inf infinity бесконечность; безграничность

inf information информация, сведения

INFCE *тж.* **infce** International Nuclear Fuel Cycle Evaluation

Международная оценка ядерного топливного цикла

infl inflammable воспламеняющийся, горючий, огнеопасный

infl influence влияние, действие

infocen information center информационный центр

infor [′infɔ:] information *жарг.* информация, сведения

INGO International Non-Governmental Organization Международная неправительственная организация

INIS International Nuclear Information System Международная система ядерной информации, ИНИС

init initial первоначальный; начальный, исходный

inj injection инъекция

inm [′aí′en′em] international nautical mile морская миля (*мера длины ≈ 10 кабельтовым = 1,852 км*)

INMARSAT [′inmɑ:sæt] International Maritime Satellite Telecommunications Organization Международная организация морской спутниковой связи, ИНМАРСАТ

inoc [i′nɔk] inoculation *воен. разг.* прививка

inop inoperative бездействующий

inorg inorganic неорганический

INPADOC International Patent Documentation Center Международный центр патентной информации

in pr. in principio *лат.* (in the first place) в начале

inq inquire запрашивать, опрашивать

inq inquiry запрос; опрос

INS Immigration and Naturalization Service Служба иммиграции и натурализации (*США*)

INS Institute of Naval Studies Институт военно-морских исследований

INS Institute of Nuclear Sciences Институт ядерных наук

ins insurance страхование

INSA [′insə] International Shipowners Association Междуна-

родная ассоциация судовладельцев, ИНСА

INSEA International Society for Education Through Art Международное общество художественного воспитания, МОХВ

insep inseparable неотделимый

insol insoluble нерастворимый

insolv insolvent *юр.* несостоятельный

insp inspection инспекция; осмотр; проверка

insp inspector инспектор; контролёр

inst installation установка; монтаж; устройство

inst instalment очередной взнос (*при рассрочке*); отдельный выпуск

inst instant текущего месяца

inst instantaneous мгновенный

Inst Institute институт; учреждение

inst institution общество; институт; учреждение

inst instruction инструкция; указание; распоряжение; директива

inst instrument прибор; инструмент; приспособление

Inst/D Institute of Directors Институт директоров (*одна из крупнейших организаций английских деловых кругов; Великобритания*)

Inst/F Institute of Fuel Институт жидкого топлива (*Великобритания*)

Inst/P *тж.* **Inst P** Institute of Physics Институт физики (*Великобритания*)

instr instruction обучение, инструкция; команда

instr instructor инструктор

instr instrument прибор; инструмент; приспособление

int initial начальный

int integral интеграл; целое число

int interim промежуточный, временный

int interior внутренний

int interjection *грам.* междометие

int internal внутренний

int international международный

int interpreter переводчик

int interrogation допрос, дознание; запрос

int interrupt *вчт.* прерывание; сигнал прерывания

int interval промежуток, интервал

int intransitive *грам.* непереходный

INTAVA International Aviation Association Международная авиационная ассоциация

intchg interchangeable взаимозаменяемый

intcntl intercontinental межконтинентальный

intcp interception перехват

INTECOL International Association for Ecology Международная ассоциация экологии

intel intelligence интеллект

Intelsat *тж.* INTELSAT [ˈɪntelsæt] International Telecommunications Satellite (Organization) Международный консорциум спутниковой связи, ИНТЕЛСАТ

intelsat [ˈɪntelsæt] international telecommunications satellite международный спутник связи

inter [ˈɪntə] intermediate examination *разг.* экзамен, предшествующий выпускному (*особ. в Лондонском университете*); свидетельство о сдаче предвыпускного экзамена

Inter [ˈɪntə] Internationale *разг.* Интернационал

intercom [ˈɪntəkɔm] internal communication system внутренняя телефонная *или* селекторная связь (*в здании, самолёте, корабле и т.п.*); внутренний телефон *или* селектор

internatter [ɪntəˈnætə] international player *унив.* участник международных состязаний

Interpol [ˈɪntəpɔl] International Police Международная организация уголовной полиции, Интерпол

INTOSAI International Organization of Supreme Audit Institutions Международная организа-

ция высших ревизионных учреждений, МОВРУ

intox intoxicate опьянять

intox intoxicated в состоянии опьянения

intox intoxication опьянение

Int Rep Intelligence Report разведывательное донесение

Int Rev Internal Revenue *брит.* внутренний доход

intro [ˈɪntrəu] introduction *разг.* знакомство, представление; вступительная часть; интродукция (*в джазе*); объявление программы и номеров (*ведущим концерт*)

intv independent television независимое телевидение

inv invent изобретать

inv invention изобретение

inv inventory инвентаризация; учёт материальных средств; наличное имущество

inv invoice *ком.* счёт-фактура, счёт, фактура

invar [ɪnˈvɑː] invariable *метал.* инвар (*железоникелевый сплав*)

I/O *тж.* i/o input/output *элк.* вход/выход сигнала; *вчт.* ввод/вывод данных

I/O Inspection Order порядок инспекции

IO Intelligence Officer офицер разведки; начальник разведывательной службы

Io Iowa Айова (*штат США*)

IOAT International Organization Against Trachoma Международная организация по борьбе с трахомой, МОБТ

IoB Institute of Bankers Институт банкиров

IOC Institute of Chemistry Институт химии

IOC Intergovernmental Oceanographic Commission Межправительственная океанографическая комиссия

IOC [ˈarəuˈsiː] International Olympic Committee Международный олимпийский комитет, МОК

IOCU International Organization of Consumer Unions Международная организация потребительских союзов, МОПС

IOE International Organization of Employers Международная организация предпринимателей, МОП

IOF International Oceanographic Foundation Международный океанографический фонд

IOF [ˈaɪˈəuˈef] International Olympic Federation Международная олимпийская федерация

IOF [ˈaɪˈəuˈef] International Olympic Foundation Международный олимпийский фонд

IOI International Ocean Institute Международный океанографический институт, МОИ

IOJ International Organization of Journalists Международная организация журналистов, МОЖ

IOM Institute of Medicine Институт медицины

IOM Institute of Metallurgists Институт металлургов

IOM Institute of Metals Институт металлов

IoM Isle of Man остров Мэн

IOMC International Organization for Medical Cooperation Международная организация за сотрудничество в области медицины

IOMS International Organization on Marine Sciences Международная организация по морским наукам

ION Institute of Navigation Институт навигации

IOP Institute of Painters in Oil Colours Институт живописцев (*Великобритания*)

IOP Institute of Petroleum Институт нефти (*Великобритания*)

IORD International Organization for Rural Development Международная организация по развитию сельских районов, МОРС

IOS Institute of Oceanographic Science Институт океанографических наук (*Великобритания*)

IOS International Organization for Standardization Международная организация по стандартизации, МОС

IOSV Interorbital Space Vehicle межорбитальный КЛА

IoT Institute of Transport Институт транспорта

IOU [ˈaɪˈəuˈjuː] I owe you *амер.* долговая расписка, состоящая из фразы «Я вам должен», суммы долга и подписи; политический долг

iow in other words другими словами

IOW Institute of Welding Институт сварки

IoW Isle of Wight остров Уайт

ip information pool информационный пул

ip initial point начальная точка; исходный пункт

IP in possession *брит. жарг.* вещи заключённого, внесённые в список

ip instalment paid очередной взнос уплачен

IP Institute of Petroleum Институт нефти (*Великобритания*)

ip *тж.* **IP** insurance payment страховой платёж

ipa including particular average *страх.* включая частную аварию

IPA Independent Publishers Association Ассоциация независимых издателей

IPA Institute for the Physics of the Atmosphere Институт физики атмосферы

IPA International Peace Academy Международная академия мира, МАМ

IPA International Pediatric Association Международная педиатрическая ассоциация, МПА

ipa *тж.* **IPA** international phonetic alphabet международный фонетический алфавит; международная фонетическая транскрипция

IPA International Phonetic Association Международная фонетическая ассоциация, МФА

IPA International Police Association Международная полицейская ассоциация, МПА

IPA International Press Association Международная ассоциация прессы

IPA International Psychoanalytical Association Международная ассоциация психоаналитиков

IPA International Publishers Association Международная ассоциация издателей, МАИ

IPAA Independent Petroleum Association of America Американская независимая ассоциация нефти

IPBM *тж.* **ipbm** [ˈaɪˈpiːˈbiːˈem] interplanetary ballistic missile межпланетная баллистическая ракета

IPC Integrated Programme for Commodities Интегрированная программа сырьевых товаров

IPC interplanetary communications межпланетная связь

IPC Iraq Petroleum Company Иракская нефтяная компания

IPCS International Programme on Chemical Safety Международная программа безопасности химических веществ

IPE Institute of Production Engineers Институт инженеров-технологов (*Великобритания*)

IPG International Planning Group Международная группа планирования

iph inches per hour дюймов в час

IPI International Patent Institute Международный патентный институт

IPI International Press Institute Международный институт печати, МИП

IPIECA International Petroleum Industry Environmental Conservation Association Международная ассоциация представителей нефтяной промышленности по охране окружающей среды

ipl *тж.* **IPL** information processing language язык обработки информации

ipm inches per minute дюймов в минуту

IPM Institute of Personnel Management Институт методов руководства кадрами

IPO International Progress Organization Международная организация за прогресс, МОП

IPPF International Planned Parenthood Federation Международная федерация регулирования численности народонаселения, МФРН

IPPNW International Physicians for the Prevention of Nuclear War Международное движение «Врачи мира за предотвращение ядерной войны»

IPRA International Peace Research Association Международная ассоциация по исследованию проблем мира, МАИМ

IPRA International Public Relations Association Международная ассоциация общественных отношений

ips inches per second дюймов в секунду

IPS Information Processing Society Общество обработки информации

IPS Institute of Pacific Studies Институт тихоокеанских исследований

IPS International Peat Society Международное общество по торфу, МОТ

IPSA International Political Science Association Международная ассоциация политических наук, МАПН

IPSF International Pharmaceutical Students' Federation Международная федерация студентов-фармацевтов, МФСФ

IPTPA International Professional Tennis Players' Association Международная ассоциация профессионального тенниса

IPU International Paleontological Union Международный палеонтологический союз, МПС

IPU Inter-Parliamentary Union Межпарламентский союз, МПС

i.q. idem quod *лат.* (the same as) так же как

IQ Import Quota импортный контингент; импортная квота

IQ [ˈaɪˈkjuː] intelligence quotient коэффициент умственного развития

Iq Iraq Ирак

IQHL Institute for Quality in Human Life Институт качества жизни человека

ir ice on runway обледенение взлётно-посадочной полосы

ir *тж.* **IR** inflation rate темпы инфляции

ir information retrieval *вчт.* поиск информации, информационный поиск

ir *тж.* **i-r** infrared инфракрасный, ИК

ir inland revenue *брит.* внутренние доходы

ir inside radius внутренний радиус

ir instantaneous relay реле мгновенного действия

ir instrument reading показания приборов

ir intelligence resource источник разведывательной информации

IR *тж.* **ir** intermediate range промежуточная дальность

ir internal resistance внутреннее сопротивление

IR Investigation Report отчёт о результатах исследования *или* расследования

Ir Iran Иран

Ir Ireland Ирландия

Ir Irish ирландский

IRA *тж.* **ira** individual retirement account личный пенсионный счёт

IRA [ˈaɪˈɑːrˈeɪ] Irish Republican Army Ирландская республиканская армия (*военная организация ирландского национально-освободительного движения*)

IRAA Independent Refiners Association of America Американская независимая нефтеперегонная ассоциация

IRAC Interdepartmental Radio Advisory Committee Межведомственный консультативный комитет распределения радиочастот

irad independent research and development независимые научно-исследовательские и опытно-конструкторские работы

ir & d *тж.* **IR & D** international research and development международные научно-исследовательские и опытно-конструкторские работы

irbm *тж.* **IRBM** [ˈaɪˈɑːˈbiːˈem] intermediate range ballistic missile баллистическая ракета промежуточной дальности

IRC International Red Cross Международный Красный Крест, МКК

IRE Institute of Radio Engineers Институт радиоинженеров (*Великобритания*)

IREF International Real Estate Federation Международная федерация недвижимого имущества

IRF International Road Federation Международная дорожная федерация, МДФ

IRFAA International Rescue and First Aid Association Международная ассоциация спасательных работ и первой помощи

IRI Institute of the Rubber Industry Институт резиновой промышленности (*Великобритания*)

Iris [ˈaɪərɪs] infrared intruder system инфракрасная система охранной сигнализации, ИРИС

irl information retrieval language *вчт.* информационно-поисковый язык, ИПЯ

IRO Inland Revenue Office Управление налоговых сборов (*Великобритания*)

IRO International Refugee Organization Международная организация по делам беженцев

IRO International Relief Organization Международная организация оказания помощи пострадавшим от стихийных бедствий

IRPA International Radiation Protection Association Международная ассоциация по защите от радиоактивного излучения, МАЗР

IRPTC International Register of Potentially Toxic Chemicals (Chemical Compounds) Международный регистр потенциально токсичных химических веществ

irr irregular нерегулярный; неправильный

IRRA Industrial Relations Research Association Ассоциация исследования отношений в промышленности

irreg irregular нерегулярный; неправильный

irres irrespective не зависимый, безотносительный

irrig irrigation ирригация

IRS information retrieval system *вчт.* информационно-поисковая система, ИПС

IRS Internal Revenue Service Служба внутренних доходов (*США*)

IRSF Inland Revenue Staff Federation Федерация работников управления налоговых сборов (*Великобритания*)

IRSFC International Rayon and Synthetic Fibres Committee Международный комитет искусственных и синтетических волокон, МКИСВ

IRTAC International Round Table for the Advancement of Counseling Международная конференция круглого стола по усовершенствованию консультативного обслуживания, МКСУК

IRTO International Radio and Television Organization Международная организация радиовещания и телевидения

IRTU International Road Transport Union Международный союз автотранспортных перевозок, МСАП

iru international radium unit международная единица радиоактивности; международная радиевая единица

IRU International Relief Union Международный союз оказания помощи пострадавшим от стихийных бедствий

IRWC International Registry of World Citizens Международный регистр граждан мира, МРГМ

IS Information Service информационная служба

IS integrated system комплексная система

is international status международный статус

IS interplanetary space межпланетное пространство

is island остров

ISA Institute of Strategic Affairs Институт стратегических проблем

ISA Instrument Society of America Американское общество приборостроения

ISA Internal Security Act Закон о внутренней безопасности

ISA International Schools Association Ассоциация международных школ, АМШ

ISA International Silk Association Международная ассоциация шёлка

ISA International Society of Appraisers Международное общество оценщиков

ISA International Sociological Association Международная социологическая ассоциация, МСА

isa international standard atmosphere международная стандартная атмосфера, МСА

ISA International Standardization Association Международная ассоциация по стандартизации

ISA International Student Association Международная студенческая ассоциация

ISA International Studies Association Ассоциация международных исследований, АМИ

ISAGEX International Satellite Geodesy Experiment Международная программа спутниковых геодезических измерений

ISAS Institute of Space and Atmospheric Studies Институт космических и атмосферных исследований (*Канада*)

ISB International Society of Biometeorology Международное общество биометеорологии, МОБ

ISBN [ˈarˈesˈbiːˈen] International Standard Book Number международный стандартный книжный номер

ISC International Science Center Международный центр науки

ISC International Society of

Cardiology Международное кардиологическое общество, МКО

ISC International Society of Chemotherapy Международное общество химиотерапии, МОХ

ISC International Society of Citriculture Международное общество цитрусоводства, МОЦ

ISC International Space Congress Международный космический конгресс

ISC International Student Conference Международная студенческая конференция, МСК

isc *тж.* **ISC** interstate commerce торговля между штатами (*США*)

ISC interstellar communication межзвёздная связь

ISCA International Senior Citizens Association Международная ассоциация пожилых людей

ISCB International Society for Cell Biology Международное общество по изучению биологии клетки

ISCED International Standard Classification of Education Международная стандартная классификация образования, МСКО

ISCII [ˈɪskiː] International Standard Code for Information Interchange *вчт.* международный стандартный код для обмена информацией

ISCM International Society for Contemporary Music Международное общество современной музыки, МОСМ

ISCO International Standard Classification of Occupations Международная стандартная классификация занятий, МСКЗ

ISCP International Society of Clinical Pathology Международное общество клинической патологии

ISD Internal Security Division отдел внутренней безопасности (*министерства юстиции США*)

ISD International Subscriber Dialing международное автоматическое соединение (*по телефону с абонентами в странах-участницах соглашения*)

ISDD Institute for the Study of Drug Dependence Институт изучения зависимости от наркотиков (*Великобритания*)

ISDE International Seismic Data Exchange Международный обмен сейсмическими данными

ISDI International Social Development Institute Международный институт социального развития

ISEAS Institute of Southeast Asian Studies Институт Юго-Восточной Азии

ISES International Solar Energy Society Международное общество солнечной энергии, МОСЭ

ISF International Science Foundation Международный научный фонд

ISF International Shipping Federation Международная федерация судоходства

ISFA International Scientific Film Association Международная ассоциация научного кино, МАНК

ISH International Society of Hematology Международное гематологическое общество, МГО

ISHR International Society for Human Rights Международное общество прав человека

ISHS International Society for Horticultural Science Международное общество по садоводческой науке, МОСН

ISI Information Sciences Institute Институт информатики

ISI Institute for Scientific Information Институт научной информации

ISI International Statistical Institute Международный статистический институт, МСИ

ISI Iron and Steel Institute Металлургический институт (*Великобритания*)

ISIC International Standard Industrial Classification Международная стандартная отраслевая классификация

ISIC International Student Identity Card международное студенческое удостоверение личности

ISIS Integrated Scientific Information System комплексная система научной информации

ISL Institute of Space Law Институт космического права

isl island остров

isln isolation изоляция

ISLWF International Shoe and Leather Workers' Federation Международная федерация обувщиков и кожевенников, МФОК

ISMA International Satellite Monitoring Agency Международное агентство спутников контроля, МАСК

ISMUN International Student Movement for the United Nations Международное студенческое движение содействия Организации Объединённых Наций, ИСМУН

ISO International Standardization Organization Международная организация по стандартизации, МОС

ISORID International Information System on Research in Documentation Международная информационная система научных исследований по документации

ISP Institute of Social Psychiatry Институт социальной психиатрии

ISPA International Society for the Protection of Animals Международное общество охраны животных, МООЖ

ISPA International Sporting Press Association Международная ассоциация спортивной печати, МАСП

isr information storage and retrieval *вчт.* хранение и поиск информации

ISR Institute for Social Research Институт социальных исследований

ISR Institute of Surgical Research Институт хирургических исследований

ISRD International Society for the Rehabilitation of the Disabled Международное общество по восстановлению трудоспособности инвалидов, МОВТИ

ISRRT International Society of Radiographers and Radiological Technicians Международное общество рентгенологов и техников-радиологов, МОРТ

ISS Industrial Security Section отдел борьбы с промышленным шпионажем

ISS Institute for Socioeconomic Studies Институт социально-экономических исследований

ISS Institute of Space Sciences Институт космических наук

ISS International Social Service Международное общество социальной помощи, МОСП

ISS International Students Society Международное студенческое общество

ISSA International Social Security Association Международная ассоциация социального обеспечения, МАСО

ISSC International Social Science Council Международный совет социальных наук, МССН

ISSOL International Society for the Study of the Origin of Life Международное общество изучения происхождения жизни

ist interstellar travel межзвёздный полёт/перелёт

isth isthmus перешеек

ISU International Salvage Union Международный союз по спасательным работам, МССР

ISU International Scientific Union Международный научный союз

ISU International Shooting Union Международный стрелковый союз

ISU ['ar'es'ju:] International Skating Union Международный союз конькобежцев, ИСУ

ISUM intelligence summary разведывательные сводки

ISWG Imperial Standard Wire Gauge *брит.* имперский проволочный калибр

IT income tax подоходный налог

it information theory теория информации

IT Institute of Technology Технологический институт (*BBC CША*)

it in transit транзитный

It Italian итальянский

It Italy Италия

it item отдельный предмет; пункт; параграф; статья (*расхода*); вопрос (*на повестке заседания*)

ITA Independent Teachers Association Ассоциация независимых учителей

ITA [ˈɑɪˈtiːˈeɪ] Independent Television Authority Управление независимого телевидения (*Великобритания*)

ita *тж.* **ITA** [ˈɑɪˈtiːˈeɪ] initial teaching alphabet алфавит для малышей (*применяется на первых этапах обучения чтению, состоит из 43 фонетических знаков*)

ITA International Touring Alliance Международный туристский альянс

Ital Italian итальянский

ital italics *полигр.* курсив

Ital Italy Италия

ITB International Time Bureau Международное бюро времени

ITC Infantry Training Center учебный центр пехоты

ITC International Tea Council Международный комитет чайной промышленности (*ООН*)

ITC International Telecommunication Convention Международная конвенция по дальней связи

ITC International Trade Center Международный торговый центр, МТЦ (*ООН*)

ITC International Trade Commission Международная комиссия по вопросам торговли

ITC International Transport Committee Международный транспортный комитет

ITCC International Technical Cooperation Center Международный центр технического сотрудничества

ITD International Telephone Directory Международный телефонный справочник

ITE Institute of Traffic Engineers Институт инженеров дорожного движения (*США*)

ITF International Tennis Federation Международная федерация тенниса

ITF International Trade Federation Международная федерация торговли

ITGWF International Textile and Garment Workers Federation Международная федерация рабочих текстильной и швейной промышленности, МФТШП

ITI International Theatre Institute Международный театральный институт, МТИ

ITI International Thrift Institute Международное общество сберегательных касс

ITI International Transport Institute Международный институт транспорта

Itie Italian *разг. пренебр.* итальянец, итальяшка; *воен. пренебр.* итальянский солдат

itin itinerary маршрут

ITN [ˈɑɪˈtiːˈen] Independent Television News «Индепендент Телевижн Ньюс» (*телевизионно-информационное агентство; Великобритания*)

ITN International Television Network Международная телевизионная сеть

ito instrument takeoff взлёт по приборам

ITO International Trade Organization Международная организация по вопросам торговли (*ООН*)

ITRS International Tin Research Council Международный совет по изучению олова

ITS Institute for Telecommunication Sciences Институт дальней связи

ITS International Temperature Scale Международная шкала температур

ITS International Trade Secretariat Международный производственный секретариат, МПС

ITT [ˈɑɪˈtiːˈtiː] International Telephone and Telegraph «Интернэшнл Телефон энд Телеграф»

(крупнейшая телефонно-телеграфная корпорация; США)

ITTA International Table Tennis Association Международная ассоциация настольного тенниса

ITTCS International Telephone and Telegraph Communications System Международная система телефонной и телеграфной связи

ITTF International Table Tennis Federation Международная федерация настольного тенниса

ITU International Telecommunications Union Международный союз электросвязи, МСЭ

ITU International Typographical Union Международный типографский профсоюз

ITUSAF Institute of Technology, United States Air Force Технологический институт ВВС США

ITV [ˈɑːtiˈviː] Independent Television независимое телевидение (*Великобритания*)

ITV *тж.* **itv** [ˈɑːtiˈviː] instructional television учебное телевидение

ITWF International Transport Workers Federation Международная федерация работников транспорта

iu immunizing unit иммунизирующая единица

IU *тж.* **iu** international unit международная единица

IUA International Union of Architects Международный союз архитекторов

IUAA International Union of Alpine Association Международный союз альпинистских обществ

IUAI International Union of Aviation Insurers Международный союз воздушного страхования, МСВС

IUAPPA International Union of Air Pollution Prevention Associations Международный союз ассоциаций по защите атмосферы от загрязнения

IUAT International Union Against Tuberculosis Международный союз по борьбе с туберкулёзом, МСБТ

IUB International Union of Biochemistry Международный биохимический союз

IUBC International Union of Biological Sciences Международный союз биологических наук, МСБН

IUC International Union of Chemistry Международный химический союз

IUC International Union of Crystallography Международный союз кристаллографии, МСК

IUCNNR International Union for Conservation of Nature and Natural Resources Международный союз охраны природы и природных ресурсов, МСОП

IUCW International Union for Child Welfare Международный союз защиты детей, МСЗД

IUD Institute for Urban Development Институт городского развития

IUEF International University Exchange Fund Международный университетский обменный фонд, МУОФ

IUF International Union of Food and Allied Industries Workers Association Международное объединение профсоюзов рабочих пищевой промышленности и смежных отраслей, МОРП

IUFO International Union of Family Organizations Международный союз организаций помощи семье, МСОПС

IUFRO International Union of Forestry Research Organizations Международный союз лесных исследовательских организаций, МСЛИО

IUGG International Union of Geodesy and Geophysics Международный геодезический и геофизический союз, МГГС

IUGS International Union of Geological Sciences Международный союз геологических наук, МСГН

IUHE International Union for Health Education Международный союз санитарно-

-гигиенического просвещения, МССП

IUHPS International Union of the History and Philosophy of Science Международный союз истории и философской науки, МСИФН

IUIS International Union of Immunological Societies Международный союз обществ иммунологии, МСОИ

IULCW International Union of Liberal Christian Women Международный союз женщин либеральных христианок, МСЖЛХ

IUMI International Union of Marine Insurance Международный союз морского страхования, МСМС

IUMSA International Union for Moral and Social Action Международный союз по охране моральных и социальных устоев, МСОМС

IUMSWA Industrial Union of Marine and Shipbuilding Workers of America Промышленный союз работников морского флота и судостроительной промышленности Америки

IUNS International Union of Nutritional Sciences Международный союз по вопросам питания, МСВП

IUOTO International Union of Official Travel Organizations Международный союз официальных туристских организаций, МСОТО

IUPAB International Union of Pure and Applied Biophysics Международный союз теоретической и прикладной биофизики, МСТПБ

IUPAC International Union of Pure and Applied Chemistry Международный союз теоретической и прикладной химии, МСТПХ

IUPAP International Union of Pure and Applied Physics Международный союз теоретической и прикладной физики, МСТПФ

IUPHAR International Union of Pharmacology Международный союз фармакологии, МСФ

IUPN International Union for the Protection of Nature Международный союз охраны природы

IUPS International Union of Physiological Sciences Международный союз физиологических наук, МСФН

IUR International Union of Railways Международный железнодорожный союз

IUS International Union of Students Международный союз студентов, МСС

IUSSP International Union for the Scientific Study of Population Международный союз по проблемам народонаселения, МСПН

IUTAM International Union of Theoretical and Applied Mechanics Международный союз теоретической и прикладной механики, МСТПМ

iv *тж.* **i/v** increased value возросшая стоимость; возросшая величина

iv initial velocity начальная скорость

iv [′aɪ′viː] intravenous внутривенный

iv invoice value *ком.* фактурная стоимость

ivo in view of ввиду, принимая во внимание, учитывая; в связи; в силу

IVS International Voluntary Service Международная добровольная служба, МДС

iw inside width внутренняя ширина, ширина в свету

IW Isle of Wight остров Уайт

iw isotopic weight атомный вес изотопа

IWA International Wheat Agreement Международное соглашение по пшенице

IWA International Woodworkers of America Международный профсоюз деревоотделочников Америки

IWC International Whaling Commission Международная комиссия по китобойному промыслу

IWC International Wheat Council Международный совет по торговле пшеницей

IWD Inland Waterways and Docks *брит.* внутренние водные пути сообщения и доки

IWD International Women's Day Международный женский день

IWG International Writers Guild Международный союз писателей, МСП

IWGMP Intergovernmental Working Group on Marine Pollution Межправительственная рабочая группа по вопросам загрязнения морей, МРГЗМ (*ООН*)

IWS International Wool Secretariat Международный секретариат по шерсти

IWSA International Water Supply Association Международная ассоциация по проблемам водоснабжения, МАВ

IWW Industrial Workers of the World Индустриальные рабочие мира (*США*)

IYF International Youth Federation Международная федерация молодёжи

IYRU International Yacht Racing Union Международный союз парусного спорта, ИЯРУ

J

J jet реактивный

j [dʒeɪ] joint *амер. жарг.* сигарета с марихуаной

j joule *эл.* джоуль

j *тж.* **J** journal журнал; газета; дневник

J judge судья

J *тж.* **j** junior младший

J justice правосудие, юстиция; судья

j/a *тж.* **J/A** joint account общий счёт

JA Joint Agent агент/представитель нескольких фирм

JA Judge Advocate военный прокурор

JA Justice of Appeal судья апелляционного суда

JAA Japan Asia Airways «Джапэн Эйша Эруэйз» (*японская авиатранспортная компания*)

JAAA Japan Amateur Athletic Association Любительская легкоатлетическая ассоциация Японии

JAC Joint Advisory Committee Объединённый консультативный комитет, ОКК

jack [dʒæk] jackal *разг.* шакал

jack [dʒæk] jacqueminot *разг.* сорт чайной розы

J Adv Judge Advocate военный прокурор; консультант военного суда; *амер.* начальник военно-юридической службы

J Adv Gen Judge Advocate General *воен.* начальник военно-юридической службы, главный военный прокурор

JAEC Japan Atomic Energy Commission Японская комиссия по атомной энергии

Jag [dʒæg] Jaguar *разг.* ягуар (*марка спортивного автомобиля*)

JAG Judge Advocate General *воен.* начальник военно-юридической службы, главный военный прокурор (*США*)

jak [dʒæk] jackfruit джекфрут

JAL Japan Air Lines «Джапэн Эр Лайнз» (*японская авиатранспортная компания*)

Jam Jamaica *о-в* Ямайка

JAMA Journal of the American Medical Association наименование американского периодического издания по вопросам медицины

JAMAG Joint American Military Advisory Group Объединённая группа американских военных советников

jamg jamming создание организованных радиопомех

jams pajamas пижама

jan janitor привратник, швейцар

Jan [dʒæn] January январь

JANAF Joint Army-Navy-Air Force единый для сухопутных войск, ВМС и ВВС

JANST Joint Army-Navy Standard единый стандарт для сухопутных войск и ВМС

Jap Japan Япония

Jap [dʒæp] Japanese *разг. пренебр.* японский; японец; японка; *воен. пренебр.* японский солдат

JARC Joint Air Reconnaissance Center Объединённый центр анализа данных воздушной разведки (*НАТО*)

jarg jargon жаргон

JAS Journal of Aerospace Science наименование американского периодического издания по вопросам космического пространства

JASA Journal of Acoustical Society of America наименование периодического издания американского акустического общества

JATO *тж.* **jato** [ˈdʒeɪtəu] jet-assisted takeoff взлёт с помощью реактивного ускорителя; реактивный ускоритель взлёта

Jav Javanese яванский

jay [dʒeɪ] joint *амер. жарг.* сигарета с марихуаной

jaygee [ˈdʒeɪˈdʒiː] junior grade низшая ступень *или* разряд; младший

J. C. Jesus Christ *рел.* Иисус Христос

J. C. Julius Caesar Юлий Цезарь

jc *тж.* **Jc** junction железнодорожный узел; стык шоссейных *или* железных дорог; соединение; стык

JC Juvenile Court суд по делам малолетних преступников

JCA Joint Communications Agency Объединённое управление связи

JCAE Joint Committee on Atomic Energy Объединённый комитет по атомной энергии

J. C. B. Juris Canonici Baccalaureus *лат.* (Bachelor of Canon Law) бакалавр церковного права (*ставится после фамилии*)

J. C. D. Juris Canonici Doctor *лат.* (Doctor of Canon Law) доктор церковного права (*ставится после фамилии*)

J. C. D. Juris Civilis Doctor *лат.* (Doctor of Civil Law) доктор гражданского права (*ставится после фамилии*)

JCED Japan Committee for Economic Development Японский комитет по экономическому развитию

JCHP Joint Committee on Health Policy Объединённый комитет по политике в области здравоохранения, ОКПЗ

JCI Junior Chamber International Международная палата молодёжи, МПМ

jcl *тж.* **JCL** job control language *вчт.* язык управления заданиями

J. C. L. Juris Canonici Licentiatus *лат.* (Licentiate in Canon Law) лиценциат церковного права (*ставится после фамилии*)

JCLA Joint Council of Language Associations Объединённый совет языковых ассоциаций

JCN Job Change Notice уведомление о переводе на другую работу

JCO Joint Commission on Oceanography Объединённая океанографическая комиссия

JCP Japan Communist Party Коммунистическая партия Японии

JCR [ˈdʒeɪˈsiːˈɑː] junior combination room центр отдыха и развлечений для студентов (*тип клуба в колледжах Кембриджского университета; Великобритания*)

JCR [ˈdʒeɪˈsiːˈɑː] junior common room центр отдыха и развлечений для студентов (*тип клуба в колледжах Оксфордского университета; Великобритания*)

JCRR Joint Committee on Rural Reconstruction Объединённый комитет по реконструкции сельских районов

JCS Japanese Communications Satellite японский связной спутник

JCS Joint Chiefs of Staff Объединённый комитет начальников штабов (*США*)

JCSO Joint Chiefs of Staff Office Управление объединённого комитета начальников штабов (*США*)

jct *тж.* **jctn** junction железнодорожный узел; стык шоссейных *или* железных дорог; соединение; стык

JCUS Joint Center for Urban Studies Объединённый центр городских исследований (*США*)

jd joined объединённый

J. D. Juris Doctor *лат.* (Doctor of Law) доктор права (*ставится после фамилии*)

J. D. Jurum Doctor *лат.* (Doctor of Laws) доктор прав (*ставится после фамилии*)

jd juvenile delinquency детская преступность

jd juvenile delinquent малолетний преступник

JDA Japan Defense Agency министерство обороны Японии

jdc job description card *вчт.* карта описания задачи

JDCS Joint Deputy Chiefs of Staff Комитет заместителей начальников штабов

JDS John Dewey Society Общество имени Джона Дьюи (*США*)

JDS Joint Defense Staff Объединённый комитет обороны (*НАТО*)

JDT Joint Draft Text совместный проект текста (*договора ОСВ-2*)

je jet engine реактивный двигатель

Je June июнь

JEC Joint Economic Committee Объединённая экономическая комиссия (*конгресса США*)

jeep general purpose (car) джип

JEEP Joint Emergency Evacuation Plan план эвакуации военных и гражданских специалистов в случае ядерной войны

JEI Japan Electronics Industry электронная промышленность Японии

JEIA Joint Electronics Information Agency Объединённое информационное агентство по электронике

JER Japan Economic Review наименование японского периодического издания по вопросам экономики

Jer Jersey о-в Джерси

Jes [dʒez] Jesuit *рел.* иезуит

Jes Coll Jesus College «Джизус-Колледж» (*колледж Оксфордского университета; колледж Кембриджского университета*)

JETRO Japan External Trade Organization Японская внешнеторговая организация

JFK [ˈdʒeɪˈefˈkeɪ] John Fitzgerald Kennedy Джон Фитцжеральд Кеннеди (*35-й президент США*)

JFSOC Junior Foreign Service Officers Club Клуб дипломатов младших рангов

JGNP Japanese Gross National Product валовой национальный продукт Японии

JGWTC Jungle and Guerrilla Warfare Training Center Центр подготовки специалистов ведения войны в джунглях и партизанских операций (*США*)

JHS junior high school *амер.* неполная средняя школа

JHU Johns Hopkins University Университет Джонса Гопкинса (*США*)

JIBICO Japan International Bank and Investment Company Японский международный банк и инвестиционная компания

JIC Joint Industrial Council Объединённый промышленный совет

JIC Joint Intelligence Committee Объединённый комитет разведывательных служб

JIFA Japanese Institute of Foreign Affairs Японский институт иностранных дел

JIG Joint Intelligence Group Объединённая разведывательная группа

JIM [dʒɪm] Jakarta Informal Meeting неофициальная встреча в Джакарте (*по вопросу о Кампучийском урегулировании*)

JINR Joint Institute for Nuclear Research Объединённый институт ядерных исследований

JINS *тж.* **jins** [dʒɪnz] Juveniles in Need of Supervision *амер.* подростки, требующие надзора

JIO Joint Intelligence Organization Объединённая разведывательная организация

JIRA Japan Industrial Robot Association Японская ассоциация промышленных роботов

JIS Joint Intelligence Staff Объединённый разведывательный штаб (*США*)

JIU Joint Inspection Unit Объединённая инспекционная группа, ОИГ (*ООН*)

JKG John Kenneth Galbraith Джон Кеннет Гэлбрейт (*американский экономист*)

jkt jacket жакет

Jl July июль

JLC Joint Logistics Committee Объединённый комитет по тылу

JMC Joint Maritime Commission Объединённая морская комиссия

JMC Joint Meteorological Committee Объединённый метеорологический комитет

JMSAC Joint Meteorological Satellite Advisory Committee Объединённый консультативный комитет по метеорологическим спутникам

JNACC Joint Nuclear Accident Coordinating Center Объединённый координационный центр по чрезвычайным происшествиям с ядерным оружием

JNC Joint Negotiating Committee Объединённый комитет по ведению переговоров

jnd joined объединённый

JND Juvenile Narcotics Division Отдел по борьбе с наркоманией среди несовершеннолетних

jng joining соединение, присоединение

jnl journal журнал; газета; дневник

jnlst journalist журналист

JNRC Joint Nuclear Research Centre Центр совместных ядерных исследований, ЦЕНСЯИ (*ЕЭС*)

jnt joint объединённый, соединённый; совместный; единый

jnt junction железнодорожный узел; стык шоссейных *или* железных дорог; соединение; стык

jnt juncture соединение; место соединения; шов; стык

jnt stk joint stock акционерный капитал

jo junior officer младший офицер

joc jocose шутливый

joc jocular шутливый, юмористический, забавный

jock [dʒɔk] jockey жокей, наездник; конферансье, выступающий по радио в перерыве между музыкальными номерами; член молодёжной банды

JOE Juvenile Opportunities Extension расширение возможностей для подростков

JOI Joint Oceanographics Institution Объединённый океанографический институт

JOIA Japan Ocean Industries Association Японская ассоциация по океанским промышленным разработкам

jol job organization language *вчт.* язык организации заданий

jolly [ˈdʒɔlɪ] jollification *разг.* увеселение, развлечение, забава; празднество

JOP Joint Operating Plan план совместных действий

JOP Joint Operations Procedure правила совместных действий

jot jump-oriented terminal *вчт.* переходно-ориентированный терминал

jour journal журнал; газета; дневник

jour journalese журналистский жаргон

jour journalism журналистика

jour journalist журналист

jour journalistic журналистский

jour journey поездка; путешествие

jour [dʒə:] journeyman *разг.* подмастерье; подёнщик

journ journal журнал; газета; дневник

jp jet pilot лётчик реактивного самолёта

jp jet propellant топливо для реактивных двигателей, реактивное топливо

jp jet-propelled реактивный, с реактивным двигателем

jp jet propulsion реактивное движение; реактивный двигатель

jp junior partner младший партнёр

JP [ˈdʒeɪˈpi:] Justice of the Peace мировой судья (*Великобритания*)

JPB Joint Planning Board Объединённый комитет по планированию

JPB Joint Production Board Объединённый комитет по производству

JPB Joint Purchasing Board Объединённый закупочный комитет

JPC Joint Planning Committee Объединённый комитет по планированию (*США*)

JPC Joint Publishers Committee Объединённый комитет издателей

j-p fuel jet-propulsion fuel реактивное топливо

JPL Jet Propulsion Laboratory Лаборатория реактивных двигателей (*США*)

JPO Junior Police Officer младший полицейский офицер

J Prob Judge of Probate судья по наследственным делам

JPS Jet Propulsion Systems реактивные системы

JPS Joint Planning Staff Объединённое управление планирования (*Великобритания*)

JQA John Quincy Adams Джон Куинси Адамс (*6-й президент США*)

JR Joint Resolution совместная резолюция

Jr Journal журнал; газета; дневник

JR judgement respited *брит. жарг.* содержание в тюрьме обвиняемого, признавшего себя виновным, в ожидании суда над сообщниками, отрицающими свою вину

Jr. *тж.* **Jr** Junior младший

JRC Joint Research Center Объединённый исследовательский центр, ОИЦ (*ЕЭС*)

JRDC Japan Research and Development Corporation Японская корпорация по научно-исследовательским и опытно-конструкторским работам

JS Joint Staff Объединённый штаб

JSA Japanese Shipowners' Association Японская ассоциация судовладельцев

JSC Johnson Space Center Космический центр имени Джонсона (*НАСА, США*)

JSC Joint Standing Committee Объединённый постоянный комитет

JSC Joint Stock Company акционерное общество

JSC Joint Strategic Committee Объединённый стратегический комитет

JSEA Japan Ship Exporters Association Японская ассоциация экспортёров судов

Jsey Jersey *о-в* Джерси

JSP Japan Socialist Party Социалистическая партия Японии

JSPC Joint Strategic Plans Committee Объединённый комитет стратегического планирования

JSPG Joint Strategic Plans Group Объединённая группа стратегического планирования

JST Japan Standard Time Японское поясное время

JSTPS Joint Strategic Target Planning Staff Объединённый штаб планирования (ракетно-ядерных) ударов по стратегическим целям

jt joint соединение; шов; узел; объединённый; соединённый; совместный; единый

JTAC Joint Technical Advisory

Council Объединённый технический консультативный совет

JTB Joint Transportation Board Объединённый транспортный комитет

JTC Joint Technical Committee Объединённый технический комитет

JTC Joint Telecommunications Committee Объединённый комитет по дальней связи

JTF joint task force объединённое оперативное соединение

Ju June июнь

jube [dʒu(:)b] jujube *разг.* таблетка от кашля с привкусом ююбы

jud judge судья

jud judgement приговор, решение

jud judicial судебный

jud judiciary судопроизводство

J. U. D. Juris Utriusque Doctor *лат.* (Doctor of Civil and Canon Law) доктор гражданского и церковного права (*ставится после фамилии*)

Jug [dʒu(:)g] Jugoslav *разг.* пренебр. югослав; *воен. пренебр.* югославский солдат

Jul July июль

junc [dʒʌŋk] junction *ж.-д.* железнодорожный узел

JUNIC Joint United Nations Information Committee Объединённый информационный комитет Организации Объединённых Наций

Jur. D. Juris Doctor *лат.* (Doctor of Law) доктор права (*ставится после фамилии*)

juris jurisdiction юрисдикция

jurisp jurisprudence юриспруденция

jus justice правосудие, юстиция; судья

JUSMAG Joint United States Military Advisory Group Объединённая группа военных советников США

JUSSC Joint United States Strategic Committee Объединённый комитет по стратегическим проблемам (*США*)

juvey *тж.* **juvie** [ˈdʒuːvɪ] juvenile

delinquent *амер. жарг.* малолетний преступник; колония для малолетних преступников

jv joint venture совместное предприятие

JV junior varsity двухгодичный университет

JWG Joint Working Group Объединённая рабочая группа

jwlr jeweler ювелир

jwlry jewelry ювелирные изделия, драгоценности

JWS Joint Warfare Staff штаб руководства совместными действиями различных видов вооружённых сил (*Великобритания*)

JWPC Joint War Plans Committee Объединённый комитет военного планирования

JWT [ˈdʒeɪˈdʌbljuːˈtiː] J Walter Thompson Джей-даблью-ти (*крупное лондонское рекламное агентство*)

JWU Jewelry Workers' Union профсоюз ювелиров

Jy July июль

K

K Kelvin scale по шкале Кельвина, по шкале абсолютных температур

K *тж.* **k** kilogram килограмм

k [keɪ] kindergarten детский сад

k king *шахм.* король

k [keɪ] knighthood *разг.* дворянское звание, дворянство; *брит.* рыцарское звание

ka kiloampere килоампер

KACIA Korean-American Commerce and Industry Association Корейско-американская торгово-промышленная ассоциация

Kan Kansas Канзас (*штат США*)

kanga [ˈkæŋgə] kangaroo *австрал. разг.* кенгуру

Kans Kansas Канзас (*штат США*)

kata katathermometer *мед.* кататермометр (*прибор для измере-*

ния малых скоростей воздушных потоков в помещении)

Kb kilobar килобар (единица давления)

K.B. King's Bench суд королевской скамьи (Великобритания)

KB king's bishop шахм. королевский слон

kb kitchen and bathroom кухня и ванна

KB Knight Bachelor рыцарь--бакалавр (низшая степень рыцарства; пожизненный титул, ставится после фамилии; Великобритания)

K.B. Knight of the Order of the Bath кавалер «Ордена Бани» 1-й степени (Великобритания)

KB knockback жарг. разочарование; отказ (особ. от освобождения под залог или под честное слово)

KBC King's Bench Court Суд королевской скамьи (Великобритания)

KBD King's Bench Division отделение королевской скамьи

KBE Knight Commander of the Order of the British Empire кавалер «Ордена Британской империи» 2-й степени (Великобритания)

KC Kansas City Канзас-Сити (США)

KC Kennedy Center центр Кеннеди

kc kilocycle килоцикл, килогерц

KC ['keɪ'si:] King's College «Кингз-Колледж», Королевский колледж (один из крупных колледжей Кембриджского университета); «Кингз-Колледж» (самостоятельное высшее учебное заведение в составе Лондонского университета)

K.C. ['keɪ'si:] King's Counsel королевский адвокат (Великобритания)

kcal kilocalorie килокалория, большая калория, ккал

K.C.B. Knight Commander of the Order of the Bath кавалер «Ордена Бани» 2-й степени (Великобритания)

KCC Kennedy Cultural Center Культурный центр Кеннеди

KCIA тж. **K.C.I.A.** ['keɪ'si:'aɪ'eɪ] Korean Central Intelligence Agency Центральное разведывательное управление Южной Кореи

KCL King's College, London «Кингз-Колледж» (самостоятельное высшее учебное заведение в составе Лондонского университета)

K.C.M.G. Knight Commander of the Order of St Michael and St George кавалер «Ордена св. Михаила и св. Георгия» 2-й степени (Великобритания)

kc/s тж. **kcs** kilocycles per second килогерц в секунду

K.C.V.O. Knight Commander of the Royal Victorian Order кавалер «Ордена королевы Виктории» 2-й степени (Великобритания)

kd killed убит (в бою)

kd knocked down мор. в разобранном виде

kdcl knocked down in carload lots мор. (груз) разобран на минимальные количества, необходимые для выхода судна в море

kdf knocked-down flat мор. (груз) демонтирован плашмя или врастяжку

kdly kindly любезно, доброжелательно

kdm kingdom королевство, царство

ke тж. **KE** kinetic energy кинетическая энергия

keet [ki:t] parakeet австрал. разг. длиннохвостый попугай

Ken тж. **Kent** Kentucky Кентукки (штат США)

Kfc тж. **KFC** Kentucky fried chicken жареный цыплёнок по--кентуккийски

kg keg бочонок

kg kilogram килограмм

K.G. Knight of the Order of the Garter кавалер «Ордена Подвязки» (Великобритания)

K.G.C.B. Knight of the Grand Cross of the Bath кавалер «Ордена Бани» 1-й степени (Великобритания)

KH know-how ноу-хау

KHz *тж.* **khz** kilohertz килогерц

ki kitchen кухня; кухонный

KIA *тж.* **kia** killed in action убит в бою

kias knots indicated airspeed приборная воздушная скорость в узлах

kid kidney почка

kil kilometer километр

kilo [ˈkiːləu] kilogram *разг.* килограмм

kilo [ˈkiːləu] kilometer *разг.* километр

kind kindergarten детский сад

kitch [kɪtʃ] kitchen кухня

KKK Ku-Klux-Klan Ку-Клукс-Клан (*террористическая организация; США*)

kl kiloliter килолитр

klep [klep] kleptomaniac *жарг.* вор

KLM [ˈkeɪˈeˈem] Koninklijke Luchtvaartmaatschappij *нидерл.* (Royal Dutch Airlines) КЛМ (*нидерландская авиатранспортная компания*)

klt kiloton килотонна

km kilometer километр

kmc kilomegacycle киломегагерц

km/h kilometers per hour километров в час

KMP key measurement point ключевая точка измерения

km. p.h. *тж.* **kmph** kilometers per hour километров в час

km.p.s. *тж.* **kmps** kilometers per second километров в секунду

km/s kilometers per second километров в секунду

KN king's knight *шахм.* королевский конь

kn knot *мор.* узел (*единица скорости*)

Knt knight рыцарь

knuck [nʌk] knuckle *разг.* род игры в шарики

KO *тж.* **k.o.** kick-off *футб.* введение мяча в игру с центра поля

KO *тж.* **ko** knockout *спорт.* нокаут

kohl [kəul] kohlrabi кольраби

kooka [ˈkukə] kookaburra *астрал. разг.* кукабарра, большой австралийский зимородок

kor knowledge of results знание результатов

Kor Korea Корея

Kor Korean корейский

KOSB King's Own Scottish Borderers Собственный королевский шотландский пограничный полк (*Великобритания*)

kp kill probability вероятность поражения

KP king's pawn *шахм.* королевская пешка

kp *тж.* **KP** kitchen police наряд на кухню и в столовую

KP Knight of the Order of St Patrick кавалер «Ордена св. Патрика» (*Великобритания*)

kph *тж.* **k.p.h.** kilometers per hour километров в час

kph knots per hour узлов в час

kpic key phrase in context ключевая фраза в контексте

KPP Keeper of the Privy Purse хранитель «личного кошелька» (*ассигнований на содержание монарха; Великобритания*)

kpr keeper хранитель

KR King's Regiment Королевский полк (*Великобритания*)

KR King's Regulations королевский устав (*Великобритания*)

KR king's rook *шахм.* королевская ладья

Kr krypton *хим.* криптон

KS Kansas Канзас (*штат США*)

KS King's Scholar королевский стипендиат (*стипендиат королевской школы; Великобритания*)

KS King's School королевская школа (*название некоторых привилегированных частных средних школ; Великобритания*)

KSC Kennedy Space Center космический центр имени Кеннеди (*США*)

kt kiloton килотонна (*единица мощности взрыва*)

Kt knight рыцарь; кавалер одного из высших орденов; *шахм.* конь

K.T. Knight of the Order of the

Thistle кавалер «Ордена Чертополоха» (*Великобритания*)

kt knot *мор.* узел

KTA Kindergarten Teachers Association Ассоциация воспитателей детских садов

kv *тж.* **kV** kilovolt киловольт

kva *тж.* **kVa** kilovolt ampere киловольт-ампер

kvp kilovolt peak пиковое напряжение в киловольтах

kw *тж.* **kW** kilowatt киловатт

kwh *тж.* **kWh** kilowatt-hour киловатт-час

kwic *тж.* **KWIC** [kwɪk] key word in context ключевое слово в контексте

kwit [kwɪt] key word in text ключевое слово в тексте

kwoc *тж.* **KWOC** [kwɔk] key word out of context ключевое слово вне контекста

Ky Kentucky Кентукки (*штат США*)

kybd keyboard *вчт.* клавишный пульт; клавиатура, клавишная панель

L

L *тж.* **l** label метка; отметка; обозначение

L Labour *брит.* лейборист; лейбористский

L lady *брит.* леди

L lake озеро

l lamp лампа

l land страна; земля

l landing посадка; приземление

l large большой; крупный

l lateral боковой; горизонтальный; побочный; вторичный

L Latin латинский

l *тж.* **L** latitude широта

L *тж.* **l** launch пуск, запуск; старт

L launcher пусковая установка

L *тж.* **l** law закон, право; законный; юридический

l leaf лист

l left левый

l length длина

l *тж.* **L** letter буква; символ; знак

L *тж.* **l** level уровень; степень

l liaison связь

L Liberal либерал; член либеральной партии; либеральный

L Liberalism либерализм

l *тж.* **L** [el] libra *лат.* (pound) фунт (*употребляется обычно в сочетании с цифрой*)

l *тж.* **L** light свет; огонь; лампа

l line линия, черта; строка; строй

l liquid жидкость; жидкий

l liter литр

l load нагрузка, груз; заряд

l local местный

L London Лондон; лондонский

l *тж.* **L** longitude долгота; меридиан

L lord *брит.* лорд

l low низкий

la *тж.* **l/a** landing account *мор.* выгрузочная ведомость

LA Latin America Латинская Америка

L/A Launch Area пусковая зона; космодром

la lava *геол.* лава

la leave allowance отпускные (деньги)

LA Legislative Assembly законодательное собрание

l/a letter of advice авизо, уведомление, извещение

l/a letter of authority письменное полномочие, доверенность

LA Library Association Библиотечная ассоциация (*Великобритания*)

la light alloy лёгкий сплав

la *тж.* **l/a** lighter than air легче воздуха

L/A Lloyd's Agent *брит.* представитель *или* агент Ллойда (*Общества морского страхования*)

LA Local Agent местный агент

LA Local Authority местное управление, местные власти

LA *тж.* **L.A.** [ˈelˈeɪ] Los Angeles Лос-Анджелес (*США*)

LA *тж.* **La** Louisiana Луизиана (*штат США*)

la low altitude малая высота; низковысотный; низколетящий

LAA Launch on Attack Assessment решение о пуске (ракет) в момент нападения

LAA League of Advertising Agencies Лига рекламных агентств

laa light anti-aircraft лёгкий зенитный

laam *тж.* **LAAM** light anti-aircraft missile лёгкая зенитная управляемая ракета

LA & S liberal arts and sciences гуманитарные и естественные науки

LAAV *тж.* **laav** light airborne attack vehicle лёгкий штурмовик

LAAW *тж.* **laaw** light assault anti-tank weapon лёгкая противотанковая ракета

lab label метка; отметка; обозначение

lab *тж.* **Lab** [læb] labor рабочая сила; рабочий

lab [læb] laboratory *разг.* лаборатория; лабораторный

Lab [læb] Labour *разг.* лейборист; лейбористский

Lab [læb] Labour Party лейбористская партия (*Великобритания*)

Lab Labrador *п-ов* Лабрадор

LABMS *тж.* **labms** Limited Anti-Ballistic Missile System ограниченная система ПРО

LABRV *тж.* **labrv** large advanced ballistic reentry vehicle тяжёлая усовершенствованная баллистическая головная часть (*ракеты*)

LAC leading aircraftsman рядовой ВВС (*Великобритания*)

LAC Lockheed Aircraft Corporation «Локхид Эркрафт Корпорейшн» (*наименование крупнейшего авиационного концерна; США*)

LACAC Latin American Civil Aviation Commission Латиноамериканская комиссия гражданской авиации, ЛАКГА

LACM Latin American Common Market Латиноамериканский Общий рынок

LACT local apparent civil time местное гражданское время

lacv *тж.* **LACV** light amphibious air-cushion vehicle грузовой амфибийный аппарат на воздушной подушке

lad ladder лестница; стремянка; трап

ladar [ˈleɪdə] laser detection and ranging лазерный локатор; лазерное обнаружение и определение расстояний; лазерная локация, ЛАДАР

LADO Latin American Defense Organization Латиноамериканская оборонительная организация

LADO Latin American Development Organization Латиноамериканская организация развития

ladp ladyship *брит.* звание/титул леди

LAEC Latin American Economic System Латиноамериканская экономическая система, ЛАЭС

laevo [ˈliːvəu] levorotatory *физ.* левовращающий

LAFC Latin American Forestry Commission Латиноамериканская комиссия по лесоводству

LAFTA Latin American Free Trade Association Латиноамериканская ассоциация свободной торговли, ЛАСТ

lafv *тж.* **LAFV** light-armored fighting vehicle лёгкая бронемашина

LAGB Linguistic Association of Great Britain Лингвистическая ассоциация Великобритании

lah *тж.* **LAH** light armed helicopter лёгкий вертолёт-штурмовик

lahs low-altitude high-speed низковысотный, скоростной

LAK lymphokine-activated killer cell *мед.* клетка — «убийца», стимулируемая лимфокином (*средство борьбы с раком*)

L.A.M. Liberalium Artium Magister *лат.* (Master of Liberal Arts) магистр свободных искусств (*ставится после фамилии*)

LAMDA [ˈlæmdə] London Academy of Music and Dramatic

Art Лондонская академия музыки и театрального искусства

lamma laser microprobe mass analyzer микрозондовый лазерный масс-анализатор

LAMP Lunar Analysis and Mapping Program Программа исследования и картографирования Луны

LAMSAC ['læmsæk] Local Authority Management Advisory Committee Консультативный комитет местного управления (*Великобритания*)

LAN Local-Area Network *вчт.* локальная сеть

lanac laminar air navigation and anti-collision радионавигационная система безопасности самолётовождения «Ланак»

Lanc [læŋk] Lancaster *ав.* Ланкастер (*модель самолёта*)

l & d loans and discounts *ком.* ссуды и учтённые векселя

l & d loss and damage *страх.* потеря и повреждение

l & m logistics and maintenance материально-техническое обеспечение и техническое обслуживание

Landsat ['lænd͵sæt] Land satellite искусственный спутник для сбора информации о природных ресурсах земли «Ландсат»

l & w living and well *амер. мед.* здоров (*надпись на истории болезни*)

LANE [leɪn] Linguistic Atlas of New England лингвистический атлас Новой Англии

lang language язык; языковой

lan-sign ['lænsaɪn] language sign *сем.* языковой знак

LAOAR Latin American Office of Aerospace Research Латиноамериканское отделение воздушно-космических исследований

LAP Laboratory of Atmospheric Physics лаборатория физики Земли

LAP London Airport Лондонский аэропорт (*Хитроу*)

laq lacquer лак, политура

lar *тж.* **LAR** long-range radar РЛС дальнего действия

lara *тж.* **LARA** light armed reconnaissance aircraft лёгкий вооружённый самолёт-разведчик

laram line-addressable random--access memory *вчт.* память с произвольной выборкой, адресуемая по словам; (линейно) адресуемое запоминающее устройство с произвольной выборкой

larct last radio contact последняя радиосвязь

LAS Laboratory of Applied Sciences лаборатория прикладных наук

LAS League of Arab States Лига арабских государств, ЛАГ

las liberal arts and sciences гуманитарные и естественные науки

lasa large-aperture seismic array группа сейсмоприёмников/сейсмическая группа с большой апертурой

LASA Latin American Shipowners Association Латиноамериканская ассоциация судовладельцев, ЛАС

lascot large-screen color television цветной телевизор с большим экраном

laser ['leɪzə] light amplification by stimulated emission of radiation *физ.* лазер, оптический квантовый генератор, ОКГ

LASH *тж.* **lash** [læʃ] Lighter Aboard Ship перевозка гружёных барж на судне; судно для перевозки гружёных барж, перевозить гружёные баржи на борту

lasrm *тж.* **LASRM** low altitude short range missile низколетящая ракета ближней дальности

lat lateral боковой; горизонтальный; побочный; вторичный

Lat Latin латинский

lat latitude широта

lat [læt] latrine *воен.* отхожее место

LAT local apparent time местное истинное время

LATCC London Air Traffic Control Center Лондонский центр управления воздушным движением

lau laundry прачечная

lav [læv] lavatory *разг.* уборная, туалет

lavo [ˈlævəu] lavatory *австрал.* уборная, туалет

lavvy [ˈlævɪ] lavatory *шотл.* уборная, туалет

LAW League of American Writers Лига американских писателей

law light anti-tank weapon лёгкая противотанковая ракета

lb land-based наземного базирования (*о ракетах*)

lb *тж.* **LB** landing barge десантная баржа

l.b. lectori benevolo *лат.* (to the kind reader) любезному читателю

lb letter box почтовый ящик

lb libra *лат.* (pound) фунт

lb lifeboat спасательная шлюпка, катер

LB light bomber лёгкий бомбардировщик

lb linoleum base покрытие из линолеума

L.B. Litterarum Baccalaureus *лат.* (Bachelor of Letters) бакалавр литературы (*ставится после фамилии*)

LB local board местный комитет, местное управление

L-band [ˈelbænd] long band *радио* диапазон сверхвысоких частот

LBCH London Bankers' Clearing House Лондонская расчётная палата

LBD League of British Dramatists Лига британских драматургов

LBdr *тж.* **L/Bdr** Lance Bombardier ефрейтор артиллерии (*Великобритания*)

lbh length, breadth, height длина, ширина и высота; габаритные размеры

LBI Lloyds Bank International «Ллойдз Бэнк Интернэшл» (*один из крупнейших коммерческих банков*)

LBJ [ˈelbiːˈdʒeɪ] Lyndon Baines Johnson Линдон Бейнз Джонсон (*36-й президент США*)

LBO leveraged buyout *амер.* покупка компании с привлечением кредита и продажи активов для покрытия долгов

LBP laser beam printer лазерное печатающее устройство

lbp low blood pressure низкое кровяное давление

LBS Lifeboat Station морская спасательная станция

lbw [ˈelˈbiːˈdʌblju:] leg before wicket блокировка мяча ногой (*в крикете*)

lc label clause *страх.* условие об ответственности страховщика за порчу ярлыков

LC Lance Corporal ефрейтор (*Великобритания*)

LC landing craft десантно-высадочное средство; десантное плавучее средство; десантный катер

LC Law Court суд

lc lead-covered со свинцовым покрытием

LC Legal Committee юридический комитет

LC Legislative Council законодательный совет

lc *тж.* **l/c**, **L/C** letter of credit аккредитив

LC Library of Congress Библиотека конгресса США

LC Lieutenant Commander капитан-лейтенант

LC line of communication коммуникация, линия коммуникаций; линия связи

lc liquid crystal жидкий кристалл

lc loco citato *лат.* (in the place cited) в цитированном месте

LC London Clause лондонские условия (*разрешающие судовладельцу немедленную выгрузку груза по прибытии в Лондон*)

LC Lord Chamberlain лорд-гофмейстер (*высшая придворная должность; Великобритания*)

LC Lord Chancellor лорд-канцлер (*Великобритания*)

lc *тж.* **l-c** low calorie малокалорийный

lc lower case нижний регистр; *полигр.* строчная буква

LCA landing craft-assault штурмовая самоходная десантная баржа

lca lower-case alphabet строчной алфавит

LCA Lutheran Church in America Лютеранская церковь Америки

LCC landing craft, control штабное десантное плавучее средство

LCC launch control center пункт управления пуском ракет, центр управления пуском (*ракет*)

LCC launch control computer ЭВМ пункта управления пуском (*ракет*)

LCC London Chamber of Commerce Лондонская торговая палата

LCC London County Council Совет Лондонского графства

LCCI London Chamber of Commerce and Industry Лондонская торгово-промышленная палата

LCD *тж.* **lcd** liquid-crystal display *вчт.* жидкокристаллический индикатор, жидкокристаллическое табло

lcd lowest common denominator *мат.* наименьший общий знаменатель

lcdtl load-compensated diode-transistor logic *вчт.* диоднотранзисторные логические схемы с фиксирующим диодом

LCF landing craft, flak десантное плавучее средство ПВО

lcf lowest common factor *мат.* наименьшее общее кратное

L.Ch. Licentiatus in Chirurgiae *лат.* (Licentiate in Surgery) лиценциат хирургии (*ставится после фамилии*)

lchr launcher пусковая установка

LCI landing craft, infantry пехотно-десантное плавучее средство

LCJ Lord Chief Justice лорд главный судья (*Великобритания*)

lcl less than carload (lot) *ком.* мелкая партия товара/груза

LCM landing craft, mechanized

десантное плавучее средство для перевозки механизированных войск

lcm least common multiple *мат.* общее наименьшее кратное

lcp low-cost production низкозатратное производство

LCPS Licentiate of the College of Physicians and Surgeons лиценциат Колледжа терапевтов и хирургов

l/cr letter of credit аккредитив

LCT landing craft, tank малый танко-десантный корабль

LCT Local Civil Time местное гражданское время

LCV landing craft, vehicle десантное плавучее средство для перевозки транспорта

lcv low calorific value низкая теплотворная способность

LCVP landing craft vehicle, personnel десантное плавучее средство для перевозки войск и транспорта

LCY League of Communists of Yugoslavia Союз коммунистов Югославии

LD Labor Department министерство труда (*США*)

ld landing посадка; приземление

ld lead свинец; *полигр.* шпация; *вчт.* проводник; провод, ввод; вывод

LD *тж.* **ld** learning-disabled учащиеся с дефектами нервной системы, препятствующими овладению рядом навыков, таких как чтение, счёт *и т. д.*

ld *тж.* **Ld** lethal dose смертельная/летальная доза

L/D letter of deposit залоговое письмо

Ld limited *брит.* компания с ограниченной ответственностью

ld line of departure исходный рубеж, исходная линия

ld *тж.* **LD** line of duty служебные обязанности

ld *тж.* **LD** long distance дальнее расстояние; дальнего действия; дальний

Ld lord *брит.* лорд

ldc *тж.* **LDC** [ˈelˈdiːˈsiː] less developed country менее развитая страна, развивающаяся страна

LDC Local Defense Center центр местной обороны

ldc long distance call междугородный телефонный разговор

ldg landing посадка; приземление

ldg loading погрузка; погрузочный

ldg lodging жилище; квартира

ldg & dly landing and delivery *ком.* выгрузка и сдача груза

ldg gr landing gear *ав.* шасси

Ld May Lord Mayor лорд-мэр (*титул главы муниципалитета некоторых крупных городов Великобритании*)

Ldn London Лондон; лондонский

Ldp ladyship *брит.* звание/титул леди

LDP language data processing *вчт.* обработка лингвистической информации

Ldp lordship *брит.* звание/титул лорда

L-driver [ˈelˌdraɪvə] learner driver *брит.* водитель-ученик, обучающийся вождению автомобиля

ld/sd look down/shoot down обнаружение и наведение на фоне земли

le laboratory equipment лабораторное оборудование

LE Labor Exchange биржа труда

le left eye левый глаз

le *тж.* **LE** low explosive медленно горящее взрывчатое вещество

lea league лига (= 4,83 км; морская лига = 5,56 км); мера площади (= 5760 акров)

lea leather кожа; кожаный

LEA [ˈelˈiːˈeɪ] Local Education Authority местные органы народного образования (*Великобритания*)

LEB London Electricity Board Лондонское электроэнергетическое управление

leccy [ˈlekɪ] electric train *брит. диал.* электричка

lech [letʃ] lecher *амер. жарг.* развратник

lech [letʃ] lecherous *амер. жарг.* развратный, похотливый

lech [letʃ] lechery *амер. жарг.* желание, вожделение, стремление, страсть; испытывать вожделение; распутничать, развратничать

lecky [ˈlekɪ] electric train *брит. диал.* электричка

lect lecture лекция

lect lecturer лектор

LED *тж.* **led** [led] light-emitting diode *физ.* светоизлучающий диод; СИД, светодиод

leg legal законный; юридический

leg legate легат, папский посол

leg legation дипломатическая миссия

leg legislation законодательство

leg legislative законодательный

leg legislature законодательная власть

lem *тж.* **LEM** [lem] lunar excursion module *косм.* лунный модуль; лунная экспедиционная кабина «Лем»

LEO low-earth orbit низкая околоземная орбита

LEO lunar exploration operations операции по исследованию Луны

les [lez] lesbian *жарг.* лесбиянка

let letter буква; символ; знак; письмо

LET linear energy transfer линейная передача энергии

LET logical equipment table *вчт.* таблица логических устройств

leuc *тж.* **leuk** [ljuːk] leucotomy *мед.* лейкотомия

lev level уровень; степень

lev lever рычаг

lex lexical лексический

lex lexicon словарь

lexicog lexicographer лексикограф

lexicog lexicographical лексикографический

lexicog lexicography лексикография

lez [lez] lesbian *амер. жарг.* лесбиянка

lezo [ˈlezəu] lesbian *австрал.* лесбиянка

lf landing force десантные силы, десант

lf leaf лист

lf ledger folio *ком.* главная книга

lf load factor коэффициент нагрузки

lf low frequency *радио* низкая частота; низкочастотный

lfc *тж.* **l-fc** low frequency current ток низкой частоты

LFE Laboratory for Electronics лаборатория электроники

lft leaflet листок; листовка

LFV Lunar Flying Vehicle лунный ЛА

lg landing gear *ав.* шасси

lg *тж.* **LG** landing ground *ав.* посадочная площадка

lg large большой

lg large grain крупнозернистый

lg left guard *футб.* левый защитник

lg length длина

L/G letter of guarantee гарантийное письмо

lg long длинный

lg low grade *ком.* низкий сорт; низкосортный

lgb laser-guided bomb бомба с лазерным наведением

lge large большой

LGM *тж.* **lgm** [ˈelˈdʒiːˈem] little green men зелёные человечки, пришельцы из космоса

lgr leasehold ground rent арендная плата за землю

lgrng long range большая дальность; дальний; дальнего действия

lgt light огонь; свет; маяк

lgth length длина

lg tn long ton длинная *или* английская тонна (= *1016 кг*)

lgw laser-guided weapon оружие с лазерной системой наведения

lgwv long wave длинноволновый

lh *тж.* **LH** left hand левая рука; левая сторона; левый; левосторонний

lh *тж.* **LH** lighthouse (свето)маяк

LHA Lord High Admiral лорд-адмирал (*Великобритания*)

lhb left halfback *футб.* левый полузащитник

LHC Lord High Chancellor лорд-канцлер (*Великобритания*)

lhd left-hand drive *авт.* левостороннее управление

LHe *тж.* **lHe** liquid helium *хим.* жидкий гелий

l/hr liters per hour литров в час

LHT Lord High Treasurer лорд-казначей (*Великобритания*)

LI Letter of Introduction рекомендательное письмо

li *тж.* **LI** liability ответственность

LI Liberal International—World Liberal Union Либеральный интернационал — Всемирный либеральный союз, ЛИ

LI Light Infantry лёгкая пехота; лёгкий пехотный

li line линия, черта; строка; строй

Li lithium *хим.* литий

L.I. *тж.* **LI** Long Island *о-в* Лонг-Айленд (*США*)

LIA Laser Institute of America Американский лазерный институт

lia liaison связь

LIA Ligue Internationale D'Arbitrage *фр.* (International Arbitration League) Международная арбитражная лига

LIAA Life Insurance Association of America Американская ассоциация страхования жизни

lib *тж.* **Lib** [lɪb] liberal либерал, член либеральной партии; либеральный

lib [lɪb] liberalism либерализм

lib *тж.* **Lib** [lɪb] liberation *разг.* движение за равные права какой-л. социальной *или* этнической группы

Lib [lɪb] Liberator *ав.* Либерейтор (*модель самолёта*)

lib [lɪb] liberty *прост.* вольность, бесцеремонность

lib librarian библиотекарь

lib library библиотека

Lib Cong Library of Congress Библиотека конгресса США

Lib-Lab [ˈlɪbˈlæb] Liberal-Labour сторонники союза либералов и лейбористов

Lib Parl Library of Parliament Библиотека парламента Великобритании

libr librarian библиотекарь

libr library библиотека

lic license разрешение; лицензия; патент

Lic Licentiate лиценциат

LIC [lɪk] low-intensity conflict конфликт малой интенсивности

lieut [luːt] lieutenant *амер. разг.* лейтенант

Lieut Col Lieutenant Colonel подполковник

Lieut Comdr Lieutenant Commander капитан-лейтенант

Lieut Gen Lieutenant General генерал-лейтенант

Lieut Gov Lieutenant Governor заместитель губернатора; *брит.* губернатор района *или* округа

LIFO *тж.* **lifo** [ˈlaɪfəu] last in, first out *мор.* «последним прибыл — первым обслужен»

LIL Lunar International Laboratory международная лунная лаборатория

LILO *тж.* **lilo** [ˈlaɪləu] last in, last out *мор.* «последним прибыл — последним обслужен»

lim limit предел; лимит; ограничение; предельный

lim *тж.* **LIM** linear induction motor *эл.* линейный индукционный электродвигатель

limdis limited distribution ограниченная рассылка (*надпись на папке с секретными материалами*)

limfac limiting factor ограничивающий фактор

limo [ˈliːməu] limousine *амер. разг.* лимузин

lin lineal погонный, линейный

lin linear линейный

lin liniment жидкая мазь

lin liquid nitrogen жидкий азот

linac [ˈlɪˌnæk] linear accelerator *физ.* линейный ускоритель

lin ft linear foot погонный фут (= *304,8 мм*)

ling linguist лингвист

ling linguistics лингвистика

lino [ˈliːnəu] linoleum *разг.* линолеум

lino [ˈl(a)ınəu] linotype *полигр. разг.* линотип

lino [ˈl(a)ınəu] linotypist *полигр. разг.* линотипист

lip *тж.* **LIP** life insurance policy полис страхования жизни

lip-synch [ˈlɪp ˈsɪŋk] lip synchronization беззвучные движения губ синхронно с музыкой *или* пением; беззвучно двигать губами синхронно с музыкой *или* пением

liq liquid жидкость; жидкий

liq liquor напиток; раствор; отвар

LISS London Institute of Strategic Studies Лондонский институт стратегических исследований

lit liter литр

lit literacy грамотность

lit literal буквальный; *вчт.* (литеральная) константа, литерал

lit literally буквально

lit [lɪt] literary литературный

lit literate грамотный

lit [lɪt] literature литература

lit little небольшой; немного

lit crit [ˈlɪt ˈkrɪt] literary critic *разг.* литературный критик

lit crit [ˈlɪt ˈkrɪt] literary criticism *разг.* литературная критика

litho [lɪˈθəu] lithograph литография

Lit.Hum. [ˈlɪt ˈhʌm] literae humaniores *лат.* гуманитарные науки (*курс классических языков и философии в Оксфордском университете*); выпускной экзамен на степень бакалавра искусств по классическим языкам и философии (*в Оксфордском университете*)

Litt. B. [ˈbiːˈlɪt] Litterarum Baccalaureus *лат.* (Bachelor of Letters) бакалавр литературы (*ставится после фамилии*)

Litt. D. [ˈdiːˈlɪt] Litterarum Doctor *лат.* (Doctor of Letters) док-тор литературы (*ставится после фамилии*)

Litt. M. [´em´lɪt] Litterarum Magister *лат.* (Master of Letters) магистр литературы (*ставится после фамилии*)

Liv Liverpool Ливерпуль (*Великобритания*)

LIVE [lɪv] lunar impact vehicle аппарат «Лив» для жёсткой посадки на Луну

lj life jacket спасательный жилет

lk link звено; связь; канал связи, линия связи; соединение

ll land line наземная линия проводной связи

ll limited liability ограниченная ответственность

ll loudness level уровень громкости

ll low level низкий уровень

L.L.B. Legum Baccalaureus *лат.* (Bachelor of Laws) бакалавр прав (*ставится после фамилии*)

L.L.D. Legum Doctor *лат.* (Doctor of Laws) доктор прав (*ставится после фамилии*)

L.L.M. Legum Magister *лат.* (Master of Laws) магистр прав (*ставится после фамилии*)

LLM lunar landing mission полёт с целью посадки на Луну

llr line of least resistance линия наименьшего сопротивления

llrv *тж.* LLRV lunar landing research vehicle исследовательский аппарат для посадки на Луну

LLT London Landed Terms *мор.* лондонские условия сделки (*с включением в стоимость товара расходов по его выгрузке и укладке в порту назначения*)

llv *тж.* LLV lunar landing vehicle аппарат для посадки на Луну

lm land mine мина; фугас

L.M. Licentiate in Medicine лиценциат медицины

lm light metal лёгкий металл

lm long meter погонный метр

LM Lord Mayor лорд-мэр (*титул главы муниципалитета некоторых крупных городов Великобритании*)

lm lumen *физ.* люмен

LM [lem] lunar module *косм.* лунный модуль

LMC Lloyd's Machinery Certificate *брит.* свидетельство Ллойда об исправности судовых механизмов

LME London Metal Exchange Лондонская биржа металлов

lmfr liquid metal fuel reactor реактор с жидкометаллическим горючим

LMG light machine gun лёгкий пулемёт

LMH Lady Margaret Hall «Леди-Маргарет-Холл» (*женский колледж Оксфордского университета*)

LMR London Midland Region Лондонско-Мидлендский район (*один из пяти административно-эксплуатационных районов железнодорожной сети; Великобритания*)

L.M.S. Licentiate in Medicine and Surgery лиценциат медицины и хирургии

LMS London Mathematical Society Лондонское математическое общество

LMS London Missionary Society Лондонское миссионерское общество

LMT Local Mean Time местное среднее время

LN London Лондон; лондонский

lng *тж.* LNG [´el´en´dʒi:] liquefied natural gas *тех.* сжиженный природный газ

LNHS London Natural History Society Лондонское общество естественной истории

LNO limited nuclear option *воен.* ограниченный ядерный выбор

lnr liner лайнер, рейсовый пароход *или* самолёт

lo layout размещение, расположение; схема расположения, план, чертёж, рисунок; макет; разбивка, формат

LO Liaison Officer офицер связи

lo local местный

LO London Office лондонская контора

lo lubricating oil смазочное масло

loa leave of absence отпуск

loa length overall *мор.* наибольшая *или* габаритная длина

loadg & dischg loading and discharging погрузка и выгрузка

loalt low altitude малая высота; низковысотный; низколетящий

lob lobster омар

l-o-c letter of credit аккредитив

LoC Library of Congress Библиотека конгресса США

loc lines of communication коммуникации, линии коммуникаций; линии связи

loc local местный

loc locate устанавливать, определять, обнаруживать точное местонахождение

loc location место расположения, местонахождение; дислокация; местожительство

loc [lɔk] locomotive *разг.* локомотив

loc.cit. loco citato *лат.* (in the place cited) в цитированном месте

LOCI logarithmic computing instrument *вчт.* логарифмический вычислительный прибор

loco locomotive паровоз, локомотив; паровозный

lod line of duty служебные обязанности

lof line of fire линия цели; направление стрельбы

lo-fi [ˈləuˌfaɪ] low fidelity невысококачественный (*о воспроизведении звука*); невысококачественная система воспроизведения (*звука*)

LOFT *тж.* **loft** [lɔft] low frequency radio telescope *астр.* длинноволновый радиотелескоп

log [lɔg] logarithm *мат.* логарифм; *вчт.* регистрировать (*при помощи ЭВМ*); автоматически проверять входной пароль (*в ЭВМ*)

log logic логика

log logical логический

log logistic тыловой; связанный со службой тыла; относящийся к материально-техническому обеспечению

log logistics служба тыла, тыловое обеспечение; материально-техническое обеспечение

LOH *тж.* **loh** light observation helicopter лёгкий разведывательный вертолёт; вертолёт-корректировщик

LOI launch on impact немедленный ответный удар *или* запуск (*ракет*)

loi letter of instruction директива

loi letter of intent письмо-обязательство

lolly [ˈlɔlɪ] lollipop *разг.* леденец на палочке; *жарг.* деньги; *жарг.* угощение, чаевые, магарыч; *австрал.* лёгкая добыча

long longitude долгота; меридиан

longl longitudinal долготный; меридиональный; продольный

longv longevity долголетие; долговечность

loo [lu:] lanterloo *разг.* уборная, туалет, «одно место»

loo letter of offer письмо-предложение

looie [ˈlu:ɪ] lieutenant *жарг.* лейтенант

loon [lu:n] lunatic *разг.* псих

loony [ˈlu:nɪ] lunatic *разг.* сумасшедший, ненормальный

loot [lu:t] lieutenant лейтенант

l-o-p line-of-position линия позиций

lorac [ˈlɔuræk] long-range accuracy точная система радионавигации «Лорак»

loran [ˈlɔuræn] long-range aid to navigation система дальней гиперболической навигации «Лоран»

lorl *тж.* **LORL** large orbital research laboratory крупная орбитальная научно-исследовательская лаборатория

LOS Law of the Sea морское право

los length of service продолжительность службы, выслуга лет

l-o-s *тж.* **LOS** line of sight линия визирования цели, линия прицеливания

LOS loss of signal исчезновение/потеря сигнала

losam *тж.* **LOSAM** low-altitude surface-to-air missile низколетящая ракета класса «земля — воздух»

lot large orbiting telescope большой орбитальный телескоп

lou letter of understanding подтверждающее письмо

Lou Louisiana Луизиана (*штат США*)

louie *тж.* **Louie** ['lu(:)ɪ] lieutenant *амер. и брит. воен. жарг.* лейтенант

lov limit of visibility предел/граница видимости

LOW *тж.* **LoW** launch on warning пуск ракеты по предупреждению, пуск ракеты с получением предупреждения

lox [lɔks] liquid oxygen жидкий кислород; заправлять жидким кислородом (*ракету и т. п.*)

loz [lɔz] liquid ozone жидкий озон

LP Labour Party лейбористская партия (*Великобритания*)

Lp ladyship *брит.* звание/титул леди

lp landplane самолёт, базирующийся на наземных аэродромах

LP Liberal Party либеральная партия

l/p life policy полис страхования жизни

lp linear programming *вчт.* линейное программирование

lp liquid propellant жидкое ракетное топливо

l/p listening post пост подслушивания

LP long period *сейсм.* длиннопериодный; длиннопериодная волна

LP ['el'pi:] long playing долгоиграющий; долгоиграющая пластинка

Lp lordship *брит.* звание/титул лорда

lp low power малая мощность; маломощный

lp *тж.* **l-p** low pressure низкое давление

LPAR large-phased-array radar *воен.* крупная РЛС с фазированной решёткой

LPC leather personnel carrier *брит. воен.* сапог

LPC Lord President of the Council лорд-председатель (Тайного) совета (*Великобритания*)

LPD landing platform, dock десантный вертолётоносный корабль-док

LPE London Press Exchange «Лондон Пресс Эксчейндж» (*старейшее лондонское рекламное агентство*)

LPG *тж.* **lpg** liquefied petroleum gas сжиженный нефтяной газ; сжиженные газообразные нефтепродукты

LPGA Ladies Professional Golf Association Женская профессиональная ассоциация гольфа

LPH landing platform helicopter десантный вертолёт

lph ['el'pi:'eɪtʃ] lines per hour *информ.* (число) строк в час (*единица скорости работы, напр., печатающего устройства*)

LPL London Public Library Лондонская публичная библиотека

L-plate ['elpleɪt] Learner plate *авт.* предупреждающий знак на учебном автомобиле, знак «У»

lpm ['el'pi:'em] lines per minute *информ.* (число) строк в минуту (*единица скорости работы, напр., печатающего устройства*)

LPN Licensed Practical Nurse дипломированная медицинская сестра

lpo local purchase order распоряжение о закупке на месте

LPO London Philharmonic Orchestra Лондонский филармонический оркестр

lps ['el'pi:'es] lines per second *информ.* (число) строк в секунду (*единица скорости работы, напр., печатающего устройства*)

LPS Lord Privy Seal лорд-

-хранитель печати (*Великобритания*)

LPT line printer *вчт.* построчнопечатающее устройство

LPTB London Passenger Transport Board Лондонское управление пассажирского транспорта

lr launcher rocket ракета-носитель

LR Lloyd's Register *брит.* судовой регистр Ллойда

lr long range большая дальность

lr lower нижний

LRA Labor Research Association Научно-исследовательская ассоциация по вопросам труда (*США*)

lraam *тж.* **LRAAM** [ˈelˈɑːrˈeiˈem] long-range air-to-air missile ракета класса «воздух — воздух» большой дальности

lrb long-range bomber бомбардировщик дальнего действия

LRBM *тж.* **lrbm** [ˈelˈɑːˈbiːˈem] long-range ballistic missile баллистическая ракета большой дальности

LRCM *тж.* **lrcm** [ˈelˈɑːˈsiːˈem] long-range cruise missile крылатая ракета большой дальности

LRCP Licentiate of the Royal College of Physicians лиценциат Королевского терапевтического колледжа (*Великобритания*)

LRCS League of Red Cross Society Лига обществ Красного Креста

LRCS Licentiate of the Royal College of Surgeons лиценциат Королевского хирургического колледжа (*Великобритания*)

LRD Labour Research Department Научно-исследовательское управление по вопросам труда

lrg large большой

LRGM *тж.* **lrgm** [ˈelˈɑːˈdʒiːˈem] long-range guided missile управляемая ракета большой дальности

LRINF [ˈelˈɑːrˈarˈenˈef] long-range intermediate nuclear forces ядерные силы повышенной промежуточной дальности

LRL Lunar Receiving Laboratoгу изолятор для ступивших на Луну космонавтов и образцов лунного грунта

LRPS long-range planning system система долгосрочного планирования

lrsam *тж.* **LRSAM** [ˈelˈɑːrˈesˈeiˈem] long-range surface-to-air missile ракета класса «земля — воздух» большой дальности

LRTNT *тж.* **lrtnt** [ˈelˈɑːˈtiːˈen ˈtiː] long-range theater nuclear forces ядерные силы театра военных действий большой дальности

LRV *тж.* **lrv** lunar roving vehicle луноход

ls landing ship десантное судно

ls launching silo шахтная пусковая установка

LS Leading Seaman старший матрос (*Великобритания*)

ls least signifant наименее значащий, самый младший

ls left side левая сторона

LS Licentiate in Surgery лиценциат хирургии

LS life system система жизнеобеспечения

ls lightship плавучий маяк

LS Linnaean Society Линнеевское общество

ls local sunset заход солнца по местному времени

ls loudspeaker громкоговоритель

ls lump sum *ком.* паушальная сумма (*общая сумма без дифференцирования составляющих частей*); *мор.* твёрдая сумма фрахта

LSA Linguistic Society of America Американское лингвистическое общество

LSC Law of the Sea Convention Конвенция по морскому праву

LSD landing ship, dock десантный корабль-док

lsd least significant digit *вчт.* цифра самого младшего разряда

LSD [ˈelesˈdiː] lysergic acid diethylamide диэтиламид лизергиновой кислоты, ЛСД (*наркотик, вызывающий галлюцинации*)

LSE [ˈelesˈiː] London School of Economics Лондонская школа экономики (*колледж Лондонского университета*)

LSE London Stock Exchange Лондонская фондовая биржа

LSI landing ship, infantry пехотно-десантный корабль

lsi large-scale integration *вчт.* интеграция высокого уровня; большая интегральная система, БИС

LSI Law of the Sea Institute Институт морского права

LSO limited strategic option ограниченный стратегический выбор

LSO London Symphony Orchestra Лондонский симфонический оркестр

LSS Life Saving Service служба спасания на водах

LSS Life Support System система жизнеобеспечения

LSSS London School of Slavonic Studies Лондонская школа славянских исследований

LST landing ship, tank (большой) танко-десантный корабль

LST local sidereal time местное звёздное время

LST local standard time местное поясное время

LST low supersonic transport транспортный самолёт с небольшой сверхзвуковой скоростью

LSU Louisiana State University Университет штата Луизиана (*США*)

LSV lunar surface vehicle луноход

lt laboratory test лабораторные испытания

lt language translation перевод с (одного) языка на (другой) язык

lt left tackle *футб.* блокирование слева

Lt lieutenant лейтенант

lt light огонь; свет; маяк; лёгкий

lt *тж.* **LT** local time местное время; по местному времени

lt logic theory математическая логика

lt long ton длинная *или* английская тонна (= *1016 кг*)

lt low temperature низкая температура; низкотемпературный

lt low tension низкое напряжение; низкого напряжения

LTA Lawn Tennis Association Теннисная ассоциация (*Великобритания*)

lta *тж.* **LTA** lighter than air легче воздуха

LTA London Teachers' Association Лондонская ассоциация преподавателей

LTBT [ˈelˈtiːˈbiːˈtiː] Limited Test Ban Treaty Договор о частичном/ограниченном запрещении испытаний ядерного оружия

LTC Lawn Tennis Club теннисный клуб

Lt Cdr Lieutenant Commander капитан-лейтенант

Lt Col Lieutenant Colonel подполковник

Ltd limited (*компания*) с ограниченной ответственностью (*по закону обязательно входит в название акционерного общества с ограниченной ответственностью*)

LTDP [ˈelˈtiːˈdiːˈpiː] Long Term Defence Programme Долгосрочная программа обороны

LTF long-term forecasting долгосрочное прогнозирование

Lt Gen Lieutenant General генерал-лейтенант

Lt Gov Lieutenant Governor заместитель губернатора; *брит.* губернатор района *или* округа

Lt Inf light infantry лёгкая пехота

ltm *тж.* **LTM** long-term memory *вчт.* долговременная память, долговременное запоминающее устройство

ltr letter буква; символ; знак

LTS long-term survivor *жарг.* «долгожитель» (*о больных СПИД'ом, не погибших в течение трёх и более лет*)

lt/v light vessel плавучий маяк

lt-yr light year световой год

LU London University Лондонский университет

LUA *тж.* **LuA** launch under attack пуск (ракет) в условиях боевых действий

LUA London Underwriters Association Лондонская ассоциация морских страховщиков

lub lubricate смазывать

lub lubrication смазка, смазывание

lube [lu:b] lubricant смазочный материал, машинное масло

lude [lu:d] *жарг.* quaalude квалюд (*депрессант*)

luf lowest useful high frequency *радио* минимальная частота для связи на коротких волнах

lug luggage *брит.* багаж

lum lumbago *мед.* люмбаго

lum luminous светящийся

lum *тж.* LUM lunar excursion module *косм.* лунный модуль

lun lunar лунный

lush [lʌʃ] luscious *жарг.* изумительный, потрясающий

lusi lunar surface inspection обследование лунной поверхности

lusurf lunar surface лунная поверхность

lute [lu:t] lieutenant лейтенант

Luth Lutheran лютеранский; лютеранин

Lux Luxembourg Люксембург

lux luxurious роскошный

lux luxury роскошь

lv land valuation оценка стоимости земли

LV *тж.* lv launch vehicle ракета-носитель

lv leave отпуск; отправление; оставлять, покидать

lv left ventricle *мед.* левый желудочек (*сердца*)

LV licensed victualler *брит.* поставщик продовольствия, имеющий патент на поставки

l/v *тж.* LV light vessel плавучий маяк

lv low voltage низкое напряжение; низковольтный

lv luncheon voucher талон на завтрак

lvl level уровень

lw landing weight посадочный вес

lw late warning позднее/запоздалое оповещение

lw lightweight *спорт.* лёгкий вес

lw long wave длинная волна; длинноволновый

lw low water *мор.* малая вода

lwd leeward подветренный

lwf lightweight fighter борец в лёгком весе

LWF Lutheran World Federation Всемирная лютеранская федерация, ВЛФ

lwl length at waterline *мор.* длина по ватерлинии

lwl load waterline *мор.* грузовая ватерлиния; линия грузовой марки

lwm low water mark *мор.* отметка уровня малой воды

LWNPP lightweight nuclear power plant лёгкая ядерная энергетическая установка

lwop leave without pay *амер.* отпуск без сохранения содержания

lwp leave with pay оплаченный отпуск

LWVUS League of Women Voters of the United States Лига женщин-избирателей США

lwyr lawyer юрист

lx lux *физ.* люкс

ly last year прошлый год

lym last year's model прошлогодняя модель

lympho [ˈlɪmfəu] lymphocite лимфоцит

lyr layer слой

lyr lyrical лирический

lyr lyrics лирические стихи, лирика; слова песни

LZ Landing Zone район высадки десанта

LZT Local Zone Time местное поясное время

M

M Master магистр (*учёное звание*)

M magnetic магнитный

m main главный, основной

M maintainability эксплуатационная технологичность, ремонтопригодность

M majesty величество (*титул*)

M Malaysia Малайзия

m male мужской

m malfunction *тех.* неисправность

m manpower численность персонала (*личного состава*)

m manual руководство, наставление; устав

M March март

M Marquess маркиза

M Marquis маркиз

m married женатый, замужняя

m masculine мужской

M *тж.* **m** mass масса

M mechanic механик

M mechanical механический

M mechanism механизм

M medical медицинский

M medicinae лекарственный, лечебный

M medicine медицина

M *тж.* **m** medieval средневековый

M *тж.* **m** medium средний, промежуточный; средство, способ; среда

M member член (*общества*); *вчт.* элемент (*множества, массива*)

M meridian меридиан

M *тж.* **m** meridies *лат.* (noon) полдень

m meridional меридиональный; южный

m metal металлический

m metre метр

M metronome *муз.* метроном

M metropolitan столичный

M mezzo *лат.* (half) половина

M *тж.* **m** middle середина; средний

m mile миля

M military военный

M militia милиция

m million миллион

m minimal минимальный

m minimum минимум

m minute минута

M missile управляемая ракета

M missile carrier aircraft самолёт-ракетоносец

m mist *метео* туман

m mistake ошибка, погрешность

m mix смешать (*в рецептах*)

m mixed смешанный

m mixture смесь; *фарм.* микстура

m mode режим (*работы*)

M model модель

M molar *хим.* моляр; мольный, молярный

M molecular weight молекулярный вес

M moment момент

M Monday понедельник

m money *эк.* деньги

M Monsieur месье, господин

m month месяц

m moon луна

m morning утро

M Moslem мусульманин, мусульманка; мусульманский

M motorway автострада, автомагистраль

M *тж.* **m** mountain гора

m mouth рот

M muscle мускул

M *тж.* **m** one-thousandth одна тысячная

M the twelfth in a series каждый двенадцатый

ma machinery механизм

M. A. [ˈemˈei] Magister Artium *лат.* (Master of Arts Education) магистр искусств в области педагогики (*ставится после фамилии*)

MA Maritime Administration морская администрация управления торгового флота (*министерства торговли США*)

MA Massachusetts *офиц. почт.* Массачусетс (*штат США*)

MA master главный (*управляющий*) прибор

MA maximum accuracy range наибольшая прицельная дальность

MA Mediterranean Area зона Средиземноморья

MA Medium Altitude средняя высота

ma menstrual age *физиол.* возраст менструирования

MA mental ability умственные способности

ma mental age умственное развитие, соотносимое с возрастом

MA Military Academy военная академия

MA military astronautics военная космонавтика

MA Military Attaché военный атташе

MA Military aviation военная авиация

mA milliampere *эл.* миллиампер

Ma Minnesota Миннесота (*штат США*)

MA missile assembly сборка (управляемой) ракеты

MA mission accomplished задание выполнено

MA moist air *тех.* влажный воздух

MAA Manufacturers' Aircraft Association Ассоциация самолётостроительных предприятий

MAA master-at-arms *мор.* главный старшина корабельной полиции

MAA Mathematical Association of America Американская математическая ассоциация

maa maximum authorized altitude наибольшая разрешённая высота

MAA medical assistance for the aged медицинская помощь престарелым

MAA Mutual Aid Association Ассоциация взаимопомощи

MAAC Medical Assistance Advisory Council Консультативный совет медицинской помощи

MAAC Mutual Assistance Advisory Committee Консультативный комитет взаимной помощи

MAAD Manual of Antiaircraft Defense наставления по ПВО

MAAF Mediterranean Allied Air Force *ист.* союзнические ВВС Средиземноморья

MAAG Military Assistance Advisory Group Консультативная группа по осуществлению военной помощи (*США*)

ma'am madam *разг.* мадам

M. A. Arch. [ˈemˈerˈɑːk] Master of Arts in Architecture магистр искусств в области архитектуры (*ставится после фамилии*)

MAAS Member of the American Academy of Arts and Sciences член Американской академии искусств и наук

MAB Intergovernmental programme "Man and the biosphere" Межправительственная программа «Человек и биосфера» (*ООН*)

MAB marine air base авиационная база морской пехоты

MAB marine amphibious brigade десантная бригада морской пехоты

MAB Medical Advisory Board Консультативный медицинский совет

MABE Master of Agricultural Business and Economics магистр сельскохозяйственных наук (*ставится после фамилии*)

mabp mean arterial blood pressure среднее артериальное давление крови

mac [mæk] macadam щебёночное покрытие, макадам; дорога, покрытая макадамом; щебёнка, сметённая с дороги, покрытой макадамом

MAC machine-aided cognition *вчт.* усиление способности с помощью вычислительной машины

mac [mæk] mackintosh *брит. разг.* макинтош, плащ, непромокаемое пальто

MAC Major Air Command основное авиационное командование

MAC maximum allowable concentration предельно допустимая концентрация, ПДК

MAC military aircraft command военно-транспортное авиационное командование (*США*)

MAC military airlift command военное авиатранспортное командование

MAC military assistance command командование (управление) по оказанию военной помощи

MAC Missile Advisory Committee Консультативный комитет по ракетной технике

MAC monitor and control контроль и управление

MAC multi-application computer *вчт.* многоцелевой компьютер

MAC multiple access computer *вчт.* вычислительная машина с параллельным доступом (коллективного пользования)

mac [mæk] tarmac *брит.* гудронированное шоссе; термакадам; предангарная бетонированная площадка

MACA Maritime Air Control Authority Управление морских ВВС

MACC Military Aid to the Civilian Community военная помощь гражданскому населению

MACE machine-aided composition and editing *вчт.* машинный набор и редактирование

MACG marine air control group группа управления авиацией морской пехоты

mach machine машина, механизм; двигатель

machy machinery механизмы, машинное оборудование; машиностроение

maci military adaptation of commercial items военное применение промышленных товаров

mack mackintosh макинтош, плащ; прорезиненная ткань

MACOM Major Army Command основное командование сухопутных сил

MACR Missing Air Crew Report донесение о пропавшем без вести лётном экипаже

macrobio macrobiological макробиологический

macrobio macrobiology макробиология

macroeco macroeconomics макроэкономика

MACS medium-altitude communications satellite средневысотный спутник связи

MACS Monitoring And Control Systems системы управления и контроля

MACV multipurpose airmobile combat vehicle многоцелевая аэромобильная боевая машина

Mad Madam мадам (*вежливая форма обращения к женщине*)

MAD magnetic anomaly detection магнитное обнаружение (*подводных лодок*)

MAD magnetic anomaly detector магнитный обнаружитель (*подводных лодок*)

MAD maintenance assembly and disassembly *тех.* обслуживание, сборка и разборка

MAD major air disaster крупная воздушная катастрофа

MAD *тж.* **mad** music and dance фестиваль музыки и танца

MAD [mæd] mutually assured destruction взаимно-гарантированное уничтожение

MADAM multipurpose automatic data analysis machine *вчт.* многоцелевая вычислительная машина «мэдэм» для автоматического анализа данных

MADAR malfunction detection analysis and recording (system) (бортовая) система обнаружения неисправностей, регистрации и анализа данных «мадар»

MADE minimum airborne digital equipment БЦВМ «Мейд»

madevac medical evacuation медицинская эвакуация

madex magnetic anomaly detection exercise операция по обнаружению магнитной аномалии

MADFAE mass air delivery fuel-air explosive (system) система для массированного удара аэрозольными бомбами

madrec malfunction detection and recording выявление и регистрация неисправностей

MADS machine-aided drafting system система машинного проектирования

mads mind-altering drugs лекарства, влияющие на мозг

MADW military air defense warning оповещение о воздушном нападении, передаваемое по военной сети связи

Ma.E. Master of Engineering

магистр технических наук (*ставится после фамилии*)

mae mean absolute error средняя абсолютная ошибка

MAE Medical Air Evacuation медицинская эвакуация воздушным путём

MAE missile assembly equipment оборудование для сборки ракет

MAE Museum of Atomic Energy музей атомной энергии

M. A. Econ. Master of Arts in Economics магистр в области экономики (*ставится после фамилии*)

M. A. Ed. Master of Arts in Education магистр искусств в области педагогики (*ставится после фамилии*)

MAELU Mutual Atomic Energy Liability Underwriters взаимные гаранты ответственности в области атомной энергии

MAEP maps and aerial photographs карты и аэрофотоснимки

MAESTRO Machine Assisted Educational System for Teaching by Remote Operation система технических средств заочного обучения

MAF marine amphibious force *воен.* десантные силы морской пехоты

MAF materials unaccounted for не учтённые/не поддающиеся учёту (*ядерные материалы*)

MAF minimum audible field минимальное поле слышимости

MAF Minister of Armed Forces министр вооружённых сил

MAF ['em'ei'ef] Ministry of Agriculture and Fisheries of England and Wales министерство сельского хозяйства и рыболовства Англии и Уэльса

MAF Missile Assembly Facility база сборки ракет

MAFCS manual/automatic flight control system автоматическая и ручная система управления ЛА

MAFF ['em'ei'ef'ef] Ministry of Agriculture, Fisheries and Food министерство сельского хозяй-

ства, рыболовства и продовольствия (*Великобритания*)

MAFS mobilization air force speciality мобилизационная военно-учётная специальность ВВС

mag [mæg] magazine *разг.* журнал, периодическое издание

mag [mæg] magistrate судья, магистрат, полицейский судья

Mag [mæg] magnesium *амер.* магний

MAG *тж.* **mag** magnet магнит

MAG *тж.* **mag** magnetic магнитный

MAG *тж.* **mag** magnetics *физ.* магнетизм

mag [mæg] magneto *разг.* магнето; индуктор

Mag Magyar (Hungarian) мадьяр; венг; венгерский

MAG Maintenance Advisory Group консультативная группа по техническому обслуживанию

MAG Military Advisory Group консультативная военная группа

MAG Military Assistance Group группа по оказанию помощи

maga magazine *разг.* журнал, периодическое издание

MAGB Microfilm Association of Great Britain Ассоциация микрофильмирования Великобритании

mag cap magazine capacity объём журнала

MAGCOMP magnetic compass магнитный компас

M. Ag. Ec. Master of Agricultural Economics магистр в области сельскохозяйственной экономики (*ставится после фамилии*)

maggie ['mægı] magnetic detector магнитный детектор

magid magnetic intrusion detector детектор магнитной интрузии

MAGLOC magnetic logic computer *вчт.* вычислительная машина на магнитных логических элементах

mag mod magnetic modulator магнитный модулятор

magn magnetism магнетизм

M. Agr. Master of Agriculture

магистр сельскохозяйственных наук (*ставится после фамилии*)

mag tape magnetic tape магнитная лента

mah mahogany красное дерево; из красного дерева

mahog mahogany красное дерево; из красного дерева

MAI machine-aided indexing машинное индексирование

MAI Military Assistance Institute Институт военной помощи

mai minimum annual income *эк.* минимальный годовой доход

MAI Museum of the American Indians музей поселений американских индейцев

MAIBL Midland and International Banks Limited «Мидленд энд Интернэшнл Бэнкс Лимитед» (*крупнейшие коммерческие банки; Великобритания*)

MAIN maintenance техническое обслуживание (и текущий ремонт)

maint maintenance техническое обслуживание, ремонт и содержание; *брит.* материально--техническое обеспечение

MAINTENGR maintenance engineer инженер-специалист по техническому обслуживанию

maintnce maintenance техническое обслуживание, ремонт и содержание; *брит.* материально--техническое обеспечение

MAINTOFE maintenance of equipment техническое обслуживание оборудования

MAIR Maritime Air Forces авиация ВМС

MAIS Maintenance Information System информационная система технического обслуживания

Maj *тж.* **maj** major майор

maj majority большинство

MAJCOM Major Command основное (авиационное) командование

Maj. Gen. Major General генерал-майор

malac malacology малакология, наука о моллюсках

M. A. L. D. Master of Arts in Law and Diplomacy магистр в области права и дипломатии (*ставится после фамилии*)

malf malfunction неисправность

MALFREP malfunction report *воен.* отчёт (доклад) о неисправностях

malig malignant *мед.* злокачественный

MALLAR manned lunar landing and return прилунение и возвращение на Землю КЛА с экипажем

M. A. L. S. Master of Arts in Library Service магистр библиотечной службы (*ставится после фамилии*)

MAM military air movement воинские воздушные перевозки (*на гражданских самолётах*)

m + am myopic astigmatism *мед.* миопический астигматизм

MAMB missile assembly and maintenance building здание для сборки и технического обслуживания ракет

MAMBO Mediterranean Association for Marine Biology and Oceanography Средиземноморская ассоциация морской биологии и океанографии

mami machine-aided manufacturing information производственная информация с опорой на компьютер

mammal mammalogy маммалогия, учение о млекопитающих

mammog mammogram *мед.* маммограмма

mammog mammographer *мед.* маммограф

mammog mammography *мед.* маммография

mamos marine automatic meteorological observing station *метео* автоматическая станция морских метеорологических наблюдений

MAMS missile assembly and maintenance shop помещение для сборки и технического обслуживания ракет

MAMTR milliammeter миллиамперметр

M. A. Mus. Master of Arts in

Music магистр в области музыки (*ставится после фамилии*)

Mamzel Mademoiselle мадемуазель

man [mæn] management управление, руководство; дирекция, администрация

man manager управляющий, руководитель; директор

man maneuver *воен.* манёвр; маневрировать

man manifest явный; определённый

man manifold многократный

man manual руководство (*документ*); ручной, с ручным управлением

man manufacture производство; изделие

MAN Microwave Aerospace Navigation (System) (наземная) микроволновая радионавигационная система «Мэн» для ЛА и КЛА

MANA Manufacturers' Agents National Association Национальная ассоциация агентов производителей

Manch Manchester Манчестер

mand mandate мандат

mand mandatory обязательный, принудительный

M & A Management and Administration руководство и администрация

M & AS Music and Art School школа музыки и искусств

M & B May and Baker *мед.* сульфаниламидовый препарат (*по имени производителей Мей и Бейкер*)

m and e track music and effects track дорожка музыки и звуковых эффектов

M & FCS Management and Financial Control System система контроля управления и финансов

MANDFHAB Male and Female Homosexual Association of Great Britain Мужская и женская ассоциация гомосексуалистов Великобритании

M & H mechanical and hydraulic *тех.* механический и гидравлический

Man Dir Managing Director директор-распорядитель

M & R maintainability and reliability *тех.* эксплуатационная технологичность (ремонтопригодность) и надёжность

M & R maintenance and repair *тех.* техническое обслуживание и ремонт

M & S maintenance and supply *тех.* техническое обслуживание и снабжение

M & S model and series *тех.* модель (тип) и серия

M & T maintenance and test техническое обслуживание и испытание

Man. Ed. Managing Editor руководящий редактор

manf manifold многократный; *тех.* трубопровод; магистраль

manf manufacture производство; изделие

manf manufacturer производитель; поставщик; изготовитель

manf manufacturing производство; промышленный

manfd manufactured промышленного изготовления

mang management управление, руководство

manif manifest явный; определённый

MAN'L manual ручной; вручную

MANMAN manufacturing management управление производством

mano manograph манограф

mano *тж.* **manom** manometer манометр

MANOP *тж.* **manop** manually operated с ручным управлением, управляемый вручную

MANOP manual of operations руководство по эксплуатации

mans mansion особняк, большой дом

mansat manned satellite спутник с человеком на борту

MANTECH manufacturing technology технология изготовления

manuf manufacture производство; изделие

manuf manufacturer производитель; поставщик; изготовитель

manuf manufacturing производство; промышленный

MANUPACS Manufacturing Planning and Control System система планирования и контроля производства

Man Utd Manchester United «Мэнчестер Юнайтед» (*футбольная команда; Великобритания*)

manuv maneuver *воен.* манёвр; маневрировать

manuv maneuvering *воен.* маневрирование

MAO Master of Arts in Obstetrics магистр в области акушерства (*ставится после фамилии*)

MAOA Executive Committee Panel on Meteorological Aspects of Ocean Affairs Группа экспертов исполнительного комитета по метеорологическим аспектам океанической деятельности, МАОА (*ООН*)

MAOT Military Assistance Observer Team группа наблюдателей военной помощи

MAP aeronautical maps and charts аэронавигационные карты и схемы

MAP Military Assistance Program программа военной помощи (*другим странам*)

M-A-P Modified American Plan (breakfast and dinner included) американские гостиничные условия (в стоимость включаются завтрак и обед)

MAPI Machinery and Allied Products Institute Институт машиностроения и смежных отраслей промышленности

mapid machine-aided program for the preparation of instruction(al) data *вчт.* машинная программа для подготовки инструктивных данных

M. App. Sc. Master of Applied Science магистр прикладных наук (*ставится после фамилии*)

MAPS Management Analysis And Planning System система анализа и планирования управления

MAPS measurement of air pollution from space/abroad a space shuttle замеры/измерения загрязнения воздуха из космического пространства/с борта космического корабля

MAPSAC machine-aided planning scheduling and control планирование, составление графиков и осуществление контроля с помощью машин

MAPW medical association for prevention of war медицинская ассоциация по борьбе за предотвращение войны

Mar March март

mar marine морской

mar maritime морской

mar married состоящий в браке

M. Ar. Master of Architecture магистр архитектуры (*ставится после фамилии*)

M. A. R. Master of Arts in Religion магистр в области религии (*ставится после фамилии*)

MAR minimum acceptable reliability *тех.* минимально приемлемая надёжность

mar multiarray radar многовибраторный радар

MARA Mexican-American Research Association Американо--мексиканская ассоциация исследователей

MARAD Maritime Administration Управление торгового флота (*США*)

marbi machine-readable bibliographic information *вчт.* машинная библиографическая информация

MARC Machine-Readable Cataloguing машинно-читаемый каталог

MARC Monitoring and Assessment Research Centre Научно--исследовательский центр по контролю и оценке, МАРК (*ООН*)

Mar Cad Marine Cadet морской кадет

march marchioness маркиза

M. Arch. Master of Architecture

магистр архитектуры (*ставится после фамилии*)

MAR CONFOR Maritime Contingency Force морские силы готовые к действию при угрожающей обстановке (*НАТО*)

MARCOR(PS) Marine Corps морская пехота (*США*)

MARD Maintenance and Repair Department отдел технического обслуживания и ремонта

MARD Military Aeronautical Research and Development НИОКР в области военной авиации

MARECS Maritime European Communications Satellites европейская морская система спутниковой связи МАРЕКС

mar eng marine engineer морской инженер

marg margin запас; край, граница, предел; предельный, маргинальный

MARIS Maritime Research Information Service информационная служба морских исследований

marisat [ˈmærɪˈsæt] Maritime Industry Satellite (System) спутниковая система связи «Марисат» министерства ВМС и торгового флота

marit maritime морской

MARITA Maritime Airfield аэродром морской авиации

marjie marijuana *австрал.* марихуана

mark market рынок

marm marmalade *разг.* джем, повидло

MARO Maritime Air Radio Organization Организация морской радиосвязи

MARPT municipal airport муниципальный аэропорт

marq marquis маркиз

marr marriage брак, брачный союз

marr lic marriage licence брачное свидетельство

MARS Magnetic Airborne Recording System бортовая система магнитной записи

MARS Manned Aerodynamic Reusable Spaceship крылатый повторно используемый КЛА с экипажем

MARS Manned Astronomical Research Station космическая станция с экипажем для проведения космических исследований

MARS Marketing Analysis Research System система разработки рыночной стратегии

MARS Meteorological Automatic Reporting System автоматическая система передачи метеорологических данных

MARS Multiple Artillery Rocket System артиллерийско--ракетная система многоцелевого назначения

MARSAP Mutual Assistance Rescue and Salvage Plan схема взаимопомощи при спасении

marsat maritime satellite морской спутник

MARSATS Maritime Satellite System морская спутниковая система

M. Art. RCA Master of Arts of the Royal College of Art магистр искусств Королевского колледжа искусств

Ma RV *тж.* **MARV** [mɑːv] manoeuvrable reentry vehicle маневрирующая боеголовка индивидуального наведения; разделяющаяся головная часть маневрирующего типа

marvie *тж.* **marvy** [ˈmɑːvɪ] marvellous чудесный, чудо!, прелесть!

MAS Machine Accounting School школа операторов счётных машин

mas masculine мужской

Mas Massachusetts Массачусетс (*штат США*)

M. A. S. Master of Applied Science магистр прикладных наук (*ставится после фамилии*)

MAS middle air space воздушное пространство на средних высотах

MAS Military Agency for Standardization Управление по стандартизации военной техники (*НАТО*)

MAS Military Alert System военная система тревожного оповещения

MAS mutually assured survival взаимно гарантированное выживание

MASA Member of the Acoustical Society of America член Акустического общества США

masc masculine мужской

M. A. Sc. Master of Applied Science магистр прикладных наук (*ставится после фамилии*)

MASD Mobile Air and Space Defense независимая система ПВО и ПКО

MASER microwave amplification by stimulated emission of radiation мазер, квантовый усилитель

mash mashed potatoes картофельное пюре

MASIS Management and Science Information System система управления и научно-технической информации

MASME Member of the American Society of Mechanical Engineers член Американского общества инженеров-механиков

M. A. Soc. Stud. Master of Arts in Social Studies магистр общественных наук (*ставится после фамилии*)

MASS magnetic storm satellite спутник «Масс» для исследования магнитных бурь

Mass Massachusetts Массачусетс (*штат США*)

MASS master armament switch system главный выключатель системы вооружения

M. A. S. S. Master of Arts in Social Science магистр общественных наук (*ставится после фамилии*)

mass-cult [′mæskʌlt] mass culture массовая культура, «масс-культ»

MAST military anti-shock trousers специальные герметические брюки для космонавтов

M. A. T. Master of Arts in Teaching магистр искусств в области педагогики (*ставится после фамилии*)

mat material материал

mat [mæt] matinée *разг.* дневной спектакль *или* концерт

mat [mæt] matrix *вчт.* матрица

mat [mæt] matter *разг.* дело

mat [mæt] maturity *разг.* зрелость

MAT Measurement of Atmosphere Turbulence измерение турбулентности в атмосфере (*программа НАСА*)

MAT mobile aerial target воздушная мишень с мобильным базированием

MATA Military Air Transport Association Ассоциация военно-транспортной авиации

MATB Military Air Transport Board Комитет по военно-воздушным перевозкам

MATC Manual of Air Traffic Control наставление по управлению воздушным движением, УВД

MATC maximum acceptable toxicant concentration максимально допустимая концентрация ядовитых веществ

MATCC Military Air Traffic Control Center Центр управления полётами военных самолётов

MATCEN Military Air Traffic Center Центр управления полётами военных самолётов

matcon microwave aerospace terminal control микроволновая система «мэткон» для управления посадкой ЛА

MATE machine-aided translation editing машинное редактирование переводов

Ma Tec maintenance technician техник по обслуживанию

matern maternal материнский

matern maternity материнство

math [mæθ] mathematical математический

math [mæθ] mathematics *разг.* математика

Math. D. Doctor of Mathematics доктор математических наук (*ставится после фамилии*)

mathemat mathematician преподаватель математики

M. A. Theol. Master of Arts in

Theology магистр богословских наук (*ставится после фамилии*)

mathn mathematician математик

mathy mathematics математика

matl material материал

MATP Military Assistance Training Program учебная программа военной помощи

MATPS machine-aided technical processing system *вчт.* машинная система обработки технических данных

matric [ˈmætrɪk] matriculation зачисление в высшее учебное заведение; вступительный экзамен в высшее учебное заведение

MATS Military Air Transport Service военная авиатранспортная служба

MATS Mobile Automatic Telegraph System подвижная автоматическая телеграфная система

MATV master antenna television телевидение с использованием главной антенны

MATVS Master Antenna Television System система телевидения с использованием главной антенны

MATZ military air traffic zone зона полётов военных самолётов

mau marine amphibious unit морская амфибийно-десантная дивизия

maulex marine amphibious unit landing exercise учения морской амфибийно-десантной дивизии

MAUS Metric Association of the United States Метрическая ассоциация США

maverick. manufacturers assistance in verifying identification in cataloging помощь производителей в проверке правильности каталога

MAVN military aviation военная авиация

MAVS manned aerial vehicle for surveillance пилотируемый разведывательный самолёт

max [mæks] maximum верхний предел, максимум; максимальный

MAX mobile automatic X-ray передвижная автоматическая рентгеновская установка

maxi [ˈmæksɪ] maxiskirt юбка макси

mayo [ˈmeɪəu] mayonnaise *разг.* майонез

MB main base основная/главная база

mb main battery главная батарея

MB Maintenance Branch отделение технического обслуживания

MB Marine Base морская база

M.B. *тж.* **MB** Medicinae Baccalaureus *лат.* (Bachelor of Medicine) бакалавр медицины (*ставится после фамилии*)

MB medium bomber средний бомбардировщик

M-B Mercedes-Benz Мерседес-Бенц

MB millibar *метео* миллибар

MB missile battalion ракетный дивизион; дивизион управляемых ракет

MB missile bomber бомбардировщик-ракетоносец

MB modified by модифицирован путём

MB motorboat моторный катер; мотобот

M-BALL Maneuverable Aeroballistic Missile маневрирующая аэробаллистическая ракета

mbar millibar *метео* миллибар

MBAUK Marine Biological Association of the United Kingdom Ассоциация морской биологии Соединённого Королевства

mbc maximum bearing capacity максимальная грузоподъёмность; максимальная несущая способность; максимальная подъёмная сила

MBCS Member of the British Computer Society член Общества программистов Великобритании

MBD minimal brain disfunction минимальная дисфункция мозга

M.B.E. Member of the Order of the British Empire кавалер «Ордена Британской империи» 3-й степени

MBES International Bank for Economic Cooperation Международный банк экономического сотрудничества, МБЭС

MBFC Midland Bank Finance Corporation Ltd. «Мидлэнд Банк Финанс Корпорейшн Лимитед» (*Великобритания*)

MBFR [′em′bi:′ef′α:] mutual and balanced force reduction взаимное и сбалансированное сокращение вооружённых сил (*США, НАТО*)

M. Bi. Chem. Master of Biological Chemistry магистр биохимии (*ставится после фамилии*)

M. Bi. Eng. Master of Biological Engineering магистр инженерной биологии (*ставится после фамилии*)

MBIM Member of the British Institute of Management сотрудник Института управления Великобритании

M. Bi. Phy. Master of Biological Physics магистр биофизики (*ставится после фамилии*)

M. Bi. S. Master of Biological Science магистр биологических наук (*ставится после фамилии*)

mbk missing, believed killed пропавший без вести, предположительно, убит

MBL Marine Biological Laboratory лаборатория биологии моря

MBO management by objective управление путём согласования целей с рабочими предприятия

MBR *тж.* **mbr** member член общества

MBRV maneuverable ballistic reentry vehicle маневрирующая головная часть баллистической ракеты

MBT main battle tank *воен.* основной боевой танк, находящийся на вооружении

MBT mean body temperature средняя температура тела

MBT Minimum Blood Test *мед.* минимальный анализ крови

MBTD Mint Bureau of the Treasury Department Монетное

(эмиссионное) бюро казначейского департамента (*США*)

MC *тж.* **mc** magnetic center магнитный центр

MC *тж.* **mc** magnetic course магнитный курс

MC main computer *вчт.* главная вычислительная машина

mc maintenance check проверка технического состояния

MC maintenance costs расходы на техническое обслуживание

m/c Manchester Манчестер

mc manual control ручное управление

mc marginal cost *эк.* предельно высокая себестоимость

MC Marine Corps корпус морской пехоты (*США*); морская пехота (*США*)

MC Master of Ceremonies конферансье; ведущий (*телепередачи*); распорядитель (*бала и т. п.*); церемониймейстер

MC Medical Corps *амер.* военно-медицинская служба

m-c medico chirurgical (surgical) *мед.* медикохирургический

mc megacycle *физ.* мегацикл; мегагерц

MC Member of Congress член конгресса

mc member of council член совета

M. C. mensis currentis *лат.* (of current month) текущего месяца

mc metal case металлический ящик, чехол

MC military characteristics боевые характеристики, тактико-боевые данные

MC Military Committee военный комитет (*НАТО*)

MC [′em′si:] Military Cross «Военный крест» (*орден, которым награждаются за храбрость уоррант-офицеры, лейтенанты и капитаны сухопутных войск; Великобритания*)

mc minutes charged минуты (телефонного разговора), подлежащие оплате

MC missile carrier ракетоносец

MC Missile Center Центр ракетного оружия (*ВВС*)

mc missile control управление ракетой

mc moisture content содержание влаги

MCA Management Consultants Association Ассоциация консультантов по менеджменту (*Великобритания*)

MCAB Marine Corps Air Base авиационная база морской пехоты

MCAF Marine Corps Air Force авиация морской пехоты

mc & g mapping, charting and geodesy картография, аэрофотосъёмка и геодезия

MCAT Medical College Admission Test вступительные испытания в медицинский колледж

M. C, B. Master of Clinical Biochemistry магистр клинической биохимии (*ставится после фамилии*)

MCBSF Mixed Commission for Black Sea Fisheries Смешанная комиссия по рыболовству в Чёрном море, СКРЧМ

MCC *тж.* **mcc** main communication(s) center главный центр связи

mcc maintenance of close contact установление тесного контакта

MCC [΄em΄si:΄si:] Marylebone Cricket Club Мэрилебонский крикетный клуб

MCC master control console главный пункт управления

MCC Missile Control Center центр управления ракетами

MCC Mission Control Center центр управления полётами КЛА

MCC *тж.* **mcc** multicomponent curcuit(s) *эл.* многосоставная цепь/схема

MCC Music Critics' Circle кружок музыкальных критиков

MCC-H Mission Control Center-Houston Хьюстонский центр управления полётами КЛА

MCCMF Mixed Commission for Cooperation in Marine Fishing Смешанная комиссия по сотрудничеству в области морского рыболовства, СКСМР

MCD minor civil division часть административного округа (*США*)

MCEEC Monetary Committee of the European Economic Community Валютный комитет Европейского экономического сообщества

MCF military computer family семейство военных ЭВМ

mcflm microfilm микрофильм

MCG mapping, charting and geodesy картография, аэрофотосъёмка и геодезия

M. Ch. Magister Chirurgiae *лат.* (Master of Surgery) магистр хирургии (*ставится после фамилии*)

MCH main chute основной парашют

Mch Manchester Манчестер

MCH Maternal and Child Health здравоохранение матери и ребёнка

MChan multichannel многоканальный

mchc mean corpuscular hemoglobin concentration *мед.* средняя концентрация красных кровяных телец

MCHP Maternal and Child Health Program программа здоровья матери и ребёнка

MCHR Medical Committee for Human Rights Медицинский комитет по правам человека (*США*)

MCHS Maternal and Child Health Service служба здоровья матери и ребёнка

Mcht *тж.* **mcht** merchant торговый, коммерческий

Mchter Manchester Манчестер

MCIC Management Control Information Center Информационный центр административного управления

mcid multipurpose concealed intrusion detection (device) многоцелевой скрытый детектор интрузии

MCIS Maintenance Control Information System информацион-

ная система контроля технического состояния

M. C. J. Master of Comparative
Jurisprudence магистр компаративной юриспруденции (*ставится после фамилии*)

M. C. L. [′em′si:′el] Master of
Civil Law магистр гражданского
права (*ставится после фамилии*)

mcl most comfortable level наиболее удобный уровень

M. Clin. Psychol. Master of Clinical Psychology магистр клинической психологии (*ставится после фамилии*)

MCM missile-carrying missile
ракета — носитель ракет (*для наведения на воздушно-космические
цели*)

MCMS multichannel memory
system многоканальная запоми-
нающая система

MCNY Museum of the City of
New York музей города Нью-
-Йорка

M. Com. Master of Commerce
магистр в области коммерции
(*ставится после фамилии*)

M. Com. Sc. Master of Commercial Science магистр коммерческих наук (*ставится после фамилии*)

MCP *тж.* **mcp** male chauvinist
pig «свинский мужской шови-
нист» (*используется сторонника-
ми феминистского движения для
осуждения антифеминистски на-
строенных мужчин*)

MCP *тж.* **mcp** Master Control
Program главная программа
управления

M. C. P. Master of City Planning
магистр в области городского
планирования (*ставится после
фамилии*)

MCP missile control panel пульт
управления пуском ракет

MCP mutual change proposal
совместное предложение об изменении

MCPL Member of Congress for
Peace through Law члены кон-
гресса за мир с помощью закона
(*США*)

MCPT Maritime Central Plan-

ning Team центральная группа
морского планирования

mcr mother-child relationship
отношения между матерью и ре-
бёнком

MCRAD military/commercial
radius радиус действия военного
и гражданского вариантов
(*транспортного самолёта*)

MCRAN military/commercial
range дальность полёта военного
и гражданского вариантов
(*транспортного самолёта*)

MCRWV microwave микроволновой; работающий в санти-
метровом диапазоне волн

MCS master control station
главная станция управления

MCS [′em′si:′es] Master of Commercial Science магистр коммерческих наук (*ставится после
фамилии*)

MCS [′em′si:′es] Master of Computer Science магистр компьютерных наук (*ставится после фамилии*)

MCS Military College of Science
военный колледж наук

MCS [′em′si:′es] missile control
system система управле-
ния ракетой

MCU Modern Churchmen's
Union *рел.* Союз современных
церковников

mcul missile compartment отсек
ракеты

MCVFT multicarrier voice
frequency transmission передача
речевых сообщений на нескольких несущих частотах

MCZ Museum of Comparative
Zoology музей компаративной
(сравнительной) зоологии

MD distance in miles расстояние в милях

M. D. [′em′di:] Doctor of Medicine доктор медицины (*ставится
после фамилии*)

md management development
развитие управления производством

MD managing director заместитель директора по администра-
тивно-хозяйственной части

m-d manic-depressive *мед.* маниакально-депрессивный (*больной*)

MD manual data данные, вводимые вручную

MD Maryland *офиц. почт.* Мэрилэнд (*штат США*)

MD mean deviation среднее отклонение

MD mentally deficient умственно отсталый

MD milestone dates контрольные сроки

MD Missile Division ракетная дивизия, отдел управления ракет

MD Musical Director музыкальный руководитель

MDAA Muscular Distrophy Association of America Американская ассоциация по изучению мускульной дистрофии

MDAA Mutual Defense Assistance Act Акт о взаимной помощи при обороне

MDAP Mutual Defense Assistance Program Программа взаимной оборонительной помощи

MDAS Missile Defense Alert System система раннего предупреждения о запуске ракет

M-day mobilization day *воен.* день объявления мобилизации (*день, назначенный министерством обороны в качестве первого дня мобилизации в целях планирования*)

MDC Maintenance Data Collection (System) система сбора данных для выполнения работ по техническому обслуживанию

MDC Master Direction Center основной центр управления

MDC miniaturized digital computer *вчт.* малогабаритная ЦВМ

MDC Missile Development Center Центр по разработке ракет

MDC more developed country более развитая страна

MDCS Master Digital Command System *вчт.* главная цифровая система управления

MDE Master of Domestic Economy *ому* магистр внутренней экономики (*ставится после фамилии*)

M.Des. Master of Design магистр в области дизайна (*ставится после фамилии*)

MDFNA maximum density fuming nitric acid дымящая азотная кислота максимальной плотности/концентрации

mdfy modify модифицировать, изменять

mdi magnetic detection indicator индикатор магнитного обнаружения

MDI Missile Distance Indicator указатель дальности (до) ракеты

M.Dip. Master of Diplomacy магистр дипломатии (*ставится после фамилии*)

m dk main deck главная палуба

MDL *тж.* **mdl** middle середина, средняя часть; средний

MDL Mine Defense Laboratory лаборатория противоминной защиты

Mdlle Mademoiselle мадемуазель (*вежливая форма обращения к девушке во Франции и к девушке-иностранке в Англии*)

Mdm *тж.* **Mdme** Madam мадам, сударыня, госпожа (*вежливая форма обращения*)

mdn median медиана

mdngt midnight полночь

mdnt midnight полночь

MDS Malfunction Detection System система обнаружения неисправностей

MDS master delivery schedule основной график поставок

MDS Master of Dental Surgery магистр хирургической стоматологии (*ставится после фамилии*)

MDS medical data system система медицинских данных

MDS Medical-Dental Service стоматологическая служба

MDS *тж.* **mds** minimum discernible signal минимально различимый сигнал

MDS multi-dimensional scaling многомерная шкала

mdse merchandise товары

mdt moderate умеренный

MDT Mutual Defense Treaty Договор о взаимной обороне

M. D. V. Doctor of Veterinary

Medicine доктор ветеринарии (*ставится после фамилии*)

MDW Military District of Washington военный район Вашингтона

Me Maine *офиц. почт.* Мэн (*штат США*)

ME maintenance equipment оборудование для (технического) обслуживания

ME marine engineer морской инженер

ME marriage encounter встречи семей (*в терапевтических целях семьи собираются группами для обсуждения и улучшения отношений в семье*)

M. E. Master of Education магистр в области педагогики (*ставится после фамилии*)

me maximum effect максимальный эффект

me maximum effort максимальное усилие

ME measuring equipment измерительная аппаратура

ME mechanical efficiency механическое кпд (*коэффициент полезного действия*)

M/E mechanical/electrical электромеханический

ME mechanical engineer инженер-механик

ME [′em′i:] medical examiner судебно-медицинский эксперт

Me methyl *хим.* метил

ME Middle East (Ближний и) Средний Восток; ближневосточный

ME military electronics военная радиоэлектроника

ME military engineer военный инженер

ME mining engineer горный инженер

ME molecular electronics молекулярная электроника, молектроника

ME Most Excellent совершенно исключительный, замечательный

MEA Maintenance Engineering Agency эксплуатационно--техническое управление (*ВВС*)

M.E.A. Master of Engineering

Administration магистр инженерной администрации (*ставится после фамилии*)

MEA Middle East Airlines авиатранспортная компания «Миддл Ист Эрлайнз» (*Великобритания*)

MEA Municipal Employees Association Ассоциация муниципальных служащих

MEA Music Educator Association Ассоциация музыкальных просветителей

meas measure мера, размер, измерение

meas measurement измерение, замер

M-East Middle-East ближневосточный

M.E.Auto Master of Automobile Engineering магистр автомобилестроения (*ставится после фамилии*)

MEB Master Electronics Board Главный совет по вопросам электроники

MEBD Medical Examining Board медицинская комиссия

mec main engine cutoff отключение главного двигателя

MEC manual emergency control ручное аварийное управление

M.Ec. Master of Economics магистр экономики (*ставится после фамилии*)

MEC Master Executive Council Главный исполнительный совет

MEC maximum economical consumption наиболее экономичный расход (*топлива*)

MEC mechanic механик

MEC member of executive council член исполнительного совета

MEC Methodist Episcopal Church методистско-епископальная церковь

MECCA mechanized catalogue механизированный/автоматический каталог

mech [mek] mechanic *разг.* механик

mech [mek] mechanical механический

mech [mek] mechanics механика

mech [mek] mechanism механизм

Mech [mek] mechanized механизированный; моторизованный

ME Ch Methodist Episcopal Church методистско-епископальная церковь

M.E.Chem. Master of Chemical Engineering магистр инженерной химии (*ставится после фамилии*)

Mech Eng mechanical engineering инженерная механика

meco main engine cutoff отключение главного двигателя

M.Econ. Master of Economics магистр экономики (*ставится после фамилии*)

MECU *тж.* **mecu** main engine electronic control unit основной инженерный узел электронного контроля

MECU Municipal Employees Credit Union Кредитный союз муниципальных служащих

M. Ed. Master of Education магистр в области педагогики (*ставится после фамилии*)

med medal медаль

med medalist медалист

med medallion медальон

med median медиана

med Medical *разг.* медицинский

MED Medical Board медицинский совет

med medication лечение

med medicine лекарство

med *тж.* **Med** medieval средневековый

Med Mediterranean Средиземноморье; средиземноморский

Med *тж.* **med** medium средний

med minimal effective dose минимально эффективная доза

medac medical accounting медицинский отчёт

MEDAC Military Electronic Data Advisory Committee Консультативный комитет по вопросам военных электронных данных (*НАТО*)

Med C Medical Corps *воен.* медицинская служба

Med CAP Medical Civil Action Program медицинская программа гражданских действий/мероприятий

MEDCOM Mediterranean Communications System система коммуникаций Средиземноморья

MEDCOMP International Congress on Computing in Medicine Международный конгресс по компьютеризации в медицине

medevac ['medɪvæk] medical evacuation *амер.* военный вертолёт для эвакуации раненых после боя; эвакуировать раненых с поля боя на военном вертолёте

medex medical expert медицинский эксперт

MEDIACULT International Institute for Audio-Visual Communication and Cultural Development Международный институт по аудио-визуальным связям и культурному развитию

Medibank medical bank *австрал.* медицинский банк (*данных крови, органов*)

Medic medical student студент-медик

Medicaid *тж.* **medicaid** ['medɪkeɪd] medical aid бесплатная медицинская помощь неимущим, «медпомощь» (*США*)

Medicare *тж.* **medicare** ['medɪkɛə] medical care государственное медицинское обслуживание, *особ.* престарелых (*США*)

MEDICO Medical International Corporation Международная медицинская корпорация

Medifraud medical fraud медицинское мошенничество

Medit Mediterranean Средиземноморье; средиземноморский

medix medical students студенты-медики

med. jur. medical jurisprudence медицинская юриспруденция

Med lab medical laboratory медицинская лаборатория

MEDLARS ['med,lɑ:z] Medical Literature Analysis and Retrieval System *амер.* система анализа и поиска медицинской литературы

M.Ed.L.Sc. Master of Education in Library Sciences магистр образования в области библиотечных дел (*ставится после фамилии*)

med nec medically necessary *мед.* медицински показано (*аборт*)

MEDRECCE Medium Reconnaissance тактическая воздушная разведка

MEDRESCO Medical Research Council Медицинский исследовательский совет

MEDSAC medical service activity работа медицинской службы (*США*)

Med. Sc. D. Doctor of Medical Sciences доктор медицины (*ставится после фамилии*)

Med Sch Medical School медицинская школа

med tech medical technologist техник-медик

med trans medical transcriptionist медицинский расшифровщик (*кардиограмм*)

M.E.E. Master of Electrical Engineering магистр электротехники (*ставится после фамилии*)

MEE Military Electronics Expo выставка военного электронного оборудования

MEF Marine Expeditionary Force морские экспедиционные войска

mef maximal expiratory flow *мед.* максимальный объём выдоха

MEF Musicians Emergency Fund чрезвычайный фонд музыкантов

mef's morality enhancing factors факторы, способствующие укреплению морали

mefv maximum expiratory flow volume *мед.* максимальный объём выдоха

MEG Management Evaluation Group группа оценки управления

meg megacycle мегагерц

meg [meg] megaphone мегафон; говорить в мегафон

meg megaton мегатонна

meg megawatt *эл.* мегаватт

meg megohm *эл.* мегом

mego megaphone мегафон

MEGS Meeting of European Geological Societies Совещание геологических обществ Европы

megs megasecond мегасекунда

megt megaton мегатонна

megv megavolt *эл.* мегавольт

megw megawatt *эл.* мегаватт

megwh megawatt-hour *эл.* мегаватт-час

MEH multiengined helicopter многодвигательный вертолёт

MEHP mean effective horsepower средняя эффективная мощность в лошадиных силах

mei mathematics in education and industry математика в образовании и промышленности

MEI *тж.* **mei** marginal efficiency of investment *эк.* маргинальная эффективность капиталовложения

MEIU Management Education Information Unit Информационный орган управления образованием (*Великобритания*)

MEL master equipment list перечень основного оборудования

M.E.L. Master of English Literature магистр английской литературы (*ставится после фамилии*)

MEL Music Education League Лига музыкального просвещения

MELABS Microwave Engineering Laboratories лаборатории микроволновой техники

Melb Melbourne Мельбурн

M. El. Eng. Master of Electrical Engineering магистр в области электротехники (*ставится после фамилии*)

MELF Middle East Land Forces ближневосточные сухопутные силы

melg most European languages большинство европейских языков

meller ['melə] melodrama мелодрама

M. Elo. Master of Elocution магистр ораторского искусства (*ставится после фамилии*)

melo melodrama мелодрама

melo melody мелодия

melt. pt. melting point точка плавления

mem [mem] member член; элемент (*множества, массива*)

mem memento напоминание; памятный подарок, сувенир

mem [mem] memorandum меморандум, памятная записка, заметка

mem [mem] memorial памятный, мемориальный

mem memory память; запоминающее устройство

MEMA Motor and Equipment Manufacturers Association Ассоциация производителей двигателей и оборудования (*США*)

memb membrane мембрана, диафрагма

MEMBRAIN micro-electronic memories and brains *вчт.* микроэлектронная память и мозг

memcon [′mem͵kɔn] memorandum of a conversation *амер. разг.* запись беседы

MEMO Medical Equipment Managing Office Бюро по содержанию медицинского оборудования

memo [′memə] memorandum докладная, объяснительная записка; записка, заметка; сделать заметку; послать записку, сообщить

M. En. Master of English магистр в области английского языка (*ставится после фамилии*)

men menstruation менструация

men mensuration *мат.* измерение

MENA Middle East News Agency Агентство печати Ближнего Востока

MENC Music Educators National Conference Национальная конференция музыкальных просветителей

meng multiengined многодвигательный, с несколькими двигателями

meno menopausal относящийся к менопаузе

meno menopause менопауза

menst menstrual менструальный

menst menstruation менструация

mensur mensuration *мат.* измерение

ment mental умственный, ментальный

mentd mentioned упомянутый

MEO maintenance engineering order директива по техническому обслуживанию

MEO major engine overhaul капитальный ремонт двигателя

MEO manned Earth observatory земная обсерватория с бортэкипажем

MEOW [mi:′au] moral equivalent of war моральный эквивалент войне (*энергетическая программа президента Картера*)

MEP Management Engineering Program программа инженерного управления

M.E.P. Master of Engineering Physics магистр в области инженерной физики (*ставится после фамилии*)

m.e.p mean effective pressure *тех.* среднее полезное давление

MEP Member of the European Parliament член Европейского парламента

MEP Middle East Perspective ближневосточная перспектива

MEP Minuteman Education Program программа подготовки офицеров частей межконтинентальной баллистической ракеты «Минитмен»

MEP moon-earth-plane плоскость вращения Луны вокруг Земли

MEPC Marine Environment Protection Committee Комитет по защите морской среды (*ООН*)

MEPP marine electric power plant военно-морская электростанция

MER manned earth reconnaissance пилотируемый разведывательный КЛА «Мер»

Mer mercury *хим.* ртуть

Mer meridian меридиан

mer meridional меридиональный

mer minimum energy require-

ment(s) минимальные энерготре-
бования, энергоёмкость

MERADO Mechanical Engineering Research and Development Organization организация ма-
шиностроительных НИОКР

MERB Mechanical Engineering
Research Board Совет научных
исследований в области машиностроения

merc mercantile торговый, коммерческий

merc mercedes Мерседес

merc [mə:k] mercenary *разг.*
наёмник

merc mercury *хим.* ртуть

MERC Music Education Research Council Исследовательский
совет музыкальных просветителей

merch merchantable *эл.* коммер-
чески выгодный (*товар*)

mercial commercial коммерческий

MERCO merchant shipping
communications пути сообщения
торговых судов, морские коммуникации

MERDL Medical Equipment
Research and Development Laboratory лаборатория НИОКР
в области медицинского оборудования (*США*)

merid meridian меридиан

MERIT Medical Relief International Международная организация оказания медицинской помощи

meritoc meritocrasy меритокра-
тия

MERLIN Machine Readable Library Information *вчт.* машино-
читаемая библиотечная информация

MERSAR merchant ship search
and rescue поиск и спасение торговых судов

MERSHIP merchant ship торговое судно

mes main engine start *mex.* (за-)
пуск главного двигателя

mesa *тж.* **MESA** mathematics,
engineering and scientific achievement математическое, техническое и научное достижение

MESA modular electrical stimulation apparatus аппарат модуль-
ного электростимулирования

M.E.Sc. Master of Engineering
Science магистр инженерных
наук (*ставится после фамилии*)

MESOREP Medical Social Research Program программа медицинских и социальных исследований

MESP More Effective Schools
Program более эффективная
школьная программа

mess maximum effective sonar
speed максимально полезная
скорость сонара

messplex multiplex emission
sensor детектор уплотнённого излучения

MEST matter, energy, space and
time вещество, энергия, пространство и время

MESUCORA measurement,
control regulation and automation
измерение, контрольное регулирование и автоматизация

M.E.T. Mean European Time
среднеевропейское время

met metal металл; металлический

met metallic металлический

met metaphor метафора

met metaphysics метафизика

met [met] meteorological метеорологический

MET meteorological broadcasts
передачи метеорологических
сводок по широковещательным
каналам связи

met [met] meteorological office
метеорологическая служба

met [met] meteorologist метео-
ролог

MET meteorology метеорология

met metronome *муз.* метроном

Met Metropolitan Museum of
Art «Метрополитэн-музей»
(*США*)

Met Metropolitan Opera «Метрополитэн Опера» (*США*)

MET missile electrical technician
техник по электрооборудованию
ракет

MET multi-emitter transistor многоэмиттерный транзистор

META Maryland Electronics Technicians Association Ассоциация электротехников в Мериленде (*США*)

metab metabolism метаболизм, обмен веществ

metal metallurgical металлургический

metal metallurgy металлургия

metaph metaphysical метафизический

metaph metaphysics метафизика

metaphys metaphysics метафизика

METAR meteorological airborne report метеорологическое сообщение с борта ЛА

METCO meteorological coordinating committee Метеорологический координационный комитет

METCOM meteorological communications (system) система связи для передачи метеорологической информации

METCONDNS meteorological conditions метеорологические условия

metd metal door металлическая дверь

Met.E. metallurgical engineer инженер-металлург

METEO meteorological метеорологический

METEOR *тж.* **METEOS** meteorological service метеорологическая служба

METEOSAT meteorological satellite метеорологический спутник

meth methane *хим.* метан

meth method метод

meth methodist *рел.* методист

Meth Epis Methodist Episcopal методистско-эпископальный

metho methodology методология

METO maximum engine takeoff (power) максимальная взлётная мощность двигателя

METO meteorological officer офицер/начальник метеорологической службы

metob meteorological observation метеорологические наблюдения

meton metonym метоним

meton metonymy метонимия

metp metal partition металлическая перегородка

metr metal roof металлическая крыша

Met R Metropolitan Railway столичная железная дорога (*Великобритания*)

METREP meteorological report метеорологическая сводка

metro meteorological метеорологический

metro [ˈmetrəu] metropolitan regional government столичный муниципалитет; *амер.* муниципалитет большого города; администрация столичного округа; столичный, относящийся к большому городу с пригородами

METROC meteorological rocket метеорологическая ракета «метрок»

metrol metrology метрология

metrop metropolis столица; крупный город, центр деловой *или* культурной жизни

metrop metropolitan житель столицы

mets metal strip металлическая полоса, полосной металл

mets metropolitan police столичная полиция (*официальное название полиции Лондона, за исключением Сити, имеющего свою полицию*)

metsats meteorological satellites метеорологические спутники

METSERV meteorological service метеорологическая служба

METSUM meteorological summary метеорологическая сводка

MEU Modern English Usage употребление в современном английском языке

MEW missile electronic warfare ракетные средства радиоэлектронной борьбы

MEWS microwave electronic warfare system микроволновая радиоэлектронная военная система

MEWS Missile Early Warning Station станция раннего обнаружения ракет

Mex Mexican мексиканец, мексиканка; мексиканский

Mex Mexico Мексика

MEZ Mitteleuropäische Zeit *нем.* (time of the Middle European Zone) среднеевропейское время

Mezz messanine *театр.* помещение под сценой

MF machine finish *тех.* доводка на станке

mf main feed *эл.* главное питание

MF main force главные силы

M.F. Master of Forestry магистр в области лесоводства (*ставится после фамилии*)

MF *тж.* **mf** medium frequency средняя частота

mf mezzo forte *um.* (fairly loud) *муз.* достаточно громко, меццо форте

MF military freighter военный грузовой самолёт

mF *тж.* **mf** millifarad *эл.* миллифарада

MF missile facilities ракетные объекты

mf multiplying factor *мат.* множитель

mfa malicious false alarm умышленная ложная тревога

M.F.A. Master of Fine Arts магистр искусств (*ставится после фамилии*)

MFA Military Flying Area зона военных полётов

M.F.A. Museum of Fine Arts музей изобразительных искусств

M.F.A.Mus. Master of Fine Arts in Music магистр искусств в области музыки (*ставится после фамилии*)

mfb metallic foreign object металлический инородный предмет

MFC multi-frequency code многочастотный код

mfco manual fuel cutoff ручное отключение питания

MFCS manual flight control system ручная система управления ЛА

MFCS mathematical founda-tions of computer science математические основы науки о компьютерах

mfd manufactured промышленный; промышленного производства

mfd *тж.* **MFD** minimum fatal dose *мед.* минимальная смертельная доза

MFG *тж.* **mfg** manufacturing изготовление, производство

MFH master of foxhounds хозяин гончих (*титул главы охотничьего общества и владельца своры гончих*)

MF Hom member of the faculty of Homeopathy преподаватель гомеопатического отделения

MFN *тж.* **mfn** most favoured nation страна, которой предоставлен режим наибольшего благоприятствования

M. For. Master of Forestry магистр в области лесоводства (*ставится после фамилии*)

MFP minimal flight path кратчайший маршрут полёта

mfr manufacture производство, изготовления; обработка

MFr Middle French среднефранцузский язык

MFR missile firing range ракетный полигон

MFS manned flying system ЛА с экипажем

M.F.S. Master of Foreign Service магистр дипломатической службы (*ставится после фамилии*)

MFS missile flight safety (center) центр обеспечения полётов ракет

MFS modern fiction studies исследования в области современной художественной литературы

M.F.T. Master of Foreign Trade магистр внешней торговли (*ставится после фамилии*)

m. ft. mistura fiat *лат.* (make a mixture) приготовить микстуру (*в рецептах*)

MG machine glazed (paper) лощёная (бумага)

MG machine gun пулемёт

Mg. magnesium *хим.* магний

M.G. Major General генерал-майор

MG marginal краевой, без запаса; крайний, предельный

mg microgram микрограмм

mg milligram миллиграмм

MGB motor gunboat канонерская лодка

MGC missile guidance and control наведение и управление ракетой

M.G.E. Master of Geological Engineering магистр инженерной геологии (*ставится после фамилии*)

mgi military geographic(al) intelligence военная географическая разведка

MGK Medieval Greek греческий язык средних веков

MGM Metro-Goldwyn-Mayer «Метро-Голдуин-Майер» (*название американской кинокомпании*)

mgm *тж.* **MGM** mobile guided missile подвижный ракетный комплекс (*с управляемой ракетой*)

Mgmt *тж.* **mgmt** management управление, руководство

MGP maintenance ground point пункт наземного технического обслуживания

Mgr manager управляющий, руководитель, администратор; директор

MGr Middle Greek среднегреческий язык

Mgr Monsignor монсеньёр (*титул высокопоставленных деятелей католической церкви*)

M.G.S. [ˈemˈdʒiːˈes] Manchester Grammar School Манчестерская классическая школа (*Великобритания*)

MGS missile guidance set устройство для наведения ракеты

MGS missile guidance system система наведения ракеты

mgt management правление, дирекция, администрация

MGT megaton мегатонна

MGTOW Maximum Gross Takeoff Weight максимальный взлётный вес с полной нагрузкой

MGTRN magnetron магнетрон

mgw maximum gross weight максимальный вес брутто

MH magnetic head магнитная головка

MH magnetic heading магнитный курс

M/H man-hours человеко-часы

mh marital history история супружеской жизни

MH master of hounds хозяин гончих (*Великобритания*)

M.H. Medal of Honor «Медаль почёта» (*орден*)

mh mental health душевное здоровье

MH Ministry of Health министерство здравоохранения

M-H Minneapolis-Honeywell фирма «Минниаполис-Ханиуэлл»

MH Most Honourable достопочтенный (*титулование высшей знати*)

M.H.E. Master of Home Economics магистр в области внутренней экономики (*ставится после фамилии*)

MHE materials handling equipment погрузочно-разгрузочное оборудование

MHF medium-high frequency средняя и высокая частота; средне- и коротковолновый

MHG Middle High German средний верхненемецкий язык

MHMA Mobile Homes Manufactures Association Ассоциация производителей передвижных домиков

M.Ho.Sc. Master of Household Science магистр домоведения (*ставится после фамилии*)

MHQ Maritime Headquarters морской штаб (*НАТО*)

M.H.R. Member of the House of Representatives член палаты представителей (*США*)

MHRA Modern Humanities Research Association Исследовательская ассоциация современных гуманитарных наук

MHRF Mental Health Research

Fund Исследовательский психиатрический фонд

mhs medical history sheet история болезни; медицинская карточка *или* книжка

M. Hu. Master of Humanities магистр гуманитарных наук (*ставится после фамилии*)

mhv mean horizontal velocity средняя горизонтальная скорость

MHV medium, high and very high средняя, высокая и сверхвысокая (*частота*)

M.Hy. Master of Hygiene магистр гигиены (*ставится после фамилии*)

mHZ megahertz мегагерц

MI maintenance instruction инструкция/указание по техническому обслуживанию

MI Miami Майами

MI Michigan *офиц. почт.* Мичиган (*штат США*)

mi mile миля (*мера длины = 1,609 км*)

MI Military Intelligence военная разведка

mi minor младший (*из двух, второй из трёх или третий из четырёх братьев — учащихся привилегированной частной средней школы; ставится после фамилии*)

MI missile (управляемая) ракета

M.I. mortality index коэффициент смертности

MI mounted infantry моторизированная пехота

M.I. Secret Service Division секретный отдел

MIA Marco Island Airways авиатранспортная компания «Марко Айленд Эруэйз»

M.I.A. Master of International Affairs магистр международных дел (*ставится после фамилии*)

MIA McCulloch International Airlines авиатранспортная компания «МакКуллох Интернэшнл Эрлайнз»

MIA Miami International Airport международный аэропорт Майами (*США*)

mia missing in action пропавший без вести в бою

MIAE Member of the Institute of Automobile Engineers сотрудник Института автомобилестроения

MIAeE Member of the Institute of Aeronautical Engineers сотрудник Института авиастроения

MIAP Miami International Airport международный аэропорт Майами (*США*)

MIB master instruction book сборник основных инструкций

MI Biol Member of the Institute of Biology сотрудник Института биологии

MIC microphone микрофон

MIC *тж.* **mic** military--industrial complex военно--промышленный комплекс

MICE Member of the Institution of Civil Engineers сотрудник ведомства гражданского строительства

Mich. Michigan Мичиган (*штат США*)

MICP Mandatory Investment Control Program программа обязательного контроля капиталовложений за границей (*США*)

MICR magnetic ink character recognition магнито-маркерная идентификация шрифтов

micro [ˈmaɪkrəu] microcomputer микрокомпьютер, микрокалькулятор, карманный калькулятор

MICRO microfilm микрофильм

microbiol microbiology микробиология

microcom microcomputer карманный калькулятор

microeco microeconomics микроэкономика

MICROMIN microminiaturized микроминиатюрный

Micron Micronesia Микронезия

micros microscopist микроскопист

micros microscopy микроскопия

MICROSID small seismic intrusion detector обнаружитель малых сейсмических помех

mic's military-industrial complex executives руководители военно-промышленного комплекса

MICU medical intensive care unit *амер. мед.* отделение интенсивной терапии

MICV mechanized infantry combat vehicle боевая машина мотопехоты, бронетранспортёр

M.I.D. Master of Industrial Design магистр промышленного дизайна (*ставится после фамилии*)

mid *тж.* **MID** middle середина; средний, промежуточный

MIDAS Missile Defense Alarm System система оповещения о ракетном нападении

midcult ['mɪdkʌlt] middle-class culture средний уровень культуры; вкусы и взгляды среднего человека, *особ.* мещанина

midder ['mɪdə] midwife *мед. брит.* акушерка

midder ['mɪdə] midwifery *мед. брит.* акушерство

Middx Middlesex Мидлсекс (*графство Англии*)

middy midshipman *разг.* гардемарин; матроска

MIDES missile detection system система обнаружения ракет

midi ['mɪdɪ] midiskirt миди-юбка, юбка средней длины (*до середины икры*)

MIDN midnight полночь; полуночный

MIE mobile inspection equipment подвижное контрольно-проверочное оборудование

MIF Miners' International Federation Международная федерация горняков, МФГ

MIG metallic inert gas металлоинертный газ

MIH miles per hour миль в час

mike [maɪk] microgram микрограмм (*единица измерения наркотика «ЛСД»*)

mike [maɪk] microphone *разг.* микрофон; использовать микрофон

mike microscope *студ. мед.* микроскоп

mil mileage количество миль; расстояние в милях

mil military военный, воинский

mil militia милиция

mil. million миллион

m-i-l mother-in-law тёща; свекровь

Mil Att Military Attaché военный атташе

milc military characteristics боевые характеристики

MILCOMSAT military communications satellite военный спутник связи

MILCON military construction военное строительство

mildec(s) military decisions военные решения

MIL-HDBK military handbook военный справочник

MILIRAD millimeter radar РЛС миллиметрового диапазона

milit. military военный

milob military observer военный наблюдатель

MILOC military oceanography военная океанография

MI Loco E Member of the Institution of Locomotive Engineers сотрудник Института локомотивостроения

mil pers military personnel личный состав

MILR Master of Industrial and Labor Relations магистр в области промышленных и трудовых отношений (*ставится после фамилии*)

milrep military representative военный представитель

MIL-S military standard военный стандарт

MILSATCOM Military Satellite Communications (System) военная система спутниковой связи «Милсатком»

MILSPEC military specification военные технические требования

MILSTD military standard военный стандарт

MIM Maintenance Instruction Manual руководство по обслуживанию

MIM minimum минимум

min mineralogical минералогический

min mineralogy минералогия

min minim мельчайшая частица

MIN minimum минимум

min mining горное дело

min minister министр

min ministry министерство

MIN minor умеренный; небольшой

min minore *um.* (minor) *муз.* минор

min minority меньшинство

MIN minute минута

MINALT minimum altitude минимальная высота

MINAT miniature миниатюрный

MIN-DEF Ministry of Defence министерство обороны (*Великобритания*)

Min. E Mining Engineer горный инженер

MINEC *тж.* **minec** military necessity военная необходимость

mineral mineralogy минералогия

Mineral Soc Mineralogical Society Минералогическое общество

MINESPOL UNESCO Conference of ministers reponsible for science and technology policy in the European and North American region Конференция (ЮНЕСКО) министров, ответственных за научно-техническую политику в Европейском и Североамериканском регионах (*ООН*)

Minn Minneapolis Миннеаполис

Minn Minnesota *офиц.* Миннесота (*штат США*)

Min/Plen *тж.* **Min/Plenip** Minister Plenipotentiary полномочный министр

Min. prem. Minimum premium наименьшая страховая премия

Min Res Minister Residentiary министр-резидент

min rnfl minimum rainfall *метео* минимальные осадки в виде дождя

MINS [mɪnz] Minor(s) in Need of Supervision *амер.* несовершеннолетние, нуждающиеся в надзоре

MINTECH Ministry of Technology министерство техники (*Великобритания*)

M. Int. Med. Master of Internal Medicine магистр медицины внутренних органов (*ставится после фамилии*)

min wt minimum weight минимальный вес

Miny ministry министерство

mio minimum identifiable odor минимально различимый запах

MIP Management Improvement Program программа улучшения руководства работами

mip monthly investment plan программа помесячных капиталовложений

MIPE modular information processing equipment модульное оборудование для обработки информации

MIPS [mɪps] million instructions per second миллион команд в секунду

MIPS Missile Information Processing System система обработки данных ракет

MIPTC Men's International Professional Tennis Council Международный совет мужского профессионального тенниса

MIR Movement for International Reconciliation движение за международное примирение

mird medium internal radiation doze средняя доза внутреннего облучения

MIREQ minimum requirements минимальные требования

MIRV [mɜːv] multiple independently targetable reentry vehicle разделяющаяся головная часть с боеголовками индивидуального наведения

MIS Man in Space человек в космическом пространстве

M.I.S. Master of International Service магистр международной службы (*ставится после фамилии*)

MIS Medical Information Service Служба медицинской информации

MIS military intelligence service военная разведывательная служба

mis miscarriage *мед.* выкидыш

MIS missile (управляемая) ракета

mis missing пропавший без вести

MIS mission боевая задача; полёт; вылет

MISAA Middle-Income Student Assistance Act закон о помощи студентам со средним доходом

misc. miscarriage *мед.* выкидыш

misc *тж.* **MISC** miscellaneous различный, разный, разное

misc miscellany смесь; сборник, альманах

Misc. Doc. miscellaneous document документ рубрики «разное»

miscon misconduct *юр.* неправомерное поведение, проступок

Mise marquise маркиза

MISER Microwave Space Electronic Relay (System) система спутниковой связи «Майзер»

misg missing пропавший без вести

mish mission *школ.* миссия, миссионерская организация

mish missionary миссионер

MISHAP Missile High-Speed Assembly Program Программа быстрой сборки ракет

MISP Man-in-Space Program программа полётов КЛА с экипажем

MISRAN missile range ракетный полигон

MISS Medical Information Science Section научный отдел медицинской информации

miss mission миссия

miss missionary миссионерский

Miss Mississippi Миссисипи (*штат США*)

Miss Missouri Миссури (*штат США*)

missilese технический жаргон экспертов в области управляемых ракет

missilex missile firing exercise учебные ракетные стрельбы

missy missionary миссионер

MIST Medical Information Service (via) Telephone служба медицинской информации по телефону

mist. mixture микстура (*в рецептах*)

mistrans mistranslation неверный перевод

MIT Maritime Institute of Technology Морской технологический институт

MIT market if touched *эк.* приказ брокеру покупать товар *или* ценные бумаги при достижении определённой цены

MIT Massachusetts Institute of Technology Массачусетский технологический институт (*США*)

MIT mitigate смягчать (*взыскание*)

MITI Ministry of International Trade and Industry министерство международной торговли и промышленности

MITIL Massachusetts Institute of Technology Instrumentation Laboratory Лаборатория измерительных приборов Массачусетского технологического института

mit insaf mitral insufficiency *мед.* недостаточность митрального клапана

MITRE Massachusetts Institute of Technology Research and Engineering Corporation Научно-исследовательская и техническая корпорация Массачусетского технологического института

MITS Man in the Sea программа исследования условий пребывания человека на морском дне

mitt mitten митенка; варежка; рукавица (*игрока в бейсбол*); *амер. разг.* рука, кулак

MIW mine warfare минная война

MI-X manned interceptor experimental экспериментальный пилотируемый (истребитель-)перехватчик

mix *тж.* **mixt** mixture микстура; смесь

Mizzou Missouri Миссури (*штат США*)

mj marijuana марихуана

MJ marine jet реактивный самолёт ВМС

M. J. Master of Journalism магистр журналистики (*ставится после фамилии*)

mjd management job description описание должностных функций управления

mjg management job guide руководство по должностным функциям управления

MJI Member of the Institute of Journalists сотрудник института журналистов

MJQ Modern Jazz Quartet современный джазовый квартет

МК *тж.* **mk** mark модель; образец; знак; тип машины, марка; серийный номер

M/K Member of the Knesset член кнессета

mkd marked помеченный, отмеченный

mkm marksman отличный стрелок

mkt *тж.* **Mkt** market рынок

Mkt Mgr marketing manager руководитель отдела сбыта

ML local magnitude магнитура, определённая по данным близко расположенных сейсмостанций

ML machine language машинный язык

ml. mail почта

ML maintenance level уровень технического обслуживания

ML maximum likelihood максимальная вероятность

ml *тж.* **ML** maximum load максимальный вес

ML mean level средний уровень

ML *тж.* **M.L.** Medieval Latin средневековая латынь

ML mile миля

ML military liaison военная связь

ML *тж.* **ml** milliliter миллилитр

ML missile launcher пусковая установка

MLA Member of Legislative Assembly депутат законодательного собрания

M.L.A. Modern Language Association Ассоциация по изучению современного языка

MLAT Modern Language Aptitude Test современный тест на способности к изучению языка

MLBM modern large ballistic missiles современная тяжёлая баллистическая ракета

MLC Military Liaison Committee Военный комитет связи

MLCAEC Military Liaison Committee to the Atomic Energy Commission Комитет военной связи при Комиссии по атомной энергии

MLCC Mobile Launch Control Center подвижный центр управления пуском ракет

mld minimum lethal dose *мед.* минимальная летальная доза

mldr moulder формовщик; литейщик

MLDS multivibrator life detection system мультивибраторная система обнаружения жизни (*в космосе*)

MLF manned lunar exploration исследование Луны человеком

mle maximum loss expectancy наибольший ожидаемый ущерб

m/lf medium/low frequency средняя и низкая частота

MLF Mouvement de Liberation de la Femme *фр.* (Femine Liberation Movement) женское освободительное движение

MLF multilateral nuclear force многосторонние ядерные силы

MLG Middle Low German средненижненемецкий язык

mlg most languages большинство языков

mli minimum line of interception *воен.* минимальная линия перехвата

M. Lib. Master of Librarianship магистр библиотечного дела (*ставится после фамилии*)

M. Lib. Sci. Master of Library Science магистр в области библиотечных наук (*ставится после фамилии*)

MLL manned lunar landing прилунение КЛА с экипажем

MLL manned lunar launching запуск лунного КЛА с экипажем

MLL Music Lovers League Лига любителей музыки

Mlle Mademoiselle мадемуазель (*вежливая форма обращения к девушке во Франции и к девушке-иностранке в Англии*)

MLLR manned lunar landing and return прилунение и возвращение на Землю КЛА с экипажем

mln million миллион

MLNR Ministry of Land and Natural Resources министерство земель и природных ресурсов

MLO military liaison officer офицер военной связи

MLP Master Logistics Plan главный план материально--технического обеспечения

mlr main line of resistance главная линия сопротивления

MLR marine life resources живые ресурсы моря; программа освоения живых ресурсов моря

MLR minimum lending rate *эк.* минимальная ссудная ставка

MLR mobile laser radar подвижный лазерный радар

MLS Machine Literature Searching электронный поиск (литературных) источников

mls medium life span средняя продолжительность жизни

MLS Member of the Linnaean Society член общества Линнея

MLS Mixed-Language System система, использующая смешанный язык

MLS multi-language system система, использующая несколько языков

MLT Magnetic Local Time местное магнитное время

MLT Mean Logistical Time среднее время (продолжительность) материально-технического обеспечения

MLT mission life test испытание на продолжительность существования (*спутника*)

MLT mobile land target подвижная наземная цель

mlty military военный

MLUS military laws of the United States военное законодательство США

MLW maximum landing weight максимальный посадочный вес

mly multiply умножать

m/m maximum and minimum максимум и минимум

MM Medal of Merit медаль «За заслуги»

M.M. mercantile marine торговый флот

MM Metropolitan Museum «Метрополитэн-музей» (*США*)

MM Military Medal военная медаль

mm millimeter миллиметр

MM Minuteman (Missile) ракета «Минитмен»

MM mucous membrane *мед.* слизистая оболочка

mm mutatis mutandis *лат.* (with the necessary changes) с соответствующими/необходимыми изменениями, внося необходимые изменения

mma major maladjustment крупная разрегулировка

MMA Metropolitan Museum of Art «Метрополитэн-музей» (*США*)

MMA Museum of Modern Art Музей современного искусства

MM & T manufacturing methods and technology методы и технология производства

M. Math. Master of Mathematics магистр математики (*ставится после фамилии*)

mm bat main missile battery ракетная батарея главного калибра

Mme Madame мадам (*присоединяется к фамилии или имени вместо Mrs*)

M.M.E. Master of Medical Engineering магистр машиностроения (*ставится после фамилии*)

M.M.E. Master of Music Education магистр музыкального образования (*ставится после фамилии*)

M. Med. Master of Medicine магистр медицины (*ставится после фамилии*)

mmg medium machine gun автоматическое оружие среднего калибра

MMH monomethylhydrazine монометилгидразин

MMHG Millimetres of Mercury миллиметры ртутного столба

Mmi Miami Майами

M. Mic. Master of Microbiology магистр микробиологии (*ставится после фамилии*)

MMIS Maintenance Management Information System информационная система управления обслуживанием

mmm military medical mobilization военно-медицинская мобилизация

MMM Modern Music Masters магистры современной музыки

MMMS Modern Music Masters Society Общество магистров современной музыки

MMO Main Meteorological Office главный метеорологический центр

MMPNC Medical Materiel Program for Nuclear Casualties программа подготовки медицинского имущества для оказания помощи пострадавшим от ядерного оружия

MMRBM mobile mid-range ballistic missile *воен.* мобильная баллистическая ракета среднего радиуса действия

MMS mass memory system *вчт.* система массовой памяти; внешнее запоминающее устройство большой ёмкости

M. M. Sc. Master of Medical Science магистр медицины (*ставится после фамилии*)

M. Mus. Master of Music магистр музыкальных наук (*ставится после фамилии*)

M. Mus. Ed. Master of Music Education магистр музыкального образования (*ставится после фамилии*)

mmw millimeter waves миллиметровые волны

mmx memory multiplexer *вчт.* мультиплексор, концентратор памяти

MN Magnetic North магнитный север

MN main основной; главный

Mn manganese *хим.* марганец

MN Merchant Navy торговый флот

mn microfilm negative негатив микрофильма

mn million миллион

MN Minnesota *почт.* Миннесота (*штат США*)

Mn modern современный (*при описании языков*)

MN monitor прибор контроля

MN [′em′en] Moscow News «Москоу Ньюс» (*газета*)

M. N. A. S. Member of the National Academy of Sciences член Национальной академии наук

M-NBA Multi-National Business Association Многонациональная ассоциация бизнесменов

MNC Major NATO Commanders Верховное главнокомандование (ВГК) стратегическим командованием НАТО

MNC Multi-National Corporation многонациональная корпорация

MND Ministry of National Defence министерство национальной обороны

mndth mean depth средняя глубина

mnfrs manufacturers *эк.* производители

mng managing управляющий

MNGMT *тж.* Mngmt management управление; руководство

mngt midnight полночь

MNLD mainland материк; континент

MNM minimum минимум

mnr massive nuclear retaliation *воен.* массированное ядерное возмездие

MNRU Medical Neuropsychiatric Research Unit медицинское отделение нейропсихиатрических исследований

M. N. S. Master of Nutritional Science магистр диетологии (*ставится после фамилии*)

mntmp minimum temperature минимальная температура

mntn maintenance техническое обслуживание

MNTR monitor контрольное устройство

MNVR manoeuvre манёвр; маневрировать

m.o. *тж.* **M.O.** mail order денежный почтовый перевод

mo maize oil кукурузное масло

m.o. manually operated с ручным управлением

M.O. mark off списывать

m.o. mass observation массовые наблюдения

MO Medical Officer офицер (начальник) медицинской службы

MO Meteorology Officer офицер-метеоролог; начальник метеорологической службы

mo method of operation метод действий

m.o. method of working метод работы

Mo Missouri Миссури (*штат США*)

m.o. modus operandi *лат.* (manner, method or mode of operating) способ действия, план

Mo molybdenum *хим.* молибден

mo moment *разг. обыкн.* момент

Mo Monday понедельник

m.o. *тж.* **M.O.** money order денежный перевод

mo. month месяц

MOA Metropolitan Opera Association Ассоциация «Метрополитэн Опера»

MOA Ministry of Aviation министерство авиации (*Великобритания*)

moAt mainstream of American thought основное направление мысли в Америке

MOAT methods of appraisal and test методы испытаний и проверки

MOB main operating base главная оперативная база

MOB mobile мобильный; подвижный

mob mobilization мобилизация

MOBIDIC *тж.* **mobidic** mobile digital computer подвижная электронная ЭВМ «Мобидик»

mobil mobility подвижность

mobilary mobile library передвижная библиотека

MOBS [mɔbz] Multiple Orbit Bombardment System искусственные спутники с атомными боеголовками для поражения наземных целей

moc moccasins мокасины

mo-camp [ˈmɔuˌkæmp] motel + camp туристический лагерь, кемпинг

"mock" G.C.E. [ˈmɔkˈdʒiːˈsiːˈiː] "mock" General Certificate of Education «пробный» экзамен на аттестат зрелости (*Великобритания*)

MOCOM Mobile Command Module мобильный командный отсек КЛА

MOD Ministry of Overseas Development министерство по вопросам развития заморских территорий (*Великобритания*)

MOD model модель

MOD *тж.* **mod** moderate умеренный

mod *тж.* **Mod** modern *разг.* современный, модерновый, стильный, «хипповый»; модернистский, авангардистский (*о литературе, музыке и т. д.*); вольный (*о поведении*), раскованный *или* развязный

MOD modernization модернизация

Mod. *тж.* **mod.** modernized модернизированный

mod *тж.* **MOD** modification *разг.* модификация, изменение

MOD modified модифицированный

MOD modulator модулятор

MOD module модуль

MODASM modular air-to-surface missile модульная ракета класса «воздух — поверхность/земля/вода»

Mod E Modern English современный английский (*язык*)

Modern Lib современная библиотека

MODFN modification модификация

mod. pres. modo prescripto *лат.* (in the manner prescribed) в предписанной манере, как предписано

MODS manned orbital development station экспериментальная орбитальная станция с экипажем

MOE measure of effectiveness мера эффективности

MOF Ministry of Finance министерство финансов

MOGR moderate or greater умеренный *или* выше умеренного

MOH Master of Otter Hounds хозяин выдровых собак (*порода охотничьих собак, используемых для охоты на выдр*)

MOH Ministry of Health министерство здравоохранения

M.O.I. Ministry of Information министерство информации (*Великобритания*)

M.O.I. Ministry of the Interior министерство внутренних дел

mol mole *хим.* моль, грамм-молекула

mol molecular молекулярный

mol molecule молекула

MOLAB mobile lunar laboratory подвижная лунная лаборатория

mole molecular молекулярный

mole molecule молекула

MOLECOM molecularized digital computer молекулярная цифровая вычислительная машина

MOLWT *тж.* **mol. wt.** molecular weight молекулярный вес

moly molybdenum *хим.* молибден

MOMA *тж.* **MoMA** Museum of Modern Art музей современного искусства (*США*)

MOMCOMS Man-on-the--move Communications *жарг.* связь с помощью носимых передатчиков

MOMS Mothers for Moral Stability матери за моральную устойчивость

mon monastery монастырь

Mon [mʌn] Monday понедельник

mon monetary монетарный, денежный, валютный

MON monitor контрольное устройство; монитор

MON monitoring контроль

mong mongrel *австрал. разг.* дворняжка

monk monkey *разг.* обезьяна

mono monotype *полигр. разг.* линотип; линотипный набор

monocl monoclinic моноклиника; моноклинический

monog monogram монограмма

MONOS monitor out of service контрольное устройство не работает

monot monotony монотонность

monstro(s) monstrosities зверства

Mont Montana Монтана (*штат США*)

MOOSE Man Out of Space Easiest выход человека из КЛА в открытый космос

moot moved out of town уехавший из города

MOP manned orbital (orbiting) platform орбитальная станция с экипажем

mop. medical outpatient *мед.* амбулаторный больной

MOPS missile operations боевые действия с применением ракет

MOR Mars orbital rendezvous встреча (сближение) на орбите вокруг Марса

MOR middle of the road середина проезжей части (*дороги*)

Mor mortar миномёт

more dict. more dictu *лат.* (in the manner directed) как указано, как прописано (*в рецептах*)

m or l more or less более или менее

morn morning утро

morph morphology морфология

mort mortal смертный

mort mortality смертность

mos animosity *жарг.* враждебность

MOS manned orbital station орбитальная станция с экипажем

MOS military occupational speciality военно-учётная специальность, ВУС

MOS Ministry of Supply министерство снабжения (*Великобритания*)

MOS mit out sound *нем.* (without sound) киносъёмка без звукового сопровождения

MOSL manned orbital space laboratory орбитальная космическая лаборатория с экипажем

MOSPO mobile satellite photometric observatory фотометрическая лаборатория подвижных спутников (*НАСА; США*)

MOSS manned orbital space station орбитальная космическая станция с экипажем

M.o.T. [′em′əu′ti:] Ministry of Transport министерство транспорта (*Великобритания*)

Mot motor двигатель

Mot motorized моторизованный

MOTNE Meteorological Operational Telecommunications Network сеть станций оперативной связи для сбора и распространения метеорологических данных

MOTOREDE movement to restore decency движение за восстановление приличности/благопристойности

mou memorandum of understanding меморандум о понимании / взаимопонимании / договорённости

MOV manned orbiting vehicle орбитальный КЛА с экипажем

MOV move двигать(ся)

MOV movement движение; перемещение; передвижение

movie [′mu:vi] moving picture *разг.* кинофильм, фильм; кинопромышленность; кинотеатр

moy money деньги

mp mail payment платёж по почте

MP *тж.* **M/P** manpower численность персонала (*личного состава*)

MP manufacturing and production изготовление и (серийное) производство

m.p. manu propria *лат.* (with one's own hand) собственноручно

MP mass production серийное производство

mp medium pressure среднее давление

mp meeting point место встречи

MP *тж.* **m.p.** melting point точка плавления

M.P. [′em′pi:] Member of Parliament член парламента (*Великобритания*)

MP Metropolitan Police столичная полиция (*официальное название полиции Лондона, за исключением Сити, имеющего собственную полицию*)

mp microfilm positive позитив микрофильма

MP military police военная полиция

MP mounted police конная полиция

MP multipurpose многоцелевой

MPA Magazine Publishers Association Ассоциация издателей журналов (*США*)

M.P.A. Master of Public Affairs магистр общественных дел (*ставится после фамилии*)

MPA Master Printers Association Ассоциация владельцев типографий

MPA Military Police Association Ассоциация военной полиции

MPA Modern Poetry Association Ассоциация современной поэзии

MPA Music Publishers Association Ассоциация издателей музыкальных произведений

MPC maximum permissible concentration максимально допустимая концентрация

MPC Missile Production Center ракетостроительный центр

MPC multi-purpose communications многоцелевая система связи

M.Pd. Master of Pedagogy магистр педагогики (*ставится после фамилии*)

MPD Maximum Permissible Doze предельно допустимая доза

MPD Multipurpose Display многофункциональный индикатор

M.P.E. Master of Physical Education магистр в области физического воспитания (*ставится после фамилии*)

MPE maximum permissible exposure максимально допустимая доза (*облучения*)

MPE most probable estimate наиболее вероятная оценка

mpg miles per gallon миль на галлон (*горючего*)

M.Ph. Master of Philosophy магистр философии (*ставится после фамилии*)

M.P.H. Master of Public Health магистр здравоохранения (*ставится после фамилии*)

mph *тж.* **m.p.h.** miles per hour миль в час

M.Pharm. Master of Pharmacy магистр фармацевтики (*ставится после фамилии*)

MPHPS *тж.* **mphps** miles per hour per second миль в час за секунду

M.Phy. Master of Physics магистр физики (*ставится после фамилии*)

MPL maximum permissible level максимально допустимый уровень

MPM manufacture procedure manual руководство по технологии производства

MPM multipurpose missile многоцелевая ракета

mpn most probable number наиболее вероятное число/количество

mpo memory printout *вчт.* распечатка памяти

MPO Metropolitan Police Office ("Scotland Yard") Управление столичной полиции («Скотлэнд-Ярд»; *Великобритания*)

MPO Motion Picture (Movie Projector) Operator оператор кинопроектора

M. Pol. Econ. Master of Political Economy магистр политэкономии (*ставится после фамилии*)

MPP master program plan генеральный план выполнения программы

mpp most probable position наиболее вероятное место (*нахождение*)

mpress medium pressure среднее давление

m. prod. mass production массовое производство

M.Ps. Master of Psychology магистр психологии (*ставится после фамилии*)

MPS material products system система материального производства, СМП (*ООН*)

MPS meters per second метров в секунду

MPS miles per second миль в секунду

MPS mobile power station передвижная электростанция

mpx multiplex *вчт.* мультиплекс

mpy multiply умножать

MQT military qualification test квалификационные испытания военнослужащих

M/R maintenance and repair техническое обслуживание и ремонт

MR maritime reconnaissance морская разведка, разведка над морем

MR Master of Rolls начальник судебных архивов (*титул главы Государственного Архива, одновременно являющегося фактически председателем Апелляционного суда; Великобритания*)

M/R maximum range максимальная дальность

MR medium-range средней дальности (*о баллистической ракете*)

MR memorandum of receipt расписка в получении

mr metabolic rate скорость обмена веществ

MR *тж.* **mR, mr** milliroentgen миллирентген

M/R missiles and rockets управляемые и неуправляемые ракеты

Mr mister господин, мистер (*ставится перед фамилией или названием должности*)

MR mobilization regulations положение о мобилизации, инструкция по мобилизационным мероприятиям

MR monthly report ежемесячный отчёт

MR municipal reform муниципальная реформа

MRA [ˈemˈɑːrˈeɪ] Moral Rearmament «Моральное перевооружение» (*реакционное религиозное движение; Великобритания*)

MRA World Assembly for Moral Rearmament Всемирная ассоциация морального перевооружения, ВАМП

MRAAM medium-range air-to-air missile ракета класса «воздух — воздух» средней дальности полёта

mrasm *тж.* **MRASM** medium-range air-to-surface missile ракета класса «воздух — земля» средней дальности полёта

MRB motor rescue boat спасательный катер (береговой охраны)

MRBM medium-range ballistic missile баллистическая ракета средней дальности, БРСД

MRC Market Research Council Совет исследований рынка

MRC Mathematics Research Center Математический научно-исследовательский центр

MRC Medical Research Council Совет медицинских исследований

MRC Meteorological Research Committee Комитет по метеорологическим исследованиям

MRCA Market Research Corporation of America Американская корпорация изучения рынка

MRCA multi-role combat aircraft многоцелевой боевой самолёт

mrd *тж.* **MRD** minimum reacting dose минимальная доза лекарства, вызывающая реакции организма

MRDC Medical Research and Development Committee Комитет по НИОКР в области медицины

M.R.E. Master of Religious Education магистр религиозного просвещения (*ставится после фамилии*)

MRE Microbiological Research Establishment отделение микробиологических исследований

mrf marble floor мраморный пол

MRG medium range средняя дальность

MRG Minority Rights Group Группа по правам меньшинств, ГПМ

MR/HR milliroentgen per hour миллирентген в час

MRI Medical Research Institute Научно-исследовательский медицинский институт

MRI medium-range interceptor (истребитель-)перехватчик средней дальности

MRI Mental Research Institute Институт психиатрии

MRI Meteorological Research Institute Институт метеоисследований

MRIS Market Research Information System информационная система исследования рынка

MRIS Medical Research Information System информационная система медицинских исследований

mrkd marked отмеченный; замеченный

MRL Medical Research Laboratory медицинская научно-исследовательская лаборатория

MRL multiple rocket launcher многозарядная пусковая установка; ракетный блок

MRM medium-range missile ракета средней дальности

MRML medium-range missile launcher пусковая установка для ракет средней дальности

MRN Meteorological Rocket Network система метеоракет

mRNA messenger RNA *биол.* информационная РНК, информационная рибонуклеиновая кислота

MRNG *тж.* **mrng** morning утро

MRO maintenance repair and operation обслуживание, ремонт и эксплуатация

MRRC Mechanical Reliability Research Center исследовательский центр механической надёжности

MRS manned reconnaissance satellite разведывательный спутник с экипажем

MRS master radar station основная РЛС

Mrs missis госпожа, миссис (*ставится перед фамилией замужней женщины*)

MRS multifunction reporting system система сигнализации о неисправности

MRS multiple reusable spacecraft КЛА многократного применения

MRTM maritime морской; приморский

MRU Much Regret Unable к сожалению, не имею возможности

MRV multiple reentry vehicle разделяющаяся головная часть; ракета с боеголовками без индивидуального наведения

MS main switch главный выключатель

MS manuscript рукопись, манускрипт

M.S. Master of Science магистр (естественных) наук (*ставится после фамилии*)

M/S master schedule главное расписание (*график*)

M.S. merchant shipping торговое судоходство

MS Metallurgical Society Общество металлургов

MS meteorological system метеорологическая система

m/s meters per second метров в секунду

MS Military Service военная служба

MS *тж.* **ms** millisecond миллисекунда

MS minus минус

ms miss миз, госпожа (*ставится перед фамилией женщины*

независимо от её семейного положения*)

MS missile station ракетная (испытательная) станция

MS Mississippi *почт.* Миссисипи (*штат США*)

ms mitral stenosis *мед.* стеноз митрального клапана

MS most significant самый важный, значительный

M.S. motor ship моторная лодка

m.s. muscle strength мышечная сила

MSA manned strategic aircraft стратегический пилотируемый ЛА

M.S.A. Master of Science in Agriculture магистр сельскохозяйственных наук (*ставится после фамилии*)

M.S.A.E. Master of Science in Aeronautical Engineering магистр авиастроения (*ставится после фамилии*)

M.S.A.M. Master of Science in Applied Mechanics магистр наук в области прикладной механики (*ставится после фамилии*)

M.S.Arch. Master of Science in Architecture магистр архитектуры (*ставится после фамилии*)

MSB Missile Support Base база технического обслуживания ракет

MSC Manned Spacecraft Center центр по разработке КЛА с экипажем

MSC Maritime Safety Committee Комитет по обеспечению безопасности на море, КБМ

M.Sc. Master of Science магистр (естественных) наук (*ставится после фамилии*)

MSC Military Space Command объединённое командование космических систем

MSC Military Staff Committee Военно-штабной комитет (*ООН*)

MSC Missile and Space Council ракетно-космический совет

MSCC Manned Spaceflight Control Center центр управления полётами КЛА с экипажем

M.Sc.D. Doctor of Medical

Science доктор медицины (*ставится после фамилии*)

M. Sc. Med. Master of Medical Science магистр медицины (*ставится после фамилии*)

MSCTR message center центр (приёма и передачи) сообщений

M.S.D. Doctor of Medical Science доктор медицины (*ставится после фамилии*)

MSD Mean Solar Day средние солнечные сутки

MSD missile system development разработка ракетных систем

M.S.E. Master of Science in Education магистр в области педагогики (*ставится после фамилии*)

M.S.Ed. Master of Science in Education магистр в области педагогики (*ставится после фамилии*)

M.S.E.E. Master of Science in Electrical Engineering магистр электронного машиностроения (*ставится после фамилии*)

MSF Manned Space Flight полёт КЛА с экипажем

M.S.F. Master of Science in Forestry магистр лесоведения (*ставится после фамилии*)

MSFL Manned Space Flight Laboratory лаборатория лётных исследований КЛА с экипажем

MSFN Manned Space Flight Network сеть станций обеспечения полётов КЛА с экипажем

MSFP Manned Space Flight Program программа полётов КЛА с экипажем

MSG message сообщение; донесение

MSGCEN message center пункт сбора донесений

MSGM Master of Sciences in Government Management магистр государственного управления (*ставится после фамилии*)

Msgr Monsignor монсиньёр (*титул высокопоставленных деятелей католической церкви*)

mshl marshal маршал

M.S. Hyg. Master of Sciences in

Hygiene магистр гигиены (*ставится после фамилии*)

MSI man-system integration комплекс «человек—машина»

MSI medium-scale integration интеграция среднего порядка

M.S.J. Master of Sciences in Journalism магистр в области журналистики (*ставится после фамилии*)

MSK Moscow (Time) московское время

mskr manuskript *нем.* (manuscript) рукопись

MSL Manned Space Laboratory космическая лаборатория с экипажем

M.S.L. Master of Sciences in Linguistics магистр лингвистики (*ставится после фамилии*)

m.s.l. mean sea-level средний уровень моря

msl missile управляемая ракета

MSLCOM Missile Command ракетное командование (*сухопутных войск*)

M.S.M. Master of Science in Music магистр музыкальных наук (*ставится после фамилии*)

MSM Meritorious Service Medal медаль «За безупречную службу» (*Великобритания*)

M.S.Med. Master of Medical Science магистр медицины (*ставится после фамилии*)

M.S.Mus. Master of Science in Music магистр музыкальных наук (*ставится после фамилии*)

MSN mission задача; назначение; полёт, вылет

M.S.Nucl.Eng. Master of Science in Nuclear Engineering магистр наук в ядерной технике (*ставится после фамилии*)

MSO Minesweeper, Ocean океанский тральщик (*НАТО*)

MSOL Manned Scientific Orbital Laboratory научная орбитальная лаборатория с экипажем

MSP Military Space Program военная космическая программа

MSP Mutual Security Programme Программа взаимной безопасности

M.S.P.E. Master of Sciences in

Physical Education магистр физической подготовки (*ставится после фамилии*)

M.S.P.H. Master of Science in Public Health магистр общественного здравоохранения (*ставится после фамилии*)

MSR missile site radar РЛС на стартовой позиции

MSR multistage rocket многоступенчатая ракета

M.S.Rad. Master of Science in Radiology магистр радиологии (*ставится после фамилии*)

MSS manned space system космическая система с экипажем

M.S.S. *тж.* **M.S.Sc.** Master of Social Science магистр социологии (*ставится после фамилии*)

MSSO Manned Space Science Office отдел научных проблем в области полётов КЛА с экипажем

M.S.T. Master of Science in Teaching магистр педагогики (*ставится после фамилии*)

MST Mean Solar Time среднее солнечное время

mst mean survival time среднее время выживания

MSTK mistake ошибка

mstr master магистр

MSTR moisture влага

Mstr. Mech. Master Mechanic главный механик

MSV manned space vehicle КЛА с экипажем

M.S.W. Master of Social Welfare магистр социального благосостояния (*ставится после фамилии*)

msy maximum sustainable yield *эк.* максимально возможная производительность (*выпуск товаров, урожайность*)

mt empty пустой

MT machine translation машинный перевод

MT magnetic tape магнитная лента

M.T. mail transfer перевод по почте

MT maintenance technician техник по обслуживанию

MT Mean Time средняя продолжительность (*работы*); среднее время

MT mechanical translation машинный перевод

MT mechanical transport механический транспорт

MT megaton мегатонна

MT meteorological (aids) метеорологические (вспомогательные) средства

MT metric ton метрическая тонна

MT military transport военный транспорт; военно-транспортный самолёт

MT missed target цель, не поражённая из-за промаха

MT missile test испытание ракеты

Mt. *тж.* **mt.** mountain гора

MT moving target движущаяся мишень

MTB motor torpedo boat торпедный катер

MTBF mean time between failures *эк.* хронометрирование (трудовых) движений

MTC Master Timing Center главный центр сигналов времени

MTC Medical Training Center Центр медицинского обучения

MTC Missile Test Center Центр испытания ракет

MTC Mission and Traffic Control управление полётами

MTCA Ministry of Transport and Civil Aviation министерство транспорта и гражданской авиации (*Великобритания*)

MTEL materiel материальная техника

mtg meeting собрание

MTG mounting установка, монтаж

mtgd mortgaged *эк.* заложенный

M.Th. Master of Theology магистр богословия (*ставится после фамилии*)

mth month месяц

MTI Materials Technology Institute институт технологии материалов

MTI moving target indicator указатель движущейся цели

MTL material материал

MTL metall металл; металлический

Mtl Montreal Монреаль

MTN main telecommunication network главная сеть телесвязи

MTN medical television network сеть медицинского телевидения

mtn *тж.* **MTN** mountain гора

MTNA Music Teachers' National Association Национальная ассоциация преподавателей музыки

MTOW Maximum Takeoff Weight максимальный взлётный вес

MTP Mobilization Training Program программа учебной мобилизации

MTR meter метр; измеритель

MTR motor двигатель

mtrcl motorcycle мотоцикл

Mt. Rev. Most Reverend (Его) Высокопреосвященство (*об архиепископах*)

MTRG metering измерение

MTRL material материал

MTS magnetic tape system система записи на магнитную плёнку

MTS Marine Technological Society общество морской техники

MTS missile test stand стенд ракетных испытаний

mttr mean time to repair среднее время ремонта

MTU metric units метрические единицы

mu marijuana user потребитель марихуаны

MU Methodist University *рел.* университет методистов

Mu millimicron миллимикрон

MU Missile Unit ракетное подразделение

MUF material unaccounted for неучтённый материал (*ядерный*)

MUF maximum usable frequency наивысшая применимая частота

MUFTI minimum of force tactical intervention squad группа урегулирования конфликтов без применения силы (*Великобритания*)

mul multiply умножать

mulat mulatto мулат

MULT multiple многократный

mult multiplication умножение

MULT multiplier умножитель

MULTIBANK London Multinational Bank Лондонский многонациональный банк

multitran multiple translation одновременный перевод с одного на несколько других языков

Mun. municipal муниципальный, городской

MUN munitions боеприпасы

MUNI municipal муниципальный

muni municipal bond *разг. амер.* облигация *или* другие ценные бумаги, выпускаемые муниципалитетом

MUNIAPT municipal airport муниципальный аэропорт

munic. municipal муниципальный, городской

munit. munitions боеприпасы

MUNOSYST multilateral system for the notification of laws and regulations concerning foreign trade and changes therein многосторонняя система уведомления о законах и регламентах, касающихся внешней торговли, и об изменениях в них, МУНОСИСТ (*ООН*)

M.U.P. Master of Urban Planning магистр городского планирования (*ставится после фамилии*)

MURFAAMCE Mutual Reduction of Forces and Armaments in Central Europe взаимное сокращение вооружённых сил и вооружений в Центральной Европе

mus museum музей

mus music музыка

mus musical музыкальный

mus musician музыкант

Mus. B. Musical Baccalaureus *лат.* (Bachelor of Music) бакалавр музыки (*ставится после фамилии*)

Mus. D. *тж.* **Mus. Doc.,** **Mus. Dr.** Musicae Doctor *лат.*

(Doctor of Music) доктор музыки (*ставится после фамилии*)

Mus. M. Musicae Magister *лат.* (Master of Music) магистр музыки (*ставится после фамилии*)

mut mutation мутация

mut mutilated *мед.* повреждённый; искажённый (*о тексте, сигнале и т. п.*)

mut. mutual взаимный

mutil mutilation *мед.* увечье, повреждение; *тех.* искажение (*сигнала и т. п.*)

mutu mutual взаимный

MUX multiplex мультиплексный

MUX multiplexing мультиплексирование; аппаратура для многоканальной связи

m.v. market value рыночная стоимость; курсовая стоимость

MV mean value среднее значение

MV megavolt *эл.* мегавольт

m/v merchant vessel торговое судно

m.v. mezza voce *ит.* (not with full strength of sound) *муз.* вполголоса

MV *тж.* **mv** millivolt милливольт

MV motor vessel самоходное судно

MV muzzle velocity начальная скорость (*пули*)

MVA megavolt-ampere мегавольт-ампер

MVC manual volume control ручная регулировка громкости

MVG Medal for Victory over Germany медаль за победу над Германией

mvi multi-vitamin infusion поливитаминная инъекция

MVMT movement движение, перемещение, отклонение

MVO Member of the Victorian Order кавалер «Ордена королевы Виктории» 4-й *или* 5-й степени

MW medium-wave средневолновый

MW megawatt *эл.* мегаватт

M.-W. Merriam-Webster Мерриэм-Уэбстер (*американский* *толковый словарь английского языка*)

MW microwave микроволновый

mW *тж.* **mw** milliwatt *эл.* милливатт

MW molecular weight *физ.* молекулярный вес

MWDP Mutual Weapons Development Program программа совместной разработки вооружений

MWe Megawatts of Electric Power мегаватт электрической энергии

MWF Medical Women's Federation Медицинская федерация женщин

MWH megawatt-hour мегаватт-час

MWIA Medical Women's International Association Международная ассоциация женщин-врачей, МАЖВ

MWL Muslim World League Всемирная мусульманская лига, ВМЛ

MWO Meteorological Watch Office метеорологическая станция

mwp maximum working pressure максимальное рабочее давление

MWP Most Worthy Patriarch достопочтенный патриарх

MWPA Married Women's Property Act закон об имуществе замужних женщин

MWS Master Warning System главная система аварийной сигнализации

MWS microwave station микроволновая станция

Mx maxwell *эл.* максвелл

MX ['em'eks] mobile experimental ракета «MX», мобильная экспериментальная

MX multiplex мультиплексный

MXD mixed смешанный

mxdth maximum depth максимальная глубина

MXR mixer смеситель, миксер

mx rnfl maximum rainfall *метео* максимальные осадки в виде дождя

MXS Missile Experimental

System экспериментальная ракетная система

mxtmp maximum temperature максимальная температура

mxwnd maximum wind *метео* максимальный ветер

my million years миллион лет

MY motor yacht моторная яхта

my myopia *мед.* миопия, близорукость

my myopic *мед.* близорукий

MYLTR My Letter «смотри моё письмо»

MYMSG My Message «смотри моё сообщение»

M.Y.O.B. mind your own business занимайтесь своим делом, не вмешивайтесь

myop myopia *мед.* миопия, близорукость

MYP multi-year procurement *эк.* закупки на несколько лет

MYRAD My Radio «смотри мою радиограмму»

myst mysteries тайные обряды

myst mysterious таинственный

myst mystical мистический

myst mysticism мистицизм

myst mystics мистика

myth mythological мифологический

myth mythology мифология

myxo myxomatosis *мед.* миксоматоз

MZ Museum of Zoology зоологический музей

N

N knight *шахм.* конь

n name имя

n national национальный

n nautical морской

n naval морской

N navigation навигация

N navigator штурман

N Navy военно-морские силы, ВМС

n negative негатив, отрицательный

N negro негр; негритянский

N neon неон

n nephew племянник

n nerve нерв

N net сеть; *эк.* чистый

N *тж.* n neutral нейтральный

n neutron нейтрон

n *тж.* N new новый

N newton *физ.* ньютон (*единица силы*)

N next следующий, очередной

N *тж.* n night ночь; ночной

N nitrogen *хим.* азот

n nocte *лат.* (at night) ночью

n nominative *грам.* именительный падеж

n noon полдень

n norm норма

N normal нормальный

N North север

N. northern северный

n. noun имя существительное

N November ноябрь

N *тж.* n nuclear ядерный (*о топливе, силовой установке*)

n number число; номер

Na nadir *нвг.* надир

NA Narcotics Anonymous «Анонимые наркоманы» (*добровольное общество людей, стремящихся излечиться от пристрастия к наркотикам*)

NA National Academician *амер.* член Национальной Академии

NA National Academy Национальная Академия

NA National Airlines национальные авиакомпании

NA National Archives Национальный архив

N.A. National Army национальная армия

NA National Association национальная ассоциация

Na natrium *лат.* (sodium) натрий

NA Naval Academy военно-морское училище

NA Naval Air авиация ВМС

NA Naval Aircraft самолёт авиации ВМС

NA naval aviator лётчик ВМС

Na. Nebraska Небраска (*штат США*)

NA Neurotics Anonymous «Анонимные невротики» (*добро-

вольное общество людей, стремя-
щихся излечиться от невроза)

n/a no account нет счёта

NA North America Северная Америка

NA North American североамериканский

NA not accepted неприемлемо; не принято

NA *тж.* **N/A, n/a** not applicable не применимо

NA not authorized не разрешено

NA *тж.* **n/a** not available не имеется в наличии, отсутствует; нет данных

NAA Naval Air Activity аэродром авиации ВМС

NAA Naval Air Army авиация ВМС

NAAA National Alliance of Athletic Associations Национальные объединения спортивных ассоциаций

NAABC National Association of American Business Clubs Национальные объединения американских клубов деловых кругов

NAAC National Agricultural Advisory Commission Национальная сельскохозяйственная консультативная комиссия

NAACC National Association for American Composers and Conductors Национальная ассоциация американских композиторов и дирижёров

NAACP *тж.* **N.A.A.C.P.** National Association for the Advancement of Colored People Национальная ассоциация содействия равноправию цветного населения

NAADC North American Area Defense Command командование обороны Североамериканского континента

NAAFA National Association to Aid Fat Americans Национальная ассоциация помощи тучным американцам

NAAG National Association of Attorneys General Национальная ассоциация главных прокуроров

NAAN National Advertising Agency Network Национальная сеть рекламных агентств

N.A.B. [ˈenˈeɪˈbiː] National Assistance Board Управление по оказанию государственного вспомоществования (*Великобритания*)

NAB *тж.* **N.A.B.** National Association of Broadcasters Национальная ассоциация дикторов (*США*)

NAB Naval Air Base авиационная база ВМС

NAB Naval Amphibious Base военно-морская база десантных сил

NAB New American Bible Новая американская Библия

NAB Newspaper Advertizing Bureau Газетное рекламное бюро

NABE National Association for Bilingual Education Национальная ассоциация двуязычного образования

NABE National Association of Business Economists Национальная ассоциация экономистов в области частного предпринимательства (*США*)

nabes [neɪbz] neighbourhoods «нейборхудз» (*маленькие местные кинотеатры в отличие от больших престижных кинотеатров*)

NABM National Association of British Manufacturers Национальная ассоциация британских промышленников

nabor neighbour сосед

NABP National Association of Book Publishers Национальная ассоциация книгоиздателей

NABT National Association of Blind Teachers Национальная ассоциация слепых учителей

NAC National Aero Club Национальный аэроклуб (*США*)

NAC National Aeronautical Council Национальный авиационный совет (*США*)

NAC National Air Communications Национальная линия воздушных сообщений

NAC National Association of

Cemeteries Национальная ассоциация кладбищ

NAC Naval Academy военно--морское училище

NAC Naval Air Center Центр авиации ВМС

NAC Naval Air Command *брит.* командование авиации ВМС

NAC North Atlantic Council Совет Североатлантического договора, Совет НАТО

NACA *тж.* **N.A.C.A.** National Advisory Committee for Aeronautics Национальный консультативный комитет воздухоплавания (аэронавтики)

NACAC National Ad Hoc Committee Against Censorship Национальный социальный комитет по борьбе с цензурой

NACB Non-Aligned Coordinating Bureau Координационное бюро движения неприсоединения

NACCA National Association for Creative Children and Adults Национальная ассоциация в помощь одарённым детям и взрослым

NACCAM National Coordinating Committee for Aviation Meteorology Национальный координационный комитет по авиационной метеорологии (*США*)

NACCD National Advisory Commission on Civil Disorders Национальная консультативная комиссия по гражданским беспорядкам

N-accident nuclear-power accident чрезвычайное происшествие, связанное с ядерной энергетикой

NACE National Advisory Committee for Electronics Национальный консультативный комитет по электронике (*США*)

NACF National Art Collections Fund Фонд национальных собраний произведений искусства

NACF Navy's Air Combat Fighter истребитель воздушного боя ВМС

nach *тж.* **nAch** need for achievement необходимость успеха, достижения

NACIMFP National Advisory Council on International Monetary and Financial Problems Национальный консультативный совет по международным валютным и финансовым вопросам

NACLA North American Committee on Latin America Североамериканский комитет по Латинской Америке

NACO National Advisory Committee for Oceans Национальный консультативный комитет по океану

NACOR National Advisory Committee on Radiation Национальный консультативный совет по радиации

NACRO National Association for the Care and Resettlement of Offenders Национальная ассоциация обеспечения и расселения правонарушителей

NACW National Advisory Committee on Women Национальный консультативный комитет по женскому вопросу

nad nadir *нвг.* надир

N.A.D. National Academy of Design Национальная академия дизайна

NAD National Association of Deaf Национальная ассоциация глухих

nad nicotinamide adenine dinucleotide динуклеотид никотинамид аденина

nad no appreciable difference без заметного различия

nad no appreciable disease явного заболевания нет

nad nothing abnormal discovered не обнаружено ничего необычного/отличного от нормы

NADA National Association of Drug Addiction Национальная ассоциация по вопросам злоупотребления наркотиками

NADC Naval Air Defense Center Центр ПВО ВМС

NADDIS Narcotics and Dangerous Drugs Intelligence File Картотека разведсведений по наркотикам и опасным лекарственным средствам

NADEC Navy Decision Center Центр принятия решений ВМС

NADEFCOL NATO Defense College военный колледж НАТО

NADGE NATO Air Defence Ground Environment система ПВО НАТО «Нейдж»

NADWARN National Disaster Warning System Национальная система оповещения о стихийных бедствиях

NAE National Academy of Education Национальная академия педагогических наук

nae national administrative expenses национальные административные расходы

NAEA National Art Education Association Национальная ассоциация образования в области искусств

NAEC National Aerospace Educational Council Национальный совет по образованию в области авиации и космонавтики

NAEd National Academy of Education Национальная академия педагогических наук

naf nonappropriated funds невыделенные денежные средства

NAFA National Association of Foreign Affairs Национальная ассоциация иностранных дел

NAFAG NATO Air Force Armaments Group Группа вооружения ВВС НАТО

NAFBRAT National Association for Better Radio and Television Национальная ассоциация за улучшение работы радио и телевидения

Naffy [ˈnæfi] Navy Army and Air Force Institute *разг.* Наффи, военно-торговая служба ВМС, ВВС и сухопутных войск; войсковая лавка (*Великобритания*)

NAFSA National Association of Foreign Student Affairs Национальная ассоциация по делам иностранных студентов

NAFTA North Atlantic Free Trade Area Североатлантическая зона свободной торговли (*Канада, США, Великобритания*)

nag net annual gain *эк.* чистая годовая прибыль

NAGARD NATO Advisory Group for Aeronautical Research and Development Консультативная группа НАТО по НИОКР в области авиации

NAGC National Association for Gifted Children Национальная ассоциация в помощь одарённым детям

N-age nuclear age ядерный век

NAHB National Association of House-Builders Национальная ассоциация жилищно-строительных фирм (*США*)

NAHC National Advisory Health Council Национальный консультативный совет по здравоохранению

NAI National Agricultural Institute Национальный сельскохозяйственный институт

nai no action indicated меры не показаны

NAIB National Association of Insurance Brokers Национальная ассоциация страховых брокеров (*США*)

NAIC National Association of Investment Companies Национальная ассоциация инвестиционных компаний (*США*)

NAL National Air Lines авиатранспортная компания «Нэшнл Эр Лайнз»

NAL National Astronomical League Национальная астрономическая лига

NALGO [ˈnælgəu] National and Local Government Officers Association Национальная ассоциация служащих государственных учреждений и органов местного самоуправления (*Великобритания*)

NALU National Association of Life Underwriters Национальная ассоциация страховщиков жизни

NAM National Air Museum Национальный музей авиации

NAM National Association of Manufacturers Национальная ассоциация промышленников (*США*)

NAM Naval Air Museum Авиационный музей ВМС

NAM Non-Aligned Movement движение неприсоединения

NAM North America Северная Америка

N.Amer. North America Северная Америка

N.Amer. North American североамериканский

NAMFI NATO Missile Firing Installation ракетно-испытательный полигон НАТО

NAML National Applied Mathematics Laboratory Научная лаборатория прикладной математики

NAMT National Association for Music Therapy Национальная ассоциация по проблемам музыкальной терапии

n.a.n. nisi aliter notetur *лат.* (unless it is otherwise noted) если не указано иное (иначе)

nana banana *детск. разг.* банан

n & t nose and throat нос и горло

nanny banana *детск. разг.* банан

NAO Noise Abatement Office бюро по борьбе с шумом

nap. napalm напалм

nap napoleon наполеондор (*золотая монета достоинством в 20 франков*); наполеон (*карточная игра*)

NAP not at present не в настоящее время

NAPAC National Association for Professional Associations and Corporations Национальная ассоциация профессиональных ассоциаций и корпораций (*США*)

NAPAN National Association for the Prevention of Addiction to Narcotics Национальная ассоциация по предупреждению злоупотребления наркотиками

NAPCA National Air Pollution Control Administration Национальное управление по борьбе с загрязнением воздуха

NAPF National Association of Pension Funds Национальная ассоциация пенсионных фондов

NAPM National Association of Purchasing Management Национальная ассоциация управления закупками (*США*)

nappy napkin *разг.* пелёнка, подгузник

NAPT National Association for the Prevention of Tuberculosis Национальная ассоциация по предотвращению туберкулёза

NAPVD National Association for the Prevention of Veneral Diseases Национальная ассоциация по предупреждению венерических заболеваний

NAR narrow узкий

NAR National Association of Rocketry Национальная ассоциация ракетной техники

NAR not according to routine не соответствует принятому порядку

NARAD Naval Air Research and Development НИОКР авиации ВМС

NARAL National Abortion Rights Action League Национальная лига действий за право на аборт

narc [nɑːk] narcotics agent *амер. жарг.* «нарк», агент бюро по наркотикам

NARC National Association for Retarded Children Национальная ассоциация помощи умственно отсталым детям

narco narcotic наркотик; наркотический

narco narcotics treatment center наркологический центр

NARCO National Aeronautical Corporation Национальная авиационная корпорация, «Нарко» (*США*)

Narconon Narcotics Anonymous «Анонимные наркоманы» (*добровольное общество людей, стремящихся излечиться от пристрастия к наркотикам*)

narcotest narcotics test наркотический тест

narcs narcotics agents *амер.*

жарг. «нарки», агенты бюро по наркотикам

NARI Nuclear Aerospace Research Institute Институт ядерных исследований ВВС (*США*)

Nar Inv Narcotics Investigation исследование в области наркотиков

narist naristillae *лат.* (nasal drops, nosedrops) капли в нос

nark [nɑ:k] narcotics agent *амер. жарг.* «нарк», агент бюро по наркотикам

N-arm(s) nuclear armament(s) ядерные вооружения

N-arms control nuclear arms control контроль над ядерными вооружениями

N-arms race nuclear arms race гонка ядерных вооружений

NARTB National Association of Radio and Television Broadcasters Национальная ассоциация дикторов радио и телевидения

nas nasal назальный, носовой

NAS *тж.* **N.A.S.** National Academy of Sciences Национальная академия наук

NAS National Airspace национальное воздушное пространство

NAS National Airspace System Национальная система УВД

NAS National Association of Schoolmasters Национальная ассоциация директоров школ

NAS Naval Air Service авиация ВМС (*США*)

n-a-s no added salt без (добавления) соли

NAS Noise Abatement Society Общество по борьбе с шумом

NASA [ˈnæsə] National Aeronautics and Space Administration Национальное управление по аэронавтике и космическому пространству, НАСА (*США*)

NASA National Association of Schools of Art Национальная ассоциация художественных школ

NASAR National Association of Search and Rescue Национальная ассоциация по поиску и спасению

NASARO Resident Office бюро представителей НАСА (*США*)

NASC National Aeronautics and Space Council Национальный совет по аэронавтике и исследованию космического пространства (*США*)

NASC National Aerospace Standards Committee Национальный комитет авиационно-космических стандартов (*США*)

NASCOP NASA Communications Operating Procedures порядок связи, установленный в НАСА

NASD *тж.* **N.A.S.D.** National Association of Securities Dealers Национальная ассоциация маклеров ценных бумаг

NASEES National Association for Soviet and East European Studies Национальная ассоциация по советским и восточно-европейским исследованиям

NASGB Noise Abatement Society of Great Britain Британское общество по борьбе с шумом

NASO National Astronomical Space Observatory Национальная астрономическая обсерватория

NASS National Air Space System Национальная система УВД

NASSA National Aerospace Services Association Национальная ассоциация воздушно-космических служб (*США*)

NASU National Adult School Union Национальный союз школ для взрослых

nat nation нация

nat national национальный, государственный

NAT National Air Transport Национальный воздушный транспорт

nat nationalist националистический

nat native местный

nat natural естественный

nat naturalist натуралист, естествоиспытатель

NATA National Air Transportation Association Национальная ассоциация воздушных перевозок (*США*)

NATA National Athletic Training Association Национальная спортивно-тренировочная ассоциация

Nat Arc National Archives Национальный архив

Nat Assn National Association Национальная ассоциация

NATB National Automobile Theft Bureau Национальное бюро по вопросам кражи автомобилей

NATC National Air Transportation Conferences Национальные конференции авиатранспортных компаний

NATCA National Air Traffic Control Administration Национальная администрация УВД (*Великобритания*)

natch naturally *жарг.* конечно, разумеется

NATCOM National Communications (Center) Национальный центр связи

NATCS National Air Traffic Control Services Национальная служба УВД (*Великобритания*)

Nat Dem National Democrats Национальные демократы

NATFE National Furnished Equipment оборудование, поставляемое национальной промышленностью (*данной страны*)

Nat Fed National Federation Национальная федерация

NATFHE National Association of Teachers in Further and Higher Education Национальная ассоциация преподавателей системы продвинутого и высшего образования

Nat Gal National Gallery Национальная галерея

nat hist natural history естествоведение, естественная история

nation nationality национальность

NATIS National Information Systems национальные информационные системы, НИС (*ООН*)

Nativ Nativity *рел.* Рождество; Рождество Христово

natl *тж.* **NATL** national национальный

Natl BK National Bank Национальный банк (*США*)

nato no action — talk only нет действий — одни разговоры

NATO ['neɪtəu] North Atlantic Treaty Organization Организация Североатлантического договора, НАТО

NATO TSCS NATO Tactical Satellite Communications System Система тактической спутниковой связи НАТО

nat/phil natural philosophy натурфилософия, философия природы

Nat PK National Park Национальный парк

natr natrium *лат.* (sodium) натрий

Nats naturalized citizens натурализованные граждане

Nat. Sci. Natural Sciense(s) естественные науки

NAT/SPG North Atlantic Systems Planning Group группа планирования систем в Северной Атлантике, ГПС/сев. Ат. (*ООН*)

NatU Nations Unies *фр.* (United Nations) Объединённые нации

NAUS National Airspace Utilization System Национальная система использования воздушно-космического пространства

naut nautical морской, навигационный

NAV naval (военно-)морской

nav navigation навигация

NAV Navigational (Aid) навигационное средство; средство обеспечения самолётовождения

nav. navigator *мор., ав.* штурман

NAV Navy военно-морские силы, ВМС; военно-морской флот, ВМФ

NAVA National Audio-Visual Association Национальная ассоциация по акустико-визуальным проблемам

NAVACAD Naval Academy военно-морское училище

NAVAER Navy Aeronautics авиация ВМС

NAVAID *тж.* **navaid** navigational aid навигационное средство

NAVAIR Naval Air авиация ВМС

NAVAIRSTA Naval Air Station авиационная база ВМС

NAVAR Navigation Radar навигационная РЛС

NAVAVMUSEUM Naval Aviation Museum музей авиации ВМС

NAVAVN Naval Aviation авиация ВМС

NAVBASE Naval Base военно--морская база

NAVBMC Naval Ballistic Missile Committee Комитет по баллистическим ракетам ВМС

Nav Bs Naval Base морская база

NAVCOM Naval Communications System система связи ВМС, НАВКОМ

NAVFEC Naval Facilities военно-морская база

NAVFOR Naval Forces военно--морские силы, ВМС

NAVID navigational aid навигационное средство

navig. navigation судоходство, навигация

NAVMEDIS Naval Medical Information System Медицинская информационная служба ВМС

Nav Mis Cen Naval Missile Center ракетный центр ВМС

NAVN Naval Aviation авиация ВМС

NAVPERS Naval Personnel личный состав ВМС

NAVREGS Navy Regulations устав ВМС

NAVS navigation system навигационная система

navsat navigational satellite навигационный спутник

NAVSTAR [´næv͵stɑ:] navigation satellite timing and ranging система навигации и определения местонахождения спутников

navvy navigating officer *мор., ав.* штурман

NAWAS National Attack Warning System система оповещения ПВО и ПРО страны

NAWS National Aviation Weather System национальная система метеорологического обеспечения авиации

NB narrow band узкая полоса

n/b narrow beam узкий луч, пучок

NB naval base военно-морская база

NB Nebraska Небраска (*штат США*)

nb newborn новорождённый

Nb niobium *хим.* ниобий

n.b. no ball незасчитанный мяч (*брошенный не по правилам игры в крикет*)

n/b no balls *разг.* слабонервный

NB northbound (следующий) в северном направлении

N. B. [´en´bi:] North Britain Северная Британия (*одно из названий Шотландии; Великобритания*)

NB [͵nəutə´benei] nota bene *лат.* (note well, take notice) заметь хорошо (*отметка на полях книги и т. п.*)

NB number число; номер

NBA National Bankers Association Национальная ассоциация банкиров (*США*)

NBA [´en´bi:´ei] National Basketball Association Национальная ассоциация баскетбола

NBA National Boxing Association Национальная ассоциация бокса

NBAD Naval Bases Air Defense система ПВО баз ВМС

NBBS' New British Broadcasting Station Новая английская радиостанция

NBC National Book Council Национальный книжный совет

NBC [´en´bi:´si:] National Broadcasting Corporation Национальная радиовещательная корпорация, Эн-би-си (*США*)

NBC National Bus Company Национальная автобусная компания (*Великобритания*)

nbc non-battle casual *воен.* небоевые потери в живой силе

NBC nuclear, bacteriological and chemical ядерный, бактериологический и химический

NBC nuclear, biological and chemical warfare *воен.* ядерная биологическая и химическая война

NBCD Nuclear, Biological and Chemical Defense противоатомная, противобиологическая и противохимическая защита

NBER National Bureau of Economic Research Национальное бюро экономических исследований (*США*)

· **nbfm** narrow-band frequency modulation узкополосная частотная модуляция

nbg no bloody good *разг.* никуда не годится

nbi no bone injury *мед.* кости не повреждены

NBL National Book League Национальная книжная лига (*Великобритания*)

nbl not bloody likely *разг.* маловероятно

nbm *тж.* **NBM** nuclear ballistic missile ядерная баллистическая ракета

NBMR NATO Basic Military Requirements основные военные требования НАТО

NBND northbound (следующий) в северном направлении

N-Bomb [ˈenˈbɔm] neutron bomb нейтронная бомба

NBP National Booster Program Национальная программа создания (мощного) ракетоносителя (*США*)

nbp normal boiling point нормальная точка кипения

N.B.P.I. National Board for Prices and Incomes Национальный комитет по ценам и доходам (*Великобритания*)

NBS National Bureau of Standards Национальное бюро стандартов (*США*)

NBS New British Standard новый британский стандарт

NBTS National Blood Transfusion Service Национальная служба переливания крови

nbw noise bandwidth ширина полосы шума

NC Navy Cross орден «Военно-морской крест»

NC nitrocellulose нитроцеллюлоза

NC *тж.* **N/C** No Change без изменений

NC no connection нет соединения

nc noise criteria критерии шума

N.C. North Carolina Северная Каролина (*штат США*)

nc not catalogued не помещено в каталог

NC *тж.* **N/C** numerical control цифровое (числовое) управление

NCA National Coal Association Национальная ассоциация угля (*США*)

NCA National Coffee Association Национальная ассоциация по производству кофе

NCA National Command Authorities Управление командованием вооружёнными силами страны (*США*)

NCA National Committee for Aeronautics Национальный авиационный комитет (*США*)

NCA National Council of Alcoholism Национальный совет по проблемам алкоголизма

NCAI National Congress of American Indians Национальный конгресс американских индейцев (*США*)

NCAPC National Center for Air Pollution Control Национальный центр контроля за загрязнением атмосферы

NCAR National Center for Atmospheric Research Национальный научно-исследовательский центр по изучению атмосферы

NCASF National Council of American-Soviet Friendship Национальный совет дружбы между СССР и США

N.C.B. [ˈensiːˈbiː] National Coal Board Национальное управление угольной промышленности (*Великобритания*)

NCC National Computer Center

Национальный вычислительный центр

NCC National Conservancy Council Национальный совет охраны окружающей среды (*Великобритания*)

NCC [ˈenˈsiːˈsiː] National Consumer Congress Национальный конгресс потребителей (*США*)

NCC NORAD Control Center Центр управления объединённым командованием ПВО североамериканского континента

ncc numerical control code *вчт.* код цифрового управления

NCCL National Council for Civil Liberties Национальный совет борьбы за гражданские права (*общественная организация; выступает против нарушения властями гражданских прав и свобод населения; Великобритания*)

NCCS National Command and Control System Национальная система управления (*США*)

NCCS Numerical Command and Control System Цифровая командно-управляющая система

NCCW National Council of Catholic Women Национальный совет женщин-католичек

NCCY National Council of Catholic Youth Национальный совет католической молодёжи

NCEA National Catholic Educational Association Национальная ассоциация по вопросам католического образования

ncef national calling and emergency frequencies частоты национальных позывных и бедствий

ncf nerve cell food питание для нервной клетки

NCFA National Consumer Finance Association Национальная финансовая ассоциация потребителей (*США*)

NCHS National Center for Health Statistics Национальный центр медицинской статистики (*США*)

NCI National Computing Industries Национальное объединение счётных отраслей промышленности

NCIC National Crime Information Center национальный центр информации о преступности

NCITD National Committee on International Trade Documentation Национальный комитет международной торговой документации (*США*)

NCL National City Library Государственная городская библиотека

NCL National Culture League Национальная культурная лига

NCM noncorrosive metal некоррозирующий металл

N.C.O. *тж.* **n.c.o.** [ˈenˈsiːˈəu] noncommissioned officer военнослужащий сержантского состава, сержант (*Великобритания*)

NCOP National Commission on Productivity Национальная комиссия по изучению производительности (*США*)

NCOR National Committee on Oceanographic Research Национальный комитет по океанографическим исследованиям

NCOR National Council for Quality and Reliability Национальный совет по качеству и надёжности (*Великобритания*)

NCP North Celestial Pole Северный полюс Земли

NCPL National Center for Programmed Learning Национальный центр программированного обучения

ncr no carbon (paper) required копировальная бумага не требуется

NCR nuclear ядерный

NCRP National Committee on Radiation Protection Национальный комитет по защите от радиоактивных излучений

NCS National Communications System Национальная система связи

NCS Numerical Control Society Ассоциация (промышлленников в области) числового программного управления

NCSAW National Catholic Society for Animal Welfare Национальное общество католиков в защиту животных

NCT National Chamber of Trade Национальная торговая палата

NCT National Culture Trust Национальное культурное объединение

NCTA National Cable Television Association Национальная ассоциация кабельного телевидения

NCUA National Credit Union Administration Национальная администрация кредитных союзов (*США*)

ncv no commercial value коммерческой цены не имеет

NCW National Council of Women Национальный совет женщин

nd national debt *эк.* национальный долг

ND Navy Department министерство ВМС

ND need необходимость

Nd neodymium *хим.* неодимий

nd next day на следующий день

n.d. *тж.* **nd** no date *полигр.* без указания даты (издания)

nd no decision решение не принято

ND nondelay мгновенного действия

n/d non-drying не высыхающий

N.D. *тж.* **ND** North Dakota Северная Дакота (*штат США*)

N-D Notre Dame Нотр-Дам

ND nuclear device ядерное устройство

NDAC National Damage Assessment Center Национальный центр по оценке нанесённого ущерба (ядерным оружием)

NDAC National Defense Advisory Commission Национальная консультативная комиссия обороны

NDAC Nuclear Defence Affairs Committee Комитет по вопросам ядерной обороны (*НАТО*) по противоатомной защите

N.Dak. North Dakota Северная Дакота (*штат США*)

NDC National Defence College Колледж национальной обороны (*Великобритания*)

NDC nuclear depth charge ядерная глубинная бомба

ndd(s) narcotic-defection dog(s) служебные собаки для обнаружения наркотиков

NDE no delay expected задержка не предвидится

NDI National Death Index национальный показатель смертности

NDPP National Drug Prevention Program Национальная программа предотвращения злоупотребления наркотиками

NDPS National Data Processing Service Национальная служба обработки данных

NDRC National Defense Research Committee Национальный исследовательский комитет по вопросам обороны

NDS Nuclear Detection Satellite спутник для обнаружения ядерных взрывов

NDTA National Defense Transportation Association Национальная военно-транспортная ассоциация

NDUSTA new duty station новое место службы

NDV nuclear delivery vehicle средство доставки ядерного оружия, носитель ядерного оружия

Ne neon неон

NE *тж.* **n/e** new edition новое издание

NE New England Новая Англия (*штаты Мэн, Нью-Гемпшир, Вермонт, Массачусетс, Род-Айленд, Коннектикут; США*)

n/e no effects *ком.* «нет средств» (*надпись банка на неакцептованном чеке*)

NE North-East северо-восток; северо-восточный

NE North-Eastern северо-восточный

NE nuclear explosion ядерный взрыв

N.E.A. National Editorial Association Национальная ассоциация издателей

NEA National Education Association Национальная ассоциация просвещения

NEA Nuclear Energy Agency Агентство по ядерной энергии, АЯЭ

NEANDC Nuclear Energy Agency Nuclear Data Committee Комитет по ядерным данным агентства по ядерной энергетике, КЯДА

NEAR National Emergency Alarm Repeater (System) Национальная система оповещения о чрезвычайном положении

NEB National Enterprise Board Национальное управление по предпринимательству (*Великобритания*)

Neb Nebraska Небраска (*штат США*)

NEB [ˈenˈiːˈbiː] New English Bible Новая английская Библия (*перевод Библии на современный английский язык; Великобритания*)

NEC National Electronic Council Национальный совет по электронике (*Великобритания*)

NEC National Electronics Conference Национальная конференция по электронике (*США*)

NEC National Executive Committee Исполком лейбористской партии (*Великобритания*)

NEC necessary необходимый

NEC Northern European Command Североевропейское командование НАТО

NEC *тж.* **n.e.c.** not elsewhere classified нигде больше не классифицировано

NECAP NASA Energy-Cost Analysis Program программа НАСА по исследованию энергетических ресурсов и стоимости

necr necrosis *мед.* некроз, омертвление

necrol necrology некрология

necropo necropolis некрополь; кладбище

N.E.D. *тж.* **NED** [ˈenˈiːˈdiː] New English Dictionary «Новый английский словарь»

NED Newfaundland *о-в* Ньюфаундленд

NEDA National Environmental Development Association Национальная ассоциация освоения окружающей среды (*США*)

N.E.D.C. [ˈenˈiːˈdiːˈsiː] National Economic Development Council Совет национального экономического развития (*Великобритания*)

Neddy [ˈnedɪ] National Economic Development Council *разг.* Недди, Совет национального экономического развития (*Великобритания*)

NEDO National Economic Development Office Национальный совет по развитию экономики (*Великобритания*)

need needlework вышивка, рукоделие; строчевышитое изделие

NEF New Education Fellowship (International) Международное общество прогрессивного воспитания, МОПВ

neg negative *фото разг.* негатив; отрицательный

neg negatively отрицательно

Neg Negro негр; негритянский

nehi knee-high по колено

NEIS National Earthquake Information Service Национальная информационная служба по землетрясениям

NEL National Engineering Laboratory Национальная техническая лаборатория (*Великобритания*)

nel noise-exposure level уровень подверженности шумам

nem not elsewhere mentioned не упомянуто нигде больше

NEMA National Electrical Manufacturers Association Национальная ассоциация электротехнической промышленности

nem/con nemine contradicente *лат.* (unanimously) единогласно

ne/nd new edition in preparation — no date can be given новое издание в печати, дата не может быть указана

N.Eng. New England Новая Англия

N.Eng. Northern England Северная Англия

neoclas neoclassical неоклассический

neocol neocolonial неоколониальный

neo-imp neo-impressionism нео-импрессионизм

neol neologism неологизм

Neo-Real Neo Realism неореализм

Nep Neptune Нептун

NEP *тж.* **Nep.**, **N.E.P.** New Economic Policy новая экономическая политика, нэп (*СССР*)

NEPA Nuclear Energy Powered Aircraft самолёт с ядерными двигателями

neph nephew племянник, племянница

Nept Neptune Нептун

NER National Educational Radio Национальное учебное радио

ner nervous system *мед.* нервная система

NERC National Electric Reliability Council Национальный совет по вопросам надёжности электроснабжения (*США*)

NERC Natural Environment Research Council Совет исследований в области естественной и окружающей среды (*Великобритания*)

NERL (Air Force) Nuclear Research Laboratory лаборатория ядерных исследований ВВС

nerv nervous нервный

n.e.s. *тж.* **N.E.S.** not elsewhere specified не указано в других источниках

NESC National Environmental Satellite Center Национальный центр приёма информации с метеорологических спутников

NESN NATO English-Speaking Nations государства английского языка — участники НАТО

NESS National Environmental Satellite Service Национальная служба контроля окружающей среды с помощью спутника

NET National Educational Television Национальное учебное телевидение

NET network сеть

NET not earlier than не ранее, чем

netma nobody ever tells me anything мне никто никогда ничего не говорит

neur neuralgia *мед.* невралгия

neur neurology неврология

neuro neurotic невротический; нервный; невротик, неврастеник, невропат

neuropath neuropathology невропатология

neuropsychiat neuropsychiatry психоневрология

neurosurg neurosurgeon нейрохирургия

neurs neurosis невроз

neut neuter средний, нейтральный

NEUT *тж.* **neut** neutral нейтральный; инертный (*о газе*)

neut neutralize нейтрализовать

neut neutral vessel *мор.* судно нейтральной страны

neut neutron нейтрон

neut neutron bomb нейтронная бомба

nev nephew *диал.* племянник; *школ. жарг.* любимчик учителей

Nev Nevada Невада (*штат США*)

new net economic welfare *амер.* чисто экономическое благосостояние

new math [ˈnjuːmæθ] new mathematics новый метод преподавания математики в начальной и средней школе (основанный на теории множеств)

news news agency агентство печати

New Test New Testament Новый завет

nex not exceeding не превышающий

nez *тж.* **NEZ** northern economic zone северная экономическая зона

nF nanofarad нанофарада

nf national fine государственный штраф

NF National Front национальный фронт

N.F. Newfoundland *о-в* Ньюфаундленд

NF no funds финансово не обеспечено

NF Noise Figure (Factor) уровень шума, коэффициент шума

nfa no further action не предпринимать дальнейших действий

N-fallout nuclear fallout ядерные осадки

nfb no feedback нет обратной связи

NFCC National Flow Control Center Национальный центр УВД (*США*)

NFCC National Foundation for Consumer Credit Национальный фонд потребительского кредита (*США*)

nfd no further description нет дальнейшего описания

NFDC National Flight Data Center Национальный центр полётной информации (*США*)

nfdm non-fat dry milk обезжиренное сухое молоко

NFL National Football League Национальная футбольная лига

Nfld Newfoundland *о-в* Ньюфаундленд

NFMC National Federation of Music Clubs Национальная федерация музыкальных клубов

NFME National Fund for Medical Education Национальный фонд музыкального образования

NFS Naval Flying Station авиационная база ВМС

nfs not for sale не продаётся

NFSN NATO French Speaking Nations государства французского языка — участники НАТО

NFTC *тж.* **NAFTRAC** National Foreign Trade Council Национальный совет внешней торговли (*США*)

N.F.U. *тж.* **NFU** [ˈenˈefˈjuː] National Farmers' Union Национальный союз фермеров Англии и Уэльса (*Великобритания*)

NFU not for us не для нас

n-fuel nuclear fuel ядерное топливо

NFWI National Federation of Women's Institutes Национальная федерация женских институтов

NFZ nuclear-free zone безъядерная зона

NG National Gallery Национальная галерея

NG National Guard Национальная гвардия (*территориальные войска, являющиеся резервом вооружённых сил; США*)

NG natural gas природный газ

NG nitroglycerin *хим.* нитроглицерин

ng no go не годен

ng no good не годится, нехорошо; бесполезно

NGA National Gallery of Art Национальная художественная галерея

NGA National Graphical Association Национальная ассоциация графики

NGA Never Go Away не уезжайте (*туристский клуб, где считается, что сначала нужно поездить по Америке; США*)

N-galaxy nuclear galaxy ядерная галактика

NGB National Guard Bureau бюро национальной гвардии

NGO non-governmental organization неправительственная организация

NGS National Geographic Society Национальное географическое общество (*США*)

NGT night ночь; ночной

NGUS National Guard of the United States Национальная гвардия США

NH naval hospital военно-морской госпиталь

N.H. *тж.* **NH** New Hampshire Нью-Гемпшир (*штат США*)

nh no hurry *мед. жарг.* спешки нет

NHA *тж.* **N.H.A.** National Housing Agency Национальное управление по вопросам жилищного строительства

nha next higher authority вышестоящая инстанция

NHD not heard не услышан(о)

NHI National Health Insurance

Государственное страхование здоровья

NHL National Hockey League Национальная хоккейная лига

nhp nominal horsepower *mex.* условная (расчётная) мощность

NHS [ˈenˈeɪtʃˈes] National Health Service Государственная служба здравоохранения

NI National Insurance государственное страхование

N.I. natural increase естественный прирост населения

Ni nickel *хим.* никель

NI *тж.* **ni** night ночь; ночной

NI noise intensity интенсивность шума

N.I. Northern Ireland Северная Ирландия

NIAG NATO Industrial Advisory Group Консультативная группа НАТО по промышленности

NIAID National Institute of Allergy and Infectious Diseases Национальный институт аллергии и инфекционных заболеваний

N.I.C. [ˈenˈaɪˈsiː] National Incomes Commission Национальная комиссия по доходам (*Великобритания*)

NIC National Investors Council Национальный совет (по делам) капиталовкладчиков

NIC National Industrial Council Национальный промышленный совет

NIC National Institute of Credit Государственный институт кредитов

NIC not in contract в контракте отсутствует

nicad nickel cadmium никель-кадмиевый (аккумулятор)

NiCad battery nickel-cadmium (rechargeable) battery батарея (перезаряжающихся) никелькадмиевых аккумуляторов

Nicar Nicaragua Никарагуа

NICB National Industrial Conference Board Совет национальной промышленной конференции

NICHD National Institute of Child Health and Human Development Национальный институт детского здравоохранения и развития человека

Nicky [ˈnɪkɪ] National Incomes Commission *разг.* Национальная комиссия по доходам (*Великобритания*)

NICRA [ˈenˈaɪˈsiːˈɑːrˈeɪ] Northern Ireland Civil Rights Association Ассоциация в защиту гражданских прав Северной Ирландии (*Великобритания*)

NICS NATO Integrated Communications System комплексная система связи НАТО

NICS newly industrialized countries страны, вступившие на путь индустриализации

NID New International Dictionary «Новый международный словарь современного английского языка Вебстер» (*3-е несокращённое издание*)

NIDA National Institute of Drug Abuse Национальный институт по вопросам злоупотребления наркотическими средствами

NIE National Institute of Education Национальный институт образования

NIE National Intelligence Estimate расчёты (ядерного потенциала СССР) на основе разведданных ЦРУ (*США*)

nie not included elsewhere (в другие документы) не включено

NIEO new international economic order новый международный экономический порядок

NIF Navy Industrial Fund Промышленный фонд ВМС

nif gene [ˈnɪfˈdʒiːn] nitrogen fixing gene азотфиксирующий ген

niga nuclear-induced ground radioactivity искусственная (наведённая) радиоактивность почвы

nightie nightdress *разг.* женская ночная рубашка

NIGMS National Institute of General Medical Sciences Национальный институт общемедицинских наук

NIGP National Institute of Governmental Purchasing Национальный институт правительственных закупок

NIH National Institute of Health Национальный институт здравоохранения (*США*)

NIIP National Institute of Industrial Psychology Национальный институт производственной психологии

'nilla vanilla ваниль

NILOJ National Institute of Law/Order/Justice Национальный институт права, порядка, справедливости

NILP Northen Ireland Labour Party лейбористская партия Северной Ирландии

NIMFR National Institute of Marriage and Family Relations Национальный институт брака и семейных отношений

NIMH National Institute of Mental Health Национальный институт психиатрии

nimm nuclear-induced missile malfunction неисправность ракеты, вызванная радиационной наводкой

n imp new impression новое впечатление

NIMR National Institute for Medical Research Национальный институт медицинских исследований

NIN Narcotics Intelligence Network Разведывательная сеть борьбы с наркотиками

NIN National Information Network Национальная сеть информации

nin-com nincompoop простофиля, дурачок

NIO National Institute of Oceanography Национальный институт океанографии

nip nipple *тех.* ниппель, соединительная трубка

Nip [nɪp] Nippon *пренебр.* японец, япошка

nip nipponese *пренебр.* японский

NIP Northern Ireland Parliament парламент Северной Ирландии

nip. not in possession не во владении

NIPA National Institute of Public Affairs Национальный институт общественных дел

NIPH National Institute of Public Health Национальный институт здравоохранения

niphl noise-induced permanent hearing loss постоянная утрата слуха, вызванная шумами

ni pri nisis prins *лат.* (unless before) если не ранее

NIPS National Information Processing System Национальная система обработки информации

N Ir Northern Ireland Северная Ирландия

NIR Northern Ireland Railways североирландская железная дорога

N Ire Nothern Ireland Северная Ирландия

NIRNS National Institute of Research in Nuclear Science Национальный институт ядерных исследований

NIS National Information System Национальная система информации

NIS National Institute of Science Национальный институт науки

NIS National Insurance Scheme Государственная система страхования

NIS National Intelligence Survey разведывательная сводка по данным центральных государственных органов разведки

NIS News and Information Service (NBC) Служба новостей и информации (Эн-би-си)

NIS not in stock не имеется в наличии

NISC National Industrial Space Committee Национальный промышленный комитет по космосу (*Великобритания*)

NISS National Institute of Social Sciences Национальный институт общественных наук

NIST National Institute of Science and Technology Национальный институт науки и техники

NISSAT National information system for science and technology национальная система научно--технической информации, НСНТИ (*ООН*)

NIT negative income tax отрицательный подоходный налог

NITA National Industrial Television Association Национальная ассоциация промышленного телевидения

NITE night *жарг.* ночь; ночной

NITL National Industrial Traffic League Национальная лига промышленно-транспортного сообщения

NIW National Industrial Workers Union Национальный союз промышленных рабочих

NIWW National Institute for Working Women Национальный институт по вопросам работающих женщин (*проституток*)

N.J. *тж.* NJ New Jersey Нью--Джерси (*штат США*)

NJAC National Joint Advisory Council Национальный объединённый консультативный совет (*Великобритания*)

njb nice Jewish boy милый еврейский мальчик

NJC National Joint Council Национальный совместный совет (*Великобритания*)

NJDL New Jewish Defense League Новая лига защиты евреев

njg nice Jewish girl милая еврейская девочка

njk not just kidding это не шутка, шутки в сторону

nk neck шея

NK North Korea Северная Корея

NK not known не известно

NKVD People's Commissariat for Internal Affairs Народный комиссариат внутренних дел, НКВД (*СССР*)

NL National Laboratory национальная лаборатория

N.L. National League (Baseball) Национальная лига (бейсбол)

nl new line новая линия

NL no limit без ограничений

nl non licet *лат.* (it is not allowed) запрещено, не разрешено

nl non liquet *лат.* (it is not clear) не ясно

nl nonlubricant несмазывающее средство

NL north latitude северная широта

nl *тж.* NL not licenced (to sell liquor) без разрешения (без права) продажи спиртных напитков

nl not listed в перечне не указано

NLAPW National League of American Pen Women Национальная лига женщин-писательниц

N lat north latitude северная широта

NLB National Library for the Blind Национальная библиотека для слепых

NLC National Legislative Conference Национальная законодательная конференция

NLC Negro Labor Committee Негритянский комитет труда (*США*)

N.L.F. National Liberation Front Фронт национального освобождения

nlf nearest landing field ближайшее место посадки, ближайший аэродром

NLGSLC National and Local Government Statistical Liaison Committee Национальный комитет статистической связи государственных учреждений и органов местного управления (*Великобритания*)

NLM National Liberation Movement национально-освободительное движение

nln no longer needed больше не нужен

NLO Naval Liason Officer офицер связи ВМС

NLP nonlinear programming нелинейное программирование

NLS New Leftists новые левые

NLSCS National League for Separation of Church and State Национальная лига за отделение церкви от государства

NLSI National Library of Science and Invention Национальная библиотека науки и изобретений

NLT not later than не позднее, чем...

nlt not less than не менее, чем...

NLTA National Lawn Tennis Association Национальная теннисная ассоциация

NLTA National League of Teachers' Association Национальная лига ассоциации учителей

NLYL National League of Young Liberals Национальная лига молодых либералов

NM Magnetic North магнитный север

nm manometer манометр

NM National Museum Национальный музей

nm *тж.* NM nautical mile морская миля

nm neuromuscular нейромускульный

N.M. *тж.* NM New Mexico Нью-Мексико (*штат США*)

nm nomenclature номенклатура; терминология

NM no message сообщений нет

NM nonmagnetic немагнитный

nm nonmetallic неметаллический

NMA National Management Association Национальная ассоциация управления (*США*)

NMA National Medical Association Национальная медицинская ассоциация

nma negative mental attitude отрицательная психологическая установка

NMAA National Machine Accountants Association Национальная ассоциация специалистов по машинной бухгалтерии

nmac near mid-air collision угроза столкновения ЛА в полёте; близкий полёт ЛА

N-materials nuclear materials ядерные материалы

NMC National Meteorological Center Национальный метеоцентр (*США*)

NMC Naval Missile Center ракетный центр ВМС

NMCC National Military Command Center Центр управления ВС страны (*США*)

NMCS National Military Command System система управления ВС страны (*США*)

NMDZ NATO Maritime Defense Zone морская зона обороны НАТО

nme noise-measuring equipment оборудование для измерения шума

N-medicine nuclear medicine ядерная медицина

N Mex *тж.* N. Mex. New Mexico Нью-Мексико (*штат США*)

NMGC National Marriage Guidance Council Национальный (консультативный) совет по вопросам брака

NML normal нормальный

nmi nautical mile морская миля

nmi no middle initial без среднего инициала (*между именем и фамилией*)

N-mishap nuclear mishap ядерная неполадка

NML National Museum Library библиотека Национального музея

NML National Music League Национальная музыкальная лига

nmn no middle name без среднего имени (*между именем и фамилией*)

nmoc newman on campus новичок в университете

NMPS nautical miles per second морских миль в секунду

NMR nubile marriage rate коэффициент брачности для лиц, достигших брачного возраста

NMRS numerous многочисленный

nms nuclear materials safeguards гарантии в отношении ядерных материалов

NMSS National Meteorological Satellite System Национальная метеорологическая спутниковая система

NMSS National Multipurpose Space Station Национальная космическая станция многоцелевого назначения

NMSSS NATO Maintenance Supply Services System система материально-технического обеспечения НАТО

NMT National Museum of Transport Национальный музей транспорта

nmt not more than не более, чем...

NMTBA National Machine Tool Builders' Association Национальная ассоциация станкостроительной промышленности (*США*)

NMU National Maritime Union of America Национальный профсоюз моряков торгового флота США

nn notes заметки

nn nouns имена существительные

n.n. nemini notus *лат.* (known to no one) никому не известно

NNA National Newspaper Association Национальная газетная ассоциация

NNA National Notary Association Национальная нотариальная ассоциация

nnd neonatal death смерть новорождённого

NNE north-north-east *мор.* норд-норд-ост

NNF Northern Nurses Federation Ассоциация медицинских сестёр северных стран, АМСССС

N.N.I. net national income чистый национальный доход

NNN end of message *усл.* конец сообщения/донесения

n.nov. nomen novum *лат.* (new name) новое имя/название

NNP *тж.* **nnp** net national product чистый национальный продукт

NNR Northern NORAD Region северный участок объединённого командования ПВО североамериканского континента

NNS National Natality Survey национальная программа обследования рождаемости

NNS National Newspaper Syndicate Национальный газетный синдикат

NNSC Neutral Nations Supervisory Commission Комиссия нейтральных стран по наблюдению, КНСН

NO New Orleans Новый Орлеан (*штат США*)

NNW north-north-west *мор.* норд-норд-вест

nnws non-nuclear weapons states государства, не обладающие ядерным оружием, неядерные государства

NO Naval Observatory морская обсерватория

N.O. navigation officer штурман

no [nɔks] nitrogen oxide(s) окисел/окислы азота

No nobelium *хим.* нобелий

no. normally open обычно открыто

no north север; северный

no northern северный

NO not operational не работает, не действует

No *тж.* **no** numero *лат.* (number) номер; число

NOA National Optical Association Национальная оптическая ассоциация

noa not otherwise authorised в других случаях (иначе) не санкционировано

NOAA [ˈnəuə] National Oceanic and Atmospheric Administration Национальная администрация по океану и атмосфере (*США*)

NOAC no action necessary не следует предпринимать каких-л. действий

nob. nobility (высшее) дворянское сословие

nob noble благородный

nob nobleman *разг.* особа, фигура, высокопоставленное лицо, вельможа

no biz no business закрыто, не работает

NOBND northbound (следующий) в северном направлении

NOC notice of change извещение об изменении

NOF International NOTAM Office Международное бюро по распространению извещений лётчикам

NOFIN no further information дальнейших сведений нет

noforn no foreigners *амер.* не для иностранцев (*помета на секретных документах*)

noft notification of foreign travel уведомление о зарубежной поездке

NOHO [ˈnəuˌhəu] north of Houston Street «Нохо» (*район Нью-Йорка в нижнем Манхэттене, известный как центр авангардистского искусства, музыки, фильмов и мод; США*)

noi not otherwise identified иным образом не идентифицировано

noibn not otherwise indexed by name другое наименование не указано

NOIFN no information (available) информация отсутствует

NOK next of kin ближайшие родственники

NOM nomenclature номенклатура, терминология

NOM *тж.* **nom** nominal номинальный

Nom. nomination назначение на должность

nom. nominative *грам.* именительный падеж

nom cap nominal capital номинальный капитал

nom dam nominal damages номинальный ущерб

nomen nomenclature номенклатура, терминология

nomin nominative *грам.* именительный падеж

nom. nov. nomen novum *лат.* (new name) новое имя/название

NOMSS National Operational Meteorological Satellite System национальная система действующих метеорологических спутников

non-can non-cancellable отменить невозможно

nonch nonchalant чувствующий себя свободно, непринуждённо

NONCNST non-consent несогласие; неразрешение

non-com [ˈnɒnˈkɔm] non-commissioned officer *брит.* военнослужащий сержантского состава, сержант

non-par non-participating неучаствующий

nonporno not pornographic не порнографический

non pos. non possumus *лат.* (we cannot) мы не можем

non-pro non-professional *разг.* непрофессионал, любитель

non-res non-resident проживающий временно

non seq. non sequitur *лат.* (it does not follow) из этого не следует

NONSTD non-standard нестандартный

non-sked non-scheduled не значащийся в расписании (*рейс самолёта, автобуса и т. п.*)

non-U [ˈnɒnˈjuː] non upper class *ирон.* вульгарный, простонародный; просторечный

no op no opinion мнения нет

NOP non-operational в нерабочем состоянии, не действует

nop not open (to the) public закрытая информация; для служебного пользования; закрытое заседание

nopn normally open обычно открыто

nor normal нормальный, обычный

Nor Norman нормандец; нормандский

nor north северный

nor. northern северный

Nor. Norway Норвегия

Nor. Norwegian норвежец, норвежка; норвежский

N.O.R. *тж.* **nor** not otherwise rated иначе не тарифицировано

NORAD North American Air Defence Command Объединённое командование ПВО Североамериканского континента, НОРАД

Nor Atl North Atlantic Североатлантический

NORC National Oceanographic Research Center Национальный исследовательский океанографический центр

noref no reference без ссылки

NORM normal нормальный

norm. normalize нормализовать

Norm. Norman нормандец; нормандский

NORPAC North Pacific Area северный район Тихого океана

NORR *тж.* **norr** no reply received ответ на получен

nors not operationally ready *воен.* не готовый к действию

NORSAR Norwegian Seismic Array норвежская сейсмическая группа

NORST no restrictions ограничений нет

Norw Norway Норвегия

Norw Norwegian норвежец, норвежка; норвежский

NOS National Operational Satellite Национальный действующий спутник

nos not otherwise specified в иных случаях, иначе не указано

N.O.S. *тж.* **nos** not otherwise stated иначе не указано

Nos *тж.* **nos** numeros *лат.* (numbers) номера, числа, количество

no sig no signature без подписи

Not Notary нотариус

NOTAM notice to airmen извещение для лётчиков

notif notification уведомление

NOTOF International NOTAM Office Международное бюро по распространению извещений лётчикам

notox non toxic не токсичный

notox not to exceed не превышать

notts [nɔts] Nottingham's команда Ноттингема (*Великобритания*)

nov. novelist романист, автор романов

Nov. November ноябрь

NOVS National Office of Vital Statistics Национальное бюро демографической статистики (*США*)

NOW *тж.* **n.o.w.** [nau] National Organization for Women Национальная организация женщин (*крупнейшая и самая влиятельная организация женщин, борющихся за равные права; США*)

now [nau] negotiated order of withdrawal оговоренный порядок выхода

noydb none of your damn business *разг.* не твоё собачье дело

NP *тж.* **np** Napalm напалм

NP national product национальный продукт

Np neptunium *хим.* нептуний

n.p. *тж.* **n/p** net proceeds чистая выручка, чистый доход

NP neuropsychiatric *мед.* психоневрологический

N.P. *тж.* **np** new paragraph *полигр.* абзац

NP New Providence о-в Нью-Провиденс

N.P. *тж.* **n.p.** nonparticipating не участвующий

N-P Non-Partisan стоящий вне партии, беспартийный

n/p nonpayment неуплата

n.p. no place (of publication) *полигр.* место издания не указано

np normal pressure нормальное давление

NP North Pole Северный полюс

NP Notary Public *юр.* нотариус

NP noun phrase именное словосочетание

NPA National Parks Association Национальная ассоциация парков

NPA National Petroleum Association Национальная нефтяная ассоциация (*США*)

NPA National Pilots' Association Национальная ассоциация лётчиков (*США*)

NPA National Planning Association Национальная ассссоциация по планированию (*США*)

NPA Newspaper Publishers' Association «Ньюспейпер Паблишерз Ассошиэйшн» (*объединение владельцев общенациональных газет; Великобритания*)

NPB Nuclear-Powered Bomber бомбардировщик с ядерными двигателями

NPC National Peace Council Национальный совет мира (*США*)

NPC [ˈenˈpiːˈsiː] National People's Congress (China) Всекитайское собрание народных представителей, ВСНП

NPC National Petroleum Council Национальный совет нефтяной промышленности (*США*)

NPC National Ports Council Национальный совет портов (*Великобритания*)

NPC Nuclear Power Company Компания ядерной энергетики (*Великобритания*)

NPCA National Pest Control Association Национальная ассоциация по борьбе с вредителями сельского хозяйства

NPDO Nonprofit Research and Development Organization Некоммерческие научно-исследовательские организации

N-peace nuclear peace ядерный мир

npef new product evaluation form метод оценки новой продукции

npf not provided for не предусмотрено

NPFA National Playing Fields Association Национальная ассоциация спортивных сооружений (*Великобритания*)

NPFT Neurotic Personality Factor Test анализ невротичности

NPG Nuclear Planning Group (NATO) группа ядерного планирования (НАТО)

NPL National Physical Laboratory Национальная физическая лаборатория (*Великобритания*)

nph nuclear physics ядерная физика

npl new program language *вчт.* новый язык программирования

N-plant nuclear plant ядерная установка

NPO New Philarmonia Orchestra новый филармонический оркестр

N-pollution nuclear pollution ядерное загрязнение окружающей среды

n.p. or d. no place or date *полигр.* без указания места и даты (издания)

N-power nuclear power ядерная энергия

NPR National Public Radio Национальное государственное радио (*США*)

nprs nuclear-power reactors ядерные реакторы

NPS Narcotics Preventive Service Служба профилактики наркомании

NPT [ˈenˈpiːˈtiː] Non-Proliferation Treaty договор о нераспространении ядерного оружия

n.p.t. normal pressure and temperature нормальное давление и температура

NR *тж.* **nr** near вблизи; около; приблизительно

NR noise reduction снижение, уменьшение шума

NR NORAD Region район ПВО Североамериканского континента (*США и Канада*)

NR no record записи нет, не зарегистрировано

NR not recommended не рекомендовано

NR not required не требуется

NR nuclear reactor ядерный реактор

NR number номер; число

NRA National Rifle Association Национальная стрелковая ассоциация (*США*)

nra never refuse anything никогда ни от чего не отказывайтесь

NRAD National Radio Astronomy Observatory Национальная радиоастрономическая обсерватория (*США*)

NRB National Religious Broadcasting Национальное религиозное радиовещание

NRC National Research Council

Национальный научно-исследовательский совет (*США*)

NRC Nuclear Regulatory Commission Комиссия по ядерной регламентации (*США*)

NRC Nuclear Research Council Совет по ядерным исследованиям

NRCST National Referral Center for Science and Technology Национальный справочно-информационный центр по науке и технике

NRDC National Research Development Corporation Национальная корпорация по НИОКР (*Великобритания*)

nrdo naval radio военно--морская связь

NREC National Resources Evaluation Center Национальный центр по оценке ресурсов (*США*)

NREM (sleep) [ˈenˌremˈsliːp] non--rapid eye movement sleep фаза сна с небыстрым движением глаз

nrg energy энергия

NRI National Radio Institute Национальный радиоинститут

NRML *тж.* **nrml** normal нормальный

NRP nominal rating power номинальная мощность

NRPB National Resources Planning Board Национальный совет планирования ресурсов

NRT National Reference Tribunal Национальный реферативный суд

NRT nonreal time условный масштаб времени

NRV Non-Revenue *эк.* бесприбыльный

nrx nuclear reactor — experimental ядерный реактор — экспериментальный

NS national standard национальный стандарт

NS new series новая серия

NS Newspaper Society Общество владельцев газет

NS New Style новый стиль (григорианский календарь)

NS nickel steel никелевая сталь

NS nonscheduled нерегулярный, не связанный с расписанием

NS nonstandard нестандартный

N.S. North Sea Северное море

N/S not in stock *эк.* на складе не имеется

NS *тж.* **ns** not specified *тех.* не определённый техническими условиями; подробности отсутствуют

n/s *тж.* **NS** not sufficient *ком.* недостаточный (*о фондах*)

NS nuclear ship атомный корабль, корабль с атомной силовой установкой

NS nuclear submarine атомная подводная лодка

NS nuclear systems ядерные системы

NSA National Security Agency Управление национальной безопасности

N.S.A. National Shipping Authority Национальное управление по вопросам судоходства (*США*)

NSA National Standards Association Национальная ассоциация стандартов (*США*)

NSA National Student Association Национальная ассоциация студентов

NSAC Nuclear Safety Advisory Committee Консультативный совет по вопросам ядерной безопасности (*Великобритания*)

NSACS National Society for the Abolition of Cruel Sports Национальное общество за отмену жестоких видов спорта

NS & T Naval Science and Tactics военно-морская наука и тактика

NSAS Nonscheduled Air Services нерегулярные воздушные перевозки

NSB National Savings Bank Государственный сберегательный банк (*Великобритания*)

NSB National Science Board Национальный совет по делам науки

NSC National Savings Committee Национальный комитет сбережений (*Великобритания*)

NSC National Security Council

Совет национальной безопасности (*США*)

NSC National Space Council Национальный космический совет (*США*)

NSCR National Society for Cancer Relief Национальное общество помощи больным раком

nsd noise-suppression device шумоподавляющее устройство

nsd no significant deviation никакого существенного отклонения

nsd no significant difference без существенного различия

NSDA National Soft Drink Association Национальная ассоциация производителей безалкогольных напитков

NSERI National Solar Energy Research Institute Национальный институт научных исследований в области солнечной энергии

NSF National Science Foundation Национальная научная организация (*США*)

N/S/F not sufficient funds *ком.* не обеспечено денежным покрытием

NSGT Non-Self-Governing Territories не самоуправляемые территории

nsh not so hot не так жарко

NSI National Security Information государственная тайна (*любая информация, утечка которой может нанести вред национальной безопасности*)

NSI National Space Institute Национальный институт космических исследований (*США*)

NSIA National Security Industrial Association Национальная ассоциация по обеспечению промышленной тайны (*США*); Промышленная ассоциация содействия национальной безопасности (*США*)

NSL National Safety Line рубеж ядерной безопасности

NSL National Scientific Laboratory Национальная научная лаборатория (*США*)

NSLA National Society of Literature and the Arts Национальное общество литературы и искусств

NSLI National Service Life Insurance Система страхования жизни государственных служащих

nsm new smoking material новые курительные материалы

NSMR National Society for Medical Research Национальное общество медицинских научных исследований

NSP National Space Program Национальная космическая программа

nsp new species новый вид

NSPB National Society for the Prevention of Blindness Национальное общество по предотвращению слепоты

N.S.P.C.A. National Society for the Prevention of Cruelty to Animals Национальное общество предупреждения жестокого обращения с животными

N.S.P.C.C. National Society for the Prevention of Cruelty to Children Национальное общество предупреждения жестокого обращения с детьми

nsq neuroticism scale questionnaire вопросник (анкета) для определения степени невротичности

NSQCRE National Symposium on Quality Control and Reliability in Electronics Национальный симпозиум по обеспечению качества и надёжности в области электроники

NSRA Nuclear Safety Research Association Исследовательская ассоциация по ядерной безопасности (*США*)

NSS National Space Station Национальная космическая станция

NSSCC National Space Surveillance Control Center Национальный центр по контролю и наблюдению за космическим пространством

NSSDC National Space Science Data Center Национальный научно-информационный космический центр

NSSR New School for Social Research Новая школа социологических исследований

NST not sooner than не ранее, чем

NSTL National Space Technology Laboratory Национальная лаборатория космической техники

NSTP nonstop без посадки; без остановки

NSTS National Space Transportation System национальная космическая транспортная система (*США*)

nsurg neurosurgeon нейрохирург

N.S.W. New South Wales Новый Южный Уэльс (*штат Австралии*)

NSY New Scotland Yard Нью-Скотлэнд-Ярд

NT National Theatre Национальный театр

NT National Trust Национальный трест

NT New Testament Новый завет (*Евангелие*)

NT nitron *спец.* нитрон

NT non tight негерметичный

NT *тж.* **N.T.** Northern Territory Северная территория (*Австралия*)

nt no trace нет следов

NT no trumps без козырей (*в игре в бридж*)

NT not tested не испытан

NTA nitrilotriacetate *хим.* нитрилотриацетат

ntavl not available в наличии нет

NTB National Theatre Board Национальный театральный совет

NTC National Telemetering Conference Национальная телеметрическая конференция

NTC Navigation and Traffic Control навигация и УВД

NTE not to exceed не превышать

NTFY *тж.* **ntfy** notify уведомлять, извещать

nthn northern северный

N-threat nuclear threat ядерная угроза

NTIS National Technical Information Service Национальная служба технической информации (*США*)

NTL National Tennis League Национальная теннисная лига

ntl no time lost без потерь времени, не теряя времени

NTM(s) [´en´ti:´em(z)] national technical means (of verification) национальные технические средства контроля

NTO nitrogen tetroxide четырёхокись азота, азотноватый ангидрид

NTP *тж.* **ntp** normal temperature and pressure нормальная температура и давление

NTS National Traffic System национальная система дорожного движения

NTS Nevada test site испытательный полигон в штате Невада (*США*)

NTUC National Trades Union Congress Национальный конгресс тред-юнионов

nt wt net weight чистый вес, вес нетто

n.u. name unknown имя не известно

NU National Union Национальный союз

NU Nebraska University университет штата Небраска (*США*)

NUBE National Union of Bank Employees Национальный союз банковских служащих

NUC nuclear ядерный

NUCDEF nuclear defence противоядерная защита

nuc phy nuclear physics ядерная физика

nuc pwrd nuclear powered на ядерной энергии

NUCWPN nuclear weapon ядерное оружие

nud nudism нудизм

nud nudist нудист

NUDET nuclear detection обнаружение ядерных взрывов

NUDET nuclear detonation ядерный взрыв

NUF non-use of force неприменение силы

N.U.G.M.W. *тж.* **NUGMW** [ˈenˈjuːˈdʒiːˈemˈdʌblju:] National Union of General and Municipal Workers Национальный профсоюз неквалифицированных и муниципальных рабочих (*Великобритания*)

NUJ National Union of Journalists Национальный союз журналистов (*Великобритания*)

nuke [njuk] nuclear weapon *жарг.* ядерное оружие, ядерная бомба; атомная электростанция; применять ядерное оружие

NUL National Urban League Национальная лига городов

N.U.M. [ˈenˈjuːˈem] National Union of Mineworkers Национальный (проф)союз горняков (*Великобритания*)

num. *тж.* **Num** number номер; число

num numeral числительное

numis numismatics нумизматика

NUPE National Union of Public Employees Национальный (проф)союз служащих государственных учреждений

N.U.R. [ˈenˈjuːˈɑː] National Union of Railwaymen Национальный профсоюз железнодорожников (*Великобритания*)

NUS National Union of Seamen Национальный (проф)союз моряков (*Великобритания*)

N.U.S. [ˈenˈjuːˈes] National Union of Students Национальный союз студентов (*Великобритания*)

NUSEC National Union of Societies for Equal Citizenship Национальный союз обществ за равное гражданство

N.U.T. [ˈenˈjuːˈtiː] National Union of Teachers Национальный союз учителей (*Великобритания*)

nu-tec nuclear detection ядерное обнаружение

nutr nutrition питание

N.U.W.W. National Union of Women Workers Национальный союз женщин-работниц (*Великобритания*)

NV navigation (system) навигационная система

NV Nevada Невада (*штат США*)

N.V. nominal value нарицательная цена; номинальная стоимость, номинал

NVF National Volunteer Force Национальные добровольческие силы

NV *тж.* **n.v.** nonvoting не голосующий, без права голоса

NVSD National Vital Statistics Division Отдел статистики актов гражданского состояния (*США*)

NW North Wales Северный Уэльс

NW north-west северо-запад; северо-западный

NW north-western северо-западный

NW nuclear warfare ядерная война, война с применением ядерного оружия

NW nuclear weapon ядерное оружие

NWA Northwest Airlines «Нортуэст Эрлайнз» (*авиатранспортная компания США*)

N-war nuclear war(fare) ядерная война

N-waste nuclear (radioactive) waste ядерные (радиоактивные) отходы, (радиоактивные) отходы атомной промышленности

NWC National War College *воен.* Национальный военный колледж

NWC National Water Council Национальный совет водных ресурсов (*Великобритания*)

NWC Naval War College военно-морской колледж

NWC *тж.* **nwc** nuclear war capability способность вести ядерную войну

NWFZ nuclear-weapon-free zone зона, свободная от ядерного оружия

nwoc new woman on campus новичок (она) в университете

NWS National Weather Service Национальная метеорологическая служба

NWS National Weather Station

Национальный метеорологический центр

NWS North-Western States северо-западные штаты (*США*)

NWS nuclear-weapon state государство, обладающее ядерным оружием; ядерная держава

NWSS National Weather Satellite System национальная система метеорологических спутников

n.wt. net weight чистый вес, вес нетто

NWT nonwatertight водопроницаемый

NWT North-West Territories Северо-Западные территории (*Канада*)

NX nonexpendable многократного использования

NXT next следующий, очередной

NY New York Нью-Йорк (*город и штат США*)

NYA *тж.* **N.Y.A.** National Youth Administration Национальная администрация по делам молодёжи

NYA New York Airways «Нью-Йорк Эруэйз» (*авиатранспортная компания США*)

NYAS New York Academy of Sciences нью-йоркская академия наук

NYBT New York Board of Trade нью-йоркский торговый совет

NYC *тж.* **N.Y.C.** New York City Нью-Йорк Сити

NYCS New York Computing Service Вычислительный центр в Нью-Йорке, ВЦН (*ООН*)

nympho nymphomaniac *жарг.* нимфоманьяк

NYO not yet operating пока не работает

NYP *тж.* **N.Y.P.** not yet published еще не опубликовано

NYPE *тж.* **NYPOE** New York Port of Embarkation нью-йоркский аэропорт погрузки

NYSE New York Stock Exchange Фондовая биржа в Нью-Йорке

NYU New York University Нью-Йоркский университет

N.Z. *тж.* **N.Zeal.** New Zealand Новая Зеландия

NZNAC New Zealand National Airways Corporation «Нью Зиланд Нэшнл Эруэйз Корпорейшн» (*новозеландская авиатранспортная компания*)

O

O morally offensive аморально (*вид оценки кинофильма католической конференцией США*)

O observation наблюдение

O observer наблюдатель

o occidental западный; уроженец *или* житель Запада

O ocean океан

O October октябрь

O office бюро; контора; управление; отдел

O Ohio *неофиц.* Огайо (*штат США*)

o oil масло, нефть

o old старый

o only лишь; только

O opium опиум; наркотик

O orange оранжевый

O orbital орбитальный

O order приказ, приказание; распоряжение; орден; заказ

O Order Орден (*общество*)

O Oregon Орегон (*штат США*)

O oriental восточный

o overcast *метео* облачко

O oxygen кислород

O ozone озон

oa old age старость

o/a on account of *эк.* в счёт причитающейся суммы

OA on approval на утверждении

O/A open account *эк. амер.* открытый счёт; *брит.* текущий банковский счёт

o.a. outstanding account *эк.* неоплаченный счёт

OA overall общий; габаритный

OAA old-age assistance пособие престарелым

OAAU Organization of Afro-American Unity Организация афро-американского единства

OAB Old Age Benefits пособия для престарелых

OACI Organisation de l'Aviation Civile Internationale *фр.* (International Civil Aviation Organization) Международная организация гражданской авиации

OADAP Office of Alcoholism and Drug Abuse Prevention Бюро профилактики алкоголизма и наркомании

oah overall height общая высота

oal overall length общая длина

OAMCAF African and Malagasy Coffee Organization Афро-малагасийская организация по кофе, АФМОК

OAMPI African and Malagasy Industrial Property Office Афро-малагасийское бюро по охране промышленной собственности, ОАМПИ

OANA Organization of Asian News Agencies Азиатская организация агентств печати

O & M operation and maintenance эксплуатация и техническое обслуживание

O & M Organization and Methods организация и метода; служба реализации управления

o-and-o one-and-only один единственный

O & S operating and support эксплуатация и техническое обслуживание

oao off and on время от времени

OAO Orbiting Astronomical Observatory (непилотируемая) орбитальная космическая обсерватория

O.A.P. *тж.* **OAP** old-age pension пенсия по старости

O.A.P. ['əu'er'pi:] old-age pensioner *разг.* пенсионер по старости (*Великобритания*)

OAPEC [əu'eɪpek] Organization of Arab Petroleum Exporting Countries Организация арабс-

ких стран — экспортёров нефти

OAR Office of Aerospace Research Управление воздушно-космических исследований (*США*)

OART Office of Advanced Research and Technology Управление перспективных научно-технических исследований

OAS Office of the Assistant Secretary канцелярия помощника министра

OAS Old-Age Security система страхования по старости

OAS on active service *амер.* находящийся на действительной военной службе; *брит.* находящийся в действующей армии *или* флоте

OAS Organisation de l'Armée Secrète *фр.* (Secret Army Organization) Организация тайной армии

OAS Organization of American States Организация Американских государств, ОАГ

OASF Orbiting Astronomical Support Facility Орбитальная система жизнеобеспечения

OASI Old-Age and Survivor's Insurance Система страхования престарелых и необеспеченных иждивенцев

OAST Office of Aeronautics and Space Technology Отдел авиационно-космической техники (*НАСА*)

oat outside air temperature температура воздуха снаружи

OAT overall test всесторонние испытания

OATC Overseas Air Traffic Control УВД на заморских линиях

OATUU Organization of African Trade Union Unity Организация африканского профсоюзного единства

OAU ['əu'er'ju:] Organization of African Unity Организация африканского единства, ОАЕ

oaw overall width общая ширина

ob obiit *лат.* (he/she died) скончался/-ась

ob objection возражение, протест

ob oboe гобой

ob obsolete устаревший

ob obstetrician акушерка

ob obstetrics акушерство

OB Off Broadway «Оф Бродвей» (*театральный район Нью-Йорка за пределами Бродвея*); экспериментальный театр (*часто ставящий пьесы неизвестных авторов*)

OB Old Boy бывший соученик, однокашник (*обыкн. мужской привилегированной частной школы*)

OB operating base действующая база

ob. orbit орбита

O.B. *тж.* **OB, O/B** ordered back подлежит возврату

OBA oxygen breathing apparatus кислородный дыхательный аппарат

Obad Obadiah Ветхий завет

obbo observation *брит. полиц.* наблюдение

obdt obedient послушный

OBE Office of Business Economics Управление торгово-промышленной экономики (*США*)

OBE Officer (of the Order) of the British Empire кавалер «Ордена Британской империи» 4-й степени

OBE one big explanation *брит.* одно главное объяснение (*концепция о существовании одного объяснения экономических болезней Великобритании и, следовательно, о существовании одного простого лекарства*)

Ob-G obstetrician-gynaecologist акушер-гинеколог

obgn obligation обязательство

o-bie [ˈəubiː] off-Broadway ежегодный приз, присуждаемый газетой за лучшую постановку пьесы во внебродвейском театре

obit obituary некролог; погребальный

OBJ *тж.* **obj** object задача; цель; объект

obj objection возражение

obj objectionable вызывающий возражения, нежелательный

obj objective цель; объективный

obj objectively объективно

object objection возражение

object objective цель

obl. obligation *эк.* обязательство

obl oblique косвенный

obl oblong продолговатый

oblig obligation *эк.* обязательство

OBS observation наблюдение; измерение; *брит. полиц.* наблюдение

obs observatory обсерватория

OBS observe наблюдать; измерять

OBS *тж.* **obs** observed наблюдаемый; измеренный

OBS observer наблюдатель

OBS obsolete устаревший

OBS obstacle препятствие

OBS obstruction препятствие

OBS ocean-bottom seismograph донный сейсмограф; сейсмограф, установленный на дне океана

obsc obscure(d) неясный

obsd observed наблюдённый

observ observation наблюдение

OBSN observation наблюдение; измерение

obsol obsolescent выходящий из употребления

OBST obstacle препятствие

OBST obstruct создавать препятствие; загромождать

OBST *тж.* **OBSTN, OBSTR** obstruction препятствие

obsv observation наблюдение

obsv observer наблюдатель

obt obedient послушный

OBT object задача; цель

obtd obtained полученный

obw observation window наблюдательное окно

OC. *тж.* **oc.** ocean океан

oc odour control борьба с запахами

OC Officer Commanding командир; начальник

O.C. official classification официальная классификация

o-c open-circuit *эл.* разомкнутая цепь

OC open cover *эк.* открытый полис

OC Operations Control управление операциями/боевыми действиями

o.c. opere citato *лат.* (in the work quoted) в цитируемой работе

OC oral contraceptive противозачаточное средство для орального приёма

OC organisational climate организационная обстановка (*общая обстановка в коллективе, способствующая наибольшей производительности труда и хорошим личным отношениям между его членами*)

o/c organized crime организованная преступность; организованное преступление

o.c. outward cargo *эк.* экспортный груз

o/c overcharge перегрузка; *эк.* завышенная цена; *эл.* перезаряд

OC Overseas Commands командование ВВС на заморских территориях

oc over-the-counter *эк.* продаваемый без посредника

ocal on-line cryptanalytic aid language *вчт.* язык криптоаналитического средства (работающего) в реальном (исчислении) времени

OCAM Common African and Mauritian Organization Общая Афро-маврикийская организация, ОКАМ

OCAS Organization of Central American States Организация государств Центральной Америки

OCC occupation род занятий

OCC the line is engaged *усл.* линия занята

occas occasional редкий; случайный

occas occasionally иногда, время от времени

occip occipital *мед.* затылочный

occip occiput *мед.* затылок

occ th occupational therapy *мед.* трудовая терапия

OCD Office of Civil Defense Управление гражданской обороны

OCDM Office of Civil and Defense Mobilization Бюро гражданской и оборонной мобилизации (*США*)

oceano oceanologic океанологический

oceano oceanology океанология

oceanog oceanography океанография

OCG occupational changes in a generation *эк.* изменения профессиональной структуры следующего поколения

OCIAA Office of Coordinator of Inter-American Affairs служба координации по межамериканским делам

OCIS Organized Crime Information System Информационная система по вопросам организованной преступности

ocl operator control language *вчт.* операторный язык управления

OCM oil content monitor индикатор содержания масла

OCN occasion случай

OCNL *тж.* **ocnl** occasional редкий; случайный

OCNLY *тж.* **ocnly** occasionally иногда, временами

OCR occur встречаться, наблюдаться случайно, происходить

OCR optical character recognition *вчт.* автоматическое чтение печатного материала

oc's obscene (telephone) callers телефонный хулиган

oc's obscene (telephone) calls хулиганские телефонные звонки

ocs outer continental shelf внешний континентальный шельф

ocst overcast *метео* облачно

oct octagon октагон, восьмиугольник

oct octet октет

Oct October октябрь

OCTI Central Office for International Railway Transport Центральное бюро международных железнодорожных перевозок, ЦБМЖП

OCTU *тж.* **Octu** Officer Cadets Training Unit воинская часть по подготовке офицеров (*во время II мировой войны; Великобритания*)

octv open-circuit television открытая телевизионная система

octy octopus *австрал.* осьминог, спрут

ocv open-circuit voltage *эл.* напряжение разомкнутой цепи

O.D. Officer of the Day дежурный по части; дежурный офицер

OD olive drab оливково-серый (защитный) цвет

O.D. *тж.* **O/D, o/d** on demand *эк.* по требованию

OD Operations Directive указание к действиям

od optical density оптическая плотность

od outside diameter внешний диаметр

od outside dimensions внешние размеры

OD [ˈəuˈdiː] overdose смертельная доза наркотика; человек, принявший смертельную дозу наркотика (*часто самоубийца*); отравиться слишком большой дозой наркотика

OD *тж.* **O/D, o/d** overdraft *эк.* овердрафт; превышение кредита

ODA Overseas Development Administration Администрация заморского развития

ODC Overseas Development Council Совет по заморскому развитию (*США*)

ODECA Organización de Estados Centroamericanos *исп.* (Organization of Central American States) Организация государств Центральной Америки

ODI Open Door International (for the Economic Emancipation of the Woman Worker) Интернационал открытых дверей для экономического освобождения женщины-работницы

ODM Ministry of Overseas Development министерство заморского развития

odorl odorless без запаха

od units optical-density units единицы оптической плотности

OE Office of Education Бюро просвещения

O.E. [ˈəuˈiː] Old English древнеанглийский язык

O.E. *тж.* **o.e.** omissions expected возможны пропуски

OEC Open End Contract *эк.* контракт без оговоренного срока действия

OECD Organization for Economic Cooperation and Development Организация экономического сотрудничества и развития, ОЭСР (*ООН*)

OED [ˈəuˈiːˈdiː] Oxford English Dictionary «Оксфордский английский словарь» (*нормативный толковый словарь английского языка в 12 томах*)

OEEC Organization for European Economic Cooperation Организация Европейского экономического сотрудничества, ОЕЭС

oegt observable evidence of good teaching наглядное доказательство хорошего обучения

OEO Office of Economic Opportunity Бюро экономической конъюнктуры (*США*)

oeo officer's eyes only «для служебного пользования»

OEP Office of Emergency Planning Управление чрезвычайного планирования (*США*)

OEP Office of Emergency Preparedness Управление мобилизационной готовности (*канцелярии президента США*)

OES Office of Economic Stabilization Управление экономической стабилизации (*США*)

OET Office of Education and Training Управление по образованию и обучению

OETO Ocean Economic and Technology Office Отдел экономики и технологии освоения океана, ОЭТОО (*ООН*)

OEW Office of Economic Warfare Бюро экономической войны

OEX Office of Educational Exchange Управление по обмену в области образования

OF Odd Fellows тайная братия (*члены «независимого ордена тайной братии» с обрядами масонского типа*)

OF office бюро; управление; отдел; контора

of. official официальный

O/F orbital flight орбитальный полёт

OFC office бюро; управление; отдел; контора

ofcl official официальный

OFCOFINFO Office of Information отдел (управление) информации

OFDI Office of Foreign Direct Investments *эк.* Бюро по контролю прямых инвестиций за границей (*США*)

off offered предложенный

off *тж.* **OFF** office бюро; управление; отдел; контора

off officer служащий

off official официальный

off officinal лекарственный; принятый в медицине

off off stage *театр.* звук за сценой

OFFBUSONLY Official Business Only «только для служебного пользования»

offen offensive (ammunition) наступательные (боеприпасы)

offeq office equipment обстановка и оборудование служебных помещений

offg offering *эк.* предложение

offg officiating выполняющий служебные обязанности, при исполнении служебных обязанностей

offic officially официально

OFFL official официальный; служебный, должностной; должностное лицо

OFM Order of Friars Minor (Franciscan) Францисканский орден монахов, принявших обет безбрачия

OFN Organization for Flora Neotropica Организация по неотропической флоре

OFPA Order of the Founders and Patriots of America орден основателей и патриотов Америки

OFPP Office of Federal Procurement Policy *эк.* Управление политики федеральных закупок

OFS Office of Financial Services Финансовое управление (*ООН*)

ogl obscured glass дымчатое стекло

OGM Office of Guided Missiles отдел управляемых ракет

OGO Orbiting Geophysical Observatory (непилотируемая) орбитальная геофизическая обсерватория

OGP original gross premium *эк.* первоначальная валовая премия

oh office hours рабочее время, время работы

OH Ohio Огайо (*штат США*)

o/h overhaul техобслуживание

o/h overhead *эк.* накладные расходы

OHBMS [ˈəuˈeɪtʃˈbiːˈemˈes] On Her (His) Britannic Majesty's Service находящийся на королевской службе (*государственной, военной и т. п.; Великобритания*)

ohd organic hearing disease органическое заболевание органов слуха, органическое нарушение слуха

ohd organic heart disease органическое заболевание сердца

oh-dee [ˈəuˈdiː] overdose умереть от слишком большой дозы наркотика; прекратить существование

oheat overheat перегрев

ohm ohmmeter омметр

OHMS On Her (His) Majesty's Service на службе Её (Его) королевского величества

oht overheating temperature температура перегрева

OI Office Instruction служебная инструкция

OI Office of Information отдел информации

OI Operating Instructions инструкции по эксплуатации

OIA Office of International Administration Управление международной администрации

O-i-C Officer-in-Charge *воен.* начальник, командир

oic oil cooler *тех.* охладитель масла; масляный охладитель

OIC Organisation Internationale du Commerce *фр.* (International Trade Organization) Международная торговая организация (*ООН*)

OICMA International African Migratory Locust Organization Международная организация борьбы с африканской перелётной саранчой, МОБАПС

OIEA Organismo Internacional de Energía Atómica *исп.* (International Atomic Energy Agency) Международное агентство по атомной энергии

OIER Office of International Economic Research Бюро международных экономических исследований

oih *тж.* **OIH** ovulation--producing hormone гормон, вызывающий овуляцию

OIML International Organization of Legal Metrology Международная организация по законодательной метрологии, МОЗМ

oint ointment смазка

OIPC Organisation Internationale de Police Criminelle *фр.* (International Criminal Police Organization) Международная организация криминальной полиции, Интерпол

OIPH Office of International Public Health Бюро международного общественного здравоохранения

OIR Office of Industrial Relations Управление связи с промышленностью

OIRT International Radio and Television Organization Международная организация радиовещания и телевидения, ОИРТ

OIS Office of Information Services отдел информационных служб

OISA Office of International Science Activities Отдел международной научной деятельности

OISCA International Organiza-tion for Industrial, Spiritual and Cultural Advancement Международная организация за промышленное, духовное и культурное развитие, МОПДКР

OIT Office of International Trade Управление международной торговли (*США*)

OITF Office of International Trade Fairs Управление международных торговых ярмарок

oj orange juice апельсиновый сок

ojt on-the-job training практическое обучение на рабочем месте

O.K. all right, correct хорошо; правильно, всё в порядке

OK Oklahoma Оклахома (*штат США*)

oka otherwise known as в прочих случаях известный как

okay *тж.* **okeh** all right, correct хорошо; правильно, всё в порядке

okd okayed одобренный

Okla Oklahoma Оклахома (*штат США*)

ol oil level уровень масла

OL *тж.* **OL.**, **O.L.** Old Latin древнелатинский

ol. oleum *лат.* (oil) масло (*в рецептах*)

ol olive оливковый, оливкового цвета

Ol Olympiad олимпиада

o/l our letter (*ссылаясь на*) наше письмо

OL overload перегрузка

OLA Office of Legislative Affairs Бюро по вопросам законодательства

OLADE Latin American Energy Organization Латиноамериканская организация по энергетике, ОЛАДЕ

olc on-line computer *вчт.* компьютер, работающий в реальном исчислении времени

OLCS On-Line Computer System *вчт.* компьютерная система, работающая в реальном исчислении времени

old rep old repertory старый репертуар

Old Test Old Testament Ветхий завет

oleo oleomargarine *амер.* маргарин, искусственное масло

'oleum petroleum бензин

O-levels ordinary levels (of educational tests) обычные уровни (образовательных тестов)

OLG olive green оливково-зелёный

OLGA Organization for Lesbian and Gay Action Организация за лесбиянство и гомосексуализм (*Великобритания*)

OLLA Office of Lend Lease Administration Бюро управления «Лэнд-лиз»

Oly Olympia Олимп

Oly Olympic олимпийский

Olym Olympia Олимп

OM Occupational Medicine производственная медицина

o.m. old measurement старая система мер

o.m. omni mane *лат.* (every morning) каждое утро

O.M. *тж.* **OM** Order of Merit орден «За заслуги» (*одна из высших наград, присуждается монархом за выдающиеся заслуги в разных областях; Великобритания*)

oma ['əumə] orderly marketing agreement соглашение об упорядоченном сбыте

OMB Office of Management and Budget служба управления и бюджета (*США*)

OMC One-Man Control управление одним человеком; блок управления одним человеком

OMDP Office of Manpower Development Program Бюро программы по развитию рабочей силы (*США*)

omfp obtaining money by false pretenses получение денег под ложным предлогом

OMG Operational Mobile Group оперативно-мобильная группа

OMM Organisation Météorologique Mondiale *фр.* (World Meteorological Organization) Всемир-

ная метеорологическая организация

omn. hor. omni hora *лат.* (every hour) ежечасно, каждый час

omn. man. omni mane *лат.* (every morning) каждое утро

omn. noct. omni nocte *лат.* (every night) каждую ночь

omp organo-metallic polymer органометаллический полимер

OMS Office of Meteorological System Бюро метеорологических систем

OMS Organisation Mondiale de la Santé *фр.* (World Health Organization) Всемирная организация здравоохранения, ВОЗ

oms output per manshift *эк.* выработка за человеко-смену

OMSF Office of Manned Space Flight Управление по проблемам полётов КЛА с экипажем

OMVS Organization for the Development of the Senegal River Организация по освоению бассейна реки Сенегал, ООБРС

on octane number октановое число

o.n. omni nocte *лат.* (every night) каждую ночь

o/n own name собственное имя

ONA Office of Noise Abatement Управление по борьбе с шумами

ONA Overseas National Airways «Оверсиз Нэшнл Эруэйз» (*авиатранспортная компания*)

oncol oncology онкология

OND Ordinary National Diploma государственный диплом общего типа

on hol(s) on holiday(s) по праздникам

onomast onomastics ономастика

onomat onomatopoeia ономатопия

Ont. Ontario Онтарио (*провинция Канады*)

O/O Office of Oceanography Океанографическое бюро (*ООН*)

o/o on order по заказу

OOA Out-of-Action вышедший из строя; неработающий, недействующий

OOB ['əu'əu'bi:] off-off Broadway авангардистские экспериментальные театры

OOC Office of Censorship служба цензуры

ooj obstruction of justice создание помех правосудию

ool operator-oriented language *вчт.* язык, ориентированный на оператора

OOM Officers Open Mess офицерская открытая столовая

OOO *тж.* **o-o-o** out of order вышедший из строя, неисправный

oop out of pocket (expenses) *эк.* переменные издержки любого вида (*в транспортных операциях*)

oos orbit-to-orbit shuttle межорбитальный челночный космический корабль

ootg one of the greats один из великих

OP observation post наблюдательный пункт

OP Office of Protocol протокольный отдел (*США*)

OP Open открыто

O.P. open policy *эк.* невалютированный полис

op опера opera

op operation *разг. мед.* хирургическая операция

op operator *разг.* связист, радист, оператор

op opposite противоположный

o.p. opposite the prompter's side, or the actor's right *театр.* левая часть авансцены, справа от зрителя

op [эр] optical оптический, зрительный

op optical art искусство, основанное на оптическом эффекте

op optimus *лат.* (best) лучший

op opus опус

O.P. Order of Preachers (Dominican) Орден Проповедников (доминиканский)

o.p. out of print вышло из печати

op *тж.* **OP** outpatient амбулаторный пациент

o/p output выпуск (*продукции*)

OPA Office of Price Administration Управление регулирования цен (*США*)

OPANAL Agency for the Prohibition of Nuclear Weapons in Latin America Организация по запрещению ядерного оружия в Латинской Америке, ОПАНАЛ

op art [ˈɔpˈɑːt] optical art оп-арт (*модернистское направление в изобразительном искусстве*)

OPC optician оптик

op.cit. [ˈɔpˈsɪt] opere citato *лат.* (in the work quoted) в цитируемой работе

op-con [ˈɔpˌkɔn] operations control *амер.* управление операциями

opdars optical direction and ranging system оптическая система для определения направления и дальности; трёхкоординатная система слежения на лазерах

OPEC [ˈəupek] Organization of Petroleum-Exporting Countries Организация стран—экспортёров нефти ОСЭН, ОПЕК

Op-Ed page *тж.* **op-ed page** [ˈɔpˈedˈpeɪdʒ] Opposite Editorial page *амер.* страница обзорных статей, политических комментариев, писем в редакцию *и т.д.*

OPER operate работать; действовать; эксплуатировать

OPER operating работающий; действующий; эксплуатационный

OPER operation работа, действие

OPERG operating работающий; действующий; эксплуатационный

OPERN operation работа; действие

opex operational (and) executive (personnel) эксплуатационные (и) должностные (кадры)

oph ophthalmologist офтальмолог

oph ophthalmology офтальмология

Oph.D. Doctor of Ophthalmology доктор офтальмологии (*ставится после фамилии*)

ophth opthalmologist офтальмолог

ophth opthalmology офтальмология

OPI Office of Public Information Отдел общественной информации

OPIC Overseas Private Investment Corporation Корпорация частных заморских инвестиций

opl operational рабочий; боевой; оперативный

OPM other people's money *ком.* внешние денежные средства; чужие деньги

OPM output per man выпуск продукции на душу населения

OPN operation работа; действие

opn ora pronobis *лат.* (pray for us) молитесь за нас

OPNL operational рабочий; боевой; оперативный

OPO one-person operation одиночное управление транспортными средствами

opp opportunity возможность

opp opposed противопоставленный; находящийся в оппозиции

opp opposite противоположный

oppo opposite number *воен. жарг.* лицо, выполняющее такие же функции в другом подразделении; приятель, друг; возлюбленная, жена

oppor *тж.* **oppy** opportunity *разг.* возможность

opq opaque прозрачный

OPR operate работать; действовать; эксплуатировать

OPR operator оператор; эксплуатирующая организация

OPRED operational readiness боевая готовность

Oprep Operations report *амер. воен.* оперативное донесение (*информация обо всех событиях в мире, в которые вовлечены вооружённые силы; США*)

OPREX *тж.* **oprex** Operational Exercise оперативное учение (*НАТО*)

OPS Office of Price Stabilization Управление стабилизации цен

ops operations *воен. разг.* операции, боевые действия; *эк.* операции

ops operations officer *воен. разг.* начальник оперативного отдела

Ops Operations Room *воен. разг.* оперативный отдел; оперативный пункт

OPS Orbiting Primate Spacecraft орбитальный КЛА с приматами

opscan optical scanning оптическое сканирование

opsh optional что-л. необязательное (*особ. бал, где маскарадный костюм не обязателен*)

OPT operate работать; действовать; эксплуатировать

opt optative *грам.* оптативный, желательный

OPT *тж.* **opt** optical оптический

opt optician оптик

OPT *тж.* **opt** optics оптика

OPT optimum оптитум; оптимальный

opt. option выбор, право замены

OPT optional необязательный

OPTAGS Optical Aimpoint Guidance System оптическая система самонаведения

OPTALT Optimum Altitude оптимальная высота

opti optimist оптимист

opti optimize *мат.* оптимизировать

opti optimum оптимум

optn optician оптик

optom optometry оптометрия

OPUS Organization for Promoting the Understanding of Society Организация развития понимания общества

OQ Officers Quarters офицерская квартирно-эксплуатационная часть

OQ order quantity *эк.* размер заказа

O/R on request по требованию, по запросу

O.R. Operating Room *мед.* операционная

OR *тж.* **O/R** Operationally

Ready готовый к работе/действию

OR Operational Readiness боевая готовность

OR Operational Reliability эксплуатационная надёжность

OR operational research *эк.* исследование операций

OR Oregon Орегон (*штат США*)

or oriental восточный; уроженец *или* житель Востока

OR Out-of-Range за пределами досягаемости

o.r. *тж.* **O.R.** owner's risk на риск владельца, рискует владелец

ORANA Organization for Research on African Food and Nutrition Научно-исследовательский орган по продовольствию и питанию в Африке, ОРАНА

orang orangutan орангутан

ORAO Orbiting Radio Astronomical Observatory орбитальная радиоастрономическая обсерватория

orat orator оратор

O.R.C. Officer's Reserve Corps офицеры запаса

ORCAP Regional Center for Central America and Panama Региональный центр для Центральной Америки и Панамы, ОРКАП

Orch H Orchestra Hall концертный зал

ORD Office of Research and Development Служба научно-исследовательских работ и развития (*США*)

ORD Operational Ready Date дата боевой готовности

ord ordained *рел.* посвящённый в духовный сан; *юр.* предписанный, установленный в законодательном порядке

ORD order приказ; порядок; заказ

ord ordinal *грам.* порядковое числительное; *рел.* молитвенник

ord ordinance материальная часть артиллерии

ord ordinary обычный; ординарный

ORD ordnance вооружение; боевая техника

ORDALT ordnance alteration модернизация оружия

ORDINEX International Organization of Experts Международная организация экспертов, МОЭ

ordn ordnance вооружение; боевая техника

Ore *тж.* **Oreg** Oregon Орегон (*штат США*)

ORESCO Overseas Research Council Совет по заморским исследованиям

orf orifice *тех.* жиклёр, сопло, насадка, наконечник

ORG Office of the Registrar General Управление записи актов гражданского состояния (*Великобритания*)

org organ орган, часть тела; орган учреждения; печатный орган

org organic органический

org organism организм, живое существо; организация, орган

org organization организация (*любые агентства, корпорации и т.д., занимающиеся шоу-бизнесом*)

org organized организованный

orgl organizational организационной

orgn organization организация

ORGNL original первоначальный

ORGPHC orographic *геол.* орографический

orient oriental восточный

Ori Exp Orient Express восточный экспресс (*Лондон — Гонконг через Париж, Берлин, Варшаву, Москву, Иркутск, Пекин, Нанкин и Кантон*)

ORIG origin происхождение, начало

ORIG original первоначальный

ORIG originator инициатор; составитель (*документа*)

ORIT Operational Readiness Inspection Test *воен.* проверка боевой готовности

orj orange juice апельсиновый сок

ORL Orbital Research Laboratory Орбитальная исследовательская лаборатория

orl orlon орлон (*синтетическая ткань*)

o-r-l owner's risk of leakage *эк.* утечкой денежных средств рискует владелец

orn orange оранжевый

orn ornament украшение

ornith ornithology орнитология

or. obliq. oratio obliqua *лат.* (indirect speech) косвенная речь

orph orphan сирота

orph orphanage сиротский приют

ORRT Operational Readiness and Reliability Test проверка эксплуатационной *или* боевой готовности и надёжности

ORS Operational Research Society *воен.* Общество по исследованию операций (*Великобритания*)

ORSA Operations Research Society of America *воен.* Американское общество по исследованию операций

ORT Operational Readiness Test проверка боевой готовности

orth orthodox ортодоксальный

ortho orthochromatic ортохроматический

ortho orthopedics *мед.* ортопедия

orthog orthography орфография

orthop orthopedics ортопедия

ORTS Operational Readiness Test System система контроля боеготовности

O/S Old Style старый стиль (*календаря*)

O/S on sale продаётся

OS operating system действующая система

O's [əuz] Orient «Оуз» (*разговорное название футбольного клуба «Ориэнт»; Великобритания*)

Os osmium *хим.* осмий

OS Our Service обслуживание наше

O/S Out of Service нерабочий; непригоден к эксплуатации

OS *тж.* **O/S** Out of Stock нет на складе

O/S *тж.* **o/s** outstanding *эк.* неуплаченный, просроченный

os overseas заморский

os oxygen service снабжение кислородом

OSA on-site assistance помощь на месте

OSA Optical Society of America Американское оптическое общество

OSA Order of St Augustine (Augustinian) «Орден св. Августина»

OSAF Office of the Secretary of the Air Force канцелярия министра ВВС (*США*)

OSAS Overseas Service Aid Scheme Проект помощи службе заморских территорий (*Великобритания*)

OSB Order of St Benedict «Орден св. Бенедикта»

OSC Office of Satellite Communications Управление спутниковой связи

OSC oscillator гетеродин; генератор колебаний

OSC oscillograph осциллограф

oscope oscilloscope осциллоскоп

OSD Office of the Secretary of Defense секретариат министра обороны (*США*)

OSD Order of St Dominic (Dominican) «Орден св. Доминика»

OSF Order of St Francis (Franciscan) «Орден св. Франциска»

OSFM Office of Spacecraft and Flight Missions Управление космических аппаратов и космических полётов

OSHA [′əuʃə] Occupational Safety and Health Administration Администрация профессиональной безопасности и здоровья (*США*)

OSI off-the-shelf item *эк.* готовое изделие

OSI on-site inspection инспекция на месте

OSI Open Space Institute Институт космоса (*США*)

OSL Orbiting Space Laboratory орбитальная космическая лаборатория

OSN Ocean Science News «Оушен Сайенс Ньюс» (*информационный бюллетень*)

OSO Office of Space Operations отдел космических полётов

OSO Operational Services, Overseas оперативные службы на заморских территориях

OSO Orbiting Solar Observatory орбитальная солнечная обсерватория

OSOSV orbit-surface-orbit space vehicle многократно используемый возвращаемый КЛА, МВКА

o. s. p. obiit sine prole *лат.* (he died without issue) он умер, не оставив потомства

OSR Office of Scientific Research научно-исследовательское управление ВВС

OSR Operation, Service and Repair эксплуатация, обслуживание и ремонт

OSRD Office of Scientific Research and Development Управление НИОКР

OSRO Office for Special Relief Operations (supersedes the Office for Sahelian Relief Operations) Бюро по операциям по оказанию специальной помощи, ОСРО

OSS Office of Space Science Бюро космических наук

OSS *тж.* **O. S. S.** Office of Strategic Services Бюро стратегических служб

OSSA Office of Space Science and Applications Бюро по научным и прикладным работам в области изучения космического пространства

OST Office of Science and Technology Бюро науки и техники (*США*)

ost oldest старейший, старший

osteo osteopathic *мед.* остеопатичный

osteol osteology *мед.* остеология (*учение о костях*)

osteomy osteomyelitis *мед.* остеомиелит

OSTI Office of Scientific and Technical Information Управление научно-технической информации

OSTP Office of Science and Technology Policy Бюро по определению научно-технической политики (*при президенте США*)

OSV Ocean Station Vessel плавучая океанская станция (*для слежения и передачи метеосообщений*)

OSV Orbital Space Vehicle орбитальный КЛА

OT occupational therapy *мед.* лечение профессиональных заболеваний

OT *тж.* **o/t** old terms *эк.* прежние условия

OT Old Testament Ветхий завет

OT on time вовремя; по расписанию

OT overtime превышение времени; сверхурочно

OTA Office of Technology Assessment Бюро технической оценки проектов (*при конгрессе США*)

OTB off track betting *амер.* внеипподромный тотализатор

otc objective, time and cost цель, время и стоимость

OTC Officers' Training Camp Учебный лагерь офицерского состава

OTC Officers' Training Corps Корпус подготовки офицерского состава

OTC Organization of Trade Cooperation Организация торгового сотрудничества (*США*)

OTC over the counter продаваемый без рецепта (*о лекарстве*); *бирж.* продаваемый без посредника на бирже; продаваемый за наличные

O. T. D. Overseas Trade Department Департамент внешней (заморской) торговли (*США*)

OTH opportunities to hear «оппортьюнитиз ту хиа» (*численность целевого контингента радиорекламы*)

OTH over the horizon radar загоризонтный радар

OTH-B radar over the horizon back-scatter radar *воен.* загоризонтная РЛС с возвратом сигнала по пути его посылки

OTH radar over the horizon radar *воен.* загоризонтная РЛС

OTLK outlook вид, перспектива

otml oatmeal овёс

oto one time only (TV) одноразовый показ по телевидению

otp obstacle to progress помеха на пути к достижению цели

otr on the rag *жарг.* период менструации

OTR other другой

OTRW otherwise иначе, в противном случае

OTS opportunities to see «оппортьюнитиз ту си» (*численность целевого контингента телерекламы*)

OTS out of service нерабочий, не пригоден к эксплуатации

OTU Office of Technology Utilization Управление по использованию технических достижений

OU Open University Открытый университет (*организует курс лекций для заочного обучения по радио и телевидению*)

OU Oxford University Оксфордский университет

OUDS Oxford University Dramatic Society Драматическое общество Оксфордского университета

OUEL Oxford University Engineering Laboratory техническая лаборатория Оксфордского университета

OUO official use only «только для служебного пользования»

OUP [ˈəuˈjuːˈpiː] Oxford University Press «Оксфорд Юниверсити Пресс» (*издательство Оксфордского университета; Великобритания*)

OUPT output выход; производительность; мощность

OUSAF Office, Undersecretary of Air Force канцелярия заместителя министра ВВС (*США*)

OUT outer внешний, наружный

OUT *тж.* **out** outlet выход; вывод

out output выпуск (*продукции*)

OUTBND outbound в направлении от; отлетающий, улетающий

outseg outsegregate проводить более активную политику расизма и сегрегации, чем противник на выборах

OUTUS Outside the United States за пределами США

OV orbiting vehicle орбитальный КЛА

OVAC Overseas Visual Aids Center Центр наглядных средств для заморских территорий

ovbd overboard за бортом

ovc other valuable considerations другие ценные соображения

ovc *тж.* **ovcst** overcast *метео* облачно

OVD overdue запоздалый, просроченный

over overture инициатива, попытка; попытка примирения; вступление, прелюдия, увертюра

ovhd overhead над головой

ovhl overhaul техническое обслуживание

OVHT overheat перегрев; перегревать

OVIR [əuˈviːr] *русск.* Отдел виз и регистраций, ОВИР

ovld overload лишний груз

OVRHT overheating перегрев

OVSEA overseas (находящийся) на заморских территориях

OVSR Office of Vehicle Systems Research Отдел исследований ракетных систем

ow old woman *слэнг* жена

OW one-way односторонний (*о движении*)

ow out of wedlock незаконнорождённый

OWF optimum working frequency оптимальная рабочая частота

OWM Office of Weight and Measures Бюро мер и весов

OWRR Office of Water Resources Research Служба исследований водных ресурсов (*США*)

Ox. Oxford Оксфорд

OX oxide *хим.* окись

OX oxygen кислород

oxd oxidation окисление

Oxf Oxford Оксфорд

OXFAM [ˈɔksfæm] Oxford Famine Relief Оксфордский комитет помощи голодающим, «Оксфам» (*благотворительная организация*)

Oxon. of Oxford University выпускник Оксфордского университета

oxr oxidizer окислитель

OXY Occidental Petroleum Corporation «Оксидентал Петролеум Корпорейшн» (*нефтяная монополия США*)

OXY oxygen кислород

oy *тж.* **OY** optimum yield *эк.* оптимальный дебит/доход

OY orange yellow оранжево-жёлтый

oz. *тж.* **oz** ounce унция (*мера веса = 28,35 г*)

OZ ozone озон

OZ-IN ounce-inch унция-дюйм

P

P [piː] new penny, new pence новый пенни, новый пенс

P Pacific Standard Time Zone *усл.* Тихоокеанский часовой пояс

p. page страница

P pamphlet памфлет

P Paris Париж

P Park парк; стоянка

P part часть, доля

p participle *грам.* причастие

p partim *лат.* (in part) частично

P passenger пассажир

p passing проходящий

p past прошлое, прошлый

P pastor пастор

P patchy местами, в отдельных местах

P. patent патент

P Pater *лат.* (Father) духовный отец, священник

P pattern маршрут; схема; структура

p pawn *шахм.* пешка

p penny пенс

p perimeter периметр

P *тж.* **p** period период

p perishable непрочный; скоропортящийся (*груз*)

P personnel личный состав

P phosphoric *хим.* фосфорный

P phosphorus *хим.* фосфор

P photo фотоснимок

p pilaster *арх.* пилястр

p pins *лат.* (holy) святой

p pint пинта (*мера вместимости жидкостей и сыпучих тел = 0,57 л*)

p pipe труба; трубка

P plan план, схема

P planning планирование

P plastic пластический, пластмассовый

p plus плюс

P *тж.* **p** point точка; пункт

P *тж.* **p** polar полярный, арктический

P police полиция, полицейский

p pondere *лат.* (by weight) по весу

p poor бедный

p population население

P. populus *лат.* (people) народ

p porcelain фарфор; фарфоровое изделие; фарфоровый

P *тж.* **p** port порт

p positive положительный; *фото* позитив

p posterior задний; последующий

P *тж.* **p** power мощность

p predict предсказывать, предвидеть

p present *грам.* настоящее (время); присутствующий

P president президент

P *тж.* **p** pressure давление

P priest священник

P *тж.* **p** primary первичный, основной, главный

p primitive примитивный; первобытный

P prince принц

p principal главный; основной; директор колледжа

p principle принцип

P priority первоочерёдность, приоритет

P. private частный, личный

P probability вероятность

P production (серийное) производство

P Prohibited Area запретная зона

P protection защита; охранение

P Protestant *рел.* протестант

P *тж.* **p** proton протон

p publication публикация, издание

p pulse пульс

p pupil ученик

P purple пурпурный

pa papa *разг.* папа

pa paper бумага; бумажный

pa *тж.* **PA** pascal *физ.* паскаль (*единица давления*)

PA passenger agent билетный агент

pa patient пациент

PA Pennsylvania (*штат США*)

p. a. per annum *лат.* (by the year) ежегодно, в год

PA Permanent Appointment (постоянная) штатная должность; назначение на штатную должность

PA personal assistant личный помощник

PA Port Agency портовое агентство

pa power amplifier *радио* усилитель мощности

P. A. *тж.* **p. a.**, **P/A** power of attorney *эк.* доверенность

PA Press Association, Limited «Пресс Ассосиэйшн» (*наименование телеграфного агентства; Великобритания*)

PA Primary Armament основное вооружение

P. A. *тж.* **P/A** private account *эк.* личный счёт

PA procurement authorization *эк.* разрешение на закупку *или* заготовку

Pa protactinium *хим.* протактиний

pa psychoanalyst психоаналитик

PA public address (system) громкоговорящая система оповещения

PA Publishers Association Ассоциация издателей

PA purchasing agent торговый агент

PAA Pan-American Airways «Пан-Америкэн Эруэйз» (*авиатранспортная компания США*)

PAA Population Association of America Американская ассоциация по изучению народонаселения

PAA Purchasing Agents Association Ассоциация торговых агентов

PAB Policy Advisory Bureau Консультативное бюро по политике, КБП

PAB Price Adjustment Board департамент, отдел корректировки цен

PABX private automatic branch exchange учрежденческая АТС с исходящей и входящей связью

Pac. Pacific тихоокеанский; Тихий океан

PAC Pacific Region зона (район) Тихого океана

P-A-C Parent, Adult, Child родители, взрослые, дети

pac personal analog computer *вчт.* персональный аналоговый компьютер

PAC *тж.* **P.A.C.** [pæk] Political Action Committee Комитет политического действия

PAC Protection Against Aircraft противовоздушная оборона

PACAF Pacific Air Force ВВС в зоне Тихого океана

PACB Pan-American Coffee Bureau Панамериканское бюро экспортёров кофе

pace pacemaker лидер (*в забегах*)

PACE performance and cost evaluation оценка тактико-технических характеристик и стоимости (системы вооружения)

PACED Program for Advanced Concepts in Electronic Design программа разработки перспективных концепций проектирования электронного оборудования

PACEN Public Affairs Center

центр пропаганды среди гражданского населения

PACFLCOM Pacific Fleet Command командование Тихоокеанского флота

PACFLT Pacific Fleet Тихоокеанский флот

Pacif Pacific тихоокеанский

pack packing упаковка, укладка

Pac O Pacific Ocean Тихий океан

PACOM Pacific Command Объединённое командование вооружённых сил США в зоне Тихого океана

PACW President's Advisory Committee on Women Консультативный комитет президента по проблемам женщин

pad padlock висячий замок; запирать на висячий замок

PAD Passive Air Defence пассивная ПВО (*Великобритания*)

PAD Port of Aerial Debarkation аэропорт выгрузки

PAD Predicted Area of Danger прогнозируемый район опасности

PAD preferred arrival date предпочтительная дата прибытия

PADF Pan-American Development Foundation Панамериканский фонд развития, ПАФР

p. ae. partes aequales *лат.* (equal parts) равные части

PAE Port of Aerial Embarkation аэродром погрузки

paed paediatric педиатрический

PAF Pacific Air Force ВВС в зоне Тихого океана

paf punishment and fine наказание и штраф

Pag pagoda пагода

PAHO Pan-American Health Organization Панамериканская организация здравоохранения

PAID Pan-African Institute for Development Панафриканский институт развития, ПАИР

PAIGH Pan-American Institute of Geography and History Панамериканский институт географии и истории, ПАМИГИ

paint painter художник

paint painting картина; живопись

PAIRC Pacific Air Force Command командование ВВС в зоне Тихого океана (*США*)

PAIT Program for the Advancement of Industrial Technology Программа развития промышленной технологии

PAJU Pan-African Union of Journalists Всеафриканская ассоциация журналистов, ВАЖ

Pak Pakistan Пакистан

Paki ['pɑːkɪ] Pakistani *брит. жарг.* пакистанец

pal paleography палеография

pal paleontology палеонтология

Pal. Palestine Палестина

PAL Psycho-Acoustical Laboratory психоакустическая лаборатория

paleo paleography палеография

paleon paleontology палеонтология

palm palmistry хиромантия

palp palpable *мед.* прощупываемый

palp palpitation *мед.* сильное сердцебиение, учащённая пульсация

pam pamphlet памфлет

pam panorama панорама

pamph pamphlet памфлет

Pan Panama Панама (*государство*)

pan. panchromatic панхроматический

pan panorama панорама

PAN *тж.* **pan** panoramic панорамный

pan panoramic shot панорамная съёмка (*горизонтальное движение кинокамеры*)

pan pantomime пантомима

PAN peroxyacetyl nitrate нитрат пероксиацетила

PAN polyacrylonitrile полиакрилонитрил

PANAFTEL Pan-African Telecommunication Network Панафриканская система электросвязи, ПАНАФТЕЛ

PAN-AM Pan-American World Airways, Inc. «Пан-Америкэн Уорлд Эруэйз», американская авиатранспортная компания «Панам»

PANCAN *тж.* **Pan Can** Panama Canal Панамский канал

PANCZ Panama Canal Zone зона Панамского канала

P & A Personnel and Administration личный состав и администрация

P & A Price and Availability *эк.* стоимость и возможность закупки

P & C Purchasing and Contracting *эк.* закупка и заключение контрактов

P. & L. *тж.* **P & L** profit and loss *эк.* прибыль и убыток

p & n psychiatry and neurology психиатрия и неврология

P. & O. *тж.* **P & O** [ˈpiːəndˈəu] Peninsular and Oriental «Пенинсьюлар энд Ориэнтал», «Пи энд Оу» (*крупная судоходная компания*)

P & P Plans and Programs планы и программы

P & P Procurement and Production заготовка и производство

panpot panoramic potentiometer панорамный потенциометр

panto [ˈpæntəu] pantomime *разг.* рождественское представление для детей, феерия

PAO Public Affairs Office (Officer) отдел *или* начальник отдела по связи с органами массовой информации; начальник пресс-бюро (органа информации)

pap papа батюшка, священник (*у православных*)

pap papacy папство; папский престол

pap papal папский

pap paper бумага; бумажный

pap papyrus папирус

PAP Personnel Allocation Plan план распределения людских ресурсов

Pap smear [ˈpæpsmɪə] Papanicolaou smear мазок Папаниколау (*для раннего обнаружения раковой опухоли*)

Pap test [ˈpæptest] Papanicolaou test тест Папаниколау (*для раннего обнаружения раковой опухоли*)

par paragraph *полигр. проф.* газетная заметка; параграф, пункт

PAR *тж.* **par** parallel параллельный

PAR parameter параметр

par parenthesis *грам.* вводное слово *или* предложение

Par Paris Париж

par parish церковный приход; прихожане

PAR Performance and Reliability рабочие характеристики и надёжность

PAR [pɑ:] perimeter acquisition radar радиолокатор на противоракете; РЛС обнаружения на переднем крае

PAR Preventive Aircraft Repair профилактический ремонт ЛА

Para parachute парашют; парашютный, десантный

para [ˈpærə] parachutist *разг.* парашютист; парашютно-десантные войска

para paragraph параграф, пункт; газетная заметка

Para Paraguay Парагвай

PARA parameter параметр

parab parabola парабола

par. aff. pars affecta *лат.* (to the part affected) на больное место (*в рецептах*)

PARAM *тж.* **param** parameter параметр

parapsych parapsychologist парапсихолог

parapsych parapsychology парапсихология

PARAREGT Parachute Regiment парашютно-десантный полк

pard partner партнёр

paren. parenthesis *грам.* вводное слово *или* предложение

parens. parentheses круглые скобки

PARKBK parking brake стояночный тормоз

Parl. *тж.* **parl.** parliament парламент

Parl. *тж.* **parl.** parliamentary парламентский

Parl Const Parliamentary Constituency парламентский округ

parl. proc. parliamentary procedure процедура в парламенте

PARM Program Analysis for Resource Management анализ программ для управления ресурсами

parochiaid [pə´rəukɪeɪd] parochial aid государственная помощь приходским школам (*США*)

PARS Pilotless Aircraft Research Station научно-исследовательская станция беспилотных ЛА

PARS Programed Airline Reservations System программная система бронирования авиабилетов

PARSECS Program for Astronomical Research and Scientific Experiments Concerning Space Программа астрономических исследований и научных экспериментов в космосе

part partial частичный

part participant участник

part participate принимать участие, участвовать

part participating принимающий участие

part participle *грам.* причастие

part particular особенный

part partner партнёр

part partnership партнёрство

partic participle *грам.* причастие

partic particular *разг.* разборчивый, привередливый

pas passive пассивный; *грам.* пассивный залог

PAs Police Agents агенты полиции

PAS Pregnancy Advisory Service Консультативная служба для беременных

PAS Production Advisory Service производственно-консультативная служба

PAS Public Address System громкоговорящая система оповещения

PAS Public Advertizing System система пропаганды среди гражданского населения

PASB Pan-American Sanitary Bureau Панамериканское санитарное бюро, ПАСБ

pash passion *жарг.* страсть; *жарг.* предмет страсти и поклонения; *мор.* письмо

pash passionate страстный, пылкий

PASO Pan-American Sanitary Organization Панамериканская организация здравоохранения, ПОЗ

PASS passage проход

PASS *тж.* **pass** passenger пассажир; пассажирский

pass passive пассивный; *грам.* пассивный залог

PASSIM President's Advisory Staff on Scientific Information Management Консультативная группа при президенте США по проблемам улучшения научной информации

PA System *тж.* **P. A. system, p. a. system** public address system громкоговорящая система оповещения

PAT *тж.* **pat** patent патент; патентованный; патентовать, брать патент

pat patented (за)патентованный

PAT patrol патруль; патрульный

PAT pattern схема; структура; маршрут

PATA Pacific Area Travel Association Тихоокеанская региональная ассоциация туристских организаций (*США*)

Pata Patagonia Патагония

patd patented патентованный

path pathological *мед. разг.* патологический

path pathologist патолог

path pathology *мед. разг.* патология

PATN pattern схема; структура; маршрут

Pat. Off. Patent Office Бюро патентов

PATT *тж.* **patt** pattern схема; структура; маршрут

PAU Pan-American Union Панамериканский союз, ПАС

PAU present address unknown настоящий адрес неизвестен

Pav pavilion павильон, беседка

pavy pavilion *школ.* беседка для зрителей

PAWC Pan-African Workers Congress Панафриканский союз верующих трудящихся, ПАСВ

PAWO Pan-African Women's Organization Панафриканский союз женщин

PAX *тж.* **pax** passenger пассажир

PAX *тж.* **pax** Private Automatic Exchange автоматическая телефонная станция ограниченного пользования

PAY payment платёж; оплата

P. A. Y. E. *тж.* **PAYE** [′pi:′ei-′war′i:] Pay As you Earn «заработал — плати» (*система удержания подоходного налога из заработной платы; Великобритания*)

paymr paymaster кассир; казначей; казначейский

Paymt *тж.* **paymt** payment платёж; оплата; взнос

P. B. passbook банковская расчётная книжка

PB patrol boat сторожевой катер

PB patrol bomber патрульный бомбардировщик

PB pilotless bomber беспилотный бомбардировщик

Pb plumbum *лат.* (lead) *хим.* свинец

p/b poor bastard *разг. груб.* бедняга-шельмец

PB Prayer Book молитвенник

PB Push Button нажимная кнопка; кнопочный; нажимного действия

PBA polybutadiene acrylonitrile полибутадионовый акрилонитрил, горючее РДТТ (*ракетный двигатель твёрдого топлива*)

PBB polybrominated biphenyl полиброминированный бифенил

PBL probable вероятный

PBP Push-Button Panel кнопочная панель

PBS [′pi:′bi:′es] Public Broadcasting Service Государственная служба радиовещания (*США*)

PBW Particle Beam Weapon пучковое оружие

PBX Private Branch Exchange телефонная система для частного пользования

PC Pacific Region Тихоокеанский регион

P. C. paid cash *эк.* уплачено наличными

PC Panama Canal Панамский канал

pc parsec *астр.* парсек

PC Parish Council приходский совет (*выборный орган прихожан для ведения дел данного прихода*)

PC Parish Councillor член приходского совета

P/C particular charges особые расходы

pc payment in cash *эк.* уплата наличными

p. c. per cent процент

pc percentage процентное содержание

P/C petty cash мелкие деньги, разменная монета

PC photographic camera фотоаппарат

PC *тж.* **pc** piece часть; кусок

PC planned cost *эк.* плановая стоимость

p. c. *тж.* **P. C.** [′pi:′si:] police constable констебль, полицейский (*ставится перед именем; Великобритания*)

PC Political Committee политический комитет

PC [′pi:′si:] portable computer портативный компьютер

pc postcard (postal card) почтовая открытка

p. c. post cibum *лат.* (after eating) после еды (*в рецептах*)

pc price цена

p/c priced catalogue каталог с расценками, прейскурант

p/c prices current прейскурант

PC printed circuit печатная схема

P. C. private contract *эк.* частное соглашение *или* договор

P. C. Privy Council Тайный совет

PC Privy Councillor член Тайного совета

PC procurement cost(s) *эк.* затраты на закупку

PC production cost *эк.* себестоимость

P. C. Professional Corporation *амер.* профессиональная корпорация

PC Programmed Check программированный контроль

PC propellant charge твёрдотопливный заряд

PCA Parachute Club of America Американский парашютный клуб

PCA Permanent Court of Arbitration (the Hague) Международный суд в Гааге

PCA Progressive Citizens of America Прогрессивные граждане Америки

PCB [ˈpiːˈsiːˈbiː] polychlorinated biphenyl полихлоринированный бифенил

PCC Parochial Church Council (приходско-)церковный совет

PCC peaceful chemical compound химическое соединение, используемое в мирных целях

PCC Population Crisis Committee Комитет по демографическому кризису, КДК

PCCM Permanent Consultative Committee of the Maghreb Countries Постоянный консультативный комитет стран Магриба, ПККСМ

PCDR procedure порядок действий, процедура

PCE personal consumption expenditure(s) *эк.* затраты на личное потребление

PCE Program Cost Estimate *эк.* оценка стоимости программы

PCFC(N) Principal Chaplain, Church of Scotland and Free Churches (Naval) главный священник ВМС шотландской церкви и свободных церквей

pchs purchase покупка; закупка

PCHST parachutist парашютист

PCHT parachute парашют

PCIJ Permanent Court of International Justice Постоянная палата международного правосудия, ППМП (*Гаага*)

PCNB Permanent Central Narcotics Board Постоянный центральный совет по наркотическим средствам, ПЦСНС

PCOB Permanent Central Opium Board Постоянный центральный совет по опиуму, ПЦСО

PCP [ˈpiːˈsiːˈpiː] phencyclidine pill пилюля фенциклидина

PCPA para-chlorophenylalanine парахлорофенилаланин

PCPL principal главный, основной

pcpt perception восприятие, ощущение

PCS position, course, speed место, курс следования, скорость

PCS Power Conversion System система преобразования энергии

pc's protective clothes защитная одежда

PCSP Permanent Commission of the Conference on the Use and Conservation of the Marine Resources of the South Pacific Постоянная комиссия конференции по использованию и сохранению морских ресурсов в южной части Тихого океана, ПКК

PCST President's Committee on Science and Technology Научно-технический комитет при президенте (*США*)

pct per cent процент

PCT Planning and Control Techniques методика (методы) планирования и управления

Pct Precinct *амер.* избирательный *или* полицейский участок

PCVs Peace Corps Volunteers добровольцы корпуса мира

PCZ Panama Canal Zone зона Панамского канала

pd. paid оплачено

Pd palladium *хим.* палладий

Pd Parade парад

p. d. per diem *лат.* (per day) за день, в день; ежедневно

PD *тж.* **pd** period период

PD pick up and delivery вывозка и доставка

PD Planning Directive директива по планированию

P. D. Police Department департамент полиции, полицейское управление

PD position doubtful «местоположение сомнительно»

PD Postal District (London) почтовый округ в Лондоне

p. d. potential difference *эл.* разность потенциалов, напряжение

PD preliminary data предварительные данные

PD Presidential Directive директива президента (*США*)

PD privat-docent приват-доцент

PD probability of detection *воен.* вероятность обнаружения

pda public display of affection публичное выражение дружеских чувств

Pd. B. Bachelor of Pedagogy бакалавр педагогики (*ставится после фамилии*)

PDB paradichlorobenzene парадихлорбензол

pdc preliminary diagnostic clinic клиника ранней диагностики

pdc private diagnostic clinic частная диагностическая клиника

Pd. D. Doctor of Pedagogy доктор педагогики (*ставится после фамилии*)

PDE preliminary determination of the epicentre предварительное определение эпицентра

PDES Programme Development and Evaluation Section Секция разработки и оценки программ, СРОП (*ООН*)

pdic periodic периодический

PDL poverty datum line *брит.* уровень бедности

Pd. M. Master of Pedagogy магистр педагогики (*ставится после фамилии*)

PDN *тж.* **pdn** production производство

p/doz per dozen на дюжину

PDQ pretty damn quick *разг.* незамедлительно, тут же, тотчас же

pdr powder порох; порошок

PDR preliminary data report предварительный отчёт

PDS Point Defense System система ПВО (ПРО) объекта

PDSA [ˈpiːˈdiːˈesˈei] People's Dispensary for Sick Animals «Народная ветеринарная амбулатория» (*оказывает бесплатную ветеринарную помощь домашним животным; Великобритания*)

PDSD Point Defense System Development разработка системы ПВО (ПРО) объекта

PDT Pacific Daylight Time дневное тихоокеанское время

PDW [ˈpiːˈdiːˈdʌbljuː] People's Daily World «Пиплз Дейли Уорлд» (*печатный орган компартии США*)

PE periodic периодический

PE permissible error допустимая ошибка

PE personal effects личные вещи

p. e. personal estate *эк.* движимое имущество

PE personnel error ошибка персонала

PE photoelectric фотоэлектрический

PE physical education физическое воспитание

pe *тж.* **PE** physical examination врачебный осмотр

PE polyethylene полиэтилен

PE port of embarkation порт погрузки

PE potential energy потенциальная энергия

PE practical exercise практическое занятие

p/e price/earnings ratio *эк.* соотношение цен и заработка

p. e. printer's error опечатка

P. E. probable error *стат.* вероятная ошибка

PE Protestant Episcopal протестантский епископальный

PEA Physical Education Association of Great Britain and Northern Ireland Ассоциация физического воспитания Великобритании и Северной Ирландии

PEAS production engineering advisory service производственно-техническая консультативная служба

p. e. с. photoelectric cell фотоэлемент

PEC photoelectrochemical cell фотоэлектрохимический элемент

PEC Protestant Episcopal Church протестантско-епископальная церковь

PED parole eligibility date *брит.* дата наступления права на условное досрочное освобождение заключённого

ped pedagogue педагог

ped pedagogy педагогика

ped pedestrian *разг.* пешеход; профессиональный бегун, скороход

Ped Pediatrics педиатрия

P. Ed. Physical Education физическое воспитание

pedag. pedagogue педагог

Ped. B. Bachelor of Pedagogy бакалавр педагогики (*ставится после фамилии*)

Ped. D. Doctor of Pedagogy доктор педагогики (*ставится после фамилии*)

pediat pediatrics педиатрия

pedol pedology педология

PED XING pedestrian crossing пешеходный переход (*США*)

pejor pejorative уничижительный; бранный

Pek Peking Пекин

Peke Pekingese, Pekinese китайский мопс

PEL personnel licensing аттестация личного состава

pen [pen] penalty пенальти

pen penetrate проникать

PEN Penetration Aids средства обеспечения прорыва (*системы ПВО*)

pen peninsula полуостров

pen penitentiary *амер. жарг.* тюрьма; *воен.* помещение для военнопленных

pen penmanship каллиграфия; стиль *или* манера писателя

pen penology пенология, наука о тюрьмах

penaid penetration aid *воен.* система наведения ракеты на цель

peni penicillin пенициллин

Penit Penitentiary *амер.* тюрьма; исправительный дом

PENLA peninsula полуостров

Penn Pennsylvania Пенсильвания (*штат США*)

penol penological пенологический, имеющий отношение к науке о тюрьмах

penol penologist пенолог, занимающийся учением о тюрьмах

penol penology пенология, наука о тюрьмах

pensad pension administration управление по пенсионным делам

pent penetrate проникать

PENT *тж.* **pent** penetration проникновение; пробивание (*облаков*); *воен.* прорыв (*обороны*)

PENT Pentagon Пентагон (*министерство обороны США*)

Pent. Pentecost *церк.* пятидесятница, троицын день

pent [pent] penthouse пентхаус (*роскошный одноквартирный дом на крыше многоэтажного здания*)

pep pepper *разг.* бодрость духа, энергия, живость; стимулировать, вселять бодрость, оживлять

pep peppermint мятная конфета

PEP [ˈpiːˈiːˈpiː] Political and Economic Planning Бюро политического и экономического планирования (*Великобритания*)

PEP productibility, engineering, planning возможность производства, техническое обеспечение и планирование

PEP program evaluation procedure методика оценки программ

pep *тж.* **PEP** Public Employment Program Программа обеспечения занятости населения

peps pepsin пепсин

PEPSY Precision Earth Point System система точной земной ориентации

Per perigee перигей

PER *тж.* **per** period период

per periodic периодический

per person лицо, личность

per personal личный, частный

PER [ˈpiːˈiːˈɑː] Professional and

Executive Recruitment Бюро по найму специалистов и должностных лиц (*Великобритания*)

PERA Production Engineering Research Association Научно-исследовательская ассоциация по организации производственных процессов (*Великобритания*)

per an. per annum *лат.* (by the year) в год, за год

PERC Peace on Earth Research Center Исследовательский центр по проблемам мира на земле

perc percolate *разг.* варить кофе в кофейнике с ситечком; закипать, булькать (*о кофе*)

PERC percussion удар; ударный, ударного действия

per cap. per capita *лат.* на душу населения, на человека

percha gutta-percha гуттаперча

PERCOM peripheral communications периферийная связь

PEREF personal effects личные вещи

perf perfect совершенный; совершенствовать

perf perforated (stamps) перфорированные, с зубцами (марки)

perf perforation *почт. разг.* перфорация

PERF perforator перфорационная машина

perf perform исполнять

perf performance исполнение; представление

perf performer исполнитель

PERGRA permission granted «разрешено», «разрешается», «разрешаю»

perh perhaps возможно, может быть

PERI perigee перигей

perim perimeter track *ав.* внешняя граница аэродрома

period periodical периодический

perjy perjury *юр.* ложное показание под присягой, лжесвидетельство

perk perquisite *разг.* приработок, побочный доход; дополнительные льготы, надбавки (*к заработной плате, пенсии*); оплачиваемый отпуск

PERM *тж.* **perm** [pɜːm] perma-

nent постоянный; *разг.* перманент (*завивка*)

perm permutate *разг.* переставлять, перетасовывать

perm permutation *разг.* перестановка

PERMLY permanently постоянно

PERMS permission разрешение

PERMOGRA permission not granted «не разрешено», «не разрешается», «не разрешаю»

PERP perpendicular перпендикуляр; перпендикулярный

per pro. per procurationem *лат.* (by proxy) по доверенности

pers person лицо, особа, человек

pers personal личный

pers personality личность

PERS personnel личный состав

PERSH Pershing баллистическая ракета «Першинг»

persp perspective перспектива

pert. pertaining касающийся, имеющий отношение, принадлежащий

PERT [pɜːt] Program Evaluation and Review Technique *эк.* метод ПЕРТ (*метод сетевого анализа при планировании*)

Peruv Peruvian перуанец, перуанка; перуанский

perv perversion извращение

perv pervert человек, страдающий извращением; извращать; совращать

pervy perverted эротический, страдающий половым извращением; искажённый

PES post enumeration survey (контрольное) обследование после проведения переписи

PET petition заявление; просьба

PET petroleum нефть; нефтепродукты

pet petrological петрологический

pet petrologist петролог

pet petrology петрология

PET polyethylene terephthalate полиэтиленовый терефталат

PET portable earth terminal мобильная наземная станция спутниковой связи

Pet. E. petroleum engineer инженер-нефтяник

petn petition петиция

petro petrochemical нефтехимический

petro petroleum нефть; нефтепродукты

petro petrology петрология

pets prior to expiration of term of service до истечения срока службы

petty petticoat *разг.* нижняя юбка

p. ex. par exemple *фр.* (for example) например

pf perfect совершенный

PF probability of failure вероятность отказа (*механизма*)

PF *тж.* **pf** profile профиль

p. f. pro forma *лат.* (for the sake of form) ради формы, для соблюдения формальностей

pf proof доказательство

pf public funds общественные фонды

pf pulse frequency частота пульса

PFA Pension Fund Association Ассоциация пенсионных фондов (*США*)

PFA Popular Flying Association Ассоциация лётчиков-любителей

PFB Provisional Frequency Board Временный комитет по радиочастотам, ВКР

pfc passed (with) flying colors одержать победу, добиться успеха

Pfc private first class *воен.* рядовой 1-го класса

pfce performance исполнение; представление

pfd preferred предпочтительный

pfds preferred spelling предпочтительное, более принятое написание

PFS present family size существующий размер семьи

pfst pianofortist пианист

pft acct pianoforte accompaniment фортепьянное сопровождение, сопровождение фортепьяно

PFU prepared for use *эк.* готовое к употреблению

pfx prefix *грам.* префикс, приставка

pg. page страница

P. G. [ˈpiːˈdʒiː] paregoric *мед.* болеутоляющее, успокаивающее средство

PG [ˈpiːˈdʒiː] Parental Guidance категория фильмов, требующая контроля со стороны взрослых (*США*)

P. G. [ˈpiːˈdʒiː] paying guest пансионер (*в частном доме*); жилец, снимающий комнату с пансионом

PG permanent grade постоянное звание

P. G. post-graduate аспирант

pg [ˈpiːˈdʒiː] pregnant беременная

PG professional group профессиональная группа

PG program guidance программное управление

PG [ˈpiːˈdʒiː] prostaglandin *биохим.* простагландин

PG proving ground испытательный полигон

PGA power generating assembly электрогенераторная установка

PGA *тж.* **P. G. A.** Professional Golfers' Association «Профешэнл Голферз Ассошиэйшн» (*ассоциация профессиональных игроков в гольф*)

PGC Proving Ground Command командование испытательных полигонов

pgd paradigm парадигма

PGE population growth estimation оценка роста численности населения

PGH paragraph статья, параграф

PGI general information programme Общая программа по информации, ОПИ (*ООН*)

PGM precision-guided munition боеприпасы с точным наведением

pgm program программа

pgn pigeon голубь

PGNS Primary Guidance and

Navigation System основная система управления и навигации

PGPI [ˈpiːˈdʒiːˈpiːˈaɪ] Protein Grain Products International «Протэин Грэйн Продактс Интернэшнл» (*международное объединение по производству гранулированного белка; США*)

PGR petition granted «просьба удовлетворена»

pgr population growth rate темпы роста населения

PGRS progress прогресс

PGRV *тж.* **pgrv** Precision Guided Reentry Vehicle головная часть с точным наведением

PGS Power Generation System система генерации электроэнергии

PGS Primary Guidance System основная система наведения

ph *тж.* **PH** past history предыстория

p/h per hour в час

ph pharmacopoeia фармакопея

PH *тж.* **ph** phase фаза; этап

Ph phenyl *хим.* фенил

PH Philharmonic Hall филармония, филармонический зал

ph phone телефон

ph photon фотон

P. H. Public Health здравоохранение

PHA Public Housing Administration Управление жилищного строительства

phage bacteriophage бактериофаг

Phar pharmacopoeia фармакопея

phar pharmacy фармация

Phar. B. Bachelor of Pharmacy бакалавр фармакологических наук (*ставится после фамилии*)

Phar. D. Doctor of Pharmacy доктор фармакологических наук (*ставится после фамилии*)

pharm pharmaceutical фармацевтический

pharm pharmacist фармацевт

pharm pharmacological фармакологический

pharm pharmacology фармакология

Ph. B. Philosophiae Baccalau-

reus *лат.* (Bachelor of Philosophy) бакалавр философии (*ставится после фамилии*)

Ph. C. Pharmaceutical Chemist химик-фармацевт

Ph. D. [ˈpiːeɪtʃˈdiː] Philosophiae Doctor *лат.* (Doctor of Philosophy) (*ставится после фамилии*)

PHDAN physically dangerous вредный для здоровья (*о материалах*)

phi philosophy философия

PHIB amphibious десантный, амфибийный

PHIBFOR amphibious force(s) десантные силы

Phil Philadelphia Филадельфия (*город США*)

Phil Philharmonic филармонический

phil philological филологический

phil philologist филолог

phil philology филология

phil philosophical философский

phil philosophy философия

Phila Philadelphia Филадельфия (*город США*)

philat. philately филателия

philol philological филологический

philol philology филология

phiz physiognomy *шутл. разг.* физия, физиономия, лицо

Ph. M. Philosophiae Magister *лат.* (Master of Philosophy) магистр философии (*ставится после фамилии*)

PHOFL photoflash фотовспышка

phon. phonetics фонетика

phon phonology фонология

PHONCON telephone conversation разговор по телефону

phone ear-phone *разг.* наушник

phone [fəun] telephone *разг.* телефон; звонить по телефону

phonet phonetics фонетика

phono [ˈfəunəu] phonograph *разг. амер.* граммофон, патефон

phonol phonologic(al) фонологический

phonol phonology фонология

phot photograph фотография; фотографировать

phot photographer фотограф

phot photographic фотографический

phot photography фотография

phot photon фотон

photo [ˈfəutəu] photograph *разг.* фотография; фотографировать

photo photographer *разг.* фотограф

photom photometrical фотометрический

photom photometry фотометрия

photorecce [ˈfəutəuˌreki:] photoreconnaissance *воен. жарг.* аэрофотосъёмка

PHP *тж.* **php** pounds per horsepower фунтов на лошадиную силу

PHR photographic reconnaissance (аэро)фоторазведка

phr. phrase фраза

PHR pounds per hour фунтов в час

phraseo phraseologist фразеолог

phraseo phraseology фразеология

phren phrenological френологический

phren phrenology френология

PHRI Public Health Research Institute Научно-исследовательский институт здравоохранения

PHT phototube фотоэлемент

PHTS Psychiatric Home Treatment Service служба оказания психиатрической помощи на дому

phy physical физический

phy physics физика

PHYS *тж.* **phys** physical физический

phys [fɪz] physical education *студ. жарг.* физкультура

phys physician врач

phys physics *школ.* физика

phys physiological физиологический

phys physiology физиология

phys. chem. physical chemistry физическая химия

phys dis physical disability физическая недееспособность

phys. ed. [ˈfɪzˈed] physical education физическое воспитание

PHYSEXAM physical examination медицинский осмотр

phys. geog. physical geography физическая география

physl physiological физиологический

phyz physiognomy *шутл. разг.* физия, физиономия, лицо

pi personal income личный доход

P/I phase in(to) вводить в строй; включать; принимать на вооружение

PI photographic intelligence (аэро)фоторазведка

PI pilotless interceptor беспилотный (истребитель-)перехватчик

pi pious *школ. жарг.* благочестивый; примерный, прилежный

pi poison ivy сумах ядоносный

PI preliminary inquiry предварительное следствие

PI *тж.* **P. I.** principal investigator *амер.* учёный, осуществляющий руководство конкретным экспериментом *или* исследованием

PI priority index показатель приоритета

PI *тж.* **pi** programed instruction *вчт.* запрограммированная инструкция

PI public information общественная информация

pi public investigation публичное расследование

PIA Pilots International Association Международная ассоциация лётчиков

PIANC Permanent International Association of Navigation Congresses Постоянная международная ассоциация конгрессов по судоходству, ПМАКС

PIARG Permanent International Association of Road Congresses Постоянная международная ассоциация дорожных конгрессов, ПМАДК

P. I. B. Prices and Incomes Board Комитет по ценам и доходам (*Великобритания*)

PIBAC Permanent International Bureau of Analytical Chemistry of Human and Animal Food Постоянное международное бюро по химическому анализу продовольствия и фуража

PIC Pacific Intelligence Center Тихоокеанский разведывательный центр

pic [pɪk] picture фотография; кинофильм; картина художника; иллюстрация

PICAO Provisional International Civil Aviation Organization Временная международная организация гражданской авиации

pict pictorial иллюстрированный

PICT *тж.* **pict** picture фотоснимок; картина художника; иллюстрация

pig pigment пигмент

pigmt pigmentation пигментация

pik payment in kind *эк.* платёж натурой

pike turnpike *амер. диал.* турникет; дорога, где взимается подорожный сбор; подорожный сбор

pil pilula *лат.* (pill) пилюля (*в рецепте*)

pill birth-control pill противозачаточное средство в виде таблетки

PIN Police Information Network полицейская информационная сеть

PINS *тж.* **pins** [pɪnz] Person(s) in Need of Supervision *амер.* лица, нуждающиеся в присмотре, контроле

PIO Public Information Office отдел внешней информации

PIR policy improvement routine процесс улучшения политики

Pish Parish церковный приход

pix photographs фотографии

pix pictures фотографии, картины

PJ passive jamming пассивные помехи

PJ Presiding Judge председатель суда, главный судья

PJ Probate Judge судья по наследственным делам и утверждению завещаний

pj prune juice сливовый сок

Pk pack тюк, вьюк; вьючный

PK park парк; место стоянки автомашин; склад

pk peak пик, высшая точка

pk [pek] peck пек (*мера вместимости сыпучих тел = 9,09 л*)

PK pink розовый

pk plank доска, планка; рейка

PK psychokinesis психокинез

pkb photoelectrical keyboard фотоэлектрическая клавиатура

pkg. package свёрток, упаковка, пакет; посылка; багаж; агрегат, блок

PKO peace-keeping operations операции по поддержанию мира

pkr packer упаковщик; *амер.* рабочий мясоконсервного завода

pkt. packet пакет; связка; тюк

P/L partial loss *страх.* частичный убыток; частичная авария

pl penalty line *футб.* штрафная линия

PL perception of light восприятие (сила) света

P/L pipeline трубопровод

pl place место; населённый пункт

PL Plain Language открытым текстом, без зашифровки

Pl plasma плазма

PL Plastic Laboratory лаборатория пластмасс

Pl plate пластина, металлический лист; броня; *эл.* анод

pl platoon взвод; взводный

pl please пожалуйста

pl plural *грам.* множественное число

pl plus сверх, кроме

P. L. Poet Laureate *брит.* поэт-лауреат

PL products liability ответственность за качество выпускаемой продукции

P. L. *тж.* **P/L, p/l** profit and loss прибыль и убыток

PL programming language язык программирования

P. L. Public Law государственное право, публичное право

PL public library публичная библиотека

PLA passenger's luggage in advance *брит.* багаж отправлен вперёд

PLA Pedestrian's League of America Лига пешеходов Америки

P. L. A. [ˈpiːˈelˈeɪ] Port of London Authority Управление лондонского порта

PLAD Plain Language Address Directory руководство по переговорам открытым текстом

plan planet планета

plan planetarium планетарий

PLAND planned запланированный; заданный; запрограммированный

pl & n place and name место и наименование

P. L. & R Postal Laws and Regulations законодательство о почте и почтовые правила (*США*)

plane [pleɪn] airplane самолёт

PLANS Planning Analysis System система анализа планирования

plas plaster штукатурка; пластырь

plast plastic пластмасса; пластмассовый

plat platform платформа, помост; перрон

plat platoon взвод; взводный

PLATF *тж.* **platf** platform платформа

PLATO Programed Logic for Automated Teaching Operations проект «Плато» по использованию логической программы для автоматизированного обучения

plbr plumber слесарь-водопроводчик

PLCY *тж.* **plcy** policy политика, курс; (страховой) полис

pld payload полезная нагрузка

Plen plenary пленарный

Plen plenipotentiary полномочный

plenipo plenipotentiary *разг.* полномочный представитель

pleuro pleuropneumonia *мед. разг.* плевропневмония

plf *тж.* **plff** plaintiff *юр.* истец

pln plan план

PLN plant завод; станция

Pln platoon взвод; взводный

PLNG *тж.* **plng** planning планирование

Pln Msg plain message донесение открытым текстом, нешифрованное сообщение

PLO [ˈpiːˈelˈəu] Palestine Liberation Organization Организация освобождения Палестины, ООП

plot plotting нанесение на карту; прокладка курса

plr pillar опора, стойка, подпора

PLR Psychological Laboratories лаборатории психологических исследований

PLR Public Lending Right *брит.* право государственного кредитования

pls please пожалуйста

plshd polished отполированный

plshr polisher полировщик, шлифовальщик

PLSS Portable Life-Support System *косм.* портативная система жизнеобеспечения

PLSTC *тж.* **plstc** plastic пластмасса; пластмассовый

PLT *тж.* **plt** pilot лётчик, пилот; лоцман

PLT plant завод; станция

plt plate пластина, металлический лист; броня; *эл.* анод

pltc political политический

pltff plaintiff *юр.* истец

pltry poultry домашняя птица

plu. plural многочисленный; множественное число

plu plurality множественность; множество; *амер.* абсолютное большинство голосов

PLU preservation of location uncertainty *воен.* сохранение неопределённости местоположения

plumb plumber слесарь-водопроводчик

plumb plumbing слесарно-водопроводные работы

plup pluperfect *грам.* давнопрошедшее время

PLUS Programed Learning Under Supervision программированное обучение под наблюдением

plute plutocrat *разг.* плутократ

PLUTO [′plu:təu] pipe line under the ocean нефтепровод под Ла-Маншем

PLYBK playback воспроизведение

plywd plywood (клеёная) фанера

pm pamphlet брошюра; памфлет; *брит.* инструкция

p/m past month прошлый месяц

PM paymaster кассир; казначей; казначейский

p. m. per minute в минуту

p. m. per month в месяц

Pm pharmacy фармация

PM postmaster начальник почтового отделения; почтмейстер

PM *тж.* **pm** [′pi:′em] post meridiem *лат.* (afternoon) после полудня, во второй половине дня

P. M. *тж.* **p. m.** post mortem после смерти; посмертный; *мед.* вскрытие трупа

PM pounds per minute фунтов в минуту

pm. premium премия, вознаграждение; премия страховая; плата за обучение (*ремеслу и т. д.*)

P. M. [′pi:′em] Prime Minister премьер-министр

PM Provost Marshal начальник военной полиции

PM push money выплата розничным торговцам за «проталкивание» определённого товара

pma paramethoxyamphetamine параметоксиамфетамин

PMA Permanent Mailing Address постоянный почтовый адрес

PMA polymethacrylate *хим.* полиметакрилат

PMAD Public Morals Administrative Division (NY City Police Department) полиция нравов нью-йоркского административного округа

PMAG Program Management Assistance Group Группа оказания помощи в руководстве программой работ

P. Mar Provost Marshal начальник военной полиции

pmb past medical history история болезни

pmb post-menopausal bleeding постклимактерическое кровотечение

PMB Program Management Board Комиссия по руководству программой

pmbx private manual branch exchange частная ручная телефонная станция, имеющая соединение с городской телефонной сетью

PME Professional Military Education (Program) Программа профессиональной военной подготовки

PMG Paymaster-General главный казначей; начальник казначейства (*Великобритания*)

pmk. postmark почтовая марка

pmkd postmarked погашено почтовым штемпелем

pml probable maximum loss возможные максимальные потери

PMLA *тж.* **P. M. L. A.** Publications of Modern Language Association Труды ассоциации современного языка (*американское периодическое издание по вопросам языкознания*)

PMM purchase money mortgage закладная, погашаемая доходами с недвижимого имущества

PMNT permanent постоянный

PMO Postal Money Order денежный перевод по почте

PMOS Permanent Manned Orbital Station постоянная пилотируемая орбитальная станция

PMP Program Management Planning планирование руководства программой

PMP pump насос

PMR proportional mortality ratio относительный показатель смертности

PMS Physiological Monitoring System система физиологического контроля

PMS preventive maintenance services службы профилактического ремонта

PMSN permission разрешение

pmt payment оплата, платёж; уплата

PMT permit разрешать

pmt premenstrual tension предменструальная напряжённость

pmtd promoted повышен (в звании *или* должности)

pmx private manual exchange (telephone) частная ручная телефонная станция

pmyob please mind year own business пожалуйста, не вмешивайтесь в чужие дела

PN North Pole Северный полюс

PN Pan-American World Airways «Пан-Америкэн Уорлд Эруэйз» (*авиатранспортная компания США*)

Pn partition перегородка

Pn platoon взвод; взводный

PN please note примите к сведению, пожалуйста

PN pneumatic пневматический

PN pneumatics пневматика

pn position положение; позиция; рубеж

p. n. promissory note *эк.* простой *или* прямой вексель; соло-вексель

pn psychiatry-neurology психиатрия-неврология

PN psychoneurotic психоневротический

PNA pentoso nucleic acid пентозонуклеиновая кислота

PNA Price Not Available «цена неизвестна»

PNAC President's National Advisory Committee Национальный консультативный комитет при президенте

pnc penicillin пенициллин

PNDB *тж.* **pndb** perceived noise decibel шум в физиологических децибелах

PNE *тж.* **pne** peaceful nuclear explosion ядерный взрыв в мирных целях, МЯВ

PNET Peaceful Nuclear Explosions Treaty Договор о ядерных взрывах в мирных целях

P. N. E. U. *тж.* **PNEU** [ˈpiːˈenˈiːˈjuː] Parents' National Educational Union Национальный союз родителей для содействия образованию (*Великобритания*)

PNEU *тж.* **pneu** pneumatic пневматический

p. n. g. persona non grata *лат.* (an unacceptable person) персона нон грата (*дипломатический представитель, которому отказано в агремане*)

PNL *тж.* **pnl** panel *эл.* распределительная доска; панель, щиток; приборная доска

PNL Perceived Noise Level уровень шума в физиологических децибелах

pno piano фортепиано, пианино

PNR Passenger Name Recording (Airlines) регистрация фамилий пассажиров (самолёта)

Pnr Pioneer сапёр

pnr prior notice required требуется предварительное уведомление

pnt patient больной, пациент

Pnt Pentagon Пентагон (*министерство обороны США*)

pnt point точка; пункт; вершина

PNTBT Partial Nuclear Test Ban Treaty Договор о частичном запрещении ядерных испытаний

pntr painter художник, живописец

pnx pneumothorax *мед.* пневмоторакс

pnxt. pinxit *лат.* (painted this) нарисовал такой-то (*ставится перед подписью художника*)

PNYA Port of New York Authority Управление нью-йоркских аэропортов

P. O. Pacific Ocean Тихий океан

p/o part of часть (*чего-л.*)

PO Passport Office паспортный стол

PO Patent Office патентное бюро

p. o. per os *лат.* (by mouth) перорально (*в рецептах*)

PO Personnel Office отдел кадров

P/O Phase-Out снятие с вооружения

PO pilot officer *брит. ав.* лейтенант

PO planetary orbit орбита планеты

po poetry поэзия

PO polarity полярность

po pole полюс; полюсный

Po polonium *хим.* полоний

po' poor бедный

P. O. postal order денежный почтовый перевод

PO Post Office почтовое отделение *или* управление

P. O. Post Officer почтовый чиновник

p-o postoperative послеоперационный

PO Press Officer офицер связи с прессой

PO *тж.* **po** previous orders предыдущие распоряжения

PO Project Office проектное бюро

PO Public Office здание государственного *или* общественного учреждения; должность *или* деятельность в государственном учреждении *или* самоуправлении

PO Purchase Order заказ на поставку

POA Pacific Ocean Area зона (район) Тихого океана

POAE Port of Aerial Embarkation аэропорт загрузки

POAU Protestants and Other Americans United for Separation of Church and State Протестанты и другие верующие американцы, объединённые за отделение церкви от государства

POB Persons on Board количество человек на борту

POB place of birth место рождения

POB *тж.* **P. O. B.** Post Office Box абонементный почтовый ящик

pob prevention of blindness предупреждения слепоты

PO box post office box почтовый ящик

POC Peace Observation Commission Комиссия по наблюдению за поддержанием мира

POC port of call порт захода

poc privately owned conveyance личное транспортное средство

pock pocket карман

pod payable on (upon) death выплата в случае смерти

POD pay on delivery оплата (товара) при доставке; наложенным платежом

POD Plan of the Day распорядок дня

POD port of debarkation порт высадки *или* выгрузки

POD Post Office Department министерство почт, почтовое ведомство

POD Processing of Data обработка данных

POE port of embarkation порт посадки *или* погрузки

POE port of entry порт захода

poet poetic(al) поэтический, стихотворный; поэтичный

poet poetry поэзия

pof please omit flowers пожалуйста, не надо цветов

POFD port of debarkation порт высадки *или* выгрузки

P of W prisoner of war военнопленный

POGO Polar Orbiting Geophysical Observatory полярная орбитальная геофизическая обсерватория

poi poison отрава, яд; отравляющее вещество

poi poisonous ядовитый

POI Program of Instruction программа обучения

POL petroleum, oil and lubricants горючее и смазочные материалы

pol polar полярный

Pol police полиция

pol polish политура, полировальный состав

pol political политический

pol political prisoner политзаключённый

pol politician *разг.* политик, политический деятель

pol politics политика

POL Problem-Oriented Language проблемно-ориентированный язык (знак)

Pol Ad Political Adviser политический советник

Pol Com Police Commissaire (Interpol) Комиссар полиции (Интерпол)

pol com political committee политический комитет

polio ['pəuliəu] poliomyelitis *разг.* полиомиелит; больной полиомиелитом

poli sci political science политическая наука

polit political политический

polit politician политик, политический деятель

polit politics политика

poll pollution загрязнение окружающей среды

polwar political warfare политическая война

poly ['pɔli] polyester fiber полиэстер

poly polyethylene полиэтилен

poly polymer полимер

poly ['pɔli] polytechnical school *брит. разг.* политехнический институт

poly polyvinil поливинил

polymorph polymorphous полиморфный

poly sci political science политическая наука

Pom Pomeranian *разг.* шпиц

pomp pompadour высокая женская причёска «помпадур»

Pon Brg pontoon bridge понтонный мост

POO Post Office Order денежный перевод по почте

POOL Ad hoc Group of Experts on Pollution of the Ocean Originating on Land Специальная группа экспертов по вопросам загрязнения морей от береговых источников, ПУЛ

pop [pɔp] popular *разг.* массовый, популярный, доступный; пользующийся известностью; в стиле «поп»

pop popularly популярно

pop population народонаселение

P. O. P. post office preferred предпочтительная упаковка поч-

тового отправления (*в рекламе и торговле товарами по почте*)

POPA Property Owners Protection Association Ассоциация защиты собственников

pop art *тж.* Pop art ['pɔp'ɑ:t] popular art поп-арт, поп-искусство (*неоавангардистское направление в изобразительном искусстве*)

pop. ed. popular edition общедоступное издание

pop festival ['pɔp'festivəl] popular festival поп-фестиваль

POPINS population information system система информации по вопросам народонаселения, ПОПИНС (*ООН*)

pop music popular music поп-музыка

pops [pɔps] populars поп-музыка, современные популярные песенки

P. O. R. payable on receipt подлежит оплате по получении

p. o. r. pay on return оплатить по возвращении (взятого)

por porosity пористость

por porous пористый

por public opinion research исследование общественного мнения

porc porcelain фарфор, фарфоровый

porc porcupine *австрал. разг.* дикобраз

porksan pork sandwich сэндвич, бутерброд со свининой

porm plus or minus плюс или минус

porn pornographic *разг.* порнографический

porn [pɔ:n] pornography *жарг.* порнография; порнографический фильм; автор порнографических произведений

pornbook pornographic book порнографическая книга

pornfilm pornographic motion-picture film порнографический фильм

porno pornographic *разг.* порнографический

port portrait портрет

POS Permanent Orbital Station

постоянная (долговременная) орбитальная станция

POS *тж.* **pos** position положение, место; позиция; рубеж

POS positive положительный, позитивный

POS probability of survival вероятность выживания (*сохранения жизни*)

P. O. S. B. Post-Office Savings Bank сберегательный банк при почтовом отделении

posish position *разг.* положение, поза; позиция, расположение, рубеж; должность, место

posit position положение, место; позиция; рубеж

posit positron позитрон

POSN *тж.* **posn** position положение, место; позиция; рубеж

POSNY People of the State of New York жители штата Нью-Йорк

poss possession владение; имущество, собственность

poss possessive *грам.* притяжательный падеж

poss possible *разг.* возможный, вероятный

post postage почтовые расходы

post postal почтовый

post posterior последующий, задний

post-op post-operative послеоперационный

postor praepostor *школ. разг.* старший ученик, наблюдающий за дисциплиной

postrad postgraduate аспирант; аспирантский

pot potassium *хим.* калий

POT *тж.* **pot** potential *эл.* потенциал; потенциальный

pot potential out take возможное сокращение радиопередачи, записанной на магнитной ленте

pot potentiometer потенциометр

POT Prevention of Terrorism предупреждение терроризма (*арест подозреваемых в соответствии с Актом о предупреждении терроризма*)

potass potassium *хим.* калий

pott pottery гончарное дело; гончарные изделия

POTUS President of the United States Президент США (*обращение, использованное Черчиллем в беседе с Рузвельтом; затем использовалось президентом Джонсоном*)

POTW *тж.* **potw** potable water питьевая вода

poul poultry домашняя птица

POV privately owned vehicle личный автомобиль

POW powder порошок; порох

pow power мощность; власть, сила

POW Prince of Wales принц Уэльский (*титул наследника престола, старшего сына монарха*)

POW *тж.* **P. O. W.** prisoner of war военнопленный

PP parcel post почтовая посылка

PP parish priest приходский священник

P/p partial pay *эк.* частичная оплата

P. P. past participle *грам.* причастие прошедшего времени

p. p. per procurationem *лат.* (by proxy) по доверенности

pp physical properties физические свойства

pp pickpocket карманный вор, карманник

PP pilotless plane беспилотный самолёт

P. p. please pay уплатите, пожалуйста

PP polypropylene полипропилен

P. P. post paid пересылка (по почте) оплачена

PP power plant *тех.* силовая установка, двигатель

PP present participle *грам.* причастие настоящего времени

pp privately printed отпечатано по частному заказу

pp private property частная собственность

P. P. purchase price покупная цена

PPB *тж.* **PPBS** Planning-Programming-Budgeting (System) система оптимального планирования, программирования и финансирования (по методу затраты — выходы)

PPC Policy Planning Council Совет планирования политики (*США*)

p pd postage paid пересылка по почте оплачена

ppd prepaid оплаченный вперёд

P. P. E. [ˈpiːˈpiːˈiː] Philosophy, Politics and Economics курс философии, политики и экономики (*в Оксфордском университете*); выпускной экзамен на степень бакалавра искусств по философии, политике и экономике (*в Оксфордском университете*)

pph. pamphlet брошюра; проспект (*технический и т. п.*); *брит.* инструкция

PPH pounds per hour фунтов в час

PPI plan position indicator индикатор кругового обзора РЛС

ppl. participle *грам.* причастие

ppl pipeline трубопровод

pple past participle *грам.* причастие прошедшего времени

P. P. M. *тж.* **p. p. m.** parts per million частей на миллион

PPM *тж.* **ppm** pounds per minute фунтов в минуту

ppm pulse per minute удары пульса в минуту

ppn proportional пропорциональный, соответственный

PPO Publications and Printing Office издательско-типографский отдел

P. P. P. [ˈpiːˈpiːˈpiː] Psychology, Philosophy and Physiology курс психологии, философии и физиологии (*в Оксфордском университете*); выпускной экзамен на степень бакалавра искусств по психологии, философии и физиологии (*в Оксфордском университете*)

PPR parity progression ration коэффициент рождаемости в пределах порядковой группы по числу детей

ppr present participle *грам.* причастие настоящего времени

ppr proper соответствующий; *грам.* собственный

PPRS Project Personnel Recruitment Section Секция найма персонала для проектов, СНПП (*ООН*)

P. P. S. [ˈpiːˈpiːˈes] parliamentary private secretary личный парламентский секретарь министра (*член парламента*)

P. P. S. [ˈpiːˈpiːˈes] personal private secretary личный секретарь (*обыкн. у крупных бизнесменов, высших чиновников; Великобритания*)

P. P. S. post postscriptum *лат.* (a second or additional postscript) второй *или* ещё один постскриптум

PPS pounds per second фунтов в секунду

P. P. S. [ˈpiːˈpiːˈes] principal private secretary главный личный секретарь (*старший помощник министра, заместителя министра и др. высших чиновников; Великобритания*)

PPS propose предлагать; предполагать

PPSEAWA Pan-Pacific and South-East Asia Women's Association Ассоциация женщин стран Тихого океана и Юго-Восточной Азии, АЖСЮВА

ppt. precipitate *хим.* осадок; осаждать

ppt prompt срочный

pptn precipitation *хим.* осаждение

Ppty *тж.* **ppty** property собственность, имущество

pq peculiar специфический, особенный

P. q. *тж.* **PQ** previous question предыдущий вопрос

pr pair пара

PR Parliamentary Reports парламентские отчёты

pr *тж.* **P/R** payroll ведомость на выплату жалования

PR post registered заказное почтовое отправление

pr present присутствующий

Pr president президент

PR Press Release сообщение

349 **pref**

для печати; информационный бюллетень телеграфного *или* газетного агентства; пресс-релиз

Pr. *тж.* **pr.** price цена

Pr priest священник

Pr Prince принц, князь

pr prior предшествующий

Pr proceedings труды; записки (*научного общества*)

pr pronoun *грам.* местоимение

PR proportional representation пропорциональное представительство

Pr protein белок

PR public relations связь с широкой публикой, связь с общественными организациями и населением; (внешняя) информация и реклама

PR purchase request *эк.* заявка (требование) на закупку

PRA President of the Royal Academy Президент королевской академии искусств

PRA Psychological Research Association Ассоциация психологических исследований

PRA Public Roads Administration *ист.* Управление (автомобильных) дорог общественного пользования

prac [præk] practice практика, практическое занятие; обучение; тренировка

prac practitioner практикующий врач *или* юрист

pracs practical classes *школ.* практические занятия

pract practical практический; практичный

pract practitioner практикующий врач *или* юрист

PRBM Political Range Ballistic Missile баллистическая ракета политического значения

PRC [ˈpiːˈɑːˈsiː] People's Republic of China Китайская Народная Республика, КНР

PRC Prices Regulation Committee Комитет регулирования цен

Pr C. private company частная акционерная компания

prc procedure процедура

Pr Ch Parish Church приходская церковь

prchst parachutist парашютист

PRCHT *тж.* **prcht** parachute парашют; парашютный

PRCTN precaution предосторожность

PRD period период

pr. d. probability density плотность вероятности

PRD Public Relations Department отдел (внешней) информации и рекламы

prdx paradox парадокс

pre prefect *школ.* староста, старший ученик (*в некоторых привилегированных школах*)

pre president *брит.* ректор колледжа

preamp [ˈpriːˈæmp] preamplifier *радио* предварительный усилитель

prec preceding предшествующий

prec precision точность

PRECD precede предшествовать

precip precipitate *хим.* осадок; осаждать

precip precipitation осаждение

pred predicate *грам.* сказуемое

PREDE Regional Education Development Program Региональная программа развития в области образования, РПРО (*ООН*)

predic predicate *грам.* сказуемое

predic predicative *грам.* предикативный

predic prediction предсказание

pre-em pre-eminence превосходство; (огромное) преимущество; исключительность

pre-em pre-eminent превосходящий (всех других); выдающийся, исключительный

pre-em pre-empt *разг.* завладевать (*чем-л.*) раньше других

pre-em pre-emption *разг.* захват, овладение

pre-em pre-emptive преимущественный (*в праве на покупку*); упреждающий (*о нападении и т. п.*)

pref preface предисловие

pref prefaced с оглавлением

pref prefactory вступительный, вводный

Pref Prefect префект

pref prefecture префектура

pref preference предпочтение, преференция

pref preferred предпочтительный

pref prefix *грам.* префикс, приставка

prefab prefabricated *разг.* заводского изготовления, сборный

prefab prefabricated house *разг.* сборный дом

prefd preferred предпочтительный

preg pregnancy беременность

preg pregnant беременная

preh prehistoric доисторический

prehis prehistoric доисторический

prej prejudice предрассудок

prel prelude вступление; *муз.* прелюдия

prelim [ˈpriːlɪm, prəˈlɪm] preliminary *унив. разг.* вступительный экзамен; *полигр.* сборный лист; предварительный

prem premature преждевременный

prem. premium награда, премия; страховая премия; плата за обучение (*ремеслу и т.п.*)

premie premature child *амер. разг.* преждевременно родившийся ребёнок

prems premises помещение

prep preparatory *разг.* подготовительный, приготовительный

prep prepare *школ. разг.* учиться в частной школе; готовить(ся) проходить подготовку; *мед.* готовить к хирургической операции; *воен.* проводить артиллерийскую подготовку

prep preposition *грам.* предлог

prepd prepared подготовленный; готовый

prepn preparation подготовка

prep school [ˈprepskuːl] preparatory school *разг.* приготовительная школа (*частная*)

PRES *тж.* **pres** present текущий; *грам.* настоящее (время)

Pres. presidency президентство

Pres [prez] president *разг.* президент

PRES pressure давление

pres presumption предположение; *юр.* презумпция

Presb. Presbyterian *рел.* пресвитерианин; пресвитерианка; пресвитерианский

presc prescription *мед.* рецепт; предписание

Pres. Ch. Presbyterian Chaplain пресвитерианский капеллан

preserv preservation сохранение; консервирование; охрана (*от браконьерства*)

pres. part. present participle *грам.* причастие настоящего времени

press pressure давление

presv preservation сохранение; консервирование; охрана (*от браконьерства*)

presv preserve сохранять, оберегать; хранить, поддерживать; заготавливать впрок, консервировать

PREV *тж.* **prev** previous предыдущий; предшествующий

Preven preventive превентивный

previous previous convictions *юр.* (предшествующие) судимости

prexy president *амер. жарг.* ректор университета, директор колледжа

prez president *амер. жарг.* президента США

prf praefation *лат.* (introduction; preface) вступление

prfnl professional профессиональный

prfr proofreader корректор

PRGM program программа

PRI President of the Royal Institute of Painters in Water-Colours президент Королевского института акварелистов

PRI *тж.* **pri** primary первичный; основной, главный

pri primitive примитивный; первобытный

pri priority приоритет; очерёдность

PRI prison тюрьма; тюремный

Pri privately частным образом

PRIBA President of the Royal Institute of British Architects президент Королевского института британских архитекторов

PRIM *тж.* **prim** primary первичный; основной; первоначальный

prim primitive примитивный; первобытный

PRIN *тж.* **prin** principal главный, основной; директор колледжа

prin principally в основном, главным образом

print. printing печатание, печать; печатное дело; печатное издание

PRIO Peace Research Institute, Oslo Институт мира в Осло, ИМО

prior priority приоритет, первоочерёдность

PRIP Parts Reliability Improvement Program программа повышения надёжности деталей

pris prisoner арестованный, заключённый; (военно)пленный

prism prismatic призматический

priv privacy уединение; тайна, секретность

Priv. *тж.* **priv.** private частный, личный; рядовой (*солдат*)

priv privation лишение, нужда; отсутствие (*какого-л. качества*)

priv privative указывающий на отсутствие (*чего-л.*); отнимающий, лишающий

priv privilege *школ. жарг.* привилегия; ученик, имеющий право заставлять младших себе прислуживать

priver private school *школ.* частная/закрытая школа

priv. pr. privately printed отпечатано по частному заказу

Prk park парк; склад; место стоянки автомашин

prl periodical периодический

prm parameter параметр

prm premium *эк.* (страховая) премия

prm prime начало, начальный период; первоначальный; первичный; исходный

P. R. man [ˈpiːˈɑːmæn] public relations man агент по связям с (широкой) публикой

prmld premoulded заранее отпрессованный

p. r. n. pro re nata *лат.* (as occasion may require) по мере необходимости, сообразно обстоятельствам

prnt printer печатник, типограф; печатающее устройство

pro probationer *разг.* стажёр, стажёрка

pro probationer nurse сестра-стажёр

PRO *тж.* **pro** procedure процедура, порядок действия; методика

pro procure доставать, добывать, обеспечивать

pro procurement приобретение, получение; поставка (*оборудования и т. п.*)

pro profession профессия

pro professional *разг.* профессионал; спортсмен-профессионал; кадровый военнослужащий; профессиональный

PRO proficiency специальная подготовка, квалификация

pro progress прогресс; движение вперёд

pro. progressive прогрессивный, поступательный

pro promoted повышен (*в звании, должности*)

pro promotion повышение (*в звании, должности*)

pro prophylactic *спец.* профилактический, предохранительный; профилактическое средство

pro pro-proctor *унив. разг.* помощник проктора/надзирателя

pro prostitute *разг.* проститутка

PRO prototype опытный образец, прототип

Pro provost ректор (*в некоторых высших учебных заведениях*); офицер военной полиции

PRO [ˈpiːˈɑːrˈəu] public relations officer сотрудник *или* руководитель отдела информации (*учреждения, фирмы*); пресс-атташе (*посольства*); агент, представитель (*кинозвезды и т. д.*)

pro-am [ˈprəuˈæm] professional-amateur *спорт.* совместная игра профессионалов и любителей; включающий профессионалов и любителей, профессионально-любительский

PROB *тж.* **prob** probability вероятность

prob probable вероятный, возможный

prob probably вероятно, возможно

prob problem задача, проблема

prob problematic(al) проблематичный

probby probationer *австрал. жарг.* осуждённый условно

probn probation испытание, стажирование

PROC *тж.* **proc** procedure процедура, порядок действий

Proc *тж.* **proc** proceedings труды, записки (*научного общества*)

proc process процесс

PROC processing обработка (*напр. данных и т. п.*)

proc proclaim объявлять, провозглашать

proc proclamation воззвание, обращение

Proc proctor *брит.* инспектор студентов (*в университете*)

proc procure доставать, добывать, обеспечивать

proc procurement приобретение, получение; поставка (*оборудования и т. п.*)

PROCDR procedure процедура, порядок действий

procesh procession процессия

procrast procrastination промедление, оттягивание

prod product продукт, продукция

prod production продукция; производство

prodac programmed digital automatic control программированный цифровой автоматический контроль

prof profession профессия

prof professional профессионал; профессиональный

Prof [prof] professor профессор; преподаватель

Prof. Eng. professional engineer профессиональный инженер

profl professional профессионал; профессиональный

prog proctor *унив. жарг.* проктор, надзиратель; исполнять обязанности проктора; наказывать

prog progenitor прародитель

PROG *тж.* **prog** prognosis прогноз

prog prognostic служащий предвестником, предвещающий

prog [prəug] program *брит. разг.* программа (*радио или телевидения*)

prog programmer программист

PROG *тж.* **prog** progress прогресс; ход работы; продвижение

prog [prog] progressive *преим. амер.* прогрессивный человек, передовая личность; *брит. жарг.* «прогрессист», передовая личность; прогрессивный

progr program программа

PROH prohibit запрещать; мешать, препятствовать

prohib prohibition запрещение

PROJ *тж.* **proj** project проект, план; стройка, строительство

projie projectile снаряд

prol prologue пролог

prole proletariat пролетариат

PROM programmable read-only memory *вчт.* постоянное запоминающее устройство, ПЗУ; запоминающее устройство, не способное выполнять операцию записи

prom promenade *разг.* прогулка, гулянье; *разг.* место для гулянья, променад; *амер. разг.* бал (*в университете или колледже*)

prom promenade concert *разг.* общедоступный симфонический концерт, во время которого публика стоит и может свободно передвигаться по залу

prom prominent выдающийся, видный

prom. promontory мыс

prom promote продвигать, повышать в чине *или* звании

prom promotion содействие, поощрение, поддержка; реклама; рекламный материал

proml promulgate обнародовать, провозглашать

promo ['prəuməu] promotional *разг.* рекламный

pron pronominal *грам.* местоименный

pron pronoun *грам.* местоимение

pron pronounce объявлять; произносить

pron pronounced отчётливый, ясный, определённый

pron pronunciation произношение

pronom pronominal *грам.* местоименный

pro note promissory note долговое обязательство, долговая расписка; простой вексель

pronun pronunciation произношение

prop propaganda пропаганда

prop propeller *ав. жарг.* пропеллер

prop. property собственность, имущество

prop proportion пропорция

PROP *тж.* **prop** proposal предложение, план

prop proposition *школ.* теорема

prop proprietor собственник, владелец

prop art propaganda art искусство пропаганды

proph prophetic пророческий

proph prophylactic профилактический, предохранительный

propl proportional пропорциональный

propn proportion пропорция, соотношение

props property *театр., кино жарг.* реквизит; реквизитор

pros proscenium *театр.* авансцена, просцениум

PROS prosecution ведение, проведение; судебное преследование

Pros prosecutor обвинитель

pros. prosody просодия

PROS Prospective будущий, ожидаемый, предполагаемый

pros prostitute проститутка

prosc proscenium *театр.* авансцена, просцениум

prost prostitution проституция

PROT *тж.* **prot** protective защитный

Prot. Protectorate протекторат

prot protein белок

Prot [prɔt] Protestant *рел.* протестант, протестантка

prot prototype прототип

protag protagonist главный герой, протагонист; борец, поборник

PROTCT protective защитный

Protec Protectorate протекторат

prothrom prothrombin протромбин

pro us. ext. pro uso externo *лат.* (for external use) наружное (*в рецептах*)

Prov proverb пословица

prov proverbial вошедший в пословицу, общеизвестный

PROV *тж.* **prov** provide снабжать; обеспечивать, предусматривать

Prov *тж.* **prov** province провинция

prov provision запас; обеспечение

prov provisional временный

prov proviso условие, клаузула, оговорка (*в договоре*)

Prov provost ректор (*в некоторых высших учебных заведениях*); офицер военной полиции

provin provincial провинциальный

provn provision запас; обеспечение

Provo ['prəuvəu] Provisional «временный» (*член экстремистской группы, отколовшейся от Ирландской республиканской армии и действующей террористическими методами*)

provo *тж.* **Provo** ['prəuvəu] provocateur провокатор

prox proximity близость, соседство

proxy procuracy действие по доверенности

pr. p. present participle *грам.* причастие настоящего времени

PRP Public Relations Personnel личный состав службы общественной информации

PRS Pacific Rocket Society Тихоокеанское ракетное общество

PRS President of the Royal Society (London) президент Королевского общества (*содействия развитию естествознания*)

PRSA President of the Royal Scottish Academy президент Шотландской королевской академии

PRSE President of the Royal Society of Edinburgh президент Эдинбургского королевского общества

prsmn pressman журналист, репортёр

PRSNL personnel личный состав

prsvn preservation сохранение; сохранность; консервирование; охрана (*от браконьерства*); *тех.* покрытие защитными смазками

prtd printed отпечатано; напечатано; издано

prtg printing издание

PRTL portable переносный, портативный, передвижной

prty priority приоритет; очерёдность

pru prude ханжа, блюститель нравов

pru prudence благоразумие, рассудительность; осторожность, предусмотрительность; расчётливость, бережливость

pru prudent благоразумный, рассудительный; осторожный, предусмотрительный; расчётливый, бережливый

PRVD provide обеспечивать

PS Paleontological Society палеонтологическое общество

PS Passenger Service обслуживание пассажиров

PS passenger steamer пассажирский пароход

ps penal servitude тюремное заключение

PS Permanent Secretary постоянный секретарь

PS Pharmaceutical Society фармацевтическое общество

ps plastic surgery пластическая операция

PS plus плюс; плюсовой; положительный

PS Police Sergeant сержант полиции (*ставится перед именем*)

P.S. postscriptum *лат.* (written after) постскриптум

PS *тж.* **P/S** power supply источник питания

PS power surplus избыток мощности

PS Privy Seal малая государственная печать (*Великобритания*)

Ps Psalm псалом

ps pseudo псевдо

ps. pseudonym псевдоним

PS Public Safety общественная безопасность

P.S. *тж.* **P/S** public sale аукцион, открытая распродажа

PS Public School *брит.* привилегированная частная средняя школа (*чаще для мальчиков*); *амер.* бесплатная средняя школа

PSA Pacific Science Association Тихоокеанская научная ассоциация, ТНА

PSA Photographic Society of America Американское фотографическое общество

Psa Psalm псалом

PSAC President's Science Advisory Committee Научно-консультативный комитет при президенте США

psan psychoanalize подвергать психоанализу

psan psychoanalysis психоанализ

psan psychoanalyst психоаналитик, специалист по психоанализу

psan psychoanalytic(al) психоаналитический

PS & T Purchase, Storage and Transportation закупка, хранение и перевозка

PSBL possible возможный

PSCS Public Service Communications Satellite связной спутник для обслуживания населения

psdo pseudo псевдо

psdo pseudonym псевдоним

pse *тж.* **PSE** psychological stress evaluator устройство, оценивающее психологический стресс (*путём голосового анализа*)

psf *тж.* **p.s.f.** pounds per square foot количество фунтов на квадратный фут

PSG passage пролёт; проход

PSG passing прохождение; проходящий; транзитный

PSGR *тж.* **psgr** passenger пассажир; пассажирский

psi *тж.* **p.s.i.** pounds per square inch количество фунтов на квадратный дюйм

PSI Project Security Instruction инструкция по обеспечению режима секретности при работе над проектом

PSI psychic phenomenon психическое явление (*которое психиатрия не может ни объяснить, ни отвергнуть*)

PSI Public Services International Международное объединение работников общественного обслуживания, МОРО

PSL Physical Science Laboratory лаборатория физических наук

PSMM patrol ship, multi-mission *воен.* дозорное многоцелевое судно ПЛО

PSN *тж.* **psn** position положение, место; позиция; рубеж

PSNAL *тж.* **PSNL** personal личный, индивидуальный

p sol partly soluble частично растворимый

PSR Physicians for Social Responsibility Врачи за социальную ответственность

Pss Princess принцесса

PST Pacific Standard Time тихоокеанское стандартное время

PST past прошлый, истекший

pstl postal почтовый

pstz pasteurize пастеризовать

pstzd pasteurized пастеризованный

p-substance protein substance белковое вещество

p surg plastic surgeon хирург по пластическим операциям

p surg plastic surgery пластическая операция

psy psychological психологический

psych [saık] psychiatric(al) психиатрический

psych [saık] psychiatrist *разг.* психиатр

psych [saık] psychiatry психиатрия

psych [saık] psychology *школ.* психология; курс психологии

psych psychopathology психопатология

psycho psychiatric *разг.* психованный, психический

psycho psychoanalysis *разг.* психоанализ

psycho psychological психологический

psycho psychopath *разг.* псих, психопат

psychoan phychoanalysis психоанализ

psychoan psychoanalyst психоаналитик

psychoan psychoanalytic(al) психоаналитический

psychol psychologic(al) психологический

psychol psychologist психолог

psychol psychology психология

psychot psychotic психически больной человек, психотик; психотический

psychother psychotherapist психотерапевт

psychother psychotherapy психотерапия

psy-op [´saı‚ɔp] psychological operation *амер. воен. жарг.* операция в психологической войне

psypath psychopath(ic) психопатический

psysom psychosomatic психосоматический

psywar [´saı‚wɔ:] psychological war *амер. воен. жарг.* психологическая война

PT Pacific Time Тихоокеанское поясное время

pt *тж.* **PT** part часть, деталь

PT passenger train пассажирский поезд

PT payment платёж, уплата; плата

P.T. [ˊpiːˊtiː] physical training физическая подготовка

pt pint пинта (*мера вместимости жидкостей и сыпучих тел = 0,57 л*)

Pt platinum *хим.* платина

Pt platoon взвод; взводный

PT point точка; пункт; вершина

Pt. port порт; портовый

P.T. postal telegraph почтово-телеграфный

PT post town город, имеющий почтовое отделение

PT primary target основная цель

pt print оттиск, отпечаток; гравюра

pt prompt быстрый, немедленный, срочный

p.t. pro tempore *лат.* (for the time being) временно; пока

PT punched tape перфолента

PT purchase tax налог на покупки

P.T.A. *тж.* **PTA** [ˊpiːˊtiːˊei] parent-teacher association ассоциация учителей и родителей (*Великобритания*)

PTB partial test ban частичное запрещение испытаний (*ядерного оружия*)

ptbl portable переносный; портативный

PTBT Partial Test Ban Treaty Договор о частичном запрещении испытаний (*ядерного оружия*)

PTCP Permanent Technical Committee on Ports Постоянный технический комитет по портам, ПТКП (*ООН*)

PTD *тж.* **ptd** painted окрашенный

ptd printed отпечатано, напечатано; издано

Pte private *воен.* рядовой; частный, личный

PTFM platform платформа

ptg. printing печатание; печатать, печатное дело; печатное издание

PTGT primary target главная цель

PTH phenylthiohydrant *хим.* фенилтиогидрант

PTL *тж.* **ptl** patrol патруль; патрульный

Ptly partly paid *эк.* частично оплаченный

ptn partition перегородка

PTN portion часть

P.T.O. *тж.* **p.t.o., PTO** please turn over (a page or leaf) пожалуйста, переверните (страницу или лист); смотрите на обороте

PTR *тж.* **ptr** printer печатающее устройство; издатель

ptry pantry кладовая (*для провизии*)

ptry poetry поэзия

ptry pottery гончарная мастерская; гончарное дело; гончарные изделия, керамика

PTT *тж.* **ptt** push to talk нажать для переговоров

PTTI Postal, Telegraph and Telephone International Международное объединение работников печати, телеграфа и телефона, МОПТТ

pt-tm part-time не полностью занятый

PTV [ˊpiːˊtiːˊviː] public television «публичное телевидение», некоммерческое телевидение

ptw per thousand words на тысячу слов

Pty Party партия

PU personal use для личного пользования

PU Pickup чувствительный элемент; датчик

Pu plutonium *хим.* плутоний

PU polyurethane *хим.* полиуретан

pu & d pickup and delivery вывод и доставка (*грузов*)

pub public публичный; общественный; общедоступный

pub publication издание

pub [pʌb] public house *разг.* паб, пивная, трактир, таверна; быть завсегдатаем пивных (*Великобритания*)

pub. publicity реклама

pub published изданный, опубликованный

pub publisher издатель

pub publishing издательский

pub-crawl public house crawl *разг.* хождение из одной пивной в другую; ходить из одной пивной в другую

pubd published изданный, опубликованный

PUBINFO public information общественная информация

publ published опубликованный, изданный

publ publisher издатель

PUBREL Public Relations отношения (связь) с общественными организациями и населением

pud pudding пудинг, запеканка

pulm pulmonary *мед.* лёгочный

pun punishment *школ. разг.* наказание

punc punctuation пунктуация

punk puncture получить прокол

punk punctured проколотая шина

PUOS peaceful uses of outer space мирное использование космического пространства

PUR *тж.* **pur** purchase закупка, покупка

pur purchaser покупатель

pur purification *тех.* очистка

pur purified *хим.* очищенный, рафинированный

pur purifier *тех.* очиститель

pur purify очищать

PURCH *тж.* **purch** purchase закупка, покупка

purg purgativus *лат.* (purgative) *мед.* слабительное средство

PUS Pharmacopoeia of the United States Фармакопея США

P/V profit-volume *эк.* зависимость прибыли от объёма производства

PVC [ˈpiːˈviːˈsiː] polyvinylchloride поливинилхлорид, пи-ви-си

PVGGND proving ground испытательный полигон

PVL prevail преобладать

PVLT prevalent преобладающий

Pvmnt pavement тротуар

PVNT *тж.* **pvnt** prevent предотвращать

pvnt preventive превентивный

PVP [ˈpiːˈviːˈpiː] polyvinylpyrrolidone поливинилпирролидон

PVS [ˈpiːˈviːˈes] Post-Vietnam Syndrome послевьетнамский синдром

PVT Pressure-Volume-Temperature давление-объём-температура

Pvt. private рядовой (*солдат*); индивидуального пользования *или* владения

P.W. packed weight вес брутто

p.w. per week в неделю

pw postwar послевоенный

PW potable water питьевая вода

PW prisoner of war военнопленный

pw psychological warfare психологическая война

PW public works общественные работы

PWA *тж.* **P.W.A.** Public Works Administration Управление общественных работ

PWD *тж.* **pwd** powder порошок; порох

PWD Psychological Warfare Division отдел (управление) психологической войны

P.W.D. *тж.* **PWD** Public Works Department управление *или* отдел общественных работ

PWIF Plantation Workers' International Federation Международная федерация работников плантаций

PWR *тж.* **pwr** power мощность, сила, энергия

PWR pressurized water reactor реактор, охлаждаемый водой под давлением

PWRAMPL power amplifier усилитель мощности

PWRPLT powerplant силовая установка

PWRSUP *тж.* **pwrsup** power supply энергоснабжение; источник энергии (*питания*)

pwt pennyweight *брит.* пеннивейт (*мера веса = 1,55 г*)

px physical examination врачебный осмотр

PX *тж.* **P.X.** Post Exchange *амер.* гарнизонное военно-торговое предприятие

PX private exchange частная телефонная станция

px in time of arrival время прибытия

px out takeoff time время вылета

pxt pinxit *лат.* (painted this) нарисовал такой-то (*ставится перед подписью художника*)

Py party партия, отряд, команда

PYE Protect Your Environment защити окружающую тебя среду

PYM Pan-African Youth Movement Панафриканское движение молодёжи, ПДМ

pymt payment платёж, уплата, плата

pyrmd pyramid пирамида

pyro pyromaniac страдающей пироманией (*страстью к поджогам*)

PYRO *тж.* **pyro** pyrotechnic пиротехнический

Q

Q quality *тех.* добротность

Q quantity количество; размер; величина

Q quarantine карантин, изоляция

q quart кварта (*мера вместимости сыпучих тел и жидкостей; в Великобритании = 1,136 л, в США = 0,95 л*)

Q *тж.* **q** quarter квартал (*года*)

q quarterly поквартально, раз в три месяца

Q queen *шахм.* ферзь

Q *тж.* **q** question вопрос

q quick быстрый

q quintal центнер, квинтал (*в Великобритании = 50,8 кг, в США = 45,36 кг*)

q. squall *метео* шквал, порывистый ветер

q. 2h. quaque secunda hora *лат.* (every two hours) каждые два часа (*в рецептах*)

QA *тж.* **qa** quality assurance гарантия качества

QA quick-acting быстродействующий

QAC quality assurance гарантия качества

QAD Quality Assurance Directive инструкции по обеспечению качества

QAD Quality Assurance Division отдел обеспечения качества

qad quick attach-detach *тех.* быстродействующий разъём

qadk quick attach-detach kit *тех.* комплект быстродействующего разъёма

QAG Quality Assurance Group группа гарантии качества

qak quick attach kit *тех.* комплект быстрого крепления

qall quartz aircraft landing lamp авиационный посадочный кварцевый прожектор (*фара*)

QAM Quality Assurance Manual руководство по обеспечению качества

Q & A question and answer *радио* вопрос и ответ (*передача интервью с профессионалом в той или другой области знаний*)

Q & RA quality and reliability assurance гарантия качества и надёжности

qao quality assurance operation мероприятие по обеспечению качества

QAP Quality Assurance Program программа обеспечения качества

qar quick-access recorder самописец данных для экспресс-анализа

QAS Quality Assurance Service служба обеспечения полётов

QAS Quality Assurance System система обеспечения качества

QAT Qualification Approval Test испытание на соответствие техническим условиям

q.b. quarterback *футб.* защитник

Q.B. Queen's Bench Суд королевской скамьи (*Великобритания*)

QB queen's bishop *шахм.* (*русск. нет*) *В дебюте*: белый чернопольный слон *или* чёрный белопольный слон

QB quick-burning быстрогорящий

qbi quite bloody impossible *разг.* чертовски невероятно

QBP queen's bishop's pawn *шахм.* (*русск. нет*) *В дебюте*: пешка перед слоном белая c2, пешка перед слоном чёрная f7

QC quality control контроль качества

qc quartz crystal кварцевый кристалл

QC Queen's College «Куинз-Колледж», Колледж королевы, Королевский колледж (*Оксфордский университет; Великобритания*)

QC Queens' College «Куинз-Колледж», Колледж королев (*Кембриджский университет; Великобритания*)

Q.C. [ˈkjuːˈsiː] Queen's Counsel королевский адвокат (*Великобритания*)

QC [ˈkjuːˈsiː] quickchange самолёт, легко трансформирующийся из грузового в пассажирский и наоборот

qc quick connection быстрая/срочная связь

QC & T Quality Control and Test испытание и контроль качества изделий

Q-card qualification card аттестационная карточка

QCD Quality Control Division отдел контроля качества

qcl quality-control level уровень контроля качества

QCP Quality Control Program программа контроля качества

QCT quality control technology технология контроля качества

qda quality discount agreement *эк.* соглашение об изменении цены соответственно изменившемуся качеству товара

QDG Queen's Dragoon Guards

Королевский драгунский гвардейский полк (*Великобритания*)

qdk quick disconnect kit *тех.* быстроразъёмный комплект

qds quick disconnect swivel *тех.* быстроразъёмное шарнирное соединение

qdv quick disconnect valve *тех.* быстроразъёмный вентиль

q.e. quod est *лат.* (which is) то есть

QED Quality, Efficiency, Dependability качество, эффективность, надёжность

QED *тж.* **q.e.d.** quod erat demonstrandum *лат.* (which was to be shown or demonstrated) что и требовалось доказать (*в математических теоремах*)

QEF *тж.* **q.e.f.** quod erat faciendum *лат.* (which was to be done) что и следовало сделать

QEI *тж.* **q.e.i.** quod erat inveniendum *лат.* (which was to be found out) что и следовало выяснить

QF quality factor добротность

Q.F. *тж.* **QF** quick-firing скорострельный

qf quick freeze быстрая заморозка

QFN qualification квалификация, аттестация

QG qualification group аттестационная группа

q.h. quaque hora *лат.* (each hour, every hour) каждый час (*в рецептах*)

QIB Quarterly Information Bulletin ежеквартальный информационный бюллетень

q.i.d. quarter in die *лат.* (four times a day) четыре раза в день (*в рецептах*)

QIE Qualified International Executive компетентное международное должностное лицо

QK quick быстрый

QKt queen's knight *шахм.* (*русск. нет*) *В дебюте*: конь у белых b1, у чёрных g8

QKtP queen's knight's pawn *шахм.* (*русск. нет*) *В дебюте*: белая пешка b2, чёрная пешка g7

q.l. quantum libet *лат.* (as much as is desired) в любом количестве

ql query language *вчт.* язык запросов

ql quick look экспресс-анализ

ql. quintal центнер, квинтал (*в Великобритании* = 50,8 кг, *в США* = 45,36 кг)

QLTY quality качество

q.m. quadratic mean среднее квадратическое

QM *тж.* **Q.M.** Quartermaster *воен.* квартирмейстер, интендант; начальник (хозяйственного) снабжения

q.m. quo modo *лат.* (by what means) что означает

QMC *тж.* **Q.M.C.** Quartermaster Corps личный состав интендантской службы (*США*)

q.n. quaque nocte *лат.* (every night) каждую ночь/каждый вечер

Qn Queen королева

QN *тж.* **qn** question вопрос

qn quotation цитата

qns quantity not sufficient в недостаточном количестве

Qns Coll Queen's College «Куинз-Колледж», Колледж королевы, Королевский колледж (*Оксфордский университет; Великобритания*)

QNTY *тж.* **qnty** quantity количество

qot quote цитировать

QP quality products качественные продукты

QP queen's pawn *шахм.* ферзевая пешка

q.p. quick process(ing) *вчт.* быстрая обработка (*данных*)

q.pl. quantum placet *лат.* (as much as seems good) сколько найдёте нужным

QR quality and reliability качество и надёжность

QR queen's rook *шахм.* (*русск. нет*) В дебюте: белая ладья a1, чёрная ладья h8

QRA quality-reliability assurance гарантия качества и надёжности

QRA quick reaction alert forces of NATO дежурные средства НАТО

QRC *тж.* **qrc** Quick Reaction Capability быстрота реакции

QRMF Quick-Reacting Mobile Force подвижные силы быстрого реагирования

QRP queen's rook's pawn *шахм.* (*русск. нет*) В дебюте: белая пешка a2, чёрная пешка h7

QRY Quality and Reliability Year год обеспечения качества и надёжности изделий

q.s. quantum sufficit *лат.* (as much as is sufficient) сколько понадобится

QS Queen's Scholar королевский стипендиат

qs quiet sleep мирный, спокойный сон

QSE ['kju:'es'i:] qualified scientist and engineer высококвалифицированный учёный *или* инженер

qstnr questionnaire вопросник, анкеты

QSTOL ['kju:stəul] quiet short takeoff and landing *ав.* малошумные взлёт и посадка с укороченным пробегом

QT Qualification Test квалификационная проверка

Q.T. ['kju:'ti:] qualified teacher дипломированный учитель

qt. quantity количество

qt. [kwɔ:t] quart кварта (*мера вместимости сыпучих тел и жидкостей; в Великобритании* = 1,136 л, *в США* = 0,95 л)

qt quick test быстрая проверка

q.t. (on the) quiet *разг.* тайно, украдкой

qtly quarterly поквартально, раз в три месяца

qtn quotation *бирж.* котировка, курс; расценка

qtr. quarter квартер (*мера веса* = 12,7 кг); квартер (*мера вместимости сыпучих тел* = 2,909 гл); четверть (*мера длины* = 22,4 см)

QTY *тж.* **qty** quantity количество

qtz quartz кварц

qu quart кварта (*мера вместимости сыпучих тел и жидкостей;*

в Великобритании = 1,136 л, в США = 0,95 л)

qu quarter четверть (*мера длины = 22,4 см*); квартер (*мера веса = 12,7 кг*)

qu quarterly поквартально, раз в три месяца

qu queen королева

qu question вопрос

quad [kwɔd] quadrangle *разг.* четырёхугольный двор, окружённый зданиями; *воен. разг.* учебный плац

quad quadrant *мат.* квадрант, четверть круга

quad quadraphonic квадрофонический (*о звукозаписи и звуковоспроизведении*)

quad quadrophony квадрофония (*четырёхканальная запись, передача и воспроизведение звука*)

quad quadruple состоящий из четырёх частей; *полигр.* формат печатной бумаги в четыре раза больше обычного

quad quadruplet *разг.* четверня; *разг.* один из четырёх близнецов; велосипед для четырёх ездоков; *воен. разг.* тягач; *воен. разг.* счетверённая зенитная пулемётная установка

QU-AD Quality-Assurance Department отдел обеспечения качества

quadr. quadratic квадратичный

quake earthquake землетрясение

QUAL *тж.* **qual** qualification квалификация, пригодность

qual qualified квалифицированный, пригодный

QUAL *тж.* **qual** quality качество

QUAL Quality and Reliability Assurance Laboratory Лаборатория гарантии качества и надёжности

qualanal qualitative analysis качественный анализ

QUANT quantity количество

quant anal quantitative analysis количественный анализ

quar quarantine карантин, изоляция

quar quarter квартер (*мера веса = 12,7 кг*); квартер (*мера вместимости сыпучих тел = 2,909 гл*); четверть (*мера длины = 22,4 см*)

quar *тж.* **quart** quarterly поквартально, раз в три месяца

quart quartet(te) *муз.* квартет

quat quattuor *лат.* (four) четыре (*в рецептах*)

ques. question вопрос

quest quality electrical system test проверка добротности электрической системы

QUEST quantitative utility estimate for science and technology количественная оценка полезности для науки и техники

quico quality improvement through cost optimization *эк.* улучшение качества путём оптимизации затрат

quins quintuplets *разг.* пять близнецов

quint quintet *разг.* мужская баскетбольная команда

quizzy inquisitive *австрал.* любознательный, любопытный

quor quorum *лат.* (of which) которого (*в рецептах*)

quotid quotidie *лат.* (daily) ежедневно (*в рецептах*)

quty quantity количество

q.v. quantum vis *лат.* (as much as you wish) в любом количестве

QVT *тж.* **qvt** quality verification test испытание на подтверждение качества

QW quick wind(ing) быстрая перемотка

qwl quick weight loss быстрая потеря веса

Q.w.Q. quantity with quality *эк.* количество и качество

qy query *книжн.* вопрос, сомнение; осведомляться, дознаваться

qz *тж.* **Qz** quartz кварц

R

R radial радиус; луч
R radio радио; радиостанция
R radius радиус

r railroad железная дорога

r railway железная дорога

r *тж.* **R** rain *метео* дождь

R range дальность; полигон

r rare редкий

R rate быстрота

R ratio *мат.* (со)отношение, пропорция; коэффициент

R reaction реакция; реактивный

R ready готов(ый)

R Réaumur по шкале Реомюра

r receipt расписка, квитанция

r recipe рецепт

R reconnaissance *воен.* разведка

R rector ректор (*университета*); приходский священник, пастор

R regiment *воен.* полк

R regina *лат.* (queen) королева

R registered заказное (*о почтовых отправлениях*)

R registered trade mark именной торговый знак

R relative относительный

R reliability *тех.* надёжность

r rent рента; арендная плата; квартирная плата

R repair ремонт; ремонтировать; ремонтный

R replaceability *тех.* заменяемость, сменность

R report донесение; сообщение; рапорт, доклад, отчёт

R Republican *амер.* республиканец, член республиканской партии

R rescue party спасательный отряд

R research исследование

R reserve резерв, запас

r residence местожительство, местопребывание; резиденция, дом, квартира

R resistance *элк.* символ сопротивления

R Restricted *амер.* ограниченный (*категория фильмов, на которые дети моложе 16—17 лет допускаются только в сопровождении взрослых*)

R Restricted Area ограниченный район

R retarder *тех.* тормоз

r *тж.* **R** retrograde ретроград

R reverse *тех.* реверс

R. rex *лат.* (king) король

r river река

R R months месяцы с буквой «R», устричный сезон (*с сентября по апрель*)

R rook *шахм.* тура, ладья

R route маршрут

R Royal королевский

R rubber резина; резиновый

R run *мор.* покинутый

ra radio радио

R/A *тж.* **ra** radioactive радиоактивный

ra radioactivity радиоактивность

Ra radium *хим.* радий

RA rain дождь

Ra range полигон

R.A. Rear Admiral контр-адмирал

RA reconnaissance aircraft разведывательный самолёт

R.A. regular army регулярная (кадровая) армия

ra *тж.* **RA** robbery committed while armed *юр.* вооружённое ограбление

RA ['a:r'ei] Royal Academician художник-академик, член Королевской академии искусств (*Великобритания*)

R.A. Royal Academy Королевская академия

RA Royal Artillery Королевская артиллерия

RAA Royal Academy of Arts Королевская академия искусств

RAACT radioactive радиоактивный

RAAF Royal Australian Air Force ВВС Австралии

RAAF Royal Auxiliary Air Force вспомогательные ВВС (*резервные части морской авиации; Великобритания*)

RAAS Royal Amateur Art Society Любительское общество искусств Великобритании

RAB Radio Advertising Bureau Бюро радиорекламы

RAC Reliability Analysis Center Центр анализа надёжности

RAC Royal Agricultural College

Королевский сельскохозяйственный колледж (*Великобритания*)

R.A.C. [ˈɑːrˈeiˈsiː] Royal Automobile Club Королевский автомобильный клуб (*Великобритания*)

racc radiation and contamination control контроль уровня радиации и степени заражённости

races *тж.* RACES radio amateur civil emergency service радиолюбительская гражданская служба оповещения в случае чрезвычайных обстоятельств

RACOM Random Communication связь через спутники на произвольных орбитах

RAD radar радиолокационная станция

RAD radial радиальный

rad. radian *мат.* радиан

RAD radiation излучение; радиация

rad radiator батарея отопления; радиатор

Rad Radical *разг.* радикал

Rad radio радио; радиостанция

rad. radioactive радиоактивный

rad radius радиус

RAD *тж.* **rad** Released from Active Duty «уволен с действительной (военной) службы»

RAD Research and Advanced Development Научно-исследовательские и перспективные опытно-конструкторские работы, НИОКР

RAD Royal Academy of Dancing Королевская академия хореографии (*Великобритания*)

RADA *тж.* **rada** radioactive радиоактивный

RADA [ˈrɑːdə] Royal Academy of Dramatic Art Королевская академия театрального искусства (*Великобритания*)

RADAC *тж.* **radac** Rapid Digital Automatic Computing (System) *вчт.* быстродействующая цифровая автоматическая вычислительная система

RADAG radar guidance радиолокационное наведение

Radar [ˈreidə] Radio Detection and Ranging equipment радиолокационная станция, РЛС

RADCM radar countermeasures радиолокационное противодействие, борьба с РЛС

RADCON radiological control радиологический контроль

raddef radiological defense защита от радиоактивных излучений, радиологическая защита

radf rapid-access data file файл данных быстрого доступа

RADFO radiological fallout радиоактивные осадки; выпадение радиоактивных осадков

RADHAZ *тж.* **radhaz** radiation hazards опасность (радиоактивного) излучения

radi radiological inspection проверка радиоактивности

RADIAC Radiation Detection, Identification and Computation (System) (автоматизированная) система обнаружения, определения и расчёта (доз) радиации

RADIC Research and Development Information Center информационный центр по НИОКР

radiclib [ˈrædɪkˈlɪb] radical liberal *амер.* либерал-радикал

RADINT radio intelligence радиоразведка; радиоперехват

radiol radiology радиоактивность

RADL radial радиус; радиальный

radl radiological радиоактивный

radlfo radiological fallout радиоактивные осадки; выпадение радиоактивных осадков

RADLSAFE *тж.* **radlsafe** radiological safety безопасность в условиях радиоактивного излучения

RADLWAR *тж.* **radlwar** radiological warfare военные действия с применением радиологического оружия

RADM Rear Admiral контр-адмирал

RADMIS Research and Development Management Information System информационная система «РАДМИС» для руководства НИОКР

RADN *тж.* **radn** radiation радиация, излучение

RADREL radio relay радиорелейная станция/линия

RADS radius радиус

RADSAFE radiological safety безопасность в условиях радиоактивного излучения

RADSTA *тж.* **radsta** radio station радиостанция

radtel radar telescope радарный телескоп

radtt radio teletypewiter радиотелетайп

RADWAR *тж.* **radwar** radiological warfare военные действия с применением радиологического оружия

RAE Royal Aircraft Establishment Королевский авиационный НИИ Великобритании

R Ae C Royal Aero Club Королевский аэроклуб

RAES Royal Aeronautical Society Авиационное общество Великобритании

RAF *тж.* **Raf** Royal Air Force *разг.* ВВС Великобритании, «Раф»

RAFA Royal Air Forces Association Ассоциация ВВС Великобритании

RAFCC Royal Air Force Coastal Command береговое командование ВВС Великобритании

RAFRO Royal Air Force Reserve of Officers офицерский резерв ВВС Великобритании

Rag [ræg] Army and Navy Club *шутл.* «Раг», клуб армии и флота (*Великобритания*)

RAH Royal Albert Hall Ройял-Алберт-Холл (*большой концертный зал в Лондоне на 8 тыс. мест*)

RAI Royal Antropological Institute Антропологический институт Великобритании

rail railroad железная дорога

rail railway железная дорога

ral admiral *мор.* адмирал

RAM [ræm] random — access memory *вчт.* память (запоминающее устройство) с произвольной выборкой

R.A.M. *тж.* **RAM** Royal Academy of Music Королевская музыкальная академия

ramd reliability, availability, maintainability, durability надёжность, наличие, ремонтопригодность, прочность

RAMP Records and Archives Management Programme Программа управления документацией и архивами (*ООН*)

RAN random случайный; беспорядочный; произвольный

RANCOM random communication связь через спутники на произвольных орбитах

R & A research and analysis исследование и анализ

R. and A. *тж.* **R & A** [ˈɑːrəndˈeɪ] Royal and Ancient «Ройял энд Эйншент» (*Королевский старинный гольф-клуб; Великобритания*)

r & b *тж.* **R & B** rhythm and blues ритм и блюз (*песенно-танцевальная джазовая музыка негритянского происхождения; США*)

R & D research and development *эк.* исследование и разработка; *тех.* исследовательские и опытно-конструкторские работы

R & EI Religion and Ethics Institute Институт религии и этики

R & M reliability and maintainability надёжность и ремонтопригодность

R & M repairs and maintenance ремонт и техническое обслуживание

R & M reports & memoranda отчёты и памятные записки

R & QA reliability and quality assurance гарантия надёжности и качества

R & QC reliability and quality control контроль надёжности и качества

r. & r. *тж.* **r.'n'r.** rock'n'roll рок-н-ролл

R & T research and technology научно-технический

RANN [ræn] research applied to national needs научные исследования, используемые для нужд государства

RAO Radio-Astronomical Observatory радиоастрономическая обсерватория

RAP rapid быстрый

RAP reliability assurance program программа обеспечения надёжности

RAR repair as required ремонт по состоянию/по потребности

RARDE Royal Armament Research and Development Establishment НИИ вооружения Великобритании

RAS Radar Automatic System радиолокационная автоматическая система

RAS Radio Astronomy Satellite радиоастрономический спутник

R.A.S. Royal Academy of Science Королевская академия наук

RAS Royal Aeronautical Society Авиационное общество Великобритании

RASE [ˈɑːrˈeɪˈesˈiː] Royal Agricultural Society of England Английское королевское сельскохозяйственное общество

rash rain shower(s) метео ливневые дожди

rasn rain and snow метео дождь и снег

RAT ration (со)отношение; коэффициент

RAT Reliability Assurance Test испытание на надёжность

RATEL radiotelephone радиотелефонная система связи, радиотелефон

RATG radiotelegraph радиотелеграфная система связи; радиотелеграф

RATO rocket-assisted takeoff взлёт с ракетным ускорителем; стартовый ракетный ускоритель

RATS rations продовольственное снабжение

RATT radioteletype радиотелетайп

rays [reɪz] X-Rays амер. мед. рентгенология

RB read back повторите

RB repeated back повторено

Rb rubidium хим. рубидий

RBA Royal Society of British Artists Королевское общество художников Великобритании

RBC radio beacon радиомаяк

RBE relative biological effect относительный биологический эффект

RBE relative biological effectiveness относительная биологическая эффективность

RBGC Review Board for Government Contract по государственным заказам промышленности (*Великобритания*)

rbi request better information требуется дополнительная информация

RBN radio beacon радиомаяк

RBP United Nations Conference on restrictive business practices Конференция ООН по ограничительной деловой практике

RBS Royal Society of British Sculptors Королевское общество скульпторов Великобритании

rc radio code радиокод

rc rate of change скорость/быстрота изменения

RC reconnaissance разведка

rc red cell красное кровяное тельце

RC Red Cross Красный Крест

RC тж. **rc** reinforced concrete железобетон

RC remote control дистанционное управление; управление на расстоянии; телеуправление

RC reverse current эл. обратный ток

RC Roman Catholic рел. (римско-)католический; относящийся к римской католической церкви

RCA Radio Club of America радиоклуб США

RCA [ˈɑːˈsiːˈeɪ] Radio Corporation of America Ар-си-эй (*фирменное название грампластинок, проигрывателей и др. звуковоспроизводящей аппаратуры и телевизоров английского филиала одноимённой американской корпорации*)

RCA Royal College of Art Королевский художественный колледж

R.C.A.F. *тж.* **RCAF** Royal Canadian Air Force BBC Канады

RCC Roman Catholic Church римская католическая церковь

RCCH Roman Catholic Chaplain римско-католический военный священник

R.C.Ch. Roman Catholic Church римско-католическая церковь

rccs riots, civil commotions and strikes бунты, гражданские беспорядки и забастовки

rcd record пластинка, диск

RCD record(ing) запись

RCDS Royal College of Defence Studies Колледж обороны (*слушателями являются высшие офицеры Великобритании и стран НАТО*)

RCE remote control equipment прибор дистанционного управления

RCG receiving приём (*сигналов*)

RCH reach достигать

RCL recoilless безоткатный (*об орудии*)

RCM radar countermeasures радиолокационное противодействие

RCM radio countermeasures радиопротиводействие; организованные радиопомехи

RCM Royal College of Music Королевский музыкальный колледж

RCMD recommend рекомендовать

RCN reconnaissance разведка

RCO reactor core активная зона реактора

RCO Royal College of Organists Королевский колледж органистов (*Великобритания*)

RCOA Radio Club of America радиоклуб США

RCOG Royal College of Obstetricians and Gynaecologists Королевский колледж акушерства и гинекологии (*Великобритания*)

R.C.P. Royal College of Physicians Королевский колледж врачей (*Великобритания*)

RCPT *тж.* **rcpt** receipt приём, получение; квитанция, расписка в получении

RCRD record запись, записывать

RCS Remote Control System система дистанционного управления

RCs Roman Catholics римские католики

RCS Royal College of Science Королевский колледж науки (*Великобритания*)

R.C.S. Royal College of Surgeons Королевский колледж хирургов (*Великобритания*)

RCS Royal Corps of Signals войска связи (*Великобритания*)

Rct receipt квитанция; рецепт; эк. денежное поступление

Rct recruit *воен.* новобранец, призывник

RCV receive *радио* принимать

RCVR receiver приемник

RCVS Royals College of Veterinary Surgeons Королевский колледж ветеринарных хирургов (*Великобритания*)

RD radar РЛС; радиолокатор

RD radiation излучение

rd readiness date срок готовности

RD red красный (*о цвете*)

RD reliable data достоверные данные

rd required date требуемая дата

RD [ˈɑːˈdiː] restricted data закрытая информация (*о ядерном оружии*)

Rd road дорога

rd rod род, перч (*мера длины = 5,03 м*)

rd rood руд (*мера площади = 10,12 ара*)

RD Royal Dragoons Королевский драгунский гвардейский полк (*Великобритания*)

RD Royal Naval Reserve Decoration награда резерва ВМС (*Великобритания*)

R.D. rural district сельский округ (*Великобритания*)

RD & A research, development and acquisition исследование, разработка и приобретение

RD & E research, development and engineering научно-исследовательские, опытно-конструкторские и технические работы

RDB Research and Development Board *воен.* комитет по НИОКР

rdbl readable читаемый

RDC reduce уменьшать

R. D. C. [ˈɑːˈdiːˈsiː] rural district council совет сельского округа (*Великобритания*)

rdd required delivery date требуемый срок доставки

RDF Radar Direction Finding радиолокационная пеленгация, радиолокация

RDF Radio Direction Finder радиопеленгатор

RDF Radio Direction Finding радиопеленгация

RDF Rapid Deployment Force силы быстрого развёртывания

RDGL radiological радиологический

RDGY radiology радиология

rdi recommended daily intake рекомендуемая доза приёма в день

RDI Royal Designer for Industry (Royal Society of Arts) Промышленный дизайнер Великобритании (Общество изобразительных искусств Великобритании)

RDN reduction уменьшение, сокращение

RDNS readiness готовность

RDO radio радио; радиостанция

RDOSERV Radio Service радиослужба

RDP Research and Development Project научно-исследовательский проект

RDR radar РЛС, радиолокатор

RDS radius радиус

RDSTN radio station радиостанция

RDT & E research, development, testing and engineering НИОКР, испытательные и технические работы

RDT & E *тж.* **RDT + E** re-search, development, testing and evaluation НИОКР, испытания и оценки

Rdwy roadway шоссе

RDY *тж.* **rdy** ready готово; готовый

RDZ Radiation Danger Zone зона радиационной опасности

RE random error *мат.* случайная ошибка

R. E. real estate недвижимое имущество

RE reenlistment поступление на сверхсрочную службу

RE republication переиздание

RE research effort научно-исследовательские работы

Re Reynolds number *физ.* число Рейнольдса, критерий Рейнольдса

Re rhenium *хим.* рений

r. e. right end *футб.* правый крайний

RE Royal Engineers инженерные войска (*Великобритания*)

RE Royal Exchange Королевская биржа (*Великобритания*)

Re. rupee рупия

REA Railway Express Agency Агентство срочных железнодорожных перевозок (*США*)

REA Rural Education Association Ассоциация сельского образования

REA Rural Electrification Administration Администрация сельской электрификации, АСЭ (*США*)

REAC reactor реактор

REACH Rape Emergency Aid and Counseling for Her срочная помощь и консультации для женщин, ставших жертвой изнасилования

reack receipt acknowledged получение подтверждено

react reaction реакция

react reactor реактор

readm readmission повторный доступ; повторное помещение в лечебное учреждение

REAL Rape Emergency Assistance League Лига срочной помощи женщинам — жертвам изнасилования

realcom real-time communication связь в реальном исчислении времени

real est real estate *юр. эк.* независимое имущество, недвижимость

reapt reappoint вновь назначить

Rear Adm Rear Admiral контр-адмирал

reasm reassemble *тех.* вновь собрать

REAT Radiological Emergency Assistance Team группа срочной радиологической помощи

reb rebel повстанец, мятежник; восставать, поднимать восстание, бунтовать

reb rebellion восстание, мятеж, бунт

REC receive принимать

REC receiver приёмник

rec recipe рецепт

rec reclamation рекламация, претензия

REC record запись; записывать

rec recorded записанный на магнитофонную плёнку, пластинку; записанный на самопишущем приборе

rec. recorder *тех.* самопишущий *или* регистрирующий прибор; звукозаписывающий аппарат, магнитофон

rec recreation *разг.* отдых, развлечение

rec recreation ground спортплощадка, площадка для игр

recap recapitulate *разг.* резюмировать, суммировать

recce ['reki:] reconnaissance разведка; разведывательный; производить разведку

recd *тж.* **rec'd** received принятый

recep reception *театр.* встреча, приём

recg radioelectrocardiograph радиоэлектрокардиограф

rec hall recreation hall *разг.* зал для отдыха

reci recitation декламация, публичное чтение (*стихов*)

recid recidivism *юр.* рецидивизм; *мед.* рецидив, возврат болезни

recid recidivist *юр.* рецидивист; *мед.* повторно заболевший

recleam reclamation *юр. ком.* предъявление претензий, рекламация

recm recommend рекомендовать

RECM recommendation рекомендация; представление

recnln reconciliation примирение

recon reconciliation примирение

recon recondition приводить в исправное состояние, ремонтировать

RECON reconnaissance разведка; разведывательный

recon reconstruction реконструкция; перестройка, переоборудование

recond recondition приводить в исправное состояние, ремонтировать

recp receptacle вместилище, резервуар

recp reciprocal взаимный, обоюдный

recpt receipt квитанция, расписка в получении

recpt receptionist секретарь, ведущий приём посетителей

rec. room reception room приёмная

rec room recreation room *разг.* комната отдыха

RECSAM Regional Centre for Education in Science and Mathematics (Penang, Malaysia) Региональный центр преподавания естественных наук и математики, РЕКСАМ (*ООН*)

Rec. Sec. *тж.* **rec. sec.** Recording Secretary секретарь-регистратор

RECSTA Receiving Station принимающая станция

rect receipt рецепт

RECT rectifier выпрямитель (*тока*)

rect rectify выпрямлять (*ток*)

rect rectory должность приходского священника

red. redeemable *эк.* выкупаемый, погашаемый

red reduce снижать, сбавлять, уменьшать

red reduction снижение (*цен*)

redcape readiness capability *воен.* способность к готовности

redcon readiness condition *воен.* состояние готовности

redux reduction снижение, уменьшение

ree rare-earth elements редкоземельные элементы

reeg radioelectroencephalograph радиоэлектроэнцефалограф

ref refectory *рел.* трапезная

ref refer ссылаться, относиться к

ref referee *спорт. разг.* судья, рефери; судить матч/встречу

ref reference *ком.* отзыв, рекомендация

REF refer to отсылать/обращаться к

Ref. Reformation *ист.* Реформация

ref. reformed преобразованный, изменённый; исправленный; реформатская (*церковь*)

ref. reformer преобразователь; *ист.* деятель эпохи Реформации

ref refraction преломление, рефракция

ref. refunding *эк.* рефинансирование

Ref. Ch. Reformed Church *рел.* реформатская церковь

refd refund *эк.* возмещение убытков; уплата (*долга*); возмещать убытки, выплачивать

refd conc reinforced concrete железобетон

refg refrigeration охлаждение, замораживание

refl reflection отражение (*света, тепла, звука*)

refl reflective отражающий

REFL reflector отражатель; рефлектор

refl reflex отражение; *мед.* рефлекс

refl pron reflexive pronoun *грам.* возвратное местоимение

Ref. Pres. Reformed Presbyterian *рел.* относящийся к ре-

форматской пресвитерианской церкви

refr refraction отражение, рефракция

refr refractory *тех.* тугоплавкий, огнестойкий

refr refrigerate замораживать, охлаждать

Ref. Sp. reformed spelling исправленная орфография

refy refine рафинировать; облагораживать

reg regent регент

Reg. regiment полк

REG region район, регион

REG Registered «для служебного пользования» (*о документе, издании*)

reg registry регистрация

REG regular регулярный

reg regulations правила, устав

reg regulator регулятор

regal remote generalized application language *вчт.* дистанционный язык обобщённого применения

regd registered зарегистрированный

regen regenerate восстанавливать, регенерировать

REGEN regeneration регенерация, восстановление

reggie regimental *воен. жарг.* полковой

regis register журнал записей, реестр; регистрировать

regis registered «для служебного пользования» (*о документе, издании*)

regis registration запись, регистрация

regis registry регистрация, регистрирование; отдел записей

REGT regiment полк

regu regular регулярный

regu regulate регулировать, контролировать

regu regulation регулирование

regu regulator регулятор

reh rehearsal репетиция

rehab rehabilitate восстанавливать

rehab rehabilitation восстановление, реабилитация

REIC Radiation Effects Information Center Информационный центр по вопросам последствий облучения

reimb reimburse *эк.* возмещать (*сумму*), рамбусцировать

REINF reinforce усиливать

REIT real estate investment trust *эк.* инвестиционный трест недвижимости

reit reiteration повторение

rej reject отвергать, отклонять

rej rejection отклонение, отказ

rejasing reusing junk as something else *амер. жарг.* использование утиля, металлолома *и т.п.*

rejn rejoin *воен.* поступить на сверхсрочную службу

rel rate of energy loss скорость потери энергии

rel relating относящийся к

REL relative относительное число; относительный

REL relay реле

REL reliability надёжность

REL relief смена; помощь

rel religion религия

rel religious религиозный

rel adv relative adverb *грам.* относительное наречие

RELBL reliable надёжный

RELC Reformation Evangelical Lutheran Church реформированная евангелическая лютеранская церковь

RELE Radio Electrician радиоэлектрик

rel hum relative humidity относительная влажность

RELIAB reliability надёжность

relig. religion религия

reloc relocate перемещать, передислоцировать

reloc relocation перемещение, передислокация

rel pron relative pronoun *грам.* относительное местоимение

REM[ˈɑːˈriːˈem] Rapid Eye Movement быстрый сон, сон с быстрым движением глаз

rem. remittance *эк.* денежный перевод; римесса

REM removable съёмный

REM roentgen-equivalent-man биологический рентген-эквивалент, РЕМ

remd rapid eye movement (sleep) deprivation лишение фазы быстрого сна

remi remedy *унив.* каникулы

remish remission помилование

remit remittance *австрал.* пересылка денег, денежный перевод

REMOV removable съёмный

REMS rapid eye movement sleep фаза быстрого сна

Ren Renaissance Ренессанс

renv renovate ремонтировать; восстанавливать; обновлять

renv renovation восстановление, реконструкция; обновление

REORG reorganization реорганизация

REORG reorganize реорганизовывать

reorgn reorganization реорганизация

r-ep rational-emotive psychology рационально-эмотивная психология

REP Recovery and Evacuation Program программа спасения и эвакуации

REP repair ремонт

rep reparation компенсация, возмещение

REP repeat повторять

rep repertory *театр.* репертуар

rep repertory theatre *разг.* театр с постоянной труппой и с определённым репертуаром

rep [rep] repetition *школ. разг.* заучивание наизусть (*домашнее задание в школе*); отрывок для заучивания наизусть

rep report *воен.* донесение; сообщение, доклад; отчёт

REP represent представлять

rep representative *амер.* представитель профсоюза; *амер.* член палаты представителей (*США*)

rep reprimand *воен.* дисциплинарное взыскание

Rep Republic республика

Rep Republican *амер.* член республиканской партии, республиканец

rep reputation *амер. жарг.* репутация

REPAML Reply by Air Mail ответ авиапочтой

repat. repatriate *разг.* репатриировать

repat repatriation *разг.* репатриация

repcon rain repellant and surface conditioner водоотталкивающее средство, улучшающее качество поверхности (*ткани*)

REPL replace заменять

REPL replacement замена

REPML Reply by Mail ответ почтой

REPMN repairman специалист по ремонту, ремонтник

repo ['ri:pəu] repossess *амер. ком.* восстанавливать во владении (*чем-л.*); снова вступать во владение

repo repossession *эк.* восстановление во владении

repr. reprint новое неизменённое издание, перепечатка; отдельный оттиск (*статьи и т. п.*)

repro reproduce воспроизводить

repro ['ri:prəu] reproduction *разг.* репродукция (*картины*)

REPT repeat повторять

rept repetatur *лат.* (let it be repeated) можно повторить (*в рецептах*)

rept report доклад, сообщение

rept reptile пресмыкающееся

REPTWX Reply by Teletypewriter ответ по телетайпу

repub republican республиканский

repunit ['rep,ju:nɪt] repeating unit *хим.* структурная единица, звено полимера

REQ request требование; заявка; требовать; подавать заявку

REQ requirement требование

reqafa request advice as to further action запросите рекомендации о дальнейших мерах (*резолюция на документе*)

REQD *тж.* **reqd** required требуемый

REQMAD request mailing address требуйте почтовый адрес

REQN requisition требование; заявка

REQT requirement требование

RES Rapid Evaluation System быстродействующая система контроля

res rescue спасение; спасать; спасательный

RES *тж.* **res.** research исследование

RES research project исследовательский проект

res reservation резервирование, сохранение; оговорка

RES *тж.* **res.** reserve резерв; резервный

res. residence местожительство

RES residual остаточный

res. resignation отставка

res. resigned (находящийся) в отставке, вышедший в отставку

RES resistance сопротивление

res respiratory дыхательный, респираторный

res restaurant ресторан

RESA Research Society of America Американское научно-исследовательское общество

RESC rescue спасение; спасательные операции

resgnd resigned (находящийся) в отставке, вышедший в отставку

RESID residual остаточный

resid [rɪ'zɪd] residual oil *амер.* кубовые остатки нефти

resig. resignation уход в отставку

resist resistance сопротивление

resist resistor *эк.* резистор; катушка сопротивления

RESNT resonant резонантный

resp. respective соответственный

resp respondent ответчик

RESP response (ответная) реакция

resp responsibility ответственность

resp responsible ответственный

respir respiration дыхание

respir respiratory дыхательный, респираторный

REST Representative Scientific Test показательный научный эксперимент

rest restaurant ресторан
rest restrict ограничивать
rest restricted ограниченный
REST restriction ограничение
resta reconnaissance, surveillance and target acquisition поиск, слежение, обнаружение и сопровождение (*цели*)
restr restaurant ресторан
resvr reservoir резервуар
r-et rational-emotive psychotherapy рационально-эмотивная психотерапия
ret reiteration *полигр.* тиражирование
RET retain сохранять, удерживать
RET retard замедлять, задерживать
RET retired (находящийся) в отставке, вышедший в отставку
RET return возврат, возвращение; *эк.* доход, выручка, прибыль
ret returned обратный, возвратный, возвращённый; избранный (*в парламент*)
retain remote technical assistance and information network сеть дистанционной технической помощи и информации
retard retardation замедление, задержка
retard retarded замедленный; (умственно) отсталый ребёнок
retd retired (находящийся) в отставке, вышедший в отставку
retl. retail *эк.* розница, розничная торговля
retnr retainer *эк.* сумма, выплачиваемая за специальные услуги; *амер.* поручение адвокату ведения дела
RETRO retroactive имеющий обратную силу
retro retrograde ретроград
rev *тж.* **REV** reentry vehicle боевая часть (последняя ступень) ракеты; ЛА, рассчитанный на вход в плотные слои атмосферы; возвращающийся в плотные слои атмосферы ЛА
Rev. Revelation *рел.* откровение, богооткровение
rev revenue *эк.* источник дохода

Rev. Reverend (его) преподобие (*письменная форма титулования священника; ставится перед именем*)
rev reverse *тех.* реверс
rev. review обзор, обозрение
rev revise пересматривать
rev revised пересмотренный, исправленный
REV revision ревизия, пересмотр
rev [rev] revolution *тех.* оборот (*при вращении*); цикл
rev revolving вращающийся
rev ed revised edition переработанное и исправленное издание
reverb reverberation искусственное эхо в звукозаписи
rev/min revolutions per minute *тех.* оборотов в минуту
REVO revoke отменять (*приказ, закон и т. п.*)
revocon remote volume control дистанционная регулировка громкости
REVR receiver приёмник
revr reviewer рецензент; обозреватель; критик
Rev. Ver. Revised Version (of the Bible) исправленное издание Библии
rew reward награда; награждать
rewd reword переформулировать
RF radio facility радиосредства
RF radio finding радиопеленгация
RF radio frequency радиочастота; радиочастотный
rf rapid fire *воен.* беглый огонь
RF reconnaissance fighter истребитель-разведчик
RFA radio frequency amplifier усилитель высокой частоты, высокочастотный усилитель
RFA Royal Fleet, Auxiliary вспомогательное судно ВМС (*Великобритания*)
R factor [ˈɑːfæktə] resistance factor *биол.* фактор, обусловливающий стойкость бактерий к антибиотикам
rfa's return(ed) for alterations

возвращено на переделку (*портному*)

r. f. b. *тж.* **R. F. B.** right fullback *футб.* правый защитник

RFC Rugby Football Club Клуб регби (*Великобритания*)

RFD radio frequency devices радиочастотные приборы

RFE Radio Free Europe радио «Свободная Европа»

RFH Royal Festival Hall «Ройял-Фестивал-Холл», Королевский фестивальный зал (*Великобритания*)

RFI radio frequency interference радиопомехи

rfl refuel(ing) пополнять запасы топлива; дозаправиться

RFL Rugby Football League Регбийная лига, Лига регби (*Великобритания*)

RFP Request for Proposals *эк.* заявка на предложения

RFQ Request for Quotation *эк.* запрос о цене

rfr refraction рефракция

RFS Radio Frequency Surveillance контроль радиочастот (станций радиоэлектронной борьбы)

RFS Ready for Service готовый к эксплуатации

RFS refuse отказывать(ся)

rfu ready for use готовый к употреблению

RFU Rugby Football Union Регбийный союз, Союз регби (*Великобритания*)

Rfy refinery нефтеочистительный завод

RG radio guidance радиолокационное наведение/управление

RG range дальность; полигон

r. g. right guard *футб.* правый защитник

rgd reigned царствовавший; господствовавший

RGE range дальность; полигон

rgl regulate регулировать, управлять

rgl regulation регулирование

RGLR regular регулярный; правильный

RGN *тж.* **rgn** region район; область, зона

RGO Royal Greenwich Observatory Гринвичская астрономическая обсерватория (*Великобритания*)

RGS Royal Geographical Society Королевское географическое общество (*Великобритания*)

Rgt regiment полк; полковой

RGT right правый

Rgtl regimental полковой

rgu regulatory регулирующий; регламентирующий

RH relative humidity относительная влажность

Rh rhesus *мед.* резус

rh rheumatic ревматик; ревматический

rh rheumatism ревматизм

Rh rhodium *хим.* родий

r. h. right hand правая рука; правосторонний

R. H. Royal Highness Королевское Высочество

rhap rhapsody рапсодия

r. h. b. *тж.* **R. H. B.** right half-back *футб.* правый полузащитник

RHC Regional Housing Centre Региональный центр по жилищному вопросу, РЦЖВ

rhd rheumatic heart disease *мед.* ревматический порок сердца, ревмокардит

rheo rheostat реостат

rhet. rhetoric риторический

Rh. factor Rhesus factor *биохим.* резус-фактор

RHHI Royal Hospital and Home for Incurables Королевский госпиталь и приют для неизлечимо больных (*Великобритания*)

RHI Relative Humidity Indicator указатель относительной влажности

RHIP rank has its privileges «чин имеет свои привилегии», выполняйте приказания старшего по званию

rhir rank has its responsibilities «по чину — ответственность»

R Hist S Royal Historical Society Королевское историческое общество (*Великобритания*)

rhodo rhododendron *разг.* родо-дендрон

r/hr roentgens per hour рентген в час

RHS *тж.* **rhs** right-hand side правая сторона

RHS Royal Historical Society Королевское историческое общество (*Великобритания*)

RI radio intelligence радиоразведка

RI radio interference радиопомехи

ri respiratory illness заболевание дыхательных путей

R. I. Rhode Island Род-Айленд (*штат США*)

RI Rotary International «Интернационал ротарианцев», ИР

RI Royal Institution Королевская ассоциация (*научная организация; Великобритания*)

RIA Research Institute of America Научно-исследовательский институт Америки

rib ribbon лента

R. I. B. A. *тж.* **RIBA** Royal Institute of British Architects Королевский институт архитекторов Великобритании

RIC Royal Institute of Chemistry Королевский химический институт (*Великобритания*)

RICA [ˈɑːrˈaɪˈsiːˈeɪ] Research Institute for Consumer Affairs Научно-исследовательский институт по делам потребителей (*Великобритания*)

ricko *тж.* **ricky** ricochet *воен.* рикошет

RIF *тж.* **rif** reduction in force *амер.* сокращение штатов

rif. relief пособие; помощь; освобождение от уплаты

riff [rɪf] refrain припев

RIGB Royal Institution of Great Britain Королевская ассоциация Великобритании (*научная организация*)

RIHED Regional Institute of Higher Education and Development Региональный институт высшего образования и развития, РИВОР (*ООН*)

R. I. I. A. *тж.* **RIIA** Royal Institute of International Affairs Королевский институт иностранных дел (*Великобритания*)

RIND Research Institute of National Defence Научно-исследовательский институт национальной обороны

RINT Radiation Intelligence радиационная разведка; обнаружение излучений

RIP Reductions in Personnel (layoffs) сокращение штатов

RIPH Royal Institute of Public Health Королевский институт народного здравоохранения (*Великобритания*)

RIPS Regional Institute for Population Studies Региональный институт исследований в области народонаселения, РИПС

rir reduction in requirement *эк.* снижение потребности

RIS Royal Imperial Society Королевское имперское общество (*Великобритания*)

rit ritual ритуальный

rit ritualistic clergyman *унив.* ритуалистический священник

RIT Royal Institute of Technology Королевский технический институт (*Великобритания*)

RITE right правый

riv. river река

Rj road junction стык дорог

RKT rocket (неуправляемая) ракета; реактивный снаряд

RKTLCHR rocket launcher ракетная пусковая установка

RKTR rocketeer специалист по ракетной технике, ракетчик

RKTSTA rocket station ракетная станция/база

RL Radiation Laboratory радиационная лаборатория

RL reading list список книг

rl reduction level уровень снижения

RL Research Laboratory исследовательская лаборатория

RL rocket launcher(s) пусковая установка ракеты, ПУ; реактивный гранатомёт

RL Rugby League Регбийная лига, Лига регби

RLA Religious Liberty Association Ассоциация религиозной свободы

RLB reliability надёжность

RLB reliable надёжный

R. L. D. retail liquor dealer розничный торговец спиртным

rlf relief пособие (*по безработице*); помощь

RLF Royal Literary Fund Королевский литературный фонд (*Великобритания*)

rlgn religion религия

RLO Returned Letter Office отдел недоставленных писем

RLS release выпускать (*документ*)

RLSS Royal Life Saving Society Королевское общество спасения жизни (*Великобритания*)

rltr realtor *амер.* агент по продаже недвижимости

RLTV *тж.* **rltv** relative относительный

rlty realty *юр. эк.* недвижимость, недвижимое имущество

RLV *тж.* **rlv** relieve облегчать; уменьшать; освобождать

rly railway железная дорога

RLY relay реле

RM radar missile ракета с радиолокационным наведением

R/M reliability and maintainability надёжность и ремонтопригодность

rm. room комната

RM Royal Mail «Ройял Мейл», Королевская почта (*Великобритания*)

RM Royal Marines морская пехота Великобритании

RMA Radio Manufacturers' Association Ассоциация радиопромышленности (*США*)

R. M. A. [ˈɑːrˈemˈei] Royal Military Academy Военное училище сухопутных войск (*Великобритания*)

RMA Rubber Manufacturers' Association Ассоциация производителей каучука (*США*)

RMAX range maximum максимальная дальность

RMC remote control дистанционное управление

rmc rod memory computor *вчт.*

вычислительная машина с памятью на (магнитных) стержнях, вычислительная машина с памятью на цилиндрических (магнитных) плёнках

RMC Royal Military College Королевское военное училище (*Великобритания*)

R. M. D. ready money down *эк.* уплата немедленно наличными

R. Met. S. Royal Meteorological Society Королевское метеорологическое общество (*Великобритания*)

RMN remain оставаться

RMP Royal Military Police Королевская военная полиция (*Великобритания*)

RMP Royal Mounted Police Королевская конная полиция

RMRDC Regional Mineral Resources Development Centre Региональный центр освоения минеральных ресурсов, РЦОМР

RMS Royal Mail Service Королевская почтовая служба (*Великобритания*)

RMT remote *мор.* дистанционный

RMTE *тж.* **rmte** remote *ав.* отдалённый, дальний

RMV remove снимать, удалять

RMVBL removable съёмный

Rn. radon *хим.* радон

R. N. registered nurse дипломированная медицинская сестра

R. N. [ˈɑːrˈen] Royal Navy ВМС Великобритании

rn running nose насморк

RNA Radio Navigational Aids радионавигационное оборудование (*НАТО*)

RNA ribonucleic acid рибонуклеиновая кислота

RNAase ribonuclease рибонуклеаза, РНКаза

RNAF Royal Naval Air Force авиация ВМС Великобритании

RNAS Royal Naval Air Service авиация ВМС Великобритании

rnd round круглый

RNFL rainfall дождевые осадки

RNG range дальность; полигон

rngt renegotiate пересматривать (*условия контракта, подряда*)

RNIB Royal National Institute for the Blind Государственный институт для слепых (*Великобритания*)

RNID Royal National Institute for the Deaf Государственный институт для глухих (*Великобритания*)

R. N. L. I. [ˈɑːrˈenˈelˈaɪ] Royal National Lifeboat Institution Королевское общество спасания на водах (*Великобритания*)

R. N. P. Registered Nurse Practitioner зарегистрированная практикующая медсестра

r-'n'-r rock'n'roll рок-н-ролл

rnr runner бегун

RO receiving office приёмная

RO recovery operations спасательные операции

RO rector приходский священник, пастор

ro rood *рел.* крест, распятие

RO Royal Observatory Королевская обсерватория (*Великобритания*)

roa received on account *эк.* поступило на счёт

roar right of admission reserved с сохранением права на вход

robe wardrobe гардероб, платяной шкаф

robrep robbery report донесение об ограблении

ROC Royal Observer Corps служба наблюдателей за воздухом (*добровольческая гражданская организация воздушной обороны; Великобритания*)

rock rock'n'roll рок-н-ролл

R. of E. rate of exchange *эк.* валютный курс, обменный курс

R. O. G. *тж.* **ROG, r. o. g.** receipt of goods *эк.* квитанция/расписка в получении товаров

ROH Royal Opera House (Covent Garden) Королевский оперный театр («Ковент-Гарден»)

ROI return on investment *эк.* прибыль на инвестированный капитал

ROM read only memory *вчт.* постоянное запоминающее устройство, ПЗУ (*не способное выполнять операцию записи*)

ROM Roman римский

ROM Roman (New Testament) Новый завет

rom. roman type *полигр.* латинский шрифт

ROM run of month заказать место в газете *или* время на телевидении для рекламы на месяц

Rom Cath Roman Catholic римский католик; римско-католический

romv return on market value *эк.* прибыли на рыночную стоимость

ROP run of press заказать место в газете для рекламы, не обусловливая место публикации

Ro-Ro [ˈrəurəu] roll-on-roll-off ferry *ком.* автомобильный паром, трайлерное судно; *разг.* ро-ро

ro-ro ship roll-on-roll-off ship *ком.* судно с быстрой погрузкой-выгрузкой дорожного транспорта

rosla raising of school-leaving age увеличение возраста окончания школы

RoSPA Royal Society for the Prevention of Accidents Королевское общество по предупреждению несчастных случаев (*добровольная организация; Великобритания*)

rot remedial occupational therapy корректирующая производственная терапия

rot rotating вращающийся

rot rotation вращение; ротация

ROT rule of thumb эмпирическое определение, приближённый метод

ROTC Reserve Officers' Training Corps служба подготовки офицеров резерва (*в гражданских учебных заведениях*)

ROTEL Reference Telegram from our Office *усл.* ссылайтесь на нашу телеграмму

rotn rotation вращение; ротация

roul roulette рулетка

ROUND role of UN in disarmament роль ООН в разоружении

rout routine обычный (*порядок, режим, уход*); *полит.* (стандартная) программа

ROW run of week заказать место в газете *или* время на телевидении для рекламы на неделю

Roy Royal королевский

ROY run of year заказать место в газете *или* время на телевидении для рекламы на год

R. P. *тж.* **R/P** by return of post обратной почтой

RP reactor plant реакторная установка

RP received pronunciation нормативное произношение; оксфордское произношение

RP Reformed Presbyterian *рел.* относящийся к реформатской пресвитерианской церкви

RP reply paid оплаченный ответ, ответ оплачен

RP reprint новое неизменённое издание, перепечатка; отдельный оттиск (*статьи и т.п.*)

R. P. retail price *эк.* розничная цена

RP Royal Society of Portrait Painters Королевское общество портретистов (*Великобритания*)

RPC *тж.* **rpc** remote position control дистанционное позиционное управление

rpc request (the) pleasure (of your) company разрешите (мне Вас) пригласить

RPD rapid быстрый; скоростной

RPD Rapid Deployment Force силы быстрого реагирования

RPF radio position finding радиопеленгация

RPG [ˈɑːpiːˈdʒiː] report program generator генератор программы печати результатов анализа данных

RPI retail price index *эк.* индекс розничных цен

RPL replace заменять

RPM resale price maintenance *эк.* поддержание цен при перепродаже товаров; поддержание розничных цен

RPM *тж.* **r. p. m.** revolutions (rotation) per minute *тех.* оборотов в минуту

RPMN repairman специалист по ремонту, ремонтник

R. P. O. Railway Post Office железнодорожное почтовое отделение, почтамт, отделение связи

RPO Royal Philharmonic Society Королевское филармоническое общество (*Великобритания*)

RPO Royal Photographic Society Королевское общество фотографов (*Великобритания*)

rpp reply raid postcard почтовая открытка с оплаченным ответом

RPQ request for price quotation *эк.* запрос на расценки

RPR repair ремонт; ремонтировать

RPRT *тж.* **rprt** report доклад, отчёт

RPS Registered Publications Section секция изданий для служебного пользования

r. p. s. revolutions per second *тех.* оборотов в секунду

r. p. s. *тж.* **RPS** Royal Philatelic Society Королевское филателистическое общество (*Великобритания*)

RPT repeat повторять

rpt. report сообщение; доклад; донесение

RPV Remotely Piloted Vehicle дистанционно-управляемый ЛА

RQ request требование; заявка

RQMT requirement требование

RQN requisition требование; заявка

RQP Request Permission прошу разрешения

RQR require требовать

RQR requirement требование

R/R radio/radar радиотехнический/радиолокационный

RR railroad железная дорога

RR Recruit Roll (именной) список новобранцев

RR reliability requirement требование к надёжности

RR research report научно-исследовательский отчёт

RR respiration rate частота дыхания

R. R. Retired Reverend священник в отставке

R. R. Right Reverend высокопреподобный (*титул епископа*)

RR Rolls-Royce «Роллс-Ройс» (*машиностроительная компания; марка автомобиля одноимённой компании*)

R-rated moving picture restricted to adults кинофильм только для взрослых

RRC Royal Red Cross «Королевский красный крест» (*орден, которым награждаются медсёстры*)

RRE Race-Relations Education программа воспитательных мероприятий по проблеме взаимоотношений негров и белых

RRE Royal Radar Establishment Научно-исследовательский институт радиолокации (*Великобритания*)

r RNA Ribosomal RNA *биол.* рибосомная РНК

rrp recommended retail price рекомендуемая розничная цена

RRS Royal Research Ship научно-исследовательское судно Великобритании

RRV Reusable Reentry Vehicle возвращаемый ЛА многоразового использования

RS Radio Set радиоустановка, радиостанция

RS Radio Station радиостанция

RS rain with snow *метео* снег с дождём

RS ready service *тех.* готовый к эксплуатации

RS repair services служба ремонта

RS repair shop ремонтная мастерская

RS research исследование; научно-исследовательские работы

Rs restricted motion pictures (adults only) кинофильм только для взрослых

r. s. right side правая сторона

RS Royal Society Королевское общество (*ведущий научный центр, выполняющий функции национальной академии наук; Великобритания*)

RSA [ˈɑːˈesˈeɪ] Royal Society of Arts Королевское общество покровительства искусствам (*Великобритания*)

RSC Royal Shakespeare Company Королевская шекспировская компания (*Великобритания*)

RSC Royal Society of Chemistry Королевское химическое общество (*Великобритания*)

RSCH research исследование; научно-исследовательские работы

RSCM Royal School of Church Music Королевская школа церковной музыки (*Великобритания*)

RSCU rescue спасение; спасательные работы

RSF Religious Society of Friends Религиозное общество друзей

RSFSR *тж.* **R. S. F. S. R.** Russian Soviet Federated Socialist Republic Российская Советская Федеративная Социалистическая Республика

rsg receiver of stolen goods перекупщик краденого

RSGB Radio Society of Great Britain Общество радио Великобритании

RSH Royal Society of Health Королевское общество здравоохранения (*Великобритания*)

RSI Research Studies Institute Научно-исследовательский институт

RSL Royal Society of Literature Королевское общество литературы (*Великобритания*)

rslt result результат

RSM Reconnaissance Strategic Missile разведывательная стратегическая ракета

RSM Royal Society of Medicine Королевское медицинское общество (*Великобритания*)

RSM Royal Society of Musicians of Great Britain Королевское общество музыкантов Великобритании

RSMA Royal Society of Marine

Artists Королевское общество художников-маринистов (*Великобритания*)

rsn reason причина

RSO railway sorting office служба формирования железнодорожных составов

RSPB Royal Society for the Protection of Birds Королевское общество защиты птиц (*Великобритания*)

RSPCA Royal Society for the Prevention of Cruelty to Animals Королевское общество защиты животных от жестокого обращения (*Великобритания*)

RSPP Royal Society of Portrait Painters Королевское общество портретистов (*Великобритания*)

RSQ rescue спасение; спасательные работы

RSR request for scientific research заявка на проведение научных исследований

RSRE Royal Signals and Radar Establishments Королевские связные и радарные подразделения (*Великобритания*)

RSS Royal Security Service Королевская служба безопасности (*Великобритания*)

RST research study team научно-исследовательская группа

RST restrict ограничивать

RST Royal Society of Teachers Королевское общество учителей (*Великобритания*)

R Sta radio station радиостанция

RSTDP Regional Scientific and Technological Development Program Региональная научно-техническая программа развития, РНТПР

RSTR restrict ограничивать

RSV reserve резерв; резервный

RSV Revised Standard Version (of the Bible) исправленное стандартное издание Библии

RSVN reservation резервирование, сохранение в запасе, бронирование (*мест*); оговорка

RSVP [ˈɑːrˈesˈviːˈpiː] répondez, s'il vous plaît *фр.* (the favour of a reply is requested) просьба ответить на приглашение (*пишется на пригласительной карточке*)

rsvr reservoir резервуар, вместилище

RT radiotelegraph радиотелеграф

RT radiotelephone радиотелефон

RT Real Time истинное время, в истинном масштабе времени

rt *тж.* **RT** recreational therapy рекреационная терапия

rt *тж.* **RT** respiratory therapy респираторная терапия

RT right правый; *эк.* право

r. t. right tackle *амер. футб.* правый полузащитник

RT room temperature комнатная температура

rt round table круглый стол

rt. route маршрут; путь

rta road traffic accident дорожно-транспортное происшествие, ДТП

RTAC NASA Research and Technology Advisory Council Научно-исследовательский и технический консультативный совет НАСА

rtb return to base возвращайтесь на базу

RTC Rail Travel Card проездной железнодорожный билет

RTCS Real-Time Computer System вычислительная система, работающая в истинном масштабе времени

rtd remote temperature detector дистанционный температурный зонд

r-t-e ready-to-eat готовый к употреблению в пищу

RTE route маршрут; путь

rtf radiotelephone радиотелефон

RTG radiotelegraph радиотелеграф

Rt. Hon. Right Honourable высокочтимый (*обращение к пэру; Великобритания*)

rti respiratory tract infection *мед.* заболевание дыхательных путей

RTMA Radio and Television

Manufacturers' Association Ассоциация радиотехнической и телевизионной промышленности (*США*)

rtn retain сохранять

RTN return возвращать(ся)

RTN routine обычный порядок; обычный

RTOL reduced takeoff and landing укороченный взлёт и посадка

rtor right turn on red правый поворот на красный свет (*дорожное движение*)

RTp radiotelephone радиотелефон

RTRD retard замедлять(ся)

Rt. Rev. Right Reverend высокопреподобный (*титул епископа*)

RTRN return возвращать(ся)

RTS returned to service вновь введённ(ый) в эксплуатацию

RTT radioteletypewriter радиотелетайпный аппарат

r-ttv real-time television телевидение, работающее в реальном исчислении времени

RTVS Royal Television Society Королевское телевизионное общество (*Великобритания*)

r-t-w ready-to-wear готовый (*об одежде*)

RTW round-the-world кругосветный

rty rarity редкость, раритет

rty realty эк. недвижимость, недвижимое имущество

RU Ready Use готовый к употреблению

RU Rugby Union Регбийный союз, Союз регби

Ru ruthenium *хим.* рутений

RUB *тж.* **rub** rubber резина; резиновый

RUC Royal Ulster Constabulary королевские констебли Ольстера (*североирландская полиция; Великобритания*)

RUE right upper entrance *театр.* правый верхний вход

Rum. Rumania Румыния

Rum Rumanian румынский; румын, румынка; румынский язык

rupp road used as public path дорога для пешеходов

rupt rupture *мед.* перелом, пролом; грыжа

Rus. Russia Россия

Rus Russian русский, русская; русский язык

RUSI Royal United Services Institute for Defence Studies Королевский институт совместных служб исследований по оборонным вопросам (*Великобритания*)

RUSNO Resident United States Naval Officer постоянный представитель ВМС США

Russ. Russia Россия

Russ Russian русский, русская; русский язык

r. v. random variable *мат.* случайная величина

rv rear view вид сзади

RV Reentry Vehicle головная часть МБР; боеголовка баллистической ракеты

RV rescue vessel спасательное судно

RV research vehicle экспериментальный ЛА

RV Revised Version (of the Bible) исправленное издание Библии

RVR river река; речной

RVS revise пересматривать

RVSVP *тж.* **rvsvp** répondez vite, s'il vous plaît *фр.* (the favour of a prompt reply is requested) просим ответить как можно быстрее (*пишется на пригласительной карточке*)

RVX Reentry Vehicle, Experimental экспериментальная головная часть МБР

RW radiation weapon лучевое оружие

RW Radiological Warfare боевые действия с применением радиоактивных веществ

RW radiological weapon радиологическое оружие

R/W right of way право первоочерёдности

R.W. Right Worshipful достопочтенный

RW Right Worthy досточтимый

RW Treaty Radiological Weapon Treaty Договор о запрещении радиологического оружия

RWY railway железная дорога

RWY runway взлётно--посадочная полоса

Rx prescription предписание, распоряжение; *мед.* рецепт

RX receiver приёмник

RX reception приём

Ry railway железная дорога

RYA Royal Yachting Association Королевская яхтенная ассоциация (*Великобритания*)

ryrqd reply requested требуется ответ, просьба ответить

RZ reconnaissance zone зона опознавания

RZS Royal Zoological Society Королевское зоологическое общество (*Великобритания*)

S

S. Sabbath *рел.* священный день отдохновения

S. *тж.* **s.** Saint *рел.* святой; праведник; христианин, крещёный; божий избранник

s sand песок

S satellite (искусственный) спутник

S *тж.* **s** satisfactory удовлетворительный

S. Saturday суббота

S Saxon саксонский

S schilling шиллинг (*денежная единица Австрии*)

S. *тж.* **s.** school школа

S scientific (experiment) научный (эксперимент)

S sea море

S search поиск

S second секунда

S secondary вторичный, дополнительный, вспомогательный

S secret секретный; «совершенно секретно» (*гриф на документе*)

S section раздел, отдел, глава, часть, отрезок; *мед.* рассечение, разрез, срез

S/- Security Council Совет Безопасности (*ООН*)

s see смотри

s. semi (half) половина, полу-

S Senate сенат

S senator сенатор

s sensation ощущение

s separate отдельный

S September сентябрь

s series серия, ряд

s shares *эк.* акции

s ship корабль, судно

S. siemens *эл.* сименс (*единица электропроводимости*)

s sign знак, обозначение; символ

S *тж.* **s** signature подпись

s. signed подписанный

S. signor *um.* синьор

S silver серебро

s singular единственный, единичный

S. *тж.* **s** small маленький

S snow *метео* снег

S. Socialist социалист; социалистический

S. *тж.* **s** society общество

S *тж.* **s** soft мягкий

S solid твёрдый

s. solo соло, произведение для исполнения соло, сольная партия; сольное исполнение, сольный номер

S solubility растворимость

s son сын

S. soprano сопрано; дискант

S sound звук

S *тж.* **s** South юг; южный

S *тж.* **s** southern южный

S space пространство; космос; космический

S special специальный; особый

s specific особый, специфический

S speed скорость

s. spherical сферический

s steel сталь; стальной

s stimulus стимул

s stock склад

S strategic стратегический

s. stratus *метео* слоистые облака

s subject предмет, субъект; подданный; *муз.* тема

S submarine подводная лодка

s. substantive *грам.* имя существительное; субстантивный

S. sulphur *хим.* сера

s sum сумма

s summary резюме, конспект; краткий; *юр.* скорый, суммарный, упрощённый

s summer лето

S Sunday воскресенье

S supply снабжение

s surface поверхность

s surgeon хирург

S. surplus *эк.* активное сальдо; излишек, остаток

sa. sable соболь; соболиный

SA [ˈesˈeɪ] Salvation Army Армия спасения, АС

SA Securities Act *амер.* акт о ценных бумагах

s. a. semiannual полугодовой

sa semiautomatic полуавтоматический

SA sex appeal «секс эпил», сексуальная привлекательность

s. a. sine anno *лат.* (without year) без указания года (*издания*)

sa soluble in alkaline щёлочерастворимый

S. A. South Africa Южная Африка

SA South African южноафриканский

S. A. South America Южная Америка

S. A. South Australia Южная Австралия

s. a. subject to approval подлежащий утверждению/одобрению

sa subsistence allowance надбавка, обеспечивающая только прожиточный минимум; суточные (командированным)

SA *тж.* S/A surface-to-air зенитный, класса «поверхность/земля/вода — воздух»

SA systems analysis системный анализ

saa small arms ammunition боеприпасы стрелкового оружия

S. A. A. Speech Association of America Американская ассоциация речи

SAAA Salvation Army Associa-tion of America Ассоциация Армии спасения Америки

SAAEB South African Atomic Energy Board Южноафриканский совет по атомной энергии

SAAS Science Achievement Awards for Students студенческие награды за достижения в науке

Sab. Sabbath *рел.* священный день отдохновения

SAB Scientific Advisory Board Научно-консультативный комитет

sabbat sabbatical субботний (*у евреев*); воскресный (*у христиан*)

SABENA Société Anonyme Belge d'Exploitation de la Navigation Aérienne *фр.* (Belgian World Airlines) САБЕНА (*бельгийские гражданские воздушные линии*)

SABENA Such a Bloody Experience Never Again *шутл.* никогда больше этого не сделаю, в это не вяжусь

sabo sabotage саботаж

sac saccharine *разг.* сахарин; таблетка сахарина

sac sacrament таинство, причастие, евхаристия

sac sacramental *церк.* обрядовый; *книжн.* священный, сакраментальный

sac sacred священный

SAC Scientific Advisory Committee Научно-консультативный комитет, НКК (*США*)

SAC Space Activities Commission Комиссия по космическим исследованиям

SAC Special Advisory Committee Специальный консультативный комитет

S. A. C. *тж.* SAC Strategic Air Command (US Air Force) стратегическое авиационное командование (ВВС США)

saccer sacrament *школ.* причастие

saccm slow-access charge-coupled memory *вчт.* память медленной выборки, завязанная на стековую память

SACCOMNET Strategic Air Command Communications Network сеть связи стратегического авиационного командования ВВС

SACCS Strategic Air Command Control System система управления стратегическим авиационным командованием

SACEUR Supreme Allied Commander, Europe верховный главнокомандующий объединёнными вооружёнными силами в Европе (*НАТО*)

SACH Small Animal Care Hospital больница для мелких животных

SACHQ Strategic Air Command Headquarters штаб стратегического авиационного командования ВВС

SACLO Strategic Air Command Liaison Officer офицер связи со стратегическим авиационным командованием ВВС

SACM Strategic Air Command Manual устав стратегического авиационного командования ВВС

SAD simple, average or difficult простой, средний или трудный

SADF South African Defence Forces вооружённые силы ЮАР

sado-maso sado-masochist садомазохист

sado-maso sado-masochistic садомазохистский

sado-sex sado-sexual садосексуальный

SAE *тж.* **s. a. e.** self-addressed envelope вложенный в письмо конверт с обратным адресом отправителя

s. a. e. l. sine anno et loco *лат.* без указания года и места (*издания*)

SAF safety безопасность

SAF Secretary of the Air Force министр ВВС (*США*)

SAF Strategic Air Force стратегические ВВС, стратегическая авиация

SAFE survivability, assured destruction, flexibility and essential equivalence *воен.* выживаемость, гарантированное уничтожение, гибкость и существенное равенство (*США*)

SAFGC Secretary of the Air Force General Council Совет по общим вопросам при министре ВВС (*США*)

SAFIE Secretary of the Air Force, Special Assistant for Installations специальный помощник министра ВВС по вооружениям

S. Afr. South Africa Южная Африка

S. Afr. South African южноафриканский

SAGB Spiritualist Association of Great Britain Ассоциация спиритологов Великобритании

SAGE Semiautomatic Ground Environment (System) полуавтоматическая наземная система управления средствами ПВО «сейдж»

SAGSI Standing Advisory Group on the Safeguards Implementation Постоянная консультативная группа по осуществлению гарантий (*МАГАТЭ*)

SAGW surface-to-air guided weapon зенитная управляемая ракета (*Великобритания*)

sail structural analysis input language *вчт.* структурно-аналитический входной язык

SAINT satellite interceptor спутник-перехватчик (*спутников*)

SAIS South African Interplanetary Society Южноафриканское общество по изучению проблем межпланетных сообщений

sal salary *театр.* жалованье

sal salt соль

s. a. l. secundum artis leges *лат.* (according to the rules of art) по законам искусства

SAL Symbolic Assembly Language *вчт.* символический язык ассемблера

Sallie Salvation Army *австрал.* Армия спасения

SALT [sɔːlt] Strategic Arms Limitation Talks переговоры об ограничении стратегических вооружений, переговоры об ОСВ

Salv. Salvador Сальвадор

SALV salvage спасение; спасательные работы

Salvo Salvation Army *австрал.* Армия спасения

Saly Salvation Army Армия спасения

Sam. Samaritan самаритянин; самаританский; язык жителей древней Самарии; добросердечный человек

sam served available market *эк.* обслуживаемый наличный рынок

SAM Society of Airline Meteorologists Общество метеорологов авиатранспортных компаний

SAM [sæm, ′es′ei′em] surface--to-air missile ракета класса «земля — воздух»; ракета класса «поверхность/земля/ вода — воздух»; зенитная ракета

SAMECH safety mechanism предохранительный механизм

samex surface-to-air missile exercise учения с ракетами класса «земля — воздух»

samm semiautomatic measuring machine полуавтоматический измерительный механизм

SAMOS [′sæməus] satellite antimissile observation system разведывательный спутник «Самос»

SAMP sample образец, экземпляр; проба

SAMS Semiautomatic Meteorological Station полуавтоматическая метеорологическая станция

san sandwich сандвич, бутерброд

SAN sanitary санитарный

sanat sanatorium санаторий; курорт

sanc sanctuary *жарг.* тайник, убежище

S & D song and dance песни и танцы

S & FM space and flight missions космические полёты

S & Hx Sundays and Holidays excepted за исключением воскресений и праздников

S and M sadism and masochism садомазохизм

S & M [′esənd′em] sadist and masochist садомазохист

S & M sausages and mashed potatoes сосиски с картофельным пюре

S & T science and technology наука и техника

S & T scientific and technical научно-технический

S & TI scientific and technical information научно-техническая информация

sane severe acoustic noise environment акустически высокозашумлённая среда

San Fran San Francisco Сан--Франциско

sanit sanitarian санитарный, гигиенический

sanit sanitation оздоровление, санация; санитария, санитарная профилактика

sanit sanitize санировать; создавать *или* улучшать санитарные условия

sanman sanitation man уборщик мусора; водитель и грузовик мусоровоза; мусорщик

sanno sanitary inspector *австрал.* санинспектор

sanny sanatorium *школ.* изолятор

sanr subject to approval, no risks *страх.* подлежит утверждению, риска нет

SAP as soon as possible как можно быстрее

SAPE Society for Automation in Professional Education Общество за автоматизацию в профессиональном образовании

Sar. Sardinia Сардиния

SAR search and rescue поиск и спасение

S. A. R. Sons of the American Revolution Сыны американской революции

sarc sarcasm *школ. разг.* сарказм, язвительная насмешка

SARC Sexual Assault Referral Centre Центр консультативной помощи изнасилованным (*Австралия*)

SARCC Search and Rescue Control Center Центр управления поисково-спасательными операциями

sarcol sarcological саркологический

sarcol sarcologist сарколог

sarcol sarcology саркология

sardsan sardine sandwich бутерброд с сардинами

sarge sergeant *разг.* сержант

sarps standards and recommended practices нормы и рекомендуемая методика

SARSAT Search and Rescue Satellite космическая система поиска терпящих бедствие судов и самолётов

SART Subcommittee on Advanced Research and Technology (сенатский) подкомитет перспективных научно-технических исследований

sartac search radar device поисковая РЛС; РЛС обнаружения (*целей*)

sartel search and rescue telephone поисково-спасательный телефон

SAS Scandinavian Air Lines System Скандинавская авиатранспортная компания, САС

sas so and so так и так

SAS Special Air Service *воен.* специальная воздушно-десантная служба (*Великобритании*)

SASE self-addressed stamped envelope вложенный в письмо конверт с обратным адресом отправителя и маркой

SASSC Senate Aeronautical and Space Sciences Committee сенатский комитет по авиационно-космическим наукам

SAST Society for the Advancement of Space Travel общество содействия космическим полётам

sat sampler address translator выборочно-адресный транслятор

sat satellite (искусственный) спутник

sat satisfaction *унив.* удовлетворение

sat satisfactory удовлетворительный

Sat [sæt] Saturday суббота

Sat. Saturn Сатурн

satan satellite automatic tracking antenne антенна системы автоматического слежения за спутниками

Satar *тж.* **SATAR** satellite for aerospace research спутник для космических исследований

SATB soprano, alto, tenor, bass *муз.* сопрано, альт, тенор, бас

SATCOM satellite communications спутниковая связь

satd saturated *хим.* насыщенный, сатурированный

SATEL satellite (искусственный) спутник

SATELLAB Satellite Laboratory орбитальная лаборатория

SATFY satisfactory удовлетворительный

SATI Scientific and Technical Intelligence научно-техническая разведка

SATIC Scientific and Technical Information Center Центр научно-технической информации

SATK strike attack *ав.* удар по наземной цели

SATL satellite (искусственный) спутник

satn saturation *хим.* насыщение, сатурация

SATOBS satellite observation спутниковые наблюдения

sat sol saturated solution *хим.* насыщенный раствор

SAUCERS Saucer and Unexplained Celestial Events Research Society Общество по исследованию тарелок и других необъяснимых небесных явлений

sav saveloy сервелат

sav savings сбережения

savs savings сбережения

saw sample assignment word *вчт.* слово присваивания выборки

SAWI Society Against World Imperialism Общество борьбы с мировым империализмом (*арабские террористы*)

Sax. Saxon саксонец; англичанин (*в отличие от ирландца или валлийца*)

Sax. Saxony Саксония; саксонская шерсть

sax saxophone *разг.* саксофон, сакс

saxist saxophonist саксофонист

SAYE *тж.* **saye** save as you earn «заработал — отложи» (*программа накопления сбережений путём помесячных взносов; Великобритания*)

S. B. [´si:´bi:] savings bank сберегательный банк

S. B. Scientiae Baccalaureus *лат.* (Bachelor of Science) бакалавр (естественных) наук (*ставится после фамилии*)

SB scientific breakthroughs важные научные открытия

SB shipbuilding судостроение; кораблестроение

s/b should be следует быть

sb simultaneous broadcast(ing) синхронное радиовещание

s. b. single-breasted однобортный (*об одежде*)

sb small business мелкое предпринимательство

Sb solid body твёрдое тело

sb southbound в южном направлении

S. B. South Britain (England and Wales) Южная Британия (Англия и Уэльс)

SB space booster космическая ракета-носитель

Sb stibium (antimony) *хим.* сурьма

Sb stretcher bearer санитар-носильщик

SB submarine base база подводных лодок

sb. substantive *грам.* имя существительное; субстантивон

Sb switchboard пульт управления

SBA *тж.* **S. B. A.** [´si:´bi:´ei] Small Business Administration Управление по защите интересов мелких предпринимателей

SBAC Society of British Aerospace Companies Общество британских авиационно-космических компаний

S-band [´es´bænd] радиодиапазон сверхвысоких частот

sbc small business computor компьютер для мелкого предпринимательства

SBC Small Business Council Совет по делам мелкого предпринимательства

SBC Sonic Boom Committee Комитет по звуковому удару, КЗУ

sbd standard bibliographic description обычное библиографическое описание

sbe soft-boiled egg яйцо всмятку

s-b-e standby engine резервный мотор, двигатель

sbic's small business investment companies инвестиционная компания мелкого предпринимательства

SBLI Savings Bank Life Insurance страхование жизни в рамках сберегательных банков

sbm submission подчинение; представление документов

sbm submit подчиняться; представлять документ на рассмотрение

SBND southbound в южном направлении

SBNS Society of British Neurological Surgeons Общество нейрохирургов Великобритании

sbo specific behavioral objectives специфические бихейвиористские цели

SBP Society of Biological Psychiatry Общество биологической психиатрии

SBP Sonic Boom Panel Группа экспертов по звуковому удару, ГЭЗУ (*ООН*)

sbp systolic blood pressure *мед.* систолическое давление крови

SBR Society of Biological Rhythm Общество биоритмов

sb's sonic booms звуковые удары

sb's space brothers космические братья (*люди, якобы, живущие на других планетах*)

sbs surveyed before shipment проверено до отправки

SBT Screening Breath Test (респираторная проверка на содержание алкоголя в организме (*для нетрезвых водителей*)

SBT Sea-Bed Treaty Договор о морском дне (полное название: Договор о запрещении размещения на дне морей и океанов и в его недрах ядерного оружия и других видов оружия массового уничтожения)

sbtg sabotage саботаж

sby standby *воен.* положение боеготовности; заместитель, дублёр

SC same case *юр.* тот же случай

S. C. Sanitary Corps санитарная служба

sc scale масштаб, размер; шкала

Sc scandium *хим.* скандий

sc. scene сцена

sc science наука

sc scientific научный

sc. scilicet *лат.* (namely) а именно

Sc. Scotch шотландский

Sc. Scotland Шотландия

Sc. Scots шотландцы

Sc. Scottish шотландский

sc screw винт, шуруп; привинчивать, закреплять винтами; ввинчивать

sc. sculpsit *лат.* (carved or engraved this) создал такой-то (*ставится перед подписью скульптора, художника*)

SC Security Council Совет Безопасности (*ООН*)

SC self-check самоконтроль

SC self-contained автономный, независимый

SC senatus consultum *лат.* (a decree of the Senate) декрет сената

SC separate cover *офиц.* отдельный конверт/пакет

S/C short circuit *эл.* короткое замыкание

SC *тж.* **S/C** spacecraft КЛА; космический корабль

SC special committee специальный комитет

SC special constables специальные констебли (*помогают полиции в экстренных случаях; Великобритания*)

sc *тж.* **SC** spinal cord спинной мозг

SC Staff College штабной колледж

SC standard conditions нормальные условия

sc statistical control статистический контроль

SC storage capacity *вчт.* ёмкость памяти

S/C subcontract субконтракт

SC Supreme Court Верховный суд

s/c suspicious circumstances подозрительные обстоятельства

SCA Satellite Communications Agency Управление по спутниковым связям

SCA Senior Citizens of America Ассоциация граждан пенсионного возраста Америки

sca small-calibre ammunition боеприпасы малого калибра

SCA Special Committee on Agriculture Специальный комитет по сельскому хозяйству, СКСХ

SCAF Supreme Commander of Allied Forces верховный главнокомандующий (ВГК) объединённых вооружённых сил (ОВС) НАТО

Scan. Scandinavia Скандинавия

Scan Scandinavian printing machine *полигр.* шведская печатная машина

Scand Scandinavian скандинавский

SCAPA Society for Checking the Abuses of Public Advertising Общество пресечения злоупотреблений в рекламном деле

s caps small capital letters *полигр.* капитальная буква

SCAR Scientific Committee on Antarctic Research Научный комитет по антарктическим исследованиям, СКАР

SCAR seismic control and receiving station станция сейсмического контроля и приёма

SCAT School and College Ability Test проверка способностей в школе и колледже

SCAT security control of air

traffic обеспечение безопасности воздушного движения

scat supersonic commercial air transport сверхзвуковое коммерческое средство воздушных перевозок

Sc. B. Scientiae Baccalaureus *лат.* (Bachelor of Science) бакалавр (естественных) наук (*ставится после фамилии*)

scb strictly confined to bed предписан строгий постельный режим

Sc. B. C. Bachelor of Science in Chemistry бакалавр химических наук (*ставится после фамилии*)

Sc. B. E. Bachelor of Science in Engineering бакалавр технических наук (*ставится после фамилии*)

SCBW Society of Children's Book Writers Общество детских писателей

scc specific clauses and conditions особые оговорки и условия

SCC Standing Consultative Commission Постоянная консультативная комиссия, ПКК (*по осуществлению целей и положений Договора об ограничении систем ПРО и Временного соглашения об ограничении стратегических наступательных вооружений, а также Договора об ОСВ-2*)

SCD schedule расписание, график, план

SCD scheduled запланированный, программный

Sc. D. Scientiae Doctor *лат.* (Doctor of Science) доктор (естественных) наук (*ставится после фамилии*)

scd *тж.* **SCD** security coding device охранное кодовое устройство

Sc. D. Hyg. Doctor of Science in Hygiene доктор гигиены (*ставится после фамилии*)

SCDL Scientific Crime Detection Laboratory Научная лаборатория по установлению преступления

Sc. D. Med. Doctor of Medical Science доктор медицины (*ставится после фамилии*)

scen scenario сценарий

scen scenarist сценарист

SCEP Study of Critical Environmental Problems Программа по изучению критических проблем окружающей среды

scf standard cubic foot стандартный кубический фут

SCGB Ski Club of Great Britain Клуб лыжников Великобритании

SCH schedule расписание, график; план

Sch. schilling шиллинг (*денежная единица Австрии*)

sch scholar учёный; филолог

sch. school школа, учебное заведение

sch. schooner шхуна

SCHED schedule расписание, график, план

schem schematic схематичный, схематический

schiz [skɪts] schizophrenia *амер. разг.* шизофрения; шизик

schiz [skɪts] schizophrenic *амер. разг.* шизофреник, шизик

schizo [′skɪtsəu] schizophrenia *амер. разг.* шизофрения; шизик

schm schematic схематичный, схематический

Sch M School Master директор школы

Sch Mist School Mistress директор (директриса) школы

schol scholarship *разг.* стипендия

schr schooner шхуна

SCHS Senior Citizen's Hospital Service стационарное лечение для граждан пенсионного возраста

sci science наука

sci scientific научный

sci scientist учёный

SCI [′es′si:′aɪ] Society of Chemical Industry Общество химической промышленности, ОХП (*Великобритания*)

SCIBP Special Committee for the International Biological Programme Специальный комитет по Международной биологической программе, СК МБП

scicrit scientific criticism научная критика

SCICS semiconductor integrated circuits полупроводниковые интегральные схемы

scient scientific научный

scient scientist учёный

sci-fi ['saɪˌfaɪ] science fiction *амер.* научно-фантастический; научная фантастика

SCLAC Special Committee on Latin American Coordination Специальный координационный комитет по Латинской Америке, СЕКЛА

Sc. M. Master of Science магистр (естественных) наук (*ставится после фамилии*)

SCM State Certified Midwife дипломированная акушерка

SCM strategic cruise missile стратегическая крылатая ракета

SCM Student Christian Movement студенческое христианское движение

SCMC Senior Citizen's Medical Clinic медицинская клиника для граждан пенсионного возраста

SCND second секунда

SCNEA Sealing Commission for the North-East Atlantic Комиссия по промыслу тюленей в северо-восточной части Атлантического океана, СКНЕА

SCNR Scientific Committee of National Representations Научный комитет национальных представителей (*НАТО*)

scns self-contained navigation system самодостаточная навигационная система

SCNWA Sealing Commission for the North-West Atlantic Комиссия по промыслу тюленей Атлантического океана, СКНВА

SCOL school школа, училище

S Coll Staff College штабной колледж

SCOM Scientific Committee научный комитет (*НАТО*)

scon self-contained самодостаточный

scond semiconductor полупроводник

SCONUL Standing Conference of National and University Libraries Постоянная конференция национальных и университетских библиотек

SCOOP Scientific Computation of Optimum Programs научное вычисление программ оптимизации

scope microscope микроскоп

scope telescope телескоп

SCOR Scientific Committee on Oceanic Research Научный комитет по океанографическим исследованиям, СКОР

SCOT satellite communication terminal станция спутниковой связи

Scot. Scotch шотландский

Scot. Scotland Шотландия

SCOTUS Supreme Court of the United States Верховный суд США

SCP single cell protein белок одноклеточных (организмов)

SCP small-calibre projectile мелкокалиберный снаряд

SCR Senior Combination Room профессорская (*в Кембриджском университете*)

SCR Senior Common Room профессорская (*в Оксфордском университете*)

scrim scrimmage *спорт.* схватка вокруг мяча; *воен.* рукопашная схватка; стычка

scrip [skrɪp] prescription *амер. разг.* рецепт, *особ.* на наркотик

Script. scriptural библейский, относящийся к Священному Писанию

Script. Scripture Библия, Священное Писание

SCRN screen экран, защита

Scrt Sanscrit санскрит

Scrtrt the Secretariat (UN) секретариат (ООН)

scrum scrummage *спорт.* схватка (*вокруг мяча в регби*); *разг.* толчея, суматоха, свалка; сгрудиться вокруг мяча

scrum-half scrummage half полузащитник в регби

scrummy scrumptious великолепный, первоклассный

SCS Satellite Communication System глобальная система спутников связи

SCS Scientific Control System научная система контроля

SCS Society of Clinical Surgery Общество клинической хирургии

SCS Soil Conservation Service Служба мелиорации и сохранения плодородия почвы (*США*)

SCSBM Society for Computer Science in Biology and Medicine Общество использования вычислительной техники в биологии и медицине

SCSD Satellite Communications System Division Отдел системы связи с помощью спутников, ОССПС (*ООН*)

SCSK Shellfish Commission for the Skagerrak—Kattegat Комиссия по моллюскам и ракообразным в проливах Скагеррак и Каттегат, СКСК

sct's sugar-coated tablets таблетки в сахарной облатке

SCTY *тж.* **scty** security секретность; безопасность

sculp. sculptor скульптор

sculp. sculptural скульптурный

sculp. sculpture скульптура

SCUS Supreme Court of the United States Верховный суд США

S. D. Scientiae Doctor *лат.* (Doctor of Science) доктор (естественных) наук (*ставится после фамилии*)

SD *тж.* **S/D** Secretary of Defence министр обороны

sd self-destroying саморазрушающий

sd semidiameter полудиаметр

sd. sewed *полигр.* сброшюрованный

SD *тж.* **S/D** sight draft вексель на предъявителя

S-d slow-drying долгосохнущий

SD Social(ist) Democrat(ic) (party) социал-демократ(ическая партия)

sd. sound звук

S. D. South Dakota Южная Дакота (*штат США*)

sd special duty особое задание, долг

SD standard deviation *стат.*

среднее квадратичное отклонение; стандартное отклонение

SD State Department государственный департамент

sd sudden death внезапная смерть

S. D. A. Seventh Day Adventists адвентисты седьмого дня

SDA Students for Democratic Action студенты за демократизацию

S. Dak. South Dakota Южная Дакота (*штат США*)

sdaml send by airmail вышлите авиапочтой

sdby standby резервный, запасной

SDC Space Defense Center центр ПКО

SDC State Defence Council Совет государственной обороны

SDC Strategic Defence Command стратегическое оборонное командование; командование стратегической обороны

sdi selective dissemination of information выборочное распространение информации

SDI ['es'di:'aı] Strategic Defense Initiative стратегическая оборонная инициатива, СОИ (*официальное название доктрины звёздных войн; США*)

SDL Software Development Laboratory Лаборатория математического обеспечения ЭВМ (*США*)

SDLP Social Democratic and Labour Party социал-демократическая лейбористская партия

S Doc Senate Document документ сената

sdof single degree of freedom одна степень свободы

SDP ['es'di:'pi:] Social Democratic Party социал-демократическая партия, СДП

SDP statistical data processing *стат.* обработка статистических данных

sdr scientific data recorder регистратор научных данных

SDRs ['es'di:'ɑ:z] special drawing

rights специальные права заимствования, СДР

SDS scientific data system система сбора и обработки научных данных

SDS Students for a Democratic Society студенты за демократическое общество (*объединённый фронт коммунистов и левых социалистов; США*)

sds sudden death syndrome синдром внезапной смерти

sdti selective dissemination of technical information выборочное распространение технической информации

Se selenium *хим.* селен

se semiannual полугодовой

se single engine с одним двигателем

SE south-east юго-восток; юго-восточный

SE south-eastern юго-восточный

SE space efforts космические исследования

SE space exploration исследование космического пространства

se special equipment специальное оборудование

SE Standard English литературный английский язык

se standard error *стат.* стандартная ошибка

S. E. Stock Exchange фондовая биржа

SEA Science and Education Administration Управление по делам науки и просвещения

SEA Society for Education Through Art Общество за образование через искусство

SEA state economic area хозяйственный район штата (*США*)

SEAC seacoast морское побережье; приморский

seal sea-air-land море-воздух-земля

Sealab [ˊsiːˌlæb] подводная лаборатория

SEAMEO South-East Asian Ministers of Education Organization Организация министров просвещения Юго-Восточной Азии, ОМПЮВА

SEAMES South-East Asian Ministers of Education Secretariat Секретариат министров просвещения стран Юго-Восточной Азии, СЕАМЕС

SEAMHO South-East Asia Medical and Health Organization Организация здравоохранения и санитарии Юго-Восточной Азии, СЕАМХО

SEARCA South-East Asia Regional Centre for Graduate Study and Research in Agriculture Региональный центр исследований в области сельского хозяйства Юго-Восточной Азии, СЕАРКА

SEAS scientific exploration of the Atlantic shelf научные исследования Атлантического шельфа

SEAS Strategic Environmental Assessment System стратегическая система оценки окружающей среды

Seasat [ˊsiːˌsæt] sea satellite for oceanographic research спутник для метеорологических наблюдений и океанографических исследований

SEASCO Science Co-operation Office for South-East Asia Бюро научного сотрудничества для Юго-Восточной Азии, СЕАСКО

SEATAC South-East Asian Agency for Regional Transport and Communications Development Агентство развития регионального транспорта и связи в Юго-Восточной Азии, СЕАТАК

SEATO South-East Asia Treaty Organization Организация договора о Юго-Восточной Азии, СЕАТО

SEB Society of Experimental Biology Общество экспериментальной биологии

SEBM Society of Experimental Biology and Medicine Общество экспериментальной биологии и медицины

sec secant *мат.* секанс

sec *тж.* **SEC** second *разг.* секунда

SEC secondary вторичный; второстепенный

sec secret секретный

sec secretary секретарь; министр

sec section раздел

sec sector сектор

sec. secundum *лат.* (according to) в соответствии с

SEC Securities and Exchange Commission Комиссия по ценным бумагам и биржам (*США*)

sec security безопасность

Sec A Secretary of the Army *амер.* министр армии

SECAF Secretary of the Air Force министр ВВС

secd second второй; секунда

SECDEF Secretary of Defence министр обороны

Sec.-Gen. Secretary-General генеральный секретарь

secko sexual aberration *австрал.* человек с сексуальными отклонениями

SECNAV Secretary of the Navy министр ВМС

SECR secret секретный; тайный

sec. reg. secundum regulam *лат.* (according to rule) в соответствии с правилами

Secs. securities ценные бумаги

sect. section секция

SECUS Sex Education Council of the United States Совет по половому образованию в США

secy *тж.* sec'y secretary секретарь

sed sedative седативное/успокоительное средство

sed sediment осадок, седимент

Sed sedimentation седиментация, осаждение

SEDEF Secretary of Defence министр обороны

sedi sediment осадок, седимент

sedi rate sedimentation rate скорость седиментации, осаждения

sedi time sedimentation time время седиментации, осаждения

sedtn sedimentation седиментация, осаждение

SEE Society of Environmental Engineers Общество инженеров по охране окружающей среды (*Великобритания*)

see survival, evasion and escape выживание, уклонение, отход

SEF Space Education Foundation Фонд космического просвещения

seg segment сегмент

seg segmentation сегментация

seg segregate сегрегировать

seg segregation сегрегация

seggie ['segɪ] segregationist *амер. жарг.* сторонник расовой сегрегации; сегрегационист

segm segmented сегментообразный, сегментный

SEI socioeconomic index социально-экономический показатель

SEIA ['siː'iː'aɪeɪ] Solar Energy Industries Association Ассоциация отраслей солнечной энергии (*США*)

SEIC Solar Energy Information Centre Информационный центр по солнечной энергии

seis seismograph сейсмограф

seis seismography сейсмография

seis seismology сейсмология

seismol seismological сейсмологический

SEL selection выбор; селекция

sel socioeconomic level социально-экономический уровень

SEL Sound Effects Laboratory акустическая лаборатория

SELA Latin American Economic System Латиноамериканская экономическая система, ЛАЭС

Sely southeasterby на юго-восток

SEM [sem] scanning election microscope сканирующий электронный микроскоп

sem. semicolon точка с запятой

Sem seminary семинария; школа

Sem. semitic семитический, семитский

sem slow eye movements медленное движение глаз (*во сне*)

seman semantics семантика

semcor semantic correlation семантическая корреляция

semi semicolon точка с запятой

semi semi-detached house *разг.*

одноквартирный дом, имеющий общую стену с соседним домом

semi semi-finals полуфинал

semi semi-trailer полуприцеп

semicol semicolon точка с запятой

semiot semiotics семиотика

Sen. Senate сенат

Sen. Senator сенатор

Sen *тж.* **sen.** senior старший (*из двух лиц, носящих одно и то же имя в семье*)

S. E. N. [′es′i:′en] state enrolled nurse аттестованная медицинская сестра (*Великобритания*)

SENCH Senior Chaplain *брит.* старший военный священник (*звание*)

Sen Clk Senior Clerk старший клерк

Sen Doc Senate Document документ сената

senior senior citizen пожилой гражданин, пенсионер

senr senior старший (*из двух лиц, носящих одно и то же имя в семье*)

Sen Rept Senate Report доклад сената

SENT sentence приговор (*военного суда*)

SENT CONF sentenced to be confined приговорён к лишению свободы

seo *тж.* **SEO** satellite for earth observation спутник для наблюдения за Землёй

sep. separate отдельный; особый

Sept. September сентябрь

seq. sequel продолжение (*книги*)

SEQ sequence последовательность

SEQ Standing Group on Emergency Questions Постоянная группа по чрезвычайным вопросам, ПГЧВ

SER serial серийный

ser. *тж.* **SER** series ряд, последовательность; серия

SERF Panel of Studies on Economics of Route Air Navigation Facilities Группа экспертов по экономическим аспектам марш-

рутного аэронавигационного оборудования, СЕРФ (*ООН*)

Serg [sɑ:dʒ] sergeant *воен.* сержант

serm sermon проповедь

serol serology серология

SERT Society of Electronic and Radio Technicians *брит.* Общество специалистов по электронике и радиотехнике

SERV service служба; обслуживание

serv chge service charge плата за услугу

SERVREC service record послужной список

SES Society of Engineers and Scientists Общество инженеров и научных работников

SES socioeconomic status общественно-экономический статус

SES Solar Energy Society Общество по проблемам солнечной энергии

SES Studies and Expansion Society Общество по расширению международных связей и исследованиям, ОРМИ

sess. session сессия; заседание, собрание, совещание

set settlement урегулирование

SETI search for extraterrestrial intelligence поиск внеземных цивилизаций

sev seven семь

sev sevenfold в семь раз

sev seventeenth семнадцатый

sev seventy семьдесят

sev sever *юр.* разделять общую собственность на (отдельные) части

sev several несколько

sev severe суровый

sev severity серьёзность, опасность (*болезни, ранения и т. п.*)

sew. sewage нечистоты, сточные воды

sew sewer сточная труба, канализационная труба

sew. sewerage канализационная система, канализация (*города*)

sex sextet секстет

sex sexual сексуальный

sex ed sexual education половое воспитание

sext sextant секстант (*прибор*)

SF *тж.* **sf** safety factor коэффициент безопасности

sf salt free без соли, бессолевой

SF San Francisco Сан--Франциско

sf *тж.* **SF** science fiction научная фантастика

SF Security Forces силы безопасности

SF *тж.* **s. f.** semifinished полуобработанный

SF Special Forces силы специального/особого назначения

SF standard frequency стандартная частота

SFA Scientific Film Association Ассоциация научных фильмов

SFA Scottish Football Association Футбольная ассоциация Шотландии

SFC Space Flight Center Центр космических полётов

SFC surface поверхность; надводный

sfff salt-free fat-free бессолевая, лишённая жиров пища (*диета*)

sfgd safeguard гарантия; охрана, мера предосторожности; гарантировать; охранять; предохранять

SFIS Small Firms Information Service информационная служба малых фирм

SEL Sexual Freedom League Лига сексуальной свободы

SFO space flight operations космические полёты

sfprf semifireproof условно огнестойкий

sfqa *тж.* **SFQA** structually fixed question-answering system *вчт.* структурно фиксированная запросно-ответная система

SFRA Science Fiction Research Association Ассоциация исследований в области научной фантастики

sft soft мягкий

sft special financial transactions специальные финансовые сделки

sft superfast train сверхскорый поезд, экспресс

SFTA Scientific Film Television Award телепремия за научный фильм

SFTA Society of Film and Television Arts Общество кино- и телеискусства

sftwd softwood древесина мягких пород

sftwr software *жарг.* бумажная работа

SFWA Science Fiction Writers of America научные фантасты Америки

sfwd slow forward малый вперёд

sfx sound effects звуковые эффекты (*радио или телевидения*)

SFY satisfactory удовлетворительный

s. g. senior grade высшего разряда

sg. signature подпись

sg smoke generator генератор дыма

S.-G. Solicitor-General заместитель министра юстиции (*США*); главный прокурор (*в некоторых штатах США*); высший чиновник министерства юстиции

sg soluble gelatine растворимый желатин

s. g. specific gravity удельный вес

SG Surgeon General *амер. воен.* начальник медицинского управления

sgd. signed подписан(ный)

s. g. d. g. sans garantie du gouvernement *фр.* (without government guarantee) без правительственной гарантии

SGFNT significant значительный

SGL signal сигнал

sgl *тж.* **sgle** single одиночный, единственный

sgnr signature подпись

sgo surgery, gynecology and obstetrics хирургия, гинекология и акушерство

SGSR Society for General Systems Research Общество по исследованию общих систем, ОИОС

Sgt. sergeant *воен.* сержант

Sgt. Maj. Sergeant Major *амер.* главный сержант

sh. share *брит.* акция

sh sheep овцы

sh. shilling шиллинг

sh shop магазин; делать покупки

s/h shorthand стенография

sh sick in hospital болен и в больнице

sh social history социальная история

sh abs shock absorber *mex.* амортизатор

Shak. *тж.* **Shake** Shakespeare Шекспир

sham champagne *жарг.* шампанское

shandy shandygaff *разг.* смесь простого пива с имбирным; напиток из смеси лимонада с желе

SHAPE Supreme Headquarters Allied Powers, Europe штаб верховного главнокомандующего объединёнными вооружёнными силами в Европе (*НАТО*)

SHCRT short circuit *эл.* короткое замыкание

Shex Sundays and holidays excepted за исключением воскресений и праздников

SHF *тж.* **shf** super-high frequency *радио* сверхвысокая частота

SHIP *тж.* **ship** shipment отгрузка, отправка груза; груз, грузовая партия

SHIPCON shipping control контроль над судоходством

shld shoulder плечо

SHO shore (морской) берег, побережье; береговой

shortg shortage нехватка, недостаток

showbiz [ˈʃəubɪz] show business индустрия развлечения

shp *тж.* **SHP, S. H. P. s. hp.; s. h. p.** shaft horsepower *физ.* мощность на валу

shpt. shipment груз, партия; отгрузка, отправка, транспортировка

shr. share акция

shram *тж.* **SHRAM** short-range

air-to-surface missile тактическая ракета класса «воздух — земля»

shrimpsan shrimp sandwich бутерброд с креветками

SHRT short короткий

shrtg shortage нехватка, недостаток

SHRTLY shortly вскоре

SHRTWV short-wave *радио* коротковолновый

SHT Society for the History of Technology Общество истории техники

shtg shortage нехватка; недостача

sht irn sheet iron листовое железо

sht mtl sheet metal листовой металл

sh. tn. short ton *ком.* короткая тонна (= 907,2 кг)

shts sheet steel тонколистовая сталь

shw safety, health and welfare безопасность, здоровье и благосостояние

Si silicon *хим.* кремний

si slight imperfection небольшой изъян, недостаток

si spark ignition искровое зажигание

SI [siː] (International) System of Units (международная) система единиц СИ

SIA Strategic Industries Association Ассоциация стратегических отраслей промышленности

SIAD Society of Industrial Artists and Designers Общество промышленных художников и дизайнеров

SIAM Society of Industrial and Applied Mathematics Общество промышленной и прикладной математики

SIB Soviet Information Bureau Советское информационное бюро, Совинформбюро

SIC Inter-American Communications Service Межамериканская служба связи, МСС

SIC Scientific Information Center Центр научной информации

SIC Standard Industrial Classification стандартная классификация отраслей народного хозяйства

SICBM small intercontinental ballistic missile малогабаритная МБР

SICU surgical intensive care unit *амер. мед.* отделение интенсивной хирургии

SID Society for International Development Общество международного развития, ОМР

SIDS sudden infant death syndrome внезапная смерть ребёнка грудного возраста

SIE science information exchange обмен научной информацией

SIEC Société Internationale pour l'Enseignement Commercial *фр.* (International Society for Business Education) Международное общество для коммерческого образования

SIECA Permanent Secretariat of the General Treaty on Central American Economic Integration Постоянный секретариат Общего договора об экономической интеграции Центральной Америки, СИЕКА

SIECUS Sex Information and Educational Center of the United States Информационно-просветительный центр Соединённых Штатов Америки по половым вопросам

sif self identification feature признак самоидентификации

SIF Society for Individual Freedom Общество за свободу личности

SIG *тж.* **sig** signal сигнал; относящийся к связи, к службе связи

sig signaller *воен.* связист

sig signature *полигр.* сигнатура; музыкальная шапка (*радиопрограммы и т. д.*)

sigint *тж.* **SIGINT** ['sɪgɪnt] signal intelligence сигнальная разведка, сбор, анализ и оценка излучаемых сигналов; радиоэлектронная разведка

SIGMET significant meteorological (information) метеорологическое сообщение об опасных явлениях

signif significance значение, значимость

signif significantly значительно

signif signify означать

sil silver серебро

s-i-l sister-in-law невестка; золовка; свояченица

SIL Society for Individual Liberty Общество за личную свободу

SIL Society for International Law Общество международного права

sil speech interference level уровень речевых помех

SIL Summer Institute of Linguistics Летний институт лингвистики

silv silver серебро

silv silvery серебристый

SIM School of Industrial Management школа промышленного руководства

sim. similar сходный, подобный

sim simple простой, лёгкий

sim simulate симулировать

simcon simplified control упрощённый контроль

SIML similar сходный, подобный

simmon persimmon *амер. разг.* хурма

simp simpleton *разг.* простак, недотёпа, простофиля

simstrat simulation strategy *вчт.* стратегия моделирования

SIMUL simultaneous одновременный

simulcast simultaneous broadcast(ing) of the same program on radio and television одновременная трансляция по радио и телевидению

sin single единственный; одиночный; одинокий

sing singer певец

sing singing пение

sing singular единственный; единичный; особый, исключительный

SIOP single integrated operational plan единый интегрированный оперативный план

si op. sit si opus sit *лат.* (if necessary) если необходимо

SIP Standard Inspection Procedure стандартная процедура проверки

sipl scientific information processing language *вчт.* язык обработки научной информации

SIPRI Stockholm International Peace Research Institute Международный институт по изучению проблем мира в Стокгольме

SIR Society for Individual Responsibility Общество личной ответственности

SIS satellite intercept system система спутников-перехватчиков

SIS Secret Intelligence Service «Сикрет Интеллидженс Сервис» (*разведывательная служба в США*)

SIS Shut-In Society закрытое общество

SIS Special Industrial Services специальное промышленное обслуживание, СПО (*ООН*)

SIS standard indexing system система стандартной индексации (*классификация информации*)

SIS strategic interplanetary system стратегическая межпланетная система

SISCO Special Inter-Departmental Selection Committee Специальный междепартаментский, распорядительный комитет, СИСКО (*ООН*)

sisp sudden increase of solar particles резкий рост числа солнечных частиц

SIT situation положение; обстановка

SITA Students International Travel Association Международная студенческая ассоциация путешествий

SITC standard international trade classification Международная стандартная торговая классификация, МСТК

SITCA Secretariat for Central American Tourism Integration Секретариат по координации туризма в Центральной Америке, СИТКА

sitcom [ˈsɪtkɔm] situation comedy *амер. разг.* комедия положений

Sitol sitological ситологический (*относящийся к лечебному питанию*)

sitol sitologist ситолог (*специалист по вопросам лечебного питания*)

sitol sitology ситология (*наука о лечебном питании*)

sitpro simplification of international trade procedures упрощение процедур международной торговли

sitrag situation tragedy трагедия положений

sitt sitting room гостиная комната

sitter sitting room *унив. жарг.* гостиная комната

SI unit International System Unit *спец.* единица системы СИ

siw *тж.* **SIW** self-inflicted wounds самострел, членовредительство

six-pac six pack container (of beer or soft drinks) тара на шесть единиц (пива или безалкогольных напитков)

S. J. Society of Jesus Общество Иесуса

SJAA St John Ambulance Association Ассоциация скорой помощи св. Иоанна (*благотворительное общество; Великобритания*)

SJAB St John Ambulance Brigade Бригада скорой помощи св. Иоанна (*оказывает первую помощь пострадавшим во время пожаров и т.п.; Великобритания*)

SJC Supreme Judicial Court Верховный суд (*США*)

S. J. D. Scientiae Juridicae Doctor *лат.* (Doctor of Juridical Science) доктор юридических наук (*ставится после фамилии*)

S. J. Res. senate joint resolution совместная резолюция сената

sk sick больной

sk sketch скетч

skc sky clear ясное/чистое небо

SKD schedule расписание; график; план

skd skilled квалифицированный

skdn shakedown *разг.* обыск; обыскивать

SKED [sked] schedule расписание; график; план

SKED [sked] scheduled рейсовый, регулярный; по плану, по графику

skel skeleton скелет

skep skeptic(al) скептический

skep skepticism скептицизм

skiv skivy прислуга

SKU stock-keeping unit единица учёта запасов

Skylab [ˈskaɪˌlæb] «Скайлэб», орбитальная космическая лаборатория (*США*)

SL sea level уровень моря

sl searchlight прожектор

s. l. sine loco *лат.* (without place) без указания места

SL south latitude южная широта

SL *тж.* **S/L** Space Laboratory космическая лаборатория

SLAM Submarine launched air missile (system) лодочная ракетная система малой дальности для действий против надводных кораблей и вертолётов

s. l. a. n. sine loco, anno vel nomine *лат.* (without place, year or name) без выходных данных; без указания места, года или имени

SLANG Systems Language *вчт.* язык операционной системы

S. Lat. south latitude южная широта

Slav. slavic славянская группа языков; славянский

SLBM sea-launched ballistic missile корабельная баллистическая ракета

SLBM submarine launched ballistic missile лодочная баллистическая ракета, БРПЛ

SLC strategic laser communications стратегическая система связи с использованием лазеров

SLCM sea-launched cruise missile крылатая ракета морского/подводного базирования, КРМБ

SLCM submarine launched cruise missile лодочная крылатая ракета

sld. sealed уплотнённый, герметизированный

SLD slowdown замедление

SLD solid твёрдый

s. l. e. a. sine loco et anno *лат.* (without place and year) без выходных данных; без указания места и года

SLGM surface-launched guided missile управляемая ракета наземного *или* надводного базирования

SLGT slight незначительный, небольшой

SLIC *тж.* **S. L. I. C.** (Federal) Savings and Loan Insurance Corporation Федеральная корпорация страхования сбережений и ссуд

SLICBM sea-launched intercontinental ballistic missile корабельная МБР

SLIP Skills Level Improvement Plan План повышения уровня квалификации

SLIRBM sea-launched intermediate-range ballistic missile корабельная баллистическая ракета средней дальности

SLM ship-launched missile корабельная ракета

SLMS ship-based long-range missile system корабельная ракетная система большей дальности

SLO slow медленный; с малой скоростью

s.l.p. sine legitima prole *лат.* (without lawful issue) без законного наследника

SLR solar солнечный

SLRP Society for Long-Range Planning Общество долгосрочного планирования

SLSM ship-launched strategic missile корабельная стратегическая ракета

slsmgr salesmanager управляющий по сбыту

slsmn salesman продавец; *амер.* коммивояжёр, торговый агент

S-l still spring-loaded stiletto пружинный стилет

SLT searchlight прожектор

SLT Standing Group on Long-term Cooperation Постоянная группа по долгосрочному сотрудничеству, ПГДС

SLW slow медленный; с малой скоростью

sly slowly медленно

S-M *тж.* **s-m** sado-masochism садомазохизм

S-M *тж.* **s-m** sado-masochist садомазохист

Sm samarium *хим.* самарий

S. M. Scientiae Magister *лат.* (Master of Science) магистр (естественных) наук

SM Scientific Memorandum научный меморандум

SM Seine Majestät *нем.* (His Majesty) Его Величество

SM service module рабочий отсек (*космического корабля*)

sm sheet metal листовой металл

SM small небольшой, малый

SM space medicine космическая медицина

SM Special Memorandum специальный меморандум

S. M. State Militia государственная милиция

SM strategic missile стратегическая ракета

SM submarine подводная лодка

SM surface missile ракета наземного *или* надводного базирования

sm sustained medication длительное лечение

sm systolic murmur *мед.* систолический шум

SMALGOL small-computor algorithmic language *вчт.* язык программирования для малых вычислительных машин, СМАЛГОЛ

smat see me about this нам нужно встретиться по этому вопросу

S. M. B. Bachelor of Sacred Music бакалавр духовной музыки (*ставится после фамилии*)

smbl semimobile полумобильный

SMC Space Management Center центр руководства космическими исследованиями

S. M. D. Doctor of Sacred Music доктор духовной музыки (*ставится после фамилии*)

SME Sancta Mater Ecclesia *лат.* (Holy Mother Church) Пресвятая матерь церковь

SME standard medical examination регулярный медицинский осмотр

SMI Super Market Institute Институт супермаркетов (*США*)

smk smoke дым

smkls smokeless бездымный

sml simulate симулировать

SML small малый

sml symbolic machine language символический машинный язык

smls seamless бесшовный

smm standard method of measurement стандартный метод измерения

Smnry Seminary семинария; школа; духовная семинария

SMPTE Society of Motion Picture and Television Engineers Общество инженеров кино и телевидения

smpx smallpox *мед.* оспа

SMR *тж.* **S. M. R.** standardized mortality rate стандартизованный показатель смертности (*по роду занятий*)

SMRB Strategic Missile Review Board Комитет по проблемам стратегических ракет

SMRY summary краткое изложение, резюме

SMS strategic missile system стратегическая ракетная система

SMTM sometimes иногда, время от времени

SMUN Soviet Mission to the United Nations Советское представительство при Организации Объединённых Наций

sn sanitary санитарный, гигиенический

sn sanitation санация; санитарная профилактика; водопровод и канализация

s. n. sine nomine *лат.* (without name) без указания имени *или* названия

Sn stannum *лат.* (tin) *хим.* олово

SN Strategic Navigation стратегическая навигация

s. n. sub nomine *лат.* (under a specified name) под указанным именем

SNA system of national accounts система национальных счетов, СНС (*ООН*)

SNAFU situation normal, all fouled up *жарг.* неразбериха, беспорядок

snap simplified numerical automatic processor *вчт.* упрощённый цифровой автоматический процессор

snap simplified numerical automatic programmer *вчт.* упрощённый цифровой автоматический программатор

snap(s) snapshot(s) моментальная фотография

SND *тж.* **snd** sound звук; звуковой

SNDPRF soundproof звуконепроницаемый, звукоизолирующий

sndv *тж.* **SNDV** strategic nuclear delivery vehicle средство доставки стратегического ядерного оружия

sneaks sneakers теннисные туфли

SNG *тж.* **sng** synthetic natural gas синтетический природный газ

SNGL single единичный; одиночный

SNLF Special Naval Landing Force морские десантные силы специального назначения

SNM [ˈesːˈenˈem] Society of Nuclear Medicine Общество ядерной медицины (*США*)

snm special nuclear materials специальные ядерные материалы

SNOBOL [ˈsnəubɔːl] String Oriented Symbolic Language *вчт.* язык программирования ЭВМ для манипуляции цепочками *или* строками символов

SNP Scottish National Party Шотландская национальная партия

sns sympathetic nervous system симпатическая нервная система

SNSR sensor чувствительный элемент; датчик

SNTB size of family now thought best *эк.* размер семьи, считаемый наилучшим в настоящее время

SNW strategic nuclear weapon стратегическое ядерное вооружение

s. o. seller's option *эк.* сделка с обратной премией, опцион продавца

so sex offender *юр.* преступник, совершивший сексуальное нападение

s. o. siehe oben *нем.* (see above) смотри выше

s/o son of сын *кого-л.*

so source источник

So. South юг; южный

so southern южный

S. O. special order особое распоряжение

so standing order распорядок, правила внутреннего распорядка; *эк.* твёрдый заказ на обусловленное количество товара; *эк.* наряд-заказ на регулярное производство

SO Stationery Office (Her/His Majesty's Stationary Office) Издательство Её/Его Величества (*правительственное издательство в Лондоне*)

SO sub-office местное отделение, филиал

s. o. substance of суть *чего-л.*

SOAR Save Our American Resources Спасите наши американские природные ресурсы

SOAS School of Oriental and African Studies Школа изучения стран Востока и Африки (*Великобритания*)

sob shortness of breath нехватка дыхания

S. O. B. *тж.* **SOB** son of a bitch *слэнг* сукин сын

sobe sober трезвый

sobe sobriety трезвость

SOC Save Our Children Спасите

наших детей (*от гомосексуализ-ма*)

soc social социальный, общественный

Soc socialist социалист; социалистический

Soc society общество

Soc Sociology социология

soc socket *эл.* розетка

SOC space operations center центр космических операций

soc *тж.* **SoC** State of Consciousness состояние сознания

SOCEM Save Our City from Environmental Mess Спасите наш город от загрязнения окружающей среды

sociol sociological социологический

sociol sociologist социолог

sociol sociology социология

soc psych social psychology социальная психология

soc sci social science социальные, общественные науки

Soc Sec Social Security социальная безопасность

SOD Secretary of Defense министр обороны

sod sodomite *груб.* гомосексуалист; бранное слово (*без определённого смысла*)

sod sodomy содомия

SODEPAX Committee on Society, Development and Peace (World Council of Churches) Комитет по вопросам общества, развития и мира (Всемирный Совет церквей)

SOE Special Operations Executive руководитель специальных операций

SOEC Statistical Office of the European Communities статистическое бюро ЕЭС

SOED Shorter Oxford English Dictionary «Малый оксфордский английский словарь» (*сокращённое издание «Оксфордского английского словаря»*)

SoF Society of Friends Общество друзей

SOF Strategic Offensive Forces стратегические наступательные силы

S. of S. *тж.* **S. of Sol.** Song of Solomon Песнь Соломона

softech software technology *вчт.* программирование, разработка программного обеспечения

SOGAT Society of Graphical and Allied Trades профсоюз печатников и работников смежных профессий (*Великобритания*)

SoHo [ˈsəuˌhəu] South of Houston Street «Сохо» (*район Нью-Йорка, известный как центр авангардистского искусства, музыки, фильмов и мод; США*)

s-o-l short of luck не везёт

SOL solar солнечный

Sol soldier солдат

Sol. solicitor *юр.* солиситор, поверенный, правозаступник, адвокат

SOL solid твёрдое тело

Sol Solomon Соломон

sol solubility растворимость, растворяемость

sol. soluble растворимый

sol solvent *хим.* растворитель

S. O. L. strictly out (of) luck *слэнг* никак не везёт

SOL systems-oriented language системно-ориентированный язык

SOLAS Safety of Life at Sea Международная конвенция по охране человеческой жизни на море

sold solder *тех.* припой; паять; спаивать

sold soldering *тех.* паяние, (мягкая) пайка

sol htg solar heating солнечное отопление (*отопление путём использования энергии солнца*)

solidif. solidification отвердение, застывание; схватывание (*бетона*)

SOLLAR soft lunar landing and return мягкая посадка на Луну и возвращение

solr solicitor *юр.* солиситор, поверенный, правозаступник, адвокат; *амер.* юрисконсульт

solrad solar radiation солнечная радиация

solut solution *хим.* раствор

solv solvent *хим.* растворитель

soly solubility *хим.* растворимость; насыщенность раствора

SOM See Our Message смотрите наше донесение

som somatology соматология

SOM Standing Group on the Oil Market Постоянная группа по вопросам нефтяного рынка, ПГНР

SOM Start of Message начало сообщения

somat somatic соматический

SOMS Space Operations Management System система управления космическими операциями

son sonata соната

sop. soprano сопрано

SOP *тж.* **S.O.P.** Standard Operating Procedure стандартный порядок действий

sop surgical outpatient хирургический амбулаторный пациент

soph sophomore *амер. разг.* студент-второкурсник

SOR schedule of requirements график выполнения требований

SOR start of record начало записи

SOR statement of requirements изложение требований

s—o—r stimulus—organism—response стимул—организм—реакция

SOS same old stew *разг.* всё старая песня, опять за своё

SOS Save Our Schools Спасите наши школы

SOS [sɔs] save our souls международный радиосигнал бедствия, СОС

s.o.s. si opus sit *лат.* (if necessary) если необходимо

SOS source of supply источник снабжения

SOSUS sound surveillance systems система акустического наблюдения

sou. South юг; южный

sou. southern южный

soundamp sound amplification усиление звука

SOUTHCOM United States Southern Command Объединённое командование ВС США в зоне Центральной и Южной Америки

sov sovereign *разг.* соверен (*золотая монета*)

Sov Soviet советский

Sov. Un. Soviet Union Советский Союз

SOWS Strategic Offensive Weapon System система стратегического наступательного оружия

sp sample образец

SP seaplane port гидроаэропорт

SP *тж.* **sp** self-propelled *воен.* самоходный, самодвижущийся

s.p. selling price продажная цена

SP shore patrol береговой патруль

SP shot point *воен.* центр взрыва

s.p. sine prole *лат.* (without issue) без наследника

SP *тж.* **sp** single purpose одноцелевой

SP *тж.* **sp** smokeless powder бездымный порох

S.P. Socialist Party социалистическая партия

SP *тж.* **sp** South Pole Южный полюс

SP *тж.* **sp** space пространство; космос; космический

Sp. Spain Испания

Sp. Spaniard испанец, испанка

Sp. Spanish испанский; испанский язык

SP *тж.* **sp** spare запасная часть; запасной

Sp *тж.* **sp** special специальный

SP *тж.* **sp** special project (program) специальный проект (программа)

SP *тж.* **sp** special purpose специального назначения

SP. species *биол.* вид

sp. specific определённый, удельный (*о весе*)

SP specification технические требования (условия); спецификация

sp. specimen образец

SP *тж.* **sp** speed скорость

sp. spelling написание

sp spirit дух

SP standard procedure стандартная методика *или* порядок действий

s. p. starting price *бирж.* начальная/отправная цена

SP start point начальная точка

S. P. stop of payment *эк.* приостановка платежа, прекращение выплаты

SP Strategic Planning стратегическое планирование

SP supply снабжение; поставка

SPA Systems and Procedures Association Ассоциация по улучшению методов работы торгово-промышленных контор

SPACECOM space communications космическая связь с помощью космических средств; средства космической связи

SPACON space control контроль космического пространства

SPADE space defence противокосмическая оборона

SPADOC Space Defense Operations Center Оперативный центр ПКО

spag spaghetti *воен. жарг.* спагетти

SPAN Space Navigation (Center) Центр космической навигации ВВС

SPANNET Space Navigation Network система космической навигации

SPARC Space Air Relay Communications воздушно-космическая (радио)релейная связь

SPASST *тж.* **SPAST** special assistant специальный помощник

spbd springboard *спорт.* трамплин; *воен.* плацдарм

SPC Science Program Committee Комитет по научным программам

SPC Society for the Prevention of Crime Общество по борьбе с преступностью

SPC South Pacific Commission Комиссия для стран южной части Тихого океана, КЮТО

SPC survey of population change обследование изменений

численности и структуры населения

SPCA Society for the Prevention of Cruelty to Animals Общество борьбы с жестоким обращением с животными

spcat special category особая категория

S.P.C.C. Society for the Prevention of Cruelty to Children Общество борьбы против жестокости по отношению к детям

sp cd spinal cord спинной мозг

SPCH Society for the Prevention of Cruelty to Homosexuals Общество борьбы с жестоким обращением с гомосексуалистами

sp. chrs special charges дополнительные расходы

SPCK Society for Promoting Christian Knowledge Общество по распространению знаний о христианстве

SPCL *тж.* **spcl** special особый, специальный; специального назначения

SPCM Special Court-Martial специальный военный суд; трибунал

SPCs Suicide Prevention Centers Центры по предупреждению самоубийств

SPCs Suicide Prevention Clinics Клиники по предупреждению самоубийств

spd silver plated посеребрённый

SPD speed скорость

sp del special delivery *эк.* срочная доставка

SPE Society for Pure English Общество содействия чистоте английского языка

SPE special-purpose equipment аппаратура специального назначения

SPEC South Pacific Bureau for Economic Cooperation Бюро экономического сотрудничества южной части Тихого океана, СПЕК

spec special специальный, особый

SPEC special (flight) специальный (рейс)

SPEC specialist специалист

spec specially особо

spec specialty специализация; специальность

spec specific специфический, особый

SPEC specification спецификация; перечень; уточнение, разъяснение

spec speciment образец

spec [spek] spectacle *разг.* зрелище

spec appt special appointment особое, специальное назначение

specat special category особая категория/статья

specif. specific особый, специальный; точный, определённый; *физ.* удельный (*о весе*)

specs spectacles *разг.* очки; счёт 0:0 в крикете

spectrog spectrography спектрография

spectros spectroscopy спектроскопия

speedo speedometer *авт. жарг.* спидометр

spess specimen *пренебр.* тип, субъект

SPF Society for the Propagation of Faith Общество распространения веры

spg specific gravity удельный вес

spg sponge губка

SPGB Socialist Party of Great Britain Социалистическая партия Великобритании

SPGR *тж.* **sp gr** specific gravity удельный вес

SPH Statement of Personal History автобиография

sp hdlg special handling особое обращение (*с чем-л.*), осторожное перемещение грузов, транспортировка

SPHER *тж.* **spher** spherical сферический

spie self-programmed individualized education самопрограммированное индивидуализированное образование

spin spinster *разг.* старая дева

SPINES International information system for science and technology международная информа-

ционная система в области науки и техники, СПИНЕС (*ООН*)

spir spiral спираль, спиральный

Spirit spiritualism спиритуализм

spit selective printing of items from tape выборочная спечатка позиций с плёнки

spk speaker оратор, выступающий

spk speckled *разг.* пёстрый, неоднородный, смешанный; в крапинку

SPKR *тж.* **spkr** speaker громкоговоритель (*надпись*)

spl simplex *вчт.* симплекс

SPL Space Physics Laboratory Лаборатория космической физики

SPL space program language (машинный) язык для программирования задач космических исследований

SPL *тж.* **spl** special специальный; особый

spl spelling правописание

splf simplification упрощение

SPLP array with short- and long-period systems *воен.* группа сейсмоприёмников для регистрации коротких и длинных периодов

SPLWPN special weapon *воен.* специальное оружие

s.p.m. sine prole mascula *лат.* (without male issue) без наследников мужского пола

SPM System Program Management руководство программой разработки системы

spn sponsor спонсор; устроитель, организатор; лицо, финансирующее какое-л. мероприятие; устраивать, организовывать

spn spoon ложка

SPOC Spacecraft Oceanography КЛА для океанографических исследований

spoke spokeperson оператор; выступающий

spont spontaneous спонтанный

sport sporting спортивный; развесёлый; пустой

sport. sportsman спортсмен, физкультурник

sport sportsmanship спортивность

sport sportswoman спортсменка, физкультурница

SPORT support *воен.* поддержка, обеспечение

spot spotlight прожектор; светить прожектором

SPQR *тж.* **spqr** small profits and quick returns *эк.* малые прибыли и быстрый оборот (*средств*)

spr sapper *разг.* военный инженер

SPR Society for Pediatric Research Общество исследований в области педиатрии

S.P.R. Society for Physical Research Общество физических исследований

SPRC Space Policy Review Committee Комитет по анализу политики в области космических исследований

SPRD spread *тех.* распространять(ся), расширять(ся)

SPRL spiral спираль; спиральный

Sp S Special Services специальные услуги; специальные службы

SPT School of Physical Training школа физической подготовки (*Великобритания*)

spt. seaport морской порт

SPT shortest processing time наименьшее время обслуживания

S.P.T. *тж.* **spt** support *воен.* поддержка; опора; обеспечение

sptc specified period of time contract оговорённый период срочного контракта

SPTF Social Progress Trust Fund целевой фонд социального прогресса, ЦФСП

sptr spectrum спектр

SPVD Society for the Prevention of Veneral Disease Общество по борьбе с венерическими заболеваниями

SPW special warfare война (боевые действия) с использованием специальных методов

SPWPN special weapon *воен.* специальные виды оружия

sq sequence последовательность

sq. sequentia *лат.* (what follows; result; sequel) последствия

Sq square площадь (*в городе*); квадрат; квадратный

SQC *тж.* **sqc** statistical quality control статистический контроль качества

SQCM square centimeter квадратный сантиметр

sqd. squad *воен.* отделение

Sqdn squadron рота; авиационная эскадрилья; эскадра

sq. ft square foot квадратный фут (= *929,03 см²*)

sq. in. square inch квадратный дюйм (= *6,45 см²*)

sq. km. square kilometer квадратный километр

sq. mi. square mile квадратная миля (= *258,99 га*)

sq. mm. square millimeter квадратный миллиметр

sqn squadron эскадрилья

SQT skill qualification test профессиональная аттестация

sq. yd square yard квадратный ярд (= *8361,26 см²*)

SR scientific report научный доклад

SR *тж.* **sr** scientific research научное исследование

SR search and rescue поиск и спасение; поисково-спасательный

SR Senate Resolution резолюция сената

Sr. *тж.* **Sr** senior старший

SR short range *воен.* ближнего действия, малой дальности

Sr. sir сэр

Sr. sister *разг.* сестра

S.R. solar radiation солнечная радиация

S.R. Sons of the Revolution Сыны революции

SR Southern Railway южная железная дорога (*Великобритания*)

SR Southern Region южный район (*один из пяти административно - эксплуатационных районов железнодорожной сети Великобритании*)

Sr. strontium *хим.* стронций

SR system reliability *воен.* надёжность системы

SRAAM short-range air-to-air missile управляемая ракета малой дальности класса «воздух—воздух»

SRAM short-range attack missile *воен.* ударная ракета малой дальности/ближнего действия, СРЭМ

SRBDM short-range bomber defense missile ракета малой дальности *или* обороны бомбардировщиков

SRBM short-range ballistic missile баллистическая ракета ближнего действия

SRC Science Research Council научно-иследовательский совет

srcc strikes, riots and civil commotions забастовки, бунты и гражданские беспорядки

SRCH *тж.* **srch** search *воен.* поиск; поисковый

SRDE Signals Research and Development Establishment Научно--исследовательский институт связи (*Великобритания*)

Sr Ed Senior Editor главный редактор

SREL Space Radiation Effects Laboratory Лаборатория космических излучений

srem sleep with rapid eye movements фаза быстрого сна, сон, во время которого наблюдаются быстрые движения глазных яблок

S.Rept. Senate report доклад сената

S. Res. Senate resolution резолюция сената

srev slow reverse медленный обратный ход, малый назад

srf stable radio frequency стабильная радиочастота

SRG short range ближнего действия, малой дальности

srg sound ranging звукометрия, звукометрический

SRG statistical research group группа стратегических исследований

SRGR short-range guided rocket управляемая ракета ближнего действия

SRGW small-range guided weapon управляемая ракета ближнего действия

SRHE Society for Research into Higher Education Общество исследований в области высшего образования

SRI Scientific Research Institute Научно-исследовательский институт

SRI Space Research Institute Институт космических исследований

SRL Scientific Research Laboratory Научно-исследовательская лаборатория

SRL serial серийный

SRM short-range missile ракета малой дальности, ракета ближнего действия

SRML short-range missile launcher пусковая установка для ракет ближнего действия

S.R.N. [ˈesˈɑːrˈen] state registered nurse дипломированная медицинская сестра (*Великобритания*)

SRNA [ˈesˈɑːrˈenˈeɪ] soluble RNA *биол.* транспортная РНК

SRND surround *воен.* окружность

SRO Seismic Research Observatory Сейсмическая исследовательская обсерватория, СИО

S.R.O. standing room only только стоячие места; входной билет

s—r psychology stimulus—response psychology психология стимул — реакция

SRS sample registration scheme система выборочного обследования

SRS Seat Reservation System система разервирования, предварительного заказа мест

srs slow reacting substance медленно реагирующее вещество

SRS small research satellite небольшой исследовательский спутник

SRS Statistical Reporting Service служба статистических обследований

SRSA Scientific Research Society of America Научно-исследовательское общество Америки

s/s same size тот же размер

ss. scilicet *лат.* (namely) а именно

SS Secretary of State государственный секретарь, министр иностранных дел (*США*)

ss secret service секретная служба

ss semis *лат.* (a half) половина (*в рецептах*)

s.s. sensu stricto *лат.* (in the strict sense) в строгом смысле слова, строго говоря

ss single-seated одноместный

SS Social Security социальное обеспечение

SS solar system солнечная система

s-s solid state *физ.* твёрдое состояние

SS space sciences космические науки

SS space shuttle многоразовый воздушно-космический аппарат

SS space station космическая станция

SS special services специальные службы

SS stainless steel нержавеющая сталь

SS standard frequency station радиостанция, работающая на стандартной частоте

SS steamship пароход, паровое судно

SS submarine studies подводные исследования

SS subsystem подсистема; часть системы

SS Sunday School воскресная школа

SS supersensitive сверхчувствительный

SS supersonic сверхзвуковой

SS *тж.* S/S surface-to-surface класса «поверхность/земля/вода — поверхность/земля/вода» (*о ракете*)

SSA Seismological Society of America Сейсмологическое общество Америки

SSA Social Security Act закон о социальном обеспечении

SSA Social Security Administration Администрация социального обеспечения (*США*)

SSB Social Security Board Совет социального обеспечения

SSB Space System Board Управление космических систем

SSBN strategic submarine, ballistic, nuclear атомная ракетная подводная лодка, ПЛАРБ

SSBS surface-to-surface strategic ballistic missile system система стратегических баллистических ракет класса «поверхность/земля/вода — поверхность/земля/вода»

SSC Solicitor to the Supreme Court поверенный, имеющий право выступать перед Верховным судом

SSC Staff Selection Committee Распорядительный комитет персонала, РКП (*ООН*)

SSCC Space Surveillance Control Center Центр управления системой наблюдения за космическим пространством

S.Sc.D. Doctor of Social Sciences доктор общественных наук (*ставится после фамилии*)

S.S.D. Doctor of Sacred Scripture доктор Священного Писания (*ставится после фамилии*)

SSD Special Session on Disarmament специальная сессия по разоружению (*Генеральной Ассамблеи ООН*)

SSDA Self-Service Development Association Ассоциация развития самообслуживания

SSDC Social Science Documentation Center Центр документации по общественным наукам (*ООН*)

SSDL Society for the Study of Dictionaries and Lexicography Общество по изучению словарей и лексикографии

SSDS system of social and demographic statistics Система социальной и демографической статистики, ССДС (*ООН*)

SSGN nuclear-powered cruise

missile submarine атомная подводная лодка, оснащённая крылатыми ракетами на борту

SSGW surface-to-surface guided weapon управляемая ракета класса «поверхность/земля/вода — поверхность/земля/вода»

S sleep synchronized sleep синхронизированный сон

SSLV *тж.* **sslv** standard space launch vehicle стандартная космическая ракета-носитель

SSM satellite system monitoring контроль систем спутника

SSM ship-to-ship missile управляемая ракета класса «корабль—корабль»

SSM Singer Sewing Machine швейная машина «Зингер»

SSM single-stage missile одноступенчатая ракета

ssm solid-state materials материалы в твёрдом состоянии

SSM surface-to-surface missile *воен.* ракета класса «поверхность/земля/вода — поверхность/земля/вода», ракета класса «земля/корабль — земля/корабль»

SSMA Stainless Steel Manufacturers' Association Ассоциация производителей нержавеющей стали

SSN nuclear-powered attack submarine атомная торпедная подводная лодка, ПЛАТ

SSO Space Science Office Управление космических наук

SSO space shuttle orbiter многоразовый орбитальный ЛА

SSOC Space Surveillance Operations Center Центр наблюдения за космическим пространством

SSOD Special Session on Disarmament специальная сессия по разоружению (*Генеральной Ассамблеи ООН*)

SSPCA Scottish Society for the Prevention of Cruelty to Animals Общество борьбы с жестоким обращением с животными в Шотландии

SSR Soviet Socialist Republic Советская социалистическая республика

SSRC Social Science Research Council Совет по исследованиям в области общественных наук

SSRS Society for Social Responsibility in Science Общество по социальной ответственности в науке

SSS small scientific satellite небольшой научно-исследовательский спутник

SSS space surveillance system система наблюдения за космическим пространством

SSS strategic and space systems стратегическая и космическая системы

SSSA Subcommittee on Space Sciences and Applications (сенатский) подкомитет по исследованию и использованию космоса

sssi sites of special scientific importance объекты особой научной важности

SST stainless steel нержавеющая сталь

SST supersonic transport сверхзвуковой транспорт; свехзвуковой реактивный самолёт

SSV space shuttle vehicle многоразовый воздушно-космический аппарат

St Saint святой

st sedimentation time *мед.* время осаждения

ST self-testing самопроверка

ST service test войсковое испытание

st. set *полигр.* корректурный знак, отменяющий правку

s.t. short ton *ком.* короткая тонна (= *907,2 кг*)

ST sidereal time звёздное время

st slight trace небольшой след

ST space technology космическая техника

ST special test специальное испытание

ST speech therapy *мед.* речевая терапия

st. standard стандарт, норма, норматив; эталон, образец

ST start старт, пуск; взлёт

ST starting time время старта/взлёта

St state государство

st statement заявление

St status статус

st. statute *юр.* статут, законодательный акт

st stepchild приёмный ребёнок

st stock transfer *эк. амер.* передача акций; *эк. брит.* передача облигаций, фондов

st. stone стоун (= *14 фунтов*)

St store запас; хранилище; *вчт.* запоминающее устройство

St. strait пролив

st street улица, стрит (*в названиях*)

st strontium *хим.* стронций

st. strophe строфа

ST Summer Time летнее время

st surface tension поверхностное натяжение

st survival time время выживания

STA Science and Technology Agency Управление научных и прикладных исследований

STA *тж.* **Sta** station место; станция; база, пункт

STA stationary стационарный; неподвижный

sta stationery канцелярские принадлежности

stab stabiliser стабилизатор

STAB stability устойчивость; стабильность

STAC Science and Technology Advisory Committee Консультативный комитет по науке и технике (*НАСА*)

STAC submarine-to-aircraft communications связь подводных лодок с авиацией

STACRES Standing Committee on Research and Statistics Постоянный комитет по исследованиям и статистике, СТАКРЕС (*ООН*)

stafex staff exercise(s) штабные учения

stag stagger *тех.* зигзагообразное *или* ступенчатое расположение

stan standard стандартный, нормальный

stan standing постоянно действующий, постоянный

STANAG Standardization

Agreement соглашение о стандартизации (*НАТО*)

stanal statistical analysis статистический анализ

standard standardization стандартизация

STANVAC Standard Vacuum «Стандард Вакуум» (*нефтяная компания*)

staph staphilococcus *мед.* стафилококк

STAR space technology and advanced research космическая техника и перспективные исследования

Star *тж.* **STAR** special tactics against robbery специальная тактика против ограбления (*полицейская программа*)

STARDAC star analog digital computer звёздное аналого--цифровое вычислительное устройство

START [stɑːt] Strategic Arms Reduction Talks переговоры о сокращении стратегических вооружений (*США, НАТО*)

STAT static статический

stat statics статика

stat statistical статистический

stat statuary скульптура, скульптурная группа; скульптурный

stat statue статуя

stat. statute *юр.* статут; законодательный акт; устав

STB Sacrae Theologiae Baccalaureus *лат.* (Bachelor of Sacred Theology) бакалавр Священного Богословия (*ставится после фамилии*)

STB stable устойчивый, стабильный

stbd starboard правый борт

STBL stable устойчивый, стабильный

stbt steamboat пароход

STBY stability устойчивость, стабильность

STC Scientific and Technical Committee научно-технический комитет

STC Standard Telephone and Cables фирма «Стэндард Телефон энд Кейблз» (*Великобритания*)

STD Sacrae Theologiae Doctor *лат.* (Doctor of Sacred Theology) доктор Священного Богословия (*ставится после фамилии*)

std sexually-transmitted disease заболевание, передаваемое половым путём

StD Stage Director режиссёр (*в театре*)

STD standard стандарт; стандартный

STD [ˈesˈtiːˈdiː] subscriber trunk dialing автоматическое соединение (*по телефону с абонентом в некоторых городах Западной Европы без посредства телефонистки*)

std by stand by резервный, вспомогательный

Stdy Saturday суббота

STDY steady установившийся, устойчивый

STEIC Science and Technology Education Information Centre Информационный центр по научно-техническому образованию, ИЦНТО (*ООН*)

sten stencil трафарет, шаблон

steno stenographer *разг.* стенографистка

steno stenography *разг.* стенография

STEP Scientific and Technical Exploitation Program Программа научно-технической эксплуатации

ster stereoscope стереоскоп

ster stereotype стереотип

ster sterilization стерилизация

ster sterilize стерилизовать

ster sterilizer стерилизатор

ster sterling стерлинг, фунт стерлингов

stereo stereophonic стереофонический

stereo stereophonic record player стереофонический проигрыватель

stereo stereoscope *разг.* стереоскоп

stereo stereoscopic *разг.* стереоскопический

stereo stereotype *полигр. разг.* стереотип

stet let stand what has been crossed out вычеркнутое сохранить

stew [stuː] steward(ess) *амер. разг.* стюард(есса)

St. Ex. Stock Exchange Лондонская фондовая биржа

STF Staff штаб

stg stage ступень (*ракеты*); этап; отрезок (*маршрута*)

stg. sterling стерлинг, фунт стерлингов

STG storage хранение; склад, хранилище; *вчт.* память (*вычислительной машины*)

STG strong сильный, прочный

stge storage хранение; склад, хранилище; *вчт.* память (*вычислительной машины*)

STIC Scientific and Technical Intelligence Center Центр научно-технической разведки

STID Scientific and Technical Information Division Отдел научно-технической информации

STIDC Scientific and Technical Information and Documentation Committee Научно-технический комитет по вопросам информации и документации, НТКИД

stiff. stiffener жёсткая подкладка *или* прокладка

stim stimulant стимулянт

STINFO scientific technical information научно-техническая информация

stip. stipend вознаграждение за труд; регулярное пособие; *амер.* стипендия

stip. stipendiary оплачиваемый; получающий жалованье

stip stipulation условие, оговорка

stk sticky липкий

stk stock наличный запас; имущество

STL steel сталь; стальной

STLO Scientific and Technical Liaison Office Служба научно-технической связи

STLT satellite (искусственный) спутник

STM International Group of Scientific, Technical and Medical

Publishers Международная группа издателей научной, технической и медицинской литературы, HTM

S.T.M. Sacrae Theologiae Magister *лат.* (Master of Sacred Theology) магистр Священного Богословия (*ставится после фамилии*)

stm *тж.* **STM** scientific, technical and medical научный, технический и медицинский

STM short term memory оперативная память

stmn stimulation стимуляция

stmt statement заявление

stn stain пятно

STN *тж.* **Stn.** station место, станция, база, пункт

stnd stained запятнанный, в пятнах

STNR stationary стационарный

STO short takeoff короткий взлёт, взлёт с коротким разбегом

sto standing order распорядок, правила внутреннего распорядка; *эк.* твёрдый заказ на обусловленное количество товара; *эк.* наряд-заказ на регулярное производство

sto stop остановка

sto stoppage остановка

STOL [stəul] short takeoff and landing (aircraft) *ав.* укороченный пробег (*при взлёте и посадке самолёта*)

STOL port [ˈstəul‚pɔːt] short takeoff and landing airport аэропорт для самолётов с укороченным пробегом

stom stomach желудок

stomat stomatology стоматология

stop slight touch on pedal лёгкое нажатие на педаль

STOR storage хранение; склад, хранилище; *вчт.* память (*вычислительной машины*)

storet storage and retrieval *вчт.* хранение и поиск (*информации*)

S.T.P. Sacrae Theologiae Professor *лат.* (Professor of Sacred Theology) профессор Священного Богословия

STP standard temperature and pressure стандартная температура и давление

stp step шаг

STP *тж.* **stp** stop остановка

st part steel partition стальная перегородка

STR straight прямой; прямо

STR strength *тех.* прочность

STR structural структурный

strad stradivarius *разг.* скрипка Страдивари

STRAT strategic стратегический

strat strategy стратегия

STRATO stratosphere стратосфера

STRAW strategic air war стратегическая воздушная война

straw strawberry земляника, клубника

STRAYS Society to Rescue Animals You've Surrendered Общество по спасению брошенных вами животных

STRC Scientific, Technical and Research Commission Комиссия по научным, техническим и исследовательским вопросам, КНТИВ

strep streptococcal *мед.* стрептококковый

strep streptococcus *мед.* стрептококк

strl straight line прямая линия

STRN strength *тех.* прочность

strobe stroboscope *кино, тлв.* строб; стробоскопический источник света для съёмки

STRT start старт, пуск; взлёт

struc structure структура

STRUCT structural структурный

st's sanitary towels гигиенические полотенца

STS satellite-to-satellite класса «спутник—спутник»

st st stocking stitch чулочная вязка (*вязание*)

STU student учащийся; студент; слушатель; курсант

STUC Scottish Trade Union

Council Совет профсоюзов Шотландии

STUD student учащийся; студент; слушатель; курсант

STWD steward бортпроводник

STWS stewardess бортпроводница, стюардесса

stwy stairway лестница

stylo stylograph вечное перо, авторучка, стилограф

SU Soviet Union Советский Союз

SU Student Union Союз студентов

SU supersonic сверхзвуковой

SUA State Universities Association Ассоциация университетов штатов США

sub sub-edit *разг.* редактировать отдел газеты

sub sub-editor *разг.* редактор отдела; помощник редактора

sub submachine gun *воен. разг.* автомат

sub submarine *разг.* подводная лодка

SUB submerged погружённый; в подводном положении

sub subordinate *разг.* подчинённый, вспомогательный

sub subscribe подписываться, приобретать по подписке

sub. subscription абонемент (*в театр*)

sub subsidize *разг.* давать взаймы

sub subsistence *разг.* аванс (*в счёт зарплаты*)

sub substitute *спорт. разг.* заменяющий игрок, замена; выступать вместо основного игрока

sub. suburban пригородный

sub. subway *амер.* метро; подземный переход

subac subacute *мед.* подострый

subcontr subcontractor субподрядчик

subd subdivide подразделять

subd subdivision подразделение

SUBJ *тж.* **subj** subject предмет; объект

subj subjective субъективный

subj subjectively субъективно

Sub-Lt. sub-lieutenant младший лейтенант

subm submission представление на рассмотрение; подчинение

SUBM *тж.* **subm** submit представлять на рассмотрение

SUBQ *тж.* **subq** subsequent последующий

subs subscription подписка

subs subsidiary вспомогательный; дополнительный

subseq subsequently впоследствии

subsis subsistence средства к жизни; командировочные деньги

subst. substitute *эк.* субститут, заменитель

SUBSYS subsystem подсистема; часть системы

subtr subtraction *мат.* вычитание

suburb suburban пригородный

suc success успех

suc successor преемник; наследник

sud sudden unexpected death внезапная неожиданная смерть

sud sudden unexplained death внезапная необъяснимая смерть

SUF sufficient достаточный

suf. *тж.* **suff.** suffix *грам.* суффикс

suffoc suffocating удушающий, удушливый

SUG suggest пред(по)лагать

sug suggestion предложение

suicidol suicidologist суисидолог; изучающий причины самоубийств

suicidol suicidology изучение причин самоубийств, психологии самоубийц *и т.п.*

suid sudden unexplained infant death внезапная необъяснимая детская смерть

summ summarize суммировать, резюмировать, подводить итог

summ summary краткое изложение; резюме; сводка

sumr summer лето

Sun Sunday воскресенье

SUNFED Special United Nations Fund for Economic Development Специальный фонд ООН для экономического развития, СФООНЭР

SUNOCO Sun Oil Company Компания по производству подсолнечного масла (*США*)

SUNY State University of New York Государственный университет в Нью-Йорке

sup. superior старший; начальник

sup. superlative *грам.* превосходная (*степень*)

sup supplement *разг.* дополнение, приложение

sup supplementary дополнительный

SUP supply снабжение

sup support поддержка; поддерживать

sup supreme высший, верховный

Sup. Ct. Superior Court высший суд

Sup. Ct. Supreme Court Верховный суд

supe superintendent *жарг.* управляющий, директор, руководитель

super superficial *ком. разг.* двухметровый, квадратный

super superfine *разг.* первоклассный, наилучший, высшего сорта; утончённый, элегантный, изящный

super ['sju:рǝ] superintendent *разг.* суперинтендент полиции; директор воскресной школы (*Великобритания*)

super supermarket супермаркет

super superphosphate *с/х.* суперфосфат

superl. superlative *грам.* превосходная (*степень*)

supp. supplement дополнение, приложение

SUPP support *воен.* поддержка; обеспечение

SUPPL *тж.* **suppl** supplement приложение, дополнение

SUPPL supplemental дополнительный

supr. superior высший, главный

SUPR suppress подавлять

supr. supreme верховный

supv supervise наблюдать, надзирать; заведовать

SUPV supervisor инспектор

SUR surface поверхность; площадь

SUR survivor уцелевший; оставшийся в живых

SURF surface поверхность; площадь

surg. surgeon хирург

surg. surgery хирургия

surg. surgical хирургический

surr surrender сдача, капитуляция; отказ (*от чего-л.*); сдаваться; отказываться (*от чего-л.*)

SURV surveillance наблюдение; разведка

surv survey обозрение; обзор; обследование

surv. surveying наблюдательный

surv. surveyor наблюдатель

SURV survive выживать

Surv-Gen. Surveyor-General генеральный наблюдатель

SURVL survival выживание, спасение жизни

SURVR survivor спасшийся, выживший, переживший катастрофу

sus suspect *жарг.* подозреваемый; подозревать

sus suspicion *жарг.* подозрение; подозрительность

sus suspicious *жарг.* подозрительный

SUSP suspect подозреваемое лицо; подозревать

susp b suspension bridge подвесной мост

sus per coll suspensio per collum *лат.* (hanging by the neck) *юр.* смертная казнь через повешение

suspn suspension приостановка, временное прекращение

susso sustenance *австрал.* пособие по безработице

suud sudden unexpected unexplained death внезапная неожиданная необъяснимая смерть

S.V. Sancta Virgo *лат.* (Holy Virgin) *рел.* Дева Мария; богородица, мадонна

SV Sanctitas Vestra *лат.* (Your Holiness) *церк.* Ваше святейшество (*титулование папы*)

Sv service служба; работа

SV *тж.* **S/V** space vehicle КЛА

svc service служба; обслуживание, сервис

SVCG servicing обслуживание

SVE Society for Visual Education Общество наглядного просвещения

svg saving сбережение

s.v.p. s'il vous plaît *фр.* (if you please) пожалуйста

SVRL several несколько

s.v.v. sit venia verbo *лат.* (forgive the expression) извините за выражение

svy survey обзор

sw salt water солёная вода

sw sea water морская вода

SW Secretary of War военный министр

SW shock wave ударная волна

SW short-wave коротковолновый

SW South-West юго-запад; юго-западный

SW special warfare специальные средства ведения войны

SW special weapon специальное оружие

SW strategic weapon стратегическое оружие

sw submarine warfare подводная война

SWA Seaboard World Airlines Приморские мировые авиалинии

S.W.A. South-West Africa Юго-Западная Африка

swak sealed with a kiss скреплено поцелуем (*пишется в конце любовного письма или на обратной стороне конверта*)

swalk sealed with a loving kiss скреплено любящим поцелуем (*пишется в конце любовного письма или на обратной стороне конверта*)

SWAPO *тж.* **Swapo** [ˈswɑːpəu] South West Africa People's Organization Народная организация Юго-Западной Африки, СВАПО

swb single with bath комната на одного человека с ванной

swbd switchboard *эл.* щит управления; распределительный щит

SWC Special Weapons Center Центр специальных видов оружия

SWE Society of Women Engineers Общество инженеров-женщин

S.W.G. standard wire gauge стандартный сорт проволоки

SWIFT Society for Worldwide Interbank Financial Telecommunications Международная межбанковская организация по валютным и финансовым расчётам по телексу

switch switchblade knife пружинный нож, автоматически открывающийся нож

swm standards, weights and measures стандарты веса и меры

swoc subject word out of context ключевое слово вне контекста

swr serum wassermann reaction *мед.* реакция Вассермана, РВ

swr steel-wire rope стальной трос

SWS space weapon system система космического оружия

SWS special weapon system система специального оружия

SWS strategic weapons system система стратегического оружия

swt short-wave transmission передача на коротких волнах

swt short-wave transmitter коротковолновый передатчик

swv swivel *тех.* вертлюг, шарнирное соединение

SWWJ Society of Women Writers and Journalists Общество женщин-писателей и журналистов

swymmd see what you made me do посмотри, что ты заставил меня сделать

sx section секция; часть

sx simplex *вчт.* симплекс

SXN section секция; часть

sxt sextant секстант

s.y. square yard квадратный ярд ($= 8361{,}26 \ см^2$)

sycom synchronous communication(s) синхронная связь

S. Yd. Scotland Yard Скотлэнд-Ярд

syd see your doctor обратитесь к врачу

syfa system of application система применения

SyG Secretary General генеральный секретарь

syh see you home до встречи дома

syla-iawc see you later, alligator — in a while, crocodile пока, аллигатор — до скорой встречи, крокодил (*обмен фразами при прощании*)

SYM *тж.* **sym** symbol символ

sym symbolic символический

SYM *тж.* **sym** symmetrical симметричный

sym symmetry симметрия

sym symphonia симфония

sym symphonic симфонический

SYM system система

SYMB *тж.* **symb** symbol символ

symb symbolic символический

symp symposium симпозиум

sympath sympathy расположение, сочувствие

syn synagogue синагога

SYN *тж.* **syn** synchronous синхронный

syn synonym синоним

syn synonymous синонимичный, синонимический

syn synonymy синонимия

syn syntax синтаксис

SYN synthetic синтетический

SYNC synchronizer синхронизатор

synco syncopated синкопированный

Syncom ['sɪnˌkɔm] synchronous communications satellite *амер.* геостационарный спутник связи

syncop syncopated синкопированный

SYNCR synchronizer синхронизатор

SYNCS synchronous синхронный

synd syndicate синдикат

syndro syndrome синдром

synon synonym синоним

synon synonymous синонимичный, синонимический

synop synopsis резюме, краткий обзор; синопсис

SYNOP *тж.* **synop** synoptic синоптический

SYNS synopsis резюме, краткий обзор; синопсис

synt syntax синтаксис

synth synthesis синтез

SYNTH synthetic синтетический

syph syphilis *разг.* сифилис

syr. syrup *фарм.* сироп

syrg. syringe шприц

SYS system система

sys systematization систематизация

sys systematize систематизировать

syst system система

syst systematic систематический

systol systolic *мед.* систолический

syt sweet young thing милочка, деточка

sz schizophrenia шизофрения

sz schizophrenic шизофренический

sz seizure захват

sz size размер

T

T tactical тактический; оперативный; оперативно-тактический, боевой

t tardy поздний; опоздавший

T target цель; мишень

t teaspoon чайная ложка

T. technical механический; промышленный

T technical foul *баскет.* фол; получить фол

t teeth зубы

T telephone телефон

T temperature температура

T temporary временный

T tension напряжение

t tentative предварительный, временный; пробный

T. territory территория

T tesla *физ.* тесла (*единица магнитной индукции*)

T. test испытание; исследование

T. testament *юр.* завещание, распоряжение; *рел.* завет

T Texas Техас (*штат США*)

T thermometer термометр

t thunder *метео* гром

t thunderstorm гроза

T Thursday четверг

t tide морской прилив и отлив

T *тж.* **t** Time время

T Timer временной механизм

t title заголовок, название

t. ton *разг.* «тонна», скорость в сто миль в час

t tonnage тоннаж

T torpedo торпеда; торпедировать

T total полный, суммарный

t town город

t township *амер.* местечко, район

T training (боевая) подготовка; обучение, тренировка; учебный, тренировочный

t transit перевозка, транзит; транзитный

t transitive *грам.* переходный глагол

t translation перевод

T transport перевозка, транспортировка; транспортное средство

T transportation перевозка, транспортировка

T triangle треугольник

T trichlorethylene *хим.* трихлорэтилен

T tritium *хим.* тритий

t tropical тропический

T true истинный

T/- Trusteeship Council Совет по опеке (*ООН*)

T Tuesday вторник

t tug буксирное судно; буксировать

Ta tantalum *хим.* тантал

TA tape лента

TA target цель; мишень

TA target acquisition обнаружение цели

TA *тж.* **T/A** [ˈtiːˈeɪ] teaching assistant ассистент преподавателя

TA Technical Advisor советник по техническим вопросам

TA Technical Assistance техническая помощь (*ООН*)

ta temperature температура

T/A Temporary Assistant временный ассистент, помощник

TA Territorial Army территориальная армия (*Великобритания*)

TA Trade Agreement торговое соглашение

TA transactional analysis *мед.* трансакционный анализ

T. A. transferrable account *эк.* переводной счёт

TA Truth in Advertising правдивость в рекламе

ta tuberculin *фарм.* туберкулин

TAA Technical Assistance Administration Управление технической помощи

T. A. A. *тж.* **TAA** Trade Agreement Act закон о торговых соглашениях (*США*)

TAA [ˈtiːˈeɪˈeɪ] Transportation Association of America Американская транспортная ассоциация

TAALS The American Association of Language Specialists Американская ассоциация специалистов в области языков

TAAP Total Action Against Poverty тотальная борьба с бедностью

Tab cantab *разг.* студент Кембриджского университета; окончивший Кембриджский университет

tab. table таблица

tab tablet таблетка

tab tabloid малоформатная газета

TAB Technical Assistance Board Совет технической помощи, СТП (*ООН*)

TAB Technical Assistance Bureau Управление технической помощи, УТП

tac. tactic(al) *воен.* тактический

TAC Tactical Air Command *воен.* командование тактических ВВС; тактическое авиационное командование (*США*)

TAC Tactics *воен.* тактика

TAC Technical Activities Committee технический комитет

TAC Trade Agreement(s) Committee Комитет торговых соглашений

TACAMO take charge and move out *воен.* «такамо» (*система радиосвязи НАТО, обеспечивающая круглосуточное дежурство в воздухе в любой части земного шара, на случай возникновения ядерной войны*)

tacan ['tækæn] tactical air navigation тактическая аэронавигационная система «Такан»

TACC Tactical Air Command Center Центр тактического авиационного командования

tacelron tactical electronic warfare тактическая электронная война

tach [tæk] tachometer тахометр

tachy tachygraphy стенография, тахиграфия

tachycard tachycardia *мед.* тахикардия

tacit tacitus *лат.* (unmentioned) неупомянутый

tacjam tactical jammer *воен.* тактический передатчик помех

tacjam tactical jamming создание помех (оперативно-)тактическим системам

tacnav tactical navigation тактическая навигация

TACOM Tactical Communication (Satellites System) тактическая система спутников связи

TACOMM tactical communications тактическая связь

TAC/R tactical reconnaissance тактическая разведка

tact technological aids to creative thought технические средства в помощь творческому процессу

TACTL tactical тактический

TACV tracked air cushion vehicle гусеничное транспортное средство на воздушной подушке

tad [tæd] tadpole *амер. разг.* малыш (*особ.* мальчик)

tad time available for delivery время, отводимое на доставку

TAF Tactical Air Force тактическая воздушная армия; авиация поддержки ВМС; тактические ВВС (*Великобритания*)

TAF Time and Frequency время и частота

TAFHQ Tactical Air Force Headquarters штаб тактической воздушной армии

tafubar things are fouled up beyond all recognition *жарг.* дела запутались до неузнаваемости

tah temperature, altitude, humidity температура, высота, влажность

tal talis *лат.* (such) такой

TAL total полный; общий, суммарный

tam total available market *эк.* общий наличный рынок

TAM-rating ['tæm,reitiŋ] Television Audience Measurement rating определение количества телезрителей (*оценка популярности телепрограммы в зависимости от числа зрителей; устанавливается с помощью специальных счётчиков на телевизорах*), телерейтинг

tan tangent *мат.* касательная; тангенс

tan twilight all night сумерки всю ночь, белые ночи

t & d time and date время и (календарное) число

T. & G. ['ti:ən'dʒi:] Transport and General Workers' Union Профсоюз транспортных и неквалифицированных рабочих, Ти-энд-Джи (*Великобритания*)

T & S Toilet and Shower туалет и душевая

TAP Technical Assistance Program программа (оказания) технической помощи

TAPAC Transportation Allocations, Priorities and Controls Committee Комитет по очерёдности, распределению и контролю над перевозками

TAPS [tæps] Trans-Alaska Pipeline System система трансаляскинского нефтепровода

TAR Tactical Air Reconnaissance тактическая воздушная разведка

TAR target цель; мишень

tar *тж.* **TAR** tariff *эк.* тариф; расценка

tar [tɑ:] tarpaulin *разг.* моряк

TARAN Test and Repair As Necessary испытание и ремонт по состоянию

TARC Tactical Air Reconnaissance Center Центр тактической разведки ВВС

TARE Telemetry Automatic Reduction Equipment система автоматической обработки телеметрических данных

tarex target exploitation развитие успеха в движении к цели

TARFU Things Are Really Fouled Up *жарг.* дела никудышные; запутанный

targ target цель; мишень

tarmac tarmacadam *разг.* гудронированное шоссе; *разг.* термакадам, дёгтебетон; *ав.* взлётно-посадочная полоса

tart. tartaric *хим.* винно-каменный

tart. a. tartaric acid *хим.* винная кислота

TAS Takeoff Airspeed скорость отрыва, взлётная скорость

TAS Target Acquisition System система обнаружения цели

Taser ['teɪzə] Tele-Active Shock Electronic Repulsion дистанционное ударное электронное отталкивание

tash moustache *воен.* усы

TASM tactical air-to-surface missile тактическая ракета класса «воздух — поверхность»

TASS [tɑ:s, tæs] Telegrafnoye Agentstvo Sovyetskovo Soyuza *русск.* (Telegraph Agency of the Soviet Union) Телеграфное агентство Советского Союза, ТАСС

'tater(s) potato(es) картофель

tatie potato *диал. прост.* картофелина

TAUN Technical Assistance of the United Nations Техническая помощь Организации Объединённых Наций (*программа*)

taut tautology тавтология

TAW Tactical Assault Weapon тактическая штурмовая ракета

TAW Tactical Atomic Weapon тактическое ядерное оружие

TAWC Tactical Air Warfare Center Центр по боевому применению тактической авиации

tax taxation налогообложение; взимание налога

tax taxonomic *биол.* таксономический

tax taxonomy *биол.* таксономия

taxon [tæk'sɔn] taxonomia *биол.* таксономия

taxon [tæk'sɔn] taxonomic *биол.* таксономический

taz topaz топаз

TB telemeter band телеметрическая полоса частот

Tb terbium *хим.* тербий

TB torpedo-boat торпедный катер

TB Transportation Branch транспортное отделение

TB ['ti:'bi:] tuberculosis туберкулёз

tb turbine турбина

TBA *тж.* **tba** to be added подлежит дополнению

TBA *тж.* **tba** to be agreed подлежит согласованию

TBA *тж.* **tba** to be announced должно быть сообщено

tban to be announced должно быть сообщено

TBB tenor, baritone, bass тенор, баритон, бас

TBC The Boeing Company «Боинг Компани» (*авиакомпания США*)

TBC The British Council Британский Совет

TBD *тж.* **tbd** to be declassified подлежит рассекречиванию

TBD *тж.* **tbd** to be determined подлежит определению

TBD *тж.* **tbd** to be done подлежит исполнению

tbe to be executed подлежит исполнению

tbe to be expanded подлежит расширению

tbe to be expired подлежит истечению (*срок действия*)

TBL table стол; пульт; таблица

TBM Tactical Ballistic Missile

тактическая баллистическая ракета

TBM Theater Ballistic Missile оперативно-тактическая баллистическая ракета

tbo time between overhaul(s) сроки обслуживания, периоды между обслуживанием/ремонтом

T.B.O. total blackout *театр.* выключение света на сцене (*для эффектного окончания*)

T-bone trombone тромбон

T-bowl toilet bowl унитаз

tbr to be remembered подлежит запоминанию

tbs tablespoon столовая ложка

TBS Talk Between Ships радиотелефон для коммуникации между судами на близком расстоянии

tbsn *тж.* **tbsp** tablespoon столовая ложка

TBX Tactical Ballistic Missile Experimental экспериментальная тактическая баллистическая ракета

TC Critical Temperature *усл.* критическая температура

TC Tactical Command тактическое командование

Tc technetium *хим.* технеций

TC Technical Characteristics технические характеристики

TC Technical Committee технический комитет

TC Telemeter Channel телеметрический канал

tc temperature controlled температура контролируется

TC Test Center испытательный центр

tc thermocouple термопара

TC total cost общая стоимость

TC Training Center учебный центр

TC Trusteeship Council (of the United Nations) Совет по опеке (*ООН*)

tcb take care of business *жарг.* займитесь делом

TCBM Transcontinental Ballistic Missile трансконтинентальная баллистическая ракета

TCC Telecommunications Coordinating Committee координационный комитет по радиосвязи

TCC Test Control Center центр управления испытаниями (*космической техники*)

tcd task completion date срок завершения работ

TCD Technical Cooperation Department Отдел технического сотрудничества, OTC

TCDC High-level meeting on the review of technical cooperation among developing countries Совещание на высоком уровне по обзору технического сотрудничества между развивающимися странами (*ООН*)

tce *тж.* **TCE** trichlorethylene *хим.* трихлорэтилен

tchg teaching обучение

tchr teacher учитель, преподаватель

TCM Tactical Cruise Missile тактическая крылатая ракета

tcp traffic control panel пульт регулирования движения транспорта

TCP Traffic Control Post пост регулирования движения транспорта

TCR Tracer трассирующий/-ая снаряд/пуля

TCS traffic control station диспетчерский пункт

tctl tactical тактический

TD Tactical Division боевая дивизия

TD task description описание основной задачи

TD Teacher's Diploma диплом учителя

TD Technical Data технические данные

TD Technical Demonstration технический показ, демонстрация технических характеристик

T/D Telemetry Data телеметрические данные

TD Test Data экспериментальные данные; результаты испытаний

T-D [′ti:′di:] three dimensional *кино* стереоскопический, объёмный

td time delay задержка времени

TD *тж.* **T/D** time deposit срочный депозит, вклад на срок

td time of departure время отправления

TD touchdown *воен.* приземление; точка приземления

TD the Treasury Department министерство финансов (*США*)

TDB Trade and Development Board Совет по торговле и развитию, СТР (*ООН*)

TDD telemetry data digitizer цифровой преобразователь телеметрических данных

tdm tandem тандем

TDN *тж.* **t. d. n.** totally digestible nutrients полностью усваиваемые питательные вещества

TDO Technical Data Office отдел технической информации

tdo tornado *метео* грозный шквал, смерч, торнадо

TDP teledata processing обработка телеметрических данных

t/d rly time-delay relay реле задержки времени

TDS time, distance, speed время, расстояние, скорость

TDY *тж.* **tdy** temporary duty временные обязанности; совмещение обязанностей

tdy toady лизоблюд; льстить, выслуживаться

TDZ touchdown zone зона приземления

T. E. tax exempt освобождённый от налога

TE Technical Commission техническая комиссия, ТК

TE Technical Evaluation оценка технических характеристик

Te tellurium *хим.* теллур

te tenants *юр.* владельцы (*недвижимости*)

TE test equipment испытательная аппаратура

TE testing испытание

T. E. trade expenses торговые расходы

T. E. A. Trade Expansion Act закон о расширении торговли (*США*)

TEA *тж.* **tea** triethylaluminium *хим.* триэтилалюминий

teach teacher учитель

teach teaching обучение

TEB triethylborane *хим.* триэтилбор

tec detective *разг.* агент сыскной полиции, детектив, сыщик; следить за *кем-л.*

tec technic технический; технический термин

tec technical технический

tec technics техника

tec technological технический; технологический

tec technology техника; технология

TEC Tropical Experiment Council Совет по проведению тропического эксперимента, СТЭ

tech technic технический; технический термин

tech technical технический

Tech [tek] Technical college (school, institute) *разг.* техническое училище (технологический институт)

tech technically технически

TECH technician техник

tech technics техника

tech technique техника, технический приём, способ, метод

TECH technology техника; технология

TECHAD Technical Advisor технический консультант

tech ed technical editing техническое редактирование

tech ed technical editor технический редактор

TECHNOL *тж.* **technol** technological (научно-)технический; технологический

technol technology техника; технология

tecr technical reason техническая причина

ted [ted] teddy boy *разг.* стиляга, пижон

teen [ti:n] teen-ager подросток; юноша *или* девушка

TEFL teaching English as a foreign language преподавание английского языка как иностранного

TEFLON *тж.* **teflon** tetrafluoroethylene тетрафторэтилен, тефлон

tel telegram телеграмма

Tel telegraph телеграф

tel telegraphic телеграфный; телеграфический

tel telegraphist (rating) *мор.* телеграфист (*в звании рядового*)

tel telegraphy телеграфия

Tel telephone телефон; номер телефона

TEL *тж.* **tel** telescope оптическая труба/прицел

tel teletype телетайп

tel teletypewriter *амер.* телетайп

TEL transporter-erector launcher *воен.* транспортно-пусковая установка

telco telephone company телефонная компания

TELCOM Telephone Communications телефонная связь

TELCON Telephone Conversation разговор по телефону

tele [ˈtelɪ] television *брит.* телевидение; телевизор

TELECOM Telecommunications (радио)связь; средства (дальней) связи

telecon telephone communication телефонная связь

TELECON Teletype Conversation переговоры по телетайпу

teleconcert televised concert концерт, передаваемый по телевидению

TELEDAC Telemetric Data Converter преобразователь телеметрических данных

teleg telegram телеграмма

teleg telegraph телеграф

teleg telegraphy телеграфия

TELEM Telemetry телеметрия

teleol teleology телеология

telep telepathic телепатический

telep telepathy телепатия

TELES telescope телескоп

TELESAT Telecommunications Satellite спутник (дальней) связи

telev television телевизор

telex [ˈteleks] teleprinter exchange *св.* телекс; сообщать по телексу

telly [ˈtelɪ] television *разг.* телевидение; телевизор

tel no telephone number номер телефона

TELSATS Telecommunication Satellite System спутниковая система связи

telt telegraphist *жарг.* телеграфист

Tem temple за́мок

tem temporary временный

tem tempus *лат.* (time) время

TEMA Working Committee on Training, Education and Mutual Assistance (in the Marine Sciences) рабочий комитет по подготовке кадров, образованию и взаимной помощи (в области океанографии)

temadd temporary additional duty временное совмещение обязанностей

temp temper доводить до нужного состояния

TEMP *тж.* **temp** temperature температура

TEMP *тж.* **temp** temporary временный

temp [temp] temporary employee *разг.* временно нанятый на работу (*особ. временная машинистка или секретарь*); работать временно в качестве машинистки *или* секретаря

temp tempore *лат.* (in the time of) временно

TEMPO *тж.* **tempo** temporary временный

tempy temporary временный

ten. tenant владелец (*недвижимого имущества*)

ten tenor *муз.* тенор (*голос, музыкальная партия или певец*)

tence pretence притворство, обман

tench penitentiary *разг.* тюрьма

tency tenancy *юр.* владение (*недвижимостью*)

Tenn. Tennessee Теннесси (*штат США*)

tenna antenna антенна

tenny detention *школ.* оставление после уроков

tenot tenotomy *мед.* перегрузка сухожилия

TENT *тж.* **tent** tentative временный

tentiary penitentiary *разг.* тюрьма

ter terminal конечный пункт; аэровокзал; аэропорт посадки

ter terminate завершать, оканчивать

ter termination завершение, окончание

Ter terrace терраса

ter. territory территория

TERCOM [ˈtəːkɔm] terrain contour matching система отслеживания рельефа местности (*в полёте ЛА на предельно малых высотах*); радиолокационная система обзорно-сравнительного метода наведения головных частей МБР

TERM terminal конечный пункт; аэровокзал; аэропорт посадки

TERM *тж.* **term** terminate оканчивать, завершать

term. termination окончание, завершение

term terminology терминология

terps interpreter *воен. разг.* переводчик

terr. territory территория

terr terrorist *жарг.* участник национально-освободительного движения в Африке

terrif terrific *разг.* потрясающий, колоссальный

TES Telemetering Evaluation Station станция телеметрической оценки

TES Times Educational Supplement «Таймс Эдьюкейшнл Сапплимент» (*образовательное приложение к газете «Таймс»*)

TESCO Organization for International Technical and Scientific Cooperation Бюро по международному научному и техническому сотрудничеству

TESL [ˈtesəl] teaching English as a second language обучение английскому языку как второму

TESOL [ˈtesˌɔːl] Teachers of English to Speakers of Other Languages преподаватели английского языка носителям других языков

TESTENGR test engineer инженер-испытатель

TET tetrachloride *хим.* тетрахлорид

tew *тж.* **TEW** tactical early warning тактическое раннее предупреждение

TEW tactical electronic warfare радиоэлектронная борьба в тактической зоне

tex telex, teletype exchange телекс; передавать с помощью телекса

Tex Texan техасский

Tex. Texas Техас (*штат США*)

text. textile текстильный

text rec. received text *рел.* канонический текст Евангелия

tf temporary fix временное приспособление

TF time of flight время нахождения в полёте

tfc *тж.* **TFC** traffic дорожное движение; транспортное сообщение; поток; воздушное движение

TFD total frequency deviation полное отклонение частоты

TFE tetrafluoroethylene *хим.* тетрафторэтилен, тефлон

TFE time from event время с момента наступления событий

TFMD Trade, Fiscal and Monetary Affairs Division Отдел по внешней торговле, фискальным и кредитно-денежным вопросам, ОВТФКДВ

tfr. transfer *амер.* пересадка (*на железной дороге и т.п.*)

TFS Technical Feasibility Study исследование технической осуществимости

tfs time and frequency standard стандарт времени и частоты

tg. tangent *мат.* тангенс

TG target цель; мишень

tg telegram телеграмма

TG *тж.* **tg** telegraph телеграф

TG transformational grammer трансформационная грамматика

tgn. tangent *мат.* тангенс

TGT *тж.* **tgt** target цель; мишень

TGU traffic generating unit условная единица дорожного движения, УЕД

T. G. W. U. [ˈtiːˈdʒiːˈdʌbljuːˈjuː] Transport and General Workers'

Union Профсоюз транспортных и неквалифицированных рабочих (*Великобритания*)

TGWU Record' [ˈtiːˈdʒiːˈdʌbljuˈjuːˈrekəd] Transport and General Workers' Union Record «Ти-джи-дабль-ю Рекорд» (*ежемесячный журнал Профсоюза транспортных и неквалифицированных рабочих; Великобритания*)

Th thorium *хим.* торий

Th. Thursday четверг

TH training helicopter учебный вертолёт

Th A Theological Association Теологическая ассоциация

Thames TV [ˈtemzˈtiːˈviː] телекомпания «Темза» (*Великобритания*)

thanat thanatology танатология, учение о смерти

Th. B. Theologiae Baccalaureus *лат.* (Bachelor of Theology) бакалавр Богословия (*ставится после фамилии*)

Th. D. Theologiae Doctor *лат.* (Doctor of Theology) доктор Богословия (*ставится после фамилии*)

thd thread нить; *тех.* нитка, шаг резьбы; закреплять на нитке; *тех.* нарезать резьбу

thd threaded нитяный; *тех.* снабжённый резьбой, нарезанный

the *тж.* **THE** tetrahydrocortisone *мед.* тетрагидрокортизон

thea theater театр

theat theater театр

theat theatrical театральный

the E the Equator экватор

The Fed The Federal Reserve Board Совет федерального резерва

theo theoretical теоретический

theo theoretician теоретик

THEO They Help Each Other они помогают друг другу

theod theodolite теодолит

theol theologian богослов

theol theological богословский

theol theologist теолог, богослов

theol theology богословие

theor theorem теорема

THEOR *тж.* **theor** theoretical теоретический

theoret theoretic(al) теоретический

theoret theoretically теоретически

ther therapy терапия, лечение

therap. therapeutic терапевтический

therap therapy терапия, лечение

THERM *тж.* **therm** thermometer термометр

therm thermostat термостат

therm thermostatic термостатический

THERMO thermodynamics термодинамика

THERMO thermostat термостат

thermoc thermocouple термопара

thermochem thermochemical термохимический

thermochem thermochemistry термохимия

THERMODYN *тж.* **thermodyn** thermodynamics термодинамика

thermonuc thermonuclear термоядерный

THERP Techniques for Human Error Rate Prediction методика предвычисления (прогнозирования) ошибок человека

thetcrit theater critic театральный критик

thetcrit theatrical criticism театральная критика

thf *тж.* **THF** tetrahydrocortisol тетрагидрокортизол

th ga thread gauge *тех.* резьбовой калибр

T. H. I. *тж.* **thi** Temperature-Humidity Index показатель температуры и влажности

t. h. i. time handed in время вручения

thixo thixotropy *хим.* тиксотропия

THK *тж.* **thk** thick толстый

Th M Theologiae Magister *лат.* (Master of Theology) магистр Богословия (*ставится после фамилии*)

THN *тж.* **thn** thin тонкий

tho though хотя

thor thorax *мед.* грудная клетка

thora thoracoplasty *мед. разг.* торакопластика

thou thousand *разг.* тысяча (*особ. тысяча долларов или фунтов стерлингов*)

THR threshold порог

thr through через

three R's [ˈθriːˈɑːz] reading, 'riting, 'rithmetic *школ. разг.* чтение, письмо, арифметика

THRM thermal термический, тепловой

thrmst thermostat термостат

thrombo thrombosis *мед.* тромбоз

throt throttle *тех.* дроссель; дросселировать

thru through через

ths thousand тысяча

THTN threaten угрожать

thtr theater театр

Thu *тж.* **Thur, Thurs.** Thursday четверг

THWM Trinity House High Water Mark *брит.* отметка уровня полной воды по правилам Маячно-лоцманской корпорации «Тринити-Хаус»

TI technical information техническая информация, технические данные

TI technical inspection технический осмотр

TI Technical Institute технический институт

TI technical intelligence техническая разведка

TI temperature indicator указатель температуры

TI thallium *хим.* таллий

Ti titanium *хим.* титан

TIB Technical Information Bulletin бюллетень технической информации

TIB Technical Information Bureau Бюро технической информации (*Великобритания*)

TIB Tourist Information Bureau Бюро туристической информации

TIC Technical Information Center Центр технической информации

tice entice соблюдать, обольщать, завлекать

t. i. d. ter in die *лат.* (three times a day) три раза в день (*в рецептах*)

TIE Technology Information Exchange обмен технической информацией

TIE The Institute of Ecology Институт экологии (*США*)

TIES Tactical Information Exchange System система обмена тактической информацией

tif telephone influence factor фактор телефонного влияния

TIG The Inspector General генеральный инспектор

TIH Their Imperial Highness Их Императорское Высочество

TIIAL The International Institute of Applied Linguistics Международный институт прикладной лингвистики

TIL *тж.* **'til** until до, до тех пор

tillery artillery *воен. разг.* артиллерия

tilly utility truck *разг.* лёгкий грузовик; автофургон

TILO Technical Industrial Liaison Office Отдел связи с промышленностью

tim technical information on microfilm микрофильмированная техническая информация

tim time is money время — деньги

TIMC The Industrial Management Centre Центр управления промышленностью

time imm time immemorial незапамятные времена

TIMS The Institute of Management Sciences Институт наук об управлении, ИНУ (*США*)

tina concertina концертина

tinc. *тж.* **tinct** tincture *фарм.* тинктура, настойка

tio *тж.* **TIO** time in office время нахождения на посту

TIP The Institute of Physics Институт физики

tip theory in practice теория на практике

TIP truly important person(age) действительно важное лицо

TIS Technical Information Service служба технической информации

tis tissue *биол.* ткань

tish partition *школ. унив.* небольшая одноместная спальня, отгороженная перегородкой в дортуаре

tit title название, заглавие

tix ticket(s) билет(ы)

t. j. *тж.* **T. J.** [ˈtiːˈdʒeɪ] talk jockey «затейник»

tj tomato juice томатный сок

TJ turbojet aircraft самолёт с турбореактивным двигателем

tjc trajectory траектория

T-junction [ˈtiːˌdʒʌnkʃən] T--образный перекрёсток

Tk tank танк; танковый

tk truck грузовой автомобиль

TKF takeoff взлёт; старт

TKO technical knockout *спорт.* технический нокаут

TKOF takeoff взлёт; старт

TKR talker телефонист

tks thanks спасибо

TL Technical Library техническая библиотека

Tl thallium *хим.* таллий

tl time length временной промежуток

TL time limit временной предел

tl total load общий груз; полная загрузка

t/l total loss *эк.* общие потери

TL trial испытание

tlc tender loving care нежная, любящая забота

tlc total lung capacity полный объём лёгких

TLFO telephone телефон; телефонный

tlg telegraph телеграф

TLM *тж.* **tlm** telemetering телеметрия; телеметрирование

TLMG telemetering телеметрия; телеметрирование

TLMPNL telemetering panel телеметрический пульт

TLO *тж.* **tlo** Total Loss Only *ком.* только в случае полной гибели судна (*условие страхования*)

TLP transient lunar phenomena *астр.* эпизодические лунные явления

tlr trailer *авт.* трейлер, прицеп

TLS telescope телескоп

TLTP teletype телетайп

tltr translator переводчик

tlvsn television телевидение

TLWM Trinity House Low Water Mark *брит.* отметка уровня малой воды по правилам Маячно-лоцманской корпорации «Тринити-Хаус»

TM tactical missile тактическая ракета, ракета ближнего действия

TM takeoff mass взлётная (стартовая) масса

TM team бригадир; экипаж, команда; группа

TM technician-mechanic техник-механик

TM telemetering телеметрия; телеметрирование

TM *тж.* **T/M** telemetry телеметрия

TM temperature meter термометр

Tm thulium *хим.* тулий

T. M. trademark торговый знак; фабричная (заводская) марка

TM [ˈtiːˈem] transcendental meditation трансцендентальная медитация

t. m. true mean *мат.* истинное среднее (*значение*)

tma total material assets *эк.* общая стоимость товарно-материальных ценностей

TMA Trans-Mediterranean Airways «Транс-Медитеррениен Эруэйз» (*авиатранспортная компания*)

T man top man «топ мэн» (*крупный сбытчик в системе незаконного сбыта наркотических средств*)

tmar trial marriage пробный/испытательный брак

tmbr timber лесоматериал, пиломатериал; строевой лес

TMC total manufacturing cost

эк. общая сумма издержек производства

TMD telemetrical data телеметрические данные

t'ment tournament турнир, спортивные соревнования

TMG timing система отсчёта времени

TMMG teacher of massage and medical gymnastics преподаватель массажа и лечебной физкультуры

tmo *тж.* **TMO** telegraph money order телеграфный денежный перевод

TMP *тж.* **tmp** temperature температура

tmp temporary временный

TMPRLY temporarily временно

TMPROC telemetry processing обработка телеметрических данных

TMPRY *тж.* **tmpry** temporary временный

tmr timer таймер (*регулятор выдержки времени*)

TMS *тж.* **T/M/S** Type, Model and Series тип, модель и серия

TMTR transmitter передатчик; датчик

TMU time measurement unit прибор измерения времени

tmw tomorrow завтра

TMX tactical missile experimental экспериментальная тактическая ракета

tn telephone number номер телефона

TN thermonuclear термоядерный

tn. ton тонна

TN track number номер маршрута

tn train поезд

TNA tetranitroaniline *хим.* тетранитроанилин

TNA The National Archives Национальный архив (*США*)

TNC transnational corporations транснациональные корпорации, ТНК

TNDCX tendency тенденция

TNEC Temporary National Economic Committee Временный государственный экономический совет

TNF theatre nuclear forces *воен.* ядерные силы театра военных действий, ядерные силы ТВД

TNG Trade Negotiations Group Группа по переговорам в области внешней торговли, ГПВТ

Tng *тж.* **TNG, tng** training обучение; тренировка; подготовка

tnge tonnage тоннаж

TNGT tonight сегодня вечером, ночью

tnm *тж.* **TNM** tactical nuclear missile ядерная ракета тактического назначения

TNM tetranitromethane *хим.* тетранитрометан

TNP Treaty on Non-Proliferation Договор о нераспространении ядерного оружия

tnp *тж.* **TNP** trinitrophenol *хим.* тринитрофенол

t-n-t transnational terrorism транснациональный терроризм

t-n-t transnational terrorist транснациональный террорист

TNT *тж.* **tnt** [ˈtiːˈenˈtiː] trinitrotoluene, trinitrotoluol *хим.* тринитротолуол, тротил, ТНТ

tntc too numerous to count слишком много, чтобы пересчитать

TNTV tentative временный (*о стандарте или нормах*)

tnw *тж.* **TNW** tactical nuclear warfare тактическая ядерная война

TNW *тж.* **tnw** tactical nuclear weapon тактическое ядерное оружие

tnx thanks спасибо

TO *тж.* **T/O, T-O** takeoff взлёт, старт

TO Telegraph Office телеграфное отделение связи

to *тж.* **TO** telephone order телефонный заказ

TO Theatre of Operations театр военных действий, ТВД

T-O Time of Launch время пуска

TO total outlay *эк.* общие издержки

TO turn over газетная статья, переходящая на следующую

страницу; переверни(те); смотри(те) на обороте

TOA time of arrival время прибытия

tob tobacco табак; табачные изделия

TOBE Test on Basic Education тест(ирование) на начальное образование

toc table of contents оглавление

TOC total ordering cost общая стоимость выполнения заказа

Toc H [ˈtɔkˈeɪtʃ] Talbot House «Ток-Эйч» (религиозно-благотворительная организация; Великобритания)

tod time of day время дня

tod time of delivery время доставки

TOD тж. **tod** time of departure время вылета/отправления

TOEFL Test of English as a Foreign Language тест(ирование) по английскому языку как иностранному

TOET Test of Elementary Training тест(ирование) на начальную подготовку

TOF тж. **tof** time of flight время нахождения в полёте

t of a terms of agreement условия соглашения

TOFF time of flight время нахождения в полёте

tog together вместе

tog to order grog заказать грог

togr together вместе

TOGW тж. **togw** takeoff gross weight полный взлётный вес

TOL takeoff and landing взлёт и посадка

TOL time of launching время пуска

TOL tolerance тех. допуск

T o L Tower of London Тауэр (старинная крепость на берегу реки Темзы в Лондоне)

t-o-m the old man босс, капитан, начальник, шеф

tom tomato помидор

toms tired old movies избитые старые фильмы

tonguesan tongue sandwich сэндвич с языком

tonn tonnage тоннаж

top topographical топографический

topo topographical map австрал. топографическая карта

topog topography топография

topol topology топология

topony toponymic(al) топонимический

TOPS [tɔps] thermoelectric outer planet spacecraft космический корабль с термоэлектрическим двигателем (для исследования внешних планет солнечной системы)

TOPSEC top secret высшая степень секретности, совершенно секретно

TOR technical override техническое превосходство

tor time of receipt время получения

TORN тж. **torn** tornado метео грозный шквал, смерч, торнадо

torp torpedo мор. торпеда

TOS тж. **tos** term of service время службы

tosh mackintosh макинтош, плащ, непромокаемое пальто

tot total разг. сумма; общий итог; полный; суммировать, складывать

tote totalizator жарг. тотализатор

tour. tourism туризм

tour. tourist турист

tourn tournament турнир, спортивные состязания

TOW takeoff weight взлётный вес

TOW тж. **TOW missile** tube-launched, optically tracked, wire-guided (missile) противотанковая ракета «тоу», управляемая по проводам с применением оптических средств слежения

TOWT takeoff weight взлётный вес

tox intoxicate пьянеть; опьянеть

tox toxic токсический, ядовитый

toxed intoxicated в состоянии опьянения

toxicol toxicological токсикологический, относящийся к токсикологии

toxicol toxicology токсикология (*учение о ядах и отравлениях*)

toxing intoxicating опьяняющий

TP technical problem техническая проблема

TP technical publication техническое издание

TP telemetry processor устройство для обработки телеметрических данных

TP *тж.* **tp** telephone телефон; телефонный

t.p. title page титульный лист

TP top вершина; верхняя точка

tp total product *эк.* совокупный продукт

tp township *амер.* местечко, район (*часть округа*)

TP transportation problem транспортная задача

Tp. troop рота; взвод; батарея; эскадрон

TP turning point поворотная точка, поворотный пункт

tpa travel by privately owned conveyance authorized разрешён проезд частных транспортных средств

TPAS Trade Promotion Advisory Service Консультативная служба содействия развитию торговли, ТПАС

TPC total purchasing cost общие затраты на приобретение

TPC Trade Promotion Centre Центр развития торговли, ЦРТ

tphasap telephone as soon as possible позвоните как можно быстрее

tphayc telephone at your convenience позвоните, когда вам это будет удобно

tpnl test panel контрольная панель

tpr *тж.* **TPR** temperature, pulse, respiration температура, пульс, дыхание

Tpr. trooper танкист; солдат мотострелкового подразделения; солдат парашютно-десантных войск

tp's taxpayers налогоплательщики

Tpt transport транспорт; транспортные средства

T.Q. *тж.* **t.q.** tale quale *лат.* (such as) такой, какой есть (*условие продажи без гарантии качества*)

TQC Time, Quality, Cost время, качество, стоимость

TR *тж.* **T/R** tactical reconnaissance тактическая разведка

TR tape recorder магнитофон

tr temperature, rectal *мед.* ректальная температура

tr. there там, туда

TR *тж.* **tr** total revenue совокупный доход (*общества*)

tr trace *спорт.* лыжня

tr train поезд

tr transaction сделка, дело

tr transitive *грам.* переходный глагол

tr translation перевод

tr. translator переводчик

TR *тж.* **T/R** transmit-receive приём—передача

TR transmitter передатчик

TR *тж.* **T/R** transmitter-receiver приёмопередатчик

tr treasurer казначей

tr treasury казначейство

Tr. trustee *юр.* доверительный собственник, попечитель, опекун

TRA training тренировка; обучение; боевая подготовка; учебный, тренировочный

trac tracer *тех.* трейсер; *воен.* трассирующий снаряд

trach trachea трахея

trachy tracheotomy *мед.* трахеотомия

trad traditional *разг.* традиционный

trad [træd] traditional jazz *жарг.* традиционный джаз (*в стиле, характерном для южных штатов США*)

traf traffic движение, сообщение; перевозки, грузооборот

TRAFAC training facility учебная база

trafphobia traffic phobia боязнь ездить в потоке машин

trag tragedy трагедия

trag tragic трагический

TRAJ trajectory траектория

TRAM test reliability and maintainability испытания на надёжность в эксплуатации

TRAN transient временный, переменный

trank [træŋk] tranquilizing drug *разг.* транквилизатор

TRANL translation перевод

trannie *тж.* **tranny** ['trænı] transistor radio *брит. разг.* транзистор, транзисторный приёмник

trans transaction сделка, дело

trans transfer *амер.* перевод (*денежных сумм*); перечисление

TRANS *тж.* **trans** transit транзит, перевозка

trans transitive *грам.* переходный глагол

trans translated переводной, переведённый

trans translation *школ.* перевод

trans translator переводчик

TRANS transmitter передатчик

trans transparent прозрачный

TRANS *тж.* **trans** transport транспорт; транспортный

TRANS *тж.* **trans** transportation транспортировка, перевозка

transatl transatlantic трансатлантический

transc transcription транскрипция, транскрибирование

TRANSCEIVER *тж.* **transceiver** transmitter and receiver приёмопередатчик

transf. transfer *амер.* перевод (*денежных сумм*); перечисление

transfer RNA ['trænsfə:'a:r'en'eı] transfer ribonucleic acid *биол.* транспортная РНК

translu translucent просвечивающий, полупрозрачный

translun translunar *астр.* находящийся над луной

transm transmission передача; пересылка; *тех.* трансмиссия, коробка передач

TRANSP transparency прозрачность

transp transparent прозрачный

trany transparency прозрачность

trap. trapdoor люк, опускная дверь

trau traumatic *мед.* травматический

trav. traveller путешественник, турист

trav travels поездки, (дальние) странствования

trb tribunal трибунал

trb tribune трибуна, эстрада; трибун

TRBL trouble неисправность, повреждение

trc total response to crisis общая реакция на кризис

Tr. Co. trust company траст-компания (*тип коммерческого банка; США*)

Treas. *тж.* **treas** treasurer казначей

Treas. treasury казначейство

tree trustee *юр.* доверительный собственник, попечитель, опекун

treph trephining *мед.* трепанация

trf tuned radio frequency настроенная радиочастота

Trg training подготовка; тренировка; подготовительный; тренировочный

TRGT *тж.* **trgt** target цель, мишень

TRH Their Royal Highnesses Их Королевские Высочества

tri triangle треугольник

tri tricycle *разг.* трёхколёсный велосипед

tri [traɪ] trimaran тримаран, трёхкорпусное судно

trib tribal племенной, родовой

trib tribunal суд, трибунал

trib tribune трибуна, эстрада; трибун

Tricap ['traɪˌkæp] Triple-capable division трёхфункциональный отдел (*США*)

trilat trilateral трёхсторонний

trips triplets тройняшки

trk truck грузовой автомобиль

trk trunk сундук; багажник; ствол дерева

trl trailer трейлер, прицеп

TRML *тж.* **trml** terminal аэровокзал

t RNA ['ti:'a:r'en'eı] transfer ribonucleic acid *биол.* транспортная РНК

TRNG training тренировка; обучение; боевая подготовка; учебный, тренировочный

TRNS transition переучивание, переподготовка

trnsp transport транспорт; перевозить

trnsp transportation перевозка, транспортировка

trom trombone тромбон

trombst trombonist тромбонист

TROP tropical тропический

TROP tropics тропики

TRRN terrain местность

TRS Ticket Reservation System система предварительных заказов билетов

TRS Time Reference System система отсчёта времени

trs. trustees *юр.* попечители, опекуны

TRSP Transport Seaplane транспортный самолёт

TRSSGM Tactical-Range Surface-to-Surface Guided Missile тактическая управляемая ракета класса «поверхность/земля/вода — поверхность/земля/вода»

trtch tape-recording technic техника магнитной записи

TRTY territory территория

trunch truncheon дубинка (*полицейского*)

trus trustee *юр.* доверительный собственник, попечитель, опекун

trust trusteeship опека, попечительство

trwov transit without visa безвизовый транзитный проезд

try treasurer казначей

try treasury казначейство

try truly действительно, истинно

TS Telemetering System телеметрическая система

ts temperature switch переключатель температуры

TS test set испытательная установка

TS third stage третья ступень

TS time sharing распределение времени

TS tool shed помещение для хранения инструмента

ts too short слишком короткий

TS top secret высшая форма секретности, совершенно секретно

TS total slack *эк.* полный простой

TS tough situation *жарг.* трудное положение

TS transonic трансзвуковой, околозвуковой

t's twins близнецы

TS typescript машинописный текст

TSA Tourist Savings Association Ассоциация туристических сбережений

TSA two-step antenna двухступенчатая антенна

TSATLC transatlantic трансатлантический

TSB Trustee Savings Bank Опекунский сберегательный банк (*США*)

tscf top secret cover folder папка/скоросшиватель для совершенно секретных материалов

T.S.F. télégraphie sans fil *фр.* (wireless telegraph) беспроволочный телеграф

tsfr transfer *эк.* передача в собственность; трансфер(т); перечисление (*сумм*)

TSH Their Serene Highness Их Светлость (*титул*)

T-shirt [ˈtiːˌʃəːt] tee-shirt футболка (*хлопчатобумажная, трикотажная с короткими рукавами*)

tsmt transmit сообщать; передавать (*по наследству*); *физ.* проводить, пропускать (*ток, тепло*)

tsp *тж.* **tspn** teaspoon чайная ложка

TSPT transport транспорт; транспортный

TST test испытание; исследование

TST transonic transport трансзвуковой транспортный самолёт

TSTG testing испытание; проведение испытания

TSTR transistor транзистор

tsu this side up этой стороной кверху

t.s.v.p. tournez, s'il vous plaît *фр.*

(turn over, please) переверните, пожалуйста; смотрите на обороте

Tsy treasury казначейство

TT technical translation технический перевод

TT teetotaler непьющий, трезвенник

TT telegraphic transfer телеграфный (*денежный*) перевод

TT teletype телетайп

TT teletypewriter телетайп

TT troop test войсковые испытания

TT tuberculin test туберкулиновая проба

TTBT [′ti:′ti:′bi:′ti:] Threshold Test Ban Treaty Договор о «пороговом» запрещении испытаний ядерного оружия; Договор о «пороговом» ограничении испытаний (ядерного оружия)

TTD Trade and Technology Division Отдел торговли и техники, ОТТ

T-time takeoff time время взлёта

TTP Panel of Teletypewriter Specialists Группа экспертов по телетайпной связи, ГЭТС (*ООН*)

ttp time-temperature parameter временно-температурный параметр

ttp total taxable pay *эк.* общая оплата, подлежащая обложению налогом

TTS teletypesetting *полигр.* телетайпный набор

TTT Time to Target время сближения с целью

ttt time to think время думать

ttt time to turn время поворачивать

TTY teletype телетайп

TTY teletypewriter телетайп

TU timing unit реле времени; программное устройство; блок синхронизации

TU toxic unit токсическая единица

t.u. trade union тред-юнион, профсоюз

TU training unit *эк.* учебный центр (*по подготовке кадров для промышленности*)

Tu Tuesday вторник

tu tuition *школ.* обучение

TUAC-OECD Trade Union Advisory Committee to the OECD (Organ of Economic Cooperation & Development) Объединённый профсоюзный консультативный комитет при Организации экономического сотрудничества и развития, ОПКК-ОЭСР

tube television tube телевизионная трубка

tuberc tuberculosis туберкулёз

tubs tubular tyres камерные шины

T.U.C. [′ti:′ju:′si:] Trade Union Congress Британский конгресс тред-юнионов, БКТ

TUD Technology Utilization Division отдел по внедрению новой техники (*НАСА*)

Tues. Tuesday вторник

TUI Trade Unions' International Международное объединение профсоюзов, МОП

TUIAFPW Trade Unions' International of Agricultural, Forestry and Plantation Workers Международное объединение профсоюзов рабочих плантаций, сельского и лесного хозяйства, МОППСЛ

TUIAFW Trade Unions' International of Agricultural and Forestry Workers Международное объединение профсоюзов рабочих сельского и лесного хозяйства, МОПСЛХ

tummy stomach *разг.* живот

tummy-ache stomach-ache *разг.* боль в животе

tun tuning настройка

TUP Technology Utilization Program программа по внедрению новой техники (*НАСА*)

tur turbine турбина

turbogen turbogenerator турбогенератор

turp turpentine *разг.* терпентин, скипидар; применять скипидар

turq turquoise бирюза; бирюзовый

tuss tussis *лат.* (cough) кашель

tut tutor учитель; репетитор; руководитель (*группы студентов*)

tute tutorial *унив.* консультация, встреча с наставником

tux tuxedo *амер. разг.* смокинг

TV ['ti:'vi:] television телевидение; телевизионный

tv *тж.* TV total volume общий объём

TV ['ti:'vi:] transvestite *жарг.* трансвестит (*о мужчине, носящем женскую одежду; обыкн. о гомосексуалисте*)

TVB Television (Advertising) Bureau Бюро телерекламы

TVBS Television Broadcasting Satellite спутник для телевизионного вещания

TV dinner ['ti:'vi:,dɪnə] television dinner обед из замороженного полуфабриката (*продаётся в алюминиевой фольге*); обед на скорую руку

TVDS Toxic Vapor Detection System система обнаружения ядовитых паров

tvg television video generator телевизионный видеогенератор

TVI television interference помехи телевизионному приёму

tvid televised identification опознание по телевидению

TVL travel перемещение, передвижение; поездка, путешествие

tvop television observation post пункт теленаблюдений

tvp television poor бедные телезрители (*те, кому телевидение заменяет книги*)

TVP textured vegetable protein структурный растительный белок

tv rm television room телевизионная комната

TVS television society телевизионное общество

TVSAT Television Satellite спутник телевизионного вещания, телевизионный спутник

TV table ['ti:'vi:,teɪbl] snack table складной столик для еды перед телевизором

TW takeoff weight взлётный вес

TW total weight общий вес

TWA Trans-World Air Lines «Трансуорлд Эр Лайнз» (*американская авиатранспортная компания*)

twb twin with bath комната на двоих с ванной

twd tail wags dog «хвост виляет собакой» (*всё наоборот*)

twh typically wavy hair типично волнистые волосы

TWI The Training Within Industry Scheme схема отраслевой подготовки (*Великобритания*)

T.W.I.M.C. to whom it may concern тем, кого это касается (*в объявлениях, на документе и т. д.*)

TWIX Teletypewriter Exchange центральная телетайпная станция

twk typewriter keyboard клавиатура пишущей машинки

twl top water level верхний уровень воды

twp township *амер.* местечко, район округа

twr tower башня, вышка

TWU Transport Workers' Union Союз транспортных рабочих

TWUA Textile Workers' Union of America Союз рабочих текстильной промышленности Америки

TWUA Transport Workers' Union of America Союз транспортных рабочих Америки

TWX teletypewriter exchange телетайпная двухсторонняя связь; телетайпный обмен (*сообщениями*)

twy twenty двадцать

Tx. tax налог, пошлина

TX telex телекс; телетайп

Tx Texas Техас (*штат США*)

TX transmission передача

TX transmit передача; передавать

TX transmitter передатчик

txn taxation обложение налогом; взимание налога

TY temporary временный

Ty territory территория

TY total yield общая мощность (*ядерного заряда*)

ty typhoid fever *австрал.* брюшной тиф

tyc tycoon *амер.* магнат, заправила, тайкун

TYP typical типичный, символический

typ typographer печатник

typ typographic типографский, книгопечатный

typ typographical типографский

typ typography книгопечатание

typh typhoon тайфун

typo typographical error *полигр. жарг.* опечатка

typol typological типологический

typol typology типология

typr typewritten отпечатанный на машинке

typw typewriter пишущая машинка

U

u ugly (threatening weather) *метео* угрожающая погода

U unclassified не имеющий грифа, несекретный

u uncle дядя, дядюшка

u. unified унифицированный

U uniform форменная одежда, обмундирование; единообразный, одинаковый

U union объединение, союз

u. unionist член профсоюза/тред-юниона

U united соединённый, объединённый

U [ju:] universal or unrestricted exhibition категория фильмов без возрастных ограничений

U. University университет

u unknown неизвестный

u unoccupied незанятый

u. unpaid неоплаченный, непогашенный

U unsymmetrical несимметричный

U [ju:] upper class *разг.* характерный для высших слоёв общества; культурный (*о поведении, произношении и т. п.*)

U uranium *хим.* уран

U. Utah Юта (*штат США*)

u utility полезность, практичность

U [ju:] you: Shoes Fixed While U Wait *разг.* ремонт обуви в присутствии заказчика

ua unauthorized absense несанкционированное / неразрешённое отсутствие

u/a unit of account расчётная (денежная) единица

UA urbanized area городское население

ua *тж.* UA urinalysis *мед.* анализ мочи

UAB Unemployment Assistance Board Бюро помощи безработным

UADW Universal Alliance of Diamond Workers Всеобщий союз гранильщиков алмазов, ВСГА

UAE United Arab Emirates Объединённые Арабские Эмираты

ual upper acceptance limit верхний допустимый предел

UAM underwater-to-air missile ракета класса «подводная лодка — воздух»

UAMPT African and Malagasy Postal and Telecommunications Union Афро-малагасийский почтово-телеграфный союз, АМПТС

UAN Unidentified Atmospheric Noise неопознанный атмосферный шум

uao unexplained aerial object неопознанный воздушный объект

UAP Union of American Physicians Союз американских врачей

UAPT African Postal and Telecommunications Union Африканский почтово-телеграфный союз, АПТС

U.A.R. United Arab Republic Объединённая Арабская Республика, ОАР

uar upper atmosphere research исследование верхних слоёв атмосферы

UAU underwater-to-air-to--underwater класса «подводная

лодка — воздух — подводная лодка»

UAUM underwater-to-air-to-underwater missile ракета класса «подводная лодка — воздух — подводная цель»

UAW *тж.* **U.A.W.** United Automobile Workers (International Union of United Automobile, Aerospace and Agricultural Implement Workers of America) Объединённые рабочие автомобильной и авиационной промышленности и сельскохозяйственного машиностроения (*профсоюз*)

UAWU United Automobile Workers Union Профсоюз работников автомобильной промышленности (*США*)

U.B. United Brethren объединённые братья, собратья

UBEC Union of Banana Exporting Countries Союз стран — экспортёров бананов, ССЭБ

UBI United Business Investments объединённые капиталовложения предприятий

UC unclassified несекретный; не имеющий грифа; неклассифицированный

UC under construction в стадии строительства

UC University College колледж университета

UCAF You See America First сначала поездите по Америке, прежде чем ехать в другие страны (*совет американцам*)

U category Universal category категория «U» (*категория киозрителей, включающая лиц любого возраста, в том числе и детей; Великобритания*)

UCC Uniform Commercial Code *эк.* единый торгово-коммерческий код

UCC Universal Copyright Convention Всемирная конвенция по авторским правам

UCCA [ˈʌkə] Universities' Central Council on Admission Центральный совет по вопросам поступления в университеты (*Великобритания*)

UCCD United Christian Council for Democracy Объединённый христианский совет за демократию

ucd usual childhood diseases обычные детские заболевания

U-certificate Universal certificate свидетельство «U» (*выдаётся британскими бюро киноцензоров, разрешает показ кинофильма лицам любого возраста, в том числе и детям*)

UCFGB University Catholic Federation of Great Britain Университетская католическая федерация Великобритании

uchd usual childhood diseases обычные детские заболевания

ucj unsatisfied claim and judgement неудовлетворённая претензия и суждение

U-class upperclass относящийся к высшему классу/к высшему обществу

UCM University Christian Movement университетское христианское движение

uco universal code единый код, универсальный код

UCPDE Union for Coordination Production and Distribution of Electricity Союз по координированию производства и передачи электроэнергии

UCS Union of Concerned Scientists Союз обеспокоенных учёных

UCS Universal Classification System универсальная классификационная система

UCS University College School (*University College Hospital Medical School*) «Юниверсити-Колледж Скул» (*медицинский колледж Лондонского университета*)

U.C.V. United Confederate Veterans Объединённая конфедерация ветеранов

UD Unidirectional однонаправленный

ud upper berth верхняя полка

ud upper deck верхняя палуба

U.D. urban district городской округ (*Великобритания*)

U.D.A. [ˈjuːˈdiːˈeɪ] Ulster Defence Association Ассоциация обороны

Ольстера (*ультраправая проте-стантская организация*)

udaa unlawfully driving away auto водитель — участник дорожно-транспортного происшествия, совершивший противоправное бегство на своём автомобиле с места происшествия

U.D.C. United Daughters of the Confederacy Объединённые дочери конфедерации (*США*)

UDC *тж.* **udc** universal decimal classification универсальная десятичная классификация, УДК

U.D.C. [ˈjuːˈdiːˈsiː] urban district council совет посёлка городского типа (*Великобритания*)

udc usual diseases of childhood обычные детские заболевания

UDE Equatorial Customs Union Экваториальный таможенный союз, ЭТС

UDEAC Customs and Economic Union of Central Africa Таможенный и экономический союз Центральной Африки, ТЭСЦА

UDEAO West African Customs and Economic Union Западноафриканский таможенный и экономический союз, ЮДЕАО

UDF United Democratic Front Объединённый демократический фронт

UDI [ˈjuːˈdiːˈaɪ] Unilateral Declaration of Independence одностороннее провозглашение независимости

u dk upper deck верхняя палуба

UDM Union of Democratic Mineworkers Профсоюз демократических горняков

UDP United Democratic party Объединённая демократическая партия

UDR Ulster Defence Regiment силы обороны Ольстера

UEA Universal Esperanto Association Всеобщая ассоциация эсперантистов, ВАЭ

UEAC Union of Central African States Союз государств Центральной Африки, СГЦА

UEC United Engineering Center Объединённый инженерно-технический центр

u enr uranium enrichment обогащение ураном

UEPA Utility Electric Power Association Ассоциация по использованию электроэнергии

UER University Entrance Requirements вступительные требования в университет

UEW United Electrical Workers Союз рабочих электропромышленности

uex unexposed *фото* неэкспонированный

u/ext upper extremity *анат.* верхняя конечность

UF microfarad микрофарада

UF ultrasonic frequency ультразвуковая частота

ufac unlawful flight to avoid custody противоправное бегство во избежание тюремного заключения

ufap unlawful flight to avoid prosecution противоправное бегство во избежание уголовного преследования

ufat unlawful flight to avoid testimony противоправное бегство во избежание свидетельствования

UFAW Universities Federation for Animal Welfare Университетская федерация защиты животных

U.F.C. United Free Church (of Scotland) Объединённая свободная церковь (Шотландии)

UFCT United Federation of College Teachers Объединённая федерация преподавателей колледжей

UFER International Movement for Fraternal Union among Races and Peoples Международное движение за братское единство рас и народов, БЕРН (*организация*)

UFF Ulster Freedom Fighters борцы за свободу Ольстера

UFI University Foundation International Международный университетский фонд

U films Universal films фильмы категории «U» (*для зрителей любого возраста, включая детей*)

UFN *тж.* **ufn** until further notice до получения последующего уведомления

UFO [ʹjufəu] Unidentified Flying Object неопознанный летающий объект, НЛО

ufol ufologic(al) уфологический (*имеющий отношение к изучению неопознанных летающих объектов*)

ufol ufology уфология (*изучение неопознанных летающих объектов*)

UFORA Unidentified Flying Objects Research Association исследовательская ассоциация по проблемам НЛО

UFT United Federation of Teachers Объединённая федерация учителей

UFTAA Universal Federation of Travel Agents' Associations Всемирная федерация ассоциаций туристских агентов, ВФАТА

UG microgram микрограмм

ug undergraduate студент последнего курса; новичок, необученный

ug underground подземный; тайный, нелегальный

UG Upgraded усовершенствованный, повышенного качества

ug urogenital *мед.* мочеполовой

UGC University Grants Committee Комитет по распределению субсидий университетам (*Великобритания*)

ugf unidentified growth factor неопознанный фактор роста

ugmit you got me into this ты впутал меня в это дело

UGND underground подземный

ugt urgent срочный

ugt urogenital tract *мед.* мочеполовые пути

UH microhenry микрогенри

UH *тж.* **uh** utility helicopter многоцелевой вертолёт

uhc under honourable conditions на почётных условиях

UHF *тж.* **uhf** ultrahigh frequency ультравысокая частота, частота дециметрового диапазона волн

UHRD unheard неслышимый

UHS International Union of the History of Science Международный союз истории науки

UHS *тж.* **uhs** ultrahigh speed сверхвысокая скорость

UHT ultra heat tested пастеризованный

UHT *тж.* **uht** ultrahigh temperature ультравысокая температура

UHV *тж.* **uhv** ultrahigh vacuum сверхвысокий вакуум

UI unemployment insurance страхование на случай безработицы

U/I unidentified неопознанный

UIA Union of International Associations Союз международных ассоциаций, СМА

UIAS Union of Independent African States Союз независимых африканских государств

UIB United International Bank Объединённый международный банк

UIBWM Trade Unions International of Workers of the Building, Wood and Building Materials Industries Международное объединение профсоюзов трудящихся строительной и деревообрабатывающей промышленности и промышленности строительных материалов, МОПСД

UIEO Union of International Engineering Organizations Союз международных инженерно-технических организаций, СМТО

UIF Unemployment Insurance Fund Фонд страхования на случай безработицы

UIF Union of International Fairs Союз международных ярмарок

UILI International Union of Independent Laboratories Международный союз самостоятельных лабораторий, МССЛ

UIS [ʹjuːʹaɪʹes] Unemployment Insurance Service служба страхования на случай безработицы (*США*)

uis *тж.* **UIS** urban industrial society городское индустриальное общество

UK United Kingdom (of Great Britain and Northern Ireland) Соединённое Королевство (Великобритании и Северной Ирландии)

u/k unknown неизвестный

ukb universal keyboard универсальная (единая) клавиатура

uke ukulele *разг.* гавайская гитара

UKGBNI United Kingdom of Great Britain and Northern Ireland Соединённое Королевство Великобритании и Северной Ирландии

UKIAS United Kingdom Immigrants Advisory Service Иммигрантская консультативная служба Великобритании

UKMILREP United Kingdom Military Representative военный представитель Великобритании (*в НАТО*)

UKMO United Kingdom Meteorological Office метеорологическое управление Великобритании

UKN United Kingdom Navy ВМС Великобритании

UKSM United Kingdom Scientific Mission научная миссия Великобритании

UL Universal League Всемирная лига, ВЛ

U/L Unlimited неограниченный

ul *тж.* UL user language *вчт.* язык пользователя

ULCA United Lutheran Church of America Объединённая лютеранская церковь Америки

ULF *тж.* ulf ultralow frequency ультранизкая частота

ull ullage утечка, нехватка, недостача

ULMS underwater long-range missile system система ракет большой дальности, запускаемых из подводного положения

Uls Ulster Ольстер

UL/S ultrasonic and sonic ультразвуковой и звуковой

uls unsecured loan stock необеспеченный залоговый запас

ULS upload station станция передачи данных через спутник

ult ultimate конечный, окончательный; основной; критический; максимальный

ultra hi-fi ultra-high fidelity сверхвысокая верность воспроизведения

ULTWPN ultimate weapon наиболее грозное оружие

um umpire посредник; *спорт.* судья, рефери; судить

u/m unit of measure единица измерения

um. unmarried неженатый; незамужняя

UMA Ultrasonic Manufacturers' Association Ассоциация фирм — изготовителей изделий с использованием ультразвука

U.M.C.A. [ˈjuːˈemˈsiːˈeɪ] Universities Mission to Central Africa *ист.* Университетская миссия в Центральной Африке (*миссионерское общество англиканской церкви*)

UMIST University of Manchester Institute of Science and Technology Университет манчестерского института науки и техники

UMOA West African Monetary Union (also known as WAMU) Западноафриканский валютный союз, ЗАВС

ump umpire посредник; *спорт.* судья, рефери; судить

UMT Universal Military Training всеобщее военное обучение

UMTA Urban Mass Transit Administration Управление массового городского транспорта (*США*)

UMW United Mine Workers (of America) Объединённые горнорабочие Америки (*профсоюз*)

UN unified унифицированный

UN [ˌjuːˈen] United Nations Организация Объединённых Наций, ООН

un *тж.* UN unsatisfactory неудовлетворительный

UNA United Nations Association Ассоциация содействия ООН

UNA use no abbreviations не употреблять сокращений

unab *тж.* **unabr** unabridged полный, несокращённый (*о литературном произведении*)

unaccomp unaccompanied несопровождённый, несопровождаемый

UNAFEI United Nations Asia and Far East Institute for the Prevention of Crime and the Treatment of Offenders Азиатский и Дальневосточный институт ООН по предупреждению преступности и обращению с правонарушителями, ЮНАФЕИ

unalot unallotted *эк.* нераспределённый; *воен.* неприданный

unan unanimous единодушный, единогласный

UNARCO United Nations Narcotics Commission Комиссия ООН по наркотикам

unasgd unassigned *воен.* неприданный, не входящий в состав

unatt unattached *воен.* неприданный, неприкреплённый

UNAUS United Nations Association of the United States Американская ассоциация содействия ООН

UNAUTH *тж.* **UNAUTHD,** **unauthd** unauthorized неразрешённый; неутверждённый; нештатный

UN Bank International Bank for Reconstruction and Development Международный банк реконструкции и развития

UNBIS United Nations bibliographic information system Библиографическая информационная система ООН

unc uncle дядя; пожилой человек, «дядюшка» (*особ. в обращении*); *мор.* стюард в торговом флоте

unc unconscious бессознательный, непроизвольный

unc undercurrent подводное течение

UNC United Nuclear Corpora-

tion «Юнайтед Ньюклиа Корпорейшн» (*США*)

UNCC United Nations Cartographic Commission Картографическая комиссия ООН

UNCCP United Nations Commission on Crime Prevention Комиссия ООН по предупреждению преступности

UNCCP United Nations Conciliation Commission for Palestine Согласительная комиссия ООН по Палестине, СКООНП

UNCD United Nations Centre for Disarmament Центр ООН по разоружению

UNCDF United Nations Capital Development Fund Фонд ООН для капитального развития, ФКР ООН

uncertif uncertified недипломированный, не имеющий диплома

UNCF United Nations Children's Fund Детский фонд ООН (*раньше ЮНИСЕФ*)

unch unchanged неизменённый

UNCHS United Nations Commission on Human Settlements Комиссия ООН по населённым пунктам

UNCIO United Nations Conference on International Organizations Конференция ООН по международным организациям

uncir uncirculated не пущенный в обращение, не в обращении

UNCITRAL United Nations Commission on International Trade Law Комиссия ООН по праву международной торговли

UNCL *тж.* **UNCLAS** unclassified несекретный; не имеющий грифа; неклассифицированный

UNCLTD uncontrolled неуправляемый

unco uncouth грубый, неотёсанный

UNCOD United Nations Conference on Desertification Конференция ООН по проблемам опустынивания

uncol universal computer-oriented language универсальный компьютерный язык

uncomp uncompensated нескомпенсированный

uncond unconditioned необусловленный

UNCOPUOS United Nations Committee on Peaceful Uses of Outer Space Комитет ООН по мирному использованию космического пространства

uncor uncorrected неисправленный

UNCRD United Nations Centre for Regional Development Центр ООН по региональному развитию, ЦРР

UNCSTD United Nations Committee on Science and Technology for Development Комитет ООН по науке и технике для развития

UNCTAD [ˈʌŋkˈtæd] United Nations Conference on Trade and Development Конференция ООН по торговле и развитию, ЮНКТАД

UNCURK United Nations Commission for the Unification and Rehabilitation of Korea Комиссия ООН по объединению и восстановлению Кореи

UNDAT United Nations Multi-National Inter-Disciplinary Development Advisory Team Многонациональная комплексная консультативная группа ООН по вопросам развития, ЮНДАТ

UNDC United Nations Disarmament Commission Комиссия ООН по разоружению

undeco underground economy подпольная экономика

undergrad undergraduate студент последнего курса; новичок, необученный

underwld underworld преисподня; подонки общества

UNDEX United Nations Documents Index Указатель документов ООН (*ежемесячный — за 10 месяцев — и сводный*)

UNDGRD underground подземный

undies underwear *разг.* женское *или* детское нижнее бельё

undld undelivered недоставленный

UNDOC United Nations Documents: current index Указатель документов ООН (*с 1979 г. английское издание*)

UNDOF United Nations Disengagement Observer Force Силы ООН по наблюдению за разъединением

UNDP United Nations Development Programme Программа развития ООН, ПРООН

UNDRO United Nations Disaster Relief Coordinater's Office Бюро координатора ООН по оказанию помощи в случае стихийных бедствий, ЮНДРО

undsgd undersigned нижеподписавшийся

undtkr undertaker предприниматель

UNDW *тж.* **undw** underwater подводный

undwrtr underwriter страховщик; страховая компания

UNEC United Nations Education Conference Конференция ООН по образованию

UNEDA United Nations Economic Development Association Ассоциация ООН по экономическому развитию

UNEF United Nations Emergency Force Чрезвычайные вооружённые силы ООН, ЧВС ООН

UNEF United Nations Environment Fund Фонд окружающей среды ООН

UNEP United Nations Environmental Programme Программа ООН по окружающей среде, ЮНЕП

UNESCO [juˈneskəu] United Nations Educational, Scientific and Cultural Organization Организация Объединённых Наций по вопросам образования, науки и культуры, ЮНЕСКО

UNESOB United Nations Economic and Social Office in Beirut Экономическое и социальное бюро ООН в Бейруте, ЮНЕСОБ

UNETPSA United Nations Educational and Training Programme for Southern Africa Программа ООН по образованию и профессиональной подготовке для жителей южной части Африки, ЮНЕТПСА

UNEUROP United Nations European Economic Association Европейская экономическая ассоциация ООН

unex unexecuted невыполненный; *юр.* не приведённый в исполнение

unexpl unexplained необъяснённый

unexpl unexploded невзорвавшийся

unexpl unexplored неисследованный

UNFAV *тж.* **unfav** unfavourable неблагоприятный

unfd unfurnished немеблированный

UNFDAC United Nations Fund for Drug Abuse Control Фонд ООН по контролю над злоупотреблением наркотиками, ФООНКЗН

unfin unfinished незаконченный, незавершённый; необработанный, неотшлифованный

UNFPA United Nations Fund for Population Activities Фонд ООН для деятельности в области народонаселения, ЮНФПА

UN Fund International Monetary Fund Международный валютный фонд, МВФ

ung. unguentum *лат.* (ointment) мазь (*в рецептах*)

UNGA United Nations General Assembly Генеральная Ассамблея ООН

UNHCR United Nations High Commissioner for Refugees Управление верховного комиссара ООН по делам беженцев, УВКБ

UNHQ United Nations Headquarters Центральные учреждения ООН, ЦУООН

uni unisexual одежда, причёска и прочее, которые могут носить *или* носят и мужчины и женщины

uni university *австрал. разг.* университет

UNIAPAC International Christian Union of Business Executions

Международный христианский союз руководящего персонала предприятий, МХСРП

Unibank United International Bank Объединённый международный банк

UNIC United Nations Information Centre Информационный центр ООН

UNICE Union des Industries de la Communauté Européenne *фр.* (Union of Industries of the European Community) Союз промышленности Европейского экономического сообщества

UNICEF United Nations International Children's Emergency Fund, United Nations Children's Fund Международный чрезвычайный фонд помощи детям, ДФ ООН

UNICOM Universal Integrated Communication (System) универсальная объединённая система связи

UNIDAC Advisory Committee on Coordination in the Field of Industrial Development (UNIDO) Консультативный комитет ЮНИДО по координации в области промышленного развития, ЮНИДАК

UNIDENT unidentified неопознанный

UNIDF United Nations Industrial Development Fund Фонд ООН для промышленного развития

UNIDIR United Nations Institute for Disarmament Research Институт ООН по исследованию проблем разоружения, ЮНИДИР

UNIDO United Nations Industrial Development Organization Организация Объединённых Наций по промышленному развитию, ЮНИДО

UNIDROIT International Institute for the Unification of Private Law Международный институт унификации частного права, ЮНИДРУА

UNIF *тж.* **unif** uniform единый, единообразный

UNIF *тж.* **unif** uniformity единообразие

UNIFIL United Nations Interim Force in Lebanon Временные силы ООН в Ливане

unilat unilateral односторонний

unincorp unincorporated некорпоративный, не образующий корпорации

UNIO United Nations Information Organization Информационная организация ООН

UNIPAC UNICEF Packing and Assembly Centre, Copenhagen Центр ЮНИСЕФ по упаковке и комплектованию в Копенгагене, ЮНИПАК

UNIS United Nations International School Международная школа ООН, МШ ООН

UNISIST *тж.* **Unisist** [ˌjuːnɪˈsɪst] United Nations Intergovernmental System of Information in Science and Technology Всемирная система научно-технической информации, ЮНИСИСТ

UNISPACE United Nations Conference on the Exploration and Peaceful Uses of Outer Space Конференция ООН по исследованию и использованию космического пространства в мирных целях

UNISYM Unified Symbolic Standard Terminology for Mini Computer Instructions унифицированная символическая стандартная терминология для компьютерных команд

Unit. unitarian *рел.* унитарий

Unit. unitarianism *рел.* унитарианизм

UNITAR United Nations Institute for Training and Research Учебный и научно-исследовательский институт ООН, ЮНИТАР

UNIV *тж.* **univ** universal универсальный; всеобщий

univ universally повсеместно, везде

Univ University университет

univac universal automatic computer универсальный автоматический компьютер

UNJSPF United Nations Joint Staff Pension Fund Объединённый пенсионный фонд персонала ООН

UNK *тж.* **unk** unknown неизвестный

UNKRA United Nations Korean Reconstruction Agency Агентство ООН по восстановлению Кореи

UNL unlimited неограниченный

UNLAI United Nations Latin American Institute for the Prevention of Crime and Treatment of Offenders Латиноамериканский институт ООН по предупреждению преступности и обращению с правонарушителями

unlib unliberated неэмансипированный, играющий пассивную роль в обществе

UNLIM unlimited неограниченный

unltd unlimited неограниченный

unlwfl unlawful незаконный

unm unmarried неженатый; незамужняя

UNMCK United Nations Memorial Cemetery in Korea Мемориальное кладбище ООН в Корее

UNMO United Nations Military Observer Военный наблюдатель ООН, ВНООН

UNMOGIP United Nations Military Observer Group in India and Pakistan Группа военных наблюдателей ООН в Индии и Пакистане, ГВНООНИП

UNMSC United Nations Military Staff Committee Военно-штабной комитет ООН, ВШК ООН

UNO United Nations Organization Организация Объединённых Наций, ООН

UNODIR *тж.* **unodir** unless otherwise directed если не будет других указаний

unof unofficial неофициальный

UNOGIL United Nations Observation Group in Lebanon Группа ООН по наблюдению в Ливане

UNOID United Nations Organization for Industrial Development Организация Объединённых Наций по промышленному развитию, ЮНИДО

UNOTC United Nations Office of Technical Cooperation Бюро технического сотрудничества ООН

UNPA United Nations Postal Administration Почтовая администрация ООН, ЮНПА

unpd unpaid неоплаченный, непогашенный

unpleas unpleasant неприятный

unpub unpublished неопубликованный

unqte unquote закрывать кавычки; конец цитаты

UNQUAL *тж.* **unqual** unqualified не имеющий специальной подготовки *или* квалификации, не прошедший курса обучения

UNREF United Nations Refugees' Emergency Fund Фонд ООН помощи беженцам

UNREL *тж.* **unrel** unreliable ненадёжный

UNRF United Nations capital development fund and revolving fund Фонд ООН для капитального развития и оборотный фонд ООН, ФКР ООН и ОФ ООН

UNRISD United Nations Research Institute for Social Development Научно-исследовательский институт ООН для социального развития

UNROB United Nations Special Relief Office in Bangladesh Специальное управление ООН по оказанию помощи в Бангладеш, ЮНРОБ

UNRRA *тж.* **U.N.R.R.A.** [′ʌnrə] United Nations Relief and Rehabilitation Administration Администрация помощи и восстановления Объединённых Наций, ЮНРРА

UNRSTD unrestricted неограниченный

UNRTA Union of National Radio and Television Organizations of Africa Союз африканских национальных радио- и телевизионных организаций, УНРТА

UNRWA United Nations Relief and Works Agency for Palestine Refugees in the Near East Ближневосточное агентство ООН для помощи палестинским беженцам и организации работ, БАПОР

UNSA United Nations Specialized Agencies Специализированные агентства ООН

UNSAC United Nations Scientific Advisory Committee Научно-консультативный комитет ООН, НКК ООН

UNSAT *тж.* **unsat** unsatisfactory неудовлетворительный

unsatfy unsatisfactory неудовлетворительный

unsatis unsatisfactory неудовлетворительный

UNSBL unseasonable несезонный

UNSC United Nations Security Council Совет Безопасности ООН

UNSCEAR United Nations Scientific Committee on the Effects of Atomic Radiation Научный комитет ООН по действию атомной радиации

UNSCO United Nations Suez Canal Operation Операция ООН в Суэцком канале, ЮНСКО

UNSCOP United Nations Special Committee on Palestine Специальная комиссия ООН по вопросам Палестины, ЮНСКОП

unscv unserviceable непригодный к эксплуатации; неисправный

UNSEC undersecretary заместитель министра

UNSERV *тж.* **unserv** unserviceable непригодный к эксплуатации; неисправный

UNSF United Nations Special Fund for Economic Development Специальный фонд ООН для экономического развития

unsigd unsigned неподписанный

unskd unskilled неквалифицированный, необученный

UNSND unsound дефектный, недоброкачественный

UNSTBL *тж.* **unstbl** unstable

неустойчивый, нестабильный, нестойкий

UNSTDY unsteady неустановившийся

UNSUC unsuccessful с неблагополучным исходом

UNSVC *тж.* **unsvc** unserviceable непригодный к эксплуатации; неисправный

UNSYM *тж.* **unsym** unsymmetrical несимметричный

UNTA United Nations Technical Assistance Техническая помощь ООН

UNTC United Nations Trusteeship Council Совет по опеке ООН

UNTFDPP United Nations Trust Fund for Development Planning and Projections Целевой фонд ООН для планирования и прогнозирования развития, ЦФППР

UNTFSA United Nations Trust Fund for South Africa Целевой фонд ООН для Южной Африки, ЮНТФСА

UNTSO United Nations Truce Supervision Organization in Palestine Орган ООН по наблюдению за выполнением условий перемирия в Палестине, ОНВУП

UNTT United Nations Trust Territory подопечная территория ООН

UNU United Nations University Университет ООН, УООН

UNV United Nations Volunteers Добровольцы ООН, ДООН

UNY United Nations of Yoga Международное объединение последователей системы йогов, МОЙ

UNZAP United Nations Zambia Assistance Programme Программа помощи ООН для Замбии, ЮНЗАП

UO *тж.* **u/o** used-on использованный, отработанный

UOB United Overseas Bank *брит.* Объединённый банк (*осуществляющий основные операции за границей*)

up. *тж.* **u.p.** underproof (alcohol) ниже установленного градуса (*о спирте*)

UP United Presbyterian объединённая пресвитерианская церковь

UP United Press «Юнайтед Пресс» (*наименование американского телеграфного агентства*)

up upper верхний

UPADI Pan American Federation of Engineering Societies Панамериканский союз ассоциаций инженеров, ПСАИ

UPC *тж.* **U.P.C.** Universal Product Code *амер.* всемирный шифр продукта; шифр продукта по мировой классификации промышленных переписей

upd unpaid неоплаченный

UPI [ˈjuːˈpiːˈaɪ] United Press International «Юнайтед Пресс Интернэшнл», ЮПИ (*информационное агентство США*)

UPOW Union of Post Office Workers Профсоюз почтовых работников (*Великобритания*)

UPU Universal Postal Union Всемирный Почтовый Союз, ВПС

U.P.W.A. United Packinghouse Workers of America Объединённые рабочие упаковочных предприятий Америки (*профсоюз*)

UR urinal мочеприёмник

UR Your Ваш

urb urban *амер. разг.* большой современный город; центр урбанистической культуры

urb urbanism урбанизм

urb urbanist урбанист

urb urbanistic урбанистический

urb urbanization урбанизация

urbanol urbanology урбанология, наука о проблемах больших городов (*отрасль социологии*)

URBM Ultimate Range Ballistic Missile баллистическая ракета с неограниченной дальностью полёта

urgt. urgent срочный

URI upper respiratory infection *мед.* инфекция верхних дыхательных путей

urltr your letter Ваше письмо

uro urological *мед.* урологический

urol urology *мед.* урология

URSI International Scientific Radio Union Международный научный радиосоюз, МНРС

urti upper respiratory tract infection *мед.* инфекция верхних дыхательных путей

U.S. Uncle Sam дядюшка Сэм (*США*)

US underwater-to-surface класса «подводная лодка — поверхность/земля/вода»

U.S. United Services *воен.* все элементы вооружённых сил; вооружённые силы как целое

U.S. *тж.* US [‚ju:′es] United States Соединённые Штаты

US unserviceable не пригодный к эксплуатации; неисправный

US utility satellite многоцелевой спутник

u.s. ut supra *лат.* как сказано выше

USA Union of South Africa Южно-Африканский Союз

USA United States Army сухопутные войска США

U.S.A. [‚ju:es′eı] United States of America Соединённые Штаты Америки, США

USAAA United States Anti--Aircraft Association Ассоциация ПВО США

USAAF United States Army Air Forces ВВС сухопутных войск США

USAAVNBD United States Army Aviation Board Авиационный комитет сухопутных войск США

USAC United States Aircraft самолёт *или* вертолёт США

USAEC United States Atomic Energy Commission Комиссия по атомной энергии США

USAF United States Air Force ВВС США

USAFADC United States Air Force Aerospace Defense Command командование воздушно--космической обороной США

USAFCP United States Air Forces Construction Program программа строительства объектов ВВС США

USAFHEDCOM United States Air Forces Headquarters Command штабное командование ВВС США

USAFI United States Armed Forces Institute Институт вооружённых сил США

USAFIT United States Air Force Institute of Technology Технологический институт ВВС США

USAFSC United States Air Force Systems Command командование систем оружия ВВС США

USAFSS United States Air Force Security Service служба безопасности ВВС США

USAMC *тж.* **USAMICOM** United States Army Missile Command ракетное командование сухопутных войск США

USANDL United States Army Nuclear Defense Laboratory Лаборатория противоядерной защиты сухопутных войск США

USAR United States Army Reserve резерв сухопутных войск США

USARADCOM United States Army Air Defense Command командование ПВО сухопутных войск США

USAS United States Standard стандарт США

USAWC United States Army Weapons Command командование вооружения сухопутных войск США

U.S.B.C. United States Bureau of Census Бюро переписи населения США

USBE United States Book Exchange Организация США по международному обмену

USBS United States Bureau of Standards Бюро стандартов США

USC United States Code свод законов США

USC United States Congress конгресс США

USCC United States Court of Claims гражданский суд США

USCENTCOM United States Central Command Объединённое командование ВС США в Европе

USCF United States Constabulary Forces полицейские части США

USC ICC United States Council of the International Chamber of Commerce Совет США международной торговой палаты

USCINCEUR United States Commander in Chief, Europe главнокомандующий ВС США в Европе

USCL United Society for Christian Literature Объединённое общество христианской литературы

USCMA United States Court of Military Appeals военный апелляционный суд США

USCOM United States Commander командующий ВС США

USDA United States Department of Agriculture министерство сельского хозяйства США

USDAW Union of Shop, Distributive and Allied Workers Профсоюз работников торговой и распределительной сети (*Великобритания*)

USDC United States District Court окружной суд США

USDI United States Department of the Interior министерство внутренних дел США

USDOD United States Department of Defence министерство обороны США

USE Undersea Scientific Expedition подводная научная экспедиция

USEA *тж.* **usea** undersea подводный, под водой

U/Sec Under Secretary *амер.* заместитель министра

USECC United States Employee's Compensation Commission Комиссия США по компенсации служащим

USERC United States Environment and Resources Council Совет США по окружающей среде и ресурсам

USES United States Employment Service Управление размещения и регулирования рабочей силы США

USEUCOM United States European Command Объединённое командование ВС США в Европе

USF United States Fleet военно--морской флот США

USFOR United States Forces вооружённые силы США

USG United States Government правительство США

U.S.G.A. United States Golf Association Американская ассоциация гольфа

USGF United States Ground Forces сухопутные войска США

US Govt United States Government правительство США

USGPO United States Government Printing Office Издательство правительства США

USGRDR United States Government Research and Development Reports реферативный журнал по материалам правительственных НИОКР США

USGS United States Geological Survey Геологическая служба США

USGW Undersea-Launched Guided Weapon лодочная управляемая ракета

USHA *тж.* **U.S.H.A.** United States Housing Authority Управление США по жилищным вопросам

USI United Schools International Международная федерация школ по проблемам воспитания детей в духе принципов ООН, МФШ

USIA United States Information Agency Информационное агентство США

USIS United States Information Service Информационная служба США

USJCS United States Joint Chiefs of Staff Комитет начальников штабов США

U.S.L.T.A. United States Lawn Tennis Association Теннисная ассоциация США

USM underwater-to-surface missile ракета класса «подводная лодка — поверхность/земля/вода»

USM United States Mail Почта США

USM United States Mint Монетный двор США

USMA United States Maritime Administration морская администрация США, управление торгового флота США

USMA United States Military Academy Военная академия США

USMP United States Military Police Военная полиция США

USN United States Navy ВМС США

USNA United States National Academy Национальная академия США

USNA United States National Army Национальная армия США

USNA United States Naval Academy военно-морское училище США

USNAB United States Naval Air Base авиационная база ВМС США

USNG United States National Guard Национальная гвардия США

USNR United States National Reserve резерв офицерского состава ВВС США

USO United Services Organization Объединённая служба организации досуга войск (*Великобритания*)

U-soc upperclass society высшее общество

USP United States Patent американский патент

U.S.P. United States Pharmacopoeia Фармакопея США

USP United States Postal Service Почтовая служба США

USPG [͵juːespiːˊdʒiː] United Society for the Propagation of the Gospel Объединённое общество распространения Евангелия (*Великобритания*)

U.S.P.H.S. *тж.* **USPHS** United States Public Health Service Служба здравоохранения США

USPO United States Patent Office Бюро патентов США

USPO United States Post Office почтовое отделение/управление США

U.S.R. United States Reserves резерв сухопутных войск США

U.S.R.C. *тж.* **USRC** United States Reserve Corps резервный корпус США

USRS United States Rocket Society Ракетное общество США

USS United States Senate сенат США

USS United States Service Служба Соединённых Штатов Америки

USS United States Ship военный корабль США

USS United States standard (технический) стандарт США

USS United States Steamer торговое судно США

USS United States Steel Corporation Корпорация чёрной металлургии США

USSAC United States Strategic Air Command стратегическое авиационное командование США

USSAF United States Strategic Air Force стратегическая авиация США

USSR [ˊjuːˈesˈesˈɑː] Union of Soviet Socialist Republics Союз Советских Социалистических Республик, СССР

USSTAF United States Strategic and Tactical Air Forces стратегическая и тактическая авиация США

USTA United States Trademark Association Ассоциация торговых знаков США

USTC United States Tariff Commission Комиссия по таможенным тарифам США

USTOL ultra-short takeoff and landing взлёт и посадка с очень коротким пробегом

USTS United States Travel Service Служба путешествий США

usu usual обычный

usu usually обычно, как правило

U.S.V. United States Volunteers Американские добровольцы (*организация типа Армии спасения*)

USW *тж.* **usw** ultra-short wave(s) ультракороткие волны

USW undersea warfare подводная война

USWA United Steelworkers of America Объединённые рабочие сталелитейной промышленности Америки (*профсоюз*)

USWB United States Weather Bureau Метеорологическое бюро США

U.T. *тж.* **u.t.** [ˌjuːˈtiː] Universal Time всемирное время, мировое время

u.t. usual terms *эк.* обычные условия

Ut. Utah Юта (*штат США*)

UT *тж.* **ut** utility общего назначения

UTC universal time coordinated всеобщее скоординированное время

Utd united объединённый, соединённый

uti urinary tract infection *мед.* инфекция мочевых путей

UTIL *тж.* **util** utility общего назначения

UTIL *тж.* **util** utilization использование, применение

UTO United Towns Organization Всемирная федерация породнённых городов, ВФПГ

UTS ultimate tensile strength *тех.* предел прочности при растяжении

UTS underwater telephone system подводная телефонная система

UTV underwater television подводное телевидение

UTWA United Textile Workers of America Объединённые рабочие текстильной промышленности Америки (*профсоюз*)

UUF *тж.* **uuf** micromicrofarad микромикрофарада, пикофарада

UUM underwater-to-underwater missile ракета класса «подводная лодка — подводная цель»

UUMP Unification of Units of Measurement Panel Группа экспертов по унификации единиц измерения, ГЭУЕИ

u.u.r. under usual reserve с обычной оговоркой

UV microvolt микровольт

U.V. *тж.* **UV, uv, u-v** ultra-violet ультрафиолетовый

uv urinary volume объём мочи

uvr undervoltage relay реле понижения давления

UW microwatt микроватт

UW *тж.* **uw** underwater подводный

U/W *тж.* **u/w** underwriter страховщик; страховая компания

UWB underwater burst подводный взрыв

U-wear underwear нижнее бельё

UWT Union of Women Teachers Союз женщин-учителей

UWTR *тж.* **uwtr** underwater подводный

UWTV underwater television подводное телевидение

UXB *тж.* **uxb** unexploded bomb неразорвавшаяся бомба

V

v unusual visibility *метео* необычная видимость

V *тж.* **v** vacuum вакуум

v vagabond бродяга

v value величина; стоимость

V valve *тех.* клапан

V vanadium *хим.* ванадий

V variable переменная (*величина*); изменяемый

v vector *мат.* вектор

v velocity скорость

v venerable почтенный; *церк.* преподобный (*о святом*), его преподобие (*об архиепископе и т.п.*)

v ventilator вентилятор

v ventral *мед.* брюшной

v verb *грам.* глагол

v verse стих, размер; поэзия

v version версия; вариант

v verso *лат.* (back of page or sheet) обратная сторона страницы/листа бумаги v versus *лат.* (against) против

v vertical вертикальный

v very очень

v vicar приходский священник

v vicinal местный, местного значения

v. vide *лат.* (see) смотри

v video видео

v village деревня

v violin скрипка

v virus вирус

v visibility видимость

v vision *авт.* обзор

v voice голос

v volt вольт

v voltage *эл.* вольтаж

v voltmeter вольтметр

v volume объём; громкость

v volunteer доброволец

v vowel гласный звук

VA value величина, значение

v.a. verb active *грам.* глагол активного залога

va verbal adjective *грам.* отглагольное прилагательное

VA Veterans Administration Управление по делам участников войны; Управление социального обеспечения бывших военнослужащих

VA Vicar Apostolic наместник папы; апостолический священник

VA Vice-Admiral вице-адмирал

VA Video Amplifier видеоусилитель

VA Virginia *почт.* Виргиния (*штат США*)

VA visual aid визуальное средство

VA voltammeter вольтамперметр

VA volt-ampere вольт-ампер

VAC vacant назанятый, свободный

vac. [væk] vacation *разг.* отпуск

VAC vacuum вакуум

vac vacuum-clean *разг.* чистить пылесосом, пылесосить

vac vacuum-cleaner *разг.* пылесос

vacc vaccination вакцинация

vack evacuee эвакуированный (*особ. ребёнок*)

VAD [ˈviːˈeɪˈdiː] Voluntary Aid Detachment добровольческий медицинский отряд (*Великобритания*)

VADM *тж.* V Adm Vice-Admiral вице-адмирал

vag vagrancy *амер. жарг.* бродяжничество

vag vagrant *амер. жарг.* бродяга

V-agent [ˈviːˌeɪdʒənt] (сильноядовитый) нервный газ

val valentine card любовное послание (*открытка или карточка, посылаемая влюблёнными в день св. Валентина с любовной символикой*)

val valise вализа (*мешок дипкурьера*); саквояж, чемодан

val valley долина

val valuation оценка

VAL *тж.* val value величина, значение; ценность, стоимость

val valve *тех.* клапан, вентиль

valid validate *юр.* утверждать, ратифицировать; подтверждать

VALID *тж.* valid validation утверждение

VAM *тж.* vam voltammeter вольтамперметр

vamp vampire вампир; кровосос, вымогатель

van caravan караван

van vanguard авангард; *воен.* головной отряд

van vanilla ваниль; *разг.* ванильное мороженое

van vanillin ванилин

V and A [ˈviːəndˈeɪ] Victoria and Albert Museum Музей Виктории и Альберта (*национальный музей изящных и прикладных искусств всех стран и эпох; Великобритания*)

V & H vertical and horizontal вертикальный и горизонтальный

VAP Visual Aids Panel Группа экспертов по визуальным средствам, ВАП

VAP Voluntary Assistance Programme Программа добровольной помощи, ПДП

VAP(F) Voluntary Assistance Programme (Fund) Программа добровольной помощи (Фонд), ПДП(Ф)

vapor vaporization выпаривание

VAR *тж.* **var** variable переменная (*величина*)

var variance расхождение, несоответствие

var. variant вариант

VAR various различный; разнообразный

VAR varying меняющийся, изменяющийся, различный

VARAD *тж.* **varad** varying radiation изменяющаяся радиация

varn varnish лак; покрывать лаком, лакировать

varsal universal *диал.* целый, всеобщий

varsity university *разг.* университет

vasc vascular *мед.* сосудистый

V.A.T. *тж.* **VAT** [′vi:′eɪ′ti:] value added tax налог на добавленную *или* приращённую стоимость

Vat. Vatican Ватикан

Vatic Vatican Ватикан

vaud vaudeville водевиль

vb verb *грам.* глагол

vb verbal *грам.* (от)глагольный

vb very bad очень плохо

VB *тж.* **vb** vibration вибрация; вибрационный

vba verbal adjective *грам.* отглагольное прилагательное

vbl verbal *грам.* (от)глагольный

VC valuable cargo ценный груз

VC Veterinary Corps *амер. воен.* ветеринарная служба

V.C. Vice-Chairman вице--председатель

VC Vice-Chancellor вице--канцлер

VC Vice-Consul вице-консул

V.C. [′vi:′si:] Victoria Cross орден «Крест Виктории» (*высшая военная награда; Великобритания*)

VC Voice Channel речевой (телефонный) канал (*связи*)

vcllo violoncello виолончель

VCM *тж.* **vcm** vacuum вакуум

V-CM visual countermeasures помехи визуальным средствам (наблюдения)

VCNTY *тж.* **vcnty** vicinity окрестность

VCOAD Voluntary Committe on Overseas Aid and Development добровольный комитет по вопросам помощи и развития заморских территорий

VCR videocasette recorder видеомагнитофон

VC 10 [′vi:′si:′ten] Vickers 10 «Ви-си-10» (*реактивный пассажирский самолёт концерна Викерз*)

Vd vanadium *хим.* ванадий

v.d. various dates различные даты

V.D. *тж.* **VD, vd** venereal disease *мед.* венерическое заболевание

VD Volunteer (officers') Decoration наградной знак офицера добровольческих частей

V Day [′vi:deɪ] Victory Day День победы

v.def verb defective *грам.* недостаточный глагол

VDF video frequency видеочастота

vd-g venereal disease—gonorrhea *мед.* венерическое заболевание—гоноррея

VDH valvular disease of the heart *мед.* врождённый порок (клапанов) сердца

VDIP The Voluntary Direct Investment Program Программа добровольного ограничения капиталовложений за границу (*США*)

vd-s venereal disease—syphilis *мед.* венерическое заболевание—сифилис

VDT *тж.* **vdt** visual display terminal терминал визуальной индикации

vdu visual display unit блок визуальной индикации

vec vector вектор

vee dee venereal disease *мед.* венерическое заболевание

veep Vice-President вице--президент

veg vegetable *жарг.* овощи; *ав.* морская мина

veg vegetarian вегетарианец; вегетарианский

veg vegetarianism вегетарианство

veg vegetation вегетация, рост, произрастание

vegan [ˈvedʒən, ˈviːgən] vegetarian строгий вегетарианец; человек, не употребляющий никакой мясной *или* молочной пищи

vege vegetable *жарг.* овощи; *ав.* морская мина

Veh vehicle средство передвижения; машина; транспортное средство; ЛА; средство доставки

VEL *тж.* **vel** velocity скорость

veloc velocity скорость

Ven. Venerable *рел.* преподобный (*только применительно к архидьяконам*)

ven venereal венерический

vent ventilate вентилировать

VENT *тж.* **vent** ventilation вентиляция

vent ventriloquist *театр.* чревовещатель

ver verification проверка, контроль

VER *тж.* **ver** verify подтверждать, удостоверять

Ver. Vermont Вермонт (*штат США*)

VER version вариант; версия

VER vertical вертикаль; вертикальный

VERIF verification проверка, контроль

Verm. Vermont Вермонт (*штат США*)

vern *тж.* **vernac** vernacular родной язык

VES *тж.* **ves.** vessel судно; корабль

vesp. vesper *лат.* (evening) вечером (*в рецептах*)

vest vestibule передняя, прихожая, вестибюль

vet veteran *амер. разг.* ветеран; участник войны

vet veterinary *разг.* ветеринар; *шутл. разг.* лекарь, коновал; ветеринарный

Vet veterinary medicine ветеринария

v. et. vide etiam *лат.* (also see) также смотри

veter. veterinary ветеринарный

vet. med. veterinary medicine ветеринария

vet. sci. veterinary science ветеринария

v.f. very fair очень справедливо

VF *тж.* **vf** video frequency видеочастота

VF *тж.* **vf** voice frequency частота речевого диапазона

VFC *тж.* **vfc** video-frequency channel канал видеочастоты, видеоканал

VFC *тж.* **vfc** voice-frequency channel канал речевой частоты, речевой канал

VFCRP The Voluntary Foreign Credit Restraint Program Программа добровольного ограничения кредитования иностранных заёмщиков (*США*)

VFR visiting friends and relations *жарг.* гостящие друзья и родственники (*употребляется на гражданских авиалиниях*)

VFY *тж.* **vfy** verify проверять

v.g. verbi gratia *лат.* (for example) например

v.g. *тж.* **vg** very good очень хорошо (*одобрительный отзыв*)

V gene [ˈviːˈdʒiːn] variable gene *биол.* аберрантный, изменчивый ген

vhcl vehicle транспортное средство; автомобиль; повозка

VHF *тж.* **vhf, V.H.F.** very high frequency очень высокая частота, частота метрового диапазона волн, сверхвысокая частота

VHS very high sensitivity очень высокая чувствительность

v.i. verb intransitive *грам.* непереходный глагол

v.i. vide infra *лат.* (see below) смотри ниже

VI Virgin Islands Виргинские острова

vib vibrate вибрировать, колебаться

VIB *тж.* **vib** vibration вибрация

VIB Visual Information Board Совет визуальной информации, СВИ

vibes [vaɪbz] vibraphone *муз.* вибрафон

vibes [vaɪbz] vibration эманации, флюиды

vibs [vɪbz] vibram фирменное название рельефной резины для подошв; *разг.* вибы (*альпинистские ботинки на рельефной резине без шипов*)

vic vicar *рел.* приходский священник; викарий

vic vicarage должность приходского священника

vic victoria виктория, победа

Vic Adm Vice-Admiral вице-адмирал

Vict Victoria виктория, победа

Vict Victorian викторианский (*относящийся к эпохе королевы Виктории*)

vid. vide *лат.* (look) смотри

VID *тж.* vid video (signal) видеосигнал

vidisc video disc видеодиск

vid lit video literature видеобеллетристика (*великолепно иллюстрированные исторические драмы со свободным толкованием исторических событий*)

Viet [vjet] Vietnamese *амер.* вьетнамец; вьетнамский

vig vigilance *воен.* бдительность, зоркость

vil. village селение, посёлок

v. imp. verb impersonal *грам.* глагол в неличной форме, неличная форма глагола

VIN vehicle identification number номерный знак транспортного средства

VIN vinyl винил, винилопласт

vind vindicate доказать, подтвердить; оправдывать, реабилитировать

vind vindication доказательство, подтверждение; оправдание, реабилитация

VIO violet фиолетовый

vip very important passenger очень важный пассажир, высокопоставленный пассажир

vip very important people очень важные люди, высокопоставленные люди

VIP *тж.* **V.I.P.** [ˈviːˈaɪˈpiː] very important person очень важное лицо, высокопоставленное лицо, высокий гость

VIPI Very Important Person Indeed безусловно очень важное лицо

V.I.P. room [ˈviːˈaɪˈpiː ruːm] very important person room комната для почётных гостей

Virg. Virginia Виргиния (*штат США*)

virgin virginian tobacco сигарета из виргинского табака

v.irr. irregular verb *грам.* неправильный глагол

VIS *тж.* vis visibility видимость

VIS *тж.* vis visible видимый

VIS *тж.* vis visual визуальный

vish vicious злой, злобный, жестокий

VISTA [ˈvɪstə] Volunteers in Service to America Добровольцы на службе Америке (*национальная программа по посылке добровольцев в бедные районы для обучения рабочим профессиям*)

vit vital жизненно важный, существенный

vit vitamin витамин

vit vitreous стеклянный, стекольный; стекловидный

vit stat vital statistics статистика естественного движения населения, демографическая статистика

vivi vivisection *мед.* живосечение, вивисекция

viz. videlicet *лат.* (namely) то есть; а именно

VLA very large array (radio telescope) радиотелескоп с очень большой антенной системой

VLA *тж.* vla very low altitude очень малая высота

VLBI very long baseline interferometry применение интерферометрии с очень большой базой

VLDL very low-density lipoprotein липопротеин очень низкой плотности

VLF *тж.* vlf very low frequency очень низкая частота, частота десятикилометрового диапазона волн

vln violin скрипка

VLPE very long-period experiment эксперимент со сверхдлиннопериодными сейсмографами

VLR *тж.* **vlr** very long range очень большая дальность; с очень большой дальностью

VLSI *тж.* **vlsi** very large scale integration очень широкомасштабная интеграция

vltg voltage *эл.* вольтаж, электрическое напряжение, разность потенциалов

vlv valve *тех.* клапан, вентиль

VM *тж.* **vm** voltmeter вольтметр

v/m volt per meter вольт на метр

VMC *тж.* **vmc** visual meteorological conditions визуальные метеорологические условия

VMT Very Many Thanks с глубокой благодарностью; большое спасибо

v.n. verb neuter *грам.* глагол непереходный

vo visiting order *брит.* заявка заключённого о разрешении посещения его родственниками *или* знакомыми

VOA [ˈviːˈəuˈeɪ] Voice of America радиостанция «Голос Америки»

VOA Volunteers of America Американские добровольцы (*организация типа Армии спасения*)

voc vocal голосовой, речевой, вокальный

voc vocalist вокалист, певец, певица

voc vocation призвание, склонность; профессия

voc vocational профессиональный

vocab. vocabulary *школ. разг.* словарь

voc ed vocational education профессиональное обучение

VODACOM *тж.* **vodacom** voice data communications (system) система речевой связи

VOL *тж.* **vol** volume объём; громкость; *разг.* том, книга

vol volunteer доброволец

VOLAR volunteer army добровольческая армия

volc volcanic вулканический

volc volcano вулкан

VOLINC volume increase увеличение громкости

voly voluntary добровольный

vort vortex вихрь, водоворот

vou voucher расписка, оправдательный документ; поручитель

voy. voyage рейс

v.p. verb passive *грам.* глагол в пассивном залоге

vp verb phrase глагольное словосочетание

V.P. Vice-President вице-президент

v.p. voting pool соглашение (между акционерами) по вопросу голосования

VP vulnerable point уязвимый пункт

V. Pres. Vice-President вице-президент

v.r. verb reflexive *грам.* возвратный глагол

V.R. [ˈviːˈɑː] Victoria Regina *лат.* (Queen Victoria) Королева Виктория (*буквы ставились на официальных королевских документах*)

VR videotape recorder видеомагнитофон с записью на ленту

vrbl variable переменная величина, переменный фактор

v.refl. verb reflexive *грам.* возвратный глагол

V.Rev. Very Reverend его высокопреподобие (*о настоятеле собора*)

vri virus respiratory infection *мед.* вирусная респираторная инфекция

vrp very reliable product очень надёжное изделие

VS variable speed переменная скорость

vs versus *лат.* (against) против

v.s. vide supra *лат.* (see above) смотри выше

VS vital statistics статистика естественного движения населения

VSB visible видимый

VSBY *тж.* **vsby** visibility видимость

V-sign [ˈviːsaɪn] Victory sign знак «V», символ победы

VSO [ˈviːˈesˈəu] very superior old выдержанный (*о коньяке с выдержкой от 12 до 17 лет*)

VSO Voluntary Service Overseas добровольческая заморская служба

VSOP very superior old pale очень выдержанный (*о коньяке с выдержкой от 18 до 25 лет*)

VSR *тж.* **vsr** very short range очень малая дальность, с очень малой дальностью

VSRBM very short range ballistic missile баллистическая ракета очень малой дальности

vst violinist скрипач

V/STOL [ˈviːstəul] vertical short takeoff and landing *ав.* вертикальный/укороченный взлёт и посадка

V-T velocity-time скорость и время

v.t. verb transitive *грам.* переходный глагол

Vt. Vermont Вермонт (*штат США*)

vtg voting голосование

VTO vertical takeoff вертикальный взлёт; вертикально-взлетающий

VTOL vertical takeoff and landing вертикальный взлёт и посадка

VTOL port [ˈviːˌtəulpɔt] vertical takeoff and landing port аэродром для самолётов с вертикальным взлётом и посадкой

VTR *тж.* **vtr** video tape recorder видеомагнитофон

vu varicose ulcer варикозная язва

V/UHF very/ultra-high frequency ультракоротковолновый

vulg vulgar простонародный; вульгарный

vulg vulgarism вульгаризм

vulg vulgarly вульгарно

Vulg. (the) Vulgate *рел.* Вульгата (*Библия*)

VULNER vulnerability уязвимость

vv first and second violins *муз.* первые и вторые скрипки

vv verses стихи

v.v. [ˈvaɪsɪˈvɔːsə] vice versa *лат.* (conversely) наоборот

VVA Vietnam Veterans of America американцы — ветераны войны во Вьетнаме

VVO very, very old очень, очень старый

VVSOP very very superior old pale очень выдержанный (*о коньяке с выдержкой от 25 до 40 лет*)

V.W. Very Worshipful достопочтенный

vy very очень

Vy Rev Very Reverend его высокопреподобие (*о настоятеле собора*)

W

W. Wales Уэльс

w wall стена

w war война

w warehouse склад

w warm тёплый

W warning предупреждение

W Washington Вашингтон (*город и штат США*)

W *тж.* **w** waste отходы

W *тж.* **w** water вода

W *тж.* **w** watt ватт

W wattmeter ваттметр

W *тж.* **w** weather погода

W. Wednesday среда

w week неделя

W *тж.* **w** weight вес

W. Welsh валлийцы, уэльсцы; валлийский, уэльский

W West Запад

W Western западный

w wet dew *метео* мокрая роса

w white белый

W *тж.* **w** wide широкий

W *тж.* **w** width ширина

w. wife жена

W wind ветер

w wine вино

w winter зима; зимний

W wire провод, проволока; проволочный

W wolfram *хим.* вольфрам

w wood дерево, древесина; лес

W *тж.* **w** work работа

w wrong неверный, неправильный, ошибочный

WA Washington State *почт.* Вашингтон (*штат США*)

WA West Africa Западная Африка

WAAA Women's Amateur Athletic Association Женская ассоциация спортсменов-любителей

WAAP World Association for Animal Production Всемирная зоотехническая ассоциация, ВЗА

WAAS World Academy of Art and Sciences Всемирная академия наук и искусств, ВАНИ

WACB World Association for Christian Broadcasting Всемирная ассоциация христианского радиовещания, ВАХР

WACC World Association for Christian Communication Всемирная ассоциация по христианской информации, ВАХИ

WAES Workshop on Alternative Energy Strategics Практикум по стратегии альтернативных источников энергии (*США*)

w.a.f. with all faults со всеми ошибками

WAF Women in the Air Force женский вспомогательный корпус ВВС

W.Afr. West Africa Западная Африка

WAITRO World Association of Industrial and Technological Research Organizations Всемирная ассоциация организаций по промышленно-техническим исследованиям, ВАОПТИ

WANA we are not alone мы не одиноки

WANAP Washington National Airport вашингтонский национальный аэропорт

W. & M. William and Mary Король и Королева

w & s whiskey and soda виски с содовой

WAPOR World Association of Public Opinion Research Всемирная ассоциация по изучению общественного мнения, ВАИОМ

WAR With All Risks *эк.* (включая) все виды риска

WARC World Alliance of Reformed Churches Всемирный альянс пресвитерианской церкви, ВАПЦ

WARDA West African Rice Development Association Западноафриканская ассоциация по развитию производства риса, ВАРДА

WARHD *тж.* **warhd** warhead боевая часть, боеголовка; боевой заряд

WARN *тж.* **warn** warning предупреждение; оповещение; (аварийная) сигнализация

warrtd warranted засвидетельствованный; гарантированный

Wash. Washington Вашингтон (*город и штат США*)

WASP *тж.* **Wasp** [wɔsp] White Anglo-Saxon Protestant американец англо-саксонского происхождения и протестантского вероисповедания, принадлежащий к привилегированному классу; истинный американец; американская аристократия

WASP [wɔsp] World Association of Societies of Anatomic and Clinical Pathology Всемирная ассоциация обществ патологической анатомии и клинической биологии, ВАОП

WATA World Association of Travel Agencies Всемирная ассоциация туристских агентств

WAWF World Association of World Federalists Всеобщее движение за всемирную федерацию, ВДВФ

WAY World Assembly of Youth Всемирная ассамблея молодёжи, ВАМ

wb *тж.* **W. B., W/B** waybill список пассажиров; транспортная накладная

WB Weather Bureau бюро погоды

WB westbound в западном направлении

WB World Bank for Reconstruction and Development Международный банк реконструкции и развития, МБРР (*ООН*)

wbc white blood count *мед.* количество лейкоцитов

WBC World Business Council Всемирный совет предпринимателей (*США*)

WBND westbound в западном направлении

WBO Weather Bureau Office отдел бюро погоды

WC War Cabinet военный кабинет (*министров*)

WC War College военный колледж

WC war communications военные линии связи

WC War Council военный совет

W. C. water closet уборная

WC water-cooled с водяным охлаждением

WC weapon carrier ракетоносец; носитель (ракетного) оружия

WC West Coast западное побережье

WC wireless communication радиосвязь

W. C. *тж.* **w/c** without charge без оплаты *или* накладных расходов; без нагрузки; без заряда

WCAR World conference on agrarian reform and rural development Всемирная конференция по аграрной реформе и развитию сельских районов

WCC World Council of Churches Всемирный совет церквей, ВСЦ

WCC World Crafts Council Всемирный совет ремесленников, ВСР (*США*)

WCCE World Council of Christian Education Всемирный совет христианского образования, ВСХО

WCCS World Chamber of Commerce Service Служба Всемирной торговой палаты (*США*)

wcl water-cooler водоохладитель

WCL World Confederation of Labour Всемирная конфедерация труда, ВКТ

WCLD *тж.* **wcld** water-cooled с водяным охлаждением

WCOTP World Confederation of Organizations of the Teaching Profession Всемирная конфедерация учительских организаций, ВКУО

WCPT World Confederation for Physical Therapy Всемирная физиотерапевтическая конфедерация, ВФК

wcr water-cooled reactor реактор с водяным охлаждением

WCRP World Conference on Religion for Peace Всемирная конференция «Религия на службе мира», ВКРМ

WCS Weapons Control System система управления оружием

WCT World Confederation of Teachers Всемирная конфедерация учителей, ВКУ

WCWB World Council for the Welfare of the Blind Всемирная организация социальной помощи слепым, ВОСС

W. D. War Department *амер.* военное министерство

WD weapon delivery доставка оружия к цели; бомбометание; пуск ракеты

wd wind ветер

wd window окно

wd wood дерево

wd word слово

wd wound рана

WDC Washington Document Center Вашингтонский центр документации

WDC Weapons Development Committee Комитет по разработке вооружения (*Великобритания*)

WDC World Data Centres (Oceanography) Мировые центры океанографических данных, МЦОД

WDC World Disarmament Campaign Всемирная кампания за разоружение

WDC World Disarmament Conference Всемирная конференция по разоружению

WDIF Women's Democratic International Federation Международная демократическая ферадация женщин

wdk wives don't know жёны не знают

WDM World Development Movement Всемирное движение в целях развития, ВДР

wdt width ширина

wdtahtm why does this always happen to me! Почему это всегда случается со мной!

wdwn well developed, well nourished хорошо развитой, хорошо упитанный

w/e week end(ing) конец недели, уик-энд, выходные дни (*суббота и воскресенье*)

WE World Education Всемирная просветительная организация, ВПО

wea weapon оружие

WEA *тж.* **wea** weather погода; метеорологический

WEA Workers' Educational Association Просветительная ассоциация рабочих (*Великобритания*)

WEACEN weather center метеорологический центр

WEAFCST weather forecast прогноз погоды; метеорологическая сводка

WEAGP weather group метеорологическая группа

WEAT *тж.* **weat** weathertight защищённый от (неблагоприятных) климатических воздействий

WEC World Energy Conference Всемирная конференция по энергетике, МИРЭК

WECAFC Western Central Atlantic Fishery Commission Комиссия по рыболовству в западной части центральной Атлантики, КРЗЧЦА

Wed. Wednesday среда

Wedy Wednesday среда

w. e. f. *тж.* **WEF** with effect from... вступает в силу с (*такого-то времени*)

WEF World Education Fellowship Всемирное общество прогрессивного воспитания, ВОПВ

WEI World Environmental Institute Всемирный институт проблем окружающей среды (*США*)

wellies *тж.* **welloes** wellington rubber boots высокие резиновые сапоги

WEP weapon оружие; вооружение

WEP World Employment Programme Программа мировой занятости, ПМЗ

WES west запад; западный

WEU Western European Union Западноевропейский союз, ЗЕС

W/F weather forecast прогноз погоды

WF ['dʌblju'ef] withdrawn failing отчислить за неуспеваемость (*рекомендация преподавателя*)

WFA World Friendship Association Всемирная ассоциация дружбы

WFAW World Federation of Agricultural Workers Всемирная федерация сельскохозяйственных рабочих, ВФСР

WFB World Fellowship of Buddists Всемирное братство буддистов, ВББ

WFC World Food Council Всемирный совет по продовольственным вопросам, ВСП

WFCLC World Federation of Christian Life Communities Всемирная федерация общин христианской жизни, ВФОХЖ

WFCY World Federation of Catholic Youth Всемирная федерация католической молодёжи, ВФКМ

WFD World Federation of the Deaf Всемирная федерация глухих, ВФГ

WFDY World Federation of Democratic Youth Всемирная федерация демократической молодёжи, ВФДМ

WFEA World Federation of Educational Associations Всемирная федерация просветительских ассоциаций, ВФПА

WFEO World Federation of Engineering Organizations Всемирная федерация организаций инженеров, ВФОИ (*Великобритания*)

WFF World Friendship Federation Всемирная федерация дружбы

WFFTH World Federation of Workers in Food, Tobacco and Hotel Industries Всемирная федерация работников пищевой, табачной промышленности и гостиниц, ВФПТГ

WFLRY World Federation of Liberal and Radical Youth Всемирная федерация либеральной и радикальной молодёжи, ВФЛРМ

WFM World Federation for the Metallurgic Industry Всемирная федерация металлургической промышленности, ВФМП

WFMH World Federation for Mental Health Всемирная федерация по борьбе с психическими заболеваниями, ВФБП

WFOT World Federation of Occupational Therapists Всемирная федерация трудовой терапии, ВФТТ

WFP Joint UN-FAO World Food Programme Совместная ООН-ФАО мировая продовольственная программа, МПП

WFPA World Federation for the Protection of Animals Всемирная федерация защиты животных, ВФЗЖ

WFPMM World Federation of Proprietary Medicine Manufacturers Всемирная федерация производителей патентованных лекарств, ВФПППЛ

WFSA World Federation of Societies of Anaesthesiologists Всемирная федерация обществ анестезиологов, ВФОА

WFSF World Future Studies Federation Всемирная федерация футурологических исследований, ВФФИ

WFSW World Federation of Scientific Workers Всемирная федерация научных работников, ВФНР (*Великобритания*)

WFTU *тж.* **W. F. T. U.** World Federation of Trade Unions Всемирная федерация профсоюзов, ВФП

WFUNA World Federation of United Nations Associations Всемирная федерация ассоциаций содействия ООН, ВФАСООН

WG working group рабочая группа

WGT *тж.* **wgt** weight вес

WGT Western Greenwich Time западное гринвичское время

WH *тж.* **W/H** warhead боевая часть/головка; боевой заряд

WH White House Белый дом

WHA World Health Assembly Всемирная ассамблея здравоохранения, ВАЗ

WHAP when applicable когда применимо

WHAP where applicable где применимо

WHD *тж.* **whd** warhead боевая часть/головка; боевой заряд

WHO [ˈdʌbljuˈeɪtʃˈəu] World Health Organization Всемирная организация здравоохранения, ВОЗ, VOZ (*ООН*)

WHR *тж.* **whr** watt-hour ватт-час

whs warehouse (товарный) склад; пакгауз

whsle. wholesale *эк.* оптовая торговля

WI Wisconsin Висконсин (*штат США*)

W. I. [ˈdʌbljuˈaɪ] Women's Institute «Женский институт» (*организация, объединяющая женщин, живущих в сельской местности; Великобритания*)

WIA wounded in action ранен в бою

wich sandwich сандвич, бутерброд

wid widow (widower) вдова (вдовец)

WIDF Women's International Democratic Federation Международная демократическая федерация женщин, МДФЖ

WIE with immediate effect вступает в силу немедленно

WILD What I Like to Do что мне нравится делать (*психологический тест*)

WILPF Women's International League for Peace and Freedom

Международная женская лига борьбы за мир и свободу, МЖЛМС

WIMC *тж.* **wimc** whom it may concern тем, кого это касается

WIN weapon interception перехват ракеты

WIN [wɪn] Work Incentive стимул к работе

wint winter зима

WIP Weight Improvement Program программа снижения (избыточного) веса

WIP *тж.* **wip** work in progress работа проводится

WIPO World Intellectual Property Organization Всемирная организация по охране интеллектуальной собственности, ВОИС, VOIS

Wis. *тж.* **Wisc.** Wisconsin Висконсин (*штат США*)

Wisd. Wisdom of Solomon Соломонова мудрость, Соломоново решение

WISE Women in Space Earliest первые женщины в космическом пространстве

WIT *тж.* **wit** witness свидетель

WITG Western International Trade Group Западная международная торговая группа (*США*)

withdrl withdrawal *эк.* снятие (*со счёта*); отзыв, изъятие, отмена

witht without без

WITS Weather Information Telemetering Signal телеметрический сигнал с метеорологической информацией

wiz wizard *амер. разг.* человек, блестяще знающий какой-л. предмет; гений

WIZO Women's International Zionist Organization Международная женская сионистская организация, МЖСО

WJA World Jazz Association Всемирная ассоциация джаза, ВАД

WJC World Jewish Congress Всемирный еврейский конгресс, ВЕК

wk weak слабый

wk. week неделя

wk well-known хорошо известный

wk work работа

WK working работающий; действующий; эксплуатационный

WKD *тж.* **wkd** weekday будний день

wkly weekly еженедельник

WKN weaken ослаблять, слабеть

WKN weakening ослабление

WKR *тж.* **wkr** worker рабочий

wld ch world championship чемпионат мира

WLM Women's Liberation Movement Движение за освобождение женщин

WLRA World Leisure and Recreation Association Всемирная ассоциация по организации отдыха и досуга, ВАОД

wlz waltz вальс

WM *тж.* **wm** wattmeter ваттметр

WM weather map метеорологическая (синоптическая) карта

W/M without margin *эк.* без оплаты разницы

WMA World Medical Association Всемирная медицинская ассоциация, ВМА

WMB War Mobilization Board Военно-мобилизационный комитет

WMCS World Meteorological Centres Мировые метеорологические центры, ММЦ

WMCW World Movement of Christian Workers Всемирное движение христианских трудящихся, ВДХТ

WMD weapons of mass destruction оружие массового уничтожения, ОМУ

wmk watermark водяной знак, филигрань (*на бумаге*)

WMM World Movement of Mothers Всемирное движение матерей, ВДМ

WMO World Meteorological Organization Всемирная метеорологическая организация, ВМО, VMO

WMP with much pleasure с большим удовольствием (*ответ на приглашение*)

WNG *тж.* **wng** warning предупреждение; оповещение; (аварийная) сигнализация

w. o. walk-over лёгкая победа

WO War Office военное министерство

w/o without без

W/O & SP without equipment and spare parts без оборудования и запасных частей

WOC *тж.* **woc** without compensation без компенсации

WOCCU World Council of Credit Unions, Inc. Всемирный совет кредитных союзов, ВСКС (*США*)

WOE *тж.* **woe** without equipment без оборудования

WOFS Weather Observing and Forecasting System система метеорологического наблюдения и прогноза погоды

WOGSC World Organization of General Systems and Cybernetics Всемирная организация генеральных систем и кибернетики (*Великобритания*)

WOMAN World Organization of Mothers of All Nations Всемирная организация матерей

Women's Lib [ˈwɪmɪnz ˈlɪb] Women's Liberation Movement Движение за освобождение женщин (*выступает за политическое, экономическое и социальное равенство полов*)

WOO World Oceanographic Organization Всемирная океанографическая организация, ВОО

WOR wear-out rate степень износа

World YWCA World Young Women's Christian Association Всемирная ассоциация молодых христианок, ВАМХ

WP water packed консервированный с добавлением воды

WP waterproof водонепроницаемый

wp water pump водяной насос

WP weapon оружие, вооружение

W. P. weather permitting при благоприятной погоде

WP weatherproof защищённый от метеорологических воздействий

W. P. without prejudice *юр.* без предубеждения

WP word processing обработка текста; текстопроцессорное оборудование

Wp worship богослужение

WPA World Parliament Association (World Association of Parliamentarians for World Government) Ассоциация всемирного парламента (Всемирная ассоциация парламентариев за мировое правительство), АВП

WPB War Production Board *амер.* Комитет военно-промышленного производства

w. p. b. waste-paper basket (канцелярская) корзина для бумаги

WPC woman police constable женщина-полицейский

WPC World Peace Congress Всемирный конгресс мира

WPC World Peace Council Всемирный Совет Мира, ВСМ, VSM

WPF World Peace Foundation Всемирный фонд мира

WPFG *тж.* **wpfg** waterproofing водонепроницаемость; обеспечение водонепроницаемости

WPG waterproofing водонепроницаемость; обеспечение водонепроницаемости

WPI wholesale price index индекс оптовых цен

WPING waterproofing водонепроницаемость; обеспечение водонепроницаемости

WPLC World Peace through Law Centre Центр всеобщего мира посредством права, ЦВМП

w. p. m. *тж.* **wpm** words per minute слов (кодовых групп) в минуту

WPN *тж.* **wpn** weapon оружие; ракета

WPNSYS weapon system система оружия

WPO World Packaging Organization Всемирная организация по упаковочному делу, ВОУД

WPRL Water Pollution Research Laboratory Лаборатория по исследованию загрязнения воды (*Великобритания*)

WPROOF waterproof водонепроницаемый

WPS *тж.* **wps** words per second слов (кодовых групп) в секунду

WPS World Population Society Всемирное общество по народонаселению, ВОН (*США*)

WPSA World's Poultry Science Association Всемирная научная ассоциация (племенного) птицеводства, ВНАП

WPT *тж.* **wpt** waypoint (поворотный) пункт маршрута

wr war risk *страх.* риск, связанный с войной; военный риск

WR weather report метеорологическое сообщение, сводка погоды

WRAC [ræk] Women's Royal Army Corps женская вспомогательная служба сухопутных войск (*Великобритания*)

WRAF [ræf] Women's Royal Air Force королевская женская служба ВМС (*Великобритания*)

Wraf [ræf] Women's Royal Air Force *разг.* член женской службы ВМС (*Великобритания*)

WRC Water Resources Congress Конгресс по освоению водных ресурсов (*США*)

WRC World Relief Commission Всемирная комиссия по оказанию помощи (*США*)

WRDC Water Resources Development Centre Центр по освоению водных ресурсов, ЦОВР

WRE Weapons Research Establishment Научно-исследовательский центр оружия

Wren [ren] Women's Royal Naval Service *разг.* член женской вспомогательной службы ВМС (*Великобритания*)

WRI World Resisters' International Международное объединение противников войны, МОПВ

WRN warning предупреждение; предостережения

WRNS [renz] Women's Royal Naval Service женская вспомога-

тельная служба ВМС (*Великобритания*)

WRNT *тж.* **wrnt** warrant разрешение; ордер; приказ

wrtr writer писатель

WRU Welsh Rugby Union Уэльский союз регби (*ассоциация по игре в регби среди любителей*)

wru who are you? кто Вы?

WRVS Women's Royal Voluntary Service Женская королевская добровольная служба (*Великобритания*)

WS *тж.* **ws** water supply водоснабжение

WS *тж.* **ws** weapon system система оружия

WS *тж.* **ws** weather station метеорологическая станция

WSA War Shipping Administration Управление военных поставок

WSCF World Student Christian Federation Всемирная федерация студентов-христиан, ВФСХ

WSD weapon system development разработка системы оружия

WSDA World Storage, Documentation and Abstracting (Service) Всемирная служба документалистики, реферирования и хранения научно-технической информации

WSDP Weapon System Development Plan план разработки системы оружия

WSE World Society for Ekistics Всемирное общество экистики, ВОЭ

WSHLD windshield лобовое стекло

WSNWFC Washington State Nuclear Weapons Freeze Coalition Коалиция за замораживание ядерного оружия штата Вашингтон

WSR Weather Surveillance Radar метеорологический радиолокатор, метеорологическая РЛС

WT war time военное время

WT *тж.* **wt** watertight водонепроницаемый

wt. weight вес

WT *тж.* **W/T, w/t** Wireless

Telegraphy *брит.* радиотелеграфная связь

WT *тж.* **wt** Wireless Telephony *брит.* радиотелефонная связь

WTAO World Touring and Automobile Organization Всемирная организация туризма и автомобильного спорта (*Великобритания*)

WTCA World Trade Centers Association Ассоциация центров мировой торговли, АЦМТ (*США*)

WTH width ширина

wthr weather погода

WTI Washington Technical Institute Технический институт в Вашингтоне

WTIC World Trade Information Centre Всемирный центр торговой информации

WTO Warsaw Treaty Organization Организация Варшавского договора

WTO World Tourism Organization Всемирная организация по туризму, ВТО

WTO World Trade Organization Организация по международной торговле (*ООН*)

wtr waiter официант

WTR *тж.* **wtr** water вода; водяной

wtr winter зима

wtr writer писатель

WTRPRF waterproof водонепроницаемый

WTSTN Weather Station метеорологическая станция

WUCT World Union of Catholic Teachers Всемирный союз преподавателей-католиков, ВСПК

WUCWO World Union of Catholic Women's Organization Всемирный союз женских католических организаций, ВСЖКО

WUJS World Union of Jewish Students Всемирный союз еврейских студентов, ВСЕС

WULTUO World Union of Liberal Trade Union Organizations Всемирное объединение либеральных профсоюзных организаций, ВОЛПО

WUM Women's Universal Movement Всемирное движение женщин

WUOSY World Union of Organizations for the Safeguard of Youth Всемирный союз учреждений по охране детства и отрочества, ВСУОДО

WUS World University Service Всемирная организация университетской взаимопомощи, ВОУВ

WV wave волна

W/V weight/volume отношение веса к объёму

WV West Virginia *почт.* Западная Виргиния (*штат США*)

WVA World Veterinary Association Всемирная ветеринарная ассоциация, ВВА

WVF World Veterans Federation Всемирная федерация ветеранов войны

WVL wave length длина волны

WVR within visual range в пределах дальности визуального наблюдения, в пределах видимости

W. V. S. [ˈdʌblju:ˈvi:ˈes] Women's Voluntary Service женская добровольная служба (*Великобритания*)

w/w wall-to-wall (carpet) от стены до стены, во всю площадь пола (ковёр *и т. д.*)

WW World War мировая война

WWC World Weather Center Центр всемирной службы погоды

WWCTU World's Woman's Christian Temperance Unit Всемирный христианский союз женщин-трезвенниц, ВХСЖТ

WWF World Wildlife Fund Международный фонд любителей диких животных, МФЛДЖ

WWMCCS World-Wide Military Command and Control System глобальная система оперативного управления ВС (*США*)

w/wo with or without с или без

WWSSN World-Wide Standard Seismographic Network Всемирная стандартизированная сейсмологическая сеть станций

WWW World Weather Watch Всемирная служба погоды

WWWW Women Who Want to be Women женщины, которые хотят быть женщинами

WX weather погода; метеорологический

WXD Meteorological Radar Station *усл.* метеорологическая РЛС

WXSTN Weather Station метеорологическая станция

Wy. *тж.* **Wyo.** Wyoming Вайоминг (*штат США*)

X

X Christ Христос

X Christian христианин; христианский

X Christianity христианство

X cross крест

X exchange коммутатор; обмен

X experiment опыт; эксперимент

X extra добавочный, дополнительный

X film-censorship classification категория киноцензуры «X» (*разрешает показ кинофильмов с элементами эротики или жестокости*)

X X-ray рентгеновский луч

XCH *тж.* **xch, XCHG** exchange обмен

XCLV *тж.* **xclv** exclusive исключительный

XCOM external communications внешняя связь

XCP except исключая, кроме

XFMR *тж.* **Xfmr** transformer трансформатор

XING crossing пересечение

x. int. ex (without) interest *эк.* без (начисления) процентов

XL extra large очень большой размер (*одежды*)

XLNT excellent отличный

Xm Christmas Рождество

xm examine обследовать

XM experimental missile экспериментальная ракета

Xmas Christmas *разг.* Рождество

XMFR *тж.* **xmfr** transformer трансформатор

XMIT *тж.* **xmit** transmit передавать

XMIT *тж.* **xmit** transmitter (радио)передатчик; датчик

XMSN *тж.* **xmsn** transmission передача

XMTR *тж.* **xmtr** transmitter (радио)передатчик; датчик

XMTRANT transmitting antenna передающая антенна

Xn Christian христианин; христианский

xnt excellent отличный

Xnty Christianity христианство; христианская вера/религия; христианское вероисповедание/вероучение

xp express paid срочность (доставки) оплачена

XPC expect ожидать

XPDT expedite быстрый; незатруднённый

xpert expert эксперт

xpl explain объяснять

xpl explanation объяснение, разъяснение

XPL *тж.* **xpl** explosive взрывчатое вещество; взрывчатый, взрывной

xpn expansion расширение

X pr. without privileges *бирж.* без особых прав сторон по финансовому контракту

XPS express выражать

Xpt except кроме

XQ *тж.* **xq** cross question вопрос, заданный на перекрёстном допросе

Xr without rights *бирж.* не включая права (*напр. при покупке акций*)

Xrds cross-roads перекрёсток дорог

XS extra strong особо прочный

XSAM experimental surface--to-air missile экспериментальная зенитная ракета

XSL experimental space laboratory экспериментальная космическая лаборатория

XSM experimental strategic mis-

sile экспериментальная стратегическая ракета

XSTR transistor транзистор

Xt Christ Христос

Xtian Christian христианин;
христианский

Xtnd extend простирать(ся); уд-
линять(ся)

XTRM *тж.* **xtrm** extreme крайний, чрезвычайный

Xtry extraordinary чрезвычайный, экстраординарный

Xty Christianity христианство;
христианская вера/религия; христианское вероисповедание/ве-
роучение

XW experimental warhead
экспериментальная боевая часть

XW without warrant *бирж.* без
гарантии

Y

y dry air *метео* сухой воздух,
сухо

Y yard ярд

y year год

Y Young Men's Christian Association Ассоциация молодых
христиан (*религиозно-благотворительная организация*)

Y Young Women's Christian Association Ассоциация молодых
христианок (*религиозно-благотворительная организация*)

Y yttrium *хим.* иттрий

YAAP Young Americans
Against Pollution молодые американцы против загрязнения
окружающей среды

Yank Yankee *разг.* янки

YB Year Book ежегодник

YB ytterbium *хим.* иттербий

YC Young Conservative молодые консерваторы

Y.C.L. Young Communist
League Коммунистический союз молодёжи

YCW International Young Christian Workers Международная
организация рабочей христианской молодёжи, МОРХМ

yday yesterday вчера

yel yellow жёлтый

yesty yesterday вчера

yf wife жена (*Бенджамин Франклин предложил такую орфографию*)

YHA [ˈwaɪˈeɪtʃˈeɪ] Youth Hostels
Association Ассоциация молодё-
жных турбаз (*Великобритания*)

yld yield количество добывае-
мого продукта

ym yellow metal жёлтый металл

YMCA World Alliance of
Young Men's Christian Association Всемирный альянс молодых
христиан, ИМКА

Y.M.C.A. [ˈwaɪˈemˈsiːˈeɪ] Young
Men's Christian Association Ассоциация молодых христиан (*религиозно-благотворительная организация*)

Y.M.Cath. A. Young Men's
Catholic Association Ассоциация молодых католиков

y—n yes—no да—нет

yng young молодой

ynhl why in hell *разг.* какого
чёрта

Y.O. yearly output *эк.* годовая
выработка

yo years old лет (*возраст*)

YOB *тж.* **yob** year of birth год
рождения

YOD *тж.* **yod** year of death год
смерти

yoggy yoghurt *детск.* йогурт

yom year of marriage год вступления в брак

yp young people молодые люди

YP young prisoner малолетний
заключённый

yr year год

yr younger младший; младше

yr your ваш

YRA Yacht Racing Association
Ассоциация яхтсменов

yrly early ежегодный

yrs yours ваш

yrs ty yours truly искренне ваш

ysr you are so right вы так пра-
вы

yst youngest самый молодой

Y.W.C.A. [ˈwaɪˈdʌbljuːˈsiˈeɪ]
Young Women's Christian Association Ассоциация молодых хри-

стианок (*религиозно-благотворительная организация*)

YWF Young World Federalists Всемирная организация федералистской молодёжи, ВОФМ

Z

Z Azimuth азимут

Z Greenwich Mean Time *усл.* гринвичское среднее время

z. haze *метео* туман

Z zero ноль

Z zinc *хим.* цинк

Z Zionism сионизм

Z Zionist сионист

Z zone зона

zanth chrysanthemum хризантема

ZANU [ˈzɑːnuː] Zimbabwe African National Union Африканский национальный союз Зимбабве, ЗАНУ

ZEG *тж.* **Z.E.G.** zero economic growth *эк.* нулевое экономическое развитие, нулевой рост экономики

zep(p) zeppelin *разг.* цеппелин; сбрасывать бомбы с цеппелином

ZF *тж.* **z/f** zone of fire зона огня

ZI Zone of Interior континентальная часть США; внутренние районы страны

zine [ziːn] magazine *амер.* журнал

ZIP Zone Improvement Plan план почтовых зон (*США*)

zip code [ˈzɪpkəud] zone improvement plan code почтовый индекс; проставлять почтовый индекс (*США*)

zn zenith зенит

Zn zinc *хим.* цинк

ZN zone зона

ZO Zionist Organization сионистская организация

zod zodiac *астр.* зодиак, солнечный путь

ZOFA zone of action зона (боевых) действий

zoo zoological garden *разг.* зоопарк; *канад.* иммиграционный центр в Монреале; *жарг.* ядерные частицы

zoo zoology *школ.* зоология

zool zoological зоологический

zool zoologist зоолог

zool zoology зоология

ZPG zero population growth нулевой прирост населения

Zr zirconium *хим.* цирконий

ZS Zoological Society Зоологическое общество

ZST Zone Standard Time поясное стандартное время

ZT Zebra Time (среднее) гринвичское время

ZT Zone Time поясное время

ZZ zigzag зигзаг, ломаная линия

zz zigzag approach зигзагообразный подход